中国收入差距变动分析

——中国居民收入分配研究Ⅳ

ZHONGGUO SHOURU CHAJU
BIANDONG FENXI

李 实
(日)佐藤宏　等◎著
(加)史泰丽

人民出版社

责任编辑:陈　登

图书在版编目(CIP)数据

中国居民收入分配研究.4,中国收入差距变动分析/李实,(日)佐藤宏,(加)史泰丽 等 著.-北京:人民出版社,2013.5

ISBN 978-7-01-012104-8

Ⅰ.①中…　Ⅱ.①李…②佐…③史…　Ⅲ.①居民实际收入-收入分配-研究-中国　Ⅳ.①F126.2

中国版本图书馆 CIP 数据核字(2013)第 093328 号

中国收入差距变动分析

ZHONGGUO SHOURU CHAJU BIANDONG FENXI

——中国居民收入分配研究Ⅳ

李　实　(日)佐滕宏　(加)史泰丽 等　著

人民出版社 出版发行
(100706　北京市东城区隆福寺街 99 号)

北京龙之冉印务有限公司印刷　新华书店经销

2013 年 5 月第 1 版　2013 年 5 月北京第 1 次印刷
开本:710 毫米×1000 毫米 1/16　印张:40
字数:592 千字

ISBN 978-7-01-012104-8　定价:88.00 元

邮购地址 100706　北京市东城区隆福寺街 99 号
人民东方图书销售中心　电话 (010)65250042　65289539

前　言

经济发展和收入分配一直是经济学中两个最重要的研究主题。对于一个国家来说，经济增长无疑是重要的，它是实现社会经济现代化的必要前提，是实现富国富民理想的必要条件；然而收入分配也是重要的，实现公平的收入分配是实现经济长期可持续增长的必要前提，是实现社会和谐稳定的必要条件。在过去几十年的经济转型中，中国在经济增长方面取得了值得骄傲的成就，然而在收入分配方面却面临着大量的问题和挑战。中国的收入分配差距出现了长期不断的扩大趋势，而且收入分配不公问题愈演愈烈。难以遏制的收入差距扩大趋势和有恃无恐的收入分配不公问题自然引起了全社会的普遍不满，也引起了人们的更多担忧。对此，近年来中国政府部门也作出积极反应和采取了一些相应对策。为了更好地理解我们所面临的收入分配问题及其背后的影响因素，本书对过去十年来中国收入分配变化进行了较为系统的分析，而这些分析都是建立在调查数据和实证分析的基础上的。我们希望本书的研究成果有助于学者们更好地理解中国收入分配问题，有助于政策制定者及时地出台更加系统的收入分配政策和加快收入分配制度改革。

本书是众多研究人员和研究机构多年来长期努力的成果。在20世纪80年代末，由时任中国社会科学院经济研究所所长赵人伟教授和英国牛津大学摩德林学院（Magdalen College）院长Keith Griffin教授领导的中外学者组成的研究团队，首次组织了全国范围内的住户收入调查。这次调查以及后续的几次调查即是后来被人熟知的中国住户收入项目（China Household Income Project，CHIP）调查。在20世纪90年代中期，赵人伟教授和美国纽约城市大学皇后学院的Carl Riskin教授牵头组织了第二轮的调查，而在本世纪初期由李实教授、瑞典哥德堡大学 Björn Gustafsson 教授、加拿大西安大略大学史泰丽（Terry Sicular）教授组织了第三轮的 CHIP 调查。

在 2008 年，本书的主要作者和孟昕一起组织了第四轮的 CHIP 调查，主要收集了住户 2007 年的收入和支出方面的数据。在这几次调查中，数据收集是和研究的问题紧密结合的，是从研究问题出发去收集数据。本书基于 2007 年 CHIP 调查数据，内容包括了收入、不平等以及贫困方面的研究分析和主要结果，同时本书中的大多数章节也运用了前几轮 CHIP 调查的数据。

我们首先感谢对这一系列长期的调查工作做出不懈努力以及贡献的所有参与者。本书中的众多作者受到了早期 CHIP 研究者的训练以及启迪，而且众多章节的内容是建立在他们早期研究工作的基础之上的。我们同时要感谢那些长年来对 CHIP 提供持久支持的机构，特别要感谢福特基金和国家统计局。

2007 年 CHIP 调查离不开福特基金、国家社科基金以及澳大利亚海外发展署、德国劳动研究所（IZA）长期以来的资助。同时该调查也得到了西安大略大学、北京师范大学自主创新项目、日本一桥大学、安大略研究基金会和日本学术振兴会的资助，我们对这些机构的慷慨支持表示由衷的感谢！感谢北京师范大学经济管理学院、中国收入分配研究院对于课题研究给予了大量支持！感谢宋晓梧院长、刘浩副院长、赖德胜院长、沈越教授给予长期支持和鼓励。

数据收集和调查工作由国家统计局城市和农村住户调查队进行，国家统计局同时提供了关于样本和调查设计的有益建议。我们特别感谢国家统计局所有人员对 CHIP 的贡献，尤其感谢盛来运、杨俊雄、魏贵祥、陈小龙、王琦的大力支持和帮助。

从 2007 年 CHIP 调查的初始设计直至本书工作的结束，许多人给了我们很多有益的建议、想法和反馈，包括蔡昉、Kathleen Hartford、赖德胜、刘泽云、孟昕、Scott Parris、Scott Rozelle、孙志军、王德文、王美艳、汪三贵、Andrew Watson、魏众、邢春冰、尹恒、赵人伟、赵耀晖和赵忠。澳大利亚国立大学孟昕和她的团队对移民家庭的调查工作作出了重要贡献，该项调查是中国乡城移民（RUMiC）调查项目的组成部分。邓曲恒、丁宁、丁赛、刘洪波、罗楚亮，以及毛磊、宋锦、熊亮、杨穗和周瑾对整理数据花费了大量的时间。本书的一些章节最初是用英文写成，后来被翻译成中文。陈叶烽、冯毅组织了翻译工作，参与翻译的人员还有高霞、熊亮、万海远、杨修娜、孙丹、刘嘉、朱梦冰、崔雅琼。詹鹏对全书做了校对。在此我们对上述所有人员表示感谢。我们同时还要感谢匿名审稿人的贡献。最后，我们感谢众多参加 CHIP 调查的住户，没有他们的合作，该项目不可能完成。

李　实

佐藤·宏

史泰丽

2013 年 1 月 31 日

目　录

附　录

第一章　近期中国收入差距变化的主要特点

第一节　引　言

经过三十多年的经济改革和对外开放，中国的国内生产总值和人民生活水平都有了快速的提高。然而，在经济增长的同时，收入差距也不断扩大。收入差距扩大的问题已经引起了学术界、国际组织、政府机构、媒体和公众的广泛关注（Benjamin 等,2008;Griffin 和 Zhao,1993;Gustafsson, Li, 和 Sicular, 2008; Ravallion 和 Chen, 2007; Riskin, Zhao 和 Li, 2001; World Bank,2009;Zhang,2010）。不同的研究对中国收入分配不平等程度有不同的估计结果，但他们都认为从 20 世纪 80 年代以来居民收入差距有明显扩大。

在经济改革和经济迅速增长的背景下，一定程度的收入差距扩大是不足为奇的。在经济起飞的早期阶段，一些部门和地区的经济增长会更快一些，随着这些部门和地区超越其他部门和地区，收入分配也变得越来越不平等。从计划经济的工资和收入分配体系向市场体系的转型同样会带来收入差距的扩大。由于风险和不确定性，市场机制会给不同的家庭和个人带来不同的获取收入的机会；由于他们的生产率、人力资本、努力程度、企业家精神和财富持有量的不同所带来的收入也不相同。在一个市场经济的体系中，这些收入差距扩大的原因同时也在提供激励机制、鼓励承担风险、激励努力工作和诱导投资等方面产生积极的作用。

在有竞争性的市场环境中，收入差距扩大通常发生在经济增长和转型的初期阶段，它也并不会无限期的持续下去。随着经济的发展和成熟，经济增长可以通过各种途径传播到其他部门和地区（Hirschman 1958），就业会增加，并导致工资上涨，经济增长带来的好处会波及到更远。经济增长也可能改善人们的健康和教育状况。在加强部门间和地区间的联系，并且加大对健康和人力资本的投资以促进机会的均等方面，政府政策可以发挥重要的作用。因此，在正确政策的引导下，持续的经济增长也可以带来收入差距的下降。

在经济转型的背景下，最初上升的收入不平等程度是否会缓和或下降也依赖于不同国家的特定因素。利用来自欧洲和中亚地区的26个前共产主义国家的数据，Milanovic 和 Ersado（2008）考察了经济转型的不同方式对收入不平等的影响。他们发现经济转型和收入不平等的关系取决于转型方式。例如，经济自由化和市场化既可以带来收入差距的扩大，也可以带来收入差距的缩小，而半途而废的市场化、利益集团操控的私有化则不仅带来收入差距的扩大，而且引发更多的收入分配不公。

本书考察了中国2002—2007年间的收入分配不平等的变化情况，这一时期涵盖了21世纪前十年的大部分时间，但不包括2008年国际金融危机爆发以来时期。从几方面来看，这一时期都是有意义的。首先，在我们上一次调查期间（1995—2002年），收入差距扩大趋缓的过程已经有所出现，中国的收入差距似乎趋于稳定状态（Gustafsson，Li 和 Sicular，2008）。这种趋势带来了一个新的问题，中国经济是否到达了一个收入差距变化的拐点，即收入差距是否会随着经济的增长而趋于稳定甚至下降？我们对2002—2007年间收入差距变化趋势的分析结果将为这一问题提供答案。

其次，在21世纪初期，中国采取了新的发展战略，在过去几十年中，国内生产总值（GDP）的增长是各级政府的首要任务，政府在推动GDP的迅速增长方面也获得了成功。然而，到20世纪90年代末，中国日益严重的收入不平等已经成为一个令人关注的问题。2002—2003年，党中央和政府提出了新的发展战略和政策。新的发展战略，即“科学发展观”，主要强调了可持续和公平的经济增长。随着新战略的提出，一系列的政策措施相继出台，旨在缩小收入差距和保护弱势人群，这些措施包括农业扶持政策、社会福利项目和公共转移支付政策、有针对性的减税、提高最低工资标准以及增加扶贫资金等。政府政策文件和领导人的讲话中频繁出现的"科学发展观"、"和谐社会"、"民生"、"统筹城乡"和"三农问题"等关键词，反映了新政策的调整方向。

在新的发展战略的促进下，中国经济仍然持续高速增长。确实，在接下来的十年间，GDP 这块"蛋糕"大约增加了一倍。但是，GDP 的分配状况发生了怎样的变化？收入不平等的程度是继续增加还是有所缓解？经济增长所带来的好处是否惠及到了穷人？"和谐社会"的政策措施能够影响收入差距的变化吗？

本书中，我们将利用家庭调查数据和实证分析方法来研究这些问题。数据来源于中国住户收入调查（CHIP）的抽样调查。该数据提供了全国范围内居民户收入和其他方面的丰富信息。CHIP 调查从 20 世纪 80 年代末期开始，收集了四次数据，分别是 1988 年、1995 年、2002 年和最近的 2007 年。对 CHIP 早期的调查数据分析的结果集中体现在几本课题组成果论著中①。这些论著给研究中国发展转型与收入和财产不平等之间的关系提供了丰富的资料。特别需要注意的是，这些数据集为在家庭和个人层面上更全面地度量和分析收入及收入分配提供了基本条件。课题组成员对 2007 年 CHIP 住户调查数据的分析，并和 2002 年数据的分析结果进行比较构成了本书的主要关注点。本书的某些章节还追溯到 1995 年和 1988 年的数据并分析了其变化趋势。尽管各章研究了不同的主题，并使用了不同的方法，但利用这个共同的数据来源，保证了各章之间的分析结果的可比性和一致性。

---

① 如：赵人伟、格里芬主编：《中国居民收入分配研究》，中国社会科学出版社 1994 年版；赵人伟、李实、李思勤主编：《中国居民收入分配再研究》，中国财经出版社 1999 年版；李实、史泰丽、古斯塔夫森主编：《中国居民收入分配研究 III》，北京师范大学出版社 2008 年版；Griffin and Zhao, eds. (1993), *The Distribution of Income in China*, New York: st. Martin's Press; Riskin, C., R. Zhao, and S. Li, eds. (2001), *China's Retreat from Equality, Income Distribution and Economic Transition*, Armonk, NY: M. E. Sharpe; Gustafsson, B., S. Li, T. Sicular, eds. (2008), *Inequality and Public Policy in China*, New York: Cambridge University Press。

本书前面几个章节考察了全国的收入不平等状况。第二章概述了2002年和2007年间全国收入水平、收入不平等状况和贫困的趋势，特别分析了收入的不同来源对收入不平等的贡献，城乡收入差距以及地区间和地区内的收入差距。第三章通过对修正样本结构偏差的尝试，重新估计了中国的收入差距。第四章从支出的角度出发，考察了中国消费水平等的变化。第五章分析了房屋所有权以及它对住房财富和收入分配的影响。这里我们提供了一个对自有住房估算租金的详细讨论，估算租金也作为收入的一部分包含在CHIP收入中，并且使用在本书的其他地方。第六章着眼于教育的不平等及其在代际间的转移，重点关注了农村地区的教育不平等问题，第八章主要关注了流动人口的问题。第九章到第十四章考察了中国城镇收入和不平等程度不同方面的问题，主要包括失业、性别工资差异、民族差异、就业以及个人所得税的分配效应等。

本书中的一个重要的发现是，2002—2007年间全国收入差距有所上升。因此，在此之前个别年份出现的收入差距的稳定变化甚至下降只是暂时的。2002—2007年间，经济增长带来的好处并没有被社会成员均等的享有，高收入人群比低收入人群得到的好处更多。不过，我们并没有发现，在这个增长过程中很多福利受损的人群。也就说，不论是低收入人群还是高收入人群的收入都在增加，并且贫困人口和贫困发生率显著下降。

2002—2007年间收入差距扩大来自于哪些方面呢？这一时期全国收入差距扩大在多大程度上反映了地区间的收入差距和城乡之间的收入差距？城市内部和农村内部的收入分配格局又是怎样的呢？迅速增加的流动人口对收入分配和贫困有怎样的影响？制度转型和政策变化是否导致了收入差距的新变化？特别是近期的新政策，如最低生活保障和税收调节政策，是否是有效的收入分配的调节机制？这些问题都是本书各章所研究的对象。

在本节引言中，我们概述了基本的研究背景，为后面各节内容作铺垫。此外，我们归纳出一些主要的研究发现，并且提出了一些至关重要的问题。本章第二节将概述一下在本次调查的时间区间内主要的收入再分配政策，从而为理解收入分配的结果提供政策背景；第三节讨论了收入的度量和定义；第四节描述 CHIP 数据的主要特征；第五节是对各章的主要观点的讨论；第六节总结本书的主要发现并提出未来研究的重点。

第二节 政策背景

21 世纪的前几年，中国采取了一系列影响社会公平和收入分配的政策措施。在这里，我们有选择的讨论了 2002 年以来旨在影响收入分配问题的新政策。当然，其他的经济政策也会有收入分配方面的影响，例如，加入世界贸易组织（WTO）后中国的贸易自由化和西部大开发之类的区域发展规划。这些或者其他的政策都会在后面的章节中提起。

一、社会福利和社会保障项目

改革开放以前，中国基本的政治－经济单位（城市的工作单位和农村的集体组织）承担社会保障的职能。这种制度架构导致了独立的社会保障体系的缺失，并且城市和农村居民之间存在持久的、巨大的福利差距。直到改革以后，这种差距仍然存在。直到 21 世纪初期，在全国范围内建立一个涵盖养老、医疗和失业保险以及最低生活保障项目的社会福利和保障体系才成为政府工作的重要方面。

城市公共养老金系统的改革开始于 20 世纪 90 年代初期。最初，企业职工和公共部门（政府、党组织以及其他非营利性机构）的员工分别有不同的养老金计划，这也被称为“双轨制”。1995 年和 1997 年间实施的一项重大改革奠定了现行的企业职工养老金制度的基础（Feng, He 和 Sato, 2011; He 和 Sato, 2013）。这项改革建立了企业职工基本养老保险制度，把融资体系从单纯的现收现付制变为混合的现收现付制，并且新引入了强制性个人账户。该方案适用于包括国有企业、私营企业和外商独资企业在内的所有城镇企业的职工。1997 年养老金改革的一个重要的再分配后果是导致了代际间职工养老金收入不平等的增加。①

2005年后，政府多次提高企业退休员工的养老金收入。这主要是因为企业退休员工和公共部门退休职工之间存在巨大的福利差距。公共部门退休职工养老金仍然采用完全的现收现付制，因此随着政府收入的快速增加，他们的养老金收入也迅速增加。其结果是，和改革以前相似，公共部门的职工在退休后仍能继续享有高额的养老金收入。

在城市养老制度改革后的一段时期内，农村除了少部分的“五保户”和其他社会救助项目外②，老年人的生活保障主要依靠个人和家庭。21世纪初，政府尝试了一些农村养老保险项目，但并不成功，直到近两年，全国范围的农村养老保险项目才正式出现在中央政府的工作议程之中。2009年，国务院通过了一个试点方案，即新型农村社会养老保险。最初，这项保险仅覆盖了全国人口的10%，现在已经扩展到全部农村地区。

本书中的一些章节专门研究了养老金政策对收入分配的影响。第九章考察了养老金收入对城镇居民收入差距和贫困的影响作用，第十一章比较了不同所有制部门之间养老金收入的差距及其所产生的收入分配效应。

在中国改革开放前，城镇职工的医疗保障有公费医疗或劳保医疗。城镇医疗保险改革从20世纪90年代后期才开始。1998年底，国务院颁布了新的医疗保险项目，即城镇职工基本医疗保险制度。原则上，这个制度覆盖了所有的城镇职工，包括企业职工、机关事业单位人员、私营企业主和个体经营者。实际上，从2000年后这个制度的覆盖面才逐渐铺开。2007年，为了进一步覆盖到城镇中的非就业人群，如学生，国务院出台了补充性医疗保险项目，即城镇居民基本医疗保险制度。虽然城镇医疗保险的覆盖面比公共养老金项目的覆盖面更为广泛，但应该指出的是，公务员和其他城镇居民之间存在着双轨制，并且本地户口的城镇居民和农村流动人口

① 一项基于CHIP调查的研究表明，新养老金项目下预期养老金收益的下降导致了城市家庭储蓄率的上升，尤其是在年轻一代中（Feng，He和Sato，2011）。虽然2005年底政府调整了养老金收益的计算方法，使之更加精确，但1997年改革的基本方案没有发生变化。

② 对“五保户”政府提供食物、衣物、医疗保健、住房和殡葬（儿童教育）等方面的社会救助。老年人、残疾人和未成年人等不能工作，也没有家庭成员或亲戚照顾他们的人才能享受“五保户”的待遇。在农村最低生活保障政策开始实施后，“五保户”政策仍然继续施行。

之间也存在巨大的差别。[①]

2000年后医疗保险制度改革方面最重要的进展是2003年新型农村合作医疗制度（新农合）的建立。虽然20世纪80年代前，合作医疗制度已经在公社一级运行，但人民公社解体以后，这种制度就逐渐弱化并失去功能。新型农村合作医疗制度的目的就是填补农村地区医疗保险的空白，它从根本上有别于改革以前以公社为基础的合作医疗制度。第一，它是以个人为基础的自愿保险计划。第二，项目的资金来源由中央政府、地方政府和参加者共同负担。第三，它是以县级为统筹单位，因此比先前的以公社为基础的医疗保障有更大的抗风险能力。第四，它更偏重于医疗和治病，而改革前的合作医疗制度则侧重于基本的公共卫生服务，包括卫生预防措施（Wagstaff等，2009）。到2007年，新农合的群众参与率是86.2%，2010年达到了96%[②]。在制度建立初期，由于政府投入的资金有限，新农合的看病报销比例不高，但是政府在农村地区建立基本的医疗保险体系的目的已经达到了，而近几年政府加大了投入，新农合的报销比例有了明显提高。

中国失业保险体系的发展可以分为两个阶段：20世纪80年代末期到90年代末期和此后的时期。1986年和1993年，国务院出台了待业人员失业保险的法规。20世纪90年代末国有企业改革，为了应对下岗职工数量的增加，1999年初，国务院颁布了《失业保险条例》。[③] 由于这一法规的出台，企业职工开始缴纳失业保险，因此，可以说中国的失业保险出现在20世纪90年代末期，即使到目前为止，失业保险仍然并不普遍。[④] 2006

① 作为应对，2009年国务院下发指令，加速医疗服务的均等化。对于公务人员，国务院将于2013年开始公共医疗改革。至于当地城镇居民和农村流动人口之间的医疗保障待遇差距，2009年的指导意见强调提高地区间健康保险的转移支付，并且把农村流动人口纳入到医疗保障项目中，具有劳动合同的流动人员享受城镇职工的基本医疗保险，其他农村流动人口则享受城镇居民的基本医疗保险或者新型农村合作医疗。参见《公共医疗渐进改革的启示》，社会保障查询网，http://www.chashebao.com/yiliaobaoxian/8263.html。

② 国家统计局：《中国统计年鉴》（2011年），中国统计出版社2011年版，表21－21。

③ 20世纪90年代末期国企改革的过程和影响，参见Li和Sato（2006）的一项基于1999年城镇家庭调查、关注失业工人的研究。

④ 例如，2007年仅有不到65%的城镇失业人员领取了失业补助（国家统计局：《中国统计年鉴》（2008））。

年，新的试点项目在东部沿海地区的7个省和直辖市开展（Lai 等，2011），该项目的目的是扩大失业保险基金的支出范围并且促进失业人员的再就业（例如，社会保障费用补贴和促进创业的贴息贷款）。本书第十章为失业保险提供了政策背景并讨论了城镇地区的失业率。

经过几年地区性的政策试验后，最低生活保障制度（低保）分别于90年代末期和2005年左右在城市和农村地区建立起来。这一制度给穷人提供收入补贴，以提高穷人的收入水平。最低生活保障线由各地方政府设立，在制定标准时考虑了当地生活费用和财政能力。

1993年，上海最早进行了城镇最低生活保障项目的试点。到1996年底，城镇最低生活保障试点扩展到了101个城市。1997年，国务院宣布到1999年所有的城市包括县城都要建立最低生活保障制度。在90年代地区试点经验的基础上，1999年国务院颁布了《城市居民最低生活保障条例》。该条例覆盖的城市人群在2000年后的前几年迅速增加，并在后几年保持稳定（见表1.1）。值得注意的是，从2005年开始，中央政府试图把最低生活保障和其他社会政策结合起来，例如对城市穷人的医疗救助项目（雷晓康、王茜，2009）。

表1.1　收入再分配政策的主要相关指标

		1995	2000	2002	2005	2007	2010
公共养老金项目	参加企业职工基本养老保险的城镇企业的工人人数（百万人）[1]	87.4	104.5	111.3	131.2	151.8	194.0
	企业职工基本养老保险的参与率（%）[2]	50.0	49.7	48.6	51.2	54.9	64.2
	农村居民参加新型农村社会养老保险项目的人数（百万人）[3]	—	—	—	—	(51.7)	102.8
医疗保险	城镇职工参加城镇职工基本医疗保险的人数（百万人）	7.0	28.6	69.3	100.2	134.2	177.9
	城镇职工基本医疗保险项目的参与率（%）[4]	3.7	12.4	27.5	35.3	43.4	51.3
	农村居民参加新型农村合作医疗的人数（百万人）				179.0	726.0	836.0
	推行新型农村合作医疗的县	—	—	—	678	2451	2678
	开展新型农村合作医疗的县的比例（%）				23.7	85.7	93.8

续表

		1995	2000	2002	2005	2007	2010
失业保险	参加失业保险的工人数	82.4	104.1	101.8	106.5	116.4	133.8
	失业保险的参与率（%）[5]	47.1	49.5	44.5	41.6	42.1	44.3
最低生活保障	享受城镇最低生活保障的人数（百万人）	—	4.0	20.6	22.3	22.7	23.1
	享受农村最低生活保障的人数（百万人）	—	3.0	4.1	8.3	35.7	52.1
	接受传统农村社会救助的人数（百万人）[6]	—	—	0.9	10.7	6.1	6.2
农村扶贫	新的官方贫困标准衡量的农村贫困人口的数量（百万人）[7]	—	94.2	86.5	64.3	43.2	26.9
	新的官方贫困标准衡量的农村贫困率（%）	—	10.2	9.2	6.8	4.6	2.8
	新的官方贫困标准下的贫困线（元，人均）	—	865	869	944	1067	1274

注：1. 已经退休的参与者没有包含在内。

2. 参与的人数除以城镇劳动人口的数量，不包括自我经营的人群。

3. 2007 年和 2010 年的数字不具有可比性。2010 年的人数仅包括参加国务院官方认可的作为新型农村社会养老保险一部分的项目的人群。2007 年的人数包括地方的各种试点项目。

4. 参与的人数除以城镇劳动人口的数量，包括自我经营的人群。

5. 参与的人数除以城镇劳动人口的数量，不包括自我经营的人群。

6. 传统的社会救助包括“五保户”，特困家庭的救助以及其他类型的社会救助，临时救济（如，自然灾害救济）不包含在内。

7. 新的官方贫困标准从 2008 年开始实行，2008 年以前的官方贫困线叫做低收入线。

资料来源：国家统计局历年的《中国统计年鉴》。

20 世纪 90 年代中期，农村地区的最低生活保障也出现在政府的议程之中。然而，直到 2007 年，几乎是城镇低保制度实施的 10 年后，全国性的农村的最低生活保障制度才建立起来。在 1996 年，民政部宣布促进农村地区社会保障的发展；到 2003 年，15 个省份 2037 个县（接近中国 2861 个县的 70%）建立了农村最低生活保障制度；到 2007 年，所有 31 个省市建立了农村最低生活保障制度（雷晓康、王茜，2009）。如表 1.1 所示，2005 年后享受最低生活保障的农村人数显著增加。

利用 CHIP 调查数据估计贫困发生率的变动趋势并且分析最低生活保障对贫困和收入差距的影响效果，这些研究结果呈现在本书第二章（全国范围）、第七章（农村地区）和第九章（城市地区）中。这些章节提供的结果表明城市居民最低生活保障对收入分配具有有限的影响作用，它并没有完全抑制收入差距的扩大，但是对于缓解贫困却具有一定的作用。

二、就业政策：劳动力市场政策和最低工资政策

中国城市劳动力政策的一个重要的转折点发生在20世纪90年代末和21世纪初（赖德胜等，2011）。从20世纪90年代末开始，一系列被动的劳动力市场政策开始实施，如下岗职工的收入保障、失业保险和城镇最低生活保障。实施这些政策的目的是减轻大规模国有企业改革对城镇失业和贫困的影响。2002年中国共产党第十六次全国代表大会后，又有一些主动的促进就业的劳动市场政策开始实施（劳动和社会保障部等，2003；国务院，2005、2008）。根据赖德胜等（2011）的研究，这些政策包括以下几个方面：第一，面向农村流动人口和下岗职工的技能培训项目；第二，促进就业的政策，如促进公共项目投资、政府对工作职位的补贴（例如，和城市环境卫生有关的工作）、对符合条件企业的工资补贴以降低企业的工资成本、对家庭作坊的税收减免和对商业贷款的利息补贴；第三，公共就业机构提供就业信息和就业服务；第四，鼓励中小企业的发展。此外，2008年初通过的劳动合同法也是值得注意的，它为员工提供了更多的就业保障。

1993年，中国在《企业最低工资规定》中首次推出了最低工资的规定。2004年，劳动和社会保障部（人力资源和社会保障部的前身）开始实施修订的《最低工资规定》。2004年修订的《最低工资规定》中最重要的一点是该项目的覆盖面从企业职工到所有的工人，包括非企业机构和小微企业。此外，最低工资水平在本世纪初有大幅的提高。[①] 然而，由于《最低工资规定》规定的是月工资水平，对农村流动人口而言，它的实际效果有很大的局限性，因为他们的工作时间往往比当地城镇职工更长（Du和Pan，2009）。本书第八章讨论了最低工资规定对农民工工资的影响。

① 例如，上海、广州和成都的月最低工资分别从2002年的535元、510元和340元增加到2007年的840元、780元和650元。参见上海市、广东省和成都市人力资源和社会保障局网站，http://www.12333sh.gov.cn/200912333/2009bmfw/zcwd/201101/index.shtml；http://www.gdhrss.gov.cn；http://www.cdhrss.gov.cn。2002—2007年的实际增长用省级城镇居民消费者价格指数（CPI）做了平减，三个省的CPI分别是45.5%，37.4%，62.6%（省级CPI的数据见NBS 2010）。

三、税制改革

个人所得税改革可分为三大阶段。20世纪80年代初期到90年代中期，个人所得税已经开始实行，但是纳税人的数量非常有限。从20世纪90年代中期到本世纪头几年，通过整合相关的规定并把征税的范围扩展到包含利息收入和自我经营的收入，中国建立了现行的个人所得税制的基础。[①] 从前几年开始，作为一项降低收入不平等的政策工具，个人所得税被给予了更多的关注。反复调整的免征额反映了这样的关注，如2006年把免征额从800元调整到1600元每月，2008年又调整到2000元每月，2011年增加到3500元每月。[②] 然而，个人所得税实际的再分配效应却十分有限（见本书第九章和第十二章）。从促进个人所得税的再分配作用的角度来看，通过调整税收的免征额和税率，政府可以很容易的减轻低收入人群的税收负担；但是，它却很难监控高收入人群的应纳税收入，也很难设定一个有效的、最优的税率。因此，个人所得税改革的讨论仍在持续。

直到本世纪初期，中国农村地区的财政体系仍然是依靠当地政府的多层次、地方分权的模式，这导致了不同地区间财政收入的极大差异。教育、公共卫生和基础设施等最基本公共服务的提供都由地方政府甚至乡镇和行政村来负担，然后由于没有足够的政府间的转移支付支撑，在很多地区公共服务的供给严重不足。同时，这种财政体制带来的后果是：第一，强制地对农民征税，以弥补农村公共服务的财源不足；第二，农村税费负担呈现很强的累退性（Bernstein 和 Lu,2003;Sato, Li 和 Yue,2008）。[③] 为了改变这种状况，2000年中国开始实行农村税费改革。改革的第一步（2000—2003年）是将以往在乡镇和行政村征收的税费统一替换为正式的税收（最新定义的农业税），即通常所说的费改税；第二步（2004—2005

① 个人所得税法于1980年实行，并于1987年增加了个人收入调节税。个人所得税法于1994年进行了修订，整合了已存的个人所得税法规。

② 见刘佐（2011）、国务院（2011a）中对个人所得税法相关修订的论述。

③ 直到21世纪初，中国农村的一句俗语还被报刊广泛引用，即“头税轻，二税重，三税是个无底洞”（见程国强、宋洪远、党国英，2012）。头税是指正式的国家税收，例如农业税；二税是指地方政府征收的，有一定法律依据的税收，例如乡镇统筹和村提留；三税是指其他费用，例如各种行政事业性收费、乱摊派和罚款。

年）于2005年末到2006年初完成，主要任务是逐渐废除农村税费，包括农业税。[①] 废除农村税费具有良好的收入分配效应，但是它对农村收入差距的总体影响并不十分明显（见本书第七章），但是还应该看到它更加有利于实现收入分配的公平。

四、惠农政策

解决三农（农业、农村和农民）问题的最新政策的实施可以分成两个阶段。第一阶段从20世纪90年代末期到2005年，第二阶段是2006年以后。进入2000年以后，农村政策的实质可以表述为“多予、少取、放活”。“少取”的主要组成部分就是上文提到的农村税费改革，其他还包括对小学和初级中学的“两免一补”政策，2006年起，这项政策首先在西部地区实行，随后又扩展到中部和东部地区。这项改革和第一个阶段实行的以县为主的教育预算制度一起，标志着中国基础教育的一个转折点。我们还应该注意到，2001年后，合并重组小学和重构教育预算体系是在同时进行，合并后农村地区小学的数量从2000年接近44万所减少到2010年的21.1万所（国家统计局农村社会经济调查司，2011b）。

“多予”的政策主要涉及对农村家庭的农业补贴、社会保障项目以及加强公共服务投资。农业补贴包括粮食补贴、农资综合补贴、良种补贴、购置农机补贴以及对不同作物和特定地区的补贴。我们也可以把退耕还林作为一项农业补贴政策，还包括新推出的社会保障项目，如上文提到的农村最低生活保障、新型农村合作医疗和新型农村社会养老保险。[②]

应当注意的是，为了保证“少取”和“多予”的效果，中央政府调整了与地方财政关系和管理体系（Fock和Wong,2007a;Fock和Wong,2007b;Wong和Fock,2008）。最重要的调整就是加强政府间的财政转移支付，包括中央政府和省级政府之间，以及省内政府间的转移支付。2000年，中央

---

① 基于村民民主讨论的行政性收费叫做“一事一议筹资”，在2006年以后仍然存在。

② 利用国家统计局2002年、2004年和2006年年度家庭调查的微观数据，王震（2010）估计了农村受益的政策，如废除农业税、农业补贴和医疗保险对农村收入不平等以及城乡收入差距的影响。利用国家统计局2002年和2009年国家贫困监测家庭调查的微观数据，国家统计局农村社会经济调查司（2011a）估计了“多予，少取”政策对农村家庭收入和支出的直接效应。

政府开始推行政府间的财政转移支付，主要涵盖对象是农村税费改革后财政收入减少的县和乡镇政府。2005 年，中央一号文件要求各地方新增教育、卫生、和其他公共支出预算支出，用于县以下的比例不低于 70%。另一个调整是财政职责集中在县级政府。从 2000 年代初开始，为了保证对农村教育的支出，国务院多次要求建立“以县为主”的教育预算制度。2006 年，中央一号文件提出由县级政府直接管理乡镇政府的预算，即“乡财县管”。

加强公共投资与上述的地方财政和管理体系改革有密切关系。利用 1988—2007 年 5 个省份行政村的面板数据，罗仁福、张林秀、邓蒙芝（2008）发现本世纪头几年，农村税费改革后，村级水平公共投资项目的数量减少，但此后有所恢复并且增加。CHIP2007 的调查数据收集了 2005—2007 年公共投资项目的村级数据，也显示 2007 年公共投资项目上的投资增加（Sato 和 Ding，2012）。[①] 这些项目的长期分配效应是未来研究的一个主题。

五、扶贫政策

中国扶贫政策的首要目标是减少农村地区绝对贫困人口（国务院，2001）。与其他发展中国家相比，这些政策取得了令人瞩目的成就（世界银行，2009）。如表 1.1 所示，用中国的官方贫困线来衡量，农村贫困发生率从 2002 年的 9.2% 下降到了 2007 年的 4.6%。[②]

农村贫困地区扶贫开发的政策始于 20 世纪 80 年代中期，对象是国家级和省级的贫困县。为了避免仅依靠地区平均收入来衡量贫困状况所造成的资源配置的偏差，20 世纪 90 年代后，扶贫政策开始强调“扶贫到户”。2001 年，国务院颁布了《中国农村扶贫开发纲要 2001—2010》，作为本世纪头十年的相关政策的框架。国家统计局最近的贫困监测报告显示，在这十年中农村地区主要的扶贫政策都经过了调整（国家统计局农村社会经济

① 2002—2007 年间，社会发展项目（小学教育和公共卫生）和西部地区项目资金的增加构成了全国公共投资增加的主要部分。

② 官方的贫困线于 2008 年上调，用先前的低收入线作为绝对贫困的新标准。

调查司，2011a)。新的内容包括一个综合的发展规划，即“整村推进规划”，主要面向的对象是全国范围内150000个贫困村。截至2009年底，已有约108000个行政村实行了综合发展项目，包括基础设施建设、产业推广和社会福利。第二项政策是促进就业的技能培训项目。从2004年至今，累计有400多万农村劳动力参加了非农技能培训项目，即“雨露计划”。为了促进农业的发展，“农业产业化”政策也开始推行，该计划旨在改进农业技术，增强农民通过专业合作组织的联系网络，并且通过企业合作来提高农业生产的垂直联合。移民和就业导向型的发展政策如整村搬迁移民，并镇并村以及土地退耕等也稳步推进。

六、移民和户籍制度改革

对中央和地方政府来说，户籍制度改革仍在进行之中（Cai 2011；Chan 2009）。本书的大多章节从不同的角度说明了户口状况怎样直接或间接影响了中国家庭的收入水平和福利状况。这是因为户籍制度使得户籍同教育、就业、医疗、住房、社会保障、土地使用权等各种机会具有直接的联系。因此，户籍制度是城镇和农村差距产生的经济和制度基础（Knight 和 Song，1999；Whyte，2010）。

改革开放后户籍制度的改革可以分为三个阶段：20世纪80年代末到90年代中期，20世纪90年代末到2005年，以及2005年以后（Cai，2011；Chan，2009）。户籍制度改革始于20世纪80年代中期，农民被允许以自带口粮户口的身份进入附近的乡镇。同时，《居民身份证条例》和《公安部关于暂住人口管理的暂行规定》开始实施。20世纪80年代末到90年代初，对农民在城镇就业或自我经营的管理开始放松。与此同时，粮食配给制度被逐步取消。

从20世纪90年代中期开始，随着农村人口向城市的快速流动，几项户籍改革的措施开始推行。第一项改革是把审核农村户口永久变为城市户口的配额权下放。1992年，公安部允许小城镇和经济开发区为外来人口提供本地城市户口。从20世纪90年代中期开始，一些沿海城市开始为符合条件的农村居民推出新的本地城市户籍制度，即“蓝印户口”（例如，1992年的温州、1993年的上海和1995年的深圳）。20世纪90年代末到本世纪初，在这些政策实验的基础上，起初在一些小城市和乡镇放宽永久性迁移户口的措施推广到了全国。[①] 第二项改革是放宽为家庭成员（配偶、小孩和老人）团聚而变更户口的限制。

然而，这些改革并没有带来户籍制度根本性的改变。户籍制度仍然继续限制劳动力流动并且强化了农村和城镇之间以及城镇内部劳动力市场的分割（Cai 2011）。这是因为当地方政府面对着不断增加的农村到城市的流动人口和国企改革所导致的城镇劳动力的失业时，他们更愿意通过限制外来务工人员就业而不是促进劳动力市场的发展来保护当地的城镇职工。而且，一些缺乏公共资源的小城市具有较高的进入门槛，因此并不能吸引合格的人群永久居留。因此，从 20 世纪 90 年代中期以来，长期迁移但户口状况却没有变化的移民规模迅速扩大。

从 2005 年开始，越来越多的城市通过推行统一的居民户口而取消了以往城市和农村户口的区别。到 2008 年，有 13 个省级政府为统一户口发布了法规或政府文件。然而，户籍制度的统一并不会必然导致农业户籍人口能更好地享受到城市的社会保障和公共服务。从这个角度来看，三方面的因素值得关注。第一个因素是，由于在许多城市地区，尤其是沿海地区，出现了劳动力短缺和外来务工人员工资上涨，地方政府开始推行更强的有利于户籍制度改革的激励机制（Cai，2011）。第二个因素是上文提到的与户籍制度改革相配套的制度改革，如建立一个更具包容性的社会保障体系。第三个因素是地方政府扩大城市规模的内在激励，希望将农村户籍人口转换为城市居民。然而，应该注意的是，最后一个因素有可能导致在强制的户籍制度改革过程中出现侵犯农民土地使用权的行为（见本书第五章对住房情况的相关回顾）。

最新的事态发展表明，中央政府将继续坚持户籍制度改革，但改革将是渐进的。2010 年中央一号文件指出农村户口的流动人口允许在中小城市定居，并且应该和当地城镇居民享有平等的社会保障和公共服务。然而，

---

① 公安部（2001）规定，转移户口的一般要求是稳定的工作、拥有房屋的所有权和稳定的生活来源，另一个重要的渠道是扩大城市行政区域而导致的农村土地所有权和当地城市户口的交换。截止到 2013 年 4 月，地方城市户口还可以授予在当地城市投资或者购买房屋的人（公安部，1998）。

2012 年 2 月国务院户籍制度改革说明中强调改革应该根据城市规模逐步的推进，大城市应谨慎行事（国务院，2011b）。该文件也同时警告，改革的过程中不能违反有关保护农民土地使用权的规定。

第三节 收入的度量

CHIP 调查的最初动机是收集家庭收入和相关的信息，以便能够准确的度量收入并更好的理解中国经济转型和发展对收入分配的影响。虽然国家统计局（NBS）大大增加了对家庭收入数据的收集工作，并公开了大量的住户调查的描述性统计资料，但国家统计局并没有公开其家庭调查的微观数据供研究使用。此外，国家统计局的收入统计与国际的度量标准有所不同。

国家统计局衡量的城镇收入称为可支配收入，包括工资性收入（工资、薪金及其他补偿）、自我经营的收入、财产性收入和来自于公共部门或私人的转移性收入。这种度量方法主要包括各种来源的现金收入，没有完全反映实物收入，而且，自有住房的估算租金没有包括在内。国家统计局衡量的农村收入成为纯收入，包括来自于就业、自我经营、家庭经营和农业等生产性活动的现金收入，以及自己生产自己消费的产品扣除成本、税费和生产性资产折旧后的货币价值，再加上转移收入（国家统计局，2008）。和城镇收入的方法相同，国家统计局衡量的农村收入也不包括自有住房的估算租金。

Khan 等（1992）指出了国家统计局这种住户收入度量方法的缺陷。一种缺陷是它排除了自有住房的估算租金，另一种是低估了消费补贴，尤其是对城镇家庭来说。在过去，消费补贴主要来自于计划经济下提供低价的消费品和公有住房的补贴。20 世纪 90 年代初期以后，计划配给的消费品几乎没有了，因此，消费补贴也逐渐消失了。类似地，2000 年代初期中国基本完成的城镇住房私有化和市场化，也导致了城镇公有住房补贴的大幅减少。

鉴于以上考虑，并遵循 Khan 等（1992）的做法，我们采用了另一种比国家统计局所使用的方法更全面的方法来衡量住户收入。用这种方法度量的收入在本书中称为“CHIP 收入”，它等于国家统计局衡量的收入（后文中简称“国家统计局收入”或“NBS 收入”）加上自有住房的估算租金再加上租住城镇公有住房的隐形补贴。① CHIP 收入的其他部分和国家统计局使用的可支配收入以及纯收入基本相同。本书的许多（但并非全部）章节在分析中都采用的是 CHIP 收入。一些章节使用了国家统计局定义的收入，还有一些章节，例如第三章，使用了两种收入，以便和其他文献中使用国家统计局收入的研究结果相比较。

本书的大部分章节分析了个人而非家庭之间的不平等状况。每个家庭成员都被认为是一个分析单位，也就是说在分析中给规模较大的家庭赋予更大的权重。个人收入等于家庭收入除以家庭人口。这种简化的处理方法不管在国际研究中还是国内的研究中都是很常见的。一些研究人员建议用不同家庭成员消费的异质性差异来对收入进行等值化（equivalent scale）调整（例如 Chen，2006）。本书中没有对收入进行这样的调整是因为对中国家庭来说缺乏统一的调整标准，并且多数具有可比性的研究也没有采用这种方法。分析收入不平等程度时如果没有进行等值化调整可能会造成收入差距的小幅度高估。

不论是国家统计局收入还是 CHIP 收入都没有完全包括社会福利和公共支出项目的市场价值，但是它们都包括了现金转移收入，例如，失业保险金、最低生活保障收入和农民的粮食生产补贴。现期获得的养老金收入也包含在内，但雇主和雇员支付的社会保险项目的费用没有包含在内。类似地，由政府补贴的社会项目和公共服务，如教育补贴，也没有包括在内。一些研究人员认为，应该估计出这些项目的市场价值并且作为收入的一部分。由于受到诸多方面问题的困扰，如收集相关信息时的困难，究竟哪一部分应该被包含在收入中以及每一部分该如何计算，还有不同的观

① 本书第五章解释了自有住房估算租金的计算方法。隐性补贴等于房屋的市场租金和居住在公共补贴住房中的城市家庭实际支付的租金两者之间的差，实际支付的租金由家庭自己填报。

点。此外，许多国际上的研究也没有包含这类收入，因此，本书使用的收入概念没有包含社会福利和公共支出项目的市场价值。把这些收入的组成部分排除在外可能会造成全国收入差距的低估，因为，低收入人群如农村和流动人口家庭几乎没有，或者很少从这些项目中受益。①

近年来，一个讨论较多的话题是中国城镇高收入家庭的收入水平的低报，有时也称为“灰色收入”（王小鲁，2010；罗楚亮、岳希明和李实，2011）。这种情况并非中国独有。住户调查样本往往有高收入人群代表性不足的特点，并且高收入家庭某些特定类型的收入也会被低报。在中国，随着民营企业和私有资产的增长，以及社会中富豪人群的出现，不论是国家统计局的家庭调查还是 CHIP 的调查都面临着这些问题。高收入住户样本偏低造成的收入差距的低估问题是显而易见的。本书的第三章尝试利用不同来源的高收入人群的信息来修正样本偏差问题，得出了较高的基尼系数。应该看到，这也只是一种尝试，这方面的工作还需要继续。需要注意的是，本书的大部分章节所使用的住户收入，都没有经过这种调整。正是由于这个原因，城镇内部收入差距、城乡之间收入差距、全国收入差距在一定程度上的低估是存在，但是我们很难知道其低估的程度如何。

第四节 数据和调查

本书中多数章节使用的数据来自于 2002 年和 2007 年 CHIP 调查的数据。② 附录Ⅰ给出了 2002 年和 2007 年样本和样本选择方法的详细说明，这里我们只提供一个简单的概述。

2002 年和 2007 年的 CHIP 调查均包括三个子样本：生活在农村的住户

① 例如，李实、罗楚亮（2010）估计了社会保障政策对城镇和农村家庭收入差距和全国收入不平等的贡献。他们的估计表明，如果把社会保障项目的市场价值包含在家庭收入中，2002 年城镇和农村家庭之间的收入差距增加近 40%，并且，全国收入不平等的基尼系数将增加 11%。

② 对早些年 CHIP 调查数据的讨论，见 Eichen 和 Zhang（1993），Li 等（2008）。

样本、农村户口但生活在城镇的住户样本（城乡流动人口）、城镇户口并生活在城镇的住户样本（城镇居民）。2002 年，这三个样本都是由国家统计局来调查的，2007 年城镇和农村调查由国家统计局完成，城乡流动人口的调查由我们课题组组织完成。①

2002 年和 2007 年调查所覆盖的省份和样本规模呈现在表 1.2 中。虽然这两年的调查包含的省份和样本规模不同，但每一年的样本都代表四个地理区域：直辖市、东部、中部和西部地区。两次调查的样本户的省际分布可以参阅 Li 等（2008）和本书的附录Ⅰ。两次调查中多数省份是相同的。2002 年城镇调查的 12 个省份也全部包含在 2007 年的城镇调查中，2007 年农村调查的 16 个省份也全部包含在 2002 年的调查中。至于流动人口的调查，2007 年调查的 9 个省份中有 8 个省份包含在 2002 年的调查之中。

表 1.2　2002 年和 2007 年 CHIP 调查的覆盖面

	2002 年调查			2007 年调查		
	城镇人口	农村人口	流动人口	城镇人口	农村人口	流动人口
个人	21696	34719	5327	29262	51847	8404
家庭	6934	7998	2005	10000	13000	4978
省份	12	22	12	16	16	9

资料来源：本书附录Ⅰ；Li 等，2008。

一、城镇和农村住户样本

CHIP 城镇当地家庭和农村家庭的调查样本均选自国家统计局的家庭调查样本。国家统计局的家庭调查包括城镇和农村地区，覆盖了中国大陆所

① 除了 RUMiCI 调查所包含的 5000 个流动家庭、8000 个农村家庭和 5000 个城镇家庭样本外，CHIP 调查样本还包括 RUMiCI 调查不包含的另外的 5000 个农村家庭和 5000 个城镇家庭。由于 RUMiCI 调查主要集中在东部和中部地区，CHIP 调查中额外的家庭主要分布在西部和中部地区。2007 年流动人口调查的样本选择和调查方法在中国和印度尼西亚流动人口项目的调查文件中有详细的描述。参见 http://rse. anu. edu. au/rumici/documentation. php。

有的省份。国家统计局 2002 年调查的样本包括 45317 个城镇家庭和 68116 个农村家庭，2007 年的样本包括 59305 个城镇家庭和 68190 个农村家庭。[①] Li 等（2008）描述了国家统计局城镇和农村家庭调查的样本选择方法；本书的附录Ⅰ和附录Ⅱ提供了 CHIP 城镇和农村家庭样本选择的详细方法。

二、流动人口样本

国家统计局城镇和农村家庭调查中没有充分的反映流动人口的信息，因此，CHIP 城镇和农村家庭调查也没有充分反映流动人口的信息。考虑到流动人口在中国日益增加的重要性，2002 年 CHIP 调查开始包括一个独立的农村流动人口调查。我们以下讨论 2002 年和 2007 年流动人口调查的主要特征，由于中国人口流动时间短暂、非正式和多样化的特点，这些特征可能会有样本偏差。尽管存在一些不足之处，CHIP 流动人口调查和城镇调查、农村调查结合起来可以更全面地了解中国收入和不平等的情况。附录Ⅰ和附录Ⅱ提供了更多对流动人口样本的讨论。

2002 年的流动人口调查包括 2000 个农村到城市的流动人口家庭。这些家庭选自北京和 2002 年城镇调查的 12 个省的省会城市以及每省一个中等规模的城市，其中北京选择了 200 个家庭，东部地区和中部地区的每个省选择 200 个家庭，西部地区的每个省选择 150 个家庭。每个省内，省会城市选择 100 个家庭，剩下的家庭选自中等规模的城市。选择家庭时并没有考虑家庭成员是否在居住地登记，因此，样本中既包括在居住地登记的流动人口也包括没有登记的流动人口。城市内部，流动人口家庭的选择以居民区为基本单位，因此，居住在建筑工地或者工厂里面的流动人口可能不包含在样本之中。排除了这些临时居住的外来务工人员意味着 2002 年流动人口的样本偏向于居住更长久的流动人口家庭，并且包含更少的单身的流动人口。此外，由于调查主要在城市居民区进行，因此不包含居住在郊区的流动人口。

各地统计局根据当地的实际情况决定选择社区内流动人口家庭的方

① 见国家统计局：《中国统计摘要》（2003），第 102、107 页；《中国统计摘要》（2008），第 104、110 页。

法，因此，每个城市的样本选择方法可能并不相同。基本的要求是被选中的家庭要在社区居住超过6个月，并且没有当地的城镇户籍。

2007年流动人口调查和2002年的调查在样本规模，包含的省份和问卷设计上都有所不同。这些改变主要是为了解决2002年流动人口调查中的一些缺陷。2007年流动人口调查包括从9个省份抽出的15个城市的5000户流动人口家庭。这些城市是：广东省的广州、深圳和东莞，上海市，江苏省的南京和无锡，浙江省的杭州和宁波，湖北省的武汉，重庆市，四川省的成都，安徽省的合肥和蚌埠，河南省的郑州和洛阳。这些省份的选择主要是考虑流动人口的来源地和目的地，样本省份包括最大的流动人口输入省份和输出省份，占全国流动人口总量的70%以上。和2002年调查的方法相同，每个省内的样本包括省会城市和一个到两个流动人口比较集中的中等规模城市。每个城市内流动人口家庭的选择采用了一种基于地理网格的新方法。第一步是确定城市的边界，大多数中国城市包含两种类型的行政区划，即市区和郊区县。城市的边界被定义为覆盖市区内的所有地区，不包括郊区县。第二步是把每个城市划分成一个网格，然后随机的选取网格的一小块。第三步是统计每一个所选的小网格中的企业主和自我经营者，其目的是获得在每个小网格中工作的城乡流动人口的信息。第四步是随机的选择雇主，并根据雇主所雇佣的流动人口的数量来确定所选雇主的样本数目，流动工人的样本从每个所选择的雇主的雇员中随机抽出。最后一步是统计员拜访并调查被选中的雇员家庭和自我经营的流动人口家庭的信息。①

虽然这样的样本选择方法克服了2002年选择方法的一些缺陷，但它仍然存在一些潜在的偏差。第一，由于统计的范围只包括雇主和自我经营者，失业的流动人口就被排除在调查的范围之外。如果失业的流动人口恰巧是所选择的雇员家庭或自我经营的流动人口家庭的成员，那么他们会包含在样本中，但是很可能样本低估了失业的流动人口。这可能会导致流动

① 对样本选择过程更详细的描述可参阅《中国的人口流动（2008）》，http://idsc.iza.org/?page=86&wid=778#documentation；对雇主选择的方法的描述可参阅《城乡流动人口普查手册》，http://rse.anu.edu.au/rumici/pdf/Census%20manual_China_English08.pdf。

人口家庭平均收入向上的偏误，但幅度可能并不显著。失业的流动人口可能会选择返回家乡，相对来说，仅有很少的失业的流动人口会居住在城市。①

另外一个偏误是建筑业流动人口的代表性偏低，因为基础设施项目的工人，例如机场、高速公路和铁路，不太可能包含在样本之内。这可能会导致流动人口家庭平均收入向下的偏误，因为大型建设项目中雇佣的工人往往有相对稳定的就业机会和更高的工资水平。最后一个偏误是，和2002年流动人口调查相同，2007年调查的样本没有包括郊区地区。但是，2007年调查是靠流动人口的就业地方来选择样本的，而非通过居住地。因此，2007年的调查中很可能包括居住在郊区，但是在市区工作的流动人口。

我们注意到，国家统计局的农村调查中还包括一个城乡流动人口的分组。国家统计局农村调查的样本范围排除了全部迁移到城镇地区的农村家庭，但是包含了部分成员迁移或外出务工的农村家庭。农村家庭成员如果离开家超过6个月并且与家人没有紧密的经济联系就不包括在家庭成员之内；暂时离开家（6个月及以下）或者虽然离开家6个月以上，但仍然是农村家庭的主要经济来源的成员仍然包含在家庭成员之内。作为国家统计局调查的子样本，CHIP农村调查也遵循了统一的规则。国家统计局调查的流动人口家庭成员的收入可能会低估，因为，他们的收入是由居住在农村的家庭受访者报告的，而受访者可能并不完全知道流动在外的家庭成员的经济活动和收入情况。

CHIP流动人口调查没有排除掉短期的流动人群或者仍然是农村家庭主要收入来源的流动人口。因此，在合并CHIP流动人口调查和农村调查的结果时，可能会出现重复计算的问题。为了解决这个问题，正如在本书附录Ⅱ中所描述的那样，我们在CHIP流动人口样本中区分了单身和暂时性的流动人群。由于这些流动人口可能会包含在农村样本中，在分析中合并流动人口和农村样本时，就把这些人从流动人口样本中排除出去。从而，

① 例如，2008年底，1500万到2000万农村外出务工人员由于国际金融危机的影响而失去了在城市中的工作。据报道，大约有1000万人返乡（见“农民公共失业调查”，2009年1月9日），http://finance.qq.com/a/20090120/000698.htm。

本书中分析全国不平等时（第二章）一般只使用包含长期、永久性的流动人口，并且和农村地区的老家没有很强的经济联系的流动人口子样本。

三、问卷设计、变量和数据来源

CHIP 城镇和农村调查数据有两个来源。第一个来源是国家统计局的家庭调查数据，其中包含了家庭和个人特征的信息，如年龄、性别、民族、受教育程度、就业状况、家庭人数、户籍所在地以及家庭收入和支出的详细信息。收入信息包括家庭工资性收入、经营性收入、财产性收入和转移性收入；支出信息包括食物支出、衣物支出、交通和通信支出、日常消费品支出和房屋维护支出。

第二个来源是独立的 CHIP 调查，主要是利用独立设计的调查问卷收集每个家庭的信息。CHIP 调查问卷中包含了与 CHIP 课题组研究目的相关的其他问题，例如，CHIP 调查问卷中包含了有关就业和失业、工作流动性以及个人工作时间的详细问题。问卷中也包含自有住房市场价值和租金的相关问题，主要是为了能够估计自有住房的住房补贴和估算租金（见本书第五章）。

国家统计局目前还没有专门的流动人口调查。因此，流动人口调查的所有信息都是用独立设计的问卷收集到的。这些问卷设计的目的是能够收集到和城镇调查、农村调查的结果一致并且可比的信息，并且流动人口调查的问卷中的许多问题和其他调查中的问题是一致的。此外，流动人口调查中包含了收入组成和支出组成的详细问题，主要是为了能够计算收入值和支出值，并和国家统计局提供给 CHIP 调查的城镇和农村家庭调查保持一致。①

虽然 CHIP 不同年份的调查所收集的信息是比较一致的，但其中也有些不同的地方。改革极大的改变了中国家庭所处的环境，因此，有些调查的问题需要删除或修改。不断变化的环境也要求调整调查的设计，尤其是包含一个独立的农村到城镇的流动人口调查，还必须采用新的方法来收集

① 2007 年 CHIP 的调查问卷可参阅 http://rse. anu. edu. au/rumici/documentation. php，名称为“第一波”或“2008 问卷”。

具有日益多样化和复杂化的经济联系的城镇和农村家庭的信息。CHIP 调查由于受到不断变化的预算、政策和时间的制约，因此，样本的数量和收集信息的类型都有一些变化。最后，虽然 CHIP 课题组及其研究目的保持了较好的连续性，多年来随着调查内容和设计方案的变化，研究团队和目的也有了相应的变化。

四、权 重

CHIP 调查中地区和省份的样本容量，以及城镇、农村和城乡流动人口的样本容量都和中国各地区、省份、城镇、农村以及流动人口在总人口中的份额不成比例。因此，为了得到具有代表性的结果，就需要对样本进行适当的加权。本书的附录Ⅱ对权重和相关问题给出了详细的讨论。

五、与国家统计局收入统计的比较

本书中给出的基于 CHIP 调查数据估计的家庭收入和国家统计局统计的家庭收入不同。表 1.3 给出了根据 CHIP 调查数据估计的农村和城镇家庭人均收入，并与国家统计局的收入统计做了比较。在表 1.3 中，城镇收入是用 CHIP 城镇家庭调查数据计算出来的，不包括流动人口调查的数据，因此和国家统计局的城镇家庭调查数据是可比的。

CHIP 收入和国家统计局收入不同的一个原因是对收入的定义不同。利用 CHIP 收入定义计算的收入比用国家统计局定义计算的收入更高，并且增长得更快（见表 1.3）。这两种收入度量中的区别主要在于 CHIP 的收入定义中包含了自有住房的估算租金收入，而这一项收入在 2002 年和 2007 年间比收入的其他部分增长的更快。

然而，收入定义并不能解释全部的差异。如果我们在 CHIP 调查数据中，按照国家统计局的收入定义来估计平均收入，并且和国家统计局的收入进行比较，就能够看出区别。如表 1.3 所示，2002 年，不论是城市家庭还是农村家庭，用 CHIP 数据计算的国家统计局定义的收入比国家统计局公布的收入平均高大约 5%。2007 年，农村家庭中，用 CHIP 数据计算的国家统计局定义的收入比国家统计局公布的收入高大约 2%，然而，城镇家庭中，这两者的差别高达 12%。由于 CHIP 城镇和农村调查的样本都取自国家统计局城镇和农村家庭调查的大样本，并且 CHIP 调查中国家统计局的收入数据是由统计局提供的，因此几乎可以肯定，这些差异是由抽样方法引起的（或许也与权重的选取有关）。统计分析表明，两者之间的差异并不显著。因此，我们可以拒绝原始的假设，即按照国家统计局的收入定义，利用 CHIP 的数据计算出来的城镇和农村家庭的平均收入和国家统计局公布的数据在统计上并没有什么不同。

表 1.3　2002 年和 2007 年 CHIP 和国家统计局（NBS）人均家庭收入的比较

		2002 年	2007 年	年均增长率（%，不变价格计算）
农村	CHIP 农村调查数据			
	国家统计局的收入定义（CHIP NBS）（元）	2590	4221	6.96
	CHIP 收入定义（元）	2771	4617	7.44
	国家统计局公布的收入（NBS）（元）	2476	4140	7.51
	CHIP NBS/NBS	1.046	1.020	0.927
城镇	CHIP 城镇调查数据			
	国家统计局的收入定义（CHIP NBS）（元）	8078	15469	11.26
	CHIP 收入定义（元）	9002	17639	11.77
	国家统计局公布的收入（NBS）（元）	7702	13786	9.77
	CHIP NBS/NBS	1.049	1.122	1.153

注：收入均为当年的价格. CHIP 收入在计算时经过了权重调整，年均增长率由经过国家统计局公布的消费者价格指数调整过的不变价格得到。CHIP 的数据来自本书第二章。城镇居民收入是基于 CHIP 城镇住户调查得到，不包括流动人口调查中的流动人口家庭。国家统计局的收入数据和消费者价格指数都由国家统计局公布；农村收入是家庭人均纯收入，城镇收入是家庭人均可支配收入。

原则上，我们对不平等程度的估计结果高于还是低于那些基于国家统计局全部样本的结果，取决于不同样本的均值及数据的离散程度。如上所述，我们的统计检验表明，CHIP 样本的均值和国家统计局公布的收入水平没有显著差异。但是，我们不能比较数据离散的程度，因为国家统计局没有公布全国基尼系数（或其他对收入离散程度的度量指标）。然而，有些研究使用国家统计局公布的分组数据估计了全国基尼系数。例如，OECD（2010）和 Mukhopadhaya（2012）发现在可比的时期内，全部收入不平等的程度有一个上升的趋势。

国家统计局利用全部的农村和城镇家庭调查的样本计算并公布了农村和城镇地区的基尼系数（张东生，2010）。国家统计局估计 2002 年和 2007 年农村的基尼系数没有发生变化，均为 0.37，罗楚亮和史泰丽按照国家统计局的收入定义，利用 CHIP 的数据估计这两年农村的基尼系数均为 0.36（见本书第七章）。国家统计局估计 2002 城镇的基尼系数是 0.32，2007 年是 0.37。本书第九章使用 CHIP 的数据和收入定义估计，不包括流动人口时，2002 年城镇地区的基尼系数是 0.3，2007 年是 0.32。

第五节　主要发现

本书中的各章研究了与中国的收入不平等相关的一系列主题。这里我们讨论各章的主要发现，特别关注那些相互关联的主题。表 1.4 总结了本书各章中出现的收入差距和贫困的主要指标。

表 1.4　2002 年和 2007 年中国收入差距和贫困的主要指标

	2002 年	2007 年	2007/2002
基尼系数（按 CHIP 人均收入计算）			
包含流动人口	0.460	0.483	1.050
包含流动人口和自有住房估算租金	0.464	0.492	1.060
PPP，包含流动人口	0.391	0.423	1.082
不包括流动人口	0.462	0.487	1.054
基尼系数（按 NBS 人均收入计算）			
不包括流动人口	0.456	0.481	1.055

续表

	2002 年	2007 年	2007/2002
城乡收入比率（按 CHIP 人均收入计算）			
包括流动人口	3.20	3.80	1.188
包括流动人口和自有住房估算租金	3.30	4.06	1.230
PPP，包含流动人口	2.17	2.68	1.235
不包含流动人口	3.25	3.82	1.175
城乡收入比率（按 NBS 人均收入计算）不包括流动人口	3.16	3.66	1.158
城乡收入差距对全国不平等的贡献（GE(0)）			
包括流动人口	44.5%	50.9%	1.144
包括流动人口（PPP 调整后）	27.1%	37.5%	1.384
地区间不平等对全国不平等的贡献（GE(0)）			
包括流动人口	17.6%	15.5%	0.881
包括流动人口（PPP 调整后）	11.6%	11.3%	0.974
财产收入占总收入的份额	7.2%—9.0%	11.7%—16.0%	1.63%—1.78%
财产收入对全国不平等的贡献	7.6%—10.3%	13.1%—19.2%	1.72%—1.86%
绝对贫困率（PPP，1.25 美元/天）	18.6%	8.0%	0.444
相对贫困率（中位数的 50%）	13.2%	13.3%	1.008

注：1. 所有的估计在计算时都经过权重的调整。

2. 除国家统计局收入的估计外，收入均包括自有住房的估算租金和城镇住房租赁补贴。除非另有说明，农村住房的估算租金利用房产价值的回报率得到，城镇住房的估算租金利用估计的房屋租金得到。估算租金的另一种计算方法是不论城镇住房还是农村住房均利用房产价值的回报率得到。详细的讨论和细节，参见本书第五章。

资料来源：表中的数据均来自于本书第二章。

发现 1：收入差距持续上升。

2002—2007 年间中国的收入不平等程度增加了。表 1.4 给出了本书中对人均家庭收入基尼系数的估计值。不平等的估计结果可能会依赖于收入定义、自有住房估算租金的处理、地区生活成本差异的校正，以及流动人口的处理，但在所有情况下，2002—2007 年间收入不平等程度增加。多数情况下，不平等的增加量是 5% 到 6%；对于用购买力平价，即地区价格差异校正后的收入的基尼系数而言，不平等上升的程度超过了8%。

绝大多数估计值都表明了，在2007年中国的基尼系数超过了0.48。这种收入分配不平等程度使中国处于世界范围内收入分配不平等程度最高的国家之列，只有少数国家的基尼系数高于中国。[①] 根据我们的估计，中国的基尼系数使中国成为2007年亚洲收入分配最不平等的国家。亚洲国家的收入分配不平等指数往往较低，基尼系数一般都低于0.4。除中国以外，亚洲地区基尼系数最高的是菲律宾和马来西亚的0.45。[②] 2002年，中国的基尼系数与菲律宾和马来西亚的基尼系数很相近，但是到2007年，中国已经超越了他们。

唯一能得到中国的基尼系数明显低于0.48的方法是采用购买力平价来估计，其结果是0.43。按照国际标准，即使这个水平也是相当高的。购买力平价的基尼系数不能直接和这里报告的其他国家的数据相比较，因为它们没有用地区价格差异来校正。

虽然2002—2007年间中国的收入分配不平等程度增加了，但近年来实施的一系列政策似乎有一些积极的分配效应。正如本书第七章讨论的那样，放松对人口流动限制后迅速增加的流动人口、农业扶持政策以及农村低保政策都使农村低收入人群获益。第九章和第十章的研究结果表明在城镇地区，政府的转移支付和就业政策可能也有积极的收入分配结果。然而，这些收入分配均等化的影响更多的被非均等化的因素抵消掉了，其中非均等化的因素包括不断扩大的城乡差距和不断增长的资本和财产收入。

发现2：不断扩大的城乡收入差距导致了全国收入差距的上升

从20世纪80年代末期开始，中国的城乡收入差距就开始扩大；到2002年，平均来看，城市人均家庭收入超过了农村家庭的3倍。2002到2007年期间，已经很大的城乡差距进一步拉大了近20%，因此，到2007年城镇人均家庭收入是农村人均家庭收入的3.7倍到4倍（见表1.4）。如果用购买力平价的收入来计算，城乡收入差距会变缩小，但2002年到2007年城乡收入差距的增幅会变得更大。

① 基于世界银行估计的基尼系数，http://data.worldbank.org/indicator/SI.POV.GINI/。

② 世界银行估计的基尼系数，http://data.worldbank.org/indicator/SI.POV.GINI/。

中国城乡之间不断扩大的收入差距对这一时期全国收入不平等的上升起到了推动作用。2002 年，城乡收入差距对全国收入不平等的贡献率是 45%（用购买力平价衡量为 27%）；2007 年城乡收入差距对全国收入不平等的贡献率达到了 51%（用购买力平价衡量为 38%）（见表 1.4）。因此，城乡收入差距仍然是造成全国收入不平等的关键因素。

如何解释中国不断扩大的城乡收入差距？虽然本书中的章节没有直接讨论这个问题，其中一些分析结果也提供了一些相关的信息。第一，2002 年到 2007 年间不断扩的收入差距并非由于农村居民收入的增长缓慢，而是城镇收入以更快的速度增长。这一时期内，农村居民收入年均增长率超过 7%，但城镇居民收入的增长速度到达了 11%（第二、七、九章）。这就提出了一个问题，为什么城镇居民收入增长的速度远远超过农村居民收入增长的速度？在这方面特别要注意的是城镇居民非就业收入的快速增长，例如自有住房的估算租金、养老金和转移支付的收入（第五、九章）。2007 年，非就业收入平均占城镇居民收入的 40%，相比之下，非就业收入只占农村居民收入的 15%。这部分收入在很大程度上与政府的政策和项目紧密相关，而城镇人口从这些政策中的受益更多。

第二，不断扩大的城乡收入差距有明显的地区因素。东部地区排除直辖市如北京和上海后，城镇和农村的购买力平价的收入比率显著上升了 43%，中部地区上升了 27%，西部地区仅上升了 3%（第二章）。地区内城乡之间收入差异的原因值得进一步的研究。

还需要更多的研究去分析城镇和农村家庭特征的差异在多大程度上解释了城乡收入差距以及这些特征回报率的差别在多大程度上解释了城乡收入差距。在这方面，城镇和农村居民教育水平及教育回报率的差异可能会发挥作用。本书第六章考察了教育的不平等，发现城镇和农村居民受教育机会和结果的差异仍然存在。使用 2002 年 CHIP 数据的研究发现，教育是导致收入不平等的重要原因，并且对城乡收入差距有较大贡献（Gustafsson, Li 和 Sicular, 2008; Sicular 等, 2007）。

发现 3：地区内部的收入差距是全国不平等的主要来源

正如上面所讨论，CHIP 调查所涵盖的省份可分为四个地区：直辖市、东部、中部和西部地区。虽然最富裕的直辖市和最贫穷的西部地区之间的收入差距仍然很大，但四个地区间平均收入的差距对全国收入不平等的贡献度却相对较小，并且贡献度还在逐渐下降。本书第二章的研究发现，2002—2007年间，地区间收入差距对全国收入不平等的贡献度下降到了12%（经过购买力平价调整）。对较早年份的CHIP调查数据的研究发现，1988—1995年，地区间收入差距对全国收入不平等的贡献度上升，1995—2002年间，贡献度开始下降（Gustfsson, Li, Sicular, 2008）。我们的研究发现，地区间收入差距对全国收入不平等的贡献度下降的趋势仍然在持续。地区间收入差距重要性的下降以及相对稳定的地区间收入差距意味着中国政府通过地区发展政策来缩小地区间收入不平等程度的努力已经取得了一些成功。

当然，地区间收入差距对全国收入不平等的贡献度的下降意味着地区内部收入差距的贡献度上升。2007年，地区内收入差距对全国收入不平等的贡献超过了80%。2002—2007年间，除直辖市外，其他地区的区域内收入差距显著上升，西部和东部地区区域内的收入不平等程度特别高。解决地区内部的收入差距问题，可能需要国家层面和地区层面共同采取新的政策和战略。

发现4：资产收入成为一个新的导致收入差距扩大的因素。

到2007年，中国家庭已经拥有了大量的私有财产。导致私人家庭财产规模上升的主要因素是始于20世纪90年代，大约完成于本世纪初的城镇住房私有化。其他一些因素也与私人财产的上升有关，主要有家庭储蓄的上升，不仅住房而且包括其他金融资产的家庭投资的日益多元化以及个体企业和民营企业的增长。

家庭资产会产生利息收益、股息、租金和资本收益等收入。在CHIP的调查数据中，这部分收入很可能会低报，并且低报的程度和收入水平之间呈正相关的关系。因此，我们可能会低估资产财富的不平等程度。家庭财产性收入另一个重要的组成部分是自有住房的估算租金。虽然国家统计局对家庭收入的度量不包括自有住房的估算租金，但CHIP的收入估计中包含了这一项。本书第五章提供了对自有住房估算租金及其估计的详细讨论。

表1.4给出了资产收入的估计以及对总体不平等的贡献。在2002年和

2007年，自有住房估算租金收入是家庭资产收入最大的组成部分，占资产收入的85%以上。2002年，资产收入占总收入的份额平均是7%—9%；2007年，平均为12%—16%。

资产收入比其他来源收入的分布更加不平等，并且对总体收入不平等的贡献度增加。资产收入对总体收入不平等的重要性对自有住房估算租金的计算方法非常敏感（见本书第五章），但是我们所有的估计表明，到2007年资产收入已经变得越来越重要。2002年，资产收入对总体收入不平等的贡献度处于8%—10%之间，到2007年，资产收入对总体收入不平等的贡献度达到了13%—19%（见表1.4）。如上所述，资产收入的漏报可能会导致低估资产所有权对收入不平等程度的影响。

中国家庭资产所有权的演变仍处于早期阶段。随着时间的推移，以及金融、房地产市场和其他财产权改革，也许还包括土地所有权的改革的进一步发展，对家庭财富以及对收入不平等的影响都会持续增长。因此，在今后的研究中，财产和资产收入需要密切的关注。

发现5：流动人口收入有助于缩小收入差距。

2002年和2007年的CHIP调查收集了这两年的流动人口数据，这使我们有可能在两年之间进行比较。利用2002年和2007年CHIP调查的流动人口数据，本书的作者估计了两种情况下的收入不平等程度，即是否把农村到城镇长期的流动人口作为城镇人口的一部分。在2002年和2007年，把长期流动人口作为城镇人口的一部分降低了城镇内部的收入不平等程度，但程度很小。同样地，包含长期流动人口后，2002年和2007年的城乡之间收入差距都有所降低，但效果仍然也很有限（见表1.4）。

长期流动人口对全国收入差距的影响也比较小，这一点出乎人们的预料。但是，正如Gustafsson, Li和Sicular（2008）所指出的，这种计算方式并没有体现其全部影响，因为他们没有考虑到流动人口会如何影响到农村和城镇其他人的工资和收入水平。要度量流动人口的全部效应需要反事实的信息，即如果没有长期的流动人口，不平等的水平会有多高。城镇调查包含长期流动人口没有显著地影响到收入差距的另外一个原因是，长期来看成功迁移到城镇的流动人口的数量占全国人口的比例仍然很小。

虽然城镇调查包含长期流动人口后，不平等的计算结果意味着流动人口并没有太大的影响，但从农村调查中是否包含短期流动人口的结果来看，影响完全不同（见本书第七章）。2002年和2007年农村调查包含了农村家庭短期外出务工的就业和收入信息。2002年到2007年间，农村家庭短期外出务工的参与率增长的非常迅速。2002年，三分之一的农村家庭从短期外出务工中获得收益，到2007年，超过40%的农村家庭获得这种收入。并且，2007年，农村家庭成员中短期流动的人数大大超过了长期流动的人数。

2002—2007年，农村家庭短期外出务工的收入增长得十分迅速，年均实际增长率超过17%，到2007年，已经成为农村家庭收入的重要来源。平均而言，2007年短期务工的收入接近农村家庭人均收入的20%，几乎等同于当地就业的工资收入。

农村家庭短期外出务工的收入大幅缓和了收入不平等程度。如果没有外出务工的收入，农村家庭的收入会增长的更慢，并且城乡收入差距会变得更大。此外，短期外出务工的收入使农村内部的收入更加均等，因此，这也有助于解释为什么在此期间农村地区的收入不平等程度保持了相对稳定。这些研究结果预示了短期人口流动在影响收入不平等程度时所起的重要作用。

发现6：绝对贫困持续下降，但相对贫困保持不变。

2002—2007年间，中国的绝对贫困大幅下降。用世界银行每天1.25美元的国际贫困线来衡量，中国的贫困率从19%下降到了8%，这意味着中国的贫困人口从2.44亿下降到了1.06亿（见表1.4）。这种下降是非常显著的，尤其是考虑到前些年贫困人口已经大幅度减少，并且2002年剩余的贫困人口相对分散，更加难以解决。2002—2007年绝对贫困的下降大部分意味着农村地区的贫困率显著降低，城镇人口和流动人口的贫困率也有所下降，但程度没有农村地区那么大（见本书第二、七、九章）。这一时期内，绝对贫困的下降可能反映了近年来采取的一系列社会福利政策的好处，例如医疗保险、失业保险和“低保”政策。

随着经济的增长和社会发展，人民的注意力从绝对贫困转向了相对贫困。在这种背景下，贫困不再简单的和满足生存的需要相联系，相对较低的社会经济地位变得更加重要。本书的一些章节估计了中国的相对贫困情况。把收入中位数的50%设为相对贫困线，第二章发现，2002年和2007年，中国的相对贫困率几乎维持不变，大约为13%（见表1.4）。虽然绝对贫困主要发生在农村，但相对贫困却不是这样。在农村地区相对贫困率维持在大约13%，但是在城镇地区，相对贫困率则继续按历史趋势上升，2007年达到了12%（见本书第七、九章）。这些研究结果表明中国贫困的性质正在改变，并且面临着新的政策挑战。

第六节　结　论

21世纪第一个十年是中国收入和不平等发展进程中一个重要的时刻。它紧随着一个超过十年的经济快速增长和收入差距扩大的过程，这些情况都促使了21世纪初期的政策转变，开始更加强调对收入分配的关注。在本书考察的时期内，2002年到2007年，中国的收入不平等继续呈现出上升的趋势，除了持续扩大的城乡收入差距外，资产收入也成为收入不平等的一个新的来源。尽管如此，近年来政府实施的一系列政策措施仍产生了一些积极的效果。人口流动开始发挥出调节收入差距的作用，并且低收入人群的收入保持增长。然而，这些因素却不足以完全抵消其他收入不均等因素的影响。

收入不平等的度量需要收入和相关变量的详细信息，最好是在住户层面上。CHIP调查，中国目前唯一的民间调查的大样本住户层面的、多年的数据集，为本书的分析提供了基础。通过仔细地分析和解释，CHIP数据集为中国收入水平和收入不平等的演变提供了重要的证据。本章中，我们讨论了CHIP调查的主要特征，并指出了数据中可能存在的偏误。本书的各章以及两个附录中提供了对数据的进一步讨论。

本书中的各章分析了中国城镇和农村以及全国家庭收入、收入不平等和贫困的主要趋势，研究主题包括教育的代际传递、房屋所有权、农民工、城镇的性别和民族收入差距以及工作与否的选择。研究更加关注了政策干预的效果，包括最低生活保障、税收、地区和农村发展政策、户口改革等社会福利政策。

本书的研究并未涵盖所有的主题，并且我们的发现为进一步的研究提出了一些问题。一个没有充分考察的问题是个人和家庭特征对收入不平等的贡献。第十三章考察了城市部门中性别的影响，第十四章探讨了城市中民族身份的影响，但是这两章都没有考察它们对农村和全国收入不平等的贡献。第六章讨论了教育的不平等，但并没有分析教育的分布如何转化为收入的不平等。年龄对收入和不平等的影响是另一个有趣的研究领域，尤其是在考虑到中国的人口老龄化、城镇地区和农村地区年龄结构的差别以及养老政策的最新发展等因素的影响。

本书发现了一些日益重要的推动收入不平等变化的因素。第一个是资产所有权，第二个是人口流动，第三个是代际间的收入流动，它主要和高收入人群的财富积累，部门之间的持续性分割，以及城镇和农村地区的分割有关。CHIP 调查的设计和数据分析对这些问题给予了特别的关注，但是数据仍有一些局限性。未来数据的收集和分析应该注意这些问题。

本书中的部分章节讨论了工资和收入不平等同中国劳动力市场竞争之间的关系。第十一章的研究表明，2002—2007 间，部门间的收入不平等程度下降，而第十三章则发现对女性职工的歧视有愈演愈烈之势。对于中国劳动力市场是否变得更具有竞争性，这些发现给出了相反的结论。这就需要有更多的研究成果，以便我们能更好的理解中国劳动力市场的功能和收入不平等模式之间的关系。

本书强调了政府政策在缓解或加剧收入不平等方面的重要作用。我们仍需要更多深入地分析去详细了解那些直接针对分配问题的具体的政策的影响，诸如社会福利政策、户口改革以及其他有关分配的政策措施。我们认为，有关的政策包括政府应对国际金融危机的短期刺激计划、土地产权、企业所有权、国际贸易和投资、税收以及金融体系的改革等。

本书中的发现都基于截止到 2007 年的数据。随后的几年中，中国经济政策的变化，部分原因是为了应对国际金融危机及其余波。官方数据显示，最近几年，城乡收入差距有所下降，农村内部的收入差距也开始缩小。这些趋势可能反映了农村流动人口工资上升和对农村低收入家庭转移支付增加所带来的均等化效应。我们还需要进一步的数据收集和分析，去充分探究这些新发展。中国的不平等是否以及何时会保持稳定或达到转折点的问题在可预见的未来仍然有重大的研究意义。

（本章作者：李实、佐藤宏、史泰丽）

参考文献

程国强、宋洪远、党国英（2012）：《“皇粮国税”终结2600年历史》，《人民日报》2012年6月28日。

国务院（1997）：《国务院关于在全国建立城市居民最低生活保障制度的通知》，《中华人民共和国国务院公报》1997年第31号（10月17日），第1398—1400页。

国务院（1999）：《国务院关于建立城镇职工基本医疗保险制度的决定》，《中华人民共和国国务院公报》1999年第33号（1月13日），第1250—1254页。

国务院（2001）：《中国农村扶贫开发纲要（2001—2010）》，《中华人民共和国国务院公报》2001年第23号（6月13日），第34—39页。

国务院（2006）：《农村五保供养工作条例》，《中华人民共和国国务院公报》2006年第7号（3月10日）。

国务院（2008）：《国务院关于做好就业工作的通知》，《中华人民共和国国务院公报》2008年第8号（3月30日），第5—8页。

国务院（2011a）：《关于修改中华人民共和国个人所得税法实施条例的决定》，《中华人民共和国国务院公报》2011年第22号（8月10日）。

国务院（2011b）：《国务院办公厅关于积极稳妥推进户籍管理制度改革的通知》，2011年2月，http://www.gov.cn/zwgk/2012-02/23/content_2075082.htm。

国家统计局（历年）：《中国统计年鉴》，中国统计出版社。

国家统计局（历年）：《中国统计摘要》，中国统计出版社。

国家统计局（2008）：《中国农村住户调查年鉴2008》，中国统计出版社2008年版。

国家统计局（2010）:《新中国60年统计资料汇编》，中国统计出版社2010年版。

国家统计局农村社会经济调查司（2011a）:《中国农村贫困监测报告2010》，中国统计出版社2011年版。

国家统计局农村社会经济调查司（2011b）:《中国农村统计年鉴2011》，中国统计出版社2011年版。

赖德胜、孟大虎、李长安、田永坡（2011）:《中国就业政策评价：1998—2008》，《北京师范大学学报（社会科学版）》2011年第3期，第110—124页。

雷晓康、王茜（2009）:《中国最低生活保障制度现状与回顾》，《社会保障研究》2009年第2期，第45—55页。

李实、罗楚亮（2011）:《中国收入差距究竟有多大?》，《经济研究》2011年第4期，第68—78页。

刘佐（2011）:《个人所得税制度改革“十一五”回顾与“十二五”展望》，《财政研究》2011年第10期，第27—29页。

罗楚亮、岳希明、李实（2011）:《对王小鲁灰色收入估算的质疑》，《比较》第52期，第146—158页。

罗仁福、张林秀、邓蒙芝（2008）:《农村公共物品投资策略的实证分析》，《中国科学基金》2008年第6期，第325—330页。

劳动与社会保障部（2003）:《关于贯彻落实中共中央国务院〈关于进一步做好下岗失业人员再就业工作的通知〉若干问题的意见》，《中国就业》2003年第3期，第4—6页。

王小鲁（2010）:《灰色收入与国民收入分配》，《比较》第48期，第1—29页。

王震（2010）:《新农村建设的收入再分配效应》，《经济研究》2010年第6期，第17—27页。

张东生（2010）:《中国居民收入分配年度报告2010》，经济科学出版社2010年版。

中共中央、国务院（2002）:《中共中央国务院关于进一步加强农村卫生工作的决定》，《中华人民共和国国务院公报》2002年第33号（11月30

日），第4—8 页。

中共中央、国务院（2004）：《中共中央国务院关于促进农民增加收入若干政策的意见》，《中华人民共和国国务院公报》2004 年第9 号（3 月30 日），第4—10 页。

中共中央、国务院（2005）：《中共中央国务院关于进一步加强农村工作提高农业综合生产能力若干政策的意见》，《中华人民共和国国务院公报》2005 年第9 号（3 月 30 日），第4—10 页。

中共中央、国务院（2006）：《中共中央国务院关于推进社会主义新农村建设的若干意见》，《中华人民共和国国务院公报》2006 年第 11 号（4 月 30 日），第4—12 页。

中共中央、国务院（2010）：《中共中央国务院关于加大统筹城乡发展力度进一步夯实农业农村发展基础的若干意见》，《中华人民共和国国务院公报》2010 年第4 号（2 月 10 日），第5—13 页。

中华人民共和国公安部（1998）：《关于解决当前户口管理工作中几个突出问题的意见》，《中华人民共和国国务院公报》1998 年第21 号（9 月 15 日），第827—29页。

中华人民共和国公安部（2001）：《关于推进小城镇户籍管理制度改革的意见》，《中华人民共和国国务院公报》2001 年第15 号（5 月 30 日），第13—15 页。

Benjamin, D., L. Brandt, J. Giles, and S. Wang (2008), "Income Inequality During China's Economic Transition", in L. Brandt and T. Rawski, eds., *China's Great Economic Transformation*, 729 – 775, New York: Cambridge University Press.

Bernstein, T. P. and X. Lü (2003), *Taxation without Representation in Contemporary Rural China*, Cambridge: Cambridge University Press.

Cai, F. (2011), "*Hukou* System Reform and Unification of Rural-Urban Social Welfare", *China and World Economy*, 19(3), 33-48.

Chan, K. W. (2009), "The Chinese Hukou System at 50", *Eurasian Geography and Economics*, 50(2), 197-221.

Chen, Z. (2006), "Measuring the Poverty Lines for Urban Households in

China: An Equivalence Scale Method," *China Economic Review*, 17(3), 239-252.

Du, Y. and W. Pan (2009), "Minimum Wage Regulation in China and Its Applications to Migrant Workers in the Urban Labor Market", *China and World Economy*, 17(2), 79-93.

Du, Y. and M. Wang (2010), "Discussions on Potential Bias and Implications of Lewis Turning Point," *China Economic Journal*, 3(2), 121-136.

Eichen, M. and M. Zhang (1993), "Annex: The 1988 Household Sample Survey: Data Description and Availability", in K. Griffin and R. Zhao, eds., *The Distribution of Income in China*, 331-346, New York: St. Martin's Press.

Feng, J., L. He, and H. Sato (2011), "Public Pension and Household Saving: Evidence from Urban China", *Journal of Comparative Economics*, 39(4), 470-85.

Fock, A. and C. Wong (2007a), "China: Improving Rural Public Finance for the Harmonious Society", Report No. 41579-CN, World Bank.

Fock, A. and C. Wong (2007b), "China: Public Services for Building the New Socialist Countryside", Report No. 40221-CN, World Bank.

Griffin, K. and R. Zhao, eds. (1993), *The Distribution of Income in China*, New York: St. Martin's Press.

Gustafsson, B., S. Li, T. Sicular, and X. Yue (2008), "Income Inequality and Spatial Differences in China: 1988, 1995, and 2002," in B. Gustafsson, S. Li and T. Sicular, eds., *Inequality and Public Policy in China*, 35-60, New York: Cambridge University Press.

Gustafsson, B. A., S. Li, and T. Sicular, eds. (2008), *Inequality and Public Policy in China*, New York: Cambridge University Press.

He, L. and H. Sato (2013), "Income Redistribution in Urban China by Social Security System: An Empirical Analysis Based on Annual and Lifetime Income", *Contemporary Economic Policy*.

Hirschman, A. (1958), *The Strategy of Economic Development*, New Haven, CT: Yale University Press.

Khan, A. R., K. Griffin, C. Riskin, and R. Zhao (1992), "Household Income and its Distribution in China", *China Quarterly*, no. 132, 1029-1061.

Knight, J. and L. Song (1999), *The Rural-Urban Divide: Economic Disparities and Interactions in China*, Oxford: Oxford University Press.

Li S. and C. Luo (2010), "Re-estimating the Income Gap between Urban and Rural Households in China", in M. K. Whyte, ed., *One Country, Two Societies: Rural-Urban Inequality in Contemporary China*, 105-121, Cambridge, MA: Harvard University Press.

Li, S., C. Luo, Z. Wei, and X. Yue (2008), "Appendix: The 1995 and 2002 Household Surveys: Sampling Methods and Data Description", in B. Gustafsson, S. Li, and T. Sicular, eds., *Inequality and Public Policy in China*, 337-353, New York: Cambridge University Press.

Li, S. and H. Sato (2006), *Unemployment, Inequality and Poverty in Urban China*. New York: Routledge.

Milanovic, B. and L. Ersado (2008), "Reform and Inequality During the Transition: An Analysis Using Panel Household Survey Data, 1990 – 2005", World Bank Policy Research Working Paper No. 4780.

Mukhopadhaya, P. (2012), "Income Inequality Trend in China: Effects of Various Sources of Income", paper presented at the China Income Distribution in the New Era Conference, Beijing, January 6-7.

OECD (2010), *Economic Survey of China* 2010, at http://www.oecd.org/document/7/0,3746,en_2649_33733_44477419_1_1_1_1,00.html, accessed June 16, 2012.

Ravallion, M. and S. Chen (2007), "China's (Uneven) Progress against Poverty", *Journal of Development Economics*, 82(1), 1-42.

Riskin, C., R. Zhao, and S. Li, eds. (2001), *China's Retreat from Equality: Income Distribution and Economic Transition*, Armonk, NY: M. E. Sharpe.

Sato, H. and S. Ding (2012), "Local Public Goods Provision in the Post-Agricultural Tax Era in Rural China", Global COE Hi-Stat Discussion Paper Series No. 222, Hitotsubashi University.

Sato, H., S. Li, and X. Yue (2008), "The Redistributive Impact of Taxation in Rural China, 1995 – 2002", in B. A. Gustafsson, S. Li, and T. Sicular, eds., *Inequality and Public Policy in China*, 312-336. New York: Cambridge University Press.

Sicular, T., X. Yue, B. Gustafsson, and S. Li (2007), "The Urban-Rural Income Gap and Inequality In China", *Review of Income and Wealth*, 53 (1), 93-126.

Wagstaff, A., M. Lindelow, S. Wang, and S. Zhang (2009), *Reforming China's Rural Health System*, Washington, DC: The World Bank.

Whyte, M. K., ed., (2010), *One Country, Two Societies: Rural-Urban Inequality in Contemporary China*, Cambridge, MA: Harvard University Press.

Wong, C. and A. Fock (2008), "Financing Rural Development for a Harmonious Society in China: Recent Reforms in Public Finance and Their Prospects", World Bank Policy Research Working Paper No. 4693.

World Bank (2009), "From Poor Area to Poor People: China's Evolving Poverty Reduction Agenda: An Assessment of Poverty and Inequality in China", World Bank, Poverty Reduction and Economic Management Department, East Asia and Pacific Region.

第二章　概述：中国的收入不平等和贫困（2002—2007年）

第一节　引　言

从1978年中国开始经济体制改革距今已有30年，经济改革明显提高了中国GDP的增长率和人均收入的增长率。从1978年到2007年，GDP的年均增长率接近10%，人均收入的平均增长率超过7%。其中，最近几年的增长率更高，比如从2002年到2007年，GDP的年增长率平均为11.6%，农村居民、城市居民的人均年收入增长率分别是6.8%和9.6%。[①]

自改革开放以来，中国经济快速发展的同时，很多方面所存在的不平等程度也逐渐加剧，这在一定程度上会影响到发展的可持续性。为此，中国政府提出了新的发展战略——“科学发展观”，它更加强调发展的可持续性、和谐性。这项政策旨在促进城乡共同发展，逐渐缩小地区间的差异，降低收入不平等程度，建立覆盖全民的社会保障体系。其中包括一系列促进农村发展的措施，首先也是影响最大的措施是取消已存在了将近60年的农业税：自2007年底开始，农民不用再交农业税。第二项措施是取消

① 从1978年到2007年，农村住户的人均实际收入增长了7.34倍，城镇住户的人均实际收入增长了7.53倍（国家统计局，2008b）。

九年义务教育的所有学杂费。虽然这项措施对农民收入没有直接影响，但它降低了受教育成本，鼓励人们进行教育投资。因此从长远来看，这项措施会提高农民收入。这些措施首先在较穷的农村地区实行，而后逐渐推广到其他所有农村地区。第三项措施是建立“最低生活保障”制度，即“低保”。虽然这项措施在20世纪90年代中期就已提出，但是对农村地区真正产生影响是在2005年之后。从2005年起，享受“低保”扶持的农民人数显著增加，从2002年的400万人增加到2007年的3600万。平均来说，在2007年每人能获得480元，这相当于农村地区官方贫困线的60%。第四项使农民获益的措施是针对粮食生产家庭的“农业支持计划”，采取为农民发放“粮食补贴”、“农业生产资料补贴”的形式。这项农业补贴计划开始于2004年，并在以后的几年里对农民收入的提高产生了显著的影响。①

在此期间，政府也采取了一些对城市低收入人群有益的措施，比如“低保”。李实、杨穗（2009）对此项措施的分析发现，“低保”对消除城市的贫困问题起到了重要的作用，但是并没有很明显的降低城市中所存在的收入不平等程度，部分原因是它的目标群体是有偏误的。另外，在本文研究的几年期间，获益于“低保”这项措施的城市住户的数量也没有显著的增加。

中国的经济增长与城市化紧密相连。自1990年以来，城市人口占总人口的比重每年约增加一个百分点。在2007年末，城市人口占到总人口的45%。城乡间的人口流动是城市化进程中很重要的一部分。根据第二次全国农业普查的数据，2006年，在城市中工作的时间超过6个月的农民工数量约为13200万。农民工流入城市，除了对提高农村家庭的收入做出很重要的贡献外，同时还提高了城市劳动力市场的竞争程度，在一定程度上会影响到城市居民的收入和不平等程度。

在经济和社会发展方面，中国的城乡间、地区间存在着很大差异。这种空间上所存在的差异，在计划经济时期就已经很明显（Démurger 等，

① 对农业的补贴总额（包括粮食补贴）在2007年达到526亿元；见《农业部：国家将保持支农惠农政策的稳定性连续性》，2007年9月13日，http://www.china.com.cn/news/2007-09/13/content_8869413.htm。

2002)，并一直持续到改革开放以后。为了缩小城乡间的收入差距，政府采取了上文所列出的几项措施来促进农村发展、提高农民收入。类似地，为了缩小沿海和内地的差距，政府采取了一系列平衡区域间发展的政策。1999年，政府开始实施“西部大开发战略”，并增加对西部各省份的基础设施投资和财政转移支付（方向阳、张应良、李建勋，2007)。紧接着，2003年开始实施“振兴东北”政策，2006年又提出“中部崛起”政策(Yao,2009;Chung,Lai和Joo,2009)。这些政策在一定程度上缩小了地区间所存在的收入差距。

本章利用2002年、2007年的CHIP数据，对全国在这五年间所存在的收入不平等和贫困问题的整体状况和趋势做了概要的描述和分析，为后面几章的内容做铺垫。后面几章对特定的问题、项目和政策做了更深入的分析。

本章的第二节，首先对分析中国收入不平等问题的相关文献做了简单综述，然后对基于2002年的CHIP数据的相关研究结果（Gustafsson，Li和Sicular,2008）做了简要回顾。第三节对本章所用的数据做了简要说明。第四节汇报了本研究在全国收入不平等的现状及趋势方面的主要发现，此外，我们还考察了收入的来源。尽管在2002—2007年这五年间，人均收入显著提高，并且政府也采取了各项措施以实现和谐发展。但是在此期间，全国的收入不平等程度仍呈现出不断提高的趋势。即使使用不同收入定义、不同权重、不同不平等指标或考虑农民工与否等多种情况下，所得结论都不变，即在这五年间全国的收入不平等程度在逐渐提高。

进城务工的农民工人数越来越多，但是他们并没有被包含在国家统计局的家庭调查范围内。这会导致在分析全国性居民收入增长和不平等程度时存在潜在偏差。本书的其他章节分析了农村和城市居民的收入水平及不平等程度，但并没有分析农民工。因此，在本章，专门用一节的内容分析了农民工群体的收入水平及不平等程度。农村调查中包含有短期的、暂时性的流动人口的信息，本章的研究对象限于那些来源于农村但长期工作于城市并且有稳定居所的农民工（见本书附录Ⅱ)。我们研究发现，从2002年到2007年，这些长期工作于城市的农民工的收入快速增长，并且他们之间的收入不平等程度逐渐下降。由于这部分群体人数在总人口中所占的比重较小，因此即使将这些农民工考虑在内，对全国性的收入不平等程度和贫困并没有明显的影响。然而，由于短期农民工对农村住户的收入增长有显著的贡献，这在一定程度上可能缩小城乡间的收入差距（见本书的第七章）。

正如本章第六节和第七节所述，2002—2007年间，全国性的收入不平等程度的逐渐上升反映了中国收入分配在空间结构上的变化。城乡间的收入差距仍在继续扩大，这一点值得我们特别关注，因为城乡间的收入差距是全国性收入不平等的最主要来源。地区之间的收入差距对全国性的收入不平等程度的贡献率较小，全国性的收入不平等更多的是由地区内的收差距等导致的，这包括地区内所存在的城乡间的收入差距等。

在本章的第八节，我们分析了贫困问题的整体发展趋势（本书后面的章节分别研究了农村、城市的贫困问题）。若用绝对贫困线来衡量，那么从2002年到2007年，中国的贫困人口数在不断下降，并达到历史的最低水平。然而若用相对贫困线来衡量，贫困人数没什么变化。最后，在结论部分我们对这些问题和其他发现做了评述。

第二节 文献综述

大量文献研究发现，改革开放以来，中国的收入不平等程度是在逐渐上升的。在20世纪80年代后期到90年代中期，全国性收入不平等程度的上升速度较快，而后从90年代中期到21世纪初速度放缓。Ravallion和Chen（2007）和世界银行（2009a）研究发现，从20世纪80年代末到1994年，收入不平等程度是逐渐上升的，在90年代末出现短暂的下降后，又开始逐渐上升。因此，21世纪初期的收入不平等程度仅略比20世纪90年代中期的收入不平等程度高一些。基于1995年、2002年的CHIP数据研究发现，在1995—2002年间，收入不平等程度几乎没有什么变化（Gustafsson，Li和Sicular，2008a；Khan和Riskin，2008）。

Gustafsson，Li和Sicular（2008a）认为20世纪90年代末所出现的一些

平等化的措施或现象能解释这一趋势。比如，越来越多的农民从事工资性收入的工作，低收入的省份慢慢追赶高收入的省份，共享经济增长的福利，在城市中逐渐推广的住房改革措施等。

库兹涅茨假说认为，随着经济的逐渐发展，不平等程度呈现出先上升后下降的趋势，即呈现倒 U 型。20 世纪 90 年代末和 21 世纪初所出现的一些收入平等化措施和现象，似乎意味着中国已经到达了倒 U 型的拐点处。然而，基于 2007 年的 CHIP 数据研究发现，从 2002 开始，中国的收入不平等程度又重新出现逐渐上升的趋势。本章和后面的章节分析发现，虽然在这一时期，促使收入平等化的因素仍然存在，但是其不足以抵消导致收入不平等的因素。

以中国收入分配在空间上的差异为研究对象的相关文献很多。其中逐渐扩大的城乡收入差距一直被认为是导致全国性收入不平等的最主要因素（比如 Sicular 等，2010；Ravallion 和 Chen，2007；World Bank，2009a；Kanbur 和 Zhang，2009）。不论采用何种收入定义或采用何种收入不平等指标，这些文章所得的结论都相同。东部、中部、西部之间所存在的收入差距也受到人们的关注，虽然它们之间的差异并没有地区内部差异、城乡间差异那么重要（Yao，2009；Fan，Kanbur 和 Zhang，2010；Wan，2007）。接下来，我们将利用 2007 年的 CHIP 数据，来分析城乡间的收入不平等程度和地区间的收入不平等程度，我们的发现与其他文献所得的结果基本一致。

中国在消除贫困方面取得了很让人羡慕的成效（World Bank，2009a；Ravallion 和 Chen，2007；Chen 和 Ravallion，2008）。虽然不同文章选用的方法和贫困线不同，但是贫困发生率随着时间的发展趋势是一致的。在 20 世纪 90 年代早期到中期这段时间，中国的贫困发生率显著下降，而在 90 年代末到 21 世纪初期，这一下降趋势暂时放缓（World Bank，2009a；Ravallion 和 Chen，2007；Minoiu 和 Reddy，2008）。一些最近的研究发现，从 2001 年以后，中国在消除贫困方面的成效又开始加大（World Bank，2009a）。我们对绝对贫困的研究也发现，从 2002 年到 2007 年，中国在消除贫困方面获得了很大的进步。

许多研究中国贫困的文献采用的是基于基本食物和非食物消费需求成本的绝对贫困线。但是，随着一国经济的发展，在衡量人们的生活水平时，运用相对贫困的概念比绝对贫困的概念更合适。考虑到中国已从低收入国家逐步进入到中等收入水平国家的行列，我们将对绝对贫困的分析扩展到对相对贫困的分析。若采用相对贫困的指标来衡量，中国近年来在消除贫困方面的成效也就没有那么喜人了。

与收入不平等类似，贫困也存在一定的区域性：农村比城市严重，西部比其他地区严重（World Bank，2009a；Ravallion 和 Chen，2007）。然而，随着整体贫困水平的下降，现在仍处于贫困的地区更加分散。贫困的空间分布对于扶贫计划的设计非常重要，这对中国尤为明显，在设计中国的扶贫计划时尤为依赖地区分布（World Bank，2009a）。因此，在下文中我们对贫穷的地区分布也进行了一些分析。

第三节　数据和样本权重

本文所利用的是2002年、2007年的CHIP数据，样本总共包含三类住户，分别是城镇住户、农村住户、农村到城市的流动住户。其中，城镇住户样本和农村住户样本是国家统计局（NBS）调查样本的子样本。2002年的NBS样本中分别包含40000个城镇住户、680000个农村住户。① 2007年的NBS样本中的城镇住户增加到59000个，而农村住户的数量没有什么变化。②

2002年CHIP调查中的9200个农村住户取自于NBS农村住户调查。这些住户共包含来自于22个省份120个县的37969个人。北京代表三个直辖市（另外两个直辖市分别是上海和天津）；河北、辽宁、江苏、浙江、山东、广州代表东部地区；山西、吉林、安徽、江西、河南、湖北、湖南代表中部地区；四川、贵州、云南、广西、陕西、新疆、甘肃代表西部地

① 参见2002年NBS住户调查样本的具体介绍，国家统计局（2003，第339—340页）。

② 参见2007年NBS住户调查样本的具体介绍，国家统计局（2008a，第313—314页）。

区。在 CHIP 调查中，每个省份的统计局可以自主选择县的数量，但是他们所选取的县必须代表不同的收入水平。2002 年的 CHIP 数据中包括 6835 个城镇住户，共包含来自于上述 22 个省份中的 11 个省份 70 个城市的 20632 个人的信息，这 11 个省分别是辽宁、江苏、广东、山西、安徽、河南、湖北、四川、云南、甘肃。这些城镇住户大部分都拥有当地户口，对 2002 年的 CHIP 数据的更详细的描述可参见 Li 等（2008）。

2002 年的城镇住户调查问卷和农村住户调查问卷中的很多问题是为了获取这些住户的收入信息，以便能够进行国际间的比较。这些问题具体包括：有劳动能力的住户成员的工资性收入以及其他类型的收入，家庭经营性收入等。为了估计自有住房的租金，问卷中也包含一些和房屋相关的问题，比如，估计自有住房的市场价值等。

另外，2002 年的 CHIP 数据中还包含有 2000 个农民工住户的信息，这些住户取自于每个省的两个城市，一个是省会城市，另一个是中等规模的城市。具体的样本分布为：东部和中部地区的每个省包含有 200 个住户，西部地区的每个省包含有 150 个住户；在每个省中，100 个住户来自省会城市，另外 100 个住户来自于省内的另外一个城市；在每个城市中，农民工住户主要选取于社区，因此，那些居住于建筑工地或工厂的农民工就没有被包含在我们的样本中。在具体的分析中，我们将短期工作于城市的流动人口归于农民，仅将长期工作和居住于城市的流动人口归于农民工。农民工调查问卷中具体包含工资、经营性收入、消费、工作特征、家庭人数等有关问题。

2007 年的农村和城镇住户样本共涵盖了 16 个省份，具体为北京、河北、山西、辽宁、上海、江苏、浙江、安徽、福建、河南、湖北、广东、重庆、四川、云南、甘肃。农民工样本涵盖了上述 16 个省份中的 9 个省份。本次调查中，共包含 13000 个农村住户、10000 个城镇住户、5000 个农民工住户。与 2002 年的调查类似，2007 年的农村住户样本和城镇住户样本也是取自于国家统计局（NBS）调查的子样本，而农民工样本则是独立调查的样本。关于 2007 年调查的详细信息可参阅本书的附录 I。

2007 年的调查问卷中包含有和 2002 年相同的问题，另外还新增了一些和人口流动的状况和行为相关的问题，以便用于对人口流动的分析和研究。

如果在使用CHIP数据时没有对样本量进行权重调整，CHIP数据的很多特征会导致分析结果存在一些偏差。关于权重的具体分析可参见本书的附录Ⅱ和Li等（2008）。主要问题有：（1）CHIP数据的样本用于代表四个地区（直辖市、东部、中部、西部）的人口①；（2）样本没有涵盖所有的省份，并且2002年样本所涵盖的省份和2007年样本所涵盖的省份有所不同；（3）每个省份的样本量和本省的人数并不成比例；（4）城市、农村和农民工的样本量也和他们的人数不成比例。考虑到以上特征，在对样本进行组间、地区间加总时，或者对不同时间的样本进行比较时，需要用人数权重来对这些样本进行一定的调整。

在附录Ⅱ中，提供了两种计算样本权重的方法。一是计算两个层面的样本权重，即根据每个地区中的实际城镇人数、农民人数、农民工人数分别占本地区总人数的比例来对样本进行调整；二是计算三个层面的样本权重，即根据每个地区中每个省份的实际城镇人数、农民人数、农民工人数分别占本省份总人数的比例以及省份人数占地区总人数的比例来对样本进行调整。一般情况下，我们用的是第二种方法，不过为了观测所得的估计结果的敏感性，在本章第四节分析全国性的收入水平和不平等程度时，我们同时列出了分别使用这两种方法所得出的数据结果。

关于收入，我们更倾向于使用“家庭可支配人均收入净额”。国家统计局对家庭可支配净收入进行了估算，并将估计结果（NBS收入）发布在了官方网站。CHIP数据里也有这一指标。然而，正如其他文献所指出的那样（Gustafsson，Li和Sicular，2008a；Khan和Riskin，1998），国家统计局所计算的家庭可支配净收入遗漏了一些收入。基于这个原因，我们计算的收入是根据Khan等（1992）、Khan和Riskin（1998）所列的收入构成，并在此基础上根据近年来收入构成的变化和数据的可得性做了一些调整。具体来说，我们使用NBS收入的计算方法计算了收入，然后在此基础上，加上补贴

① 地区构成：（1）直辖市：北京、天津、上海（为了与上一次的调查保持一致，将重庆归为四川）；（2）东部地区：河北、辽宁、江苏、浙江、福建、山东、广东、海南；（3）中部地区：山西、吉林、黑龙江、安徽、江西、河南、湖北、湖南；（4）西部地区：内蒙古、广西、重庆、四川、贵州、云南、西藏、陕西、甘肃、青海、宁夏、新疆。

租赁房的补贴额度的估算值，再加上自有住房的租金的估算值。CHIP 数据包含有住房租赁市场的信息和住房的市场价值，这些用来估算新增的收入部分①。在下文中，我们将这一更广泛意义上的收入称为“CHIP 收入”。

为了能够进行时间上的比较，我们以 2002 年为基期，利用消费价格指数对 2007 年的收入进行了调整。在计算全国性的变量时，我们使用全国的平均价格指数。在计算城镇、农村的变量时，我们分别使用城市和农村的消费价格指数（在计算长期工作于城市的农民工群体的变量时，我们用的是城镇的消费价格指数）。根据消费价格指数调整以后，从 2002 年到 2007 年全国性的消费价格上升了 13.9%，城镇地区的消费价格上升了 12.3%，农村地区的消费价格上升了 16.4%②。

一些研究文献指出，不同地区、不同省份的生活成本是不同的。若忽略这一点，可能会导致收入不平等程度的高估（Brandt 和 Holz,2006；Sicular 等,2010）。为了使地区间的收入具有可比性，我们利用 Brandt 和 Holz（2006）列出的购买力平减指数（PPP-adjusted deflator）对收入进行了调整，从而纠正了由于城乡间、各省份间生活成本的不同所引起的收入差异部分。由于 Brandt 和 Holz（2006）列出的是 2002 年的购买力平减指数，我们用此对 2002 年的数据进行了调整。对于 2007 年的数据，我们利用国家统计局公布的各省份的城镇地区、农村地区的消费价格指数更新了 Brandt 和 Holz 的购买力平减指数，进而对 2007 年的数据进行了调整。

第四节　全国住户的人均收入水平及收入不平等

表 2.1 给出了全国住户的人均收入水平和收入不平等程度，其中收入

① 关于自有住房估算租金的具体介绍详见本书的第五章。

② 参见 2008 年的《中国统计年鉴》，http://www.stats.gov.cn/tjsj/ndsj/2008/indexch.htm。

不平等程度是用三个常用的指标，即基尼系数、泰尔指数和平均对数离差来衡量的。我们更偏爱于用“CHIP收入的定义、包含农民工、三个层面上的样本权重”所得出的估计结果，但为了便于和其他的研究结果做比较，我们同时列出了用“NBS收入的定义、不包含农民工、两个层面上的样本权重”所得出的估计结果。

表2.1　2002年和2007年全国住户的人均收入和不平等程度

	2002年		2007年		2002年到2007年的变化率（2002年的价格为基价）	
	不包含农民工	包含农民工	不包含农民工	包含农民工	不包含农民工	包含农民工
NBS收入，两个层面的样本权重						
人均收入（元）	4426	4479	8653	8899	71.65%	74.44%
基尼系数	0.452	0.450	0.474	0.473	4.9%	5.1%
平均对数离差	0.359	0.357	0.403	0.403	12.3%	12.9%
泰尔指数	0.351	0.348	0.385	0.381	9.7%	9.5%
NBS收入，三个层面的样本权重						
人均收入（元）	4467	4530	8932	9165	75.55%	77.63%
基尼系数	0.456	0.455	0.481	0.478	5.5%	5.1%
平均对数离差	0.362	0.361	0.414	0.413	14.4%	14.4%
泰尔指数	0.360	0.356	0.398	0.392	10.6%	10.1%
CHIP收入，两个层面的样本权重						
人均收入（元）	4921	4964	10210	10413	82.16%	84.17%
基尼系数	0.462	0.460	0.489	0.485	5.8%	5.4%
平均对数离差	0.373	0.371	0.432	0.427	15.8%	15.1%
泰尔指数	0.366	0.362	0.411	0.404	12.3%	11.6%
CHIP收入，三个层面的样本权重						
人均收入（元）	4966	5019	10584	10772	87.12%	88.43%
基尼系数	0.466	0.464	0.497	0.492	6.7%	6.0%

续表

	2002 年		2007 年		2002 年到 2007 年的变化率（2002 年的价格为基价）	
	不包含农民工	包含农民工	不包含农民工	包含农民工	不包含农民工	包含农民工
平均对数离差	0.378	0.375	0.445	0.439	17.7%	17.1%
泰尔指数	0.376	0.371	0.425	0.416	13.0%	12.1%

注：1. 两个层面的样本权重：即根据每个地区中的实际城镇人数、农民人数、农民工人数分别占本地区总人数的比例来对样本进行调整；三个层面的样本权重：即根据每个地区中每个省份的实际城镇人数、农民人数、农民工人数分别占本省份总人数的比例以及省份人数占地区总人数的比例来对样本进行调整。后文中对“两个层面的样本权重”、“三个层面的样本权重”的解释与此处相同。

2. 包含 CHIP 调查涵盖的所有省份数据。

3. 每年的平均收入使用当年价格，收入增长率使用 2002 年价格。

4. 表中所列出的不平等指标都是无标度的，因此，不管是用当年的价格计算，还是用基期的价格计算，所得出的不平等水平是一致的。

5. 在计算平均对数离差和泰尔指数时，将那些收入小于等于 0 的样本删掉了（其中，2002 年的数据删掉了将近 30 个样本，2007 年的数据删掉了将近 225 个样本）。

平均来说，从 2002 年到 2007 年，全国住户人均收入实现了明显增长。不管是用何种收入定义、是否包含农民工、用何种权重，所得出的结果都显示，全国住户人均收入在这五年间上涨幅度超过了 70%（以 2002 年的价格为基准价格），这意味着平均每年的收入增长率超过 11%。另外，“CHIP 收入”的增长速度要高于“NBS 收入”的增长速度，这在一定程度上反映了由于住房价值的上升而带来的住房租金估算值的上升和城镇住户住房所有率的增加，这与本书第五章的内容所述一致。包含农民工所得出的平均收入水平和不平等程度与未包含农民工相比，没有太大差别。

一般来说，平均收入的增长会降低收入的不平等程度：如果平均收入增长，而收入分布状况没有发生变化，那么收入不平等程度应该下降。然而，尽管中国的住户人均收入实现了显著增长，但收入不平等程度却也在上升。从 2002 年到 2007 年，中国的基尼系数上升的幅度在 5%—7% 之间，这种差别依赖于使用不同的权重、不同的收入定义等。根据我们的计算方法，即使用“CHIP 收入的定义、包含农民工、使用三个层面上的样本权重”，所得出的结果是，基尼系数上升了 6%，从 2002 年的 0.46 上升到2007年的0.49。泰尔指数的上升幅度更大，约上升了9.5%，平均对数离差上升了18%左右。这三个指标的上升幅度之所以不同，是由于这三个指标对处于收入分配序列中不同位置的收入所赋予的权重不同。基尼系数对于处在收入分配序列中中间位置的收入差异赋予了较大的权重，泰尔指数对于处在收入分配序列中较低位置的收入差异赋予了较大的权重，而平均对数离差对于处在收入分配序列中较低位置的收入差异赋予了更大的权重。

图示能够更清楚的揭示出这些不平等指数所暗含的收入分配的变化。图2.1给出了2002年和2007年的洛伦兹曲线，我们可以看出，2007年的洛伦兹曲线低于2002年的洛伦兹曲线，这与表2.1所给出的数据结果是一致的，即在这五年间，收入的不平等程度是上升的。

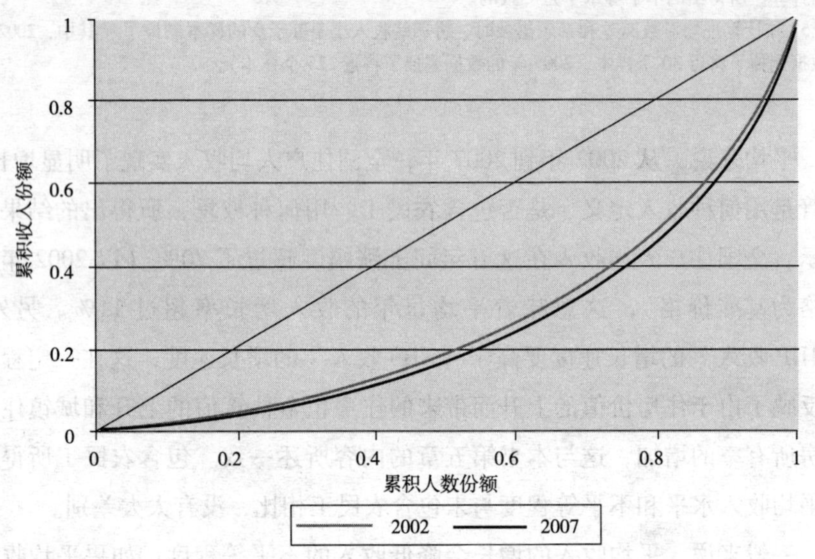

图2.1　2002年和2007年全国住户人均收入的洛伦兹曲线

注：包含2002年和2007年CHIP调查涵盖的所有省份；CHIP收入；三个层面的样本权重。

图2.2给出了按照从最贫穷的10%到最富有的10%的顺序排列的十等分组的收入分布状况。其中，浅灰色条形的高度代表2002年每组人群的人均收入，深灰色条形的高度代表2007年每组人群的人均收入（以2002年

的价格为基价），黑色折线代表每组人群的人均收入从 2002 年到 2007 年上升的百分比。

从图 2. 2 中我们可以看出，2002—2007 年，每组人群的收入都实现了很明显的增长，但是，低收入人群收入的上升幅度要低于高收入人群收入的上升幅度。比如，最低收入人群的收入增加了 406 元，上涨了 46%（以 2002 年的价格为基价）。这已经是很大幅度的提高了，但是，无论是绝对水平还是相对水平，其上升幅度都低于其他更高收入的人群。其中，最高收入人群组的收入增加了 15823 元，上涨了 94%（以 2002 年的价格为基价）。

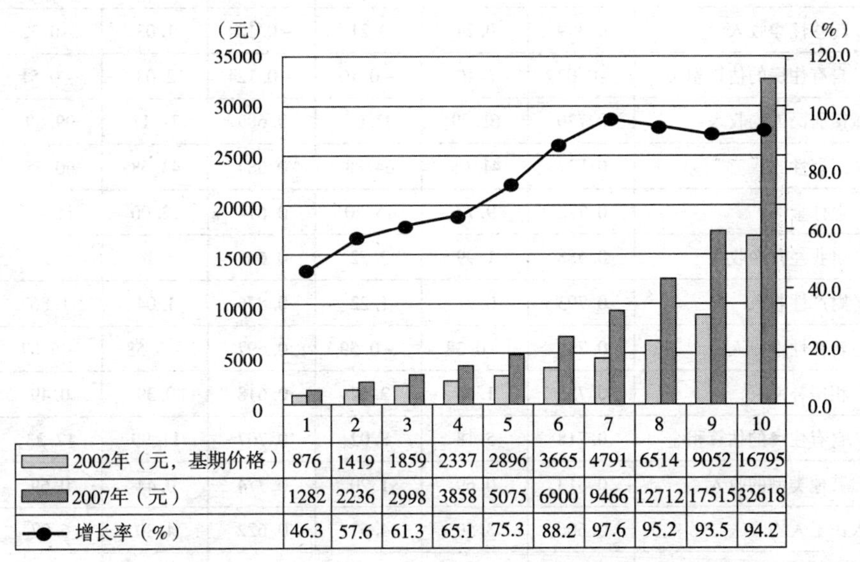

	1	2	3	4	5	6	7	8	9	10
2002年（元，基期价格）	876	1419	1859	2337	2896	3665	4791	6514	9052	16795
2007年（元）	1282	2236	2998	3858	5075	6900	9466	12712	17515	32618
增长率（%）	46.3	57.6	61.3	65.1	75.3	88.2	97.6	95.2	93.5	94.2

图 2. 2　2002 年和 2007 年不同分位组人群的平均收入和增长率

注：包含 CHIP 调查涵盖的所有省份的数据；CHIP 收入；三个层面的样本权重。

这种不平等的特征是否反映了收入组成的改变？表 2. 2 进一步给出了不同收入来源在总收入中所占的比重以及它们各自对收入不平等的影响。具体而言，表 2. 2 给出了各分项收入所占的比重、集中率、对收入不平等的贡献度。其中，对收入不平等的贡献度是使用标准的按要素对不平等进行分解的方法得出的（Shorrocks，1982）。

表 2.2 根据收入来源对收入不平等程度进行分解（2002 年和 2007 年）

	2002 年			2007 年		
	基尼系数/集中率	占收入比重（%）	对基尼系数贡献比重（%）	基尼系数/集中率	占收入比重（%）	对基尼系数贡献比重（%）
农村居民人均收入	0.005	35.21	0.36	-0.116	24.09	-5.67
外出打工的工资性收入	-0.072	4.02	-0.63	-0.197	4.27	-1.71
其他工资性收入	0.147	8.67	2.74	-0.035	4.86	-0.34
农业净收入	-0.133	14.05	-4.04	-0.203	8.81	-3.63
来自非农活动的收入	0.197	4.64	1.97	0.106	2.46	0.53
财产性收入	0.063	1.50	0.20	0.164	0.63	0.21
转移性净收入	0.399	0.24	0.21	-0.104	1.03	-0.22
自有住房的估算租金	-0.023	2.10	-0.10	-0.124	2.03	-0.51
城镇居民人均收入	0.720	61.29	95.07	0.689	71.11	99.59
工资性收入	0.722	41.68	64.88	0.684	43.68	60.75
退休金	0.722	9.77	15.20	0.674	12.00	16.45
自我经营净收入	0.588	1.99	2.52	0.688	5.14	7.20
财产性收入	0.793	0.71	1.22	0.876	1.04	1.86
转移性净收入	0.718	-0.38	-0.59	0.697	-3.58	-5.07
租房补贴	0.735	1.66	2.62	0.618	0.39	0.49
自有住房的估算租金	0.718	5.18	8.02	0.707	11.99	17.23
其他类型的收入	0.813	0.69	1.20	0.774	0.44	0.69
农民工人均收入	0.606	3.50	4.57	0.622	4.80	6.07
工资性收入	0.543	1.36	1.59	0.594	3.27	3.94
自我经营净收入	0.644	1.99	2.76	0.673	1.43	1.96
财产性收入	0.404	0.01	0.01	0.874	0.03	0.05
转移性净收入	0.711	0.09	0.13	0.870	0.02	0.04
自有住房的估算租金	0.685	0.05	0.08	0.722	0.06	0.08
全国人均收入	0.464	100	100	0.492	100	100

注：CHIP 收入；包含农民工；三个层面的样本权重；包含 CHIP 调查涵盖的所有省份的数据；当年的价格；表中所列出的不平等指标都是无标度的，因此，不管是用当年的价格计算，还是用基期的价格计算，所得出的收入不平等水平是一致的。

首先来看城镇住户的收入。我们可以看出，城镇住户人均收入的集中率远高于全国人均收入的基尼系数。这意味着，这一群体的收入具有加大全国收入不平等程度的效应。城镇居民的工资性收入、养老金、自有住房的估算租金具有更大的提高收入不平等的效应，其中，自有住房的估算租金对收入不平等的贡献度在这五年间的上升幅度最大，从 2002 年的约 8% 上升到 2007 年的约 17%。这一数字显示，私有财产成为一个新的并且越来越重要的导致收入不平等的因素。就全国而言，如果包含农村居民和农民工在内，私有财产和自有住房估算租金对收入不平等的贡献度从 2002 年的 9.43% 上升到 2007 年的 18.92%。

城镇居民的转移性收入具有缩小收入差距的效应，尤其是在 2007 年，它使总体的收入不平等程度下降了约 5%。转移性收入对收入不平等的缩小效应可能反映了政府在社会保障方面加大了力度，比如，城镇居民的最低生活保障政策（见本书第九章）、收入税（见本书第九、十二章）等都对缩小收入差距产生积极作用。

农民工收入的集中率与城镇居民的情况类似，虽然其集中率随着时间的推移上升，但由于农民工群体在总体中所占的人数比重、收入比重都较小，因此他们对全国总体的收入不平等程度的影响很小。在本章的第五节对农民工群体的收入及其不平等程度有更详尽的描述。

相反的，农村住户收入的集中率在 2002 年几乎为 0，在 2007 年则变为负值。这表明，农村住户的收入具有降低总体收入不平等的效应。其中，农业收入是缩小收入不平等的最主要来源，但是由于其在总收入中所占的份额在逐渐下降，因此对总体收入不平等的缩小效应有所下降。农村住户成员的短期外出务工收入对收入不平等也有缩小效应，并且这一效应在 2002—2007 年间有所上升。本书的第七章对农村居民的收入及其不平等有更详尽的分析。

大多数对中国收入不平等的研究，没有根据地区间的不同生活成本来调整估计结果。由于富裕地区的生活成本也较高，因此若没有根据购买力平价来调整分析结果，会导致收入不平等程度的高估。表 2.3 分别列出了根据购买力平价调整后的数据结果和没有用购买力平价调整的数据结果。总体而言，经过购买力平价调整后的收入不平等程度要小于未调整前的收入不平等程度，比如经过购买力平价调整后2007年的基尼系数下降了13%，即从0.492下降到0.433。

表2.3 经过和未经过PPP调整的收入不平等程度（2002年和2007年）

	2002年		2007年		从2002年到2007年的变化率	
	未经PPP调整	经过PPP调整	未经PPP调整	经过PPP调整	未经PPP调整	经过PPP调整
NBS收入						
基尼系数	0.455	0.389	0.478	0.421	5.1%	8.2%
平均对数离差	0.361	0.265	0.413	0.315	14.4%	18.9%
泰尔指数	0.356	0.258	0.392	0.302	10.1%	17.1%
CHIP收入						
基尼系数	0.464	0.395	0.492	0.433	6.0%	9.6%
平均对数离差	0.375	0.271	0.439	0.333	17.1%	22.9%
泰尔指数	0.371	0.264	0.416	0.320	12.1%	21.2%

注：1. 包含CHIP调查涵盖的所有省份的数据。

2. 三个层面的样本权重；包含农民工；当年的价格。

3. 经过PPP调整后的结果，指的是根据不同省份的城市居民、农村居民各自不同的生活成本对他们的收入进行相应的调整。2002年数据调整用的是Brandt和Holz（2006）所给出的调整指数，2007年数据调整时则根据NBS公布的不同省份的城乡消费价格指数，对Brandt和Holz（2006）所给出的调整指数进行了更新。

4. 在计算平均对数离差和泰尔指数时，将那些收入小于等于0的样本删掉了（其中，2002年的数据删掉了将近30个样本，2007年的数据删掉了将近225个样本）。

虽然经过购买力平价调整后，收入的不平等程度有所下降，但仍高于其他很多国家的收入不平等程度。例如，2007年的基尼系数仍明显高于0.40。另外，经过购买力平价调整后，并没有改变从2002年到2007年收入不平等程度逐渐上升的趋势。事实上，经过PPP调整后所得出的收入不平等程度的提高速度（9.6%）比调整前的提高速度（6.0%）更快。

第五节　农民工群体的收入增长状况和不平等程度

由于本书的其他章节没有详细论述农民工群体的收入状况及其不平等程度，因此本章我们专门用一节的内容来阐述农民工群体的问题。本节的分析结果基于 2002 年、2007 年的 CHIP 调查中对农民工的调查数据。由于对农村居民的调查和对农民工的调查都包含有短期农民工的信息，为了避免重复，我们这里的分析仅针对长期的农民工。我们参照 NBS 住户调查对农民工的分类原则，将农民工分为短期农民工和长期农民工，其中，长期农民工是指户口在农村、在城市居住时间超过 6 个月、单身或者和配偶都在城市的农民工。关于这一分类方法和权重的具体介绍详见本书的附录Ⅱ。

将农民工的分析仅限于长期农民工这一做法，降低了 2002 年和 2007 年的 CHIP 调查中对农民工样本的选取的方法不同而导致的潜在偏误。正如上文中所指出的，2002 年的调查中没有包含那些暂时居住于雇主提供的职工宿舍的农民工，而这部分农民工大多是短期农民工（在农村样本中有这部分人的信息）。

表 2.4 给出了长期农民工家庭人均收入的信息。从表中我们可以看出，农民工的收入处于农村居民收入和城镇居民收入之间。平均而言，2002 年，农民工住户的人均收入是农村住户人均收入的 2.6 倍，占城镇住户人均收入的 77%；2007 年，农民工住户的人均收入是农村住户人均收入的 3.6 倍，占城镇住户人均收入的 88%。从 2002 年到 2007 年，农民工住户的人均收入实现了快速增长。平均而言，在这五年间农民工住户的人均实际收入每年以 15.8% 的速度在增长。这一增长速度比农村住户、城镇住户人均收入的增长速度都高。因此，从 2002 年到 2007 年，农民工住户的人均收入逐渐接近城镇住户人均收入。在一定程度上，农民工这一较快的收

入增长速度归因于自我选择的过程，也就是说，那些低收入农民工更倾向于返乡，回到原居住地，而那些收入较高的农民工则选择继续留在城市。

表 2.4　2000 年和 2007 年农民工住户的人均收入水平及其增长率

	收入水平（元）		收入增长			
	2002 年	2007 年	金额（元）	对总收入增长的贡献率（%）	名义收入年增长率（%）	实际收入年增长率（%）
工资性收入	2768	11294	8526	89.8	32.5	29.4
家庭经营性收入	4050	4953	903	9.5	4.1	1.7
财产性收入	13	99	86	0.9	50.8	47.3
转移性净收入	177	75	-102	-1.1	-15.8	-17.7
自有住房的估算租金	110	191	80	0.9	11.6	9.0
人均总收入	7118	16611	9494	100.0	18.5	15.8

注：包含 CHIP 调查涵盖的所有省份的数据；CHIP 收入；三个层面上的样本权重；人均收入用的是当年的价格，计算实际收入率增长率用的是基期的价格即 2002 年的价格。

就不同收入来源的增长速度而言，我们可以发现农民工的工资性收入增长最快，平均每年以 29% 的速度在增长。它在农民工总收入中所占的份额从 2002 年的 39% 上升到 2007 年的 68%。如表 2.4 所示，农民工总收入增长中的约 90% 归因于工资性收入的增长。而家庭经营性收入的增长速度则较慢，年增长速度还不到 2%。虽然这里的分析没有包含短期农民工，但是工资性收入增长较快和经营性收入增长较慢这一现象，部分可能是由于 2002 年和 2007 年的调查中对样本的选择不同所导致的。由于 2002 年仅调查了居住于社区的农民工，没有调查那些居住于建筑工地和企业职工宿舍的农民工，因此与 2007 年的数据相比，2002 年的数据对工资性收入者代表性较低，而对自我经营者则代表性较高。然而，如本书第八章所述，农民工工资性收入的较快增长与一些实际经济因素密切相关，尤其是对劳动力需求的增加，农业收入的提高所引起的保留工资的提高等。

由于工资性收入在农民工收入中所占的份额越来越大，以及工资性收入的分配相对较平均，从 2002 年到 2007 年，农民工收入的不平等程度有所下降（如图 2.3 和表 2.5、表 2.6 所示）。另外，2002 年和 2007 年的这种变化，部分可能是由于这两年的调查在样本的选取上存在一定的差异所导致的①。

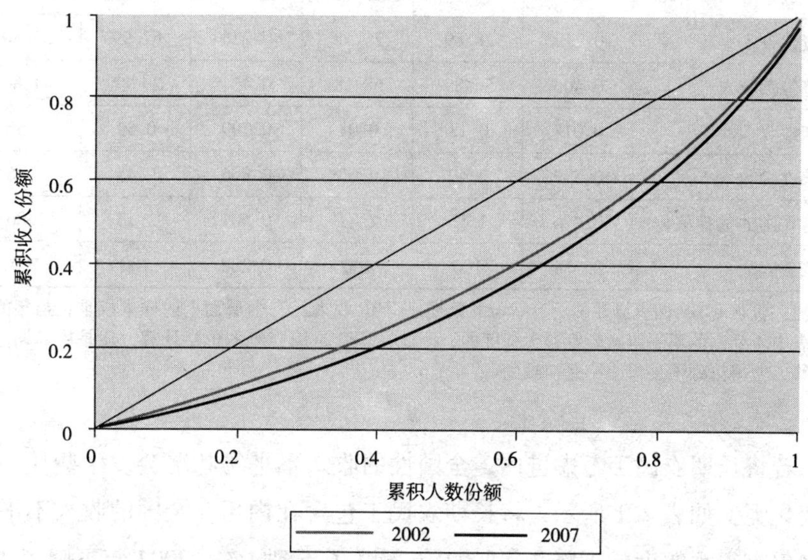

图 2.3　2002 年和 2007 年农民工住户人均收入的洛伦兹曲线

注：包含 CHIP 调查涵盖的所有省份的数据；CHIP 收入；三个层面上的样本权重；当年的价格。

表 2.5　2002 年和 2007 年农民工的收入不平等程度

	2002 年	2007 年	增长率（%）
基尼系数	0.334	0.288	-13.8%
平均对数离差	0.197	0.143	-27.4%
泰尔指数	0.190	0.152	-20.0%

注：包含 CHIP 调查涵盖的所有省份的数据；CHIP 收入；三个层面上的样本权重；当年的价格；表中所列出的不平等指标都是无标度的，因此，不管是用当年的价格计算，还是用基期的价格计算，所得出的收入不平等水平是一致的。

① 如果农民工在 2002 年和 2007 年这两年的收入结构相同，即各个类型的收入所占的份额相同，那么在这五年间，农民工的总体收入不平等程度将会上升 4%；本书的第八章分析得出，农民工收入结构的变化，是由于一些实际经济因素引起的，而不仅仅是由于样本的选择性误差所导致的。

表 2.6　根据收入来源对农民工收入不平等程度进行分解（2002 年和 2007 年）

	2002 年			2007 年		
	集中率或基尼系数	份额（%）	对总体不平等程度的贡献度（%）	集中率或基尼系数	份额（%）	对总体不平等程度的贡献度（%）
工资性收入	0.219	38.89	25.58	0.226	67.99	53.30
家庭经营收入	0.400	56.89	68.18	0.404	29.82	41.80
财产性收入	0.017	0.18	0.01	0.799	0.59	1.65
转移性净收入	0.539	2.49	4.02	0.806	0.45	1.26
自有住房的估算租金	0.476	1.55	2.21	0.501	1.15	2.00
人均总收入	0.334	100	100	0.288	100	100

注：包含 CHIP 调查涵盖的所有省份的数据；CHIP 收入；三个层面上的样本权重；当年的价格；表中所列出的不平等指标都是无标度的，因此，不管是用当年的价格计算，还是用基期的价格计算，所得出的不平等水平是一致的。

若将长期农民工考虑进内，全国性的收入不平等状况会发生些什么样的变化呢？如表 2.1 所示，将长期农民工包含在内后，全国的收入不平等程度仅有很小幅度的下降——2002 年下降了不到 1%，2007 年下降了 1% 左右。包含长期农民工后，全国的收入不平等程度之所以会下降，是由于其降低了收入分配格局中处于中间位置群体的收入；全国的收入不平等程度之所以下降的幅度较小，是因为长期农民工群体在总人数中所占的比重较小。根据 2000 年的人口普查数据，长期农民工的人数仅占全国总人口的 2.5%，占到城镇总人口的 7.4%。根据 2005 年的小型人口普查数据，长期农民工群体占全国总人口的 3.2%、占城镇人口的 7.6%（见本书的附录Ⅱ）。

若我们仅仅分析城镇地区的收入不平等程度，虽然长期农民工人数在城镇人口中所占的比重稍微较大些，但是，这部分群体对城镇的收入不平等程度的影响仍然很小（见表 2.7）。2002 年，包含长期农民工所得出的城镇居民收入不平等程度比不包含长期农民工所得出的收入不平等程度略微高一些；而在 2007 年，包含长期农民工后所得的城镇居民收入不平等程度比不包含长期农民工所得的收入不平等程度略微低一些。

表 2.7　包含和不包含农民工的城镇居民收入不平等程度（2002 年和 2007 年）

	2002 年		2007 年	
	不包含	包含	不包含	包含
基尼系数	0.327	0.329	0.337	0.334
平均对数离差	0.179	0.182	0.190	0.187
泰尔指数	0.182	0.184	0.197	0.194

注：包含 CHIP 调查涵盖的所有省份的数据；CHIP 收入；三个层面上的样本权重；当年的价格。

这里我们需要指出的是，包含和不包含长期农民工所导致的城镇居民收入不平等程度的差异不同于人口流动对收入不平等的影响效果。人口流动对城市地区、农村地区的收入不平等有不同的影响，对富裕地区和贫困地区的收入不平等影响也不同。若想更准确的测算人口流动对收入不平等的影响效果，需要估计“反事实”收入，即这部分长期农民工若不出来打工，他们的收入会是多少。在这里，我们计算中用到的仅是实际收入。

第六节　收入不平等的构成：城乡收入差距

中国的收入不平等，最显著的是城乡之间的收入不平等。基于以往 CHIP 数据的研究和其他很多研究发现，城乡收入差距随着时间的推移在逐渐扩大，并且是导致全国性收入差距逐渐扩大主要原因。

在这里我们主要分析的是，在 2002 年与 2007 年这五年间中国的城乡收入差距发生了何种变化。这里的分析中我们使用 NBS 收入和 CHIP 收入。需要指出的是，这两种收入都没有涵盖城市居民所享受到的一些特有补贴，而若包含进这些补贴，所得到的城乡间的收入差距会更大（Li 和 Luo，2010）。而本章所给出的结果是根据城乡之间不同生活成本调整之后的结果，经过纠正后所得到的城乡间的收入不平等程度会有所下降。

我们发现，从2002年到2007年，城乡间的收入差距在持续扩大（见表2.8）。这一差距的扩大，并不是由于农村居民收入增长缓慢，而是由于城镇居民的收入增长更快。实际上，在这五年间，农村居民的收入也实现了较快增长（见本书第七章），但没有城镇居民收入的增长速度快。使用"CHIP收入、包含农民工"这一计算方法，2002年城镇居民的人均收入是农村居民人均收入的3.3倍，而2007年则上升到4.06倍，提高了约20%。

表2.8　2002年和2007年城乡间的收入差距

	人均收入（元）		年平均增长率（2002年的价格为基价）	城乡人均收入比		城乡人均收入比（经过PPP调整后）	
	2002年	2007年		2002年	2007年	2002年	2007年
NBS收入							
城镇居民（不包含农民工）	8078	15469	11.26%	3.16	3.66	2.13	2.61
城镇居民（包含农民工）	8005	15537	11.56%	3.13	3.68	2.10	2.60
农村居民	2560	4221	7.21%				
CHIP收入							
城镇居民（不包含农民工）	9223	18875	12.75%	3.35	4.10	2.28	2.91
城镇居民（包含农民工）	9078	18714	12.92%	3.30	4.06	2.24	2.87
农村居民	2754	4609	7.53%				

注：当年的价格；包含CHIP调查涵盖的所有省份的数据；三个层面上的样本权重；经过PPP调整后的结果，指的是根据不同省份的城市居民、农村居民各自不同的生活成本对他们的收入进行相应的调整，2002年数据调整用的是Brandt和Holz（2006）所给出的调整指数，2007年数据调整则根据NBS公布的不同省份的城乡的消费价格指数，对Brandt和Holz（2006）所给出的调整指数进行了更新。

我们注意到，城乡间收入差距扩大，主要是由于城市居民财产性收入的增长速度远远大于农村居民财产性收入的增长速度。如果不考虑城镇居民来源于自有住房的估算租金和其他资产的收入，从2002年到2007年，城乡间人均收入比将从3.4上升到3.8，提高了约12%。

然而，如果用国际标准来衡量，中国的城乡差距是很大的。就所能找到的数据看，城乡收入比在3.0以上的国家数量很少。比如，印度、孟加拉国、印度尼西亚、马来西亚这些国家的城乡收入比均小于 2.0；泰国、菲律宾的城乡收入比在 2.2—2.3 之间；只有少数一些国家，他们的城乡收入比超过了 3.0，如南非、津巴布韦（Knight 和 Song，1999，第 138 页；World Bank，2009b）。

若使用其他计算方法，虽然所得到的收入差距的大小有所不同，但是结果是一致的，即这五年间城乡收入差距是在逐步扩大的。若包含农民工，虽然会使城乡收入差距有所缩小，但并没有改变差距逐渐扩大的趋势。由于城镇居民所得到的自有住房估算租金和租房补贴较高，因此用 CHIP 收入所得到的城乡收入差距要高于用 NBS 收入计算所得到的城乡收入差距；不过，在这两种情况下，所得的城乡收入差距都随着时间的推移逐渐扩大。

虽然用 PPP 调整后会使所得到的城乡收入差距有所缩小，但并没有改变城乡收入差距随着时间逐渐扩大的趋势。采用“PPP 调整、CHIP 收入、包含农民工”的计算方法，我们得出，从 2002 年到 2007 年，城乡人均收入比上升了约 30%。

逐渐扩大的城乡间收入差距是导致全国性收入差距逐渐扩大的主要因素。表 2.9 是根据标准的按人群组对整体的不平等程度进行泰尔分解所得出的数据结果（Shorrocks，1980）①。这一分解法可以将整体的不平等程度分解成组内和组间两部分。这里，组别指的是城镇居民和农村居民两组，组间的不平等程度对应的也就是城乡间的收入差距。

表 2.9 城乡间的收入差距（组间差距）对全国总体收入不平等的贡献度

	NBS 收入		CHIP 收入	
	2002 年	2007 年	2002 年	2007 年
不包含农民工				
平均对数离差	43.1	49.3	46.7	53.9
泰尔指数	44.0	48.0	47.3	52.0

① 基尼系数不是根据人群组来分解的。

续表

	NBS 收入		CHIP 收入	
	2002 年	2007 年	2002 年	2007 年
包含农民工				
平均对数离差	42.9	49.6	46.1	53.6
泰尔指数	43.5	48.1	46.5	51.4

注：三个层面上的样本权重；当年的价格；这里的农民工指的是长期工作于城市的农民工；分解法参见 Shorrocks（1980）。

表 2.9 同时列出了使用 NBS 收入和 CHIP 收入、包含和不包含农民工这四种情况下的数据结果①。这四种情况下的数据结果都显示，从 2002 年到 2007 年，城乡间的收入差距对全国收入差距的贡献度是在逐渐提高的。在 2002 年，组间收入差距对总体收入差距的贡献度约为 43%—47%，而在 2007 年，组间收入差距对总体收入差距的贡献度约为 48%—54%，与 2002 年相比，上升了大约 5 个百分点。因此，2007 年的城乡间收入差距大约解释了全国性收入差距的一半。

如表 2.10 所示，经过 PPP 调整后，虽然城乡收入差距对总体收入差距的贡献度有所下降，但是却提高了城乡收入差距的贡献度随着时间推移的上升速度。以 CHIP 收入这种情况为例，2002 年城乡收入差距对全国收入不平等的贡献度约为 30%，而到 2007 年其贡献度则上升到约为 40%。

表 2.10　经过 PPP 调整后城乡间的收入差距（组间差距）对全国收入不平等程度的贡献度

单位：%

	NBS 收入		CHIP 收入	
	2002 年	2007 年	2002 年	2007 年
不包含农民工				
平均对数离差	25.7	35.4	29.8	41.3
泰尔指数	27.2	35.9	31.5	41.4

① 我们也分不同的样本权重做了类似的分析，但是所得结果差别不大，因此，在这里没有汇报这些结果。

续表

	NBS 收入		CHIP 收入	
	2002 年	2007 年	2002 年	2007 年
包含农民工				
平均对数离差	25.2	35.6	28.9	40.8
泰尔指数	26.6	35.8	30.4	40.6

注：三个层面上的样本权重；当年的价格；这里的农民工指的是长期工作于城市的农民工；分解法参见 Shorrocks（1980）。经过 PPP 调整后的结果，指的是根据不同省份的城市居民、农村居民各自不同的生活成本对他们的收入进行相应的调整，2002 年数据调整用的是 Brandt 和 Holz（2006）所给出的调整指数，2007 年数据调整则根据 NBS 公布的不同省份的城乡的消费价格指数，对 Brandt 和 Holz（2006）所给出的调整指数进行了更新。

第七节　收入不平等的构成：地区间的收入差距

已有的一些文献指出，中国地区间存在着较大的收入差异。基于 2002 年 CHIP 数据的研究发现，中国不同地区间存在着较大的收入差异。但是也有一些证据显示，地区间的收入也存在着一定的追赶趋势（Gustafsson，Li 和 Sicular，2008）。为了考查 2002—2007 年间中国地区间的收入不平等状况，依据官方对地区的划分原则，我们将全国分为四个区域：直辖市、东部地区、中部地区、西部地区①。

表 2.11 给出了四个地区间的相对收入。我们以西部地区的人均收入为基准组，表 2.11 列出了其他地区相应人群组的人均收入与西部地区相应人群组的人均收入的比值。所有的计算结果采用的是 CHIP 的收入定义（附表 2A.2 给出了各个地区的人均收入）。

① 四个地区分别是：（1）直辖市：北京、天津、上海（为了与上一次的调查保持一致，并考虑到重庆的经济特点，将重庆归为四川）；（2）东部地区：河北、辽宁、江苏、浙江、福建、山东、广东、海南；（3）中部地区：山西、吉林、黑龙江、安徽、江西、河南、湖北、湖南；（4）西部地区：内蒙古、广西、重庆、四川、贵州、云南、西藏、陕西、甘肃、青海、宁夏、新疆。

表 2.11 2002 年和 2007 年不同地区间的收入差距

未用 PPP 调整

地区	2002 年				2007 年			
	城镇	农村	农民工	全部	城镇	农村	农民工	全部
直辖市	2.10	2.68	1.39	3.74	2.07	3.33	1.39	3.54
东部	1.40	1.98	1.36	1.88	1.62	1.82	1.23	2.02
中部	0.92	1.22	0.88	1.10	1.05	1.21	0.85	1.17
西部	1.00	1.00	1.00	1.00	1.00	1.00	1.00	1.00

经过 PPP 调整后

地区	2002 年				2007 年			
	城镇	农村	农民工	全部	城镇	农村	农民工	全部
直辖市	1.42	1.70	0.95	2.34	1.54	2.23	1.04	2.44
东部	1.14	1.99	1.02	1.65	1.39	1.77	1.00	1.74
中部	0.90	1.29	0.87	1.12	1.04	1.21	0.84	1.16
西部	1.00	1.00	1.00	1.00	1.00	1.00	1.00	1.00

注：表中列出的是各个地区相应人群的人均收入与西部地区相应人群的人均收入之比；本表将农民工单独列出，城镇居民里面不包含农民工；CHIP 收入；三个层面上的样本权重；当年的价格；关于“PPP 调整”的解释参见前面的表格备注。

我们分别列出了用未调整的价格（当年的价格，未根据地区间的生活成本差异进行调整）、用 PPP 调整过后的价格（当年的价格，根据地区间的生活成本差异进行调整）所得出的计算结果。一般来说，富裕地区的生活成本相应较高，因此若用 PPP 价格计算将会使富裕地区和贫困地区间的收入差距缩小。从表 2.11 可以看出，经过 PPP 调整后，直辖市与西部地区之间的人均收入比，东部地区与西部地区之间的人均收入比有所缩小，但中部地区与西部地区之间的人均收入比没有什么变化。

具体来看 PPP 调整后的结果，直辖市与西部地区之间的人均收入比是最大的，在 2002 年其值为 2.34 倍，在 2007 年则上升到 2.44 倍。东部地区与西部地区之间的收入比次之，但仍然较大；而中部地区与西部地区之间的人均收入比相对较小些。不过所有的地区间人均收入比，从 2002 年到 2007 年都呈现上升趋势，约上升了 3—5 个百分点。

不同地区的PPP收入之间所存在的差距对于不同人群组（城镇居民、农民工、农村居民）所呈现出的特征是不同的。不同地区农村居民之间的人均收入差距最大，但是在2002—2007这五年间，这一差距有所缩小。东部和西部地区的农村居民之间的人均收入比下降了22个百分点，而中部与西部地区的农村居民之间的人均收入比下降了8个百分点。这些变化一方面反映了不同地区之间的人口流动具有缩小地区间收入差距的效应，另一方面反映了农业的收入回报有所提高（见本书第七章），这在一定程度上会缩小非农产业发展较好的地区与较落后的地区之间的收入差距。

对于城市居民来说，地区之间的人均收入差距逐渐扩大。数据显示，在2002—2007年间直辖市与西部地区城镇居民的人均收入比上升了12个百分点，东部地区与西部地区城镇居民的人均收入比上升了25个百分点，而中部地区与西部地区城镇居民的人均收入比从负值变为了正值。另外，东部地区与中部地区城镇居民的人均收入比也有所上升。这意味着，在2002—2007年间，西部地区城镇居民人均收入的增长速度要慢于其他地区城镇居民人均收入的增长速度。

对于农民工群体来说，不同地区的农民工的人均收入差距很小，并且随着时间的推移逐渐缩小，即使是直辖市的农民工与西部地区的农民工的收入差距也不到5%，东部地区与西部地区的农民工之间几乎不存在收入差距。这一现象说明不同地区之间的人口流动具有缩小地区之间收入差距的效应。

总体来说，从2002年到2007年，中国地区之间的收入差距之所以扩大，主要是由于不同地区城镇居民之间的收入差距在扩大，以及直辖市与其他地区的人均收入之间的差距在扩大所导致的。而其他地区之间以及其他人群组之间的收入差距有所缩小。

那么地区之间的收入差距对全国的收入不平等的贡献度如何？我们分不同的人群组用传统的方法对泰尔指数进行了分解。这里的组别指的是四个地区，这里的“组间差异对总体差异的贡献度”也就是“地区间收入差距对全国的收入不平等的贡献度”。

表 2.12 不同地区间的收入差距（组间差距）对全国收入不平等的贡献度

单位:%

未经 PPP 调整

	2002 年				2007 年			
	城镇	农村	农民工	全部	城镇	农村	农民工	全部
平均对数离差	17.5	20.5	7.6	16.6	16.5	16.9	7.4	14.4
泰尔指数	18.0	19.8	7.5	18.4	16.1	17.1	6.6	16.1

经过 PPP 调整后

	2002 年				2007 年			
	城镇	农村	农民工	全部	城镇	农村	农民工	全部
平均对数离差	5.5	18.9	0.9	11.0	7.9	13.5	1.4	10.4
泰尔指数	5.6	18.4	0.9	11.7	7.7	13.6	1.2	11.2

注："全部"这一列对应的是这四个地区的人均收入之间的差距对全国收入不平等的贡献度；其他各列对应的是对于城镇居民、农村居民、农民工这三个子人群来说，这四个地区的每个子人群之间所存在的收入差距对每个子人群的全国收入不平等的贡献度。CHIP 收入；三个层面上的样本权重；当年的价格；关于"PPP 调整"的解释参见前面的表格备注。

表 2.12 给出了组间差异对总体差异的贡献度，即地区间收入差异对全国收入不平等的贡献度，另外，我们又分别对城镇居民、农村居民、农民工这三个子群体做了类似分析，所得结果都列在表 2.12 中。表 2.12 同时给出了未经 PPP 调整、经过 PPP 调整后的两种计算结果，但是我们的分析主要集中在经过 PPP 调整后的计算结果，因为这种收入在不同的地区之间以及城乡间具有更好的可比性。

就全国总体而言，地区之间的收入差距对全国总体收入不平等的贡献度较小，还不到 12%，并且随着时间的推移其贡献度逐渐下降。在这两年里，地区内部收入差距解释了全国收入不平等程度的很大部分。正如人们所预期到的，不同地区农村居民的收入差距对全国农村居民总的收入不平等程度的贡献度较大，尽管这一贡献度随着时间的推移有所下降，在 2002 年，其贡献度约为 19%，2007 年其贡献度下降到约 14%。对于农村居民来说，地区间的贡献度下降说明，非农就业的机会逐步从东部地区向中西部地区扩散，也说明了西部地区的农民的流动性也越来越大。

对于城市居民来说，地区间收入差距的贡献度虽然较小但是随着时间的推移逐渐上升。这一现象反映了城市劳动力市场的隔离现象仍然存在，并且有越来越严重的趋势。这可能是由大都市越来越高的住房成本所导致的地区间的固化所导致的。

对于农民工来说，地区间收入差距的贡献度更小。如表2.12所示，不同地区的农民工所存在的收入差距对全国的农民工收入的不平等程度的贡献率仅有1%左右，无论2002年还是2007年都如此。

表2.12显示，全国收入不平等主要是由地区内部的收入差距引起的。表2.13进一步给出了每个地区内部的收入不平等程度，其中，西部地区内部的收入不平等程度最高。从2002年到2007年，这四个地区内部的收入不平等程度都分别有所上升，其中上升幅度最大的是东部地区，上升了15%左右。

表2.13　2002年和2007年不同地区的基尼系数

未经PPP调整		
	2002年	2007年
直辖市	0.314	0.320
东部	0.426	0.465
中部	0.404	0.443
西部	0.462	0.485
经过PPP调整后		
	2002年	2007年
直辖市	0.304	0.312
东部	0.357	0.412
中部	0.352	0.396
西部	0.428	0.444

注：CHIP收入；三个层面上的样本权重；当年的价格；包含长期农民工。

地区内部收入差距很大一部分是由地区内部城乡间的收入差距引起的。在2002—2007年这五年间，西部地区城乡间收入差距最高，经过PPP调整后，城乡间人均收入比约为3，未经PPP调整的城乡间人均收入比约为4（见表2.14）。另外，西部地区和东部地区的城乡间收入差距在这2002—2007年间上升速度相对较快。

表2.14　2002年和2007年不同地区的城乡间收入差距

	2002年	2007年
未经PPP调整		
直辖市	3.04	2.59
东部	2.77	3.72
中部	2.93	3.63
西部	3.90	4.17
经过PPP调整		
直辖市	2.59	2.22
东部	1.77	2.52
中部	2.17	2.76
西部	3.10	3.21

注：CHIP收入；三个层面上的样本权重；当年的价格；包含长期农民工。关于“PPP调整”的解释可以参见前面的表格备注。

在2002—2007年这五年间，直辖市的城乡收入差距有所缩小，因此，在2007年，直辖市的城乡人均收入比在四个地区中是最小的，但仍然超过了2。直辖市的城乡收入差距缩小这一现象，反映了直辖市农村地区的经济实现了较快发展，以及城乡一体化加深。

基于上述地区性分析，我们可以得出结论，东部地区、中部地区、西部地区之间所存在的收入差距并不是全国性收入差距的最主要组成部分，地区内部所存在的收入差距才是构成全国性收入的差距的最主要部分。其中，直辖市内部所存在的收入差距要小于东部、中部和西部地区。另外，城乡间收入差距是导致东部、中部、西部地区内部收入差距逐渐扩大的主要因素。

第八节 贫 困

改革开放以来，中国在消除贫困方面取得了很显著的成绩。到 2002 年，中国的贫困率已经相当低了，但是若要进一步消除贫困，则遇到很多因素的制约，比如那些依然贫困的地区在地理位置上分布较分散，并且贫困对宏观经济增长的反应也不灵敏（World Bank 2009a）。政府在 2002 年之后采取的最低生活保障、农村合作医疗、农村养老保险等政策正是针对这些问题。

在这里，我们主要分析贫困问题在 2002—2007 年这五年间的变化趋势，以发现这几年贫困政策的效果以及经济增长对贫困的影响。贫困研究一般使用不同的贫困线和计算方法。这里我们使用了三种贫困的测量方法，两种是绝对贫困线，一种是相对贫困线。所有的数据结果均采用 NBS 收入，NBS 收入没有包含自有住房的估算租金。我们之所以未考虑自有住房的估算租金，是因为在划分贫困线时也没有考虑这部分租金。

我们用的第一个绝对贫困线是国际上常用的经过 PPP 调整后的贫困线，即每人每天 1.25 美元，这一水平在 2005 年经过汇率折算并用 PPP 调整后相当于人民币 3.46 元（Chen 和 Ravallion，2008）。我们用的第二个绝对贫困线是政府制定的农村地区的贫困线。考虑到很多人批评政府以前的贫困线过低，我们这里用的是新的 2008 年的官方贫困线 1196 元。我们分别利用 2002 年、2007 年的价格和 NBS 消费价格指数对这两个绝对贫困线进行折算从而得出 2002 年、2007 年农村地区相应的贫困线。我们又根据城乡间的生活成本差异（2002 年的购买力平减指数来自于 Brandt 和 Holz（2006），2007 年的购买力平减指数利用 NBS 消费价格指数对其进行了更新）对这一贫困线进行调整，从而得出城镇地区相应的贫困线。

高收入国家用得更多的是相对贫困线，在这些国家过着绝对贫困生活的住户数量很少，不过那些处于收入低层的人们在很多方面属于弱势群体

(Osberg, 2000; Ravallion, 1992)。考虑到近年来中国的人均收入实现了很大幅度的提高，因此用相对贫困线来衡量贫困水平似乎更适合一些。按照文献中常用的，我们将收入序列的中位数的50%定为相对贫困线，农村地区、城镇地区（包含长期农民工）的相对贫困线分别等于各自收入中位数的50%。表2.15列出了利用当年价格计算得到的贫困线。

表2.15 贫困线

单位：元

	官方贫困线		PPP，1.25美元/天		人均收入中位数的50%	
	2002年	2007年	2002年	2007年	2002年	2007年
农村	964	1123	1451	1689	1051	1714
城镇+农民工	1338	1503	2013	2260	3379	6412

注：1. 第一个绝对贫困线是国际上常用的经过PPP调整后的贫困线，即每人每天1.25美元，这一标准在2005年经过汇率折算并用PPP调整后相当于每人每天3.46元人民币（Chen和Ravallion，2008）。

2. 我们分别利用2002年、2007年的价格和NBS消费价格指数对官方的绝对贫困线和国际上常用的"PPP，1.25美元/天"这两个绝对贫困线进行折算，从而得出2002年、2007年农村地区相应的贫困线。我们又根据城乡间的生活成本差异（2002年的购买力平减指数来自于Brandt和Holz（2006），2007年的购买力平减指数利用NBS消费价格指数对其进行了更新）对这一贫困线进行调整，从而得出2002年、2007年城镇地区相应的贫困线。

3. 农村地区、城镇地区（包含长期农民工）的相对贫困线分别等于各自收入中位数的50%，用三个层面的样本权重进行调整，用的是NBS收入。

4. 所有的贫困线用的都是当年的价格。

本书的第七章和第九章分别对农村地区、城市地区的贫困问题做了更详实的论述。由于计算方法上的不同，我们得出的一些衡量贫困水平的数据结果可能与这两章得出的一些结果不同，不过关于贫困水平在2002—2007年之间的发展趋势这一问题，我们所得出的结论是一致的。

表2.16的上半部分给出了各个地区的贫困发生率。就全国整体而言，从2002年到2007年绝对贫困的发生率出现了显著下降。用绝对贫困线"PPP，1.25美元/天"来衡量，贫困发生率从2002年的约19%下降到2007年的8%。全国整体贫困发生率的下降主要是由农村地区的贫困发生率发生了大幅度的下降所引起的。虽然城镇居民、农民工的绝对贫困发生率也发生了下降，但是他们的绝对贫困发生率水平在2002年就已经很低了。

表 2.16　贫困发生率和结构

单位：%

	官方贫困线		PPP，1.25 美元/天		人均收入中位数的 50%	
	2002 年	2007 年	2002 年	2007 年	2002 年	2007 年
贫困发生率						
农村	11.22	5.59	27.49	13.88	13.69	14.32
城镇	0.55	0.12	2.34	0.44	11.88	12.37
农民工	2.43	0.08	5.80	0.17	18.57	7.00
城镇 + 农民工	0.68	0.12	2.58	0.42	12.34	11.98
全部	7.44	3.20	18.57	8.00	13.21	13.30
贫困的结构						
农村	96.72	98.35	95.02	97.70	66.52	60.63
城镇	2.48	1.57	4.21	2.23	30.01	37.73
农民工	0.80	0.08	0.77	0.07	3.47	1.64
城镇 + 农民工	3.28	1.65	4.98	2.30	33.48	39.37
全部	100	100	100	100	100	100

注：NBS 收入；三个层面的样本权重；当年的价格。

相反的，中国的相对贫困发生率没有发生什么变化，仍然保持在约 13% 左右。这一现象说明处于收入底层人群的收入并没有向中等收入者的收入靠近，这一点与我们上文中所提到的“全国的收入不平等程度在逐渐上升”的结论是一致的。城镇地区（不包含长期农民工）和农村地区的相对贫困发生率类似。对于长期农民工群体来说，在 2002 年他们的相对贫困发生率很高，但是到 2007 年下降了很大幅度，2007 年其相对贫困发生率比农村居民、城镇居民的相对贫困发生率都低。

根据这三个贫困线，贫困主要发生在农村居民群体（见表 2.16 的下半部分）。用绝对贫困线来衡量，95% 的贫困人口为农村居民。用相对贫困线来衡量，农村地区的贫困人口所占的比例虽然有所下降，但是仍然超过了 60%。城市地区的相对贫困线比较高——等于城市居民人均收入的中位数的 50%。因此，用相对贫困线测算所得的城市地区的贫困人口所占的比例要高于用绝对贫困线测算所得出的比例。另外，根据相对贫困线计算得到城市地区的贫困人口所占的比例，从2002年到2007年发生了大幅度的上升。

不同地区的贫困率差别也较大。如表2.17所示，直辖市的绝对贫困发生率最低，东部地区次之，2007年更加明显。中部地区的绝对贫困发生率较高，西部地区的绝对贫困发生率最高，不过从2002年到2007年，这两个地区的绝对贫困发生率都有所下降。若以“PPP，1.25美元/天”贫困线来衡量，西部地区的绝对贫困发生率从2002年的约32%下降到2007年的约15%。

表2.17　不同地区的贫困情况

单位:%

	官方贫困线		PPP，1.25美元/天		人均收入中位数的50%	
	2002年	2007年	2002年	2007年	2002年	2007年
贫困发生率						
直辖市	0.07	0.09	0.70	0.35	0.89	1.87
东部	3.77	1.59	8.80	3.74	7.73	7.78
中部	6.98	2.74	19.87	7.47	14.21	12.81
西部	13.53	6.07	31.64	14.77	20.49	21.99
全国	7.44	3.20	18.57	8.00	13.21	13.30
贫困结构						
直辖市	0.03	0.09	0.12	0.14	0.21	0.44
东部	18.33	17.59	17.16	16.51	21.19	20.65
中部	30.42	28.41	34.71	30.94	34.91	31.94
西部	51.22	53.91	48.00	52.40	43.69	46.96
全国	100	100	100	100	100	100

注：NBS收入；三个层面的样本权重；当年的价格。

直辖市的相对贫困发生率也是最低的，东部地区次之，中部地区较高，西部地区最高，其中，西部地区20%左右的人口都处于相对贫困线以下。无论是全国的相对贫困发生率还是各个地区的相对贫困发生率，在2002—2007年间都没有发生太大的变化。

不管采用何种测算方法，中国的贫困人口都集中在西部地区。如表 2.17 的下半部分所示，超过一半的绝对贫困人口和超过 40% 的相对贫困人口都居住在西部地区。此外，从 2002 年到 2007 年，西部地区的贫困人口在全部贫困人口中所占的比例呈现不断上升趋势。不到 1% 的贫困人口居住在直辖市；15%—20% 的贫困人口居住在东部地区；三分之一左右的贫困人口居住在中部地区。从贫困人口分布的这种地区差异来看，我们仍需继续加大消除贫困的力度，尤其是在西部和中部地区。

我们进一步发现，每个地区内部的贫困人口也主要集中在农村地区。例如，在 2007 年，在所有四个地区中，用"PPP1.25 美元/天"这个绝对贫困线来衡量，城镇居民、长期农民工的贫困发生率都不到 1%。直辖市的农村居民的绝对贫困发生率也不到 1%，而东部、中部、西部地区的农村居民的绝对贫困发生率分别为 7%、12%、22%。另外，贫困人口的这一分布状况，也为我们在制定消除贫困的政策时提供了一些信息。

第九节　结　论

虽然近十年来政府采取了一些减少收入不平等的政策，但是，从 2002 年到 2007 年中国的收入不平等程度仍呈现出不断上升的趋势。以国际标准来看，中国 2007 年的收入不平等程度处于较高水平——基尼系数在 0.5 左右，与墨西哥（0.51）、尼加拉瓜（0.52）、秘鲁（0.48）等拉美国家的收入不平等程度相当，不过仍低于巴西、洪都拉斯等收入不平等程度很高（0.56—0.57）的国家①。

我们分析发现，中国收入不平等之所以在逐渐扩大，既有旧有因素，

① 这里给出的其他国家的基尼系数是 2005 年的基尼系数，衡量的是住户人均收入，来自于 UNU-WIDER WIID2c database，参见 http://www.wider.unu.edu/research/Database/en_GB/wiid/。2005—2006 年，在此数据库中所列出的所有国家中，巴西和洪都拉斯的基尼系数是最高的。

也有新出现的因素。其中，较大的城乡收入差距就是旧有因素。从2002年到2007年，中国的城乡收入差距不断扩大，即使根据城乡不同的生活成本调整后采用国际标准来衡量，中国城乡间的收入差距仍然很大，并且是构成全国总体收入不平等的重要组成部分。

引起收入不平等程度逐渐提高的新因素是“财产性收入”。在2002年进行CHIP调查时，财产性收入并不是收入不平等程度的主要来源。而到了2007年，随着城市住房逐渐私有化、城市居民住房市场的进一步发展、股票等金融市场的膨胀、私有企业的发展以及其他产权的改革，财产性收入变得越来越重要。我们发现，2007年，财产性收入拉大了城乡收入差距和全国总体的收入差距。将来，财产性收入将会越来越重要，并且会进一步拉大中国的收入差距。这种收入来源所导致的收入不平等是潜在的热门问题，因为在中国形成这种财产分配的制度还不够透明和公正。

我们研究发现，一些缩小收入不平等程度的因素也同时存在着，尽管这些因素的力量没有那些提高收入不平等程度的因素那么大，但它们在一定程度上缓和了收入不平等程度提高的势头。在2007年，城市居民的转移性收入具有缩小收入差距的效应，这说明城镇地区逐步健全的社会保障制度在缩小收入差距方面起了积极的作用。另外，农村居民收入的不断增长，尽管没有城镇居民收入的增长速度快，但是在一定程度上也缓和了收入差距的扩大。从缩小收入差距的角度来看，农村居民农业收入和外出打工的收入尤其重要。不同地区农民之间的收入差距以及农民工之间的收入差距随着时间的推移在逐步缩小。这些都说明，支持农业发展、促进区域间和谐发展的政策都具有缓和收入差距拉大的效应。

这里需要指出的是，我们的数据结果在某种程度上可能低估了中国收入不平等程度及其变化趋势。原因在于，在NBS城镇住户调查中，高收入住户样本较少，其代表性不足，并且高收入住户的收入普遍存在低报的现象。这些问题在一般的住户调查中都存在，学者们也提出了一些纠正此偏误的方法。不过更好的调查方法和更好的数据分析方法也有待早日提出。李实、罗楚亮（2011）初步研究发现，若对“高收入家户的收入存在低估”这一问题进行纠正后，会使城镇地区的基尼系数上升8个百分点，会使全国的基尼系数上升5个百分点。

从 2002 年到 2007 年，中国在消除贫困方面取得了巨大的成效。虽然消除贫困工作遇到了新的挑战，但在这一时期，绝对贫困发生率仍在持续不断下降。然而，相对贫困发生率则没有发生太大变化。这说明，处在收入分配序列低端的住户的收入并没有向中端收入家庭或高端收入家庭的收入靠近。随着中国经济的不断成熟，处于绝对贫困线以下的人口数不断下降，相对贫困线将会越来越成为一个重要的社会指标。

总而言之，我们发现，在这一时期，虽然属于不同群体的住户、属于不同地区的住户的收入都实现了很大幅度的提高，但是富裕住户的收入要比贫困住户的收入的增长速度更快，从而导致了收入差距的进一步拉大。这一现象说明，中国的收入分配格局发生了一些变化，也意味着出现了一些新的机制。因此，中国在构建和谐社会的进程中会面临更大的挑战，中国的收入分配政策在未来也需要据此做一些调整。

（本章作者：李实、罗楚亮、史泰丽）

参考文献

方向阳、张应良、李建勋（2007）：《西部大开发中的中央财政转移支付政策研究》，《西南农业大学学报》2007 年第 5 期，第 34—37 页。

国家统计局（2003）：《中国统计年鉴 2003》，中国统计出版社 2003 年版。

国家统计局（2008）：《中国统计年鉴 2008》，中国统计出版社 2008 年版。

李实、罗楚亮（2011）：《中国收入差距究竟有多大？对修正样本结构偏差的尝试》，《经济研究》2011 年第 4 期，第 68—78 页。

李实、杨穗（2009）：《中国城市低保政策对收入分配和贫困的影响作用》，《中国人口科学》2009 年第 5 期，第 19—27 页。

民政部（2007）：《2007 年民政事业发展统计报告》，http://cws.mca.gov.cn/article/tjbg/200805/20080500015411.shtml.。

Brandt, L. and C. A. Holz (2006), "Spatial Price Differences in China: Estimates and Implications", *Economic Development and Cultural Change*, 55 (1),

43-86.

Chen, S. and M. Ravallion (2008), "China is Poorer Than We Thought, But No Less Successful in the Fight against Poverty", World Bank Policy Research Working Paper No. 4621.

Chung, J. H., H. Lai, and J. H. Joo (2009), "Assessing the 'Revive the Northeast' (*zhenxing dongbei*) Programme: Origins, Policies and Implementation", *China Quarterly*, no. 197, 108-125.

Démurger, S., J. D. Sachs, W. T. Woo, S. Bao, G. Chang, and A. Mellinger (2002), "Geography, Economic Policy, and Regional Development in China", *Asian Economic Papers*, 1(1), 146-197.

Fan S., R. Kanbur, and X. Zhang (2010), "China's Regional Disparities: Experience and Policy", Department of Applied Economics and Management, Cornell University, Working Paper No. 2010-03.

Gustafsson, B., S. Li, and T. Sicular (2008a), "Inequality and Public Policy in China: Issues and Trends", in B. Gustafsson, S. Li, and T. Sicular, eds., *Income Inequality and Public Policy in China*, 1-34, New York: Cambridge University Press.

Gustafsson, B., S. Li, and T. Sicular, eds. (2008b), *Income Inequality and Public Policy in China*, New York: Cambridge University Press.

Kanbur, R. and X. Zhang (2009), "Fifty Years of Regional Inequality in China: A Journey through Central Planning, Reform, and Openness", in S. Fan, R. Kanbur, and X. Zhang, eds., *Regional Inequality in China: Trends, Explanations and Policy Responses*, 45-63, London: Routledge.

Khan, A. R. (1993), "The Determinants of Household Income in Rural China", in K. Griffin and R. Zhao, eds., *The Distribution of Income in China*, 95-115, Basingstoke: Macmillan.

Khan, A. R., K. Griffin, C. Riskin, and R. Zhao (1992), "Household Income and Its Distribution in China", *China Quarterly*, no. 132, 1029-1061.

Khan, A. R. and C. Riskin (1998), "Income and Inequality in China: Composition, Distribution and Growth of Household Income, 1988 to 1995", *China*

Quarterly, no. 154, 221-253.

Khan, A. and C. Riskin (2008), "Growth and Distribution of Household Income in China between 1995 and 2002", in B. Gustafsson, S. Li, and T. Sicular, eds., *Inequality and Public Policy in China*, 61-87, New York, Cambridge University Press.

Knight, J. and L. Song (1999), *The Rural-Urban Divide: Economic Disparities and Interactions in China*, Oxford: Oxford University Press

Li, S. and C. Luo (2010), "Reestimating the Income Gap between Urban and Rural Households in China", in M. K. Whyte, ed., *One Country, Two Societies: Rural-Urban Inequality in Contemporary China*, 105-121, Cambridge, MA: Harvard University Press.

Li, S., C. Luo, Z. Wei, and X. Yue (2008), "Appendix: The 1995 and 2002 Household Surveys: Sampling Methods and Data Description", in B. Gustafsson, S. Li, and T. Sicular, eds., *Income Inequality and Public Policy in China*, 337-353, New York: Cambridge University Press.

Minoiu, C. and S. G. Reddy (2008), "Chinese Poverty: Assessing the Impact of Alternative Assumptions", *Review of Income and Wealth*, 54(4), 572-596.

Osberg, L. (2000), "Poverty in Canada and the United States: Measurement, Trends, and Implications", *Canadian Journal of Economics*, 33 (4), 847-877.

Ravallion, M. (1992), "Poverty Comparisons: A Guide to Concepts and Methods", Living Standards Measurement Study Working Paper No. 88, The World Bank.

Ravallion, M. and S. Chen (2007), "China's (Uneven) Progress Against Poverty", *Journal of Development Economics*, 82(1), 1-42

Riskin, C., R. Zhao, and S. Li, eds. (2001), *China's Retreat from Equality: Income Distribution and Economic Transition*, Armonk, New York: M. E. Sharpe.

Shorrocks, A. F. (1980), "The Class of Additively Decomposable Inequality Measures", *Econometrica*, 48 (3), 613-625.

Shorrocks, A. F. (1982), "Inequality Decomposition by Factor Compo-

nents", *Econometrica*, 50(1), 193-212.

Sicular, T., X. Yue, B. Gustafsson, and S. Li (2010), "How Large is China's Rural-Urban Income Gap?" in M. K. Whyte, ed., *One Country, Two Societies: Rural-Urban Inequality in Contemporary China*, 85-104, Cambridge, MA: Harvard University Press.

Wan, G. (2007), "Understanding Regional Poverty and Inequality Trends in China: Methodological Issues and Empirical Findings", *Review of Income and Wealth*, 53(1), 25-34.

World Bank (2009a), "From Poor Areas to Poor People: China's Evolving Poverty Reduction Agenda: An Assessment of Poverty and Inequality in China", Poverty Reduction and Economic Management Department, East Asia and Pacific Region, Report No. 47349-CN.

World Bank (2009b), *The World Development Report* 2009: *Reshaping Economic Geography*, Washington, DC: World Bank Publications.

Yao, Y. (2009), "The Political Economy of Government Policies Toward Regional Inequality in China", in Y. Huang and A. M. Bocchi, eds., *Reshaping Economic Geography in East Asia*, 218-240, Washington, DC: The World Bank.

附　录

表 2A.1　不同权重下的收入水平和不平等程度（2002 年和 2007 年）

	2002 年					2007 年				
	城镇	农村	全国（不含农民工）	农民工	全国（包含农民工）	城镇	农村	全国（不含农民工）	农民工	全国（包含农民工）
无权重										
人均收入	8674	2756	4840	6154	4903	18696	5096	10002	15995	10368
基尼系数	0.320	0.364	0.457	0.348	0.453	0.339	0.377	0.491	0.307	0.483
平均对数离差	0.172	0.225	0.366	0.213	0.360	0.193	0.239	0.427	0.162	0.418
泰尔指数	0.174	0.238	0.358	0.210	0.351	0.197	0.250	0.415	0.172	0.400
权重 I（城镇/农村）										
人均收入	8674	2755	4780	6154	4814	18695	5096	10792	15995	10954
基尼系数	0.320	0.364	0.458	0.348	0.456	0.339	0.377	0.486	0.307	0.481
平均对数离差	0.172	0.225	0.366	0.213	0.363	0.193	0.239	0.424	0.162	0.419
泰尔指数	0.174	0.238	0.359	0.210	0.356	0.197	0.250	0.403	0.172	0.395

续表

	2002 年					2007 年				
	城镇	农村	全国（不含农民工）	农民工	全国（包含农民工）	城镇	农村	全国（不含农民工）	农民工	全国（包含农民工）
权重 II（两个层面的样本权重）										
人均收入	9009	2797	4921	6656	4964	17924	4650	10210	16736	10413
基尼系数	0.321	0.365	0.462	0.341	0.460	0.336	0.367	0.489	0.294	0.485
平均对数离差	0.173	0.227	0.373	0.205	0.371	0.190	0.227	0.432	0.148	0.427
泰尔指数	0.175	0.239	0.366	0.201	0.362	0.196	0.236	0.411	0.158	0.404
权重 III（三个层面的样本权重）										
人均收入	9223	2754	4966	7118	5019	18875	4609	10585	16611	10772
基尼系数	0.327	0.354	0.466	0.334	0.464	0.337	0.358	0.497	0.288	0.492
平均对数离差	0.179	0.213	0.378	0.197	0.375	0.190	0.217	0.445	0.143	0.439
泰尔指数	0.182	0.226	0.376	0.190	0.371	0.197	0.226	0.425	0.152	0.416

注：1. 包含 CHIP 调查涵盖的所有省份的数据；当年的价格；CHIP 收入。

2. 表中所列出的不平等指标都是无标度的，因此，不管是用当年的价格计算，还是用基期的价格计算，所得出的不平等水平是一致的。

3. 在计算平均对数离差和泰尔指数不平等指标时，将那些收入小于等于 0 的样本删掉了（其中，2002 年的数据删掉了将近 30 个样本，2007 年的数据删掉了将近 225 个样本）。

4. 权重的含义见表 2.1。

表 2A.2　2002 年和 2007 年不同地区的人均收入

单位：元

未经 PPP 调整

	2002 年				2007 年			
地区	城镇	农村	农民工	全部	城镇	农村	农民工	全部
直辖市	15883	5217	8168	13073	29557	11394	19887	25408
东部	10645	3843	7976	6569	23128	6221	17582	14541
中部	6973	2377	5193	3828	15023	4134	12119	8442
西部	7581	1945	5871	3492	14254	3421	14316	7186

经 PPP 调整后

	2002 年				2007 年			
地区	城镇	农村	农民工	全部	城镇	农村	农民工	全部
直辖市	8936	3444	4596	7462	17955	8074	12135	15635
东部	7167	4048	4940	5260	16171	6405	11658	11142
中部	5686	2625	4220	3588	12051	4373	9759	7408
西部	6287	2029	4845	3196	11624	3625	11632	6405

注：本表将长期农民工单列，城镇居民中没有包含长期农民工；CHIP 收入；三个层面的样本权重；当年的价格；对“PPP 调整”的解释详见表 2.3 的备注。

第三章　中国收入差距究竟有多大？

——对修正样本结构偏差的尝试[①]

人们普遍认为，中国居民收入差距在经济转型与经济发展过程中总体上表现出了不断扩大的倾向。然而，中国收入差距究竟有多大？这个问题并没有在国内外学术界取得一致的意见。由于人们对收入概念、收入调查方式以及收入差距指数等有不同认知和理解，对中国收入差距的状况有不同的感知、判断乃至猜测，也引发了不少争论。虽然一些经验研究成果对近期的中国收入差距作了一些估计[②]，但是这些估计结果不断受到来自各方的种种质疑。有的学者认为中国收入差距被低估了，认为中国的实际收入差距要大于估计出来的差距；有的学者则认为存在高估的问题，认为中国的实际收入差距没有那么大，有夸大化的成分。相应地也有一些研究文献试图纠正收入差距估计中的高估或低估倾向，如江小涓和李辉（2005）、北京大学中国经济研究中心宏观组（2006）通过对地区之间货币购买力的调整认为地区之间的实际差距要小于名义差距。不过，大多数的研究者通常只强调了某一种方向或某个来源的偏差，几乎没有研究者同时剔除各种可能的偏差后给出更为准确的估计结果。本文从收入定义、抽样偏差以及不同地区货币购买力差异调整等方面对收入差距估计中所可能存在的偏误出发，讨论综合考虑相关因素后中国居民收入差距的状况，试图给出更为

---

① 本章的结果曾在“中国金融40人论坛·青年论坛”中报告过，感谢与会人员所提出的宝贵意见。本章写作过程中得到了高明华教授所提供的高管薪酬数据支持，在此谨致谢意。

② 国家统计局利用城镇和农村住户调查数据发布了历年分城乡的城镇和农村数据。一些研究者也估计过居民收入差距的长期变动趋势，如 Ravallion 和 Chen（2004）、Meng 等（2010）等，通常都发现收入差距具有不断上升的趋势。中国居民收入分配课题组也根据住户调查数据计算了1988年、1995年和2002年的收入差距指标，可参见赵人伟和格里芬（1994）、赵人伟等（1999）、李实等（2008）。

准确的收入差距（基尼系数）估计结果。

第一节　偏差的来源

中国收入差距究竟有多大，这是一个实证性的经验研究的问题，也就是说回答这个问题只需要对中国居民的收入差距加以准确的测量。然而，如何才能达到“准确的测量”却并不是一个简单的问题。从中国的住户调查和收入统计实践来看，收入差距的准确估计主要受到两个方面的影响①，一是收入定义，二是获得住户调查数据的抽样过程。

就居民的收入定义而言，中国也许是收入构成最复杂的国家之一②。作为一个发展中国家又是转型国家来说，中国居民的收入构成带有发展的特点和转型的特点。从发展的角度来看，中国城乡居民之间的收入构成存在着巨大的差异。比如，城镇居民的收入主要是由货币收入构成的，而农村居民收入中的很大一部分仍是自己生产自己消费的实物性收入。就转型的特点而言，居民收入来源多元化，收入形成机制缺乏充分的透明度；计划经济时期遗留下来的各种补贴，有明补也有暗补，在城镇居民收入中仍占有相当高的比例。即使是国家公务员，实际收入也是多种来源，有国家规定的工资和补贴部分，有地区补贴部分，有单位发放的或明或暗的收入，有实物性收入和表现为暗补的公共福利项目，如公有住房、住房公积金、公费医疗、养老保障、失业保险等，而这些补贴或福利项目却是其他许多居民所望尘莫及的，其市场价值通常也难以有效地估算，甚至在收入统计中被严重忽略。中国居民收入构成的这些特点使得人们在全面理解收入定义上存在一定的困难，因而也就产生一些分歧。例如有些人只是认为

---

① 在某些情形中还受到计算方法的影响，不过基于微观住户层面的收入数据，现有的统计软件都能较为方便的给出各种收入差距指标，从而降低了人们对于计算过程的误解所导致的收入差距指标估计偏误。

② 李实（2003）对中国收入统计实践中的收入定义进行了详细的讨论。

现金收入才是收入，往往忽视实物性收入和补贴。这种对收入定义认识上的片面性也同样存在于学术界，当前一个普遍的现象是在没有明确界定收入定义的情况下，不加甄别地对城乡之间收入差距进行比较，对全国收入差距加以估计，因此难免出现各种各样的估计偏差。

从现有研究文献上看，在估计收入差距时所使用的收入定义大致有这样三种：一是国家统计局住户调查中的城镇可支配收入或农村纯收入，也可称为官方收入定义。二是卡恩（Khan）的收入定义[①]，简单来说，该收入定义是在国家统计局收入定义基础上增加了三项收入成分，其一是公有住房的实物性租金补贴，其二是自有住房的估算租金（imputed rent），其三是各种实物收入如单位发放的食品、日用品等实物和有价证券的市场价值。中国收入分配课题组（CHIP）从20世纪80年代末开始估计中国收入差距，大部分论文都使用了卡恩的收入定义，相关研究成果可见赵人伟和格里芬（1994）、赵人伟等（1999）、李实等（2008）。三是福祉含义的收入定义，它是在卡恩的住户收入定义上增加了给城乡居民带来实际福祉的社会保障和社会福利的市场价值[②]。如果考虑到居民收入所具有的实际福祉，那么收入不仅要包含所有能够反映个人福祉差异的收入项目以保证其内涵在不同人群中的一致性，而且也要求通常的货币收入应当具有相同的实物支配能力，通常表现为城乡之间和地区之间要具有可比性，也就是说不同人群所获得的单位收入（如1元钱）应该具有相同的购买力。

对收入差距的估计通常都是建立在抽样调查的样本数据基础上的，因此抽样过程中所存有的偏差也会导致收入差距估计结果的偏误。但现有的收入分配研究对抽样偏差的关注程度远远低于对收入定义的关注。利用抽样调查的住户收入数据来估计社会总体收入差距的大小，首先应当保证所抽取的样本对总体具有充分的代表性，包括对不同人群组间的代表性，如城乡之间、地区之间，以及不同收入组的代表性，即应当覆盖具有不同收

① 关于该收入定义的详细说明，参见Khan等（1992）。

② 因为不同人群获取相关社会保障和社会福利项目的机会是不均等的，关于利用该收入定义对中国城乡之间收入差距估计的有关尝试参见李实和罗楚亮（2007）。

入水平的人群。一般说来，城乡和地区代表性是可以通过采取合理的抽样方法或重新加权的办法得以实现，而不同收入人群的代表性难以通过类似方式得到修正。许多研究都发现，在高收入人群中通常会存在更为严重的收入低报、样本遗漏的问题（Mistiaen 和 Ravallion，2003；Banerjee 和 Piketty，2003）。即使国家统计局的大样本住户调查，也不可避免地会在抽样过程中丢失一部分高收入人群（王有捐，2010）。在城乡和地区的样本户比例与实际住户比例不一致时，通过对样本加权的办法以达到二者之间的一致性，是在估计全国收入差距之前所必须进行的工作，而现有的许多研究都忽视了这项工作。

中国正处在经济转型时期，人口和劳动力流动性急剧增强。这对于传统的城乡“二分法”的住户分类观念和制度提出了挑战。由于户籍制度的限制，绝大多数农村流动人口居住在城市、工作在城市却没有取得城镇户籍，他们应该划分为城镇人口还是农村人口，在学术研究上和官方统计实践上并没有取得一致的意见。在住户调查实践中，国家统计局的现行住户调查系统中城镇住户样本所包含的外来农村户籍人口的样本比例非常低，而农村住户样本中仍包含了很高比例的进城打工的劳动力①。而对于举家外迁到城镇居住的农村户籍人口，往往被官方住户调查系统所遗漏。随着这部分人群不断增加，这种遗漏对于估计城乡之间收入差距，甚至全国收入差距都会产生越来越大的影响②。

表 3.1　有关收入差距估计的分析框架

收入定义	数据处理方式				
	未做任何处理	加权样本数据	包含农民工	修正高收入群体抽样误差	调整区域货币购买力
1. 国家统计局的收入定义	AAA	AA	O	O	A

① 按照国家统计局农村住户调查方案，外出务工劳动力属于单身外出，或其收入为农村家庭的主要经济来源，仍被看作为该住户的家庭成员，其外出务工收入视为家庭收入。

② 如蔡昉和王美艳（2009）认为现行住户调查制度没有覆盖“常住流动人口”，从而不能揭示劳动力流动缩小了城乡之间居民收入差距。

续表

收入定义	数据处理方式				
	未做任何处理	加权样本数据	包含农民工	修正高收入群体抽样误差	调整区域货币购买力
2. 卡恩定义（包含公有住房的房租补贴和自有住房的归算租金，加上实物收入）	AA	AA	O	O	A
3. 福祉含义的收入定义	A	A	O	O	A

注：AAA 表示有较多的研究文献；AA 表示有少量的研究文献；A 表示有很少的研究文献；O 表示几乎是空白。

概括来讲，在我国收入差距的估计中所碰到的问题可以用表 3.1 加以说明。依照我们对现有研究文献的了解，多数的研究还是利用住户调查数据（或官方或民间），不加任何处理，依据国家统计局的收入定义来估计我国收入差距的大小。从以上的讨论中可以看到，这种简单化的处理方式将会导致收入差距估计结果的偏差，其中某些忽略会导致高估收入差距（如不进行区域货币购买力调整）；某些忽略会导致低估收入差距（如未能修正高收入群体抽样不足的问题）；也有一些因素的影响方向是不确定的。

第二节　解决思路

针对上述问题，我们提出以下几点解决问题的思路和相关方法，以获得收入差距更为准确的估计结果。

第一，分别采用了两种收入定义，一是国家统计局的常规收入定义。它是由四部分组成，即工薪收入、经营性收入、财产性收入和转移性收入。二是中国居民收入分配课题组长期使用的卡恩（Khan）收入定义。对于表 3.1 中的第三种收入定义，由于估计各种社会福利和社会保障的市场价值存在相当的困难，本文没有做相关估计，只能作为下一步研究的内容。

第二，利用地区生活费用指数对城乡居民的名义收入加以折算，以计算出以购买力平价为基础的城乡之间和地区之间实际收入差距。使用的地区生活费用指数来自于 Brandt 和 Holz（2006）的估算。他们估算了 1984—2002 年的城乡及各省份的生活费用指数，在此基础上我们根据 2002 年以来各省份城乡居民的消费价格指数计算出 2007 年的相关生活费用指数。根据我们的估算，2007 年城乡实际货币购买力为 1.3∶1（即城镇 1.3 元等同于农村的 1 元购买力）。

第三，在全国样本中包含城镇中的农村流动人口。他们被分为两类，一是长期、稳定的城镇外来人口，包括举家外迁的农村流动人口和单身流动但未婚，并且在城市居住超过一年的农村流动人口；二是暂时性城镇外来人口，主要是指单身流动，其家庭成员仍在农村的流动劳动力。根据国家统计局住户调查的抽样方案，居住在农村的农村户籍人口样本实际上包含了一部分外出打工劳动力，本章将长期、稳定的城镇外来人口作为一种单独的住户类型，代表城镇中的农村流动人口。

第四，对调查样本按照省份进行加权处理。权重构成包括三个层次，第一层次是按照城乡实际人口比例对样本进行加权，其中城镇中长期、稳定的迁移户（农村户籍）划分为城镇人口并且计算出他们在城镇人口中的比例。第二层次是在城乡人口分类基础上按照直辖市、东部、中部、西部地区①实际人口比例对样本进行区域加权。第三层次是在城乡人口分类和区域分类基础上按照样木省的实际人口比例对样本加权。样本权重依照 2005 年全国 1% 人口抽样调查的人口分布构造，我们按照相同的方式定义了抽样数据和 2005 年全国 1% 人口抽样调查中城镇、农村和流动人口②三个部分，以全国人口抽样调查中的人口权重对住户抽样调查数据进行重新加权处理，这里假定 2005 年至 2007 年期间三类人口的相对比例没有发生变化③。

第五，对于高收入人群样本代表性不足问题，我们采取了相应的修正办法。在样本具有充分代表性的情况下，样本分布如图 3.1 所示，不同收

① 但重庆被计入西部地区而非直辖市。

② 流动人口是根据其调查时所在地，而非来源地确定其权重结构。

③ 有关加权方法和权数计算的细致说明请参见 Song 等（2010）。

入人群样本既包括了A样本，也包括了B样本和C样本。后两类样本属于高收入人群，在实际调查中通常不能有效覆盖。当然，两者不能有效覆盖的原因是不同的。C部分样本由于在整个收入分布中所占比例非常低，因此在抽样中属于小概率事件；B部分样本尽管在收入分布中占有一定的比例，在理论上具有较高的抽样概率，然而在住户调查实践中，可能会由于这部分样本更加不愿意接受调查或在调查过程中具有更强的低报收入的倾向，从而导致实际的样本对这部分人群缺乏代表性。在国家统计局的住户调查中，也存在高收入人群样本比例偏低的问题（王有捐，2010）。一些学者认为这种偏差会导致居民收入水平和收入差距的低估（王小鲁，2010）。由于我们的调查样本来自于国家统计局的大样本，这种抽样偏差问题也是存在的。不言而喻，如果B样本和C样本存在比例偏低的问题，则会同时造成居民收入水平、居民收入差距的低估；如果这种偏差主要出现在城镇样本中，它还会造成城乡之间收入差距的低估，甚至于全国收入差距的低估。因此，这是一个不可忽视的问题，而且实际抽样分布中对高收入人群缺乏有效的覆盖在许多国家的住户调查中都显得越来越严重。

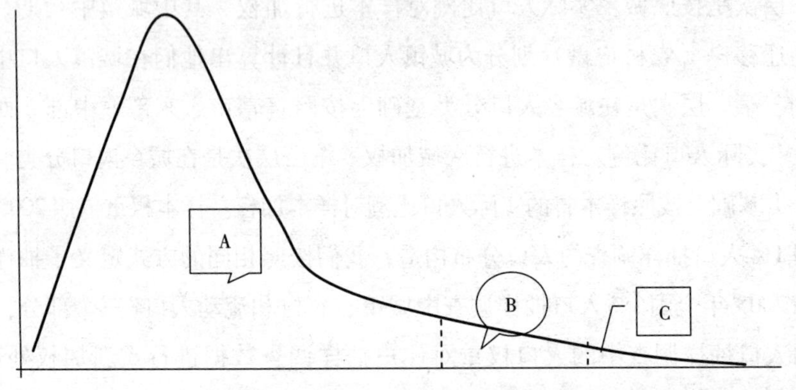

图3.1　高收入人群样本遗漏示意图

从图3.1可以看出，B样本与C样本的差异是后者代表极高收入人群，也是受到社会普遍关注的人群，其中许多人的收入和财富被聚集在媒体和公众的视线之下；而前者虽然也存在样本比例偏低的问题，但是他们的收入和财富方面的信息是很难获得的。在这种情况下，我们采取了以下几个步骤来解决高收入人群样本偏差的问题。首先，我们收集了2007年福布斯和胡润财富榜上中国最富人群的财富信息。其次，根据他们的财富估算其收入水平，估算的方式是假定财富获得5%的平均收益率。当然这个假定会忽略他们之间收益率差异所带来的收入差异，但是它对居民平均收入的估计值的影响不会太大，对收入差距估计值的影响也不应该太大。再次，我们利用上市公司高管薪酬的数据与财富榜富人的收入数据加以合并。最后，我们假定这些高收入人群，即图3.1中B样本和C样本所代表的人群的收入服从于帕累托分布（Pareto distribution）。利用该分布的性质，我们可以估计出在每一个收入水平上的人口比例。

第三节　数据与方法

本章所使用的数据包括两个主要来源，一是根据通常的住户调查数据以得到图3.1所示的A部分人群；二是利用福布斯和胡润财富榜以及上市公司高管薪酬数据[①]来描述图3.1所示的B部分和C部分人群的收入分布特征。

一、住户调查数据

本章采用的住户调查数据来自于“中国居民收入分配课题组(CHIP)”和“中国城乡劳动力流动课题组（RUMIC)”于2007年的抽样调查。调查样本大体上可分为三种类型：传统意义上的城镇（户籍）住户、农村住户以及进入城镇的农村（户籍）流动人口，其中进入城镇的农村（户籍）流动人口只包含城镇中长期、稳定的农村外来人口。前两类样本来自于国家统计局的常规住户调查的大样本，收入和支出指标也来自于常规住户调查的记账数据。城镇中的农村流动人口样本由课题组委托一调

① 上市公司高管薪酬数据来自于“高明华：《中国上市公司高管薪酬指数数据库（2007—2008)》”，在此表示感谢。

查公司执行，而抽样方法和调查问卷由课题组设计①。在城镇流动人口调查中，由于没有住户记账数据，因此收入信息是根据被调查人对分项收入的回忆得到的。各类住户所覆盖的省份见表3.2。

由于此次调查的目的之一是了解中国居民的收入增长和收入分配问题，因而数据中包含了非常详细的住户和个人收入方面的信息。在个人收入方面，数据除了包括个人的各种就业收入，既有货币收入，也有实物收入。在住户收入方面，除了住户成员的个人收入外，还包括了家庭的经营性收入、财产性收入、转移性收入。更为重要的是，为了使得中国住户收入具有国际可比性，我们利用数据中有关住房方面的信息，对调查户的公有住房的补贴和自有住房的归算租金（imputed rent）进行了估计，然后将其加到住户的可支配收入上。因此估算的住户收入水平均值和人均收入均高于国家统计局公布的数字。

表3.2　2007年住户调查样本基本情况

	城镇住户	农村住户	农村－城镇流动人口②
住户样本数（户）	10000	13000	3031
个人样本数（人）	29262	51847	5272
家庭平均规模（人）	2.93	3.99	1.74
户均16—59岁人口数量（人）	2.16	2.93	1.52
人均可支配收入/纯收入（元）	15267.82	4619.18	15809.30
住户年人均（Kahn）收入（元）	18695.46	5095.99	15994.78
样本省份	北京、山西、辽宁、上海、江苏、浙江、安徽、福建、广东、河南、湖南、湖北、重庆、四川、云南、甘肃	北京、河北、山西、辽宁、江苏、浙江、安徽、福建、广东、河南、湖南、湖北、重庆、四川、云南、甘肃	江苏、浙江、安徽、广东、河南、湖北、四川、上海、重庆

① 城镇流动人口调查问卷及抽样方法请参阅 http://rumici. anu. edu. au/joomla/index. php? option = com_content& task = view&id = 49&Itemid = 52。

② 只包括举家外迁的农村流动人口和单身流动但未婚，并且在城市居住超过一年的农村流动人口。

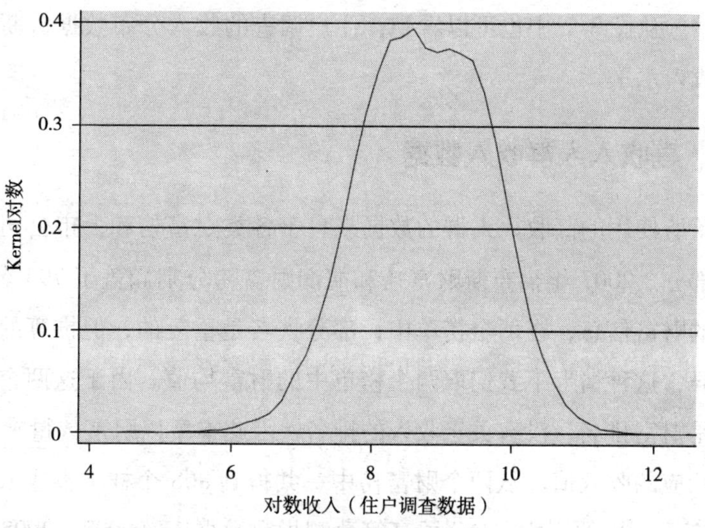

图 3.2　住户调查（对数）收入分布核密度估计

表 3.2 给出了三类住户样本的基本特征①，包括住户和个人数量、家庭规模、人均收入等信息。不难理解，农村居民户中家庭平均人口规模最高，而城镇流动户中家庭规模最小；从人口结构来看，城镇流动户中 16—59 岁劳动年龄人口所占比重更高，大约为 87%，而城镇与农村住户中则只有 73% 左右。即便是长期稳定的农村外出人口中，也仍以劳动年龄人口为主。这种人口构成也将影响到三类住户之间的收入构成特征。从人均可支配收入来看，城镇住户和城镇流动人口的人均收入水平要高于农村住户，但城镇住户的人均可支配收入略低于城镇流动人口。这是因为城镇流动户中劳动年龄人口所占比重高于城镇住户，并且流动户样本更为集中在经济相对较为发达的大城市中②。而城镇住户人均（Kahn）收入则要高于城镇流动人口。图 3.2 给出了利用住户调查数据得到的对数收入分布，样本范围包括城镇和农村住户以及从农村进入城镇的流动人口，所采用的收入概念是常用的城镇人均可支配收入和农村人均纯收入，没有对样本结构进行

① 未对样本进行加权处理。相关收入指标也没有进行货币购买力平价调整。

② 城镇流动人口调查只包括 15 个城市：广州、东莞、深圳、郑州、洛阳、合肥、蚌埠、重庆、上海、南京、无锡、杭州、宁波、武汉、成都。

加权调整。从图3.2中也可以看到，住户调查的收入分布数据截断于并不太高的收入水平。

二、高收入人群收入数据

本章所使用的高收入人群的数据来自于各类财富榜和上市公司高管薪酬两个部分。2007年福布斯财富榜和胡润财富榜分别涵盖了799名和400名富豪的财富信息，在两个榜单中，部分人名是重复的，但推算的财产数量有差异，这种情形下我们取两个榜单中的财富均值。由于这两个财富榜给出的是财富排名，没有关于收入的排名，因此本章以财富数量乘以0.05来替代相应的收入值。从两个财富榜中一共得到868个样本，收入均值为19643万元。从“中国上市公司高管薪酬指数数据库（2007—2008）”中，一共获得年薪酬在12万元以上的样本2021个，收入均值为429174元。由于薪酬指数中只包含了上市公司的薪酬最高的前三位高管，为此我们将每个高管薪酬数据按照全国第二次经济普查法人单位数的1/3[①]进行加权。两种来源的高收入人群所对应收入的核密度估计可见图3.3。而将这种来源的高收入数据与住户调查数据合并，并进行相应权重调整则可得到全部人口收入分布的核密度估计图，如图3.4所示。显然，为数不多的富豪使得收入分布具有非常明显的拖尾现象，左偏更为明显。比较图3.2和图3.4也可以看到，增加高收入人群样本后，会导致收入分布的不均等程度增强。

一些研究认为，高收入人群的收入分布特征可以利用帕累托分布来拟合[②]。帕累托分布的基本形式为：

---

① 假定上市公司代表全部法人企业的1/3，每个上市公司的权重为4959000 ÷ 3 ÷ 1502 = 1100.533，其中第二次经济普查法人单位数量为495.9万家，上市公司数量为1502家。这样，我们假定高管薪酬数据库中，每个观测代表1100.533个个人。应当说明的是，这里的权重选择带有一定的随意性。但我们也试验了其他权重所能得到的结果，并将推算的结果与《中国个税年所得12万以上自行纳税申报人数超212万》一文（见 http://news.xinhuanet.com/newscenter/2008-04/18/content_8003753.htm）进行比较，最终选择了1/3的权重。

② 已有大量文献对帕累托分布进行检验，Creedy（1985）、马丁·布朗分布伦纳（2009）提供了一些研究文献及部分国家的估计参数；王海港和周开国（2006）介绍了帕累托分布的基本特征，并根据中国居民收入分配课题组1988年和1995年数据检验了收入分布高端人群的分布特征。

$$\ln N = \ln K - \alpha \ln x$$

其中 N 为收入在 x 及以上的人口数量，K 和 α 为两个参数。参数 α 同时确定了这一分布的不均等程度，对应的基尼系数为 $\frac{1}{2\alpha - 1}$。利用所得到的高收入人群收入数据，表 3.3 给出了帕累托分布的相关参数估计值。其中最为关键的参数是 α，描述了这一人群收入分布的不均等程度。从调整 R^2 中可以看出，拟合程度非常高。

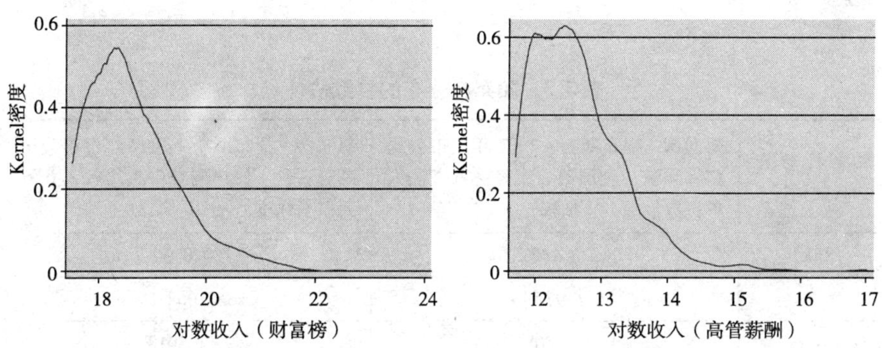

图 3.3 财富榜、高管薪酬（对数）收入分布核密度估计

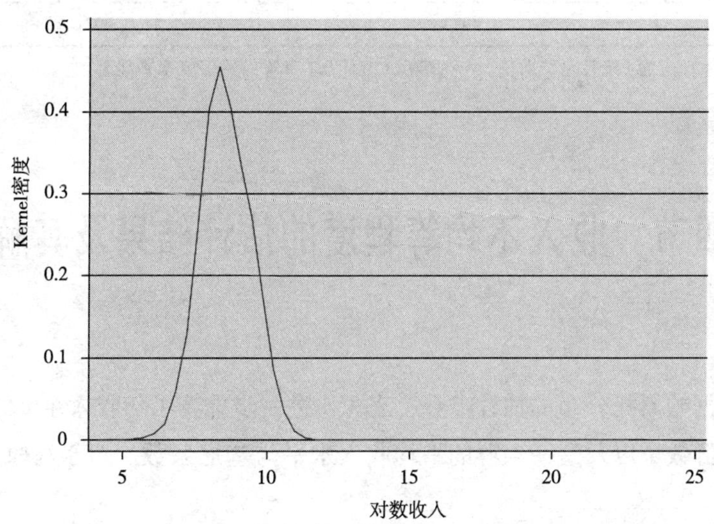

图 3.4 合并后的收入分布的核密度估计

为了检验针对高收入人群拟合的收入分布与住户数据的关系，表3.3还给出了高收入人群和城镇住户调查中人均收入6万元以上的个人样本①合并后所得到的帕累托分布拟合结果。从表3.3的结果中可以看出，加入城镇住户样本中的相对较高收入人群后，对估计参数的影响非常小。两个样本所推断的估计参数 $-\alpha$ 在95%的置信度水平下无显著性差异。从表3.3中两列估计参数的变化中，我们可以推定，利用高收入样本所拟合得到的收入分布与住户调查数据中收入分布的高端人群应该较好地实现了"对接"。

表3.3 帕累托分布的参数估计

帕累托分布的参数估计	胡润榜+福布斯榜+2007年上市公司高管薪酬（全国第二次经济普查法人单位数量的1/3加权）	胡润榜+福布斯榜+2007年上市公司高管薪酬+住户调查中人均收入6万元以上样本
ln*K*	30.1487	30.0360
	[1611.97] ***	[1646.06] ***
$-\alpha$	-1.3084	-1.3018
	[1029.28] ***	[1034.94] ***
Obs	2889	3093
调整 R^2	0.9973	0.9971

注：[ ] 内为t统计量绝对值，*** 表示t统计量在1%的置信度水平显著。

第四节 收入不均等程度的估计结果及其解释

根据帕累托分布的估计参数，表3.4进一步推算了年收入在12万元以上的人群数量以及这一人群的平均收入水平与基尼系数。对于高收入人群

① 城镇住户调查样本进行了加权处理，权重为593790000×（1-0.00472）÷29262=20196.409，其中593790000为2007年城镇人口数；0.00472为表3.4中推算的高收入人群比重；29262为2007年城镇住户调查的样本量。

的平均收入，通常可以根据帕累托分布的分布函数 $F(x) = 1 - \left(\frac{x_0}{x}\right)^{\alpha}$ 的估计结果来推断，其均值为 $\frac{x_0\alpha}{\alpha - 1}$。在本章中，我们假定所估计的帕累托分布对于住户调查样本最高收入以上的人群都是适应的，这里的 x_0 直接以12万元代替。

从表3.4可以看出，2007年这些高收入人群的人均收入接近51万元。收入水平超过12万元以上的人数大约为280万。与此可以比较的是国家税务总局公布的2007年全国个人收入12万元以上纳税申报的人数，为212万①。考虑到纳税申报遗漏的问题，以及一部分灰色收入和非法收入获得者回避申报的问题，我们估计出的高收入人数具有一定的可靠性。然而，在高收入人群中，收入分配差距也相当明显，我们估计出来的基尼系数大约为0.62，远大于年收入12万元以下人群的收入分配差距。

我们可以将根据帕累托分布推算的结果作为理论值。作为比较，表3.4还根据富豪榜和高管薪酬及相应权重直接计算得到相应的指标。直接计算所得到的平均收入略低于根据帕累托分布推算得到的收入均值，而基尼系数的低估幅度相对较高，比推算的理论值要低8个百分点。根据加权方式得到的高收入人群数量也略低于理论推算值。

表3.4　对高收入人群收入及其分布的推算

基于帕累托分布的推算	胡润榜＋福布斯榜＋2007年上市公司高管薪酬（全国第二次经济普查法人单位数量的1/3加权）	富豪榜和高管薪酬及相应权重直接计算
高收入人群中的平均收入（元）	509105	505637
收入水平高于12万元的人数（人）	2804228	2225044
占城镇人口（59379万）的比重（%）	0.472	0.375
占全国人口（132129万）的比重（%）	0.212	0.168
高收入人群基尼系数理论值	0.619	0.534

① 见《中国个税年所得12万以上自行纳税申报人数超212万》一文，http://news.xinhuanet.com/newscenter/2008－04/18/content_8003753.htm。

在上述估算的基础上，我们可以将全部样本划分为两类，一类是来自于我们住户调查的样本，它们只对住户调查样本中最高收入（或年收入12万元）以下的人群有代表性；另一类是住户抽样调查中没有包括的样本，其分布特征由估计的相关参数确定。我们可以认为这两个样本的收入分布是不重叠的，假定现有的抽样调查数据中缺乏对高收入人群的反映。在这种情形下，对总体基尼系数的推算可以采用如下公式：

$$G = P_1^2 \frac{\mu_1}{\mu} G_1 + P_2^2 \frac{\mu_2}{\mu} G_2 + P_1 P_2 \left| \frac{\mu_2 - \mu_1}{\mu} \right|$$

其中，P_1 和 P_2 分别表示住户调查样本和推算样本在全部人口中所占的比重，这里的总人口分别指的是城镇总人口或全国总人口；μ_1 和 μ_2 分别表示住户调查中和推算样本人群中的人均收入水平，μ 则为两个样本合并后全部人群的人均收入水平；G_1 和 G_2 分别表示住户调查样本和推算样本的基尼系数。

根据我们的估计，如果仅仅使用住户调查数据，不加任何数据处理和修正，估计出来的城镇收入差距存在较大幅度的低估问题。而这种低估主要来自于抽样调查中对高收入人群的抽样偏差及对这个群体收入水平的低估。如表3.5所示，在对高收入人群样本偏差修正之前，不管是按照国家统计局的收入定义，还是按照卡恩的收入定义，城镇内部个人收入差距的基尼系数大约为0.34；在对样本偏差修正以后，即将高收入人群的样本加入后，基尼系数上升到0.42，上升了9个百分点。这意味着高收入人群样本偏差导致了城镇内部收入差距的严重低估。需要注意的是，对样本进行加权处理以及对不同地区收入根据购买力平价指数加以调整对城镇内部收入差距的估计结果影响不大。

对于全国收入差距的估计，我们假定了农村住户抽样调查样本不存在高收入人群抽样偏差问题，同时我们将城镇中长期、稳定的农村流动人口划入为城镇人口并作了相应的加权处理。如表3.5所示，在对城镇高收入人群样本偏差修正之前，按照卡恩的收入定义①，在不包含流动人口的情

① 如表3.5所示，如果使用国家统计局的收入定义，估计出来的全国收入差距的基尼系数都相应地要低1个百分点左右，其主要原因在于卡恩的收入定义中城镇住户自有住房估算的租金水平要明显高于农村住户，从而拉大了城乡之间收入差距。

况下，2007 年全国的基尼系数为 0.49；包括流动人口后的基尼系数略有下降，其原因在于大部分流动人口的收入处于城镇收入分布的中间偏下位置，带来城乡之间收入差距的略微缩小。在对样本偏差修正以后，全国的基尼系数（包含流动人口）上升到 0.53，上升了 4 个百分点。可以说，高收入人群样本偏差也带来了全国收入差距的较为严重的低估①。然而，与城镇的估计结果不同的是，根据城乡和地区购买力平价指数对个人收入进行调整后，对全国收入差距的估计结果影响较为明显。由此估计出的全国的基尼系数为 0.485，下降了约 4.5 个百分点。这个数值是在根据现有信息对收入差距估计中所可能存在的偏差进行较为全面的修正后所得到的结果，基本上反映了当前中国个人收入差距的基本状况。

表 3.5　城镇和全国基尼系数的估计

收入定义		样本数据未做任何处理	加权样本数据（省份加权）	修正抽样误差（富人榜 + 上市公司数据）	
				1/3 加权（无地区权重）	地区加权 + PPP 调整
国家统计局的收入定义	城镇	0.3364	0.3375	0.4199	0.4126
	全国（不含流动人口）	0.4737	0.4810	0.5297	0.4822
	全国（含流动人口）	0.4705	0.4784	0.5240	0.4792

① 从前面的推算过程可知，高收入人群数量在较大程度上会受到高管薪酬数据中所赋权重大小的影响。如果对高管薪酬样本点赋予更高的权重，尽管会增加高收入人群的数量从而进一步拉高基尼系数，但也将导致高收入人群组内平均收入水平和基尼系数的下降，从而对整体基尼系数具有缩小的效应。我们尝试以全部法人单位数量的一半为高管薪酬数据的权重，结果发现推算得到的 12 万元以上人群的数量达到 442 万元，但高收入人群的平均收入下降到 44.3 万元，高收入人群内部的基尼系数也下降至 0.574。按照这一加权方式所得到的相关参数，可推算得到城镇内部的基尼系数从 0.4199 上升至 0.445；不含流动人口的全国基尼系数从 0.5297 上升到 0.5472；含流动人口的全国基尼系数从 0.524 上升到 0.5409。由此可见，本章的估算方式和估算结果对于高收入人群数量的变化也具有一定的稳定性。

续表

收入定义		样本数据未做任何处理	加权样本数据（省份加权）	修正抽样误差（富人榜 + 上市公司数据）	
				1/3 加权（无地区权重）	地区加权 + PPP 调整
2. 卡恩定义①（包含公有住房的房租补贴和自有住房的归算租金，加上实物收入）	城镇	0. 3390	0. 3371	0. 4113	0. 3987
	全国（不含流动人口）	0. 4905	0. 4965	0. 5392	0. 4888
	全国（含流动人口）	0. 4831	0. 4919	0. 5307	0. 4852

对城镇高收入人群样本偏差加以修正后，还会对城镇内部和全国收入差距的其他指标的估计结果产生影响，也会对城乡之间收入差距的估计结果产生影响。对于城镇收入差距来说，它主要影响的是高收入组平均收入以及最高收入组/最低收入组的收入比率。正如表 3. 6 所显示的，样本偏差修正后，2007 年城镇收入最高的 10% 人群的平均收入由 40209 元上升到 64281 元，增加了 60%，它在城镇居民总收入中所占的比例从 26% 上升到 35. 9%，上升近 10 个百分点。相应地，最高收入组/最低收入组的收入比率由 9. 1 倍上升到 14. 5 倍。对于全国收入差距来说，2007 年收入最高的 10% 人群的平均收入由 30731 元上升到 41091 元，增加了 34%，在全国居民总收入中所占的比例从 33. 7% 上升到 40. 3%，上升近 7 个百分点。与此同时，最高收入组/最低收入组的收入比率由 24. 5 倍上升到 32. 8 倍。经过进一步估算，2007 年城乡之间居民收入差距由样本调整前的 3. 3 倍提高到样本调整后的 3. 87 倍。

① 高收入人群样本的收入构成中没有直接估计自有住房估算租金的可能，我们根据住户调查数据得到人均收入在 12 万元以上人群的自有住房估算租金相当于可支配收入的比重为 11. 8%，然后以此比例来推算高管薪酬数据对应的自有住房估算租金；在富豪榜数据中，没有再对自有住房估算租金进行调整。

表 3.6　各收入等分组的收入均值与相对份额（可支配收入）

等分组	城镇（不含流动人口）				全国（含流动人口）			
	加权样本数据（省份加权）		修正抽样误差		加权样本数据（省份加权）		修正抽样误差	
	均值（元）	占比（%）	均值（元）	占比（%）	均值（元）	占比（%）	均值（元）	占比（%）
最低组	4408	2.86	4414	2.47	1252	1.37	1253	1.23
第二组	6843	4.44	6856	3.83	2278	2.5	2281	2.24
第三组	8570	5.55	8591	4.81	3080	3.38	3084	3.03
第四组	10193	6.61	10222	5.71	3969	4.35	3976	3.91
第五组	11826	7.67	11864	6.63	5152	5.65	5166	5.08
第六组	13623	8.84	13677	7.64	6829	7.48	6853	6.73
第七组	15822	10.26	15905	8.89	9150	10.04	9185	9.02
第八组	18938	12.28	19082	10.66	12169	13.34	12222	12
第九组	23767	15.44	24054	13.44	16618	18.21	16723	16.43
最高组	40209	26.04	64281	35.92	30731	33.67	41091	40.34

第六节　结　论

中国收入差距估计中的偏差问题引起了国内外学术界的普遍关注。造成偏差的原因是多种多样的，既有调查数据中高收入人群样本代表性不足和收入低报的问题，也有估计方法不规范的问题。为了对当前中国收入分配的不平等程度给予更加理性的判断，本文利用最新的住户调查数据，在对各种影响到估计偏差的因素加以综合考虑的基础上，特别是修正了城镇住户调查数据中所存在的高收入人群代表性不足的问题后，对真实的收入差距进行了估计。我们的估计结果显示，高收入人群样本的偏差导致了城镇内部收入差距的严重低估，也导致了城乡之间收入差距和全国收入差距较大程度的低估。而不考虑城乡之间和地区之间生活费用的差异，虽然对城镇内部和农村内部收入差距的估计结果影响不大，但是会对城乡之间收入差距和全国收入差距带来一定程度的高估。在估计中加入农村流动人口样本后，对城镇内部收入差距，对城乡之间收入和全国收入差距的估计结果产生的影响不大，这是因为被计入到城镇样本中的大多数长期的、稳定的农村流动人口的收入水平处于城镇收入分布的中间位置。

最后需要说明的是，我们现在对中国收入差距的估计还有进一步改进的余地。如在我们的分析框架里所表明的，在对城乡之间收入差距以至于全国收入差距作估计时，不应忽视不同人群享有不同的社会福利和社会保障项目的事实，因为它们会给不同人群，特别是城乡居民带来不同的“暗收入”。由于受到数据的限制，本章没有对这部分“暗收入”作相应的估算。由于它们在很大程度上具有扩大城乡之间收入差距和全国收入差距的效应[①]，所以我们现在估计出来的全国的基尼系数存在一定程度的低估。从这种意义上说，本章也只讨论中国居民收入估算中所实际存在的诸多问题中的某个或某些方面。值得说明的是，对于如何解决本章所提到的这些问题，仍然需要理论和实践上地深入探索，本章所采用的这些方案也只是一家之言，希望能抛砖引玉，引发更为完善的解决方案。

尽管估计结果中可能仍存在某些改进的可能，我们的估计结果仍然表明中国收入差距已经达到了一个令人担忧的水平，而且它仍处在继续上升的阶段，这一趋势性特征应当也是与大多数人的经验直觉相一致的。因此采取更大力度、更加有效的收入分配和再分配政策措施是刻不容缓的。

（本章作者：李实、罗楚亮）

参考文献

北京大学中国经济研究中心宏观组：《以购买力平价测算基尼系数的尝试》，《经济学季刊》2006年第6卷第1期。

① 李实、罗楚亮（2007）对2002年中国收入差距的估计结果显示，城乡居民享有的社会保障和社会福利的市场价值会使得城乡之间收入差距扩大近40%，使得体现全国收入差距的基尼系数上升大约5个百分点。

蔡昉、王美艳:《为什么劳动力流动没有缩小城乡收入差距》,《经济学动态》2009年第8期。

江小涓、李辉:《我国地区之间实际收入差距小于名义收入差距》,《经济研究》2005年第9期。

李实、罗楚亮:《中国城乡收入差距的重新估计》,《北京大学学报》2007年第2期。

马丁·布朗芬布伦纳(Martin Bronfenbrenner):《收入分配理论》,华夏出版社2009年版。

王海港、周开国:《中国城乡居民收入分配的不平等程度被低估了吗》,《统计研究》2006年第2期。

王小鲁:《灰色收入与国民收入分配》,《比较》2010年第48辑。

李实:《中国个人收入分配研究回顾与展望》,《经济学(季刊)》2003年第2卷第2期。

李实、史泰丽、别雍·古斯塔夫森主编:《中国居民收入分配研究III》,北京师范大学出版社2008年版。

王有捐:《也谈居民收入的统计与调查方法》,国家统计局网站,2010年,http://www.stats.gov.cn/tjfx/grgd/t20100824。

赵人伟、格里芬主编:《中国居民收入分配研究》,中国财政经济出版社1994年版。

赵人伟、李实、卡尔·李思勤主编:《中国居民收入分配再研究》,中国财政经济出版社1999年版。

Banerjee, Abhijit V. and Piketty, Thomas(2003), "Top Indian Incomes, 1956 – 2000", MIT Department of Economics Working Paper No. 03-32.

Brandt, L. and Holz, C. A. (2006), "Spatial Price Differences in China: Estimates and Implications", *Economic Development and Cultural Change*, vol. 55(1), 43-86.

Creedy, J., 1985, *Dynamics of Income Distribution*, Basil Blackwell.

Khan, A. R., Griffin, K., Riskin, C., and Zhao Renwei (1992), "Household Income and Its Distribution in China", *The China Quarterly*, No. 132, pp. 1029-1061.

Meng, Xin, Shen, Kailing and Xue, Sen(2010), "Economic Reform, Education Expansion, and Earnings Inequality for Urban Males in China, 1988 – 2007", IZA working paper.

Mistiaen, Johan A. & Ravallion, Martin(2003), "Survey compliance and the distribution of income", Policy Research Working Paper Series 2956, The World Bank.

Ravallion, M., and Chen Shaohua(2004), "China's (uneven) Progress Against Poverty", World Bank, Policy Research Working Paper.

Song Jin, Terry Sicular and Yue Ximing(2010), "Note on CHIP Weights", discussion paper of Income Inequality Project.

第四章　中国消费不平等的变化

第一节　简　介

20 世纪 80 年代初以来的二十多年，中国经济发生了剧烈变化。与此同时，许多研究表明中国经济不平等程度大幅上升，如 Griffin 和 Zhao（1993），Riskin、Zhao 和 Li（2001），Gustafsson、Li 和 Secular（2008）。从贫困和不平等的测量上看，大多数研究都根据收入进行测量，因为收入数据具有易于获取、随时间推移可以进行比较、质量高等优点。但是在实际调查中，收入往往会被低估，对于高收入群体来说尤其如此。并且，因为收入水平会随着住户生命周期的变化而不同，因此在任何一个时点上对收入不平等状况的估计，都可能高估了长期收入不平等状况。Blundell 和 Preston（1998）指出，衡量收入时可以同时考虑永久性收入和暂时性收入，这样住户在横截面上的低收入现象可能只是暂时性的。再者，不同于支出，收入会受短期波动的影响，因为住户可以通过调节储蓄来改变收入。收入不平等也会随时间变化出现组内增长，因此整体的收入不平等状况将部分源于全国人口的年龄结构以及代际转移的模式。

由于收入在衡量福祉和不平等程度方面的局限性，因此许多研究认为消费是衡量经济福祉的更好指标，这些研究包括 McGregor 和 Barooah（1992），Slesnick（1994），Johnson 和 Shipp（1999）等等。“效用”来源于对商品和服务的消费，而不是来源于得到的收入。而且，消费也是更好地测度永久收入的指标。而从概念上来说，永久收入能够比普通意义上的收入更好地测度福祉。然而，用支出作为“效用”的度量方法也是有问题的，这包括支出的测度方法因时间而产生的差异以及支出的定义问题。

在本章中，我们使用中国住户收入项目（CHIP）调查1988年、1995年、2002年以及2007年四次住户调查的消费数据来研究中国消费不平等状况的变化。本章首先简要地介绍了数据集，并讨论了如何调整住户消费以使它能够更好地代表福祉。其次，本章利用一些描述性分析，介绍了如何根据国际标准准确地测度消费，以及如何测度住户消费各个部分如何随时间而变化的情况。再次，本章分别报告了城镇地区、农村地区和中国整体在1988年、1995年、2002年和2007年的消费不平等状况。接下来，本章说明了在不同调整方式下的消费不平等趋势，以及根据来源不同对消费不平等情况进行分解。最后，本章估计了全国范围内的消费不平等程度，并分解了整体的消费不平等状况。

第二节　数据描述和调整

一、简单描述

住户消费数据来自1988年、1995年、2002年和2007年的四次中国住户收入项目（CHIP）调查。该调查是基于国家统计局（NBS）的抽样框架，并遵循这些省份的实际人口分布情况确定样本量（见Démurger、Fournier和Li，2006）。每一次CHIP调查同时包含了被调查省份的城市和农村地区，并收集了住户层面和个人层面的详细信息，例如收入、支出、人口状况、工作和就业等。CHIP数据作为中国最具代表性的住户层面的调查数据之一被学界认同。关于CHIP调查和数据集的详细描述可参见Eichen和Zhang（1993），Li等（2008），以及罗楚亮、李实和岳希明撰写的本书附录I。

二、数据调整

当然，不平等的测度对测度方法、数据来源、样本权重和分析单位等敏感。在测度消费不平等之前，我们需要采取以下步骤来调整数据。

（一）样本权重

设置样本权重的目的是使得 CHIP 样本能够代表中国人口总体。权重可以用来调节样本比例，使得该比例等于人口比例。宋锦、史泰丽和岳希明在本书的附录Ⅱ中建议，样本权重不仅应该反映农村和城市的人口比例，而且应该反映主要地区、甚至中国各省的人口比例。因此，他们使用国家统计局 2000 年的人口普查和 2005 年的 1% 人口抽样调查数据来计算权重。在下面的分析中，我们将使用他们所建议的样本权重来调整原始数据，以使得它更加能够代表城乡、不同地区和跨省的实际人口状况。

（二）住户规模及结构

不平等计算需要使用“等值尺度”来得到一个等值的收入，从而让不同规模或不同组成的住户收入具有可比性。CHIP 调查以住户为单位收集数据。住户定义为居住在一起并分享收入的一群人，这与大多数跨国研究中的定义相似。但是按照住户作为消费单位测度的一个缺点是它没有考虑住户规模的不同。这样当以个人作为分析主体时，其与福利理论为基础的不平等程度和贫困程度研究是一致的。

由于当前缺乏关于中国住户的等值尺度标准，之前的大多数研究仅仅根据住户规模计算个人层面上的福祉，而且这些研究都没有考虑住户组成的差异。在这一章，为了使得我们的结果具有可比性并简化计算过程，我们的测量和分析采用传统的尺度，也即经济合作与发展组织（OECD）的尺度（参阅表 4.1 中“OECD 国家的等值尺度”）。根据这种方式调整得到“每个人的等值消费额”，并且为我们提供了一个新的总体——他们每个人的消费由住户的等值消费给出。为了获得个人福祉上的测度，我们用一个基于家庭规模和家庭结构的等值尺度来将住户消费中的消费开支分开。表 4.2 中给出了 CHIP 数据中用于住户的等值尺度。很明显，由于农村住户规模较大，其等值尺度比相应的城市住户的大。还应当指出，住户规模无论是在城市还是在农村地区都随时间的推移而变得越来越小，从而导致等值尺度的下降。

表4.1 OECD国家的等值尺度

成人	1	1	1	1	2	2	2	2	2	2	3	4	5
子女0—25	0	1	2	3	0	1	2	3	2	1	0	0	0
等值尺度	1	1.5	2	2.5	1.7	2.2	2.7	3.2	2.7	3.7	2.4	3.1	3.8
住户成员	1	2	3	4	2	3	4	5	4	5	3	4	5

资料来源：http://www.oecd.org/dataoecd/61/52/35411111.pdf。

表4.2 CHIP数据中用于住户的等值尺度（已按OECD国家所采用的方法调整）

	1988年		1995年		2002年		2007年	
	城市	农村	城市	农村	城市	农村	城市	农村
住户平均规模	3.533	5.5	3.130	4.343	3.019	4.127	2.964	3.988
平均等值尺度	2.491	3.253	2.291	2.930	2.251	2.848	2.231	2.798

资料来源：由作者计算得到。

（三）时间和空间的价格差异

由于城乡之间、不同省份之间以及不同时间点的价格水平的变化，不同情况下的生活成本会有所差异。在特定价格下的消费支出必须平减生活物价指数和生活成本指数（地区购买力平价（PPP））。正如本书的大多数其他章节所介绍的，为了处理生活成本的地区差异，我们采用了由Brandt和Holz（2006）所给出的地区PPP指数。为了使住户消费支出在一段时间内可比较，我们以2007年的物价为标准调整前三年的价格水平。在对1988年、1995年和2002年的住户消费水平进行调整时中，城市和农村地区使用了不同的消费价格指数（CPI）。

第三节　方　法

一、基尼系数分解

基尼系数被广泛应用于测度收入、消费和其他福利指标的不平等程度。分解基尼系数有助于帮助我们理解每个消费项目对消费不平等程度的相对贡献。按照 Shorrocks（1982）、Lerman 和 Yitzhak（1985）提出的方法，我们通过消费项分解基尼系数，并且计算每个消费项对总消费量不平等的边际效应。

通过对 Shorrocks（1982）、Lerman 和 Yitzhak（1985）方法的扩展，López-Feldman（2006）认为，整体不平等的基尼系数 G 可以写作：

$$G = \sum_{k-1}^{k} S_k G_k R_k = \sum_{k-1}^{k} S_k G_k \{ Cov\{y_k, F(y)\} / Cov\{y_k, F(y_k)\} \} \qquad (4.1)$$

其中，S_k 表示第 k 项收入占总收入（消费）的份额，代表第 k 项收入相对于总收入的重要性；G_k 是对应的第 k 项收入的基尼系数，表示第 k 项收入在多大程度上是平均或不平均分布；R_k 是单项收入分布与总收入（消费）分布排序的相关性，表示单项收入与总收入分布的相关关系，其中，F（y）和 F（y_k）分别是总收入和第 k 项收入的累积分布函数。

利用公式（4.1），我们可以估计出每一消费项对总消费不平等程度的边际效应。每一消费项的边际影响可以用公式（4.2）表示出来，表示消费项 k 一个百分点的变化会导致总消费不平等程度多少个百分点的变化，而前者等于第 k 项消费对总消费不平等程度的原始贡献减去第 k 项消费在总消费中所占的比例。

$$\frac{\partial G / \partial e}{G} = \frac{S_k G_k R_k}{G} - S_k \qquad (4.2)$$

其中，G 表示变化前总消费量的基尼系数。

二、泰尔指数分解

为了将总消费的不平等程度分解为组间不平等和组内不平等，我们采用泰尔指数进行衡量：

$$Y = \frac{1}{n}\sum_{i=1}^{n}\frac{y_i}{y}\ln\left(\frac{y_i}{y}\right) \tag{4.3}$$

其中 n 是总体的个体数，y_i 是第 i 个个体的消费，y 代表总消费。

泰尔指数可以被表示成组间不平等与组内不平等之和。形式如下：

$$T = T_B + T_w = \left[\sum_j \frac{Y_j}{Y}\ln\left(\frac{Y_i/Y}{n_j/N}\right)\right] + \left[\sum_j\left(\frac{Y_j}{Y}\right)T_j\right] \tag{4.4}$$

其中 $Y_j = \sum_j Y_{ij}$ 是第 j 组的总消费，$n_j = \sum_i n_{ij}$ 是第 j 组所占总体的份额，$T_j = \sum_i\left(\frac{Y_{ij}}{Y_j}\right)\ln\left(\frac{Y_{ij}/Y_j}{n_{ij}/n_j}\right)$ 是第 j 组的泰尔指数。

第四节　消费水平的变化

为了从 CHIP 住户数据中构建消费总量，我们按照 Deaton 和 Zaidi（2002）的方法定义住户消费，即：

住户总消费 = 现金开支（不包括耐用品）+ 非现金支出 + 补贴（医疗 + 教育 + 住房）+ 自有住房的估算租金① + 耐用品的使用价值

= 消费 I + 补贴 + 自有住房的估算租金 + 耐用品的使用价值

= 消费 II + 自有住房的估算租金 + 耐用品的使用价值

= 消费 III + 自有住房的估算租金

其中，

消费 I = 现金支出（不包括耐用品）+ 非现金支出

① 参见本章附录。

消费 II = 消费 I + 补贴

消费 III = 消费 II + 耐用品的使用价值

以下部分从总支出中剔除：税额、资产购买额、偿还贷款额、奢侈品开支额。如果税收、资产购买、偿还贷款和奢侈品开支中包括耐用品的支出，那么就包含在总支出中。

我们将农村地区及城镇地区的样本住户区分开。1988 年和 2007 年调查的一些消费项目是不可知的，例如 1988 年在服装上的支出和 2007 年城镇地区的医疗补贴。这增加了跨年总消费统计中的困难①。因此，在大多数情况下，总消费的增长是通过消费 I 来核算的。这样在不同调查年份的结果会具有可比性。

一、中国城镇消费水平的变化

（一）基本描述

在表 4.3 中，我们报告了按照 CPI 调整后的中国城镇住户户均消费以及总消费中的每项消费所占的比例。城镇住户的各项消费总共可以分为六类：（1）食品，（2）非食品，（3）住房，（4）补贴，（5）耐用品的使用价值，（6）杂物和服务。表 4.3 显示了各类别消费量随时间变化而变化，并表明了各类别的相对重要性。表 4.4 显示了各类消费在城镇住户户均总消费变化中的贡献。

在 1988—2007 年期间，城镇住户现金消费支出的份额显著上升，从占总消费的约 29% 上升到约 83%。在 1995 年之前，食品项目占城镇住户消费支出的比例最高，但是在 2002 年和 2007 年中，食品项目与非食品项目相比在城镇住户总消费中变得不那么重要了，这显示出中国生活水平在提高。在 1988 年，实物食品消费平均占到城镇住户食品消费的三分之一，成为食品消费的最重要部分。然而，城镇住户 1995 年实物食品消费量急剧下降，超过 90% 的食品消费在市场上购买。

① 值得注意的是本研究中 2007 年的收入和消费数据来自于国家统计局，尽管该数据对补贴/津贴关注有限，但是却对住房统计有仔细关注。

表 4.3　中国城镇住户户均消费情况

单位：元（按照 CPI 调整：基年 2007 年 = 100）

	1988 年		1995 年		2002 年		2007 年	
	数量	比例（%）	数量	比例（%）	数量	比例（%）	数量	比例（%）
总消费	10595.82	100	21615.81	100	30396.44	100.00	38347.72	100.00
现金支出	3043.03	28.72	14570.15	67.41	21195.08	69.73	31798.30	82.92
消费Ⅰ	4640.98	43.80	14793.14	68.44	21957.75	72.24	32401.84	84.49
消费Ⅱ	8856.03	83.58	18067.55	83.58	24687.39	81.22	/	/
消费Ⅲ	/	/	19069.45	88.22	25721.11	84.62	/	/
子项目：								
（1）食品	3632.34	34.28	8059	37.28	8116.53	26.70	12181.23	31.77
现金支出	2145.92	20.25	7904.55	36.57	7837.02	25.78	11839.20	30.87
实物	1486.42	14.03	154.45	0.71	279.51	0.92	342.03	0.89
（2）非食品	498.09	4.70	5390.50	24.94	10718.81	35.26	16681.26	43.50
家庭设施、物品和服务	233.50	2.20	1573.87	7.28	1660.20	5.46	1965.44	5.13
服装	/	/	2072.58	9.59	2329.82	7.66	3205.56	8.36
卫生保健和医疗服务	142.65	1.35	583.42	2.70	1448.32	4.76	2328.65	6.07
教育、文化和休闲	/	/	820.74	3.80	3200.07	10.53	4590.22	11.97
交通运输和通讯	121.94	1.15	339.89	1.57	2080.41	6.84	3162.15	8.25
包括：实物支付	111.53	1.05	68.54	0.32	483.16	1.59	261.52	0.68
（3）住房	2250.34	21.24	3360.17	15.54	7100.87	23.36	9746.74	25.42
租金	114.07	1.08	228.83	1.06	1192.17	3.92	1718.80	4.48
自有住房的估算租金	1739.79	16.42	2546.36	11.78	4675.32	15.38	5945.87	15.51
公用事业设备（水等）	396.48	3.74	584.97	2.71	1233.37	4.06	2082.06	5.43
（4）补贴	4215.05	39.78	3274.41	15.15	2729.64	8.98	/	/
住房	3405.79	32.14	2196.40	10.16	413.13	1.36	348.94	0.91
医疗	809.26	7.64	1078.01	4.99	2316.51	7.62	/	/
（5）耐用品的使用价值	/	/	1001.90	4.64	1033.72	3.40	/	/
（6）杂物和服务	/	/	529.84	2.45	696.87	2.29	1167.73	3.05

表 4.4　各消费项对中国城镇住户户均总消费变化的贡献

单位：%

	1988—1995 年		1995—2002 年		2002—2007 年		1988—2007 年		1995—2007 年	
	贡献	增长率	贡献	增长率	贡献	增长率	贡献	增长率	贡献	增长率
总消费	100	10.72	100	4.99	100	4.76	100	7.00	100	4.89
子项目：										
（1）食品	40.17	12.06	0.66	0.10	51.12	8.46	30.80	6.58	24.64	3.50
现金支出	52.26	20.47	-0.77	-0.12	50.33	8.60	34.93	9.41	23.52	3.42
实物	-12.09	-27.64	1.42	8.84	0.79	4.12	-4.12	-7.44	1.12	6.85
（2）非食品	44.40	40.53	60.68	10.32	74.99	9.25	58.31	20.30	67.48	9.87
家庭设施、物品和服务	12.16	31.34	0.98	0.77	3.84	3.43	6.24	11.86	2.34	1.87
服装	/	/	2.93	1.69	11.01	6.59	/	/	6.77	3.70
卫生保健和医疗服务	4.00	22.29	9.85	13.87	11.07	9.96	7.88	15.83	10.43	12.23
教育、文化和休闲	/	/	27.10	21.46	17.48	7.48	/	/	22.53	15.43
交通运输和通讯	1.98	15.77	19.82	29.54	13.60	8.73	10.95	18.69	16.87	20.43
包括：实物支付	-0.39	-6.72	4.72	32.18	-2.79	-11.55	0.54	4.59	1.15	11.81
（3）住房	10.07	5.89	42.60	11.28	33.28	6.54	27.01	8.02	38.17	9.28
租金	1.04	10.46	10.97	26.59	6.62	7.59	5.78	15.35	8.90	18.30
自有住房的估算租金	7.32	5.59	24.25	9.07	15.98	4.93	15.16	6.68	20.32	7.32
公用事业设备（水等）	1.71	5.71	7.38	11.24	10.67	11.04	6.07	9.12	8.95	11.16
（4）补贴	-8.54	-3.54	-6.20	-2.57	/	/	/	/	/	/
住房	-10.97	-6.07	-20.31	-21.23	-0.81	-3.32	-11.01	-11.30	-11.04	-14.21
医疗	2.44	4.18	14.10	11.55	/	/	/	/	/	/
（5）耐用品的使用价值	/	/	0.36	0.45	/	/	/	/	/	/
（6）杂物和服务	/	/	1.90	3.99	5.92	10.88	/	/	3.81	6.81

注：1. 表中“贡献”指该项消费变动对城市住户户均总消费变化的贡献比率，“增长率”指该项消费的年均增长率。

2. 原始数据按照 CPI 调整，基年 2007 年 = 100。

根据表4.3数据，一些非食品项目在样本年份中急剧上升，例如在交通和通讯等方面的消费。鉴于义务教育的发展，用于教育、文化和休闲服务的支出比例也在稳步上升。医疗保健的成本逐步上升，同样引起了越来越多的关注。如表4.3所示，在卫生保健和医疗服务上的支出迅速增加，从1988年占总消费的不足2%上升到2007年的6%左右。然而，其2007年在总消费中所占份额仍然比服装、交通和通讯的份额要低。

与户籍制度和国有企业有关的补贴是中国城镇社会福利的重要组成。在本章所研究的二十年中，由国家提供城镇住房的状况被彻底地改变。在1988年，住房补贴约占城镇住户消费的32%；而在1995年，这一比例下降到只有约10%；而到2007年进一步降低到不足1%。不过，城镇住户总消费中医疗补贴所占的比例保持相对稳定，每年约为7%。

在表4.4中，“贡献”栏是指各项消费变动对中国城镇住户户均总消费变化的贡献情况。在1995年以后，城镇住户消费的增长率急剧下降。在1988—1995年的七年中，城镇住户消费以年均10.72%的速率增长。但是在随后的几年，年均增长率大约只有5%（见表4.3）。其中大部分增长来源于现金支出的快速增长。实际上，在所研究的时间段内，每户的平均现金支付增长率都比整体消费的增长率高，尤其是在1988—1995年期间。

（二）调整后的消费

整合消费的各部分需要进行两个重要调整：（1）住户规模的调整；（2）时间和地区价格差异的调整。表4.5比较了按照两种调整方法测量的中国城镇住户人均消费，包括：（1）按照住户规模和消费物价指数CPI（以2007年价格计算）进行调整的消费；（2）按照住户规模、消费物价指数CPI、样本权重、OECD等值尺度和地区购买力平价PPP等进行调整的消费。

每种调整方法不仅对住户人均消费价值有影响，而且对于用基尼系数测度的不平等程度有影响。根据表4.5所示结果，基于各省人口的样本权重没有显示出消费水平或者基尼系数的显著改变；使用等值尺度以后，消费水平有所提高，而基尼系数降低了；采用购买力平价PPP调整以后的住户消费同时降低了消费水平和消费的基尼系数。与其他研究的测算结果进行比较可以发现，对中国城镇地区进行调整以后的效果非常明显。进行等值尺度和地区购买力平价的调整对估计绝对值水平和不平等程度都相当灵敏，并会减少基尼系数约10个百分点。因此，如果我们忽略了相对数据的调整，那么基于不同数据集的不同研究之间，甚至基于相同数据集的不同研究之间都可能产生明显的不一致。

表4.5　城镇住户人均消费

单位：元

	1988年		1995年		2002年		2007年	
	①	②	①	②	①	②	①	②
总消费	3155.08	3183.97	7190.98	7115.46	10515.86	10413.00	13876.83	13828.28
现金支出	903.76	926.28	4851.34	4786.05	7307.01	7307.08	11466.43	11331.33
消费Ⅰ	1379.98	1400.32	4923.86	4858.51	7578.38	7591.30	11686.68	11567.47
消费Ⅱ	2639.91	2660.32	6055.91	5934.10	8524.09	8450.59	/	/
消费Ⅲ	/	/	6393.39	6261.07	8883.93	8810.78	/	/
食品项目	1077.49	1091.27	2698.34	2642.68	2799.11	2830.67	4401.12	4300.35
非食品项目	148.63	155.46	1770.95	1770.81	3689.36	3641.50	5993.77	6013.40
补贴	1259.93	1260.00	1132.05	1075.58	945.71	859.30	/	/
自有住房的估算租金	515.17	523.65	797.59	854.39	1631.93	1602.23	2190.15	2260.81
耐用品的使用价值	/	/	337.48	326.97	359.84	360.18	/	/

注：①指按照住户规模和CPI（按2007年物价水平）调整的人均消费；

②指按照住户规模、CPI、样本权重、OECD等值尺度和地区购买力平价PPP调整的人均消费。

二、中国农村消费水平的变化

（一）基本描述

在表4.6中，我们报告了按CPI调整后的中国农村住户户均消费和总消费中各项消费所占的比例。不同于那些补贴和服务更为普遍的城镇地区，中国农村的消费构成总共可以分为四类：（1）食品，（2）非食品项目，（3）住房以及（4）耐用品的使用价值。与城镇住户的分析相似，表4.7显示了各类消费对于农村住户户均总消费变化的贡献。

表4.6 中国农村住户户均消费情况

单位：元（按照CPI调整：基年2007年=100）

	1988年		1995年		2002年		2007年	
	数量	份额（%）	数量	份额（%）	数量	份额（%）	数量	份额（%）
总消费	7162.55	100	9417.11	100	8904.66	100	15507.57	100
现金支出	2414.25	33.71	4163.78	44.22	5102.97	57.31	/	/
消费Ⅰ	6110.65	85.31	7804.33	82.87	7566.30	84.97	12748.88	82.21
消费Ⅱ	6113.03	85.35	7814.38	82.98	7569.57	85.01	12940.95	83.45
消费Ⅲ	/	/	8370.77	88.89	8112.44	91.10	13625.22	87.86
子项目：								
（1）食品	5473.38	76.42	5845.64	62.07	4493.66	50.46	6123.63	39.49
现金支出	1776.98	24.81	2205.09	23.42	2030.33	22.80	/	/
家庭产品	3696.40	51.61	3640.55	38.66	2463.33	27.66	/	/
（2）非食品	516.75	7.21	1757.78	18.67	2638.69	29.63	4675.73	30.15
家庭设施、物品和服务	169.40	2.37	260.51	2.77	205.16	2.30	331.63	2.14
服装	/	/	509.14	5.41	531.34	5.97	816.66	5.27
卫生保健和医疗服务	185.09	2.58	275.43	2.92	530.71	5.96	785.89	5.07
包括：医疗补贴	2.38	0.03	10.05	0.11	3.27	0.04	157.82	1.02
教育和培训	122.37	1.71	510.52	5.42	719.39	8.08	1305.72	8.42
教育	114.74	1.60	382.38	4.06	590.74	6.63	1108.72	7.15
培训	7.64	0.11	128.14	1.36	128.66	1.44	197.00	1.27
交通运输和通讯	39.88	0.56	212.23	2.25	655.35	7.36	1435.82	9.26
（3）住房	1174.80	16.40	1257.30	13.35	1229.44	13.81	3658.06	23.59
自有住房的估算租金	1049.53	14.65	1046.34	11.11	792.22	8.90	1882.35	12.14
公用事业设备（水等）	125.28	1.75	210.97	2.24	437.22	4.91	1775.71	11.45
（4）耐用品的使用价值	/	/	556.38	5.91	542.88	6.10	684.26	4.41

农村住户的消费水平远低于城镇住户的消费水平。2007年，农村住户在食品项目上的花费只相当于城镇住户的二分之一，非食品项目的花费只相当于城镇住户的四分之一。此外，农村地区几乎没有补贴。现金消费支

出水平从1988年占总消费的33.71%上升到2002年的57.31%①，与城镇地区相比，增长相对较慢。

食品消费占总消费量的份额非常大。在农村地区这一比例尤其高，在1988年达到了总消费量的约77%。但是到2007年这一比例急剧下降到约39%。在1988年，自产食品平均占农村住户食品消费的比例超过三分之二。然而这个数据随后急剧下降。到2002年，自产食品的比例与市场上现金购买的食品比例已经非常相近。

农村地区的非食品项目支出主要在卫生保健和医疗服务、教育和培训、交通和通讯等方面。一般表现为占总消费量比例的上升。最大的增长在交通和通讯方面，占农村住户总消费的份额从1988年的0.56%上升到2007年的9.26%。农村住户在教育和培训以及卫生保健和医疗服务方面的支出也大幅增加了。然而，与城镇地区相比，无论是在绝对值上还是这些项目在总消费中所占的比例上，农村住户似乎在这些项目上的花费要少得多。

表4.7显示了农村住户各消费项目的变化趋势及其对总消费变化的贡献。

表4.7　各消费项目对中国农村住户户均总消费变化的贡献

单位：%

	1988—1995年		1995—2002年		2002—2007年		1988—2007年		1995—2007年	
	贡献	年均增长率	贡献	年均增长率	贡献	年均增长率	贡献	年均增长率	贡献	年均增长率
总消费	100	3.99	100	-0.80	100	11.73	100	4.15	100	4.24
子项目：										
(1) 食品	16.51	0.94	263.83	-3.69	24.69	6.39	7.79	0.59	4.56	0.39
现金支出	18.99	3.13	34.10	-1.17	/	/	/	/	/	/
家庭产品	-2.48	-0.22	229.73	-5.43	/	/	/	/	/	/

① 我们没有计算2007年的现金支出，因为在2007年的问卷中食物支出没有被划分为现金支出和家庭生产两个部分。

续表

	1988—1995年		1995—2002年		2002—2007年		1988—2007年		1995—2007年	
	贡献	年均增长率	贡献	年均增长率	贡献	年均增长率	贡献	年均增长率	贡献	年均增长率
(2) 非食品	55.05	19.11	-171.90	5.97	30.85	12.12	49.84	12.29	47.91	8.49
家庭设施、物品和服务	4.04	6.34	10.80	-3.35	1.92	10.08	1.94	3.60	1.17	2.03
服装	/	/	-4.33	0.61	4.32	8.98	/	/	5.05	4.02
卫生保健和医疗服务	4.01	5.84	-49.82	9.82	3.86	8.17	7.20	7.91	8.38	9.13
包括：医疗补贴	0.34	22.85	1.32	-14.83	2.34	117.16	1.86	24.70	2.43	25.79
教育和培训	17.22	22.64	-40.76	5.02	8.88	12.66	14.18	13.27	13.06	8.14
教育	11.87	18.76	-40.66	6.41	7.84	13.42	11.91	12.68	11.93	9.28
培训	5.34	49.61	-0.10	0.06	1.04	8.89	2.27	18.66	1.13	3.65
交通运输和通讯	7.64	26.97	-86.47	17.48	11.82	16.98	16.73	20.76	20.09	17.27
(3) 住房	3.66	0.97	5.44	-0.32	36.78	24.37	29.76	6.16	39.42	9.31
自有住房的估算租金	-0.14	-0.04	49.59	-3.90	16.51	18.90	9.98	3.12	13.73	5.02
公用事业设备（水等）	3.80	7.73	-44.15	10.97	20.27	32.35	19.78	14.98	25.69	19.43
(4) 耐用品的使用价值	/	/	2.64	-0.35	2.14	4.74	/	/	2.10	1.74

注：1. 表中“贡献”指该项消费变动对城市住户整体消费变化的贡献比率，“增长率”指该项消费的年均增长率。

2. 原始数据按照CPI调整，基年2007年=100。

（二）调整测度

表4.8表明了中国农村住户人均消费量调整后的测度结果，即按照住户大小、样本权重、OECD等值尺度、消费物价指数CPI（以2007年价格计算）和地区购买力平价调整后的结果。

中国农村调查的大部分年份中，根据省人口量给出的的样本权重同时降低了住户人均消费和基尼系数。这意味着这种调整方式对于农村住户消费的影响大于对城镇住户消费的影响。利用等值尺度来调整住户消费将提高消费水平，但是会降低基尼系数，这同时隐含了农村和城镇住户的消费不平等。按照地区购买力平价调整，将显著地同时减小农村和城镇住户的基尼系数，但是这样也会提高农村地区消费项目的绝对值。总而言之，所有调整的净效应可能都会提高住户消费的绝对值，同时减小利用基尼系数衡量的消费不平等程度。

表 4.8 农村住户人均消费

单位：元

	1988 年		1995 年		2002 年		2007 年	
	①	②	①	②	①	②	①	②
总消费	1492.90	2203.24	2310.25	3197.22	2292.60	3321.51	4171.28	5501.16
现金支出	513.29	733.30	1027.28	1382.58	1320.02	1896.47	/	/
消费 I	1266.27	1887.46	1900.73	2666.55	1940.07	2793.63	3407.86	4600.38
消费 II	1266.99	1888.00	1903.42	2669.64	1940.75	2794.42	3458.53	4670.30
消费 Ⅲ	/	/	2050.54	2852.43	2083.23	3018.03	3648.97	4910.72
食品项	1134.03	1689.03	1424.21	2008.48	1153.35	1657.72	1648.28	2240.84
非食品项	106.99	161.25	428.33	589.13	673.12	978.94	1230.99	1668.26
住房	252.60	353.51	310.59	416.82	323.65	461.24	1004.38	1218.34
自有住房的估算租金	225.91	315.24	259.71	344.79	209.38	303.49	522.31	590.44
耐用品的使用价值	/	/	147.12	182.79	142.48	223.61	190.44	240.42

注：①指按照住户规模和 CPI（按 2007 年物价水平）调整的人均消费；

②指按照住户规模、CPI、样本权重、OECD 等值尺度和地区购买力平价 PPP 调整的人均消费。

第五节 消费不平等的变化

一、中国城市

（一）基本描述

从表 4.9 中可看出，调整后的中国城镇消费不平等程度不同于未经调整的结果。一般来说，根据样本权重、等值尺度和地区购买力平价调整的总消费基尼系数明显比其他情况下小。在1988—2002年期间，无论消费如何定义，中国城镇的消费不平等程度都在增加。然而，2007年的基尼系数却呈小幅下降。但是，考虑到医疗补贴的缺乏和耐用品使用价值的情况下，为便于比较，似乎使用仅包括现金和非现金支出的消费Ⅰ这一定义更为合理。消费Ⅰ显示出了在调查年中的稳步增长。1988年的现金支出出现最严重的不平等，但是在1995年这一不平等程度明显下降，并且在这之后逐步增加。

关于各类消费项，食品消费中的不平等程度多年来经历了微小变化。1988年补贴中的不平等程度很小，但是在1995年之后不平等程度就增加了，这主要是因为住房制度使得住房补贴比例下降。具体来说，为刺激建筑业而进行的住房制度改革所减少的补贴增加了不平等。然而，住房交易规则作为住房制度改革的一部分，在这一规则的制定期间，不平等程度却在逐步减小。由于1988年和2007年这两年的调查数据中缺乏耐用品的使用价值数据，本研究报告的结果只有1995年和2002年的。与1995年相比，2002年的耐用品使用价值的不平等程度大大增加了。

表4.9　中国城镇消费不平等程度（基尼系数）

	1988年		1995年		2002年		2007年	
	①	②	①	②	①	②	①	②
总消费	0.268	0.220	0.333	0.304	0.358	0.321	0.343	0.316
现金支出	0.343	0.302	0.283	0.254	0.322	0.297	0.340	0.318
消费Ⅰ	0.261	0.218	0.282	0.253	0.327	0.302	0.341	0.319
消费Ⅱ	0.287	0.242	0.322	0.286	0.372	0.342	/	/
消费Ⅲ	/	/	0.312	0.277	0.369	0.338	/	/
食品项	0.267	0.224	0.262	0.224	0.284	0.258	0.287	0.260
非食品项	0.626	0.614	0.422	0.406	0.421	0.406	0.438	0.420
补贴	0.422	0.385	0.721	0.692	0.921	0.911	/	/
自有住房的估算租金	0.463	0.459	0.874	0.879	0.566	0.521	0.599	0.553
耐用品的使用价值	/	/	0.266	0.248	0.566	0.549	/	/

注：①指按照住户规模和CPI（按2007年物价水平）调整的人均消费；

②指按照住户规模、CPI、样本权重、OECD等值尺度和地区购买力平价PPP调整的人均消费。

（二）按照消费来源的不平等分解

各消费项的变化是如何影响城镇地区消费不平等状况的呢？为了回答这一问题，我们将总消费的基尼系数按照各消费项进行分解。表4.10报告了我们的分析结果。结果表明，在大多数的调查年中，现金支出、消费Ⅰ、以及食品支出对于总消费的分布状况有均等的影响，而补贴的影响则较不均等。

虽然现金支出和总消费量之间的基尼系数随时间上升（从1988年的0.667上升到2007年的0.964），但现金支出的分布相对较平均（在大多数年份中都小于0.35）。现金支出的集中率（CI）相对较低，从而有一个均等的影响，并且也表明富人的现金支出并没有很多。结果显示，现金支出每增加1个百分点，总消费量的基尼系数在1988年降低0.042个百分点，在1995年降低0.15个百分点，在2002年降低0.108个百分点，而在2007年降低0.037个百分点。

表4.10 城镇地区总消费不平等按照来源的分解

	1988年				1995年			
	基尼系数	Rk	（%）变化	CI	基尼系数	Rk	（%）变化	CI
总消费	0.268				0.333			
现金支出	0.343	0.667	−0.042	0.229	0.283	0.917	−0.150	0.259
消费Ⅰ	0.261	0.805	−0.095	0.210	0.282	0.919	−0.153	0.259
消费Ⅱ	0.287	0.932	−0.001	0.268	0.322	0.962	−0.061	0.309
消费Ⅲ	/	/	/	/	0.312	0.963	−0.087	0.301
食品项	0.267	0.740	−0.090	0.198	0.262	0.800	−0.139	0.209
非食品项	0.626	0.374	−0.006	0.234	0.422	0.750	−0.012	0.317
补贴	0.422	0.785	0.094	0.331	0.721	0.732	0.092	0.527
自有住房的估算租金	0.463	0.583	0.001	0.270	0.874	0.680	0.087	0.594
耐用品的使用价值	/	/	/	/	0.266	0.559	−0.026	0.149

续表

	2002年				2007年			
	基尼系数	Rk	(%)变化	CI	基尼系数	Rk	(%)变化	CI
总消费	0.358				0.343			
现金支出	0.322	0.939	-0.108	0.302	0.340	0.964	-0.037	0.328
消费Ⅰ	0.327	0.945	-0.098	0.309	0.341	0.967	-0.033	0.330
消费Ⅱ	0.372	0.966	0.004	0.359	/	/	/	/
消费Ⅲ	0.369	0.972	0.001	0.358	/	/	/	/
食品项	0.284	0.798	-0.097	0.227	0.287	0.801	-0.105	0.230
非食品项	0.421	0.859	0.004	0.362	0.438	0.889	0.058	0.389
补贴	0.921	0.828	0.102	0.763	/	/	/	/
自有住房的估算租金	0.566	0.628	-0.001	0.355	0.599	0.692	0.033	0.415
耐用品的使用价值	0.566	0.586	-0.003	0.332	/	/	/	/

注：%变化是指各消费项1%的变动对总消费不平等的影响；Rk指第k项消费支出的分布同总消费分布的相关性；CI是各消费项的集中率。

由于食品是一项基本并且必要的住户开支，不论收入总量是多少，某些基本支出的消费量并不显著发生变化。因此，食品项目支出有一个相对较低的基尼系数并且对于总消费的分布状况有较均等的影响也就不足为奇了。相比之下，非食品项目则在大多数年份中显示出了更高的基尼系数。住户在非食品项上会根据收入情况酌情选择支出水平，并且在当人们有更多可自由支配的收入时，会消费更多。在1988年和1995年，存在很多有利于贫困人口的平均分配现象，因为非食品项对总消费量不平等程度具有均等的影响，并且其边际效应小于零。然而，非食品项从2002年开始对总消费量不平等程度产生非均等的影响。补贴在几乎所有的调查年中都分配得不均匀，其集中率几乎是所有消费项中最高的。表明补贴的分布有利于高收入人群。除去2002年，私有住房的估算租金对于总消费不平等程度具有更加不利的影响。

二、中国农村

（一）基本描述

表4.11显示了调整后的中国农村消费的不平等程度以及各消费项的不平等程度。在1988年至2007年期间（除2002年外），无论如何定义消费，中国农村地区的消费不平等程度均普遍上升。从子项目角度，从1988年到2007年，食品项和非食品项似乎没有太大改变。因为在这些年份中食品项的基尼系数基本都是0.3左右，而非食品项基尼系数则大多超过了0.5。将农村地区某些消费项的基尼系数与城市地区的基尼系数相比，我们发现农村和城市消费行为有很大的区别。

住房不平等，包括自有住房的估算租金和公用设施（例如水，等等）方面的支出，不仅显示出了与其他消费项相比相对较高的不平等程度，同时也显示出了稳步上升的趋势。在调查年中，耐用品使用价值的不平等程度在下降，并且在2007年发生急剧下降。与城市住户的耐用消费品更多样化不同的是，农村住户似乎对于住房方面的消费更有兴趣。并且随着住户变得越来越富有，他们对于耐用品关注得更少了。因此就表现为上述的情形，即随着时间推移耐用品使用价值的不平等程度出现下降，以及住房方面不平等程度的增加趋势。

表4.11　中国农村地区消费不平等程度（基尼系数）

	1988年		1995年		2002年		2007年	
	①	②	①	②	①	②	①	②
总消费	0.279	0.252	0.340	0.304	0.325	0.303	0.366	0.347
现金支出	0.396	0.370	0.460	0.429	0.411	0.391	/	/
消费Ⅰ	0.283	0.259	0.322	0.292	0.326	0.307	0.371	0.358
消费Ⅱ	0.283	0.259	0.322	0.292	0.326	0.307	0.374	0.362
消费Ⅲ	/	/	0.346	0.311	0.327	0.306	0.365	0.353
食品项	0.285	0.262	0.320	0.293	0.302	0.278	0.303	0.276
非食品项	0.598	0.579	0.502	0.477	0.523	0.511	0.544	0.546
住房	0.459	0.436	0.472	0.452	0.488	0.468	0.555	0.529

续表

	1988年		1995年		2002年		2007年	
	①	②	①	②	①	②	①	②
自有住房的估算租金	0.484	0.461	0.476	0.45	0.529	0.502	0.576	0.538
耐用品的使用价值	/	/	0.865	0.848	0.655	0.612	0.337	0.319

注：①指按照住户规模和CPI（按2007年物价水平）调整的人均消费；

②指按照住户规模、CPI、样本权重、OECD等值尺度和地区购买力平价PPP调整的人均消费。

（二）按照消费来源的不平等分解

表4.12报告了中国农村地区主要消费项目的变化情况，以及它们对于农村地区总消费不平等程度所起的作用。结果表明，除了2007年，所有调查年中的现金支付都对总消费不平等分布起到了非均衡的影响；其他条件相同的情况下，现金支出每增加1个百分点，会导致总消费基尼系数在1988年增加0.035个百分点，1995年增加0.087个百分点，2002年增加0.096个百分点。在样本年份中，食品消费显示出了越来越均等的影响。非食品项目在除去1988年的其余年份中均有非均等的影响。非食品项目、住房、耐用品的使用价值都比其他项目分配的更加不平等，表明这些消费项的分布有利于更富裕的住户。

表4.12　农村地区总消费不平等按照来源的分解

	1988年				1995年			
	基尼系数	Rk	（%）变化	CI	基尼系数	Rk	（%）变化	CI
总消费	0.279				0.34			
现金支出	0.396	0.777	0.035	0.308	0.460	0.884	0.087	0.406
消费Ⅰ	0.283	0.967	-0.019	0.273	0.322	0.974	-0.065	0.313
消费Ⅱ	0.283	0.967	-0.018	0.273	0.322	0.974	-0.064	0.314
消费Ⅲ	/	/	/	/	0.346	0.987	0.003	0.341
食品项	0.285	0.949	-0.023	0.271	0.320	0.902	-0.093	0.289
非食品项	0.598	0.522	0.008	0.312	0.502	0.769	0.025	0.386

续表

	1988 年				1995 年			
	基尼系数	Rk	(%)变化	CI	基尼系数	Rk	(%)变化	CI
住房	0.459	0.664	0.015	0.305	0.472	0.720	0.000	0.340
自有住房的估算租金	0.484	0.645	0.018	0.312	0.476	0.695	-0.003	0.331
耐用品的使用价值	/	/	/	/	0.865	0.803	0.068	0.694
	2002 年				2007 年			
	基尼系数	Rk	(%)变化	CI	基尼系数	Rk	(%)变化	CI
总消费	0.325				0.366			
现金支出	0.411	0.923	0.096	0.379	/	/	/	/
消费 I	0.326	0.977	-0.018	0.319	0.371	0.979	-0.006	0.363
消费 II	0.326	0.977	-0.017	0.319	0.374	0.981	0.002	0.366
消费 Ⅲ	0.327	0.990	-0.005	0.324	0.365	0.984	-0.015	0.359
食品项	0.302	0.824	-0.118	0.249	0.303	0.813	-0.129	0.247
非食品项	0.523	0.823	0.095	0.431	0.544	0.852	0.079	0.463
住房	0.488	0.717	0.011	0.350	0.555	0.824	0.060	0.457
自有住房的估算租金	0.529	0.646	0.005	0.342	0.576	0.711	0.015	0.410
耐用品的使用价值	0.655	0.596	0.012	0.390	0.337	0.667	-0.018	0.224

注：% 变化是指各消费项 1% 的变动对总消费不平等的影响；Rk 指第 k 项消费支出的分布同总消费分布的相关性；CI 是各消费项的集中率。

三、全国范围

这部分将全国作为一个整体来进行分析。我们首先估计全国范围的总消费不平等程度，然后采用泰尔指数将总消费及消费 I 的不平等程度分解为城镇内部不平等、农村内部不平等和城乡之间的不平等。分解结果呈现在表 4.13 和 4.14 中。明显地可以看出，调整等值尺度以及地区价格差异既降低了总消费不平等程度又降低了消费 I 的不平等程度。这一结果反映出了等值尺度和 PPP 与消费水平具有相关性。

此外，全国范围的不平等程度比农村地区内的不平等程度或者城镇地区内的不平等程度更高。对于总消费（表 4.13）来说，利用泰尔指数测度的总体消费不平等程度显示出从 1988 年到 2002 年显著增加，尤其是从

1995 年到2002 年。之后，从2002 年到2007 年适度下降。相比之下，消费I的不平等程度则在整个样本年期间都在稳步上升。

将表4.13 中的这些结果与表4.14 进行对比，我们发现消费I的不平等程度比所有按其他方式定义的总消费的不平等程度都小。表明那些没有被消费I包括的消费项对城乡消费差距的贡献非常大，例如补贴等。同时它们也是全国范围内消费不平等程度的主要原因。幸运的是，改革已经减少了这些项目对全国范围消费不平等程度的影响。

对于只调整样本权重的总消费，在1988 年城乡间的不平等占了整体不平等的37.51%；到2002 年，这一比例增加到55.29%；之后在2007 年该比例下降为50.49%。这些数字表明，城乡差距是总消费不平等的一个日益重要的来源。如果消费定义为只包括现金和实物支付，我们发现城乡间不平等的各影响因素具有类似的结果。然而，按照等值尺度或地区价格差异调整的消费，对城乡间不平等差距的影响则不像只调整样本权重的影响那么大，这表明总消费不平等的原因很大程度上是来源于城市和农村地区生活成本的差异。

表4.13　全国消费不平等（总消费）

	1988 年		1995 年		2002 年		2007 年	
	①	②	①	②	①	②	①	②
泰尔指数								
全国	0.197	0.113	0.447	0.337	0.527	0.363	0.438	0.294
农村	0.123	0.106	0.330	0.309	0.190	0.168	0.228	0.219
城市	0.124	0.084	0.245	0.221	0.268	0.230	0.213	0.171
组内	0.123	0.096	0.272	0.258	0.240	0.203	0.217	0.189
组间	0.074	0.017	0.175	0.079	0.254	0.160	0.221	0.104
贡献								
全国	100	100	100	100	100	100	100	100
组内	62.49	85.16	60.95	76.48	44.70	55.96	49.51	64.45
组间	37.51	14.76	39.05	23.52	55.29	44.04	50.49	35.51

注：①指按照住户规模和CPI（按2007 年物价水平）调整的人均消费；

②指按照住户规模、CPI、样本权重、OECD 等值尺度和地区购买力平价PPP 调整的人均消费。

表 4.14　全国消费不平等（消费 I：现金加上实物支出）

	1988 年		1995 年		2002 年		2007 年	
	①	②	①	②	①	②	①	②
泰尔指数								
全国	0.123	0.114	0.312	0.224	0.433	0.290	0.443	0.305
农村	0.128	0.113	0.269	0.254	0.187	0.175	0.242	0.236
城市	0.113	0.084	0.142	0.114	0.194	0.161	0.215	0.178
组内	0.122	0.104	0.189	0.179	0.191	0.168	0.223	0.200
组间	0.001	0.010	0.123	0.045	0.242	0.122	0.220	0.104
贡献								
全国	100	100	100	100	100	100	100	100
组内	99.02	91.28	60.51	80.04	44.17	57.87	50.34	65.57
组间	0.98	8.72	39.49	19.96	55.83	42.10	49.66	34.10

注：①指按照住户规模和 CPI（按 2007 年物价水平）调整的人均消费；
②指按照住户规模、CPI、样本权重、OECD 等值尺度和地区购买力平价 PPP 调整的人均消费。

第六节　总　结

本章使用 CHIP 调查在 1988 年、1995 年、2002 年和 2007 年四次调查的住户消费数据，研究了中国消费不平等的变化情况。基本结论如下：

首先，消费不平等程度的估计对等值尺度和地区购买力平价相当敏感。为了充分反映住户福祉，本章的住户消费是基于对样本权重、住户规模、CPI、等值尺度和地区购买力平价加以调整得出的。通过调整等值尺度和地区购买力平价来调整住户消费可能会减少城镇地区的基尼系数约 10 个百分点，而对农村地区的影响则相对较小。

其次，消费不平等的变化在城镇地区和农村地区表现出了不同的模式。城镇住户的消费不平等不管采用何种消费定义，均在 CHIP 调查的过去二十年中呈现稳步增长。而农村地区的消费不平等则没有呈现出类似的明显增长的趋势。

最后，全国范围的消费不平等无论与农村地区还是城镇地区相比都更大。从1988年第一次调查开始，国内消费不平等程度总体上在增加，在1988—1995年期间不平等程度增加更为显著。正如收入不平等分析的结果显示，城乡间的不平等对中国整体的消费不平等影响很大。因此，在未来，中国的公共政策首先应该试图去弥补城乡间的消费（收入）差距。

（本章作者：刘靖、李实）

参考文献

Blundell, R. and I. Preston(1998),"Consumption Inequality and Income Uncertainty",*Quarterly Journal of Economics*,113(2), 603-640.

Brandt, L. and C. A. Holz(2006),"Spatial Price Differences in China: Estimates and Implications", *Economic Development and Cultural Change*, 55 (1),. 43-86.

Deaton, A. and S. Zaidi(2002),"Guidelines for Constructing Consumption Aggregates For Welfare Analysis",LSMS Working Paper No. 135, The World Bank.

Démurger, S., M. Fournier, S. Li(2006),"Urban Income Inequality in China Revisited(1988 - 2002)",*Economics Letters*,93(3), 354-359.

Eichen, M. and M. Zhang(1993),"Annex: The 1988 Household Sample Survey—Data Description and Availability", in K. Griffin and R. Zhao, eds., *The Distribution of Income in China*,331-346, Basingstoke: Macmillan.

Griffin, K. and R. Zhao(1993),*The Distribution of Income in China*, Basingstoke: Macmillan.

Gustafsson, B. A., S. Li, and T. Sicular(2008),*Income Inequality and Public Policy in China*,New York: Cambridge University Press.

Johnson D. S. and S. Shipp(1999),"Inequality and the Business Cycle: A Consumption Viewpoint",*Empirical Economics*,24(1), 173-180.

Johnson D. S., T. M. Smeeding, and B. Torrey(2005),"Economic Inequality Through the Prisms of Income and Consumption",*Monthly Labor Review*, 128(4), 11-24.

Khan, A. R. and C. Riskin(2008),"Growth and Distribution of Household Income in China between 1995 and 2002",in B. Gustafsson, S. Li, and T. Sicular, eds., *Inequality and Public Policy in China*, 61-87, New York: Cambridge University Press.

Lerman, R. I. and S. Yitzhaki(1985),"Income Inequality Effects by Income Source: A New Approach and Applications to the United States",*Review of Economics and Statistics*,67(1), 151-156.

Li, S., C. Luo, Z. Wei, and X. Yue(2008),"Appendix: The 1995 and 2002 Household Surveys: Sampling Methods and Data Description", in B. A. Gustafsson, S. Li, and T. Sicular, eds., *Income Inequality and Public Policy in China*, 337-353, New York: Cambridge University Press.

López-Feldman, A. (2006),"Decomposing Inequality and Obtaining Marginal Effects",*The Stata Journal*, 6(1), 106-111.

McGregor, P. P. L. and V. K. Barooah(1992),"Is Low Spending or Low Income a Better Indicator of Whether or Not a Household is Poor? Some Results from the 1985 Family Expenditure Survey",*Journal of Social Policy*, 21(1), 53-69.

Riskin, C., R. Zhao, and S. Li(2001),*China's Retreat from Equality: Income Distribution and Economic Transition*, New York: M. E. Sharpe.

Shorrocks, A. F. (1982),"Inequality Decomposition by Factor Components",*Econometrica*, 50(1), 193-211.

Slesnick, D. T. (1994),"Consumption, Needs and Inequality",*International Economic Review*, 35(3), 677-703.

附　录　自有住房租金估算

根据本书中佐藤宏、史泰丽和岳希明（第五章）的研究，自有住房租金的估算通常采用以下两种方法中的一种："回报率"（或"机会成本"）方法或者"市场租金"方法。

1. 回报率方法

其表达式为：

$$R = i(V - M) - C - D - I,$$

估算的租金收入 R 等于回报率 i 乘以住户的住房资产净值，减去拥有住房的成本 C（维修、房产税、财产保险等）、折旧 D 以及与任何财产抵押或贷款相关的利息成本 I。

2. 市场租金方法

该方法认为估算的租金是将该住房在租赁市场上出租应该得到的净收入

$$R = Rm - C - I,$$

其中，估计的租金 R 等于该住房在租赁市场上估计可以得到的租金 Rm，减去拥有住房的成本 C 和与任何财产抵押或贷款相关的利息成本 I。以往关于 CHIP 数据的研究大多采用这种方法，例如 Khan 和 Riskin（2008）。

不同于本书中佐藤宏、史泰丽和岳希明（第五章）所用的计算方法，本章笔者采用"市场租金"方法来计算中国城市自有住房的估算租金。笔者认为住房的效用和市场租金应该采用比"回报率"更合理的方式引入消费中。此外，我们使用的计算方法也不同于这里所说的"市场租金"，例如我们没有减去住房债务。出于同样的原因，我们强调效用的概念而非投资。在农村地区，没有针对农民的市场租金信息，我们仍然使用"回报率"方法。

表 4A. 1 呈现了城市地区使用不同计算方法得到的结果之间的比较。

表 4A. 1　城市地区不同计算方法

变量	计算方法	平均值（每一住户）（元，按 2007 年价格）			基尼系数（人均）		
		1995 年	2002 年	2007 年	1995 年	2002 年	2007 年
估算租金 A	Rm	2546. 36	4675. 32	5945. 87	0. 874	0. 566	0. 599
估算租金 B	$Rm-I$	2507. 75	4521. 31		0. 878	0. 573	
估算租金 C	iV	1499. 98	2489. 51	9202. 30	0. 833	0. 578	0. 533
估算租金 D	$i(V-M)-I$	1437. 88	2309. 34		0. 837	0. 596	

注：为了比较 Khan 和 Riskin（2008）以及本书中佐藤宏、史泰丽和岳希明的研究（第五章），这里使用的回报率为 1995 年 0. 08，2002 年 0. 029，2007 年 0. 0427，即长期中国政府债券的利率（30 年）。本书中佐藤宏、史泰丽和岳希明（第五章）的研究中，住房贷款的利率将等于长期中国政府债券利率加 2%。

第五章 住房所有权与中国的收入不平等（2002—2007年）①

第一节 引 言

改革开放以来一个重要的特征就是私有财产权的恢复。大量相互联系的政策为私有产权和住户收入的扩张铺平了道路，这些政策包括诸如撤销对私有企业的禁令、工业所有权改革、股票市场的发展及房地产改革等。这同时也引起了一定程度的收入不平等。李实、罗楚亮和史泰丽在本书第二章中利用中国住户收入调查（CHIP）数据计算的估计结果显示，来自于金融资产和房产的家庭收入，在家庭总收入中所占的份额以及它们对收入不平等的贡献度都出现了增加。这种情况在城市中更加突出。

在这一章，我们将考察住房所有权的变化以及这一变化对住房财富的分布所带来的影响。我们关注房产收入而不是总的财富，主要是因为2007年CHIP调查的数据没有包含足够的信息去估计总的财富。然而住房财富能够给我们提供关于总财富的一些信息。因为在中国，房产是最重要的家庭资产。现有研究关于中国财富的探究中已经发现，私人拥有的房产占家庭财富的将近60%，并且解释了家庭间三分之二的财富不平等（Li和

---

① 我们感谢徐静、张奕川和Jerry Lao对开展本章背景研究和计算所做的帮助，非常感谢安大略研究基金会、日本学术振兴会，以及日本一桥大学统计与实证分析社会科学研究中心的资助。

Zhao，2008；Zhao 和 Ding，2008）[①]。

对住房财富的分析是十分有趣的。这不仅是因为它能够影响总财富的分布，而且它能够揭示中国城镇住房改革的分配作用。在 20 世纪 90 年代末期和 21 世纪初，中国开始实行城镇住房改革。Yemstov（2008）在关于东欧和苏联住房私有化的研究中指出，在转型经济体中，由于财富转移的巨大数额，住房改革是非常重要的。一些研究已经考察了中国城镇住房改革对城镇财富、收入和贫困的影响效应（如 Meng 2007；Sato 2006；Zax 2003）。我们的工作从两个方面扩展了这些研究。首先，我们的数据不仅包括城镇家庭而且包括农村和流动人口家庭，以便于更广泛地了解住房改革对财富和收入影响的结果。其次，我们利用了新近的 2007 年数据来揭示住房改革的长期结果。

正如本书中其他章节所讨论的那样，收入的测算应该包括归因于自有住房的租金收入。这正是 CHIP 项目关于中国收入水平和不平等的研究与其他多数研究不同的特征之一，即 CHIP 项目中包含了自有住房的估算租金收入。本章提供了一个新的测算方法，并且仔细估算了住房财富和租金收入。本书的其他部分也使用了我们关于自有住房租金收入的测算思路去估计家庭收入。我们认为很有必要密切地关注这些因素，因为房屋所有权和个人财富在中国经济中正成为一个显著的、长期的特征。

本章中，我们首先概述了中国城镇和农村的住房所有权改革的历史。然后，我们讨论了对 2002 年和 2007 年住房财富和租金收入的估算[②]。由于 CHIP 数据没有包含所有关于房产租金和归因于租金的收入所需要的变量，所以我们必须克服数据的限制。在下文中，我们将重点介绍数据给我们提供的信息和估计方法。如果可能的话，我们将使用数据集的信息去复核和识别我们的估计中可能存在的误差。

利用这些估计方法，我们估计了住房财富和收入的不平等程度。我们首先把中国作为一个整体估计了住房财富的不平等程度，其次分别估计了城镇和农村住房财富的不平等。我们还估计了住房所有权租金收入的差

① 这些研究使用的是 2002 年 CHIP 数据。

② 我们仅仅衡量了自有住房，因为家庭持有其他房产的信息在 CHIP 数据里面不完整。

距，以及这一差距对总体收入差距的贡献。

最后，我们分析了与住房所有权以及住房财富水平具有关联性的一些影响因素。我们发现，在城镇和农村之间住房所有权和住房财富的模式有显著的不同，并且这种模式在2002年至2007年也有所改变。

第二节 中国住房改革的制度和政策背景

由于土地所有权在城市和农村完全不同，因此，城镇和农村的住房改革也各自独立地发展。虽然近期新的政策已经开始连接城镇和农村的土地制度，但是在本章研究所涉及的时期内，城乡分开描述显然更加合适一些。表5.1总结了中国改革开放以来与住房相关的规章和制度。

表5.1 中国住房制度改革大事记

A：城镇

1980年6月	国务院首次正式提出“住房商品化”
1988年4月	宪法修正案对土地使用权转让提供了法律基础
1991年10月	国务院住房改革领导小组《关于全面推进城镇住房制度改革的意见》提出住房私有化，增加公有住房租金，并把建立住房建设基金作为一项主要的政策安排
1994年7月	国务院《关于深化城镇住房制度改革的决定》提出建立与社会主义市场经济体制相适应的新的城镇住房制度，实现公有住房从实物分配到商品化、社会化。作为转变的核心政策，城镇职工住房公积金制度20世纪90年代末开始在全国推广
1998年7月	国务院《关于进一步深化城镇住房制度改革加快住房建设的通知》（1998年23号文件）提出从1998年下半年开始正式停止公有住房的实物分配
2003年8月	国务院《关于促进房地产市场持续健康发展的通知》强调了市场在保证城市居民住房充足供给中的作用
2005年4月	国务院办公室转发七部委《关于做好稳定住房价格工作的意见》禁止住房的投机性交易，并且提出增加经济适用房、廉租房和普通商品房的供给

续表

2007年8月	国务院《关于解决城市低收入家庭住房困难的若干意见》侧重廉租房建设的发展，减少住房贫困
2007年10月	中国共产党第十七次全国代表大会上提出促进廉租房发展
2008年12月	中央经济工作会议强调减少住房贫困和发展房地产市场的重要性

B：农村

1981年4月	国务院发出紧急指令禁止把农田转为房屋用地
1982年2月	国务院颁布《村镇建房用地管理暂行规定》
1985年10月	建设部和环境部颁布《村镇建设管理暂行规定》
1986年6月	《土地管理法》颁布，其基本原则是“每个农村家庭只有一处宅基地”
1997年5月	中共中央和国务院发布《关于进一步加强土地管理切实保护耕地的通知》
1999年5月	国务院颁布禁止城市和农村居民交易农村地使用权用于建房的通知
2004年10月	国务院颁布《关于深化改革严格土地管理的决定》，再一次强调“每个农村家庭只能拥有一处宅基地”的原则，并且禁止城市居民或单位购买农村土地使用权来建房
2007年3月	《物权法》颁布，确认拥有房屋土地使用权的农村家庭拥有土地并且可以在上面建住房
2008年1月	第十个“中央一号文件”强调严禁城市居民购买农村房屋土地使用权或者农村居民的住房
2008年10月	中共十七届三中全会强调加强农村土地管理，保护农民的田地和住房土地的使用权

资料来源：陈钊、陈杰、刘晓峰(2008)；贾康、刘军民(2007)；罗华(2009)；Sato(2006)；徐珍源、孔祥智(2009)；中华人民共和国政府网，http://www.gov.cn/；中国房地产市场的法律、法规，http://www.law110.com/law。

一、城镇住房政策

改革开放以来的城镇住房改革可以分为三个时期：（1）20世纪70年代后期到1998年：公有和私有房产并存的双轨制时期；（2）1999年到2004年：完全私有化时期；（3）2005年及以后：住房私有化但是强调社会福利住房政策的时期（见陈钊、陈杰、刘晓峰,2008；成思危,1999；贾康、刘军民,2007；Sato,2006；Wu，Gyourko和Deng,2010）。

20世纪80年代，政府发布了关于城镇住房的两个基本政策：一是租金改革，包括提高公有住房的租金（虽然这只是涉及到公有住房，实际上大部分住房是工作单位所有，还有部分是地方政府所有），同时提高工资的住房津贴；另一个是住房商品化，即把公有住房出卖给城市居民。第一个促进住房商品化的官方文件是国务院1980年6月的《全国基本建设工作会议议程》。在20世纪80年代实行了一些有限制的出卖公有住房的尝试后，1988年国务院颁布了强调租金改革的住房改革议程表。租金改革的目的是通过使公有住房的维护成本显性化，来为住房商品化建立基础。

尽管政府颁布了这些文件，但是因为20世纪80年代末期的高通货膨胀，住房租金改革步履维艰。因此，住房租金的上涨程度适中。1988年和1995年的CHIP数据显示公有住房的租金仍然相当低。租户每年实际支付的租金与年度家庭食品支出的比率在1988年仅是0.05，在1995年是0.07。这意味着在这两年中，住房租金在城镇家庭预算中所占的份额是非常低的①。

为了和1993年"社会主义市场经济"的提法相一致，1994年7月国务院颁布了《关于深化城镇住房制度改革的决定》。这个决定要求住房从由工作单位提供出租房的分配向市场化和社会化转变。这里的社会化意味着促进与房屋相关行业的发展，如房屋建设、修缮和保养等行业。这次转变的一个核心政策是建立城镇工人的住房公积金。这一名词首先在1994年的《关于深化城镇住房制度改革的决定》中提及，在20世纪90年代末期开始在全国范围内实行。

住房公积金政策是在购买房屋时由雇主资助的一个储蓄项目。原则上，这一项目不仅包括公有企业的员工，也包括那些非公有企业的员工，如外资企业。虽然员工缴纳的公积金比例随着时间、企业所有制和地区的不同有所不同（处于工资的2%到10%之间），但是对企业按照1∶1比例缴纳公积金的一般要求基本相同。住房公积金存入国有商业银行内的员工账户。员工拥有该账户，但是必须一直保留，直到他们退休或者从工作单

① 10个省级层面行政单位未加权平均水平的比较（北京、山西、辽宁、江苏、河南、安徽、湖北、广东、云南和甘肃）均涵盖在1988年和1995年的CHIP调查中。食品支出包括实物和现金支出。由于1988年数据中家庭支出数据不完整，我们把0.05作为城市家庭预算中租金权重的指示变量。我们使用1988年和1995年未加权的数字是因为我们没有1995年和1988年数据合适的人口权重。

位辞职。当他们买房的时候，这些拥有住房公积金账户的人也能够享受到住房公积金低息贷款的好处（Buttimer，Gu 和 Yang，2004）。

20 世纪 90 年代，住房商品化和工作单位的福利分房并存。这一时期，房改房的销售——以低于市场价值的价格把公有住房卖给员工——是住房商品化的主要渠道。但这个时候购买商品房占自置住房的比例很小。根据 1988 年和 1995 年 CHIP 城镇调查的数据，自有住房的房主占总的家庭的比例从大约 14% 上升到了 40%。1988 年大部分拥有住房的人都是拥有或者继承的旧的私有住房，并且通过住房改革拥有住房的房主占总的家庭数的比例小于 1%。然而，到 1995 年，通过住房改革获得住房的房主在总的家庭中所占的份额跃升到了将近 27%。但是，购买商品房的家庭比例仍然非常低（大约为 1.3%）①。

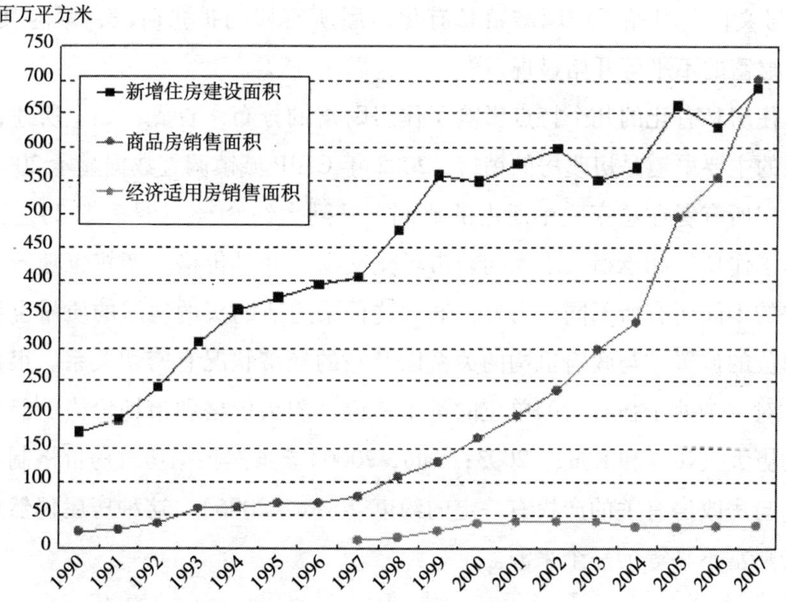

图 5.1　城镇住房建设和销售情况（1990—2007 年）

资料来源：国家统计局：《中国统计年鉴》。这些数据为每年的流量。

① 10 个省级层面行政单位未加权平均水平的比较均涵盖在 1988 年和 1995 年的 CHIP 调查中。

如图5.1所示，国家统计局的城市地区住房建设数据在20世纪90年代末期增加非常迅速。然而，商品房的销售面积和新增住房建设面积相比仍然较小。这意味着大部分新建住房仍然是由工作单位建设并分配（出售或者出租）给员工。事实上，图5.1中所显示的商品房销售数据还包括了被工作单位购买并分配给员工的住房。

1998年7月，随着国务院《关于进一步深化城镇住房改革加快住房建设的通知》（1998年23号文件，以下简称“23号文件”）的颁布，城镇住房改革进入了一个新的时期。“23号文件”结束了城镇住房的双轨制。它宣布通过工作单位或者地方政府行政性分配的租住房屋要在1998年下半年全面停止，并且住房私有化将逐渐推行。城镇住房私有化开始在全国推行，但是在各省之间的时限则有所不同。同时，一些住房融资（通过住房公积金和私人住房贷款）和支持房地产行业发展的配套政策也开始实行。“23号文件”开始了中国城镇私有化房屋所有权的扩张阶段，紧随其后，住房财富的不平等开始显现。

住房私有化的几个特点影响了住房财富的分布。首先，如上所述，私有化的主要渠道是房改房的销售。2002年CHIP城镇调查数据显示2002年房改房所有者在总家庭中所占的比例上升到大约61%（见表5.2）。这些都是工作单位和承租人之间的非市场化交易，并且价格和产权也随着工作单位的不同而有所不同。另外，通过这种渠道所购买的房屋的质量也和工作单位的位置、与政府机构的关系以及它的经济状况有密切关系。很自然的，对一个处于强有力的单位的员工来说，购买价格和市场价格的差额会变的更大（Ren和Kang，2003；Sato，2006）。虽然根据房改房价格制定方法，与房改房有关的产权有一定的约束（Sato，2006），这种房屋仍然成为住房财富不平等的一个来源。

表 5.2　农村、城镇和流动人口的房屋保有情况（家庭比例）

单位：%

	2002 年			2007 年		
	农村	城镇	流动人口	农村	城镇	流动人口
租房者	0.8	18.2	58.1	n. a.	9.8	74.5
房主	98.8	77.8	7.2	n. a.	88.7	3.9
其中："房改房"		60.7			54.9	
"商品房"		7.4			27.0	
"继承，自建，其他"		9.7			6.8	
其他/缺失	0.3	4.0	34.7	n. a.	1.5	21.6

注：计算使用的是 CHIP 的调查数据，经过加权。城镇指 CHIP 调查城镇子样本的家庭，流动人口指的是 CHIP 调查的流动人口样本中长期稳定的农村到城市的流动家庭。2007 年的农村房屋保有信息不可得。"其他"包括集体住房安排，如共用住房和集体宿舍。

其次，住房市场的迅速发展和私有化后房屋价格的飞涨加剧了住房财富的不平等。如图 5.1 所示，从 20 世纪 90 年代末期开始，商品房的销售飞速增加；如图 5.2 所示，由于被强劲需求和投机资金流入不成熟的城镇房地产市场所推动，房价显著上升。如表 5.2 所示，2002 年商品房所有者在总家庭中接近 7%，到 2007 年这一份额增加到了超过 27%。

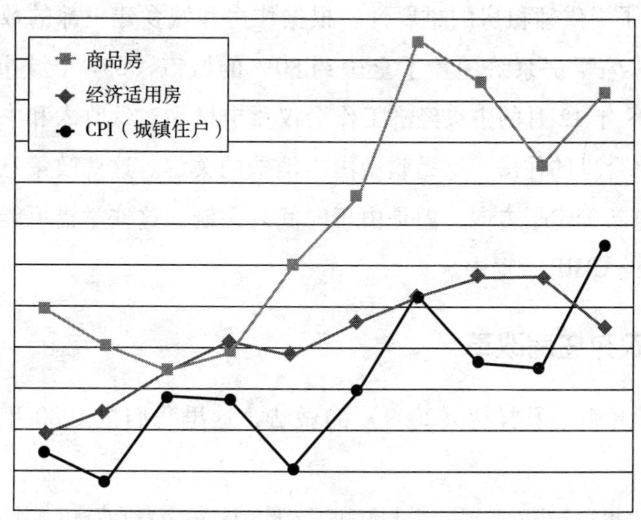

图 5.2　城镇住房价格的变动（1998—2007 年）

资料来源：国家统计局：《中国统计年鉴》，各年数据。

第三，这一时期关注的重点是住房的市场化，有关社会福利房的政策则相对较弱（陈钊、陈杰、刘晓峰，2008）①。“23号文件”提出了两种类型的福利性住房工程（安居工程），第一个是经济适用房，主要面向低收入和中低收入家庭；第二个是廉租房，主要面向低收入家庭。实际上，整个21世纪初期，经济适用房和廉租房的供给都几近停滞。虽然商品房的年销售面积从2004年的3.4亿平方米增加到2007年的7亿平方米，但是经济适用房的年销售面积却停留在0.32亿—0.35亿平方米（见图5.1）。

地方政府的财政激励也解释了这种趋势。城市土地使用权的出售在21世纪初越来越成为地方政府重要的收入来源（所谓“土地依赖型地方公共预算”或者“土地财政”）。因此，地方政府欢迎房地产市场的价格上涨，并且存在一个倾向性的动机——以高的市场价格出售土地使用权而不是把它用来建设低收入家庭的廉租房。

为了应对住房造成的不平等的上升，2005年的国家住房政策开始把强调城市经济适用房作为一项社会福利政策。2005年4月国务院办公厅转发七部委《关于做好稳定住房价格工作的意见》，强调投机性住房交易应该受到严格监管，并且住房建设要着眼于可负担的起的、中等质量的住房。2007年8月，国务院发布了《关于解决城市低收入家庭住房困难的若干意见》，强调了提供廉租房的重要性。根据住房和城乡建设部的数据，截至2006年底，廉租房系统覆盖了全国约80%的城市（657个城市中的512个）②。2008年12月的中央经济工作会议重申增加对低收入和中低收入家庭供应价格合理的住房，这是刺激国内消费的关键。这些政策意味着城镇住房政策重新确定了方向，但是由于时间的限制，这些举措可能没有包括在2007年的CHIP数据中。

二、农村住房改革

遵循徐珍源、孔祥智（2009）的做法，这里我们把1980年后的农村

① 例如，国务院2003年8月关于房地产市场发展的指示中强调了市场在保证给城市居民充足的房屋供应中的作用。

② 住房和城乡建设部官方报告，参见《中国建设报》，2007年2月16日。

住房政策分为三个时期。第一个时期（1980—1985），政策的努力方向是重新改组房屋用地（宅基地）的管理体系，以应对家庭联产承包责任制的扩展和随后的人民公社制度的崩溃所带来的制度改变。20 世纪 80 年代前期农民收入的迅速增加刺激了农村地区的房屋建设，并且引起了农田向房屋用地的分流。这些现象引起了政策的关注，政府一再发出命令，禁止把农地挪用为房屋建设用地（如 1981 年 4 月国务院的紧急指令）。为了加强对农村房屋建设的控制，1982 年 2 月国务院颁布了《村镇建房用地管理条例》，紧随其后，建设部和环境部也颁布了相关的法规。这些法规要求农村房屋建设要通过村庄审查（集体土地所有者），然后由乡镇政府批准。

1986 年随着《土地管理法》的颁布，农村住房政策开始了第二个阶段。这部法律确立了一个从中央到乡镇的分层次的土地管理制度。关于农村房屋用地的管理，《土地管理法》允许每个农村家庭拥有一套住房，其规模大小在在各省的标准限制之内。对农村耕地保护的持续关注也导致了 20 世纪 80 年代后期一个实验性政策的实行——农村房屋用地收费。然而，这一收费尝试在广泛实施之前就取消了，原因在于它违背了减轻农村税费负担的整体政策宗旨。

开始于 1997 年的第三个时期以几个政策文件为基础来解决快速发展的城乡流动和城市化问题。这些文件包括 1997 年 5 月中共中央和国务院《关于进一步加强土地管理切实保护耕地的通知》、2004 年 10 月国务院《关于深化改革严格土地管理的决定》、2007 年 3 月颁布的《物权法》和 2008 年 10 月中共十七届三中全会发布的关于农村的各项政策决定。这一系列政策文件提供了解决日益增长的从城市到城郊住房占用农村土地的压力的措施，以保护农民的土地权利。文件一再强调禁止城镇居民或单位购买农村土地的使用权用于建房。然而，执行这些禁令却是困难的，并且还出现了建在农村土地上的商品房（小产权住房）却没有正式的土地使用权的问题。同时，在一些地区，部分农村到城市的流动人口导致了农村土地的废弃，这意味着需要协调农村和城镇的住房政策，同时改革农村的居住权制度（户口）。

不同层次的地方政府也在统筹城乡发展的政策框架下，在一些地区推行了政策试验以解决人口流动和城市化问题。这些试验的例子包括：对拥有使用权的农村建房用地的抵押贷款授权，农村宅基地使用权和城镇商品房的交换（宅基地置换）以及一些村庄的土地股份合作制①。

尽管有这些政策试验，农村住房体系仍然停留在自建、自管、自用、自灭的阶段，并且农村住房市场受到压制，发展滞后。但是，农村家庭扩建和改善他们的住房虽然有地区间的差异，但整体上最近十年间农村的房屋面积和质量有了极大的增加（何洪静、邓宁华，2009）。此外，尽管有政府的禁令，在一些地区特别是靠近城镇的地方，房屋租赁和销售仍然存在（忻传波、周海峰，2009；赵树枫，2006）。

尽管如此，制度和政策因素仍然限制了农村房屋市场的发展（秦虹、钟庭军，2009）。第一，根据《土地管理法》，每个农村家庭只能拥有一处宅基地，并且原则上宅基地和房屋产权的转让仅限于村庄之内。第二，农村地区的房屋产权登记制度还没有建立起来。在这种情况下，农村房屋的转让主要是由于地方政府对农村土地的征用、村庄对宅基地的重新分配和向非本村庄人员的私下房屋产权转移（秦虹、钟庭军，2009）。

第三节　住房财富和房屋租金的估计

一、方法和数据问题

住房财富等于自有住房的资产净值。住房财富 H 的计算通常是自有住房的市场价值 V 和债务或者按揭的财产价值 M 之间的差额：

$$H = V - M \tag{5.1}$$

自有住房的租金价值通常采用两种方法计算："收益率"（或者"机会成本"）法或"市场租金"法（Short，O' Hara 和 Susin，2007；Smeeding 和 Weinberg，2001）。这里我们主要采用收益率法。在这种方法下估算的房屋租金收入，等价于如果将家庭住房的资产值投资于一项等值的金融资

① 例如，秦虹、钟庭军（2009）、若梦（2009）、重庆涪陵市国土资源局（2009）以及孙文祥、华琪（2009）所描述的重庆和浙江案例。

产所获得的收入。在这种情况下，自有住房估算租金的计算方法是：

$$R = i\ (V - M)\ - C - D - I \tag{5.2}$$

这意味着自有住房估算租金收入 R 等于收益率 i 乘以家庭住房的资产净值，再减去拥有所有权的成本 C（维护和修复、房产税、财产保险等等）、折旧 D 以及财产抵押或者贷款的利息成本 I。

市场租金法是指如果房屋能够在租赁市场上出租，那么将获得的估算租金净收入。在这种情况下，估算租金的计算方法是：

$$R = R^m - C - I \tag{5.3}$$

这意味着自有住房估算租金收入 R 等于房屋的市场租金的估计值 R^m 减去所有权的成本 C 和财产相关的抵押和债务的利息成本 I。

通常，按市场租金法计算不用减去折旧。虽然我们主要运用收益率法，但是由于数据限制，我们运用市场租金法去估计 2007 年流动人口的自有住房估算租金收入。同时，我们也利用市场租金法对数据进行了一致性检查，例如，当一些数据可用时，我们利用收益率法计算的自有住房估算租金和家庭自报的市场租金做了比较。总体来看，这两种方法产生的估计结果一致。

这些公式的使用要求有房屋的市场价值、家庭的债务、估计的市场租金、拥有成本、抵押或者房屋债务所支付的利息和折旧等家庭层面上的信息。通常，完整的数据是不可得到的，研究人员必须相应地调整他们的计算，本章也是如此。

我们分别用 CHIP 调查农村和城镇的子样本估计了中国农村和城镇的住房财富和估算租金。为了刻画从农村到城镇的流动人口群体日益增长的重要性，在我们的一些分析中也包括了来自于 CHIP 调查流动人口子样本中长期、稳定的流动家庭。为了确保数据的代表性，我们给农村、城镇以及长期流动人口等子群体施加了权重，权重的确定是基于 2000 年全国人口普查和 2005 年 1% 人口抽样调查中分省份和地区的农村、城镇和长期稳定的流动人口的比重。至于家庭层面的分析（如家庭住房财富），我们运用了家庭层次的权重；对个人层面的分析（如人均住房财富或人均收入），我们使用个人的权重。对样本权重问题的进一步讨论可以参照本书的附录Ⅱ。

2002 年和 2007 年的 CHIP 数据没有包含计算住房财富和估算租金所需

的全部变量。本章的附录包含了对相关数据问题的讨论。这里我们把讨论限定在四个重要的因素上：（1）房主的识别；（2）额外拥有的可用做住宅的房产价值信息的缺失；（3）抵押贷款的不完整的信息；（4）住房费用的不完整的信息。

我们分析的第一步是去识别哪些家庭是房主而哪些家庭只是租户。CHIP 数据包含了 2002 年和 2007 年城镇和流动人口子样本住房所有权的信息，2002 年的农村子样本也包含这些信息，但是 2007 的农村子样本则没有包含这些信息。我们认为，2007 年农村子样本信息的缺失并非一个主要问题，因为在农村地区，非房主的情况是非常少见的。2002 年的农村子样本中只有 0.8% 的家庭报告说他们没有拥有自己的住房（见表 5.2）。此外，这些非房主的人在收入分配中的分布相当均匀。其他来源的农村住房所有权的可用数据和 CHIP 数据相一致。何洪静、邓宁华（2009）利用国家统计局的数据分析认为，2006 年底只有 0.7% 的农村家庭没有拥有他们的住房。因此，我们作出一个简化的假设，即 2007 年所有的农村家庭都是房主。

一旦我们识别了房主，我们就能够估计他们的住房财富和来自于自有住房的估算租金收入。在这一步，我们遇到了第二个主要的数据问题：CHIP 数据包含了家庭居住的住房价值信息，但是没有包含家庭拥有的任何额外的房产信息。因此，我们只能够估计家庭主要居住的住房财富。任何额外拥有的房产价值都不包含在我们的估计之中。不包含额外的房产，无疑会导致住房财富的水平和不平等程度的低估。这种相关性似乎 2007 年比 2002 年更加明显，且城镇样本比农村样本更加明显。CHIP 的城镇数据包含了家庭是否拥有额外房产的信息。2002 年只有 1.5% 的城镇房主拥有额外的房产，然而到 2007 年，这个份额增加到了 7.5%。我们也注意到一些居住在出租房屋的、从农村到城镇的流动人口，在他们的原籍地可能也拥有房产，但是流动人口调查没有包含这方面的任何信息①。因此，我们对流动人口住房财富的估计只包含了在他们居住的城镇的自有住房的价值。

① Huang 和 Yi（2010）报告了在 2005 年，6% 的居住在自有住房的城市家庭，包括正式城市居民和流动人口，拥有其他的房屋，并且 5% 的居住在租房中的城市家庭拥有其他的房屋（后一种情况包括了那些农村到城市的流动人口，他们在城市租房居住并且在家乡拥有房屋）。

第三个数据问题涉及到抵押贷款。原则上，我们需要抵押贷款债务的数据。因为住房财富等于房屋的市场价值减去未偿还的住房债务，按揭的利息费用应该从自有住房估算租金收入中减去。遗憾的是，CHIP 数据仅仅包含了 2002 年抵押贷款债务的信息，并且只有农村和城镇（不包含流动人口）子样本含此信息。

以往 CHIP 的研究忽视了住房债务问题，只是简单地把报告的房屋市场价值作为住房财富的代理变量。换句话说，以往 CHIP 研究的基本假定是中国家庭的住房债务为 0。另外，在计算自有住房估算租金时，他们也假定没有按揭的利息成本。由于 2007 年抵押贷款数据的缺失，在这里我们也使用相同的方法，不过，我们利用 2002 年的数据去研究房屋价值和房屋资产净值之间的不同。这样做是为了识别用市场价值作为资产净值的代理变量可能带来的偏差。

2002 年，抵押贷款对城镇家庭比农村家庭更加重要（见表 5.3）。在城市同时是房主的家庭中，9% 有抵押贷款。在有抵押贷款的家庭中，抵押贷款平均占房产价值的 47%。低于 4% 的农村房主家庭拥有抵押贷款，并且贷款平均占房产价值的 27%。不管是在城镇还是农村，有抵押贷款的家庭平均来说人均收入水平相似或高于没有抵押贷款的家庭，并且拥有更多昂贵的住房。其结果是，住房债务和贫困家庭这两者之间是不相关的。

表 5.3　住房所有者抵押贷款情况（2002 年）

	城镇（除去流动人口）			农村		
	没有抵押贷款	有抵押贷款	全部	没有抵押贷款	有抵押贷款	全部
家庭比例	91.0%	9.0%	100%	96.2%	3.8%	100%
平均贷款（元）	0	51643	4634	0	10055	385
房屋的平均市场价值（元）	101950	110099	102681	23114	36932	23644
房屋的平均净值（元）	101950	58456	98048	23114	26877	23245
家庭平均收入（国家统计局的收入定义）	8516	8859	8547	2772	2595	2757

注：计算使用的数据是 CHIP 调查的城镇和农村数据，经过加权；流动人口不包括在城镇样本中。表中只包括拥有住房所有权的家庭，租房的家庭不包含在内，2002 年计算的城镇样本包括 5343 个家庭，农村样本包括 9092 个家庭。

利用抵押贷款的信息，我们估计了2002年的房产净值。表5.4给出了2002年住房的市场价值和资产净值之间的比较。全国范围内，平均资产净值比市场价值低大约4%，城镇家庭的差别比农村家庭更大。分别采用资产净值和市场价值度量住房财富，资产净值度量的住房财富的基尼系数更高，说明不平等程度更高。但是当在全国范围内度量不平等程度时，两者之间的差别就很小。此外，这种差别在城镇家庭间比农村家庭间更加明显。因此，我们承认用市场价值作为资产净值的代理变量会导致住房财富不平等的低估，尤其是在中国城镇以及住房所有者之间。不过，对所有家庭全国范围的住房财富不平等的低估似乎相当小。

表5.4　住房的人均市场价值和人均资产净值的比较（2002年）

	均值（元）		基尼系数	
	住房所有者	全部住户	住房所有者	全部住户
		农村		
A. 市场价值	5824	5759	0.528	0.534
B. 资产净值	5730	5665	0.551	0.538
B/A	0.984	0.984	1.044	1.007
		城镇（不含流动人口）		
A. 市场价值	33418	26172	0.430	0.553
B. 资产净值	31895	24980	0.464	0.581
B/A	0.954	0.954	1.079	1.051
		全国（不包括流动人口）		
A. 市场价值	13872	12740	0.629	0.660
B. 资产净值	13361	12271	0.664	0.677
B/A	0.963	0.963	1.056	1.026

注：计算使用的数据是CHIP调查的城镇和农村数据，经过加权。表中城市和全国的值不包括长期稳定的流动人口。全部家庭包括拥有住房所有权的家庭和租房的家庭。

我们使用2002年的CHIP数据估计了自有住房估算租金收入以及包含估算租金收入的家庭人均收入（等于国家统计局的收入加上自有住房估算租金）。在计算自有住房估算租金收入时，首先用住房的市场价值作为住房财富的代理变量，然后用住房的资产净值作为代理变量。在这些计算中，我们使用了收益率法（见下文更进一步的讨论）。

如表 5.5 所示，当以房产净值为基础来计算时，人均估算租金收入有点低。但是不管是采用房产净值还是房屋的市场价值来估算，人均收入的均值非常接近，并且人均收入的不平等程度几乎是完全一样的。这个结果不论是采用全国的数据还是城市和农村各自的数据都是正确的。我们的结论是，在分析自有住房估算租金对收入水平和收入不平等的影响时，我们可以合理地利用房屋的市场价值来作为房产净值的代理变量。

表 5.5　估算租金收入和人均收入的替代估计（2002 年）

农村			城镇（不包含流动人口）			全国（不包含流动人口）		
人均估算租金收入（元）	人均收入（元）	人均收入的基尼系数	人均估算租金收入（元）	人均收入（元）	人均收入的基尼系数	人均估算租金收入（元）	人均收入（元）	人均收入的基尼系数
A. 自有房屋的市场价值								
167	2797	0.365	759	8637	0.322	369	4794	0.455
B. 自有房屋的资产净值								
164	2795	0.365	724	8602	0.322	356	4781	0.455
C. 比率：B/A								
0.982	0.999	1.000	0.954	0.996	1.000	0.965	0.997	1.000

注：计算使用的数据是 CHIP 调查的城镇和农村数据，经过个人层面的加权，使用收益率法。收益率等于 2002 年 30 年长期政府债券的利率（0.029），没有减去房屋成本（折旧、按揭利息成本，等等）。表中的城镇数据没有包括 CHIP 调查流动人口样本中的长期稳定的流动人口。

第四个数据问题是关于住房所有权费用的不完全的信息。由于中国的房主不需要缴纳房产税或者购买财产保险，我们不需要去考虑这部分的费用。然而，按揭利息、房屋维修和保养以及折旧都是与住房所有权费用密切相关的。我们进行了几个替代性的计算，以观察我们的研究结果对不同住房所有权费用假设的敏感性（见本章的附录）。对 2002 年的数据，我们用利率乘以报告的家庭抵押贷款债务估计了按揭利息。至于折旧以及维修和保养的费用，我们遵循了已有文献的做法，用房屋的市场价值乘以一个合适的折旧率。然后，在减去和不减去按揭利息成本以及折旧的两种情况下，我们比较了收入的水平和收入不平等的程度。正如本章附录中显示的那样，两种结果是非常相似的。我们的结论是，虽然在原则上住房所有权费用应该从估算租金中减掉，但是在我们的分析中将他们忽略掉本质上不会影响结果。

最后，我们遵循以往的 CHIP 研究，把房屋的市场价值作为住房财富的代理变量，即，

$$H = V \tag{5.4}$$

自有住房的估算租金收入等于收益率 i 乘以房屋的市场价值

$$R = iV \tag{5.5}$$

至于收益率我们使用了 30 年长期政府债券的利率，2002 年是 2.9%，2007 年是 4.27%。在这一方面，我们遵循已有文献的普遍做法，即通常利用一项长期、安全投资的收益率，如政府债券或者市政债券。这些债券的利率范围一般在 4%—5% 之间。

对于 2007 年的流动人口，我们只有住房市场租金的数据，而不是自有住房的市场价值。对于在这一群体中相对较少的房主，我们让估算租金等于报告的市场租金。如公式（5.5）所示，在我们的计算中，房屋的市场价值等于报告的市场租金除以收益率。

二、住房所有权和住房财富的高低

表 5.2 显示了农村、城镇和流动人口家庭的房屋保有情况。正如以上所讨论的那样，农村家庭中住房所有权是相当普遍的。在非流动人口城镇家庭中，住房所有权的比例也相当高，从 2002 年的将近 80% 升高到 2007 年的将近 90%。超过一半的城镇家庭通过住房改革获得了他们的住房，但是通过购买商品房获得住房的家庭也增加得相当快，从 2002 年占城镇家庭的 8% 增加到 2007 年的 27%。在城镇家庭中，继承或者是自建的房屋所占的比例较小，并且有下降的趋势，这一类别主要是由那些重新获得了住房国有化之前属于他们的房产的家庭所构成。在本章后文中，我们给出了一个多元 logit 模型分析的结果。该模型区分了和城镇住房所有权有关的一些因素，并且更加详细地讨论了非流动人口城镇家庭中住房所有权的模式。

在城镇居住的流动人口家庭中拥有住房所有权是十分罕见的。甚至对那些长期、稳定的流动人口家庭——我们分析中的唯一的一类流动人口——来说，不到 10% 的家庭在他们所居住的城镇拥有房产，并且这一比例在 2002 年到 2007 年间实际上降低了。大部分的流动人口居住在城镇的出租房内，少部分人住在集体住房内，这些集体住房包括与其他流动人口共用住房或者是由雇主提供的集体宿舍。从 2002 年到 2007 年，居住在集体住房的比重有所下降，相反自己租房居住的比例上升。

中国的住房财富水平看起来相当高（见表 5. 6）。这一点毫不奇怪，不管是收入的绝对量还是相对量，城镇家庭的住房财富都高于农村家庭的住房财富。拥有住房的流动人口家庭的住房价值最高，甚至高于正式城镇居民所拥有的住房价值。这反映了两个内在因素。第一，有房产的流动人口是一个有选择性的高收入群体。第二，有房产的流动人口倾向于拥有相对昂贵的房产。这反映了大约为 10 的价格收入比，即他们所拥有房产的市场价值大约是他们年收入的 10 倍。对正式的城镇居民来说，他们的价格收入比大约是 7，和国际标准相比这也是一个相对较高的水平。对农村家庭来说，住房的价格收入比大幅降低，接近于 1。

表 5. 6　2002 年和 2007 年人均住房财富

单位：元

	拥有住房的家庭		所有家庭	
	2002 年	2007 年	2002 年	2007 年
农村	5824（125%）	9456（95%）	5759（119%）	9456（92%）
城镇（不包括流动人口）	33418（720%）	76258（765%）	26172（540%）	68391（665%）
流动人口	44285（954%）	130521（1310%）	4017（83%）	5494（53%）
城镇（包括流动人口）	33510（722%）	76453（767%）	24646（508%）	63907（621%）

注：房屋的市场价值是住房财富的代理变量（见正文中相关讨论）。经过加权；现价。括号中数据指人均住房财富相对于人均收入的百分比。

表 5.7 人均住房财富的年均增加（2002—2007 年）

单位:%

	拥有住房的家庭	所有家庭
农村	6.9	7.1
城镇（不包括流动人口）	15.2	18.4
流动人口	21.3	4.0
城镇（包括流动人口）	15.2	18.2

注：经过加权，用 2002 年不变价格计算；城镇和流动人口家庭的住房财富用国家统计局城市消费价格指数平减，农村的住房财富用国家统计局农村消费价格指数平减。

对所有组别来说，2002—2007 年间，住房财富都增加迅速（见表 5.7）。农村人均住房财富每年增长约 7%，与农村人均收入的增长率相似。城镇和流动人口中房主的住房财富年均增长约 15% 到 21%，高于收入增长的速度。这种增长部分反映了城镇住房价格的快速上升（见图 5.2），部分反映了正式城镇居民中住房所有权的扩张（见表 5.2）。住房财富的增长也可能是由于住房质量的提高。

和农村房屋价值相比，城镇房屋价值的迅速上升导致了城镇和农村地区之间逐渐扩大的住房财富的差距（见表 5.8）。2002 年，正式城镇居民的人均住房财富是农村居民的 4.5 倍。到 2007 年，这个比例上升到 7.2 倍。这种住房财富的城乡差距超过了中国人均收入的城乡差距。

正式城镇居民和流动人口家庭之间人均住房财富的差距也在扩大，这反映了正式城镇居民和流动人口之间住房拥有率的不同。

表 5.8 2002 年和 2007 年城镇、农村和流动人口家庭人均住房财富的比值

	2002 年	2007 年
城镇/农村	4.5	7.2
城镇/流动人口	6.5	12.5
流动人口/农村	0.7	0.6

注：计算了所有家庭，包括没有房屋的家庭；经过加权。城镇家庭不包括流动人口。

三、住房财富的不平等

表 5.9 显示了基尼系数衡量的全国、城镇地区以及农村地区的住房财富的不平等。在房屋所有者中（不包括非房主），每个家庭住房财富的不均等相对较高，大约是 0.60。在 OECD 国家、俄罗斯以及塞尔维亚，住房拥有者住房财富的基尼系数大约是 0.40—0.45（Sierminska 和 Garner，2005；Yemstov，2008）。

表 5.9　住房财富的不平等（基尼系数）

	2002 年				2007 年			
	全国	农村	城镇（不包括流动人口）	城镇（包括流动人口）	全国	农村	城镇（不包括流动人口）	城镇（包括流动人口）
住房拥有者（家庭平均）	0.59	0.51	0.42	0.55	0.63	0.56	0.45	0.52
所有家庭（家庭平均）	0.63	0.52	0.55	0.58	0.67	0.56	0.52	0.56
所有人口（人均）	0.67	0.53	0.55	0.58	0.69	0.55	0.52	0.56

注：经过加权。

包含了非住房所有者以后，住房财富的不平等上升，2002 年上升到 0.63，2007 年上升到 0.67。拥有住房家庭的基尼系数和所有家庭的基尼系数之间相对较小的差别反映了中国较高的住房拥有率。在这个方面，中国和其他国家不同。在 OECD 国家、俄罗斯以及塞尔维亚，家庭住房拥有率较低，以致于包括非住房所有者以后，基尼系数大幅度地增加到了 0.6 到 0.8 之间（Yemstov，2008）。包括了非住房所有者以后，中国住房财富的不平等并不比其他国家来的更高。

人均住房财富的不平等高于家庭平均住房财富的不平等，反映了农村家庭较大的规模。城乡之间人均住房财富的不平等对全国人均住房财富的不平等的贡献度相当大。利用标准的不平等分解方法，我们发现 2007 年城乡人均住房财富的差距对全国人均住房财富不平等的贡献度大致在 40%—

50%，和2002年相比上升了10个百分点①。

从全国范围来看，2002年到2007年间，不管是人均住房财富的不平等还是每个家庭住房财富的不平等都增加了。全国范围内住房财富不平等程度的增加反映了城镇和农村住房财富不断扩大的差距以及农村住房财富不平等程度的增加。在城镇地区，住房财富的不平等程度有所下降。

四、收入不平等和住房

如表5.10所示，人均收入水平较高的家庭也拥有更多的人均住房财富。2002年，处于收入分布最上层五分之一的家庭所拥有的人均住房财富平均是最底层五分之一家庭的13倍。到了2007年，这一比率上升到了22倍。低收入和高收入家庭住房财富不断扩大的差距，在很大程度上反映了城乡之间房屋价值日益扩大的差距。在部门内部，贫穷和富裕家庭的住房财富的不平等程度在2002年到2007年间则保持相对稳定。

表5.10　收入五等分组中住房财富的分布

人均收入五等分组	2002年		2007年	
	人均住房价值（元）	没有住房的比例（%）	人均住房价值（元）	没有住房的比例（%）
1	2742	2.2	4600	0.7
2	4360	4.3	7818	2.6
3	6872	9.7	15690	7.2
4	13317	18.0	36760	13.7
5	35336	16.8	101386	11.7
收入五等分组中最高组和最低组的比率（所有家庭）	12.9		22.0	
住房财富五等分组中最高组和最低组的比率（只包括拥有住房的家庭）	31.1		56.2	

注：计算结果经过加权；现价。包括农村、城镇和长期稳定的流动人口家庭。除最后一行外，计算都包括了所有家庭。

① 我们用不平等分解的泰尔指数和平均对数离差的方法计算了城乡差距对全国人均住房财富不平等的贡献度。

由于城镇住房财富是住房私有化和相应的房地产市场改革的结果，所以可以得出结论，中国的住房和房地产市场改革有非平衡效应。这种效应在城镇地区内部和全国范围内都是存在的。在城镇内部，高收入家庭更容易拥有房产，而且平均来说高收入的城镇家庭拥有更多昂贵的房产。全国范围内，在住房制度改革后，收入较高的城镇家庭获得了日益昂贵的房地产资产。较低收入的农村家庭已经拥有房屋，但是农村房屋价值很低并且不像城市住房那样迅速升值。

表5.11表明了人均估算租金收入的估计结果。正如以上讨论的那样，这些估计没有扣除所有权费用和按揭利息。因此，夸大了估算租金收入的水平但是在衡量收入不平等时可能并没有偏误。不管是城镇还是农村地区，人均估算租金收入的高低和它在家庭人均收入中所占的份额都随着时间有所增加，尤其是在城镇地区。2002年在全国范围内，人均估算租金收入平均占家庭人均收入的8%，2007年上升到14%。

表5.11　2002年和2007年自有住房的人均估算租金收入

	拥有住房的家庭		所有家庭	
	2002年	2007年	2002年	2007年
农村				
人均估算租金收入（元）	169	404	167	404
占人均收入的百分比（%）	3.6	4.1	3.4	3.9
城镇（包括流动人口）				
人均估算租金收入（元）	972	3265	715	2729
占人均收入的百分比（%）	20.9	32.8	14.7	26.5
全国				
人均估算租金收入（元）	404	1529	363	1420
占人均收入的百分比（%）	8.7	15.3	7.5	13.8

注：经过加权；现价。收入是国家统计局的收入加上我们对自有住房估算租金收入的估计。

表 5.12 2002 年和 2007 年人均估算租金收入和收入不平等

	基尼系数	对收入不平等的贡献度（%）
2002 年		
人均收入	0.454	100.0
国家统计局的人均收入	0.451	91.6
人均估算租金收入	0.668	8.4
2007 年		
人均收入	0.484	100.0
国家统计局的人均收入	0.474	83.5
人均估算租金收入	0.689	16.5

注：经过加权；包括农村、城镇和长期流动人口家庭。收入不平等的贡献度是用收入来源的基尼系数分解计算的。

如表 5.12 中估算租金收入的基尼系数所示，估算租金收入和其他收入相比分布的更加不均等。收入按照来源分解显示：估算租金收入对总收入不均等的贡献度上升（见表 5.12 最后一行）。2002 年人均估算租金收入对人均收入不均等的贡献度是 8.4%，2007 年贡献度是 16.5%。虽然它对收入不平等的贡献度不是很高，但是明显上升的趋势还是值得我们注意。

第四节 住房所有权和住房财富的影响因素

这一部分，我们研究城镇地区影响住房所有权的因素，以及城镇和农村地区住房财富的影响因素。我们关注的重点是 2002 年到 2007 年间制度和个人家庭特征因素对住房所有权和住房财富影响的变化。鉴于城镇住房制度改革的地区差异，并且为了保证随时间推移的可比性，我们在分析中利用了 CHIP 城市调查的家庭样本（12 个省份 40 个城市），这些城镇同时包含在2002 年和2007 年的 CHIP 城镇调查中。类似地，在农村分析中，我们利用了同时包含在 2002 年和 2007 年 CHIP 农村调查中的 15 个省份的家庭样本[①]。这些分析没有包含来自 CHIP 流动人口调查中的城乡流动人口家庭，因此，城镇家庭的结果只反映了正式城市居民的情况。

经济学文献中，家庭住房的选择反映了家庭的消费和投资需求[②]。家庭消费住房，他们对住房的消费反映了诸如价格、收入和家庭规模的因素。原则上，尽管两者不能完全替代，但通过租房和拥有住房都可以满足消费需求。家庭投资住房是作为一种财富的形式，并且住房往往是家庭财富组合中的最大组成部分。房屋作为投资品涉及到所有权问题。对房屋的需求作为一种财富的形式，经常会受到一些影响财富积累的、更加一般的因素作用，例如生命周期的阶段、风险、风险偏好（这可能是教育的功能）、继承和借贷能力。一些作者指出，多代家庭产生的特殊考虑和预防性储蓄的需要适用于发展中国家（Burger 等，2008；Deaton，1990）。

直到 20 世纪 70 年代末期，不管是在城镇还是农村地区，住房的所有权还是被抑制的。住房消费也是通过城镇工作单位和农村集体行政拨款的方式来实现的。户籍制度是这些行政分配的潜在体制基础。福利分房中家庭需求的因素随着 20 世纪 80 年代住房改革才开始出现，尤其是 90 年代中期住房所有权和房地产市场的改革。随着这些改革的推进，与住房的消费和投资需求有关的因素开始影响到住房所有权的选择和住房财富。同时，诸如户口、工作单位的所有制属性、社会政治地位等影响城市房屋私有化过程中房屋分配的制度因素持续地影响了住房所有权的模式。我们分析的假设是 2002 年到 2007 年间，对住房所有权和住房财富有影响的制度因素持续存在，但是一些个人和家庭特征因素的影响也在上升。这些因素包括年龄、受教育程度、与家庭消费和投资需求相关的收入等。

① 这个分析中的省份（省级层面的行政单位）包括北京、山西、辽宁、江苏、安徽、河南、湖北、广东、重庆、四川、云南和甘肃等省份的城市地区；以及北京、河北、山西、辽宁、江苏、浙江、安徽、湖北、湖南、广东、重庆、四川、云南和甘肃等省份的农村地区。

② 这里的讨论见 Arrondel 和 Lefebvre（2001），Cagetti 和 De Nardi（2008），Campbell（2006），Davies 和 Shorrocks（2000），Ionnides 和 Rosenthal（1994），Quadrini 和 Rfos-Rull（1997）。

一、城镇家庭的住房所有权选择

我们对城镇家庭住房所有权选择的分析分为三类：租用住宅户（家庭不拥有住房）；房改房的房主（通过住房改革获得住房）；商品房的房主（在市场上购买）①。用这三种住房所有权的类型作为因变量，我们建立了一个多元 logit 估计模型，分析了 2002 年和 2007 年影响住房所有权选择的因素。

我们的解释变量包括与家庭消费和投资需求相关的变量以及与城市住房体系相关的制度因素。应当指出的是，我们把户主作为住房的所有者或者租房者，并在回归方程中利用了户主某些变量的属性②。表 5.13 呈现了回归方程使用到的关键变量的描述性统计。

表 5.13　2002 年和 2007 年城镇住房所有权选择分析中家庭的特征

		2002 年				2007 年			
		均值	标准差	最小值	最大值	均值	标准差	最小值	最大值
因变量：住房所有权状况	租房	0.198	0.399	0	1	0.158	0.365	0	1
	房改房所有者	0.699	0.459	0	1	0.662	0.473	0	1
	商品房所有者	0.103	0.304	0	1	0.180	0.385	0	1
户主特征	年龄	48.430	10.838	19	84	50.865	11.879	22	98
	当地城镇户口	0.985	0.122	0	1	0.979	0.142	0	1
	在国有企业或城市集体企业中工作	0.549	0.498	0	1	0.423	0.494	0	1
	在非公有制企业工作	0.098	0.298	0	1	0.163	0.370	0	1
	自我雇佣或私营企业主	0.047	0.213	0	1	0.038	0.190	0	1
	退休	0.239	0.426	0	1	0.290	0.454	0	1
	其他	0.067	0.249	0	1	0.086	0.281	0	1

① CHIP 城镇数据中第四种类别是自建或者继承的老房子。我们排除了这一类部分是因为这大部分是历史传统的结果而并非是主动的选择，并且这一类的家庭数很小。如果包括这一类会造成多元 Logit 估计的结果不收敛。

② 2002 年，我们能够识别哪个家庭成员是房屋所有者；但是 2007 年这种信息不可用。2002 年 CHIP 的数据显示接近 80% 的房屋所有者是户主。

续表

		2002 年				2007 年			
		均值	标准差	最小值	最大值	均值	标准差	最小值	最大值
家庭特征	和父母生活在一起的年轻户主（年龄小于30岁）	0.004	0.064	0	1	0.010	0.100	0	1
	缴纳住房公积金	0.517	0.500	0	1	0.493	0.500	0	1
	接受公共援助	0.036	0.187	0	1	0.031	0.173	0	1
	当期家庭人均收入（千元）	9.156	5.875	0.690	71.906	16.871	12.127	1.068	234.164
	有其他房产出租	0.015	0.122	0	1	0.075	0.264	0	1
城市（数目）		40				40			

注：经过加权。2002 年分析的样本规模是 3818，2007 年样本规模是 4428。

户主的年龄和年龄平方被引入作为家庭生命周期阶段的指标，也可以作为一种资历的度量。这种资历可能会影响住房改革前公有住房的行政性分配和住房私有化过程中的住房获得（Sato，2006）。考虑到住房改革后组成的年轻家庭和他们在住房改革中获得住房的父母一起居住的可能性，我们设置了一个虚拟变量，主要是面向那些和有当地户口的父母一起居住的年轻家庭户主（例如 30 岁以下）。这个变量反映了家庭生命周期的另一个方面。这种家庭的比例很小但是却在逐渐增加（见表 5.13）。

家庭户主户口情况的虚拟变量（如果户主有当地城市户口为 1，否则为 0）是最重要的基本制度因素。因为在城镇住房改革中，通常只有拥有当地户口的人才有资格在当地城镇买房。我们预期是否拥有当地城镇户口的状况和房改房所有权的状况有极大的相关性。由于我们的分析不包括来自于 CHIP 流动人口子样本的流动人口，没有当地城镇户口的户主数量很少——2002 年和 2007 年的调查中，大约只占城镇子样本的 2%。尽管如此，城镇子样本中确实包含了一部分个人——主要是城镇之间的流动人口，没有城镇户口；另外还有一些农村户口的人，他们可能是居住在城镇街区的集体流动人口或者来自于城镇下属的农村地区。

我们也设置了考察户主职业状况的虚拟变量，这些状况包括在国营单位工作、在非国营单位工作、自我雇佣或民营企业老板、退休和其他情形(包括退休后重新雇佣、目前失业以及生病或者残疾等)。这些虚拟变量反映了一些不同的因素。雇主的所有制性质能够影响房改房的使用途径和分配。退休反映了家庭生命周期的阶段，并且可能影响到风险偏好。企业家的身份有时也作为研究住房投资需求的一个变量被引入模型中，因为企业家可能有不同的风险偏好和财富积累模式。

收入与房屋的消费和投资需求都是密切相关的。这里使用的收入是国家统计局定义的现期人均可支配收入，即不包括自有住房估算租金和实物住房补贴。

为了衡量借贷约束的影响，我们利用一个虚拟变量来反映是否有住房公积金（如果有为1，否则为0）。另外我们还利用另一个虚拟变量来反映家庭是否有最低生活保障（低保）或者其他的公共援助（如果家庭接受公共援助为1，否则为0）。

最后，回归方程中还包括了家庭是否拥有其他出租的房产的虚拟变量(有为1，否则为0)。这是为了衡量某些受益者通过房改房升级为商品房的可能性。另外，我们希望拥有额外房产的家庭是投资者家庭，并且和其他家庭的行为不相同。这种家庭的比例相对较低，但是在2002年到2007年间，这一比例大幅增加（见表5.13)。这种有多个房屋所有权的家庭对研究中国城市间长期的财富不平等是很重要的，并且这种房屋资产还可以代代相传①。

最后，我们用城镇虚拟变量去控制各地住房改革政策在实施过程中的不同、住房市场的发展水平、价格差异以及其他的地区因素。

① 对这种层次详细的调查和导致多种住房所有权的原因，包括多处住房的所有权和居住以及出租的选择，参见Huang和Yi（2010)，使用了2005年中国综合社会调查的数据。

表 5.14　2002 年和 2007 年城镇住房所有权选择

A：2002 年

	（1）参照组：租房户	（2）房改房所有者	（3）商品房所有者
户主特征	年龄	0.072 ** (0.031)	-0.041 (0.049)
	年龄平方	-0.0004	0.0001 (0.0005)
	当地城镇户口	1.879 *** (0.352)	0.664 (0.465)
	在非公有企业工作	-0.019 (0.154)	-0.284 (0.244)
	自我雇佣或者私营企业主	-0.439 ** (0.204)	-0.151 (0.300)
	退休	-0.013 (0.149)	-0.083 (0.265)
	其他	-0.024 (0.174)	-0.086 (0.310)
家庭特征	和父母住在一起的年轻户主（年龄小于 30 岁）	1.006 (0.727)	-16.316 (2，684.579)
	缴纳住房公积金	0.329 *** (0.098)	-0.074 (0.161)
	接受公共援助	-0.276 (0.208)	-1.700 *** (0.553)
	当期家庭人均收入（千元）	0.110 *** (0.012)	0.119 *** (0.016)
	有其他房产出租	-0.030 (0.377)	1.275 *** (0.465)
城镇虚拟变量		Yes	Yes
常数项		-6.299 *** (0.949)	-19.269 (2，824.981)
样本量		3818	
Pseudo R-squared		0.216	
LR chi-squared		1403.58 (p >0.000)	

B：2007 年

	(1) 参照组：租房户	(2) 房改房所有者	(3) 商品房所有者
户主特征	年龄	0.103 *** (0.030)	-0.096 *** (0.036)
	年龄平方	-0.0007 ** (0.0003)	0.0006 * (0.0004)
	当地城镇户口	1.582 *** (0.314)	-0.068 (0.287)
	在非公有企业工作	-0.364 *** (0.135)	0.066 (0.158)
	自我雇佣或者私营企业主	-0.734 *** (0.237)	0.160 (0.257)
	退休	0.131 (0.165)	0.337 (0.217)
	其他	-0.391 ** (0.165)	-0.187 (0.208)
家庭特征	和父母住在一起的年轻户主（年龄小于 30 岁）	1.171 ** (0.569)	-0.101 (0.579)
	缴纳住房公积金	0.361 *** (0.107)	0.196 (0.132)
	接受公共援助	-0.533 ** (0.220)	-0.863 ** (0.333)
	当期家庭人均收入（千元）	0.022 *** (0.005)	0.041 *** (0.006)
	有其他房产出租	-0.447 ** (0.173)	0.526 *** (0.190)
城镇虚拟变量		Yes	Yes
常数项		-6.531 *** (0.885)	0.595 (0.976)
样本量		4428	
Pseudo R-squared		0.169	
LR chi-squared		1323.02 (p>0.000)	

注：1. 多元 logit 估计结果包括 2002 年和 2007 年数据中都有的 40 个城市家庭。2. 因变量是租房户，房改房拥有者和商品房拥有者。省略的类别是租房户。3. 职业情况省略的类别是在国有企业或城市集体企业中工作。4. 城镇虚拟变量包含在估计模型中，在表中没有显示。5. 括号内为标准差。*** 代表 1% 水平上统计显著，** 代表 5% 水平上统计显著，* 代表 10% 的水平上统计显著。

表 5. 14 列出了用租户作为遗漏参照组的多元 logit 估计结果。我们发现在 2002 年和 2007 年，除了和收入及财富相关的变量，商品房的业主都不同于租房的人（参照组）。接受公共援助的家庭和租房的家庭相比更不可能拥有商品房，而高收入家庭或者有其他财产的家庭更可能拥有商品房。2007 年，年龄变量也是显著的，年龄大的家庭和租房的家庭相比更可能拥有商品房①。

虽然制度变量对商品房选择的影响很小，但它们显著地影响了拥有房改房的可能性。在 2002 年和 2007 年，和租房的家庭相比，拥有当地城镇户口增加了拥有房改房的可能性。雇主的类型也有较大影响，自我雇佣或者私营企业主更不可能拥有房改房，在国有企业就业则更容易拥有房改房。

2002 年和 2007 年年龄对拥有房改房的影响出现了变化。与租房家庭相比，2002 年年龄因素增加了拥有房改房的可能性。这可能反映了这样一个事实，即在住房私有化时期，年龄大的人更容易被雇佣，并且在工作单位职位高的人通常也会有购买更好的房子的机会。这就增加了他们参与住房改革的可能性。然而，在 2007 年，年龄平方的系数为负并且显著，使得年龄和房改房所有权之间存在非线性关系。年龄超过 15 岁，净效应为负，并且随着年龄的增加而增加。这样在 2007 年，与租房的家庭相比，户主年龄较大的家庭拥有房改房的可能性更小。此外，如上所述，和租房的家庭相比，年龄较大的家庭更可能有商品房。这种变化可以用交易获利来解释，即房改房的受益者卖掉他们最初的房改房然后去购买质量更好的商品房。

和租房家庭相比，与收入和财富有关的变量也和房改房的拥有相关。2002 年，高收入的家庭更可能拥有房改房。这是有道理的，因为购买房改房需要付款，即便购买价格比较低。2002 年收入的系数和商品房回归模型中的系数相似。2007 年，收入的影响持续显著并且对房改房的拥有是正的影响因素，虽然影响的效果开始下降，并小于对商品房的影响效果。

① 年龄的系数是负的，并且显著；年龄平方的系数为正且显著，从而意味着一个非线性的关系。年龄大于 16 岁的净效应为正，和租房的家庭相比，年龄对拥有商品房的可能性的影响是正的。

和租房家庭相比，接受公共援助的家庭拥有房改房的可能性更小。虽然，系数只在2007年显著，但是在2002年和2007年系数都比在商品房回归模型中的系数要小。

有趣的是，是否有公积金是一个显著且对房改房所有者有正向影响的因素。这也许反映了这样一个事实，即从住房改革中受益的家庭更可能受雇于参与住房公积金项目的工作单位。并且，和租房家庭相比，2007年有其他财产的家庭拥有房改房的可能性更低。我们认为这反映了资产保有中的个人排序，而这种保有是基于他们的投资需求和参与房地产市场的意愿。

2007年，对房改房拥有者来说，显著的变量是和父母居住在一起的年轻户主这一虚拟变量。这个结果证实了我们的假说，即随着住房改革后房价的提高，那些住房改革的受益者的子女可能和父母一起居住在父母的住房中。

二、城镇地区住房财富的影响因素

本部分主要研究城镇地区住房财富的影响因素。我们把自有住房的市场价值的对数作为因变量，做了普通最小二乘法回归。回归中所使用的样本仅仅包括拥有住房的家庭，租房的家庭不予考虑。表5.15显示了城镇住房财富回归中所有变量的描述性统计。

表5.15　2002年和2007年城镇住房财富分析中的家庭特征

		2002年				2007年			
		均值	标准差	最小值	最大值	均值	标准差	最小值	最大值
因变量	房屋的市场价值（元）	114296	96803	2400	1020000	274699	270118	5000	7000000
户主特征	年龄	48.689	10.832	19	83	51.267	12.030	22	98
	当地城镇户口	0.992	0.089	0	1	0.983	0.128	0	1
	在国有或城镇集体企业就业	0.563	0.496	0	1	0.423	0.494	0	1
	在非公有企业就业	0.094	0.292	0	1	0.159	0.366	0	1
	自我雇佣或私人企业主	0.042	0.200	0	1	0.035	0.183	0	1

续表

		2002 年				2007 年			
		均值	标准差	最小值	最大值	均值	标准差	最小值	最大值
户主特征	退休	0.240	0.427	0	1	0.304	0.460	0	1
	其他	0.061	0.239	0	1	0.079	0.270	0	1
	小学或以下	0.050	0.218	0	1	0.056	0.229	0	1
	初中	0.279	0.449	0	1	0.242	0.428	0	1
	高中/职业学校	0.380	0.485	0	1	0.363	0.481	0	1
	大专	0.198	0.399	0	1	0.211	0.408	0	1
	本科或以上	0.093	0.290	0	1	0.128	0.334	0	1
	中共党员	0.408	0.491	0	1	na	na	na	na
家庭特征	两个及以下家庭	0.204	0.403	0	1	0.293	0.455	0	1
	三人家庭	0.634	0.482	0	1	0.554	0.497	0	1
	四人家庭	0.117	0.321	0	1	0.092	0.289	0	1
	五个及以上家庭	0.045	0.206	0	1	0.061	0.239	0	1
	当期家庭人均非资产收入（千元）	9.577	6.096	0.833	71.906	16.836	10.998	1.068	132.164
	缴纳住房公积金	0.541	0.498	0	1	0.497	0.500	0	1
	接受公共援助	0.029	0.168	0	1	0.026	0.161	0	1
	当期家庭人均非住房资产收入（千元）	0.0388	0.2948	0	6.667	0.233	2.170	0	75.000
	有其他房产出租	0.015	0.122	0	1	0.075	0.263	0	1
	商品房所有者	0.129	0.335	0	1	0.214	0.410	0	1
城市（个数）		40				40			

注：经过加权。2002 年分析的样本规模是 2762 个家庭，2007 年是 3945 个家庭。

解释变量既包括了许多上文住房所有权选择研究中使用的变量，也有一些新的变量。我们现在包括了户主教育程度的虚拟变量：小学及以下，初中，普通高中，职业高中，大专，大学本科及以上。受教育程度是家庭收入保障和风险偏好的指标。此外，在 2002 年的回归中，我们还包含了一个户主是否为共产党员的虚拟变量（2007 年没有这个指标），这可能和户主的政治地位和享有的特权有关系。

我们还引入了家庭规模的虚拟变量：一人或两人户家庭，三人户家庭，四人户家庭，五人户及以上家庭。2002年到2007年家庭规模有所下降，这反映了独生子女政策的长期影响和城镇人口老龄化。在其他情况不变的条件下，我们预期规模大的家庭对房屋有更高的消费需求，并且我们预期家庭规模和住房财富之间有正向的相关关系。

为了控制不同房屋种类价格差异的影响，我们使用了商品房的虚拟变量。我们预期这个变量有正的系数，原因在于和通过住房改革获得住房相比，在市场中买房可能会更加昂贵；其次是房改房的拥有者可能会低估他们住房的市场价值。

关于收入，在住房财富回归中，我们把收入分为非资产收入和资产收入。这样回归中就包含了两个不同的收入变量：人均非资产收入（国家统计局定义的可支配收入减去资产收入）和人均非住房资产收入（总资产收入减去租金收入和自有住房估算租金收入）。人均非住房资产收入是家庭非住房财富的代理变量。我们预期相对其他（多数是金融）资产，它的系数反映了家庭对住房的投资需求。此外，我们保留了家庭是否拥有出租房产的虚拟变量。最后两个变量反映了在家庭广泛的投资组合中对家庭自有住房的投资需求。

表5.16　2002和2007年城镇地区住房财富影响因素的回归结果

		(1) 2002年	(2) 2002年	(3) 2007年
户主特征	年龄	0.012 * (0.007)	0.008 (0.007)	0.002 (0.005)
	年龄平方	-0.00007 (0.00007)	-0.00004 (0.00007)	0.00002 (0.00005)
	初中	0.032 (0.050)	0.020 (0.050)	0.091 ** (0.040)
	高中/职业教育	0.095 * (0.050)	0.074 (0.050)	0.139 *** (0.040)
	大专	0.194 *** (0.054)	0.144 *** (0.054)	0.234 *** (0.043)

续表

		(1) 2002 年	(2) 2002 年	(3) 2007 年
户主特征	大学本科及以上	0.282 *** (0.060)	0.224 *** (0.061)	0.309 *** (0.046)
	在非公有企业就业	-0.076 ** (0.036)	-0.069 * (0.035)	-0.052 ** (0.026)
	自我雇佣或私营企业主	-0.003 (0.053)	0.018 (0.053)	0.084 * (0.048)
	退休	-0.005 (0.035)	-0.009 (0.034)	-0.040 (0.030)
	其他	-0.013 (0.044)	-0.004 (0.044)	0.0007 (0.034)
	当地城镇户口	0.134 (0.115)	0.147 (0.115)	-0.043 (0.066)
	中共党员		0.116 *** (0.022)	
家庭特征	三人家庭	0.113 *** (0.029)	0.109 *** (0.029)	0.050 ** (0.022)
	四人家庭	0.174 *** (0.039)	0.170 *** (0.039)	0.115 *** (0.033)
	五人及以上的家庭	0.180 *** (0.054)	0.177 *** (0.053)	0.235 *** (0.039)
	当期家庭人均非资产收入（千元）	0.021 *** (0.002)	0.021 *** (0.002)	0.013 *** (0.0009)
	缴纳住房公积金	0.035 (0.023)	0.031 (0.023)	0.039 * (0.020)
	接受公共援助	-0.156 *** (0.060)	-0.147 ** (0.059)	-0.076 (0.053)
	当期家庭人均非住房资产收入（千元）	0.032 (0.034)	0.035 (0.034)	-0.0005 (0.004)
	有其他房产出租	-0.026 (0.081)	0.032 (0.081)	0.071 ** (0.032)
	商品房所有者	0.442 *** (0.035)	0.437 *** (0.034)	0.349 *** (0.023)
城镇虚拟变量		Yes	Yes	Yes

续表

	(1) 2002 年	(2) 2002 年	(3) 2007 年
常数项	11.331 *** (0.549)	11.403 *** (0.546)	12.537 *** (0.173)
样本量	2762	2762	3945
Adjusted R-squared	0.547	0.551	0.597

注：1. 2002 年和 2007 年数据中都有的 40 个城市家庭 OLS 回归的结果。2. 因变量是当期自有住房价值的对数（元）。3. 省略的变量依次是：小学及以下教育，国有和城市集体企业，单人或两人家庭。4. 括号内是标准差。*** 代表在 1% 的水平上统计显著，** 代表在 5% 的水平上显著，* 代表在 10% 的水平上显著。

表 5.16 报告了回归结果。现有很多文献中强调了生命周期中的财富积累，但出人意料的是，年龄对住房财富的影响效果相对不太重要。2002 年，年龄有一个正的并且显著的系数，但是估计系数相当小；并且当加入党员身份的虚拟变量后，系数就变的不显著。2007 年，年龄的系数不显著。我们的结论是，虽然年龄和住房所有权有关，但它却不会影响住房所有者的住房财富水平。年龄不重要可能意味着住房所有权是最近才出现的，并且生命周期模式还没有出现。它也有可能反映了年轻一代和老年一代之间的经济相互关系。

教育程度有正的并且统计显著的系数，并且 2002 年到 2007 年，系数变得更大和更显著。这里，教育也许反映了家庭的风险态度以及在迅速发展和复杂的房地产市场和政策环境下做出选择的能力的不同。

至于户主的职业地位的影响，在非公有制单位工作的人和那些在国有企业（省略组）工作的人相比有更少的住房财富。这可能意味着国有企业有更好的资源禀赋，因此它的员工在住房私有化过程中及以后都更有优势。值得注意的是，我们没有观察到自我雇佣和私营企业主中住房财富的不利因素，可能是因为风险偏好和企业家的身份影响了对住房的投资需求。

和住房所有权选择分析中相反，本地户口状况对住房财富并没有显著的影响。正如我们期望的那样，家庭规模是正的，且显著地影响住房财富。这反映了大家庭对更大住房空间的消费需求。

2002 年到 2007 年间，家庭收入对住房财富影响巨大（正的）且影响的显著性降低，公共援助受益者虚拟变量的影响效果（负的）也降低了。这种结果可能反映出从 2005 年开始的扩大中低价格住房供给的城镇住房政策产生了一些效果。此外，住房融资的发展和获得按揭贷款的增加可能缓解了信贷约束，并且减少了家庭收入的影响效果。

非住房资产收入在 2002 年和 2007 年的系数都不显著，意味着持有住房资产不影响住房财富，并且也不受家庭财富组合中的非住房部分影响。然而，2007 年其他所有权、租房等因素对住房财富的影响均为正并且是显著的。这个结果反映了在拥有高价值房屋的家庭中多种住房所有权现象的扩张。这也许表示了从城镇住房改革中受益的家庭交易获利的重要性，并且反映了住房私有化对财富不平等的长期效果。

三、农村地区住房财富的影响因素

既然几乎所有的农村家庭都是住房所有者，我们没有研究农村家庭的住房所有权选择。然而，我们估计了农村住房财富的影响因素。正如上面讨论的那样，在中国农村的大部分地区，房地产市场的发育并不好。所以，我们预期 2002 年和 2007 年农村地区的住房需求主要是消费需求，而投资需求并不具有很强的相关性。

我们的因变量是自有住房市场价值的对数，我们用它作为住房财富的代理变量。像城镇回归中那样，我们把户主看作住房拥有者，并利用户主的特征作为一些解释变量。为了控制地区间物价和经济条件的差异，我们包含了省际虚拟变量。表 5. 17 包含了回归中所有变量的描述性统计。

表 5. 17 2002 年和 2007 年农村住房财富分析中的家庭特征

		2002 年				2007 年			
		均值	标准差	最小值	最大值	均值	标准差	最小值	最大值
因变量	房屋的市场价值（元）	24537	30727	200	360000	38428	67062	150	2500000
户主特征	年龄	46. 267	10. 269	16	88	48. 615	10. 209	17	99
	小学及以下	0. 336	0. 472	0	1	0. 340	0. 474	0	1

续表

		2002年				2007年			
		均值	标准差	最小值	最大值	均值	标准差	最小值	最大值
户主特征	初中	0.474	0.499	0	1	0.494	0.500	0	1
	高中/职业学校	0.180	0.385	0	1	0.154	0.361	0	1
	大学	0.010	0.010	0	1	0.013	0.114	0	1
家庭特征	家庭规模	4.022	1.202	1	11	3.998	1.368	1	18
	三代同堂家庭	0.146	0.353	0	1	0.129	0.335	0	1
	当期家庭人均非资产收入（千元）	2.838	2.308	0	34.865	4.470	3.663	0	74.729
	当期家庭人均资产收入（千元）	0.0201	0.249	0	15.103	0.152	1.004	0	75.100
	接受社会援助	0.011	0.104	0	1	0.026	0.158	0	1
主要收入来源（>50%）	农业收入	0.479	0.500	0	1	0.419	0.493	0	1
	当地工资性收入	0.173	0.379	0	1	0.168	0.374	0	1
	非农自我雇佣	0.072	0.259	0	1	0.067	0.251	0	1
	流动工资收入	0.123	0.329	0	1	0.161	0.368	0	1
	多重收入来源	0.152	0.360	0	1	0.185	0.388	0	1
省份（个数）		15				15			

注：经过加权，2002年分析的样本规模是6076个家庭，2007年的样本规模是12176个家庭。

解释变量包括户主的年龄和年龄平方、家庭规模（家庭人数）以及一个是否是“三代同堂”家庭的虚拟变量。“三代同堂”是指包含了已婚的夫妻、他们的子女以及丈夫的父母的家庭。“三代同堂”变量能够衡量对家庭构成的传统态度，这也许会影响财富积累。多代之间的相互依存也可能抑制年龄和住房财富之间的关系。

鉴于农村地区住房消费需求的重要性，家庭生命周期的阶段和家庭结构可能与住房的价值相关。考虑到多代之间相互依存，我们预期户主年龄和住房财富之间存在倒U型曲线的关系，并且住房财富和家庭规模之间有正向关系。

为了衡量资金能力和风险偏好，我们引入户主的教育程度、家庭人均非资产收入（基于国家统计局定义的当期人均可支配收入）以及当期家庭人均资产收入（非住房家庭财富的代理变量）。对于城镇家庭，我们预期教育程度和住房财富之间有正的关系。由于农村既没有官方住房融资体系也没有商业性住房贷款，我们预期两种资产收入类型对住房财富都有正的并且显著的效果。把住房看成是社会经济地位的重要标志的传统观点也可能会强化收入和住房财富之间的关系。

关于借贷约束，2002 年和 2007 年数据里社会援助的可用信息不太连续。2007 年农村数据中包括了五保户家庭和低保家庭的变量，但是却没有包含社会援助数额的信息。2002 年的数据包含了来自社会或者集体救济方面的转移收入数量的信息，但是却没有区分五保户家庭和低保家庭。为了克服这种数据的不连续性，对 2007 年我们使用了五保户或者低保家庭的虚拟变量；对 2002 年，我们使用了是否接受社会救济款、集体公益金补贴、老年人补贴或者其他国家集体的转移支付的虚拟变量。我们期望这些指标都与借贷约束相关并且与住房财富负相关。

为了考察企业家身份和外出流动的作用，我们使用了家庭收入主要来源（超过家庭总收入的一半）的虚拟变量，分类如下：农业收入（包括来自畜牧业、林业和渔业的收入）、当地工资性收入（在乡镇内工资所得）、来自非农业的自我经营的收益、外出打工的工资性收入（在乡镇外工资所得）以及多种收入来源（没有任何单一的收入来源超过家庭总收入的 50%）。农业收入为主的家庭作为参照组。

我们预期企业家身份和住房财富之间有正向的关系，一方面是因为经营家族企业也是风险偏好的另一种衡量方式，另一方面因为农村住房经常既作为居住也作为生产的场所。关于流动人口和住房的关系，de Brauw 和 Giles（2008）使用 1986 年到 2002 年 8 个省份 88 个村庄的面板数据发现，外出的流动人口和新房建设之间有因果关系。虽然由于截面数据的原因，我们无法得到这样的因果关系，我们预期收入主要来自外出打工的家庭有更多的住房财富。

表 5.18 显示了估计结果。正如预期的那样，受教育程度和住房财富价值之间有显著且正向的关系。值得注意的是，2002 年到 2007 年间受教育程度的系数增加。这一发现和城镇的结果相一致，意味着教育在风险相关的家庭决策中的作用逐渐增加。家庭收入也对住房财富有正向的并且显著

的影响。资产收入的系数2007年为正并且显著，但是在2002年不显著。这个结果可能反映了一个事实，即直到近期，农村家庭持有很少的非住房财富。但是它对消费的重要性在最近几年有所增加。

表5.18　2002年和2007年农村地区住房财富影响因素的回归结果

		(1) 2002年	(2) 2007年
户主特征	年龄	0.035 *** (0.008)	0.034 *** (0.006)
	年龄平方	-0.0004 *** (0.00008)	-0.0004 *** (0.00006)
	初中	0.127 *** (0.027)	0.138 *** (0.020)
	高中/中等职业学校教育	0.142 *** (0.035)	0.184 *** (0.028)
	大学及以上	0.117 (0.115)	0.417 *** (0.077)
家庭特征	家庭规模	0.161 *** (0.011)	0.127 *** (0.007)
	三代同堂家庭	0.024 (0.036)	0.009 (0.028)
	当期家庭人均非资产收入(千元)	0.110 *** (0.006)	0.050 *** (0.003)
	当期家庭人均资产收入(千元)	0.105 ** (0.046)	0.091 *** (0.009)
	接受社会援助	-0.006 (0.108)	-0.429 *** (0.055)
家庭主要收入来源(>总收入50%)	当地工资性收入	0.271 *** (0.034)	0.362 *** (0.027)
	非农自我雇佣或家庭企业的收入	0.113 ** (0.047)	0.387 *** (0.037)
	外出流动人口的工资收入	0.014 (0.037)	0.119 *** (0.026)
	多重收入来源	0.102 *** (0.034)	0.186 *** (0.024)
省份虚拟变量		Yes	Yes

续表

	(1) 2002 年	(2) 2007 年
常数项	8.333 *** (0.221)	9.159 *** (0.171)
样本量	6，076	12，176
Adjusted R-squared	0.271	0.273

注：1. 2002 年和 2007 年国家统计局数据 15 个省份的家庭 OLS 回归结果。2. 因变量是当期自有住房价值的对数（元）。3. 省略变量是教育类别中“小学及以下”，主要收入来源类别中的“农业”。4. 括号内是标准差。*** 代表在 1% 的水平上统计显著，** 在 5% 的水平上显著，* 在 10% 的水平上显著。

和消费需求一致，家庭规模和家庭生命周期的阶段也存在一个较大并且显著的系数。户主年龄和住房财富的关系符合倒 U 型曲线，2002 年在略低于 49 岁达到顶点，2007 年在 47 岁达到顶点。家庭规模也有正的系数。和我们的预期相反的是，在控制家庭规模和其他因素后，“三世同堂”虚拟变量的系数并不显著。

社会援助虚拟变量的系数 2002 年和 2007 年中都是负的，但是只在 2007 年显著。这些结果意味着对农村家庭来说，2002 年到 2007 年间，借贷约束变得越来越重要。然而，它也可能反映了这两个变量结构上的差异。这里，它可以作为一个指标来解释由于信贷约束，五保户家庭和低保家庭有更少的住房财富，但是它不能影响其他家庭接受补贴（包含在 2002 年虚拟变量中）。

最后，我们发现家庭的收入结构和住房财富有显著的相关性。和主要以农业为收入来源的家庭相比，2002 年和 2007 年，从事非农业活动的家庭有更多的住房财富。此外，2002 年到 2007 年间，收入结构虚拟变量的系数增加。这意味着非农业活动对家庭收入的贡献和对住房消费的态度都有越来越大的影响。值得注意的是，2002 年外出打工虚拟变量的系数是正的但是不显著，2007 年系数变得更大并且显著。这些发现与 de Brauw 和 Giles（2008）报告的外出打工对住房消费的因果影响是一致的。

第五节　结　论

本章中，我们利用CHIP数据讨论了住房财富和对自有住房的估算租金收入的估计。我们还考察了住房财富的分布及对收入不平等的影响。由于信息不完整，我们不得不用住房的市场价值而不是家庭的住房资产净值去估计住房财富和估算租金。利用2002年CHIP调查更加完整的信息所做的敏感性分析，以及国家统计局公布的数据核查，都表明我们的估计仍然是有益的。

我们的分析表明，中国住房财富的分布具有一些不寻常的特征。当仅衡量住房所有者时，住房财富的不平等高于国际的标准。然而，当衡量包括非住房所有者的全部家庭时，住房财富分布的不平等和国际标准相比又没有那么高，这种差异反映了中国的高住房拥有率。

确实，中国的住房拥有率超过了80%，是世界上住房拥房率最高的国家之一①。虽然和其他国家相比，中国的住房所有权所带来的产权要弱一些，这种高的住房拥有率在经济和政治上都有潜在的重要影响。住房所有权不仅影响微观经济行为，而且也影响经济政策和宏观波动的分配作用。

我们发现2002年到2007年包括流动人口和非住房所有者家庭后，全国住房财富的不平等上升。不平等程度的增加反映了农村内部不平等的增加以及城镇和农村之间逐渐扩大的差距。在城镇内部，由于住房拥有率的上升，住房财富的不平等程度降低。此外，自有住房估算租金的分布也不平等，并且2002年到2007年间，它对家庭人均收入的不平等的贡献度迅速上升。这些趋势反映了中国近期的城市住房和房地产市场改革使高收入居民不成比例地受益，并且和收入一样，城乡差异也是住房财富不平等的

① 一项使用2001年到2010年26个发达国家数据的研究发现只有三个国家的住房拥有率超过80%：新加坡、西班牙和冰岛（Pollock，2010）。

一个重要特征。

运用多元 logit 模型和回归分析的方法，我们研究了与城市（非流动人口）、农村家庭住房所有权以及住房财富相关的因素。正如预期的那样，在城镇地区，与其他形式的住房相比，诸如户口和雇主类型等制度性因素影响了家庭拥有房改房的可能性以及拥有住房的价值。这些问题是城镇住房改革遗留的问题。

我们也发现一般和消费需求有关的变量——收入和家庭规模——都是显著的。一些和住房投资需求有关的变量也是显著的。社会福利援助所代替的借贷约束与住房财富负相关，教育程度和企业家身份等一些和风险偏好有关的变量都和住房财富正相关。

生命周期的影响并没有遵循中年住房财富增加而老年减少的一般模式。在城镇的住房所有者中间，我们没有发现住房财富和年龄的关系；农村的住房所有者中，住房财富一般随着年龄增加而下降。由于我们使用截面数据，这些结果可能反映了不同群组之间的差异。原因在于近期的住房私有化以及住房的选择和投资都是发生在一个迅速改变的制度和经济环境中。

目前还不清楚住房财富的分布模式在将来怎样起作用。鉴于巨大的城乡分割，以及年轻人和流动人口可能支付不起城市住房，在没有政策干预的情况下，住房不平等可能会增加。最近扩大低成本城镇住房供给的措施可能会帮助这些群体，但是这些措施却没有解决土地管理和房地产市场的潜在扭曲。由于房屋既可以作为投资形式也可以作为消费形式，住房分布也受到中国不发达的金融体系以及家庭可用的投资手段的缺乏的影响。

不论怎样，在中国，住房所有权将始终是影响个人福利和不平等的重要因素。因此，我们希望以后的调查会把收集高质量的住房信息放在优先的位置，并且今后不平等的研究将更加密切关注住房财富的作用。

（本章作者：佐藤宏、史泰丽、岳希明）

参考文献

陈钊、陈杰、刘晓峰（2008）：《安得广厦千万间：中国城镇住房体制市场化改革的回顾与展望》，《世界经济文汇》2008 年第 1 期，第 43—54 页。

成思危编（1999）：《中国城镇住房制度改革》，民主与建设出版社 1999 年版。

重庆市涪陵区国土资源局（2009）：《重庆市统筹城乡发展中促进农村宅基地流转对策研究》，2009 年 12 月 15 日，http://www.flgt.gov.cn/html/1/tdgl/jsydsp/zjdgl/news_1150_4342.html。

国家统计局（历年）：《中国统计年鉴》，中国统计出版社。

何洪静、邓宁华（2009）：《变革时代的中国农村住房发展状况：成就与挑战》，《甘肃联合大学学报（社会科学版）》2009 年第 3 期，第 66—70 页。

贾康、刘军民（2007）：《我国住房改革与住房保障问题研究》，《财政研究》2007 年第 7 期，第 8—23 页。

罗华（2009）：《政府重视民生不能忽视住房保障责任：对我国住房政策的回顾与思考》，人民网，http://politics.people.com.cn/GB/8198/44004/44005/8727122.html。

秦虹、钟庭军（2009）：《我国农村住房制度改革基本现状与政策建议》，《经济要参》2009 年第 78 期，第 16—23 页。

任波、康伟平（2003）：《房改迷局》，参见财经杂志编辑部编：《转型中国》，社会科学文献出版社．2003 年版，第 40—52 页。

若梦（2009）：《农村宅基地流转嘉兴模式调查》，《资源与人居环境》2009 年第 24 期，第 49—50 页。

孙文祥、华琪：《农村宅基地流转嘉兴模式调查》，《第一财经日报》2009 年 12 月 25 日。

忻传波、周海峰（2009）：《浅析农村住房制度改革：以宁波为例》，《农村经济与科技》2009 年第 10 期，第 31—33 期。

徐珍源、孔祥智（2009）：《改革开放三十年来农村宅基地制度变迁、评价及展望》，《价格月刊》2009 年第 8 期，第 3—5 页。

赵树枫（2006）：《试论农村宅基地制度改革》，《农村工作通讯》2006 年第 10 期，第 32—34 期。

Burger, R., F. Booysen, S. van der Berg, and M. von Maltitz (2008), "Marketable Wealth in a Poor African Country: Wealth Accumulation by Households in Ghana", in J. B. Davies, ed., *Personal Wealth from a Global Perspective*, 248-268, New York: Oxford University Press.

Buttimer, R. J., A. Y. Gu, and T. Yang (2004), "The Chinese Housing Provident Fund", *International Real Estate Review*, 7(1), 1-30.

Deaton, A. S. (1990), "Saving in Developing Countries: Theory and Review", *World Bank Economic Review*, Proceedings of the World Bank Annual Conference on Development Economics 1989, 61-96.

de Brauw, A. and J. Giles (2008), "Migrant Labor Markets and the Welfare of Rural Households in the Developing World: Evidence from China", World Bank Policy Research Working Paper, No. 4585.

Huang, Y. and C. Yi (2010), "Consumption and Tenure Choice of Multiple Homes in Transitional Urban China", *International Journal of Housing Policy*, 10(2), 105-131.

Leonhardt, D. (2011), "Rent or Buy, A Matter of Lifestyle", *New York Times*, May 11, B1.

Li, S. and R. Zhao (2008), "Changes in the Distribution of Wealth in China, 1995 – 2002", in J. B. Davies, ed., *Personal Wealth from a Global Perspective*, 93-111, New York: Oxford University Press.

Meng, X. (2007), "Wealth Accumulation and Distribution in Urban China", *Economic Development and Cultural Change*, 55(4), 761-791.

Pollock, A. J. (2010), "Housing Finance in International Perspective", testimony at the hearing on "Comparison of International Housing Finance Systems" to the Subcommittee on Security and International Trade and Finance, Committee on Banking, Housing and Urban Affairs, U. S. Senate, September 29, at http://www. aei. org/docLib/Testimony-Comparison-International-Housing-Finance-Systems-Pollock. pdf, accessed June 4, 2011.

Sato, H. (2006), "Housing Inequality and Housing Poverty in Urban China in the Late 1990s", *China Economic Review*, 17(1), 37-50.

Short, K., A. O'Hara, and S. Susin (2007), "Taking Account of Housing in Measures of Household Income", paper prepared for the Annual Meeting of the Allied Social Sciences Associations, Chicago.

Sierminska, E. and T. I. Garner (2005), "A Comparison of Income, Expenditures and Home Market Value Distributions Using Luxembourg Income Study Data from the 1990's", U. S. Bureau of Statistics, Working Paper No. 380.

Smeeding, T. M. and D. H. Weinberg (2001), "Toward a Uniform Definition of Household Income", *Review of Income and Wealth*, 47(1), 1-24.

Wilhelmsson, M. (2008), "House Price Depreciation Rates and Level of Maintenance", *Journal of Housing Economics*, 17(1), 88-101.

Wu, J., J. Gyourko, and Y. Deng (2010), "Evaluating Conditions in Major Chinese Housing Markets", NBER Working Paper No. 16189.

Yemstov, R. (2008), "Housing Privatization and Household Wealth in Transition", in J. B. Davies, ed., *Personal Wealth from a Global Perspective*, 312-333, New York: Oxford University Press.

Zax, J. S. (2003), "Housing Reform in Urban China", in N. C. Hope, D. T. Yang, and M. Y. Li, eds., *How Far Across the River? Chinese Policy Reform at the Millennium*, 313-350. Stanford, CA: Stanford University Press.

Zhao, R. and S. Ding(2008), "The Distribution of Wealth in China", in B. A. Gustafsson, S. Li, and T. Sicular, eds., *Inequality and Public Policy in China*, 118-144, New York: Cambridge University Press.

附　录　2002 年和 2007 年 CHIP 调查的住房数据

正如本章讨论的那样，自有住房的房屋净值和估算租金收入的计算需要有关所有权状况、住房的市场价值、抵押贷款的数额、所有权费用等信息。表 5A.1 显示了 2002 年和 2007 年 CHIP 数据中包含的相关变量。由于农村、城镇和流动人口子样本的可用信息不同，表中分别显示了每一组信息。表中“CHIP”表示利用独立的 CHIP 调查问卷访谈得到的结果。“NBS”表示根据国家统计局的年度家庭调查得到的结果，这些信息提供给 CHIP，并且在 CHIP 数据中也可以获得。一些变量来自这两个数据集。所有的变量都是家庭自己报告的。

表 5A.1　2002 年和 2007 年 CHIP 数据中相关的住房变量

变量	农村		城镇		流动人口	
	2002（CHIP）	2007（NBS）	2002（CHIP&NBS）	2007（NBS）	2002（CHIP）	2007（CHIP）
住房的所有权状况	87		b24（NBS）	b24	401	i114
市场租金			503（CHIP）；b210（NBS）[a]	b210		i119
市场价值	704	x134	503a（CHIP）；b28（NBS）[b]	b28	209	
未偿还的贷款	708a		417（CHIP）			
维护成本	610b					
贷款的利息支付						
折旧						
房屋建设或购买的年数			b211（NBS）	b211	410	

注：表中给出了 CHIP 调查和 NBS 家庭调查中相关的问题和代码。“CHIP”数据是通过独立的 CHIP 调查问卷收集的，“NBS”数据是国家统计局提供给 CHIP 的家庭调查数据。所有的变量都是家庭自己报告的。

[a] 平均来看，CHIP 和国家统计局的市场租金数据有很大不同。[b] 平均来看，CHIP 和国家统计局数据的市场价值数据比较相似。

由于一些相关的变量在2002年和2007年对所有的子样本不能获得，本章中住房财富和估算租金收入的估计是基于一些简化的假设。然而，在某些年份对一些样本来说，所有相关的信息都是可获得的，从而，我们就能够基于全部的信息计算一些可替代的估计结果。在文中我们也报告了一些替代估计的比较结果（见表5.4和5.5）。在本附录中，我们报告一些估算租金收入以外的替代性估计结果。这些结果是在不同的假设下，并包含了所有权费用而计算出来的。我们还讨论了抵押贷款数据和城市租金价值的几个问题。

一、抵押贷款数据和负资产的处理

抵押贷款的数据只在2002年可用。我们对2002年的数据进行了各种核查，例如，我们比较了抵押贷款相对于住房市场价值的比率，核查了拥有抵押贷款的家庭是否具有某些具体的特征等等。基于这些核查以及对数据的检查，我们认为2002年房屋数据的质量还是好的。

2002年抵押贷款数据的一个问题是一小部分家庭（农村样本中有低于1%的家庭，城市样本中有低于2%的家庭）报告的抵押贷款数额超过了房屋的市场价值，这意味着存在负的资产净值。我们核查了这些家庭住房每平方米的市场价值，发现与正资产净值的家庭类似。这意味着负资产净值并不是由住房的市场价值低引起的，而是由于不寻常的高的抵押贷款水平引起的。

我们的观点是家庭实际上不可能会有负的资产净值。中国家庭没有很容易的借贷途径，因此，他们通常用现金支付大部分的购房款。此外，负的资产净值一般是由于住房价值的下降，但是这种情况在2002年并没有发生。

很可能家庭报告的住房贷款包括了其他并不是以购买住房为目的所借的钱。数据的错误也是有可能的。鉴于这些考虑，在使用2002年CHIP调查中的抵押贷款数据进行分析时，我们假定真实的抵押贷款不会超过住房的市场价值，即我们设置了住房的最低资产净值是0。

二、2002 年国家统计局和 CHIP 数据中城镇住房租金的不一致

对 2002 年的城镇样本，我们有两套自有住房市场价值和住房租金的数据，一套来自于 CHIP 问卷，另一套由国家统计局提供。这两个来源提供的住房市场价值的信息是比较一致的，但是住房租金的信息则不太一致。

表 5A. 2 显示了两个来源的住房市场价值的信息（未加权）。请注意，表中包含的信息仅仅是针对那些拥有住房并报告了非零的住房市场价值的城市家庭。表 5A. 2 的下面显示了在两种数据来源中都报告了非零的住房市场价值的家庭信息。所以统计结果是在相同的样本家庭中计算的①。对于这些相同的样本，CHIP 数据的住房平均市场价值是 91763 元，国家统计局数据的住房平均市场价值是 90105 元。这些数字相差不到 2%。

表 5A. 2　CHIP 和国家统计局数据中城镇住房市场价值的比较（2002 年）

数据来源	家庭数目	均值（元）	最小值（元）	最大值（元）
CHIP 或者国家统计局数据中没有遗漏住房市场价值的家庭				
CHIP	5290	96701	100	1010000
NBS	5112	90104	1500	1020000
CHIP 和国家统计局数据中共有的没有遗漏住房市场价值的家庭				
CHIP	5062	91763	100	980000
NBS		90105	200	1020000

注：未加权。

表 5A. 3 给出了两种数据来源的住房租金的比较（同样未加权）。CHIP 数据的住房平均租金明显高于国家统计局的住房平均租金。对于同样的家庭样本（表 5A. 3 下面），CHIP 数据的住房平均租金是国家统计局的 3. 5 倍。这两种来源的住房平均租金差距太大，所以其中一个数据必须要修正。问题是哪一个来源更可信。

① 和 CHIP 的数据（5343 - 5290 = 53）相比，国家统计局的数据中有更多的缺失值（5343 - 5112 = 231）。

表 5A.3　CHIP 和国家统计局数据中城镇住房租金的比较（2002 年）

数据来源	家庭数目	均值（元）	最小值（元）	最大值（元）
CHIP 或者国家统计局数据中没有遗漏住房市场价值的家庭				
CHIP	5266	5344	240	60000
NBS	4985	1396	120	48000
CHIP 和国家统计局数据中共有的没有遗漏住房市场价值的家庭				
CHIP	4909	4864	240	60000
NBS		1402	120	48000

注：未加权，租金是按照十二个月计算的。

我们进行了多次核查，以识别哪个来源的数据提供了更加合理的住房租金。这里有用的是租金—价值比率分析，即租金同住房的市场价值的比率。租金—价值比率是住房资产收益率的一个简略衡量。

如表 5A.4 所示，和国家统计局的数据相比，CHIP 数据的平均租金—价值比率（未加权）更高。CHIP 数据的比率是 15，含义是平均市场租金是住房市场价值的 15%。国家统计局数据的比率仅仅是 2.25。其他国家的可用数据显示国家私有房屋的平均租金—价值比率范围是 3—10，虽然在一些国家的特定城市或地方市场这一比率会更高①。中国城镇的住房租金—价值比率据报道在 6 以下②。这些证据显示国家统计局的租金数据可能比 CHIP 的租金数据更合理一些。

① 英国租金—价值比率的最新研究见 http://www. dataspring. org. uk/Downloads/2009 - 16% 20HA%20&% 20private% 20RoR% 20FINAL. pdf；对于美国数据则可见 http://www. sciencedirect. com/science? _ob = ArticleURL&_udi = B6WMG - 4WM74XR - 1&_user = 940030&_coverDate = 09% 2F30%2F2009&_rdoc = 1&_fmt = high&_orig = search&_sort = d&_docanchor = &view = c&_searchStrId = 1286891102&_rerunOrigin = scholar. google&_acct = C000048763&_version = 1&_urlVersion = 0&_userid =940030&md5 =904aa18ac2e6317610a280323124e141。Leonhardt（2011）使用美国的数据显示，租金—价值比率 1989 年到 2000 年大约是 10，在 21 世纪初降到 5，2010 年轻微上升到 6.7。

② 中国租金—价值比率的报告见 http://www. globalpropertyguide. com/Asia/China/Rental-Yields。

表 5A. 4 CHIP 和国家统计局数据中城镇住房租金—价值比率的比较（2002 年）

数据来源	家庭数目	均值	最小值	最大值
CHIP 或者国家统计局数据中没有遗漏住房市场价值的家庭				
CHIP	5251	14. 89	0. 45	14423. 08
NBS	4906	2. 24	0. 0975	240
CHIP 和国家统计局数据中共有的没有遗漏住房市场价值的家庭				
CHIP	4820	15. 41	0. 45	14423. 08
NBS		2. 25	0. 0975	240

注：未加权，租金是按照十二个月计算的。

另外，CHIP 的租金数据似乎比国家统计局的租金数据多了一些干扰项。CHIP 数据中租金—价值比率的最大值是 14423，这太高了而不能让人相信。CHIP 家庭的租金—价值比百分位的第 99 位是 171，一个低得多的数字。但 1% 的城镇家庭有超过 171 的租金—价值比也是不可能的。用国家统计局的数据计算，最大的租金—价值比是 240，仍然很高但是没有那么高，并且百分位第 99 位是 12，这是一个更加可信的数字。

我们比较了 CHIP 和国家统计局数据中租金—价值比率大于 50 的所有家庭的住房市场租金和住房市场价值的数据。我们发现对多数家庭而言，CHIP 数据的住房市场价值比国家统计局的数据少一位，并且多数情况下，缺失的数位是 0。此外，对一些这样的家庭来说，报告的抵押贷款超过了住房的价值。这些问题使我们相信 CHIP 的访谈者在 CHIP 的问卷中抄写了国家统计局的数据，但是出现了一些抄写错误。

基于以上的讨论，我们认为 2002 年的住房租金和住房市场价值，国家统计局的数据比 CHIP 的数据更可信。因此，我们在住房租金和住房市场价值的分析中使用了国家统计局的数据。这个选择也是有好处的，因为 2007 年我们只有国家统计局关于住房租金和住房市场价值的数据，两年都使用国家统计局的数据可以允许进行时间推移的一致性比较。

国家统计局数据的一个小缺点是它们比 CHIP 的数据有更多的缺失值。对于 2002 年的住房市场价值，由于国家统计局的数据和 CHIP 的数据比较一致，国家统计局数据缺失的地方，我们就用 CHIP 的数据代替。然而，即使是替换以后，一些家庭的住房市场价值仍然缺失。对于这些家庭，我们用国家统计局数据中相同市区所有家庭每平方米的住房市场价值乘以住房面积来估计住房的市场价值。

三、住房所有权费用及估算租金的替代估计

我们进行了自有住房估算租金收入的替代性估计。表5A.5总结了这些替代性计算。基本估计（A）仅等于住房的市场价值乘以收益率。我们采用了有关文献中的标准办法，并且令收益率等于长期政府债券的利率。除了2007年流动人口样本，基本估计能够计算2002年和2007年的所有样本，我们用基本估计的结果作为本章分析的主体。而对于2007年的流动人口样本，我们使用了报告的住房租金。

表5A.5　自有住房估算租金的替代计算公式

	2002年	2007年
A. 基本估计	$R=0.029V$	$R=0.0427V$
B. 基本估计减去折旧	$R=0.029V-0.01V$	$R=0.0427V-0.01V$
C. 资产净值估计	$R=0.029\ (V-M)$	*na*
D. 资产净值减去折旧和贷款利息	$R=0.029\ (V-M)\ -0.01V-0.049M$	*na*

注：这些估计里收益率等于30年长期政府债券的利率，2002年为0.029，2007年为0.0427。住房债务的利率等于政府长期债券利率加上2个百分点。折旧（包括维护的成本）是利用折旧率等于1%计算的。

在可能的情况下，考虑数据的可得性，我们也计算了扣除住房所有权费用的估算租金的替代性估计，这些所有权费用包括折旧和住房债务的利息支付。这些替代性估计能够让我们评价基本估计中可能存在的偏差。

自有住房估算租金的研究通常用房屋价值乘以折旧率来估计折旧。这有可能把维护成本作为折旧成本的一部分。家庭花费在维护上的钱会影响经济折旧率——对没有维修过的房屋而言，折旧率高了——所以，实际上这两种类型的成本是密切相关的（Wilhelmsson，2008）。对我们的计算来说，我们使用了一个折旧率，这个折旧率只反映了不是维护得很好的房屋

的折旧[①]。这样，我们的折旧率既包括标准的折旧也包括维护的费用。

对 2002 年而言，我们有抵押贷款的数据；因此，我们能够估计住房抵押贷款的利息成本。我们遵循已有文献中的一般方法，假定抵押贷款利率等于长期政府债券的利率加上 2 个百分点。

我们主要关注的是，计算估算租金时的这些替代性假设怎样影响了收入不平等的衡量。表 5A. 6 显示了家庭人均收入的基尼系数的估计，这些人均收入是用估算租金收入的四个替代性估计计算出来的。估计（A），我们使用了基本估计，即收益率乘以住房的市场价值。估计（B），我们减去了折旧和维护成本。估计（C），在收益率法中使用了房屋的资产净值而不是市场价值。估计（D）从估计（C）的结果中减去了抵押贷款的利息成本。后两个估计只计算了 2002 年。

表 5A. 6　2002 年和 2007 年家庭人均收入的基尼系数

（用不同的估算租金收入计算）

估算租金收入的计算公式	类别	2002	2007
A	农村	0. 36503	0. 36705
A	城镇	0. 32185	0. 33919
A	全国	0. 45390	0. 48426
B	农村	0. 36584	0. 36754
B	城镇	0. 32117	0. 33757
B	全国	0. 45254	0. 48152
C	农村	0. 36516	na

① 房屋折旧的经济文献包括一系列对折旧率的估计。Wilhelmsson（2008）综述了最近的研究并认为没有控制维护费用的估计结果变动从大约 0. 3% 到 1%，一些研究发现折旧率是约 0. 7%。他还估计了维护费用对房屋折旧率的影响，发现维护较好的房屋和维护不太好的房屋的折旧率差别在 0. 25—0. 3 个百分点。因此，我们使用 0. 7% 的折旧率加上 0. 3%，或者说总计 1%。虽然这种做法比较粗糙，但它近似得到了这种成本的效果，使我们可以衡量它们对我们结果的影响。

续表

估算租金收入的计算公式	类别	2002	2007
C	城镇	0.32198	na
C	全国	0.45373	na
D	农村	0.36637	na
D	城镇	0.3232	na
D	全国	0.45292	na

注：表5A.5给出了家庭层面上自有住房估算租金的不同计算公式；估算租金除以家庭规模得到人均估算租金的值，并加到了家庭人均收入之中。基尼系数的计算对住房拥有者和租房家庭施加了权重，负的资产净值设定为0。计算包括了长期的从农村到城市的流动人口。对流动人口，我们没有2002年抵押贷款的值，因此，2002年流动人口的估算租金计算估计A和B也被分别用来计算估计C和D中的基尼系数。由于长期流动人口在全国人口中的比例相对较小，并且拥有住房的流动人口家庭很少，这种假设应该不会对基尼系数的计算有较大影响。

我们发现基尼系数衡量的家庭人均收入不平等受估算租金收入的计算方法的影响不大。这在城市、农村以及全国均是如此。对全国以及城镇和农村的个人而言，和基本估计（A）相比，用替代性估计计算的估算租金对家庭人均收入计算的基尼系数的影响小于1%。因此，我们认为我们可以用基本估计达到分析收入不平等的目的。

第六章　中国的教育不平等：代际分析[①]

第一节　引　言

相对于教育的代内分布，经济学家对教育的代际分布问题关注较少。但是教育代际转移的程度在任何时候都是家庭间教育分布的一个重要决定因素。家庭间教育分布会进而影响家庭间的收入分布。

教育的代际流动由两个不同概念构成。一个概念是指总体流动性，即一代人的平均教育水平超过前一代人的程度如何。在总量层面上，经济增长、家户接受教育的激励和国家政策都可以促使教育流动性提高。另一个概念指微观层面的流动性，即个体的教育程度在何种程度上依赖于其父母的教育水平，或与之相关。在这种情况下，对于父母具有更高教育水平的个体，教育机会均等化的政策在一定程度上可以抵消他们选择接受更多教育的倾向。

在本章中，我们将分别检验上述两种类型的教育流动性。CHIP2007 年住户调查包含了被调查住户的户主以及户主配偶的父母受教育程度的信息。即使户主和户主配偶与他们的父母不住在一起，他们父母的教育程度信息也被包含在了调查之中。这使得 CHIP2007 年数据包含了个人及其父

① 作者感谢 SSHRC 和安大略研究基金 CIGI-UWO 中国计划的资助以及 Jerry Lao 和张奕川对研究的帮助。

母受教育水平的相对完整的信息，而且样本量比较大。我们将使用这一数据，从总体层面和个体层面分别分析教育的代际流动问题。由于我们使用的样本中个体出生年份的跨度很大，从20世纪30年代到80年代，因此我们可以描绘出中华人民共和国成立以来教育流动性在政策和其他因素变动的作用下的演变过程。

第二节　相关文献

在许多方面差异较大的国家中，都有研究发现父母的受教育水平是子女受教育水平的一个重要决定因素，父母受教育程度对子女受教育程度有显著的正向影响，并因此降低了家庭内教育的代际流动性。（相关研究见Bowles（1972）对美国的研究；Couch和Dunn（1997）对美国和德国的研究；Lillard和Willis（1994）对马来西亚的研究；Thomas（1996）对南非的研究；Knight和Sabot（1990）对肯尼亚和坦桑尼亚的研究；Binder和Woodruff（2002）对墨西哥的研究；以及Hertz等（2007）对国际研究的总结。）

即使在对教育进行大量补贴的国家，以上发现可能也是成立的。例如，在英国，1995年在全部的父亲职业被归为最高社会阶层（一共分为五个阶层）的年轻人中，有80%接受了高等教育。而相反地，在那些父亲职业属于最低社会阶层的年轻人中，仅有12%接受了高等教育。但是在那时候，贫困学生接受高等教育实际上是免费的（英国国家高等教育调查委员会，1997）。

在关于教育不平等的继承的综合性研究中，Hertz等（2007）基于42个国家超过50年的全国住户调查数据，得到了教育流动性的一个可比较的估计。他们重点报告了用子女的教育水平对父母平均教育年限的简单回归的估计系数，并且还计算了这两个变量之间的相关系数。Hertz等报告了将全部年龄组混合的估计系数和相关系数，以及按出生年份每五年为一组的估计系数和相关系数。对于大部分国家来说，回归系数随着时间推移而减小。例如，对于不同出生年份组来说，父母教育年限对子女教育水平的影响不同。出生较早的组的回归系数高于出生较晚的组。与回归系数相反，相关系数没有显示出显著的时间趋势。例如，在不同的出生年份组之间，父母教育年限波动程度与子女教育水平波动程度的一个不变比例相关。在本文后面关于中国的经验研究结果的讨论中，我们会提供对这些变动模式的一些合理性解释。

那么对中国来说，以上的发现也同样适用吗？现有的研究结果似乎支持这一结论。Knight 和 Li（1993）发现，在 1988 年（根据 1988 年第一次 CHIP 调查数据），包括区域差异和城乡差异的空间因素是决定中国居民教育水平的重要因素。除了年龄，决定个体教育年限的最重要因素是居住在城市还是农村。城乡分割的教育管理和财政体制，以及城乡之间教育的机会成本和预期经济回报的差异是产生这一现象的原因。父母的教育也对子女的教育有促进作用，无论在城市还是农村地区，母亲的教育程度对子女教育程度的影响都要大于父亲的教育程度带来的影响。在农村地区，父亲和母亲的教育程度对女儿教育程度的影响都要大于对儿子教育程度的影响，这表明女性的教育程度受父母酌情选择的影响更大。而受教育程度较高者之间相互婚配的倾向强化了教育的代际转移。

Knight，Li 和 Deng（2009）使用 2002 年 CHIP 调查农村样本，检验了初中和高中入学的决定因素。他们发现，来自人均收入最低的五分之一家庭的孩子，以及母亲教育水平较低的孩子更可能从初中辍学。家庭人均收入越高、父母的受教育年限越长的孩子继续接受高中教育的可能性越大。来自无借贷约束家庭的孩子继续读高中的可能性也更大。家庭收入水平和父母的教育程度可以提高孩子在学校中的成绩，从而增加了孩子接受更多教育的机会。Knight，Li 和 Deng 认为，父母收入—贫困和父母教育—贫困的恶性循环阻碍了下一代接受小学以上教育的机会。

Sato 和 Li（2007）使用 2002 年 CHIP 调查农村样本研究了阶级成分对子女教育的影响。他们的研究发现，地主或富农家庭（由官方分类）的子女接受更多教育的可能性比其他成分家庭的子女更大。即使在控制了父母的教育程度、家庭财产和其他家庭特征之后，这种关系依然存在。Sato 和

Li将改革开放后的这一现象归因于教育导向的家庭文化，很可能是对改革前的家庭成分歧视的一种反应。此外，他们还发现依赖于个体学龄时期国家政策的重要的群组效应。例如，在1944年之前，同其他家庭成分的孩子相比，地主和富农家庭的子女接受六年以下教育的比例较少而接受九年以上教育的比例较高。而对于在1945—1959年间出生的孩子来说，地主和富农家庭的子女中，接受六年以下教育的比例是54%，而贫农家庭的子女接受六年以下教育的比例只有38%；地主和富农家庭的子女接受九年以上教育的比例仅为22%，而贫农家庭子女该比例为38%。

第三节　中国的教育政策和趋势

在过去的几十年里，中国的教育政策经历了截然不同的几个时期。每一时期的政策都对父母教育水平与其子女教育水平的联系有着不同的影响。在一些时期里，教育政策的目的是普及基础教育，广泛的学校扩招和教育程度的提升是这些时期的显著特征。可以想象，在这些时期里，父母教育和子女教育之间的联系会是比较弱的。在其他时期，教育政策服从于培训技术性劳动力（skilled labor）以支持经济发展这一目标。在这些时期里，入学率和升学率下降，反映了教育的重点在于提高质量和选拔精英，而非普及教育。在这种情况下，可以预见，父母教育和子女教育之间的联系会被强化。这种联系的大小取决于选拔的标准和其他相关因素。这里，我们将对与教育的代际转移密切相关的教育政策的变迁做一个概述，并将重点放在初等和中等教育政策上①。我们的概述涵盖了从20世纪50年代到2005年左右的教育政策变迁，与后文经验分析的时间框架一致。

① 我们没有讨论高等教育，因为直到近些年，高等教育的在校人数都很少。我们也没有讨论成人教育和非正规教育，因为在这些领域的政策非常复杂而且也没有这些教育类型的很好的数据信息。

在新中国成立初期（1949—1952 年），教育体系逐渐恢复，并向教育的国有化方向迈出了步伐。在这段时间里，政府明确了普及教育和消除文盲的教育政策目标（Hannum 1999）。无论正规教育还是其他的教育形式都快速地发展。从 1949 年到 1952 年，小学入学人数从 2400 万上升到 5000 万；初中入学人数从 126 万上升到 315 万；高中入学人数从 11.7 万上升到 19.1 万（教育部规划司，1984，第 22—23 页；Hannum 1999，第 196 页）。这些数字中包括了许多大龄学生。这反映了当时提高教育水平的努力不仅仅面向孩子，同时也面向成人。

随着第一个五年计划的实施（1953—1957 年），中国开始着手制定第一个综合性的、苏联式的经济计划。教育是这一计划不可或缺的一部分（教育部规划司，1984，第 79 页）。快速的工业化在当时是国家的中心目标，因此，培养快速工业化所需要的技术性劳动力成为了优先考虑的目标（Hannum，1999；Löfstedt，1980，第 79 页）。资源被分配到中等以上教育以及专业技术培训上。在这段时期内，政府对学校的资金投入很大程度上仅限于城市地区；农村的小学由农村社区自行资助。正如 Hannum（1999，第 197 页）所描述的："简而言之，优先迅速发展城市地区高等教育的安排，使得能够用于扩展基础教育的资源相当有限；基础教育的资源被优先配置在城市地区的少数'重点'学校上，以期迅速获得成效。"

尽管中等和高等教育设施的数量在增加，但是接受过初中和高中教育的学生的数量不足，阻碍了入学人数尤其是高中和大学入学人数的增长。高中毕业生的数量少于高等教育的计划招生数量（Niu，1992，第 24—25 页）。一些没有完成高中学业的学生也被招入大学以完成招生计划。其结果是，大学的入学人数超出了高中毕业生数量（Thøgersen，1990，第 22 页）。

在"一五"计划期间，由于技术性劳动力的短缺，曾经属于社会精英阶层的成员也被允许接受初等教育并继续接受中等和高等教育（Niu，1992，第 19 页）。尽管如此，国家仍致力于扩大工人和农民阶级出身的人接受教育的机会，同时还制定了党内干部子女接受教育时的优惠政策（Niu，1992，第25—27 页）。

图 6.1 给出了小学净入学率、小学升初中的升学率和初中升高中的升

学率随时间变动的趋势①。小学入学率从1952年的49%上升到1955年的54%。在1956年到1957年间，小学净入学率出现跳跃式上升，超过了60%。在这段时间里，教育政策并没有明显的变动，但农村地区经历了剧烈的制度变迁，影响了对教育的需求。从1955年起，中国开始加速农业的社会主义改造运动。农村家庭被纳入了“高级”农业生产合作社组织。一个典型的此类合作社通常包含超过100个家庭，土地、农具和牲畜都归集体所有，集体根据劳动天数或工分在家庭间分配收入。

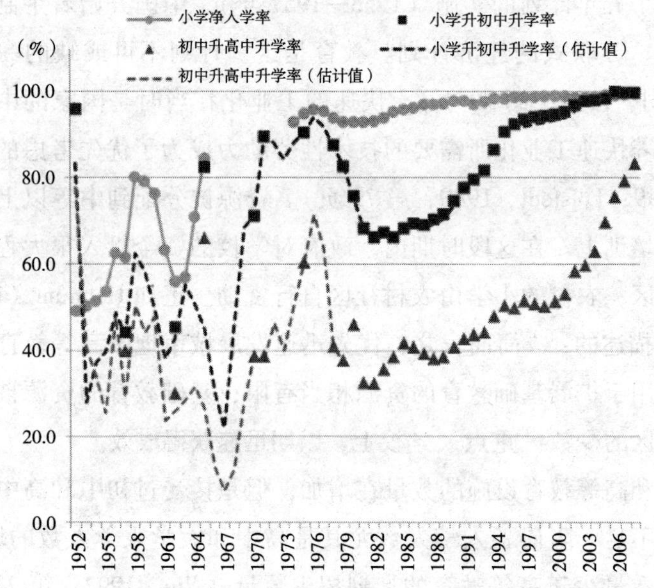

图6.1　小学净入学率和中学升学率（1952—2008年）

注：1. 小学净入学率等于小学入学学龄儿童的数量除以全部小学学龄儿童数量。

2. 中学升学率等于每级中学入学学生数量除以前一级学校的毕业生数量。初中升高中升学率计算中包括了中等技校。

3. 1978年以前的小学升初中和初中升高中升学率仅公布了特定年份的数据。我们使用公布的毕业生数量和普通初中高中入学人数估计了20世纪50年代和70年代的升学率。这些估计值（图中用虚线表示）在大多数情况下与可得的公布的升学率（图中用方块和三角表示）相类似。

资料来源：国家统计局（1996、2001、2009）；教育部规划司（1984、1991）；教育部发展与规划司（2008）。

① 净入学率是用在校的初等教育学龄儿童总数除以全部学龄儿童数量计算得到的。升学率是用进入给定教育水平的学校的人数除以低一级学校的毕业人数计算得到的。使用的数据来自于同一年。例如，用每年8月或9月入学人数除以当年6月或7月的毕业人数。

这一制度转变的速度非常快。1955 年，只有不到 1% 的中国农村家庭参加了高级农村生产合作社；其他 99% 的家庭要么从事传统的家庭农业生产要么参加了小型的互助组和合作社，在这类组织里，土地和其他财产依然是私有的。截止到 1956 年 12 月，88% 的农村家庭已经加入了高级农业生产合作社。其余 12% 的农村家庭中，大部分也已经加入了相对“初级”的集体组织。在短短 18 个月的时间里，家庭农业生产和私有制在农村地区就基本上消失了（Riskin,1987,第 86 页;Walker,1966,第 35 页）。

在新的制度背景下，儿童对家庭收入的贡献大大降低了，这就带来了对教育的需求。另外，农村学校是由农村集体提供资金的，而高级合作社集体有能力调动起修建和维持学校所需的资源，因此，学校的供给也增加了。这两方面的共同结果是，小学的数量和小学在校人数都显著地增加了（见图 6. 1）（教育部规划司，1984，第 20—21 页）。

在 20 世纪 50 年代，农村地区的中学数量很少（Thøgersen，1990，第 22 页），所以在那段时间里中学入学人数变动的趋势反映的主要是城市地区的情况。这些城市地区的中学基本上是政府支持的。全部类型的中学——包括普通初中、普通高中和中专——的注册在校人数在“一五”计划期间逐年上升，在 1957 年达到 710 万。其中，普通初中的在校人数占全部中学在校人数的比例超过 70%。1952 年，普通初中的在校人数为 220 万，而 1957 年上升到 540 万（教育部规划司，1984，第 20—21 页）。小学升初中的升学率从 1953 年的 30% 稳步上升到 1957 年的 45%（见图 6. 1）。初中升高中的升学率也增加了，但波动较大，反映的可能是每年招收的大龄学生的数量变动。

随着 1958 年“大跃进”运动的开展，普及初等教育成为了教育领域的中心目标，同时，更高水平的教育也扩展到了农村的乡镇和县（Löfstedt，1980，第 96 页）。由高级生产合作社向人民公社的转变为农村学校教育的扩张提供了便利。人民公社是一个更大、更“高级”的社会主义形式集体组织，通常包括超过 5000 个农村家庭（Riskin，1987，第 123 页）。其他一些形式的教育也受到鼓励，包括缩短教育年限并将不同等级的教育相结合和半工半读等（Hannum，1999）。无论是在课程设置还是教育重点上，教育计划都变得更加政治化，其重点是对无产阶级的大众教育而非精英教育。

在这一时期，各级学校的注册在校人数都大幅增加。小学注册在校人数从1957年的6400万增长到1959年的超过9000万。中学注册在校人数从700万增加到超过1200万（教育部规划司，1984，第22—23页）。如图6.1所示，小学净入学率从62%上升到80%，小学升初中的升学率从44%上升到62%，初中升高中的升学率也显著上升了。

随着“大跃进”的结束以及随之而来的1960年和1961年的饥荒，入学率和升学率剧烈下降（见图6.1）。中国教育政策的焦点转向培养技术劳动力，政策焦点从数量转移到了质量（Löfstedt，1980，第102页）。到1962年，经济开始恢复稳定，教育系统也开始恢复。中等教育和高等教育院校成为了发展的重点，小学升初中和初中升高中的升学率也重新开始上升（见图6.1），这些政策的效果在城市地区最为明显。城市地区的小学升初中的初升学率超过了90%，初中升高中的升学率在40%左右。在农村地区，升学率相对较低，小学升初中的升学率不足30%而初中升高中的升学率只有不到10%①。农村地区初等教育质量的低下影响了农村学生接受中等以上教育的机会，而中等以上教育院校则主要设立在城市地区（Niu，1992，第56页；Thøgersen，1990，第26页）。

在这一时期，为了平衡普及教育的目标和培养熟练劳动力的实际需要，中国采取了一种双轨教育体系。政府出资建立了一个高质量的重点学校系统（Niu，1992，第45页；Thøgersen，1990，第26页）。学生能否进入重点学校和大学，部分取决于他的政治背景能否通过政治审查，因此将资本家和地主的子女排除在外；部分取决于他的学校成绩，因此有利于干部、知识分子和中产阶级家庭的子女（Niu，1992，第50页；Thøgersen，1990，第26页）。

随着20世纪60年代后期“文化大革命”的开始，教育政策的重点再次发生转变。在“文革”达到高潮的那段时期里（1966—1969年），政治

① 本章使用教育部规划司（1984）提供的农村（城市）小学和初中的毕业人数、初中和高中的入学人数分别计算了城市和农村地区的升学率。以上计算中只包含了普通中学的毕业和入学人数，中等专科学校和职业学校被排除在外。

斗争给教育系统带来了混乱。大学以及许多中学和小学被关闭，这种现象在城市地区尤为严重。精英主义被批判，重点学校体系也被抛弃了(Thøgersen,1990,第28页)。另外，在城市和农村地区都开始采用平均主义的工资结构，降低了教育投资的经济回报率。"文革"时期的有关教育的数据是不完整的，但能够得到的数据显示，升学率显著地下降了（见图6.1)。

20世纪70年代，政府开始着手恢复和重建教育系统。小学和中学重新开学，同时，政府采取了推进农村教育特别是农村中等教育的政策。这段时期，小学和中学的教育经费和行政管理工作都由城市的生产单位和农村集体负担（Hannum等,2008,第217页)。政府仅提供一些用以帮助支付教师工资的补贴（中国教育年鉴编辑部，1984，第98—99页)。上学基本上是免费的（Hannum等,2008,第217页)。在十年制（小学五年，初中三年，高中两年）的教育计划中，学校课程的重点是政治和意识形态教育，学业成绩的重要性被淡化了，阶级出身、政治立场和工读教育被给予重视(Hannum,1999,第199页;Niu,1992,第59页;Thøgersen,1990,第27页)。

尽管"文革"时期由于教育质量的下降和高等教育的中断而饱受批评，数据却显示20世纪70年代出现了很高的小学入学率和中等教育的扩张，特别是在农村地区，小学净入学率达到90%，小学和初中的升学率也明显上升（见图6.1)。升学率在1976—1977年达到峰值，小学升初中和初中升高中的升学率分别高达90%和70%。

"文革"结束以后，中国的发展再次改变航向，经济增长成为优先目标。教育政策开始强调质量和学术内容而非大众教育和政治素质。1977—1978年，重点学校和大学重新开学，学业成绩成为招生的标准（Niu,1992,第75、81页)。1981年，高中教育被延长为三年（中央教育科学研究所，1983，第614—615页)。对教育质量的关注促使许多农村地区的中学被关闭（Hannum等,2008,第219页;Pepper,1990,第97页)。给学生上学带来障碍的阶级出身和政治立场审查标准也被去除了（Niu,1992,第81—83页)。

在这个时期，教育水平变动的趋势不仅受到新的教育政策的影响，还受到了其他领域的改革的直接影响。在20世纪80年代初，中国放弃了集体农业的实验，农业的非集体化开展的非常迅速，到1983年，大部分农村地区都恢复了农业的家庭经营。这使得对教育的需求和农村学校的经费都增加了。曾经由集体承担的教育支出变为由农村家庭承担（Hannum，Park和Cheng，2007），而且由于儿童又可以参与家庭农业经营，接受教育的机会成本也上升了。

在20世纪80年代中期，中国实行了财政分权政策。这一政策对教育经费的筹集带来了负面影响。新政策捋清了行政管理和承担教育经费的责任，并且鼓励各级政府开拓多样化的教育经费筹集渠道。在城市地区，区级和市级政府分别负责小学和中学的管理和经费。在农村地区，县政府负责高中学校的管理和经费，乡镇政府负责初中，而村委会负责小学。重点学校和大学则由中央政府和省级政府管理。

伴随着财政分权，政府的预算收入经历了长期的下降，地方政府开始越来越多的寻求预算外形式的资金来为公共服务提供资金（Fock和Wong，2008）。教育经费更加依赖于教育附加税、学费和各项收费、营利性的校办企业以及社区筹资（Hannum等,2008,第220—224页;Tsang,2001,第3—4页;Fock和Wang,2008）。城市地区和富裕的农村地区更能够筹集教育资金，然而同时贫穷的农村地区却落在了后面。教育经费变得更加不平等(Tsang,2001;Fock和Wong,2008)，这意味着受教育机会和教育质量不平等的加深。

这些变动和发展导致了学校教育模式的变动，特别是中学教育（见图6.1）。在20世纪80年代，全国小学升初中的升学率从90%左右下降到不足70%。这一下降主要是由农村地区小学升初中的升学率下降到不足60%引起的。初中升高中的升学率下降了一半，从70%降至35%。同样地，农村地区的初中升高中升学率的下降最为严重，从65%降至10%左右。即使在城市地区，初中升高中升学率也大幅下降，从90%下降到了50%。

对于教育不平等的关注促成了1986年《中华人民共和国义务教育法》的颁布。《义务教育法》规定了九年义务教育制度（小学六年加初中三年或者小学五年加初中四年）将成为全国普遍的模式，但是将采取渐进的、按地区执行能力有区别的执行方式（Hannum等,2008,第220页;王德文,2003;邢春冰,2007)。《义务教育法》颁布后，小学升初中的升学率开始逐渐恢复（见图6.1）。然而，在农村地区，当时县级以下地方政府的财政紧张状态阻碍了《义务教育法》的执行（Tsang，2001）。

1994年的税制改革和财政权力的重新集中强化了中央政府的财政能力。随着这一改革，政府的财政收入重新开始增长，但是中央向地方的转移支付不足加深了地方的财政收入不平等。在很多农村地区，地方政府的财政收入无法满足履行政府义务的强制性支出（Fock 和 Wong,2008;Wong 和 Bird,2008）。1995年，中国政府出台一个了新的教育法案，划分了不同层级的政府承担的教育事业责任。地方政府负责中等教育以下的教育事业，并且通过征收教育附加税的方式为地方教育事业筹集更多的资金（王德文，2003）。然而，地区间教育公共财政的不平等水平仍然很高，同时，地区间中学入学率的不平等也在延续（Dollar,2007,第11—12、26—27页；Li,Park 和 Wang,2007;王德文,2003）。

中国教育发展趋势在20世纪90年代中期开始了一次重大转变。在这段时期里，之前一度很低的教育私人回报率（以国际标准衡量）开始上升（Cai,Park 和 Zhao,2008,第185—187页）。在农村地区，教育回报率上升是由非农工资性就业的扩张引起的，开始是在乡镇企业中的非农就业，之后是外出务工形式的非农就业。有一些研究发现了受教育年限与非农工资性就业和工资之间存在正向的相关关系（de Brauw 等,2002;de Brauw 和 Rozelle,2007;Zhao,1997;Zhang,Huang 和 Rozelle,2002;Knight,Li 和 Deng,2010）。最近的一些研究也发现了农业生产的教育收益率上升的证据，这种上升被认为是市场化改革和农业商业化发展的结果。但是，至少到2002年为止，农业生产的教育收益率仅有4%（Knight，Li 和 Deng，2010）。

在城市地区，在计划经济的平均主义体制下，“脑力劳动者”获得的收入与“体力劳动者”相差无几。就业体制、工资结构和城市企业管理制度的改革允许工资差异出现和扩大，这导致了教育收益率的上升，在20世纪90年代初之后表现得尤为明显（Fleisher 和 Wang,2005;Zhang 和 Zhao,2007）。1988年的CHIP调查显示，大学教育程度者的收入仅比小学教育程度者高出15%，而2002年的CHIP调查则显示这一比例已经达到82%（Knight 和 Song,1993,2008）。Zhang 和 Zhao（2007）发现，中国城市地区的教育收益率从1988年的4%上升到2003年的11%，上升主要发生在

1992—1994年和1997—1999年这两个时期。教育收益率的上升很可能对教育需求产生影响。

在20世纪90年代后期和21世纪初，政府采取了一系列加强教育的新举措。在1999年，政府宣布将致力于扩展九年制义务教（主要针对贫困地区），并且增加中等和高等教育的入学人数（Tsang,2000,第588页）。在21世纪初的几年里，政府增加了对农村义务教育的资金投入，并减少了由农村家庭承担的小学和初中教育的费用（Hannum等,2008;World Bank,2007）。2001年，支付教师工资的义务从村一级转移到县级政府，同时中央政府对地方政府提供了转移支付，以帮助地方政府支付义务教育的支出（Fock和Wong，2008）。2003年，中央政府宣布实行“两免一补”政策。政府将负担学生的书本费和学杂费并提供寄宿生生活费补贴。这一项目针对中国中西部地区的贫困家庭展开（Hannum等,2008,第244页;World Bank,2007,第5页）。2006—2007年，政府宣布将使用中央财政预算减免全部农村义务教育费用（Dollar,2007,第17页;Hannum等,2008,第244页）。

随着教育收益率和政府教育政策的变动，升学率也大幅上升。小学升初中的升学率在1995年超过了90%，在2000年时增加到95%，而到了2005年时已经接近100%。初中升高中的升学率在20世纪90年代初为45%，90年代中期上升至50%，1993年达到60%，1995年70%，而到2008年已经超过80%（见图6.1）。高中到大学的升学率也显著上升，从20世纪90年代初的不到30%上升到21世纪初的超过70%（NBS，2009）。

这些关于教育政策的概述揭示了中国政府的政策和目标的变动是如何影响教育产出的，也暗含了对教育的代际转移的影响。基于历史事实，我们总结出几个关于城市和农村地区教育产出的假设。对于农村地区，我们提出三个影响教育代际转移的因素。第一个因素是政府普及教育的政策。这些政策的实施可以分成几波：20世纪50年代和60年代普及小学教育，70年代普及（在一定程度上）初中和高中教育，90年代和2000年以来再次普及初中和高中教育。第二个因素是教育的私人成本和收益，农业组织形式的变动（集体经营还是家庭经营）、强化教育和收入联系的改革都影响了教育的私人成本和收益。第三个因素是对学校的公共财政支持。这一因素影响到农村学校教育的供给和质量，同时还影响家庭承担的教育费用。

在城市地区，教育的公共财政经费相对充足，教育程度也一直高于农村地区。从20世纪50年代开始，小学和初中教育已经普及，所以教育不平等在高中及以上教育水平显现明显。在大部分时间里，在中国的城市地区接受中等以上教育的机会是受到配给额度限制的。高中教育名额的配给从20世纪50年代一直持续到80年代，而大学教育的配给一直持续到90年代末。影响教育代际转移最重要的因素是用来决定哪些人可以进入高中和大学而采取的遴选标准。这些标准随时间发生变化，有时强调学业成绩，有时强调政治背景，而父母的受教育程度对此所起到的影响是可以想见的。

第四节　理论和方法

影响子女教育的因素有很多，父母的受教育程度是其中之一。我们假定存在

$$e = e(a, p, a^p, y^p, f; X) \tag{6.1}$$

其中，e是个体自身的教育程度，a是个体自身不可观测的遗传性的“能力”；p是可观测的个体父母的教育程度；a^p是不可观测的父母的遗传性“能力”；y^p是在决定是否对子女教育进行投资时父母的收入水平（几乎是不可观测的）；f是不可观测的非遗传、非教育的家庭背景，例如从社会活动中获得的“能力”；X是其他可观察和不可观测的决定因素，包括性别、教育政策和机会以及社区影响等。

在其他条件不变的情况下，父母的教育程度可以通过几种渠道影响子女的教育程度。一个渠道是，父母的教育程度会影响到家庭对教育的态度，影响个人的自信心、积极性和抱负，以及影响对教育的潜在收益率的认知。另外，教育程度越高的父母可以提供学校外的人力资本积累和鼓励

性的家庭环境。这些都可以提高子女获得学业成功的机会，特别是在升学名额有限并以学业成绩为升学基础的的教育体系里。第三个渠道是，父母的教育程度越高收入越高：教育程度较高父母的较高收入水平可以解除投资子女教育时的借贷约束。这意味着，想要测量父母教育程度对子女教育程度的全部影响，必须要将收入水平从估计方程中去掉。

更关注政策影响的经济学家特别关心 p 对 e 的因果影响。然而，父母的教育水平 p 很可能是内生的：它可能受到 a^p、f 和其他不可观测因素的影响。在经济计量上的困难是如何将 p 的因果影响从 e 和 p 之间的非因果联系中分离出来。提供政策建议需要对这种因果影响进行测量。否则，举例来说，一项旨在提高或平等化下一代人教育程度的政策，它的结果就不能被准确的预测。

以往文献中，已经使用了许多方法在存在相关的不可观测变量的条件下，测量父母教育的因果影响（Lochner，2008）。一种方法是检验父母是同卵双胞胎的表兄弟姐妹之间的教育差异，其中暗含的假设是教育的差异不再是父母能力差异或环境差异的结果（相关研究可参见 Behrman 等（1999）对印度的研究以及 Behrman 和 Rosenzweig（2002）对美国的研究)。然而，我们的数据库不能支持这种方法。第二种方法是研究领养的子女的教育程度，前提假设是父母的遗传性因素对领养的子女没有影响（Björkland，Lindahl 和 Plug（2006）对瑞典的研究)。但是，我们的数据库也无法支持这种方法。第三种方法是使用工具变量。例如，寻找一个或一组与父母的教育程度高度相关但对子女教育程度产生独立影响的变量。这样我们就可以测量父母教育程度的外生变动对子女教育的影响了。工具变量的一个例子是义务教育年龄的变化（参见 Black，Devereux 和 Salvanes（2005）对挪威的研究以及 Oreopoulos，Page 和 Stevens（2006）对美国的研究)。

本章将我们的研究限定在一个测量非因果联系的更简单的方法上。一代人的教育程度和下一代教育程度的这种关联，无论是以可观测的因素为条件的还是无条件的，不管它可能反映了哪些因素的影响，就其本身而言都很值得关注。父母教育水平和子女教育水平的联系到底是来自于收入水平还是来自于社会活动中获得的能力并不要紧。如教育水平这样的可观测变量可以充当对教育和收入不平等有影响的家庭禀赋的代理变量。

本章中，我们使用了“教育持续性”和“教育转移”这两个可以互换的称呼来表示家庭内部代际的教育水平的关联，无论这种关联是不是代表了父母教育程度的因果性影响。教育持续性或转移程度越弱，家庭内代际教育流动性程度就越大。

我们在本章中采用了与 Hertz 等（2007）类似的经验分析方法。我们估计了父母教育程度对子女教育程度的简单回归系数，在一些回归中使用了其他一些解释变量。本章既对全部样本做了回归估计，也分别对城市样本和农村样本做了回归估计。为了分析跨时间变动，我们将全部样本按出生年份每五年划分为一个群体，分别对每个群体进行了估计。按出生年份每五年划分为一个群体的选择，在一定程度上有些随意，但是五年的跨度既足够长从而使每个群体都有足够回归分析的样本量，又足够短因而可以在不同的群体间观察到中国教育政策的变动。

我们用β来表示从回归中得到的父母教育程度的估计系数，用ρ表示个体教育程度与其父母教育程度的相关系数。β对是“等级持续性”（grade persistence）的测量，而ρ是对“标准化持续性”（standardized persistence）的测量（Hertz 等，2007）。这两种测量标准通过下面的公式联系起来：

$$\rho = \beta \cdot (\sigma_p / \sigma_o), \qquad (6.2)$$

这里，σ_p和σ_o分别是父母教育程度和个体教育程度的标准差。从这个方程中可以看到，相关系数被两代人教育程度的标准差比值标准化了。因此，在其他条件不变的情况下，如果父母教育程度变动对子女教育程度变动的解释能力更强，比如子女教育程度的标准差相对于父母教育程度标准差出现下降，则相对于β，ρ会增大。

尽管β和ρ没有识别出因果关系，他们的数值揭示了从一代到另一代人之间教育不平等的持续性的大小。对于教育的代际流动性来说，越小的β值和ρ值表明教育代际的流动性越大。

第五节　数据分析

进行教育代际转移的经验分析，需要有个体及其父母相匹配的教育信息。一般的住户调查，仅在同一住户同时包括两代人的情况下，才具有这样匹配的教育信息，因此不适合做这类分析。然而，2007年CHIP调查包含了询问家庭户主及户主配偶的父母的教育程度的问题。即使户主或户主配偶与他们的父母在调查时不在一起居住，父母的教育信息也在询问的范围内。这就使得用一个相对较大的较完整的样本来分析教育的代际转移成为可能。

2007年CHIP数据同时包括了完成的正规教育年限和最高教育程度两个变量。最高教育程度衡量了个体是否接受过某种程度的教育。比如，如果数据中显示的最高教育程度是小学，则说明该人接受过的最高程度的教育是小学教育，但可能完成也可能没有完成小学教育[①]。完成的正规教育年限和最高教育程度这两个变量的数据对调查时住户中的家庭成员来说都是可得的。但是对于非家庭成员来说，CHIP数据中只包含了最高教育程度的信息。对于父母，我们需要把最高教育程度信息转化为完成的教育年限信息。教育程度是分类变量的情况在文献中比较常见。研究者通常会通过设定一些简单的假设，把离散的教育程度变量转化为联系的教育年限变量。本文使用了一个简单的转换方法，本章的附录中对这一方法有详细说明。

在本章的分析中，我们把样本限定在1985年以前出生的人群。因此，我们的样本仅包括完成了学校教育的个体（在中国，完成四年制高等教育毕业时的年龄一般是22岁）。我们排除了更年轻个体的样本，来避免仍在校个体的教育年限数据出现数据删失的问题。我们使用了2007年CHIP农

① 这种定义教育水平的方法和国家统计局的农村和城市住户调查中的方法一致。

村和城市调查数据，但没有使用单独的流动人口调查数据，因为流动人口样本难以合并进我们的分析当中，而且我们对当前外出务工者的父母教育程度没有特殊的兴趣。这样处理的结果是，我们的城市样本中仅包括有正式城市户口的个体。然而，流动人口在我们的分析中有所体现，因为农村调查中包括了曾短期外出务工的农村居民，而城镇调查中也包括了来自农村地区的城镇居民。

在使 CHIP 数据匹配个体及其父母的教育信息时，我们遇到了一些问题。这些数据问题大部分都不是很重要，我们将其放在本章的附录中加以讨论。但两个问题需要在此提及。第一个问题是，城市样本中包括了那些来自农村地区、并在农村地区接受了教育的人，而这些人有一部分曾是学业成绩最优秀的农村学生。实际上，教育曾经是脱离农村的一条途径，因为上了大学的农村青年将有资格获得非农业户口。为了避免在农村样本中排除这部分人可能带来的偏差，我们重新划分了农村和城市样本，将在农村接受过小学和中学教育的城市样本划为农村样本。划分的细节我们在本章附录中有详细解释。

第二个问题是，2007 年 CHIP 调查数据样本的城乡分布和年龄分布（如不同年份出生人口的比例）不具有代表性。我们通过按城乡人口比例和不同年份出生人口比例加权的方式修正这个问题。权重从国家统计局 2005 年 1% 人口抽样调查数据中获得，本章附录中有详细说明。需要注意，这一权重与本书其他章节中使用的权重不同。

表 6.1 给出了未加权的和加权后的个体及其父母匹配样本的描述性统计结果。样本的时间跨度很长。最老的个体 1930 年出生，最年轻的 1984 年出生（如前文提到的，样本范围限定在 1985 年之前出生的人）。最老的父母出生在 19 世纪 60 年代。样本的平均教育年限是 8.7 年。在根据城乡人口比例和年出生比例加权调整后，平均教育年限下降到 7.3 年。农村地区的教育水平比城市地区低。城乡教育年限的差距（加权后）是 3.3 年。女性教育水平低于男性，而且农村地区比城市地区的性别差异更大。样本个体父母的平均教育年限（加权后）是 4.3 年，比个体的教育年限低，而且农村地区和女性更低。

表 6.1　2007CHIP 数据个人及其父母的受教育年限的描述性统计

			观测值数量	最早出生年份	受教育年限（年）			
					均值	标准差	加权后均值	加权后标准差
个人		全国	34292		8. 7	3. 81	7. 3	3. 96
		农村	23779		7. 5	3. 19	6. 0	3. 41
		男性	12382	1930	8. 1	2. 81	6. 9	3. 04
		女性	11397	1930	6. 7	3. 39	5. 3	3. 53
		城镇	10513		11. 7	3. 47	9. 3	3. 96
		男性	5306	1930	12. 0	3. 45	9. 8	3. 86
		女性	5207	1930	11. 4	3. 47	8. 9	3. 99
父母	全国	父亲	33291	1873	5. 1	4. 11	4. 6	4. 11
		母亲	32867	1863	4. 0	4. 03	3. 7	4. 01
		父母平均	34292		4. 6	3. 73	4. 2	3. 73
	农村	父亲	22638	1873	4. 3	3. 43	3. 8	3. 42
		母亲	22106	1863	2. 8	3. 08	2. 6	3. 12
		父母平均	23779		3. 6	2. 96	3. 2	2. 98
	城镇	父亲	9372	1875	6. 9	4. 93	6. 0	4. 79
		母亲	9590	1864	6. 6	4. 67	5. 6	4. 58
		父母平均	10153		6. 8	4. 34	5. 8	4. 26

注：1. 显示加权后均值和标准差使用了国家统计局 2005 年 1% 人口抽样调查数据中城镇和农村地区不同年份出生的人口比重作为权重。

2. 在计算父母平均受教育年限时，如果父母其中一方的受教育年限缺失，父母平均受教育年限被设定为等于另外一方的受教育年限。

3. 在单独给出父亲和母亲的受教育年限时，缺失值没有被替代，因为描述性统计中反映的是数据中实际观测值的数量。

个体和其父母加权后的平均教育年限的差异是中国教育代际流动性的一个粗糙测度。总体来说，加权平均教育年限在两代人之间增加了 3. 1 年，增幅为 74%。即平均而言，一个人要比他的父母多受 3. 1 年的教育。代际的教育水平绝对增长在农村地区和城市地区都发生了，但城市地区增长幅度更大。农村地区，代际平均教育年限增长了 2. 8 年，城市地区增长了 3. 5 年。

一、总体教育流动性

总体教育流动性指的是平均教育流动性，即平均教育水平的变动。一些研究，如 Hertz 等（2007），检验了父母平均教育水平对子女平均教育水平的影响。还有的研究区分了父亲的教育水平和母亲的教育水平对子女教育水平的不同影响，或者是将子女的教育水平也区分为儿子的教育水平和女儿的教育水平来分别研究。不同研究方式的选择，一方面取决于想要检验的假设，另一方面取决于父母的教育水平之间的复杂关系，如配偶之间的教育水平可能存在的正向或负向的联系，以及存在“选型婚配”现象——即受过良好教育的人倾向于选择同样受过良好教育的人做配偶——的可能性。像 Hertz 等（2007）的方法一样，我们以对中国总体教育流动性的描述为开端，然后分别研究不同地区、不同年轻群体和不同性别的情况。

（一）教育代际流动性：总体、城乡和出生年份

众所周知，中国的平均教育水平是随着时间不断增长的。这反映了政府普及初等和中等教育的努力以及近年来教育的私人收益率的上升。

平均教育水平的上升在 2007 年 CHIP 数据中表现得很明显。表 6. 2a 和表 6. 2b 分别是未加权的个体的教育年限和父亲教育年限以及母亲教育年限的交叉表[①]。表中父亲（母亲）每一级教育水平后都有三行数据，第一行数据是个体及其父亲（或母亲）具有相应教育程度的样本数量。第二行数据是第一行数据显示的样本数量占父亲（母亲）受教育水平所在级别对应的全部样本的比例。第三行数据是第一行数据显示的样本数量占个体自身受教育水平所在级别对应的全部样本的比例。例如，表 6. 2a 中，自己的教育水平和父亲教育水平都是“没过上学”的个体的样本数量是 895。这一数量在父亲教育水平是“没上过学”这一级别的全部 9503 个样本中所占的比例是 9. 4%，在个体教育水平是“没上过学”这一级别的全部 1363 个样本中所占的比例是 65. 7%。

① 这两个表中的观测值数量由于母亲教育程度存在一些缺失值而略有不同。

表 6.2a　自身受教育水平和父亲受教育水平的交叉表

父亲受教育水平	自身受教育水平					
	1	2	3	4	5	总计
1 没上过学	895	2762	3565	1701	580	9503
	9.42%	29.06%	37.51%	17.90%	6.10%	100%
	65.66%	39.76%	26.81%	23.45%	13.08%	28.54%
2 小学	363	3390	5922	2474	901	13050
	2.78%	28.98%	45.38%	18.96%	6.90%	100%
	26.63%	48.80%	44.54%	34.10%	20.32%	39.20%
3 初中	61	603	2863	1701	1211	6439
	0.95%	9.36%	44.46%	26.42%	18.81%	100%
	4.48%	8.68%	21.53%	23.45%	27.32%	19.34%
4 高中	39	167	830	1083	1004	3123
	1.25%	5.35%	26.58%	34.68%	32.15%	100%
	2.86%	2.40%	6.24%	14.93%	22.65%	9.38%
5 大专及以上	5	25	115	296	737	1178
	0.42%	2.12%	9.76%	25.13%	62.56%	100%
	0.37%	0.36%	0.86%	4.08%	16.63%	3.54%
总计	1363	6947	13295	7255	4433	33293
	4.09%	20.87%	39.93%	21.79%	13.32%	100%
	100%	100%	100%	100%	100%	100%

表 6.2b　自身受教育水平和母亲受教育水平的交叉表

母亲受教育水平	自身受教育水平					
	1	2	3	4	5	总计
1 未上过学	1070	3886	5567	2311	703	13537
	7.90%	28.71%	41.12%	17.07%	5.19%	100.00%
	79.55%	57.79%	42.81%	31.78%	15.55%	41.19%
2 小学	219	2596	5680	2632	1115	12242
	1.79%	21.21%	46.40%	21.50%	9.11%	100%
	16.28%	38.61%	43.68%	36.19%	24.66%	37.25%

续表

母亲受教育水平	自身受教育水平					
	1	2	3	4	5	总计
3 初中	25	164	1344	1409	1214	4156
	0.60%	3.95%	32.34%	33.90%	29.21%	100%
	1.86%	2.44%	10.34%	19.38%	26.85%	12.65%
4 高中	28	64	337	736	1030	2195
	1.28%	2.92%	15.35%	33.53%	46.92%	100%
	2.08%	0.95%	2.59%	10.12%	22.78%	6.68%
5 大专及以上	3	14	75	184	459	735
	0.41%	1.90%	10.20%	25.03%	62.45%	100%
	0.22%	0.21%	0.58%	2.53%	10.15%	2.24%
总计	1345	6724	13003	7272	4521	32865
	4.09%	20.46%	39.56%	22.13%	13.76%	100%
	100%	100%	100%	100%	100%	100%

注：由于交叉表是根据整数值编制的，无法使用带分数的权重进行加权，因此表 6.2a 和表 6.2b 中给出的是未经过加权的计算结果。

从表 6.2a 和表 6.2b 的最右边的一列可以看到，最普遍的父亲教育程度是小学（约 39%），而最普遍的母亲教育程度是没上过学（约 41%）；从最下面一行可以看到，个体最普通的教育程度是初中（约 40%）。教育程度低于其父亲的个体仅占约 8%，约 27% 的个体与其父亲的教育程度相同，而约 66% 的个体比父亲的教育程度更高。对于母亲来说，这三个比例分别为 3%、19% 和 78%。因此，在 CHIP 数据中有超过 2/3 的个体的教育程度比他们的父母更高。

中国的教育流动性随时间发生了变动，这一点从图 6.2—图 6.4 中可以看到。图 6.2—图 6.4 展示了生于 1930—1984 年之间个体的教育水平和他们的父母的教育水平之间的关系。每个点都标出了出生于某一年的个体的平均教育水平和他们的父母的平均教育水平。图 6.2 是对全国样本的描述，而图 6.3 和图 6.4 分别是农村样本和城镇样本情况。所有的数字都是经过加权的。应该注意到，1941 年以前出生的群体的位置明显低于 1941

年之后出生的群体。这种不连续产生的原因，是我们没有1941年以前各年出生的人口占总人口比例的信息，因此只好使用1941年出生的全部人口占总人口中比例对这部分个体进行加权（详见本章附录）。

图6.2—图6.4揭示了父母教育水平与其子女教育水平之间具有很强的正向联系。而且，这种联系和出生的年份密切相关：出生越晚的个体，其父母的教育程度越高，他们自己的教育程度也越高。图中的点都在45度线上方，说明个体的平均教育程度高于他们父母的平均教育程度。如果不考虑出生年份最早的那部分人群（这部分人的样本数量比较小，而且可能不具有代表性），我们可以看到，个体的平均教育年限要比他们父母的平均教育年限高3—4年。然而，这种情况不必然归因于父母教育对子女教育

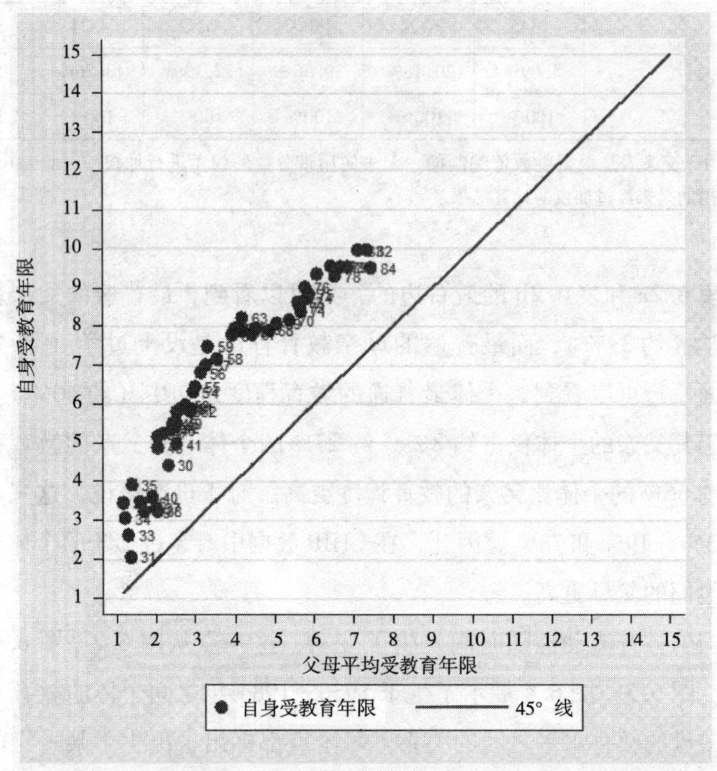

图6.2　个人自身受教育年限与父母平均受教育年限（全国样本）

注：图中的全部结果都是在CHIP调查数据基础上按城乡人口和不同年份出生人口加权后计算得到的。

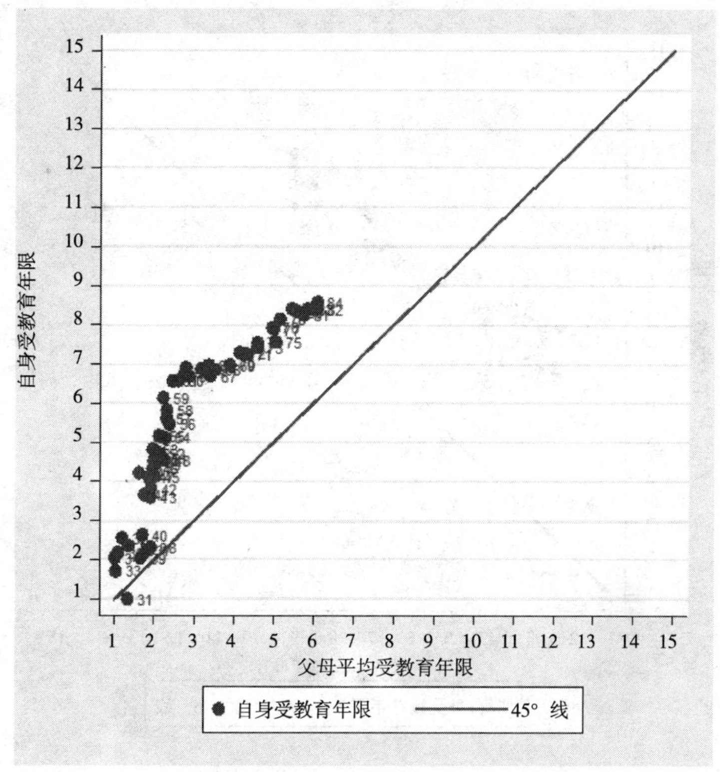

图 6.3　个人自身受教育年限与父母平均受教育年限（农村样本）

的因果性影响，也可能是政府扩大教育政策使两代人的教育水平同时提高而导致的。

我们也可以将城镇和农村区别开来进行分析。无论是城镇样本还是农村样本，图中的点都在 45 度线上方。但是，城镇样本（见图 6.4）的点的位置高于农村样本（见图 6.3）。这说明，城镇地区个体的教育水平与其父母的教育水平的差异比农村地区更大。这个特征可能反映了相对于农村地区，政府对城镇地区的孩子提供了更多的教育服务，以及投入了更多的教育补贴，而且有来自于更高级别政府的教育经费支持。农村地区则更多依靠当地的农村家庭、村集体和乡镇提供的资金：教育需求层面的因素起到了更重要的作用。教育收益率在时间上的变动和差异也许可以帮助我们解释为什么农村和城镇地区得到了截然不同的结果。

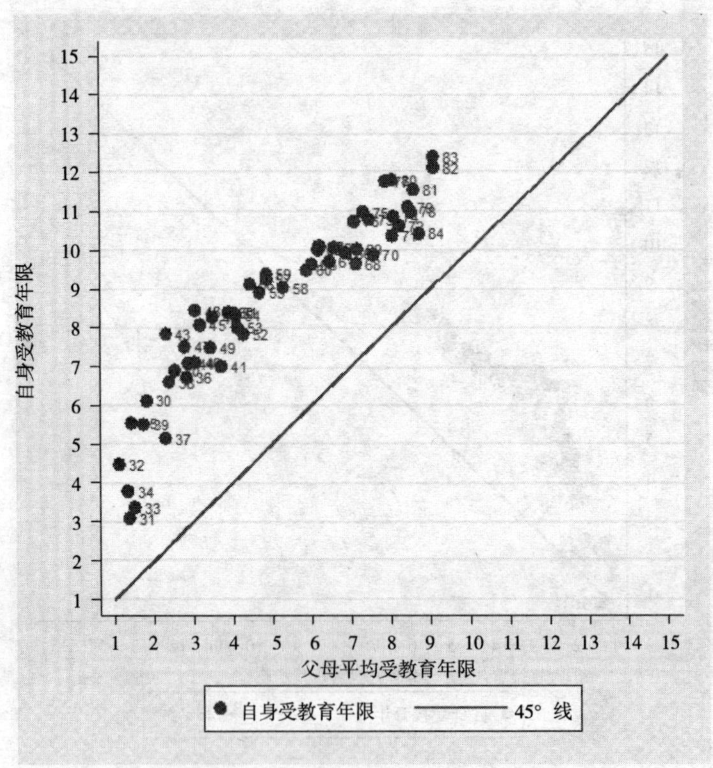

图 6.4 个人自身受教育年限与父母平均受教育年限（城镇样本）

值得注意的是，1941—1960 年间出生者的教育程度和他们父母的教育程度的关系明显更为陡峭。即对于在 20 世纪 40 年代后期直到 60 年代期间接受教育的人来说，个体自身的教育年限超过其父母教育年限的程度迅速增大，对农村样本来说尤其如此。在一方面，这种现象反映了在 1950 年以前农村教育计划的极度缺乏。另一方面，这也反映了政府在早期计划中对普及初等教育的强调。实际上，1960 年之前出生人群的平均教育年限迅速地上升到了 5—6 年，相当于当时小学的教育年限。

对于随后出生的人群来说，平均教育程度继续提高到初等教育之上，但是，正如更加平缓的斜率所显示的，平均教育程度的进一步上升比之前缓慢得多。1959 年之后出生群体的点的分布坡度比 45 度线更平缓，这意味着父母平均教育年限额外提高一年，对应的子女平均教育年限的提高会略微少于一年。

1940年之前出生的城镇个体教育增长很快，而随后出生群体的平均教育年限都高于6年。这说明城镇地区除了出生最早的一部分人之外，初等教育早已比较普遍。20世纪50年代政府推行的普及初等教育的政策对城市地区的影响要小于对农村地区的影响。对于1940年之后出生的城镇人群来说，图6.4中显示的两代人的教育程度的关系比45度线略微平缓，表明父母平均教育年限额外增加一年时，子女平均年教育年限的增长略小于一年。和农村地区一样，这种现象可能是很多因素的结果，而不一定是父母教育水平对子女教育水平的因果性影响的结果。

（二）教育代际流动性：区分父亲、母亲、儿子和女儿

表6.3a给出了男性的教育年限和他们父母教育年限的关系。表中的列按照父亲的教育程度排序，行按照母亲的教育程度排序。每一格给出了父亲和母亲的受教育水平分别为与所在列和行相对应的教育水平时，男性个体的平均教育年限。从左上方到右下方的对角线格给出的是男性个体在其父母有相同的教育水平时的平均教育年限。例如，当个体的父母都没有受过教育时（level 1），儿子的平均教育年限是6.15年；而当父母都接受过高中以上教育时（level 5），儿子的平均教育年限是12.34年。

表6.3a　父亲和母亲不同受教育水平下儿子的平均受教育年限

单位：年

母亲受教育水平	父亲受教育水平					
	1	2	3	4	5	总计
1	6.15	7.30	8.47	8.38	11.43	6.68
2	7.91	7.69	8.96	9.88	10.94	8.10
3	9.69	9.64	10.16	10.94	11.90	10.27
4	9.73	10.16	11.16	10.82	13.58	11.07
5	10.58	11.69	12.84	12.31	12.34	12.19
总计	6.48	7.75	9.50	10.40	12.28	7.95

注：表6.3a和表6.3b的行标题和列标题中给出的母亲和父亲的受教育水平代码分别表示：1＝没上过学，2＝小学，3＝初中，4＝高中，5＝大专及以上。以上表示的都是完成的教育年限。每个单元格中给出的是父母受教育水平为所在行和列对应的教育水平的个体的平均受教育年限。表中的结果是加权后的结果。

表 6.3b　不同父亲和母亲受教育水平下女儿的平均受教育年限

单位：年

母亲受教育水平	父亲受教育水平					
	1	2	3	4	5	总计
1	4.39	5.69	7.20	7.42	8.81	4.94
2	7.12	6.52	7.94	9.34	9.44	6.97
3	8.95	8.62	9.43	10.62	11.42	9.51
4	8.59	9.57	10.41	9.99	12.53	10.20
5	10.63	8.67	11.62	10.79	12.98	11.32
总计	4.84	6.51	8.57	9.68	11.44	6.53

无论是父亲还是母亲，其教育程度的增长对儿子教育程度的影响都是类似的。例如，在表 6.3a 中从左向右观察第一行数据（保持母亲教育程度为 level 1 不变的同时提高父亲教育程度），儿子的教育年限逐渐上升了 5.3 年；而沿着第一列向下看（保持父亲教育程度为 level 1 不变而提高母亲的教育程度），儿子的教育程度逐渐提高了 4.4 年。父母教育程度对女儿教育程度的影响同对儿子的影响类似（见表 6.3b），尽管相同的计算方法发现女孩的教育程度对父亲教育程度变动敏感性较差（4.4 年），而对母亲教育程度变动敏感性较强（6.2 年）。在仅考虑父亲教育水平变动而不考虑母亲教育水平时（表的最后一行）或仅考虑母亲教育水平变动而不考虑父亲教育水平时（表的最后一列），可以发现同样的结果。尽管趋势很弱，依然可以说中国存在“有其父必有其子，有其母必有其女”的情况（Thomas，1994）。

教育代际转移的程度可能被“选型婚配”这一现象强化了。这里的选型婚配是指受过良好教育的人倾向于选择同样受过良好教育的人做配偶。实际上，母亲的教育水平和父亲的教育水平在 CHIP 数据中是高度相关的，（加权后的）总样本的相关系数是 0.61。农村样本（0.56）比城市样本（0.61）略低。关于选型婚配现象进一步的证据是父母具有相同教育程度的个体的比例（加权后）很高，高达 60%。而父母的教育程度相差超过一个层次的个体的比例很低，仅有 11%。换句话说，有 89% 的个体的父母的教育程度要么相同，要么差距没有超过一个层次。

在存在正向的选型婚配的情况下，将母亲和父亲的教育程度分别纳入回归会使估计的β系数成为教育代际流动的具有误导性的指标，因为拥有受过良好教育的父亲的个体也很可能有受过良好教育的母亲。这一点在下文有详细讨论。

二、教育流动性：微观分析

教育在家庭内从一代人向下一代人的转移对中国来说有着特殊的意义。因为在最近大部分历史时期里，中国政府的教育政策都以大众教育为重点，增加贫困家庭和缺乏教育的家庭的孩子的受教育机会，在某些时期里，还限制精英家庭的孩子的受教育机会。在理论上，这些政策会降低教育的代际转移。我们的数据是否也揭示了相对低程度的教育转移呢？

在本小节中，我们将讨论微观层面的代际教育持续性的估计，如在第四节讨论的β和ρ的估计，来尝试理解在中国个人的教育水平在多大程度上与其父母的教育水平相联系。由于存在选型婚配，在把母亲和父亲的教育程度同时纳入回归方程中，会使估计系数出现偏差。我们在大部分模型设定中，都使用了父亲教育年限和母亲教育年限的平均值作为对父母教育水平的测量。在对全部年龄层面进行分析时，样本包含了出生于任何年份的个体。由于1940以前出生的样本数量很少，我们仅估计了1940年及以后出生的人群的年龄组特定参数（cohort-specific parameters）。

（一）全部出生年份组

表6.4报告了将个体的教育水平作为其母亲和父亲的教育水平平均数的函数做OLS回归的结果。其中一些回归模型中包含了区分城乡和性别的虚拟变量。表6.4的第2—4列给出了城镇和农村混合样本的估计，随后两列是仅对农村样本的估计，最后两列是仅对城镇样本的估计。

表6.4 全部出生年份组的个体自身受教育水平作为父母平均受教育水平的函数的回归结果

	(1) 基础模型	(2) 带农村虚拟变量的基础模型	(3) 包括男性和农村虚拟变量的基础模型	(4) 基础模型，农村样本	(5) 带性别虚拟变量，农村样本	(6) 基础模型，城镇样本	(7) 带性别虚拟变量，城镇样本
父母的平均受教育水平	0.509 *** (101.0)	0.412 *** (80.6)	0.407 *** (81.1)	0.417 *** (60.2)	0.416 *** (62.2)	0.408 *** (50.0)	0.402 *** (49.6)
农村虚拟变量		-2.230 ***	-2.235 *** (-57.9)				
男性虚拟变量			1.303 *** (36.8)		1.632 *** (40.8)		0.757 *** (10.9)
常数项	5.124 *** (181.3)	6.925 *** (166.0)	6.349 *** (144.9)	4.678 *** (153.9)	3.933 *** (113.7)	6.949 *** (118.5)	6.627 *** (101.4)
调整后 R^2	0.229	0.295	0.322	0.132	0.189	0.192	0.201
自由度	34290	34289	34288	23777	23776	10511	10510

注：* 表示 $p<0.05$，** 表示 $p<0.01$，*** 表示 $p<0.001$。括号中给出了估计系数的标准差。报告的回归结果都是加权后的结果。

在所有情形中，β 的估计值都是正的，而且在1%置信水平上显著。全部样本最简单的基础回归方程（第2列）的 β 估计值为0.509。我们可以将这个估计值和其他国家的估计值进行比较。Hertz 等（2007，第15页）提供了42个国家的 β 估计值。β 的估计值最低的国家是马来西亚、新西兰和乌克兰，为0.4或更低；最高的是埃及、巴基斯坦和巴西，超过了1。如果我们将这42个国家的 β 估计值从高到低排序后与中国比较，中国处于中等偏下的位置，排在爱沙尼亚和丹麦之间，比高于美国（0.46）。因此，尽管中国在很长一段时期实行了平均主义的教育政策，使用国际标准来评判的话，中国的 β 值并不是很低。

中国的教育政策和教育成就在城乡之间差别很大。因此，第3列的回归中包含了个体是否是农村居民的虚拟变量。这个虚拟变量的系数是显著为负的（-2.230）。包含了城乡虚拟变量后，回归的 R^2 提高了，而且父母教育水平的估计系数大幅下降到了0.412。增加孩子是否是男孩的虚拟变量（第4列）对其他变量的系数估计值影响很小，但虚拟变量自身的估计系数为1.303，显著为正。这表明，个体性别对教育持续性的影响很小，但平均来说，男性的教育程度高于女性。

在区分城镇样本和农村样本的回归模型中（第5—8列），β 估计值的范围是0.402—0.417，比将两类样本混合的基础回归（第2列）和包含了农村虚拟变量的混合样本回归（第3列和第4列）的估计值低。因此，城镇样本和农村样本的分别回归，强化了城乡差别是教育代际持续性的重要来源这个结论。

对农村样本来说，基础回归中（第5列）父母教育程度的系数估计值是0.417。在回归中包含性别虚拟变量（第6列）对估计值没有改变。城市样本的估计系数略低，基础回归中是0.408（第7列），而包含性别虚拟变量是为0.402（第8列）。城镇样本中孩子为男性的虚拟变量的系数估计值远小于农村样本，表明在控制了父母教育程度之后，城镇中男性和女性平均教育水平的差距小于农村地区。

表6.5　全部出生年份组的男性和女性个体自身的受教育水平作为父母平均受教育水平的函数的回归结果

	(1) 基础模型， 男性样本	(2) 带农村虚拟 变量的基础模型， 男性样本	(3) 基础模型， 女性样本	(4) 带农村虚拟 变量的基础模型， 女性样本
父母的平均受教育水平	0.450 *** (69.3)	0.361 *** (53.5)	0.550 *** (74.0)	0.448 *** (60.8)
农村虚拟变量		-1.893 *** (-36.3)		-2.542 *** (-44.9)
常数项	6.073 *** (163.6)	7.636 *** (136.3)	4.358 *** (106.1)	6.371 *** (107.5)
调整后 R^2	0.213	0.268	0.248	0.330
自由度	17686	17685	16602	16601

注：* 表示 $p<0.05$，** 表示 $p<0.01$，*** 表示 $p<0.001$。括号中给出了估计系数的标准差。报告的回归结果都是加权后的结果。

表6.5报告了对男性和女性样本分别回归的结果。第2列和第3列是对男性样本回归的估计结果，第4列和第5列是对女性样本回归的结果。所有回归中，父母的平均受教育水平的系数都是正的并且在1%水平上显著。男性样本中，估计值是0.45，如果在回归中包括一个农村虚拟变量则下降到0.361；女性样本的估计系数高一些，是0.55，包含农村虚拟变量时也出现下降但仍然高于男性样本包含虚拟变量时的估计值。这些估计值说明无论是城市地区还是农村地区，女性的教育持续性要比男性教育持续性更强。

因此，父母受过良好教育的个体要比父母没有受过良好教育的个体倾向于接受更多的教育，但这个效应对女孩的影响要比对男孩更强。女孩的教育水平比男孩儿的更为“离散”。中国农村的社会标准要求女孩在结婚后要承担丈夫家的家庭责任，而男孩则要承担起给父母养老的义务（Hannum, 2005）。因此，对女孩的教育支出是一种消费，而对男孩的教育支出更像一种投资。

（二）出生年份组

图6.5—图6.7给出了按出生年份每五年划分为一个组的β和ρ的估计

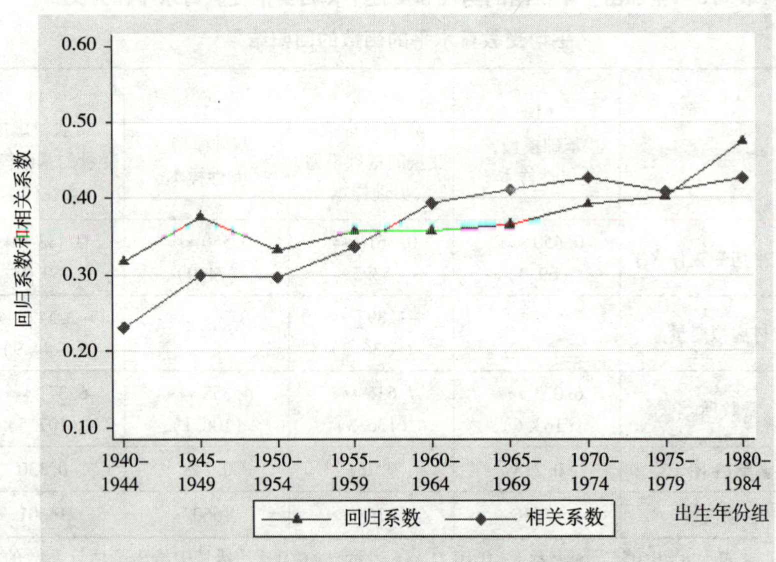

图6.5　回归系数和相关系数（全体样本）

系数。图 6.5 给出的是对全部样本的估计系数，图 6.6 是对农村样本的估计，而图 6.7 是对城市样本的估计。由于 1940 年以前各年出生的样本数量较少，我们没有列出对 1940 年及以前出生群体的估计。估计值是通过简单的 OLS 估计得到的。OLS 估计中，被解释变量是个体自己的教育水平，解释变量是父母教育水平的平均数。β 是对父母教育水平额外增加一年对子女教育水平的影响的测量，而 ρ 是这两个变量间的相关系数。

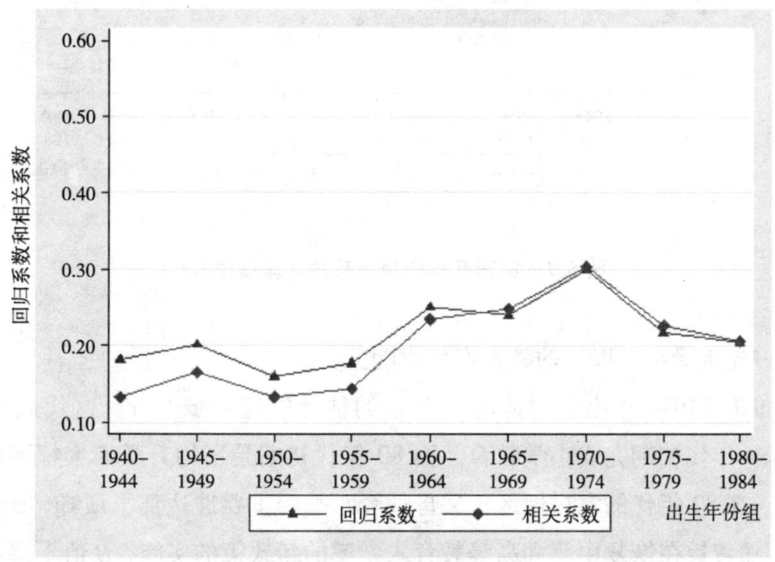

图 6.6　回归系数和相关系数（农村样本）

因为教育政策和教育成就在城市和农村地区存在差异，在图 6.6 和图 6.7 中，我们分别讨论了城镇和农村的回归结果。对于农村样本（见图 6.6），前三个出生年份组（1940—1944 年、1945—1949 年和 1950—1954 年）的 β 和 ρ 的估计值比较低。这三个群体的学龄期间正处于初等教育迅速扩张的时期。对于 1955—1959 年出生的群体，估计系数仍然较低。该群体中的个体在 20 世纪 60 年代末到 70 年代初期间完成小学教育，而那个时候小学教育在中国农村已经普及了。对于 1960—1964 年和 1965—1969 年出生，在 70 年代末完成小学教育的群体，β 和 ρ 的估计值有所提高。这是开始接受初中和高中教育的第一代农村儿童。父母的教育水平开始对哪些

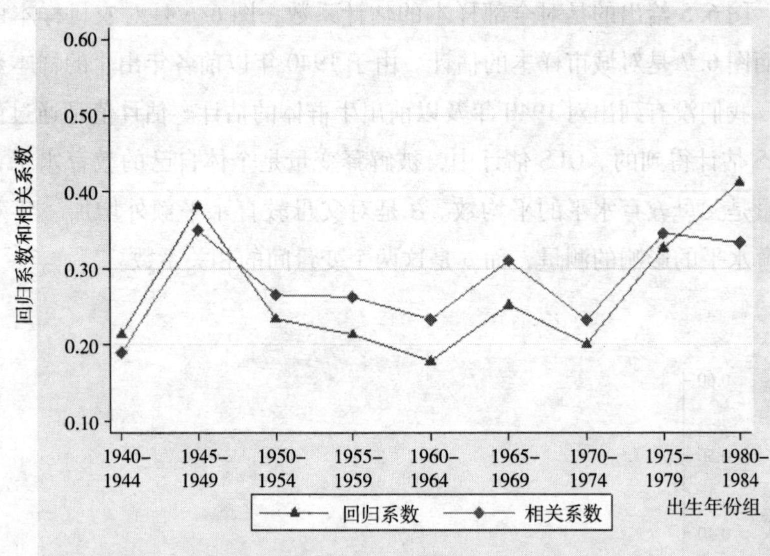

图 6.7　回归系数和相关系数（城镇样本）

儿童首先接受小学以上的教育产生影响。

1970—1974 年出生群体的 β 和 ρ 的估计值进一步上升。这代人在 20 世纪 80 年代初期完成小学教育。而 80 年代初期是平均升学率大幅下降的时期。在 80 年代的农村地区，父母教育水平的重要性达到了顶峰，β 值为 0.3。随着旨在恢复中等和高等教育入学率的新政策的实施，β 值下降到了 0.2 左右，但仍然比 20 世纪 50 年代出生的群体的 β 值高。相关系数的变化遵循和 β 值相同的模式。

对于城镇样本，系数 β 的估计值存在波动（见图 6.7）。但是，“文化大革命”的影响是显而易见的：系数 β 处于相对较低的水平而且对三个在“文革”时期达到高中学龄的出生年份组（1950—1954 年、1955—1959 年和 1960—1964 年）都出现下降。对于这几个受“文革”影响的出生年份组，父母的教育水平对子女教育水平的影响相对较低。而对于第一代学龄期间在“文革”之后的群体（生于 1965—1969 年，在 1977—1982 年完成高中教育），β 和 ρ 先上升了，但是随着 20 世纪 80 年代城市中等教育和高等教育体系的重建又下降了。此后（对于 1970 年之后出生的群体）父母教育水平的重要性上升，可能反映了教育成本的上升和城镇中等以上教育以学业成绩为基础的选拔制度的影响。

对于农村和城镇混合样本的个体（见图6.5），不同出生年份组间系数的变化反映了城镇和农村样本的变动趋势，农村样本由于农村人口较多而获得较大的权重。城乡混合样本中的系数比单独的城市样本或农村样本更高，反映了城乡分割对提高教育代际持续性的作用：从缺乏教育的农村地区向教育水平更大的城镇地区流动机会的缺乏，提高了教育的代际持续性。

（三）未受过教育家庭的教育流动性

在一些住户中，个体的父母受过的教育非常少甚至没受过教育。他们的孩子可以在何种程度上打破这种“教育贫乏”呢？我们对这个问题进行了一些分析。表6.6给出了对下列三类个体的回归估计结果：父母没有受过教育的人；父母中有一方没有受过教育，另一方仅受过小学教育；父母都只受过小学教育（分别对应表6.6的第2—4列）。我们将这几类人的估计结果与那些来自“教育充裕”家庭的人做比较。这里，“教育充裕”指父母都至少受过中学教育。

因为我们使用父母的教育水平来划分样本，所以回归的解释变量中不再包含父母的教育水平。我们通过不同组间常数项和虚拟变量估计系数的差值来捕捉不同群体间的差异。第2—5列回归结果没有区分出生年份组，常数项表示城镇女性的平均教育水平（虚拟变量的省略组）。第6—9列回归结果包括了表示出生年份组的虚拟变量，常数项代表城镇中出生于1940—1944年的女性的平均教育水平（虚拟变量的省略组）。

表6.6第2列给出的估计系数表示对于父母没有受过教育的个体来说，平均受教育年限是：城镇女性为6.0年，城镇男性为7.7年，农村女性为3.7年，农村男性为5.5年。如果父母有一方或双方受过小学教育（第3列和第4列），平均教育年限会提高，城乡差距增大而性别差距缩小。总的来说，从父母没受过教育到父母至少一方受过小学教育时，子女教育贫乏的程度会减轻。

表6.6第5列给出了对教育充裕家庭的估计结果。来自教育充裕家庭的孩子（特别是女孩子）的教育水平比来自教育贫乏家庭的孩子高很多。对于这个群体来说，农村女性的平均受教育年限是11.1年，比家长未受过

表 6.6　教育贫乏家庭和教育充裕家庭中个体自身受教育水平作为城乡区位、性别和出生年份组的函数的回归结果

	(1) 父母都没上过学	(2) 父母中有一方没上过学，有一方是小学教育水平	(3) 父母都是小学教育水平	(4) 父母都是初中以上教育水平	(5) 父母都没上过学	(6) 父母中有一方没上过学，有一方是小学教育水平	(7) 父母都是小学教育水平	(8) 父母都是初中以上教育水平
农村虚拟变量	-2.230 *** (-26.0)	-2.519 *** (-24.0)	-3.015 *** (-37.1)	-3.002 *** (-28.5)	-2.805 *** (-36.4)	-3.139 *** (-32.6)	-2.969 *** (-41.3)	-3.142 *** (-30.6)
男性虚拟变量	1.778 *** (22.5)	1.450 *** (15.2)	1.224 *** (18.4)	0.564 *** (6.0)	1.991 *** (28.5)	1.551 *** (18.2)	1.350 *** (22.8)	0.520 *** (5.8)
1930－1934 年出生组					-2.176 *** (-12.8)	-3.654 *** (-12.2)	-1.372 *** (-4.6)	-0.535 (-0.6)
1935－1939 年出生组					-1.425 *** (-9.7)	-0.920 ** (-3.3)	-1.633 *** (-8.5)	3.412 *** (4.6)
1945－1949 年出生组					0.455 ** (3.2)	0.838 *** (3.7)	0.707 *** (4.0)	1.761 *** (3.6)
1950－1954 年出生组					1.128 *** (8.3)	1.170 *** (5.6)	0.891 *** (5.3)	1.618 *** (3.7)
1955－1959 年出生组					1.980 *** (14.2)	1.824 *** (8.8)	1.801 *** (11.0)	2.790 *** (6.9)
1960－1964 年出生组					2.870 *** (19.6)	2.728 *** (13.4)	2.605 *** (16.2)	2.936 *** (7.7)
1965－1969 年出生组					2.718 *** (18.1)	2.601 *** (13.0)	2.712 *** (17.4)	2.913 *** (7.8)

续表

	(1) 父母都没上过学	(2) 父母中有一方没上过学，有一方是小学教育水平	(3) 父母都是小学教育水平	(4) 父母都是初中以上教育水平	(5) 父母都没上过学	(6) 父母中有一方没上过学，有一方是小学教育水平	(7) 父母都是小学教育水平	(8) 父母都是初中以上教育水平
1970 - 1974 年出生组					3.065 *** (17.1)	2.983 *** (14.1)	2.957 *** (18.9)	3.572 *** (9.7)
1975 - 1979 年出生组					3.916 *** (15.2)	2.968 *** (13.4)	3.431 *** (20.7)	4.195 *** (11.4)
1980 - 1984 年出生组					4.173 *** (10.8)	3.516 *** (13.1)	4.034 *** (22.5)	4.355 *** (11.9)
常数项	5.956 *** (75.0)	7.809 *** (79.1)	8.871 *** (114.2)	11.127 *** (154.6)	5.192 *** (43.0)	6.360 *** (34.1)	6.668 *** (43.6)	7.664 *** (21.5)
调整后 R2	0.128	0.152	0.175	0.140	0.320	0.324	0.356	0.199
自由度	8011	4389	7954	5265	8001	4379	7944	5255

注：* 表示 $p<0.05$，** 表示 $p<0.01$，*** 表示 $p<0.001$。括号中给出了估计系数的标准差。报告的回归结果都是加权后的结果。

教育的农村女性高5.1年。类似地，来自教育充裕家庭的农村男性的平均受教育年限是11.7年，比父母未受过教育的农村男性高6.5年。对于城镇女性来说，教育充裕和教育贫乏家庭间的差距是2.1年，而对于城镇男性来说是1.0年。来自教育贫乏家庭的个体性别间的受教育年限差异更大，表明受过较多教育的家长对男孩和女孩的教育投入更平等。

教育水平随时间而提高，这影响了来自教育充裕和教育贫乏家庭个体间的教育差距。我们使用出生年份的虚拟变量控制住历史变迁的影响。表6.6的第6—9列与第2—5列分别对应，但额外将出生年份虚拟变量纳入回归之中。1940—1944年出生的群体是中华人民共和国成立之后第一代接受教育的人，这一群体作为虚拟变量的省略组。

表6.6第6—9列的估计系数表明，随着群体年龄的增长，来自教育贫乏和教育充裕家庭的个体的教育程度都提高了。对于出生最晚的群体，1980—1984年组，来自教育贫乏家庭的人比同样来自教育贫乏家庭、但出生于1940—1944年的人的受教育年限高出3.5—4.2年。对教育充裕家庭，这个数字是4.4年。话句话说，与出生于1940—1944年的人群相比，1980—1984年出生的人，无论来自教育充裕家庭还是教育贫乏家庭，其教育水平都提高了。但是，来自教育充裕家庭者提高的幅度更大。因此，出生于两类家庭的人的教育差距稍有扩大。

表6.7　按各出生年份组计算的来自教育贫乏家庭和教育充裕家庭的个体受教育年限的差距

出生年份组	受教育年限差距（年）
1930 - 1934	-4.1
1935 - 1939	-7.3
1940 - 1945	-2.5
1945 - 1949	-3.8
1950 - 1954	-3.0
1955 - 1959	-3.3
1960 - 1964	-2.5
1965 - 1969	-2.7

续表

出生年份组	受教育年限差距（年）
1970 - 1974	-3.0
1975 - 1979	-2.8
1980 - 1984	-2.7

注：表6.7是根据表6.6的第6列和第9列计算得到的。表中给出的是城市女性样本的数据。对于男性样本，受教育年限差距会缩小1.5年；对于农村样本，受教育年限差距会增大0.4年。

表6.7给出了按出生年份分组的来自教育贫乏家庭（父母都没受过教育）和教育充裕家庭（父母都受过中学以上教育）的个体之间的受教育年限差距。差距是根据表6.6的第5列和第8列中的估计系数计算出来的。表6.7中的数值是针对城镇女性的，其他三类样本也遵循相同的模式。

对于全部出生年份组，来自教育贫乏家庭的个体受教育年限都比来自教育充裕家庭的个体受教育年限短。出生最早的群体中，来自两类家庭的个体受教育年限差距最大。对于出生于1950—1954年的人，这一差距缩小到3年左右。对于以后出生的人来说，差距始终维持在这个水平上下。

话句话说，对于那些在20世纪50年代和60年代初接受教育的人来说，来自教育充裕家庭和教育贫乏家庭的个体的受教育年限差距缩小了。这可能是当时教育政策和家庭选择的共同结果。之后的教育条件明显没有缩小这个差距。值得注意的是，甚至连“文化大革命”（影响20世纪50年代中期到20世纪60年代出生的人）都没有缩小来自教育充裕家庭和教育贫乏家庭的个体间的教育水平差距。

三、教育不平等

教育持续性暗含着对教育不平等的影响。如果教育持续性强并且父母那一代的教育分布不平等，那么教育不平等就会从上一代传递到下一代。旨在扩大教育贫乏家庭教育机会的政策可以减小接受教育的不平等。为了关注这些方面的情况，我们估计了中国不同群体间的教育不平等情况，并计算了父母教育水平对个体教育不平等的贡献程度。

（一）教育不平等

教育水平的提高曾一度与教育分布不平等的减小联系在一起，至少对某些不平等指标来说是如此。这一点从图 6.8—图 6.10 中可以看到。图 6.8—图 6.10 给出了 1940—1944 年到 1980—1984 年 9 个出生年份组的受教育年限不平等的变动情况①。

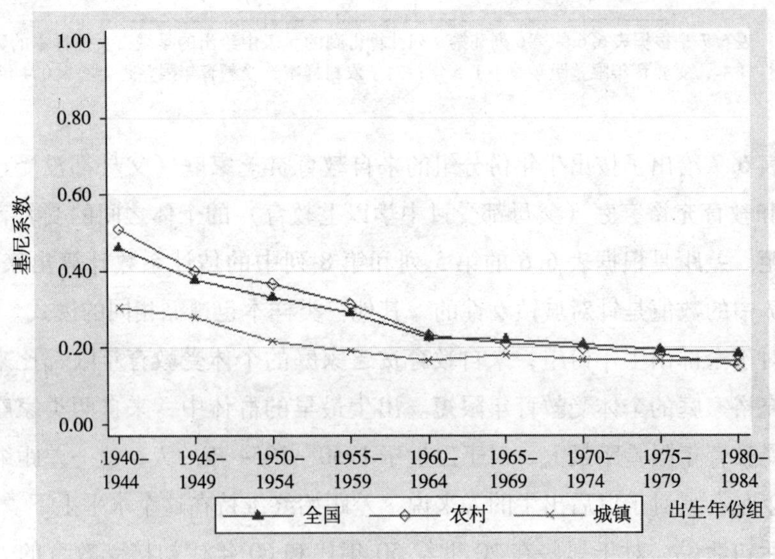

图 6.8　不同出生年份组受教育年限的基尼系数

在使用基尼系数测度教育不平等时，所有三组样本（全部样本、城镇样本和农村样本）的不平等程度随着群体年龄增大而下降。中国农村地区的下降幅度最大而且现在仍然在下降中。1960—1964 出生的人群下降较快而随后逐渐稳步下降。对于中国城镇地区，基尼系数从年老群体到年轻群体逐步下降，1950—1954 年出生的、1955—1959 年出生的和 1960—1964 年出生的三组人下降幅度较大。农村地区的教育不平等程度大体上比城镇地区更高，但是差距随时间而缩小。对于最年轻的群体来说，城镇和农村地区的教育不平等程度几乎相同。图 6.9 中变异系数的平方（CV^2）表现出了与基尼系数非常相似的趋势。

根据基尼系数和 CV^2 的构成，在其他条件不变的情况下，这两个指标

① 我们在分析中没有包括 1940 年以前出生的个体，因为这部分个体的数量很少。

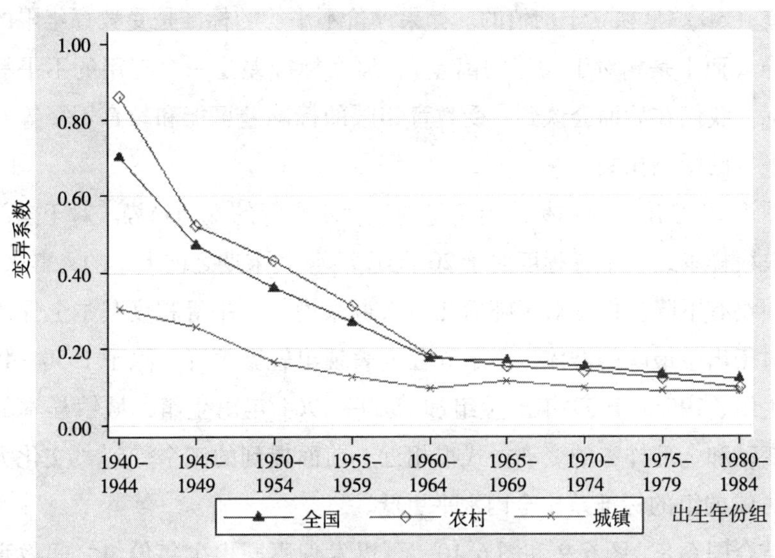

图 6.9　不同出生年份组受教育年限的变异系数的平方

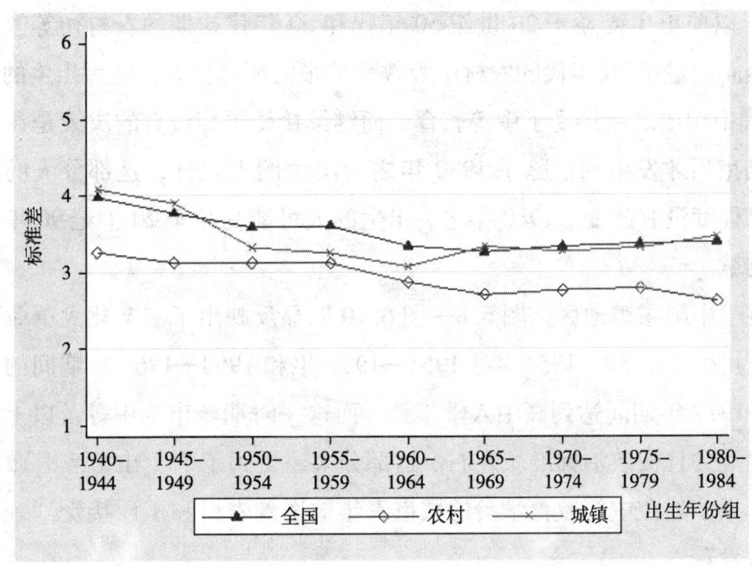

图 6.10　不同出生年份组受教育年限的标准差

都会随着教育均值的上升而下降。图 6.8 和图 6.9 给出了这两个不平等测量指标随着平均受教育年限的上升（见图 6.2—图 6.4）而下降的情况。

标准差（SD）是独立于均值的。如果评价不平等的标准是受教育年限的绝对差异（而不是相对于均值的离差），那么标准差是一个有用的不平等测度指标。我们在后面会谈到，受教育年限的标准差可能和教育不平等对收入不平等的影响相关。

图6.10给出了使用标准差衡量的教育不平等的变动趋势。对于全部样本和农村样本，不平等程度对于20世纪70年代末期之前上学的人群来说，随时间略有下降。但是对于随后几组人群来说，不平等程度基本上保持不变。对于出生最晚的群体，不平等程度表现出轻微下降。除了1950—1954年出生组、1955—1959年出生组和1960—1964年出生组，城镇样本的标准差变动和全部样本的变动模式很相近。前面提到的三个受到“文化大革命”影响的组的标准差比全国水平更低。

结合图6.8、图6.9和图6.10，可以发现不同出生年份组之间教育不平等的下降主要反映了平均教育水平随时间的提高，而不是由于受教育年限绝对差异的缩小。中国农村地区的教育不平等程度下降最大，特别是1965年以前出生受益于20世纪50年代和60年代初期的农村初等教育扩张，继而受益于70年代的农村中等教育扩张的那部分人，随后出生的人在70年代中期或之后接受了中等教育，而继续接受更高教育的决策是在“文革”结束后才发生的。除了1980年之后出生的人之外，这部分人的教育不平等程度没有改变。1980年之后出生的人可能受益于20世纪90年代的教育改革。

对于中国城镇地区，图6.8—图6.10明显反映出了“文化大革命”的影响。出生于1950—1954年、1955—1959年和1960—1964年期间的人在1965—1979年期间达到高中入学年龄。而这一时期城市的中等及以上教育陷入混乱并且被政治标准所左右。这部分人还受到了“上山下乡”政策的影响，很多处在中等教育学龄的城市青年被送到农村和工厂接受“现实世界的教育”。

（二）父母教育水平对个体教育不平等的贡献：方法

父母的教育水平对观察到的个体教育不平等起了多大的作用呢？我们通过基于回归的不平等指标的分解来回答这个问题。基于回归的不平等分解方法有几种，我们使用了最直观的基尼系数分解方法，该方法由Morduch 和 Sicular（2002）作了概括。分解的第一步是估计一个回归方程。表 6.4 包含了全国样本的个人教育水平影响因素的估计结果。估计方程如下：

$$e_i = \alpha + \beta p_i + \delta u_i + \gamma g_i + \varepsilon_i \tag{6.3}$$

这里，e_i代表个体的受教育年限；p_i代表父母的受教育年限平均值；u_i是城乡虚拟变量，$u_i=1$ 表示个体是城镇居民；g_i是性别虚拟变量，$g_i=1$ 表示个体是女性，ε_i是误差项。表 6.4 同时也包含了其他几种不包含城乡和性别虚拟变量的回归方程的估计结果，对城市样本和农村样本分别进行了估计。

第二步是利用回归结果计算解释变量，这里是个体的教育水平在多大程度上是由我们感兴趣的变量——这里是指父母教育水平——导致的。样本中每个个体由其父母教育水平带来的受教育年限的数量值都可以计算出来，这一数值等于回归方程中父母教育水平的估计系数乘以父母教育水平：

$$\beta_i^p = \beta p_i \tag{6.4}$$

第三步是计算父母教育水平对个体教育程度不平等的贡献份额。父母教育水平对个体教育不平等的贡献可以写成方程（6.4）给出的的加权和。对于基尼系数来说，父母教育对个体教育不平等的贡献 S_{Gini} 为：

$$S_{Gimi} = \frac{2}{n\mu^2}\frac{\sum_{i=1}^{n}\left(i - \frac{n+1}{2}\right)}{G}e_i^p \tag{6.5}$$

这里，G 是个体受教育年限的基尼系数；n 是样本量；μ 是个体受教育年限的均值；i 是个体在受教育年限分布中的排序，个体是按照受教育年限升序排列的，即 $e_1 \leqslant e_2 \leqslant e_3 \cdots \leqslant e_n$。

使用公式（6.5），我们可以计算出父母教育水平对个体教育不平等的贡献度。在计算中，我们使用的估计值是表 6.4 中基于方程（6.3）含有城乡虚拟变量和性别虚拟变量的回归模型的估计结果。我们还基于带有性别虚拟变量的回归方程，分别计算了城市样本和农村样本父母教育水平对个体教育不平等的贡献。

（三）父母教育水平对个体教育不平等的贡献：结果

表 6.8 给出了教育不平等、与父母教育水平相关的教育不平等和父母

教育水平对教育不平等的贡献（S_{Gini}）的估计值①。第2列数据反映了中国农村地区的教育不平等高于城镇地区，而全国的教育不平等程度在城市和农村之间，但更接近农村的水平。第3列数据揭示了个体教育水平中与父母教育水平相关的部分（e_i^p 是对这一部分的估计）的分布比个体教育水平的分布更平等。总的来说，由父母教育水平向个体教育水平的传递倾向于缓和教育的不平等，特别是在农村地区。

表6.8　教育不平等和父母教育水平对个体教育不平等的贡献率

	基尼系数	得自父母教育水平的个体受教育年限的基尼系数集中率（i）	父母教育水平对个体教育不平等的贡献率（s_{gini}）
全国	0.301	0.244	19.0%
农村	0.314	0.193	13.7%
城镇	0.233	0.186	20.0%

注：这里的不平等是用个体完成的教育年限的基尼系数和得自父母教育水平的个体教育年限的基尼系数集中率（伪基尼系数）来衡量的。父母教育水平对个体教育不平等的贡献率是使用全部出生年份组的数据经过加权后计算得到的。正文中有更深入的解释。

第4列数据给出了父母教育水平对个体教育不平等的贡献份额。全国样本中，有19%的教育不平等是由父母教育水平导致的，而对于城市样本这一比例是20%。农村样本中，父母教育水平对个体教育不平等的贡献率较低，只有13.7%，反映出农村父母教育分布更加平等并且普及教育仍然是农村教育的重点。这些估计值说明，尽管父母教育水平的差异对教育不平等有一定影响，但是教育不平等的大部分不是由父母教育水平不平等导致的。

① Morduch和Sicular（2002）指出，基尼系数的分解不满足一致增加性质（property of uniform additions），即如果决定一个个体教育水平的变量对所有人都是相同的，那么这个变量会减小不平等水平，对不平等的贡献率是负的。如果个体的父母教育水平比较相近，一致增加性质可能会比较重要。实际上，中国的教育水平随时间推移而全面提高，所以我们可以预见父母教育的一致成分（uniform component）随出生年份组而增加。不幸的是，我们无法使用Morduch和Sicular（2002）提出的其他分解方法，因为在那些公式中不能有零值出现，而CHIP数据中确实有一些个体的受教育年限是零。

图6.11给出了每个出生年份群的父母教育水平对个体教育不平等的影响情况。对于20世纪40年代出生的人，父母教育水平对个体教育不平等的贡献只有3%，而对于在20世纪70年代后期和80年代初期出生的人（在“文革”之后接受教育）来说，这一比例上升到了11%—12%。除了教育受“文革”影响的两代人之外（出生于1950—1954年和1955—1959年），父母教育水平对教育不平等的贡献率在各个群体间随出生年份而逐步上升。因为教育不平等水平下降了，父母教育水平对教育不平等贡献上升的同时，绝对数值则变小了。

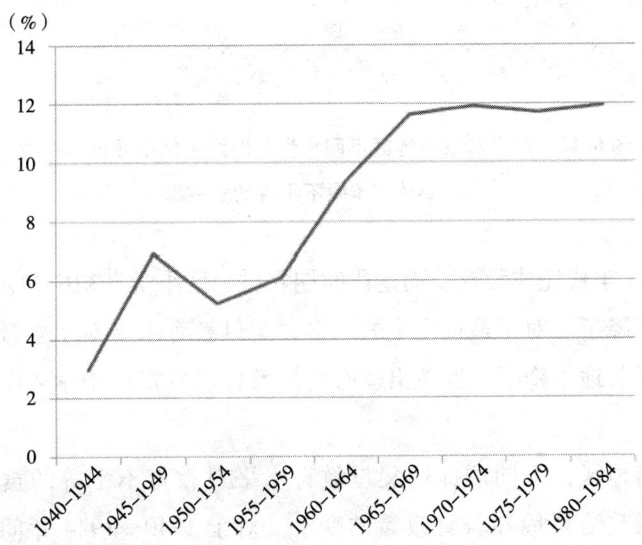

图6.11　不同出生年份组中父母教育水平对个人受教育年限不平等的贡献率

图6.12区分了城镇和农村的情况。在农村地区，父母教育水平对个体教育不平等的贡献率比城市地区更低。对于1960年之前出生的农村居民，父母教育水平对个体教育不平等的贡献率非常低，只有2%左右。这和20世纪50年代到70年代农村小学教育和中学教育机会的扩张相一致。随后几代人，父母教育水平对教育不平等的贡献上升，对于出生于1970—1974年的群体这一贡献率达到了最高的10%。这一时期出生的人在20世纪70

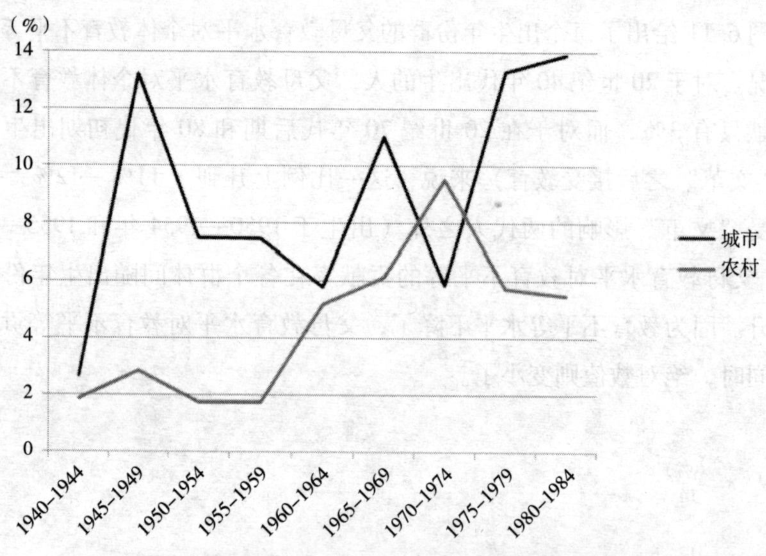

图 6.12　城镇和农村地区不同出生年份组中父母教育水平对个人受教育年限不平等的贡献率

年代末到 80 年代完成教育，而这段时期农村地区小学升初中和初中升高中的升学率下降了。对于最近出生的人群，父母教育水平对子女教育不平等的贡献率显著地下降了，反映出政府增加教育经费提高中学入学机会新政策的影响。

在城市地区，不同群体间父母教育水平对教育不平等的贡献变动较大，反映出政治环境和教育政策的变动。对于 1940—1944 年间出生、在 20 世纪 50 年代接受教育的人来说，父母教育水平对教育不平等的贡献率只有 3%。对于 1945—1950 年间出生、在 20 世纪 60 年代初完成学业的人，这一数字跃升至 12%。而对随后的学龄期受“文革”影响的几代人，该数字又降至 6%—7%。对于 1965—1969 年出生群体，父母教育水平对教育不平等的影响再次上升。这一群体是“文革”结束后的教育改革影响到的第一代人，这一时期升学的筛选标准很高且以学业成绩为基础。随着改革的继续，对于出生最晚且在 20 世纪 90 年代完成学业的两个群体，父母教育水平对教育不平等的贡献率先下降随后再次上升到 12% 左右。

第六节　结　论

教育的代际转移在许多社会中均是一个普遍存在的现象，中国也不例外。我们的估计显示，在有相关估计的42个国家中，中国的教育代际转移的程度略低于平均水平。教育从一代人到下一代人的持续性隐含着教育结果的持续性，包括收入和社会地位的持续性。在一些国家（如美国），较高的收入不平等可能是可以接受的，因为每个人的机会是足够均等的。而目前，中国的收入不平等程度较高，因此需要强化降低教育不平等的政策。

我们使用2007年CHIP数据对教育代际持续性的分析得到了下面几个结果。总体上看，从父母一代到子女一代，受教育程度提高了，这是一个不令人惊讶的普遍结果。根据年龄群体的进一步分析显示，1960年之前出生的人的受教育程度提升最大，这反映了中华人民共和国成立前十年农村初等教育的快速扩张。那一时期的教育政策给很多在农村中没有受过教育或仅受过很少教育的父母的子女提供了受教育的机会。相应地，1965年之前出生的人的教育不平等程度是随出生年份逐渐下降的。

对于随后出生的人来说，无论用基尼系数还是用来自教育贫乏家庭和教育充裕家庭的人之间的教育水平的差距测量，教育不平等的程度都相对保持不变。来自教育贫乏家庭和教育充裕家庭的个体间的受教育年限差距在出生较早的群体间逐渐下降，但在1960年之后出生的群体之间差距始终保持2.5—3年之间。

对教育不平等的分解揭示出，出生较晚群体的父母教育水平对教育不平等的贡献率增加了。但是，近年来实施的普及九年义务教育的政策在农村地区扭转了这一趋势。在城镇样本中，我们没有观察到这样的逆转，尽管在我们的分析中，最近出生的群体受益于20世纪90年代后期开始快速扩张的高等教育。

我们的回归分析表明中国的教育代际持续性与城乡差别有关。用国际标准衡量的话，全国范围看，中国的从父母到子女的教育转移程度并不低。但是，如果我们分别研究城镇和农村地区就可以发现，城乡间的教育转移程度差别很大。我们得出的结论是，将教育贫乏的农村和教育充裕的城镇相分离的城乡分割制度是中国教育持续性的主要来源。

最后，我们的分析表明，教育的代际转移和流动程度随着政策而变动，但并不总是按照我们预期的方式变动。我们发现，20 世纪 50 年代和 60 年代的初等教育扩张以及随后 70 年代的中等教育扩张降低了农村地区的教育持续性，增加了从上一代到下一代人的教育流动性。20 世纪 50 年代后期的集体化也对此有影响。"文革"后，包括去集体化在内的国家政策的改变导致了中学入学率的明显下降。因此，在改革的初期，农村地区的教育流动性下降了，父母教育水平对教育不平等的影响也增大了。教育流动性下降的程度还可能被当时的人口变动趋势加重了。因为在那段时期，大量在"大跃进"之后的婴儿潮中出生的孩子到了上学的年龄，导致了入学名额的竞争。20 世纪 90 年代中期，教育收益率的提高和普及九年义务教育的新政策扭转了教育流动性下降的趋势。

在城镇地区，政治环境和教育政策的变动导致了教育流动性在不同时期的大幅波动。毫不奇怪，"文化大革命"时期教育不平等程度降低而教育流动性提高了。"一五"计划时期和"大跃进"时期也发生了同样的情况。20 世纪 60 年代初期的教育流动性大大降低。在"文革"之后，教育持续性上升了，对从 20 世纪 80 年代后期开始接受教育的那几个出生年份组的人来说尤其如此。这些发现为研究和检验假设开辟了新领域。

对中国和其他国家的教育的研究发现，母亲的教育水平是对女儿教育投资的重要决定因素。我们对教育持续性的估计中也体现了这一点。母亲的教育年限额外增加一年对女儿的影响相对较大，这个发现对农村和城市地区都成立。相比较于母亲的教育水平而言，儿子的教育年限对父亲的教育水平更加敏感，因此，父母对子女教育的影响可能存在性别差异。

我们提供了两个测量教育代际转移的指标，回归系数和（偏）相关系数。哪一个测度更合适？这需要一个规范性的判断。我们是对受教育年限的差异感兴趣，还是对与社会平均教育水平相关的教育差异感兴趣？应该注意到，在（传统的）半对数收入函数中，教育年限每额外增加一年对收入具有一个常数比例的影响。因此，如果我们最终关心的是收入分布的话，回归系数可能是一个更贴切的测量指标；而如果我们关注的是教育的分布，那么相关系数可能更为合适。

从提出政策建议的角度来说，测量父母教育程度和子女教育程度的关联在多大程度上是因果性的非常重要。如果两者的关联仅仅是一种相关性，比如如果父母的受教育程度是作为基因或者社会活动中获得的家族“能力”，或者是作为诸如地理位置等环境因素的代理变量而发挥作用，那么这种关联的政策含义可能会完全不同或者政策意义很弱。而如果这种关系是因果性的，则反映出了教育支出的另一种正的外部性：家庭在作出教育决策时不会考虑这种影响。

考虑到我们主要关心的是教育不平等问题，我们将不尝试测量父母教育水平对子女教育水平的因果性影响。我们的数据无法支持对双胞胎父母或领养子女的研究，而这两种方法都能够消除基因遗传的影响。因此，关键在于寻找一个既与父母教育水平高度相关但对子女的教育水平没有直接影响的工具变量。义务教育政策实施的时间和地域范围可能提供这样的工具变量。

自20世纪80年代以来，中国的收入不平等程度大大提高了。一般来说，收入不平等与教育投资的不平等相关——贫穷家庭对孩子的教育投资比富裕家庭少。而且，还有研究发现，教育收益率的提高也促进了收入不平等的增大（Gustafsson，Li 和 Sicular，2008；Knight，Li 和 Deng，2009、2010）。也就是说，在其他条件不变的情况下，受教育程度更高的父母获得更多的收入，并且因此对子女教育投资更多。由此，我们可以预见，对于在最近几年接受教育的人来说，父母教育水平的重要性会提高，而教育的流动性会下降。我们在城市样本中确实发现了这种情况。然而，对于农村样本，在最初的下降之后，教育流动性开始回升。

对农村地区研究的结果表明，近来实施的支持普及九年制义务教育的政策起到了作用。更广泛地说，无论父母教育水平与子女教育间的联系是不是因果性的，这都是一个基于公正而实现更平等的教育机会的政策例子。实际上，教育政策可能是解决家庭从社会活动和经济活动中获得的、会扩大下一代教育或其他形式不平等特征的最有效方式。

一个显而易见的政策是确保地域间（主要是城乡间，也包括城市间、区县间和村庄间）教育机会更平等，因为不同地域间收入水平的差异导致了教育数量和质量的差异，很多贫困家庭还可能受到信贷约束的影响（Knight，Li和Deng 2009）。信贷约束问题可以通过保证学校经费较少依赖住户和当地社区支付的费用，而更依赖中央政府和省级政府拨款的方式来解决。这也的确是最近中国农村地区推进普及九年制义务教育政策的重要主题。

（本章作者：约翰·奈特、史泰丽、岳希明）

参考文献

国家统计局（各年）:《中国统计年鉴》，中国统计出版社。

教育部发展规划司（2008）:《中国教育统计年鉴2007》，人民教育出版社2008年版

教育部规划司（1984）:《中国教育成就统计资料（1949—1983）》，人民教育出版社1984年版。

教育部规划司（1991）:《中国教育成就统计资料（1986—1990）》，人民教育出版社1991年版。

王德文（2003）:《中国农村的义务教育：现状、问题和政策选择》，中国社会科学院人口与劳动经济研究所工作论文，No. 36。

邢春冰（2007）:《学制改革与教育回报率》，北京师范大学工作论文。

《中国教育年鉴》编辑部（1984）:《中国教育年鉴（1949—1981）》，中国大百科全书出版社1984年版。

中央教育科学研究所（1983）:《中华人民共和国教育大事记（1949—1982）》，教育科学出版社1983年版。

Behrman, J. R., A. D. Foster, M. Rosenzweig, and P. Vashihtha (1999), "Womens' Schooling, Home Teaching and Economic Growth", *Journal of Political Economy*, 107(4), 682-714.

Behrman, J. R. and M. R. Rosenzweig (2002), "Does Increasing Women's

Schooling Raise the Schooling of the Next Generation?" *American Economic Review*, 92(1), 323-334.

Binder, M. and C. Woodruff (2002), "Inequality and Intergenerational Mobility in Schooling: The Case of Mexico", *Economic Development and Cultural Change*, 50(2), 249-267.

Björkland, A., M. Lindahl, and E. Plug (2006), "The Origins of Intergenerational Associations: Lessons from Swedish Adoption Data", *Quarterly Journal of Economics*, 121(3), 999-1028.

Black, S. E., P. J. Devereux, and K. G. Salvanes (2005), "Why the Apple Doesn't Fall Far: Understanding Intergenerational Transmission of Human Capital", *American Economic Review*, 95(1), 437-449.

Bowles, S. (1972), "Schooling and Inequality from Generation to Generation", *Journal of Political Economy*, 80(3), Part 2, S219-251.

Cai, F., A. Park, and Y. Zhao (2008), "The Chinese Labor Market in the Reform Era", in L. Brandt and T. G. Rawski, eds., *China's Great Economic Transformation*, 167-214, New York: Cambridge University Press.

Couch, K. A. and T. A. Dunn (1997), "Intergenerational Correlations in Labor Market Status: A Comparison of the United States and Germany", *Journal of Human Resources*, 32(1), 210-232.

de Brauw, A., J. Huang, S. Rozelle, L. Zhang, and Y. Zhang (2002), "The Evolution of China's Rural Labor Markets during the Reforms", *Journal of Comparative Economics*, 30(2), 329-353.

de Brauw, A. and S. Rozelle (2007), "Returns to Education in Rural China", in E. Hannum and A. Park, eds., *Education and Reform in China*, 207-223, New York: Routledge.

Dollar, D. (2007), "Poverty, Inequality and Social Disparities During China's Economic Reform", World Bank Policy Research Working Paper No. 4253.

Fleisher, B. M. and X. Wang (2005), "Returns to Schooling in China Under Planning and Reform", *Journal of Comparative Economics*, 33(2), 265-277.

Fock, A. and C. Wong (2008), "Financing Rural Development for a Harmonious Society in China: Recent Reforms in Public Finance and Their Prospects", World Bank Policy Research Working Paper No. 4693.

Gustafsson, B., S. Li, and T. Sicular (2008), "Inequality and Public Policy in China: Issues and Trends", in B. A. Gustafsson, S. Li, and T. Sicular, eds., *Inequality and Public Policy in China*, 1-34, New York: Cambridge University Press.

Hannum, E. (1999), "Political Change and the Urban-Rural Gap in Basic Education in China, 1949 – 1990", *Comparative Education Review*, 43 (2), 193-211.

Hannum, E. (2005), "Market Transition, Educational Disparities, and Family Strategies in Rural China: New Evidence on Gender Stratification and Development", *Demography*, 42(2), 275-299.

Hannum, E., J. Behrman, M. Wang, and J. Liu (2008), "Education in the Reform Era", in L. Brandt and T. G. Rawski, eds., *China's Great Economic Transformation*, 215-249, New York: Cambridge University Press.

Hannum, E., A. Park and K. M. Cheng (2007), "Introduction: Market Reforms and Educational Opportunity in China", in E. Hannum and A. Park, eds., *Education and Reform in China*, 1-23, New York: Routledge.

Hertz, T., T. Jayasundera, P. Paraino, S. Selcuk, N. Smith, and A. Verashchagina (2007), "The Inheritance of Educational Inequality: International Comparisons and Fifty-year Trends", B. E. *Journal of Economic Analysis and Policy*, 7 (2) advances, article 10.

Knight, J. and S. Li (1993), "The Determinants of Educational Attainment in China", in K. Griffin and R. Zhao, eds., *The Distribution of Income in China*, 285-330, London: Macmillan.

Knight, J., S. Li, and Q. Deng (2009), "Education and the Poverty Trap in Rural China: Setting the Trap", *Oxford Development Studies*, 37(4), 311-332.

Knight, J., S. Li, and Q. Deng (2010), "Education and the Poverty Trap in Rural China: Closing the Trap", *Oxford Development Studies*, 38(1), 1-24.

Knight, J. B. and R. H. Sabot (1990), *Education, Productivity and Inequality: The East African Natural Experiment*, New York: Oxford University Press for the World Bank.

Knight, J. and L. Song (1993), "Why Urban Wages Differ in China", in K. Griffin and R. Zhao, eds., *The Distribution of Income in China*, 216-284, London: Macmillan.

Knight, J. and L. Song (2008), "China's Emerging Urban Wage Structure, 1995 – 2002", in B. A. Gustafsson, S. Li, and T. Sicular, eds., *Inequality and Public Policy in China*, 221-242, New York: Cambridge University Press.

Li, W., A. Park and S. Wang (2007), "School Equity in Rural China", in E. Hannum and A. Park, eds., *Education and Reform in China*, 27-43, New York: Routledge.

Lillard, L. A. and R. J. Willis (1994), "Intergenerational Educational Mobility: Effects of Family and State in Malaysia", *Journal of Human Resources*, 29 (4), 1126-1166.

Lochner, L. (2008), "Intergenerational Transmission", in S. N. Durlauf and L. E. Blume, eds., *The New Palgrave Dictionary of Economics*, 2nd Edition, New York: Palgrave-Macmillan.

Löfstedt, J. I. (1980), *Chinese Educational Policy: Changes and Contradiction 1949 – 79*, Stockholm: Almqvist & Wiksell International.

Morduch, J. and T. Sicular (2002), "Rethinking Inequality Decomposition, with Evidence from Rural China", *The Economic Journal*, 112(476), 93-106.

National Committee of Inquiry into Higher Education (1997), "Higher Education in the Learning Society (the Dearing Report)", London.

Niu, X. (1992), *Policy, Education, and Inequalities: In Communist China since 1949*, Lanham, MD: University Press of America.

Oreopoulos, P., M. E. Page, and A. H. Stevens (2006), "The Intergenerational Effects of Compulsory Schooling", *Journal of Labor Economics*, 24 (4), 729-760.

Pepper, S. (1990), *China's Education Reform in the* 1980*s: Policies, Issues, and Historical Perspectives*, Berkeley: Institute of East Asian Studies, University of California.

Riskin, C. (1987), *China's Political Economy: The Quest for Development since 1949*, New York: Oxford University Press.

Sato, H. and S. Li (2007), "Class Origin, Family Culture, and Intergenerational Correlation of Education in Rural China", IZA Discussion Paper No. 2642.

Thøgersen, S. (1990), *Secondary Education in China after Mao: Reform and Social Conflict*, Aarhus: Aarhus University Press.

Thomas, D. (1994), "Like Father, Like Son; Like Mother, Like Daughter", *Journal of Human Resources*, 29(4), 950-988.

Thomas, D. (1996), "Education Across Generations in South Africa", *American Economic Review*, 86(2), 330-334.

Tsang, M. C. (2000), "Education and National Development in China since 1949: Oscillating Policies and Enduring Dilemmas", in C. M. Lau and J. Shen, eds., *China Review* 2000, 579-618, Hong Kong: The Chinese University Press.

Tsang, M. C. (2001), "Intergovernmental Grants and the Financing of Compulsory Education in China", unpublished ms, Teachers College, Columbia University, New York, at http://www.tc.columbia.edu/centers/coce/pdf_files/a1.pdf, accessed July 11, 2011.

Walker, K. R. (1966), "Collectivisation in Retrospect: The 'Socialist High Tide' of Autumn 1955-Spring 1956", *China Quarterly*, no. 26, 1-43.

Wong, C. P. W. and R. M. Bird (2008), "China's Fiscal System: A Work in Progress", in L. Brandt and T. G. Rawski, eds., *China's Great Economic Transformation*, 429-466, New York: Cambridge University Press.

World Bank, Rural Development, Natural Resources and Environmental Sustainable Development Department, East Asia and Pacific Region (2007), "China: Improving Rural Public Finance for the Harmonious Society", World Bank Report No. 41579-CN.

Zhang J. and Y. Zhao (2007), "Rising Returns to Schooling in Urban China", in E. Hannum and A. Park, eds., *Education and Reform in China*, 248-259, New York: Routledge.

Zhang, L., J. Huang, and S. Rozelle (2002), "Employment, Emerging Labor

Markets, and the Role of Education in Rural China", *China Economic Review*, 13 (2-3), 313-328.

Zhao, Y. (1997), "Labor Migration and Returns to Rural Education in China", *American Journal of Agricultural Economics*, 79(4), 1278-1287.

附　录　数据问题

在本附录中，我们主要描述数据存在的一些问题，以及我们处理这些问题的方法。第一个问题是，在识别城镇住户的户主和户主配偶的父母教育水平时，存在一些问题。2007CHIP数据包含了在该户居住的、或不住在该户（包括已经去世的）的户主和户主配偶的父母教育信息。对于全部家庭成员，包括住在该户的户主或户主配偶的父母，调查中都询问了他们与户主的关系作为个人基本信息的一部分。在城镇调查问卷中，户主的父母和户主配偶的父母的信息被混在一起了，我们无法区分出哪些人是户主的父母，哪些人是户主配偶的父母。

问卷中有单独的一部分询问了不住在本户的父母教育信息。这部分信息区分了户主的父母和户主配偶的父母的信息。所以，问题只存在与那些居住在本户的户主或户主配偶的父母的信息中。在一些情况下，调查中的其他一些信息可以帮助我们识别出哪些人是户主的父母，哪些人是户主配偶的父母。对于余下的那些，我们无法将父母信息和户主或户主配偶信息相匹配。我们将这部分样本去掉了。这部分样本的数量较小，因为中国城镇家庭中几代同堂的情况较少。在CHIP数据的5000户城镇样本中，只有401户的户主或户主配偶的父母同户主住在一起。这些住户中共有397个户主和335个户主配偶（有一些住户中没有户主信息，另一些没有配偶信息）。在利用了调查中的其他信息进行识别之后，还有147户没有户主的父亲的教育信息、145户没有户主母亲的教育信息。没有户主配偶父亲或母亲教育信息的户数分别为109和119。因此，户主和户主配偶的父母中一方或双方信息缺失的情况仅占全部CHIP城镇样本的不到3%。考虑到此类样本数量较小，我们相信放弃这部分样本不会对结果产生重大影响。

第二个问题是，CHIP城镇调查中包含了从来自农村地区并因此在农村地区接受教育的个体。这部分人可以通过一些变量识别出来，即通过数据中包含的个体是否从农业户口转为非农户口以及转变年份等变量。在农转非之前，在农村地区完成中等教育并进入城市读大学的人被重新划分为农村样本①。这样，我们将1455个城镇个体重新划为农村样本。个体数量占城镇样本个体数量的11.84%，占农村样本个体数量的6.12%（这里的城镇和农村样本个体数量都是重新分类调整后的数量）。

第三个问题是，2007CHIP数据没有反映出总体的城乡分布和年龄分布构成。我们使用2005年国家统计局1%人口抽样调查中每年出生人口比例和城乡人口比例来对CHIP数据加权。除了特殊说明之外，文中所有的估计值、表格、图表都是加权后计算的结果。

对于1940年之前出生的人，国家统计局仅提供了一个加总的人口比例。我们的样本中也包含一部分1940年以前出生的人。对于这些个体，我们使用1940以前出生的人口占总人口比例进行加权。

要注意我们的权重中没有反映出省际或地区间（东、中、西部地区和大行政区）的人口比例。就这一点而言，我们使用的以年龄为基础的权重和本书中其他章节使用的权重不同。原因在于我们根据是否在农村地区接受教育重新划分城镇和农村样本时，仅仅知道个体接受教育的地点是在城市还是农村，而不知道他们来自哪个地区或省份。

表6A.1　分析中使用的教育水平

代码	教育水平
1	文盲和半文盲
2	小学
3	初中
4	高中，包括中专、技校和职业学校
5	大专及以上

注：教育水平表示个体完成了该阶段的教育。

① 在中国大多数农村地区，标准的小学入学年龄是7岁。我们通过将每个人的出生年份加上七年再加上教育年限（最高教育年限是12年）来计算个体完成大学以前教育的年份。如果这一年比户口转变年份早，我们就将这个人划分为农村样本。我们还尝试了另一种更简单方法，即无论户口农转非是否发生在完成教育之后，只要户口从农业转为非农，就将其划为农村样本。两种方法的结果是相似的。

表 6A.2　农村调查问卷中的教育程度分析中使用的教育水平和教育年限的转换

农村调查问卷中的代码	农村调查问卷中的教育程度	转换为分析中的	
		教育水平	教育年限
0	没上过学	1	0
1	五年制小学毕业	2	5
2	五年制小学肄业	2	3
3	六年制小学毕业	2	6
4	六年制小学肄业	2	4
5	两年制初中毕业	3	7
6	两年制初中肄业	3	6
7	三年制初中毕业	3	9
8	三年制初中肄业	3	8
9	两年制普通高中毕业	4	10
10	两年制普通高中肄业	4	9
11	三年制普通高中毕业	4	12
12	三年制普通高中肄业	4	11
13	职业高中毕业	4	12
14	职业高中肄业	4	11
15	高中中技（小中专）毕业	4	12
16	高中中技（小中专）肄业	4	11
17	中专毕业	4	12
18	中专肄业	4	11
19	大专毕业	5	14
20	大专肄业	5	13
21	电大/函授/远程教育毕业	5	14
22	电大/函授/远程教育肄业	5	13
23	大学本科毕业	5	16
24	大学本科肄业	5	15
25	硕士研究生毕业	5	18
26	硕士研究生肄业	5	17
27	博士研究生毕业	5	21
28	博士研究生肄业	5	20

表 6A. 3　城镇调查问卷中的教育程度分析中使用的教育水平和教育年限的转换

城镇调查问卷中的代码	城镇调查问卷中的教育程度	转换为分析中的	
		教育水平	教育年限
1	从未上过学	1	0
2	扫盲班	1	2
3	小学	2	6
4	初中	3	9
5	高中	4	12
6	中专	4	12
7	大学专科	5	14
8	大学本科	5	16
9	研究生	5	19

第七章　中国农村收入不平等和贫困[①]

第一节　引　言

自本世纪初期以来，农村在政府政策议程中的位置相当突出。2004—2010年间，中央一号文件连续7年都涉及农村政策。这些文件的出台表明农村受到了优先考虑（新华社，2008、2010），文件也引入了一批新政策。这段期间的重要农村政策包括取消农业税费、对农业生产给予政府补贴、加大农村基础设施的公共投资、在农村推广最低生活保障（低保）制度、开展新型农村合作医疗，以及扩大统一实施的免费九年义务教育等（Chen，2009、2010）。此外，政府还实施了相关政策，以减少农民工在城乡流动的障碍，并改善其工作生活条件（Cai，Du和Wang，2009）。

最近对农村的重视反映出全国性的两个问题：日益扩大的城乡收入差距和农业生产的缓慢增长。已有大量研究表明，城乡收入差距日益拉大，已成为影响全国收入不平等扩大的重要因素（Gustafsson，Li和Sicular，2008；李实、罗楚亮和史泰丽，本书第二章）。无论从收入角度，还是从健康、教育和社会扶助等其他因素看，农村居民的福利已经滞后于城市居民（Whyte，2010）。

农业生产起伏波动，对食物供应和农村收入产生了重要影响。中央政

① 我们感谢李实教授的点评和建议，同时也感谢安大略研究基金会提供的资助。

府特别关注的粮食生产走势正是这个问题的体现。中国粮食生产在1988—1999年达到最高水平后大幅下降，到2003年，已跌至过去十多年以来的最低水平。粮食生产的下降与主要农产品的价格下跌有关，从某种程度上看，也是中国加入世界贸易组织前后推进贸易自由化的副产品（Huang等，2007）。农产品价格走势影响农户的主要收入来源——农业收入——的增长（Gale，Lohmar和Tuna，2005；Khan和Riskin，2008）。

2002—2007年是重新强调农村政策的时期，我们将在本章阐述这一时期农户的收入水平和收入不平等的变化。我们使用2002年和2007年CHIP农村住户调查数据，并与使用前几轮CHIP农村住户调查数据所报告的结果进行比较。

首先，我们考察农户人均收入水平的变化。正如本章其他小节所表明的那样，2002—2007年间中国城乡收入差距拉大了。这轮城乡收入差距的扩大是农户收入停滞的结果吗？我们的答案是否定的。我们发现，2002—2007年间农村收入大幅增长，而且其速度比前几期更快。此外，这轮收入增长相对平衡，因为农业收入、非农就业收入以及其他收入都增长了。因此，2002—2007年间城乡收入差距的拉大是因为城镇收入的快速增长，而不是因为农村收入停滞了。

其次，我们分析了农村地区收入不平等的变化。中国农村幅员广阔，地理位置比较分散，经济条件和机会差异很大。一些政策针对贫困地区和贫困人群，但也有一些政策没有关注到这部分人群。总体来讲，我们发现2002—2007年这段时期农村收入不平等程度扩大有限。这反映出这段时期的农村收入增长政策惠及到了广大农民。

最后，我们将分析农村贫困的变化。以绝对贫困线衡量的农村贫困率和贫困差距大幅下降。但是，我们发现，对于依然处于贫困状态的人群而言，极端贫困状况恶化了。我们还发现，如果不用绝对贫困线而用收入中位数这个相对贫困线，贫困并没有缓解。

近几十年来农民收入的变化、农村地区整体贫困趋势的变化与农村政策有什么关系呢？尽管对这个问题的全面分析已超过了本章范围，但是我们可以用CHIP数据考察一些重要政策的影响。在下面各节我们将分别考察三个问题：农户外出打工收入的分布，政府农业税费减免的影响，以及贫困和参加农村低保的关系。

第二节　数据和方法

我们在分析时使用2002年和2007年CHIP农村住户调查数据。2007年CHIP农村调查数据覆盖16个省份、13000个农户以及51847个个体。2002年CHIP农村调查数据中的农户和个体较少，但是省份较多，共计22个省份、9200个农户和37969个个体。在这两年同时被调查的省份有15个（北京、河北、陕西、辽宁、江苏、浙江、安徽、河南、湖北、湖南、广东、重庆、四川、云南和甘肃），只在2002年被调查的省份有7个（吉林、江西、山东、广西、贵州、新疆），而仅在2007年被调查的省份只有1个（福建）。部分数据存在一定的不完整和缺失问题，略微减少了我们分析时所使用的观察值数量。

我们在计算时使用2002年和2007年调查的所有省份数据。除非特别注明，所有的计算都使用区域和省份这两个层次的权重；因此，尽管2002年和2007年调查的省份不同，但是结果都具有全国代表性①。我们注意到这里使用的权重方法要优于早期分析CHIP农村数据时所采用的权重方法。

对于2002—2007年间的增长，我们只报告采用不变价格计算的结果，这个不变价格用的是国家统计局编制的全国农村消费价格指数。我们在一些计算中也调整了省份之间的生活费用差别，调整所使用的地区生活费用指数是Brandt和Holz（2006）提出的价格指数，并根据国家统计局历年各省份农村消费价格指数拓展到2007年。我们把调整了省份之间生活费用差异的估计值称为购买力平价（PPP）估计值。

正如其他各章所提到的，在分析中国收入分布时常使用两种收入定义。一是国家统计局的住户人均净收入指标，二是早期CHIP研究中使用

① 见本书附录对权重的其他解释。

的更广泛的住户人均净收入指标（Gustafsson，Li 和 Sicular，2008；Khan 和 Riskin，1998；Khan 等，1992）。这两种指标的差别在于后者还包括自有住房的估算租金，且比前者更加全面地核算了收入补贴。在农村住户补贴很少的背景下，两种收入指标的主要差异是自有住房的估算租金。我们的收入指标等于国家统计局的收入指标加上自有住房的估算租金，下面我们称之为“CHIP 收入指标”。自有住房的估算租金来自于佐藤宏、史泰丽、岳希明撰写的本书第五章。便于比较，我们报告的一些结果同时使用了国家统计局和 CHIP 收入指标。

第三节　农村收入的走势

表 7.1 给出了用 CHIP 农村调查数据计算的住户人均收入均值。总体而言，这些收入水平与国家统计局公布的用历年农村住户调查数据计算的农村收入一致。如果使用国家统计局的收入定义，那么用 CHIP 农村调查数据计算的 2002 年和 2007 年的加权平均收入都分别高于国家统计局公布的数字，但超出的幅度在 5% 之内。如果采用 CHIP 收入定义，根据 CHIP 数据计算的实际人均收入年增长率接近国家统计局公布的数字——年均大约 7% 的增幅。将自有住房的估算租金包含在内时会提高人均收入水平和收入增长率。后面除非特别声明，我们将使用 CHIP 收入定义进行分析。

表 7.1 估计结果表明，2002—2007 年农村收入实际增长相当快，每年平均 7.5 个百分点。大部分收入增长来自农业经营收入和外出打工收入。表 7.2 显示了 2002 年和 2007 年的农村收入结构。到 2007 年，包括外出和本地打工收入在内的工资性收入在农村住户人均收入中占 36%。外出打工收入增长迅速，年均增长率达到 18.8%。本地打工收入增长相对缓慢，但年均增长率也可观，达到了 5.7%。

表7.1　2002年和2007年农村住户人均收入

		2002年	2007年	年均增长率（%，不变价格）
CHIP农村调查数据	国家统计局收入定义（元）	2590	4221	6.96
	CHIP收入定义（元）	2754	4609	7.53
国家统计局公布的数据（元）		2476	4140	7.51

注：所有平均收入以当前价格计算。CHIP收入使用权重进行计算，而年均增长率用国家统计局公布的农村消费价格指数调整后的不变价格计算。国家统计局公布的收入数据以及农村消费价格指数来自国家统计局（2008）。

表7.2　2002年和2007年农村住户人均收入（按收入来源）

	2002年		2007年		年均增长率（%）	增幅（2002年不变价格，元）	占增长额的份额（%）
	数量（元）	占总收入份额（%）	数量（元）	占总收入份额（%）			
外出打工工资收入	315	11.4	816	17.7	18.8	431	27.0
当地打工工资收入	678	24.6	929	20.2	5.7	216	13.6
农业经营净收入	1099	39.9	1686	36.6	7.8	504	31.6
非农经营净收入	363	13.2	471	10.2	4.7	93	5.8
净转移性收入	117	4.2	197	4.3	9.7	69	4.3
财产性收入	19	0.7	121	2.6	41.6	88	5.5
自有住房估算租金	164	6.0	388	8.4	16.8	193	12.1
总计	2754	100.0	4609	100.0	9.6	1594	100

注：加权。2002年和2007年人均收入水平以现价表示；收入增长率及增幅以2002年不变价格表示。由于四舍五入，各种数字未必能完全匹配。

2007年农业收入对农村住户人均总收入贡献了36.6%。尽管自2002年以来农业收入占农村住户人均总收入的份额缓慢下降，但农业收入增长强劲，每年达到7.8%，已从1995—2002年间每年1.2%的低增长状态中大幅反弹（Khan和Riskin，2008，第63页）。此外，从绝对量看，农业收入在2002—2007年间收入增长额中所占的比重最高（见表7.2最后两列）。农业收入的有利形势与那段时期所采取的惠农政策一致，但是我们无法把这些政策的效应同其他因素区分开，譬如，农产品价格的上涨和技术进步。

农村住户的非农经营收入、转移性收入以及财产性收入在2002—2007年间都出现不同程度的增长。非农经营收入占总收入的份额略有下降，但资产性收入和自有住房的估算租金所占份额上升了。到2007年，后两种收入在总收入中的份额占11%，这标志着财产性收入已经成为中国农村收入的重要组成部分。

正如人们所预期的那样，考虑到这一时期实施的新补贴计划以及税费减免政策，包括扣除税收后的公共转移性收入以及私人转移性收入在内的净转移性收入绝对量会增加。然而，它们依然是总收入中相对微小的一部分。我们注意到，本世纪初政府还计划通过间接的方式让农民增收，即减少住户在教育、健康和生产上的开支，或者增加农业净收入，而不是直接“转移”收入。

第四节　农村贫困的走势

表7.3和表7.4给出了2002年和2007年农村贫困的估计值。表7.3报告了考虑和不考虑自有住房的估算租金的基尼系数。表7.3表明，我们使用国家统计局收入定义（排除自有住房的估算租金）所得到的基尼系数与国家统计局公布的数字相近。两种基尼系数在2002年和2007年都相差不到2个百分点。从2002年到2007年，这两种基尼系数都增加了。国家统计局公布的官方数字增幅相对较大，但依然很低，才不到2.5%。考虑自有住房的估算租金会略微降低收入不平等程度及其变化。自有住房的估算租金轻微的均等化作用反映出它们相对均等的分布，这可能因为中国农村居民普遍拥有住房（见本书第五章）。

生活费用的空间差异导致了中国总体收入不平等被高估（Brandt和Holz，2006；Sicular等，2007）。因此，我们也给出调整了空间价格差异后的农村基尼系数。我们估计的PPP不平等指数见表7.3最后三列。可以发现，PPP调整对收入不平等影响微不足道，而且2002年到2007年间基尼系数的变化依然很小。总之，农村内部的生活费用差异对我们的分析并不重要。因此，我们也不再调整空间价格差异。

表7.3　2002年和2007年农村基尼系数

		未经PPP调整			经PPP调整		
		2002年	2007年	变化（%）	2002年	2007年	变化（%）
CHIP农村调查数据	国家统计局收入定义	0.358	0.363	1.4	0.356	0.364	2.2
	CHIP收入定义	0.354	0.358	1.1	0.352	0.358	1.7
国家统计局公布的数据		0.365	0.374	2.5			

注：CHIP已加权。PPP估计纠正了省份间生活费用差异，其使用Brandt和Holz（2006）提出的价格指数，并根据国家统计局各省农村消费价格指数更新到2007年。国家统计局公布的基尼系数基于国家统计局农村住户调查，见国家统计局农村调查司（2010，第46页，表2－26）。

采用CHIP收入定义计算的基尼系数显示，2002年和2007年的收入不平等几乎没有变化：2002年是0.354，2007年是0.358。我们认为，这段时期中国农村收入不平等依然较低而且相对稳定。即便是表7.3所示的最高值，也低于0.4，而且2002—2007年间农村不平等在所有不平等中的变化最小。

表7.4　各种不平等指标

	2002年	2007年	变化（%）
变异系数	0.8045	0.8134	1.1
泰尔指数（GE（a），a＝1）	0.2261	0.2260	－0.0
平均对数离差（GE（a），a＝0）	0.2133	0.2164	1.5
收入最高20%与最低20%之比	6.31	6.56	4.0
收入最高10%与最低10%之比	10.05	11.12	10.6
收入最高5%与最低5%之比	15.93	19.92	25.0

注：用权重以及CHIP收入定义计算。

其他不平等指数也有着类似的结果（见表 7.4）。2002 到 2007 年间变异系数以及平均对数离差只是略有上升，而泰尔指数却略微下降。这些估计与这两年洛伦兹曲线的重叠现象是一致的。

表 7.4 还给出了极差估计值，即收入分布中最富和最穷组收入均值之比。相比于其他不平等指数，极差所反映的 2002—2007 年间的收入不平等变化较大，而当高收入和低收入组各自分界点更加极化的时候，收入不平等的变化则更大。最高 20% 与最低 20% 收入组极差增加了 4%，而最高 5% 和最低 5% 收入组的极差扩大了 25%。2002 年最富 5% 的农村家庭人均收入是最穷 5% 的家庭的约 16 倍，但到了 2007 年，这个比例扩大到约 20 倍。因而，尽管不平等程度整体上相对稳定，但是最低和最高收入组之间的差距拉大了。

收入分布每五分位数组的收入增长率提供了收入分布变化的详细信息（见图 7.1）。除了最穷的五分位数组，2002—2007 年各五分位数组的收入增长都在 9%—10% 的范围之内，而增长和收入呈现出较弱的相关性。尽管最穷的五分位数组收入增长滞后，但仍有 7.5% 的实质性增长。

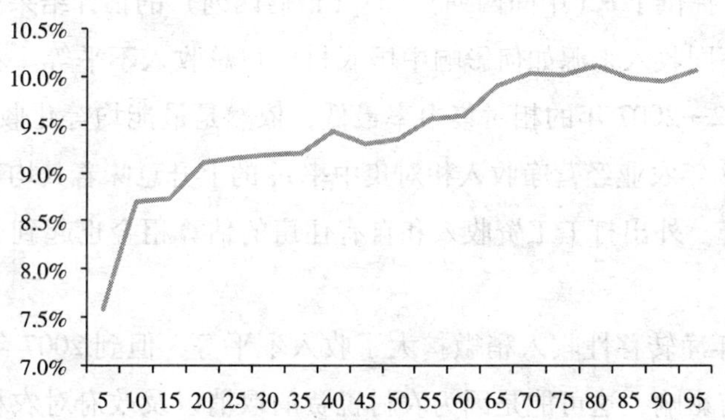

图 7.1　2002—2007 年收入分布五分位数组的年均增长率

注：每个分位数组增长率为 $(y_{2007p}/y_{2002p})^{1/5}$，其中，2002 和 2007 表示年份，$p$ 是分位数组，增长率用 2002 年不变价格计算，已加权，并使用 CHIP 收入定义。

为了考察不同收入来源对不平等的贡献，我们按照收入来源对基尼系数进行分解（Stark，Taylor 和 Yitzhaki，1986；Adams，1999）。如果总收

入有 k 个构成成分，即 $Y = \sum_k Y_k$，那么总收入基尼系数 $G(Y)$ 可表示成各收入来源的贡献 S_k 之和：

$$G(Y) = \sum_k S_k + \sum_k u_k G(Y_k) R_k \tag{7.1}$$

这里的 $u_k = \overline{Y}_k / \overline{Y}$ 指第 k 个收入来源占总收入的份额，$G(Y_k)$ 指第 k 个收入来源的基尼系数，R_k 是第 k 个收入来源与总收入的秩相关系数，即：

$$R_k = \frac{\operatorname{cov}(Y_k, F(Y))}{\operatorname{cov}(Y_k, F(Y_k))} \tag{7.2}$$

其中，$F(Y)$ 和 $F(Y_k)$ 分别是住户总收入和第 k 个收入来源的累积分布函数①。

第 k 个收入来源对总收入不平等的贡献份额可写成：

$$S_k = \sum_k u_k \frac{G(Y_k) R_k}{G(Y)} - \sum_k u_k c_k \tag{7.3}$$

在（7.3）式中，相对集中率 c_k 特别值得注意，因为它可以表明，一种收入来源到底是扩大了不平等，还是缩小了不平等。c_k 值超过 1 表示扩大不平等，小于 1 表示降低不平等。

表 7.5 提供了 c_k（中间两列）和 s_k（最后两列）的估计结果。这些估计值反映了不同收入来源如何影响中国农村住户总收入不平等。农业经营净收入在 2002—2007 年的相对集中率最低，依然是最能均等化收入的成分。2002—2007 年农业经营净收入相对集中率 c_k 的上升意味着其均等化收入的功能在下降。外出打工工资收入和自有住房的估算租金也起到了均等化收入的作用。

2002 年净转移性收入稍微扩大了收入不平等，但到 2007 年它对收入不平等没有影响，这可能是因为农村税费的取消以及政府对农村贫困户所进行的转移支付。因为我们无法将公共转移支付和私人转移支付分开，而政府对农业的补贴通过对农业经营净收入的影响进入收入，净转移性收入分布的变化不能完全反映这些政策对收入不平等的影响。

尽管影响程度在下降，所有其他收入来源在这两年都扩大了收入不平

① 譬如，$F(Y) = (f(y_1), \cdots, f(y_n))$，其中 $f(y_i)$ 等于 y_i 的秩除以观察值个数 n。

等。最能扩大收入不平等的收入来源是财产性收入和非农经营收入。

表 7.5　2002 年和 2007 年基尼系数分解（按收入来源）

	占总收入比例（%）		基尼系数相对集中率（c_k）		对基尼系数的贡献（$s_k \cdot 100$）（%）	
	2002 年	2007 年	2002 年	2007 年	2002 年	2007 年
外出打工工资收入	11.4	17.7	0.81	0.82	9.3	14.6
当地打工工资收入	24.6	20.2	1.42	1.28	35.1	25.9
农业经营净收入	39.9	36.6	0.58	0.71	23.2	26.1
非农经营净收入	13.2	10.2	1.58	1.66	20.8	16.9
净转移性收入	4.3	4.3	1.16	1.00	4.9	4.3
财产性收入	0.7	2.6	2.03	1.69	1.4	4.4
自有住房的估算租金	6.0	8.4	0.90	0.93	5.4	7.8
总计	100.0	100.0	1.00	1.00	100.0	100.0

注：用权重以及 CHIP 收入定义计算。

表 7.5 最后两列列出了不同来源的收入对总体收入不平等的贡献。贡献的大小既取决于相对集中率，也决定于收入份额。2007 年农业收入对总收入不平等贡献了 25%，比 2002 年略高。这么大的贡献反映了农业收入在总收入中占据相当大的份额。

2007 年当地打工工资收入对总体收入不平等贡献了 25.9%，这与 2002 年对总体收入不平等高于 1/3 的贡献相比，已有显著下降。外出打工工资在这两年相对较低，表明它的分布相当均匀。但是，由于占住户总收入的份额上升，它对收入不平等的贡献在 2002—2007 年间大幅提高。财产性收入和自有住房的估算租金对收入不平等的贡献从 2002 年的 6.8% 上升到 2007 年的 12.2%。长此下去，来自金融和房产的财产性收入对农村收入不平等的贡献将达到甚至赶超非农经营收入。

第五节　农村贫困的变化

在中国经济转型期间，农村贫困大幅下降。根据国家统计局的数据，2007年农村贫困率只有1.6%，与1978年的30.7%相比已大幅减少（国家统计局农村社会经济调查司，2008）。这些趋势都是用中国官方贫困线衡量的，很多人认为这个贫困线过低（譬如，世界银行扶贫和经济管理部，2009）。使用较高的贫困线将会产生更高的贫困发生率，但是这不会改变数十年来中国农村贫困已大幅下降的结论（Ravallion和Chen，2007；世界银行扶贫和经济管理部，2009）。

参考已有文献所使用的各种贫困线，我们给出不同的估计值。其中，两个是绝对贫困线，两个是相对贫困线。在所有情形下我们都使用国家统计局定义的不包含自有住房估算租金的收入。由于官方贫困线没有考虑自有住房的估算租金，我们将它从收入中删除，否则将人为地减少贫困发生率。

第一种绝对贫困线是广泛使用的国际购买力平价（PPP）贫困线，即每人每天1.25美元（PPP），我们用2005年购买力平价汇率3.34元/美元将它转化成人民币单位元（Chen和Ravallion，2008）。第二种绝对贫困线是中国官方贫困线。考虑到过去对官方贫困线的批评，我们使用最新的更高的2009年官方贫困线，即人均年收入1196元。我们使用国家统计局公布的农村消费价格指数调整将它分别调整到2002年和2007年的水平。

相对贫困线被许多高收入国家用于度量贫困。这些国家只有少数住户面临绝对贫困，但处于收入分布低端的个体处境不佳（Osberg，2000；Ravallion，1992）。鉴于中国经济在过去数十年的快速增长，我们相信，相对贫困概念会越来越重要。遵循已有文献惯常做法，我们使用收入中位数的50%作为相对贫困线，同时使用收入中位数的60%作为更高的相对贫困线。收入中位数是用2002年和2007年每年的CHIP农村加权样本收入计算而得。

表 7.6 给出了四种贫困线。鉴于 2002—2007 年农村收入的增长，2002 年和 2007 年绝对贫困线相对样本收入均值的比率大幅下降。对于相对贫困线而言，这个比率保持不变。

表 7.6　贫困线

贫困线	2002 年		2007 年	
	数额（元）	与样本收入均值的比率（%）	数额（元）	与样本收入均值的比率（%）
每人每天 1.25 美元（PPP）	1451	56.0	1689	40.0
中国官方贫困线	964	37.2	1123	26.6
收入中位数的 50%	1051	40.6	1714	40.6
收入中位数的 60%	1261	48.7	2057	48.7

注：所有贫困线以人均年收入表示。收入中位数和均值用 CHIP 加权农村样本收入以及国家统计局收入定义计算，不包括自有住房的估算租金。

使用这些贫困线，我们计算了 2002 年和 2007 年的中国农村贫困水平。为了与已有文献一致，我使用 Foster、Greer 和 Thorbecke（1984）提出的方法，即用通常的贫困人数来度量贫困距。Foster-Greer-Thorbecke（FGT）指数可以写成

$$FGT(\alpha) = \frac{1}{N}\sum_{i=1}^{q}\left(\frac{z - Y_i}{z}\right)^{\alpha} \tag{7.4}$$

其中，N 指总人口规模，q 指贫困人口规模，z 指贫困线，而 Y_i 指第 i 个体的收入。这个指标是通过将落在贫困线以下个体的贫困距 $g_i = z - Y_i$ 除以贫困线并调整到指数 α 而得。参数 α 可以理解成贫困厌恶程度：α 越高，贫困厌恶程度越大。

易得，当 $\alpha = 0$ 时，$FGT(0)$ 就是贫困率（贫困人口占总人口的比率）。$FGT(1)$ 表示平均贫困距，即贫困人口的收入相对贫困线的平均差距。$FGT(2)$ 指平方贫困距，对远离贫困线的贫困户给予较大的权重，而对接近贫困线的贫困户赋予较小的权重。这三个不平等指标各自反映了贫困的发生率、深度和严重性（Ravallion，2004）。

表7.7给出了各种贫困线下三个贫困指标的估计值。2002—2007年间的贫困水平及其变化取决于贫困线的选择。对于绝对贫困线，贫困率在这两年间显著下降；按照每人每天1.25美元（PPP）的标准，贫困率 *FGT*(0) 从27%降到14%，下降了一半；而按照官方贫困线标准，贫困率从11%减少到6%。

表7.7　贫困估计值

贫困线	2002年			2007年		
	贫困率（%）	平均贫困距（%）	平方贫困距	贫困率（%）	平均贫困距（%）	平方贫困距
每人每天1.25美元（PPP）	27.48	8.37	3.72	13.88	4.65	5.04
中国官方贫困线	11.22	2.97	1.27	5.59	2.25	7.09
收入中位数的50%	13.69	3.75	1.60	14.32	4.79	5.03
收入中位数的60%	20.75	5.99	2.59	21.07	6.93	5.28

注：贫困率FGT（0）度量贫困发生率；平均贫困距FGT（1）度量贫困深度；平方贫困距FGT（2）度量贫困严重程度（Ravallion，1994）。使用表7.6所示的贫困线、CHIP加权农村样本收入以及不包括自有住房估算租金的国家统计局收入定义计算。

对于相对贫困线，贫困率在2002—2007年间几乎未变。譬如，相对于收入中位数的50%，贫困率从13.69%略增加到14.32%。这表明，尽管2002—2007年间贫困人口的收入有了充足的增长，使大约一半的贫困人口脱离了绝对贫困，但贫困人口收入增长未能赶上中等收入的增长。

平均贫困距 *FGT*(1) 的估计结果也因绝对相对贫困线的不同而有所差异。2002—2007年间，按照绝对贫困线，平均贫困距下降了，而按照相对贫困线，平均贫困距却上升了。对于四种贫困线，平方贫困距的结果是一致的：*FGT*(2) 所衡量的贫困严重程度在四种情况下都增加了。这些发现表明，接近贫困线的农民的收入增加了，并且实现了脱贫，但是极端贫困的人的收入却滞后了。结果，到2007年依然贫困的农民的贫困严重程度加大了。

这些贫困趋势在多大程度上反映了收入的增长，而不是富裕组和贫困组之间的收入再分配？如上所述，平均而言，2002年到2007年，农村收入大幅上涨。但这些上升趋势改善了贫困农民的状况了吗？Datt 和 Ravallion（1992）、Shorrocks（1999）提出两种方法来区分收入增长以及再分配的影响。由于这两种方法的结果相似，我们只报告 Shorrocks 方法得到的结果。

贫困水平 P 由贫困线 z 、收入均值 $\bar{Y}$ 以及洛伦兹曲线 $L(P)$ 度量的累积收入分布决定，其中，$L(P)$ 给出了最低百分之 p 人口的收入份额。记下标 t 表示时间。贫困水平从时间 0 到 t 的变化可表示为：

$$\Delta P = P(\mu_t, L_t(P), z) - P(\mu_0, L_0(P), z) \tag{7.5}$$

根据 Shorrocks（1999），贫困水平的变化可以分解成增长效应 G 和再分配效应 R ，其中，

$$G = 0.5\{[P(\mu_t, L_0(P), z) - P(\mu_0, L_0(P), z)] + [P(\mu_t, L_t(P), z) - P(\mu_0, L_t(P), z)]\} \tag{7.6a}$$

$$R = 0.5\{[P(\mu_t, L_t(P), z) - P(\mu_t, L_0(P), z)] + [P(\mu_0, L_t(P), z) - P(\mu_0, L_0(P), z)]\} \tag{7.6b}$$

注意，增长效应公式（7.6a）指在保持分布和贫困线不变的条件下，由可观测的收入均值的改变所引起的贫困变化。再分配效应公式（7.6b）指在保持收入均值和贫困线不变的条件下，由可观测的收入分布的改变所导致的贫困变化。两种效应都是将其他变量分别固定在 2002 年和 2007 年水平上后所获得的平均值。

表 7.8　贫困变化的分解（2002—2007 年）

	每人每天 1.25 美元（PPP）			官方贫困线		
	贫困率	平均贫困距	平方贫困距	贫困率	平均贫困距	平方贫困距
贫困变化（%）	-13.60	-3.72	1.32	-5.64	-0.72	5.82
收入增长的贡献（%）	-14.10	-4.66	-1.55	-6.61	-1.80	0.61
收入再分配的贡献（%）	0.50	0.94	2.87	0.97	1.07	5.21

注：计算过程使用了 Shorrocks（1999）提出的方法，加权，并使用国家统计局的收入定义（排除自有住房估算租金）。使用不变价格进行计算。

表 7.8 报告了用两种绝对贫困线计算的分解结果。除了一种例外情况，

收入增长都减少了贫困。增长效应最大的是贫困人头比率。事实上中国农村贫困率的下降在很大程度上取决于收入增长。相反，在所有情形下再分配加剧了贫困，尽管对贫困率和贫困距的影响较低。再分配对平方贫困距*FGT*(2) 的影响更大，这已成为平方贫困距增加的主要原因。

这些发现揭示了收入全面增长对农村贫困人口和贫困距减少的重要性。然而，单靠增长不足以减少平方贫困距所度量的贫困严重程度。在所有情形下，再分配都增加了贫困。这表明，政府近期实施的、旨在使低收入地区和住户受益的转移支付计划，总体上不足以让较高和较低收入组的收入再分配具有减贫效果。

贫困和非贫困户的收入结构不同。表7.9 和7.10 给出了这两个组在2002 年和2007 年用每人每天1.25 美元（PPP）贫困线计算的收入结构。2002 年和2007 年，农业收入依然是贫困户最重要的收入来源。贫困户来自农业收入的份额较大，但在下降，从2002 年的61% 降至2007 年的54%，而这两年非贫困户的农业收入份额在40% 左右。

对于非贫困户，工资性收入和农业经营性收入同等重要，工资性收入在2002 年和2007 年对非分困户总收入的贡献在40% 左右。而且，非贫困户的当地打工工资收入比外出打工工资收入更重要，尽管它们之间的差距在2007 年缩小了。对于贫困户，尽管工资性收入是收入的重要来源，但其重要性相对较低，2002 年只占贫困户总收入的29%，2007 年占34%。贫困户将近一半的工资性收入来自外出打工，这意味着贫困户在居住地的就业机会比非贫困户少，或者他们在当地劳动力市场上的竞争力弱。

表7.9　非贫困户和贫困户人均收入及其构成

	2002 年				2007 年			
	非贫困户		贫困户		非贫困户		贫困户	
	均值（元）	占比（%）	均值（元）	占比（%）	均值（元）	占比（%）	均值（元）	占比（%）
外出打工工资收入	382	12.0	138	13.6	918	19.4	186	16.6
当地打工工资收入	875	27.4	157	15.6	1048	22.2	191	17.0
农业经营净收入	1281	40.2	620	61.4	1861	39.4	605	53.8

续表

	2002 年				2007 年			
	非贫困户		贫困户		非贫困户		贫困户	
	均值（元）	占比（%）	均值（元）	占比（%）	均值（元）	占比（%）	均值（元）	占比（%）
非农经营净收入	481	15.1	51	5.1	541	11.5	33	2.9
净转移性收入	146	4.6	42	4.1	216	4.6	79	7.0
财产性收入	25	0.8	1	0.1	136	2.9	29	2.6
总计	3189	100.0	1009	100.0	4720	100.0	1124	100.0

注：计算使用了每人每天 1.25 美元（PPP）贫困线，以现价表示，加权，并使用国家统计局收入定义。

非农经营性收入是非贫困户重要的收入来源，但对其收入的贡献却较小，而且在下降。尽管贫困户的净转移性收入从 2002 年占总收入的 4% 增加到 2007 年的 7%，但这两组住户的净转移性收入都较低。这可能反映了“低保”的影响。非贫困户和贫困户的财产性收入都增加了，但其在收入中的份额依然较小。由于我们使用了国家统计局定义的收入计算贫困，表 7.9 所示的收入分解不包括自有住房的估算租金。

表 7.10 非贫困户和贫困户收入差额及其构成

	2002 年		2007 年	
	差额（元）	占比（%）	差额（元）	占比（%）
外出打工工资收入	244	11.2	731	20.3
当地打工工资收入	718	32.9	857	23.8
农业经营净收入	661	30.3	1256	34.9
非农经营净收入	429	19.7	508	14.1
净转移性收入	104	4.8	137	3.8
财产性收入	24	1.1	107	3.0
总计	2180	100.0	3597	100.0

注：表中差额是非贫困户和贫困户收入均值的绝对差额，根据表 7.9 数据计算得到。

表 7.10 提供了贫困户和非贫困户收入差异的其他信息。2002 年和

2007 年的包括当地打工和外出打工收入在内的工资收入占这两组住户收入差额中的比重超过了 40%。外出打工收入的重要性增加了，但是当地打工收入的重要性下降了。农业收入对收入差额的贡献在 30% 以上。转移性收入和财产性收入对收入差额的贡献比重相对较低。

第六节 外出打工和农村收入

中国经济改革导致农村人口大量涌入城市寻找工作。尽管本世纪初之前已有大量外出打工农民，但是从 2000 年后才有积极的政策支持农村人口流动。中央政府的政策有旨在提高农民工就业和居住条件的相关政策，以及放松户口管制（Cai，Du 和 Wang，2009）。如图 7.2 所示，2006 年农民工数量达到了 1.3 亿，相当于 26% 的农村劳动力，而 1999 年只有 5000 万（不到 15% 的农村劳动力）（Sheng，2008）。

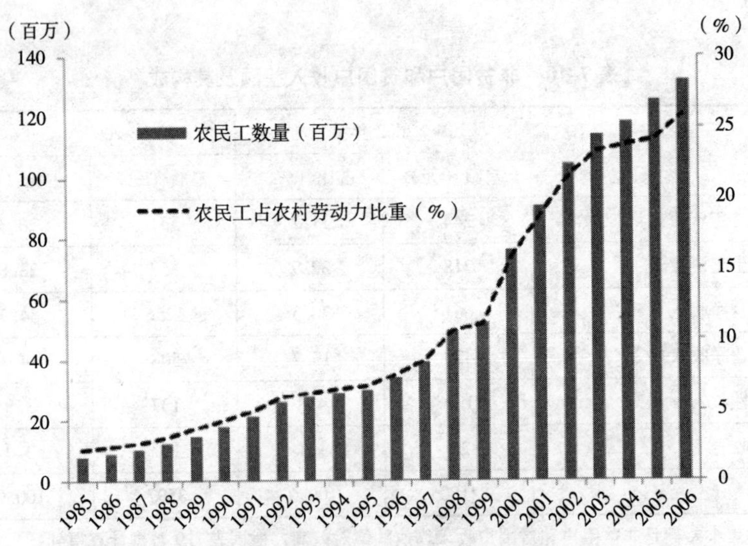

图 7.2 农村劳动力外出打工规模的增长

注：Sheng（2008）。使用国家统计局农村住户调查数据估算农民工规模。农民工定义为有外出工资收入的农户成员。农村劳动力定义为达到劳动年龄的农户成员数量。

有许多方法考察外出对农村收入、不平等和贫困的影响，也有不同的准则去识别外出农民，譬如工作地点、外出打工时间等等。这里我们关注农村住户人均收入水平及分布，因而我们更关心农户家庭成员外出打工的工资收入占住户总收入的份额。我们使用 CHIP 调查数据中家庭外出打工工资收入作为识别准则。凡是报告了外出打工收入的住户，都被认为是外出户，而没有报告外出打工收入的住户被认定为非外出户。这种方法不同于其他考察个体外出行为的研究所使用的方法。

我们度量的外出打工工资收入，指通过外出受雇佣获得的工资收入。外出收入可能既包括已不在本户的家庭成员的汇款，以及在居住地外的地方所获得的家庭非农经营性收入。不幸的是，CHIP 数据并没有关于这两种类型的收入的单独信息。前者含在转移性收入中，而后者含在非农经营性收入中。

正如前面所讨论的那样，CHIP 数据清晰地表明，2002—2007 年间外出打工工资收入变得越来越重要，尤其对非贫困户来说。另外，这种收入来源在这两年都起着均等化收入差距的作用。

图 7.3 和 7.4 提供了外出打工工资收入分布和外出打工的其他信息。图 7.3 给出了不同收入分位点上的有外出打工工资收入的农户的比例。这些比例可以理解成农户外出打工的参与率。2002 年，33% 的农户外出打工。到 2007 年，外出打工农户比例增加到 41%，增幅将近 10 个百分点。

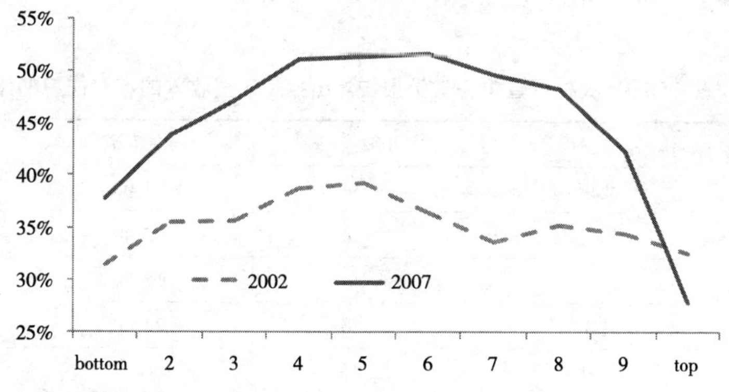

图 7.3　有外出打工工资收入的农村住户的比例

注：按人均收入十等分组，bottom 指最低收入组，top 指最高收入组。

2002年在各收入分位点上外出打工农户分布比较均匀，但2007年外出打工比例增长最快的是中等收入组。外出打工工资收入占农户总收入的份额（见图7.4）显示了相似的规律。因而，到2007年，外出打工及其工资收入对中等收入农户尤为重要。

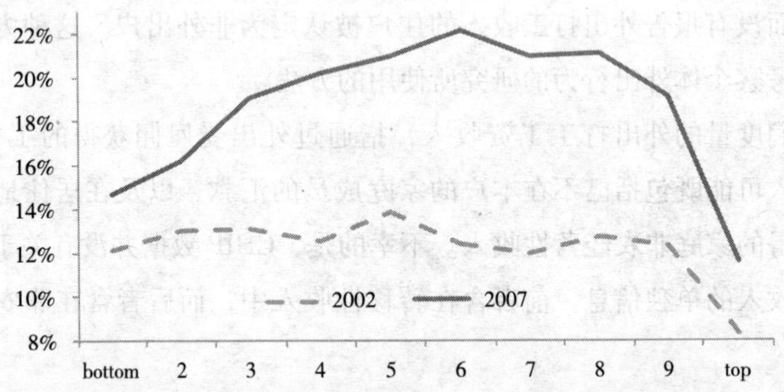

图7.4　外出打工工资收入占农村住户人均收入的比重

注：按人均收入十等分组，bottom指最低收入组，top指最高收入组。

不同省份的外出打工比例有显著差异（见表7.11）。2007年各省外出打工比例范围从较低的陕西15%，到较高的湖北、重庆和四川的63%左右。各省份外出打工比例随时间变化的规律也有所不同。河北、河南、湖北、湖南、重庆、四川和甘肃的外出打工比例大幅上升，但是辽宁、浙江、安徽和云南的外出打工比例却下降了。

表7.11　CHIP农村调查中各省份报告外出打工工资收入的农村住户的比例

省份	2002年	2007年
北京	24.38	24.00
河北	13.78	32.40
山西	6.50	15.00
辽宁	27.78	23.00
吉林	11.46	–
江苏	36.82	41.90
浙江	29.04	12.60

续表

省份	2002 年	2007 年
安徽	60.00	56.22
福建	–	29.00
江西	57.44	–
山东	18.57	–
河南	34.34	48.20
湖北	30.19	62.60
湖南	43.11	56.13
广东	45.66	50.50
广西	49.25	–
重庆	38.50	63.20
四川	44.60	63.09
贵州	44.75	–
云南	21.54	16.14
陕西	36.22	–
甘肃	31.56	48.86
新疆	13.00	
总计	32.95	41.39

注：各省份比例未加权；“总计”使用了住户层面的权重。

图 7.3 所示的低收入分位点上较低的外出打工比例引起了人们对外出打工是否缓解贫困的质疑。分析外出打工对缓解贫困的贡献是很困难的，因为外出打工对收入具有多重直接和间接影响（世界银行扶贫和经济管理部，2009）。同样，由于缺乏资源和关系，贫困户更难外出打工，使得外出打工和贫困存在双向因果关系（世界银行扶贫和经济管理部，2009）。

表 7.12 所示的简单统计可以表明外出打工和贫困的关系①。2002 年外出户和非外出户个体贫困发生率相似——26.1% 与 28.3%。换句话说，没有外出打工工资收入的农户中的个体与拥有外出打工工资收入的农户中的

① 我们的表格改自世界银行扶贫与经济发展部（2009，第 102 页，表 5.51），我们的表格中的统计量与其中的表 5.51 相同。

个体一样贫穷。另外，农村贫困户人口中非外出户（没有外出工资收入的农户）成员所占比例，与农村总人口中非外出户成员的占比相近。

表7.12　外出打工和贫困的关系

住户类型	占农村人口的比例（%）	贫困率（%）	占农村贫困人口的比例（%）
2002年			
无农民工	63.7	28.3	65.6
有农民工	36.3	26.1	34.4
2007年			
无农民工	51.6	16.6	61.6
有农民工	48.4	11.0	38.4

注：是否外出打工根据住户是否报告外出打工工资收入来判断。贫困的计算使用了每人每天1.25美元（PPP）贫困线；加权；使用国家统计局收入定义计算贫困。

到2007年，这两种类型住户的贫困发生率已经下降，但是有外出打工工资收入的住户下降更多。结果，2007年外出户贫困率低于非外出户；同样，贫困人口中更高比例的人口——将近三分之二——是没有外出打工工资收入的农户。这些统计结果，同外出打工有利于缓解贫困以及2007年贫困户主要分布在没有外出打工工资收入的农户的情形是一致的。因而，外出打工和贫困的关系明显随着时间的推移而改变。

第七节　税费的取消

中国政府于2005年宣布废止农业税，自2006年1月起生效（新华社，2005）。这次公告是从20世纪90年开始的“农村税费改革”的最后阶段。正如Sato，Li和Yue（2008）的讨论，自2000年，中国政府全面改革农业税费，在这次改革的第一阶段（2000—2003年），当地非正式税费被正式税取而代之（费改税）。在第二阶段（2004—2006 年），作为取消农业税的目标之一，政府实施了逐步减免税的计划，并在部分地区试点完全取消农业税（Sato，Li 和 Yue，2008；新华社，2005）。自从 2006 年 1 月以来，废止农业税在全国范围内完成。

使用早期几轮 CHIP 调查的农村数据，Sato，Li 和 Yue（2008）分析了 2002 年税费改革的再分配效应。这里我们将考察 2002—2007 年的变化。2002 年税费改革仍在进行，而且各地实施情况不同。2007 年农业税费已在全国范围内被取消，至少原则上如此。我们用 2007 年的 CHIP 数据，从农户角度检验这个目标是否实现了。

正如 Sato，Li 和 Yue（2008）所言，中国农户背负了各种税费。2007 年 CHIP 农村数据包含农户上缴的单一加总税费，这包括缴给政府的正式税，以及乡镇征收的税费。我们没有关于这个加总税收的构成信息。同样，所报告的税费不包括无偿劳动贡献。历史上，农村税收的重要组成部分是以无偿劳动贡献表现的实物税。这种税收也作为农村税收改革的一部分被取消了。由于缺少 2007 年的相关数据，我们无法在这里考察它，但是 2002 年 CHIP 数据表明这种形式的税收到 2002 年已经大幅减少，只有 28% 的农村住户报告贡献了无偿劳动，而且无偿劳动时间少于两天。

表 7. 13 给出了农户报告的税费绝对额及其在收入中的比例。无论以绝对额表示，还是以相对收入的百分比表示，农业税费已显著下降。的确，自 2007 年以来，税费占农村住户收入的份额极低。这些数据表明，政府取消税费的目标已经有效地完成了。

2002 年农村税费呈现出累退分布，较低收入等分组的农户负担较高的税率（见表 7. 13）。2007 年，最低的两个收入等分组的税率高于较高收入等分组，但是所有收入等分组的税率都低于 1%。农业税费的取消具有收入均等化作用，尽管 2002 年农业税收水平相对较低，对收入不平等的净影响并不大。的确，2002 年税后收入不平等高于税前收入不平等（0. 354 对 0. 348），而 2007 年税前和税后收入基尼系数相等（0. 358）（见表 7. 3）。

表7.13　农户人均缴纳的税费（按收入十等分组）

	税费（元）		税前人均收入（元）		税率（%）	
	2002年	2007年	2002年	2007年	2002年	2007年
最低组	54.2	3.4	724	1129	6.96	0.30
第二组	61.1	7.0	1145	2038	5.07	0.34
第三组	66.3	6.2	1443	2599	4.39	0.24
第四组	78.5	8.9	1730	3139	4.34	0.28
第五组	80.4	9.4	2040	3712	3.79	0.25
第六组	85.0	10.0	2371	4351	3.46	0.23
第七组	85.6	10.8	2769	5167	3.00	0.21
第八组	88.7	11.6	3329	6254	2.60	0.19
第九组	90.9	20.8	4259	8023	2.09	0.26
最高组	134.9	31.2	7753	14556	1.71	0.21
平均	83.4	11.6	2754	4609	2.94	0.25

注：税率等于人均税费除以住户人均净税前收入。以现价表示，加权，税前收入等于CHIP收入与税收之和，因此税率是税前收入的百分比。

表7.14比较了贫困户和非贫困户所负担的税费，揭示了税费对最低收入组的影响。2002年，税费占贫困户税前收入的比重在5%—7%之间，是非贫困户税率的两倍多。

表7.14　贫困户和非贫困户人均缴纳的税费

贫困线	2002年				2007年			
	非贫困户		贫困户		非贫困户		贫困户	
	税费（元）	税率（%）	税费（元）	税率（%）	税费（元）	税率（%）	税费（元）	税率（%）
每人每天1.25美元（PPP）	89	2.58	63	5.41	14	0.27	5	0.40
中国官方贫困线	85	2.75	60	7.07	13	0.27	6	0.64
收入中位数的50%	85	2.72	61	6.70	14	0.27	5	0.38
收入中位数的60%	87	2.64	62	5.93	15	0.27	5	0.32

注：税率计算见表7.13标注。住户按照国家统计局收入定义分为贫困户和非贫困户（排除自有住房的估算租金）。注意，2007年非贫困户税率实际上有些不同，但通过四舍五入转化为相同值。

2002 年，贫困户负担的平均税费较多，相对于平均贫困距的比例较高。如表 7.15 所示，用每人每天 1.25 美元（PPP）贫困线衡量的 2002 年平均贫困距是 442 元，而落在贫困线以下的人群每人支付 63 元的税费，等价于 14% 的平均贫困距。如果使用其他贫困线，我们依然发现税费相对于平均贫困距的比例较大。譬如，总体而言，2002 年贫困户所负担的税费相当于四分之一的平均贫困距。

表 7.15　贫困户人均缴纳的税费与贫困距的相对值

	平均贫困距（元）	人均税费（元）	税费相对于平均贫困距的比例（%）
2002 年			
每人每天 1.25 美元（PPP）	441.74	62.88	14.23
中国官方贫困线	255.64	60.29	23.58
收入中位数的 50%	287.58	60.93	21.19
收入中位数的 60%	363.79	62.09	17.07
2007 年			
每人每天 1.25 美元（PPP）	565.70	5.41	0.96
中国官方贫困线	452.55	5.77	1.27
收入中位数的 50%	572.93	5.28	0.92
收入中位数的 60%	676.69	5.20	0.77

注：以现价表示，加权，使用国家统计局收入定义。

到了 2007 年，无论以绝对额衡量，还是相对于平均贫困距的比例，贫困户所负担的平均税费都相当低。这些统计数字说明，废止农村税费更有利于贫困户。但是，有人注意到，农业税费的废止可能对农户产生间接的负面影响，因为它将导致当地政府收入的减少，从而减弱他们对“低保”等社会福利计划的资金支持能力（Zhang 和 Sun，2009）。

第八节 最低生活保障制度

政府新农村政策的重要组成部分之一是最低生活保障制度，或称“低保”制度。早在20世纪90年代初政府就在城镇开展低保试点，但农村的低保试点起步较晚，且主要在发达地区实施（Xu 和 Zhang，2010）。2001年农村低保已非常普及，但当时主要由当地政府资助，且会随着政府支持力度和甄选资格标准的不同而出现很大变化。低保在农村税费改革后遇到了许多困难，这是因为农村税费改革导致当地政府收入下降了（Xu 和 Zhang，2010）。

2004年后农村低保覆盖面扩大了，这在2006年期间及后期表现得尤为突出。2006年末中国大约80%的省市县实施了低保（Xu 和 Zhang，2010）。2007年早期中央政府宣布，将提供中央资金支持该项目，且将于当年末在全国所有市县付诸实施（新华社，2007a；2007b；Xu 和 Zhang，2010）。根据官方统计资料，2007年3570万的农民（约4.9%的农村人口）享受了低保，比2002年的400万（约0.5%的农村人口）有所上升（国家统计局社会和科技统计司，2008，第330页；2009，第89、939页）。

低保吸纳或者取代了以前的贫困户补助项目，譬如，五保户项目和特困救助补贴。到2007年，低保是中国当时全国范围内最广泛的农村社会扶助项目，在农村所有接受社会扶助的农民中占3/4，排在其后的是覆盖500万农民的“五保户”项目（国家统计局社会和科技统计司，2008，第330页）。

2007年低保的平均门槛是每人每月70元（每人每年840元），比当年官方贫困线稍高（785元）。当年低保受助者平均支出是466元（民政部，2008；世界银行扶贫和经济管理部，2009；新华社，2007b；Zhang 和 Sun，2009），接近于平均贫困距（见表7.15）。原则上，如果低保能够合理定位并有效实施，那么它就能大幅缓解贫困。

表 7.16　低保户和非低保户居民的基本统计（2007 年 CHIP 农村住户调查）

	低保户	非低保户
人口比例（%）	2.46	97.54
人均收入（元）	3025	4649
人均净转移性收入（元）	197	217
人均净转移性收入占人均总收入的比重（%）	6.5	4.7
人均低保补贴估值占人均住户收入的比重（%）	15.4	0

注：根据 2007 年报告的全国人均每月 38.8 元的支出，低保户人均每年低保补贴估值是 466 元（民政部，2008）。非低保户的低保补贴被假定为零，加权；CHIP 收入定义。

表 7.16 给出了 CHIP 农村住户调查中低保户的统计数据。2007 年，全国农村低保户居民比例（加权）是 2.46%[①]。这个数字低于国家统计局报告的农村低保受助者比例（4.9%）。

CHIP 农村住户调查所反映的低保户比例较低的情况，可能是因为对贫困户的抽样偏低，这也是 CHIP 调查使用的国家统计局住户调查样本的显著特征。另外，这可能是因为住户误报。受助户可能未意识到他们收到的转移性收入来自低保，而误认为来自其他项目，如“五保户”等。此外，这可能是因为官方统计误报。众所周知，中国地方政府经常夸大对中央政府政策的执行力度。

表 7.16 显示了低保户和非低保户的差异。低保户人均收入低于非低保户，但是低保户每年 3025 元的人均收入显然高于国家贫困线，以及全国平均低保门槛线。

CHIP 问卷询问了住户收到的低保补贴额，但是低保补贴原则上将计入转移性收入。如表 7.16 所示，CHIP 调查中的低保户和非低保户净转移性收入相似，尽管这可能是因为低保户收到的私人转移性收入更多。

如果我们假定 2007 年低保平均补贴等于低保月平均支出，那么每年的低保补贴应该等价于低保户 15% 的平均收入。这个数额高于报告的平均净转移性收入，而后者在 2007 年只相当于 6.5% 的人均收入。这种差异产生

① CHIP 农村住户调查有一个问题询问住户是否参加“低保”。这里报告的比例等于低保户居民总数除以所有农户居民总数。

的原因，可能是民政部报告的低保支出高估了农户实际收到的低保补贴，或者是CHIP调查中的转移性收入没有完全反映低保的转移支付。在许多地区村长负责实施低保，但是实施过程中出现和具体规定有出入的情况也是有可能的。

图7.5所示的2007年CHIP农村调查所覆盖的不同省份的情况表明，各省份低保参与率差别很大。到目前为止，云南省的参保率最高，将近1/10的居民属于“低保”户居民，北京的参保率最低。如果考虑到不同地区的贫困率，以及由当地财政和中央对财政困难地区补助所决定的低保实施力度的差异，参保率的地区差异将不足为奇。已有报告称，各地低保的收入门槛以及补贴额不同，而且一般来说贫困地区的门槛和补贴会更低(世界银行扶贫与经济管理部，2009；新华社，2007a)。

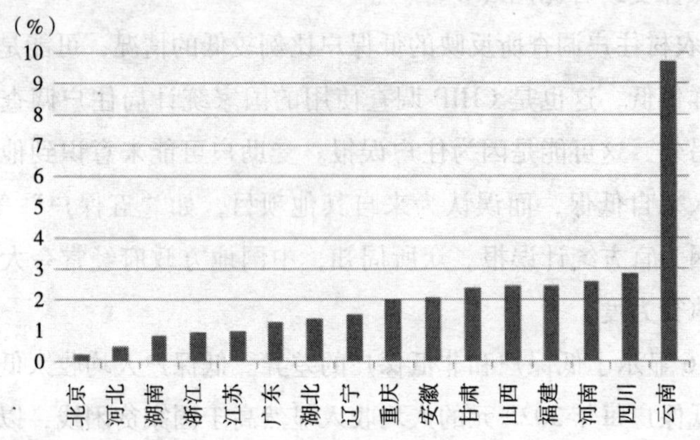

图7.5　2007年农村低保户居民的比例（按省份）

注：未加权。

低保能够有效地锚定贫困户吗？CHIP数据表明，低保这个杯子只是半满的：尽管贫困户居民比非贫困户获益更多，但是有漏出现象。如表7.17所示，2007年15%—45%的低保户居民处于贫困状态，这取决于贫困线的高低。低保户的贫困率很高。同样，与非贫困人口相比，更高比例的贫困人口是低保户。

表 7.17 参与低保和贫困的关系，2007

贫困线	非低保户和低保户居民的贫困率（%）		低保户中非贫困和贫困人口的比例（%）	
	非低保户	低保户	非贫困人口	贫困人口
每人每天 1.25 美元（PPP）	13.30	37.05	1.80	6.56
中国官方贫困线	5.34	15.31	2.21	6.74
收入中位数的 50%	13.73	37.64	1.79	6.47
收入中位数的 60%	20.46	45.63	1.69	5.33

注：加权。使用国家统计局的收入定义计算贫困。

对于所有四种贫困线，贫困人口中享受低保的比例低于 10%①。换句话说，绝大多数贫困人口——超过 90%——没有"低保"补贴。同样，即使使用最高的贫困线，超过一半的低保户并不贫困。这些数据表明，低保的实施仍有许多改进之处。

第九节 结 论

本节我们使用 CHIP 农村调查数据，考察了 2002—2007 年这一重点强调农村政策的时期内农村住户收入水平和不平等的变化。总体而言，这两年绝大多数农户的状况有所改善，这扭转了 20 世纪 90 年代末至本世纪初的趋势。我们发现，在过去的这段时期，农村收入大幅增长，增长速度也较快。城乡收入差距之所以不断拉大，并非由于农村收入停滞不前，而是因为城镇收入增长更快。

农村收入增长是农业收入、非农收入以及其他收入等各种收入来源共

① 我们注意到，参加低保的贫困户的比例不同于官方报告的数字。2007 年政府公告指出，中国 70% 以上的农村贫困户受益于低保（新华社，2007a，2007b）。产生这么大差异的原因尚不清楚。

同增长的结果。虽然农村资产性收入占总收入的份额并不高，但是其增速最快，自有住房估算租金的增速也很快。到2007年，这两种收入来源之和占农村住户收入的比重超过10%，这表明财产性收入在中国农村越来越重要。

外出打工收入也快速增长。这里的外出打工收入只是狭义地定义为外出工作所获得的工资收入。的确，到2007年这种收入占农村人均收入的比重将近1/5，接近当地打工的工资收入。这些趋势表明，放松劳动力流动限制对农户有利。如果我们的计算还包括外出的非常住家庭成员的汇款，外出打工收入将更加重要，更不用说将以前已迁出农户的收入包含在内了。

尽管非农收入增长了，但是农业收入依然是农户最大的收入来源。农业收入增长迅速，这很可能反映了农产品价格的回升以及惠农新政策的实施。

农村收入的增长被广泛共享，以致2002—2007年间的收入不平等变化不大。收入不平等变化之所以平稳，部分是因为外出工资收入和农业收入都增长了，而它们的分布又相对均等。如果使用绝对贫困线，贫困发生率以及贫困距将大幅下降。然而，尽管贫困户的收入增长使得一半的贫困人口脱离绝对贫困，但那些依然处于贫困状态的农民的贫困程度加重了。同样，相对贫困状况没有改善。低收入群体的收入增长赶不上中等收入群体。

我们还使用CHIP数据考察了取消农业税费的影响。数据表明，农业税费基本上取消了。由于2002年的农业税费具有累退性质，它们的取消将减少不平等。但是由于2002年税费水平已经很低，废止农业税费对收入不平等的影响很低。我们也注意到，农村税费曾经是当地财政收入的重要来源；因而，废止农业税费可能对当地财政支出产生负面影响，转而影响农村住户。但这些间接影响超出了我们的计算范围。

我们对低保补贴的分析，对至少自2007年以来低保的有效性及其减贫效果提出了质疑。尽管这个项目对贫困户更有利，但我们发现绝大多数贫困户没有获得低保补贴。进而，CHIP农村调查中的低保数据与官方通报的数据的差异又是一个问题，这需要进一步去研究。

（本章作者：罗楚亮、史泰丽）

参考文献

国家统计局农村社会经济调查司（2008）：《中国农村住户调查年鉴》，中国统计出版社2008年版。

国家统计局农村社会经济调查司（2010）：《中国农村住户调查年鉴》，中国统计出版社2010年版。

国家统计局社会和科技统计司（2008）：《中国社会统计年鉴2008》，中国统计出版社2008年版。

民政部（2008）：《2007年民政事业发展统计报告》，http://www.mca.gov.cn/article/zwgk/tjsj/。

国家统计局（2008）：《中国统计年鉴2008》，中国统计出版社2008年版。

盛来运（2008）：《流动还是迁移：中国农村劳动力流动过程的经济学分析》，上海远东出版社2008年版。

新华社（2005）：《中国立法废除2600年的农业税》，《人民日报》2005年12月30日。

新华社（2007a）：《中国政府决定补贴所有的农村贫困户》，2007年5月24日，http://english.peopledaily.com.cn/200705/24/eng20070524_377380.html。

新华社（2007b）：《补贴体系覆盖77%的农村贫困人口》，2007年5月28日，http://www.china.org.cn./english/government/212112.html。

新华社（2008）：《中央一号文件聚焦农村问题》，2008年1月31日，http://www.chinadaily.com.cn/china/2008-01/31/content_6432725.htm。

新华社（2010）：《中央一号文件连续聚焦农村问题》，2010年2月1日，http://www.chinadaily.com.cn/bizchina/2010-02/01/content_9409941.htm。

张东生（2008）：《中国居民收入分配年度报告2008》，中国经济科学出版社2008年版。

Adams, R. H., Jr. (1999), "Nonfarm Income, Inequality and Land in Rural Egypt", World Bank Policy Research Working Paper No. 2178.

Brandt, L. and C. A. Holz (2006), "Spatial Price Differences in China: Estimates and Implications", *Economic Development and Cultural Change*, 55(1), 43-86.

Cai, F., Y. Du, and M. Wang (2009), "Migration and Labor Mobility in China", Human Development Research Paper No. 2009/09, United Nations Development Programme..

Chen, S. and M. Ravallion (2008), "China is Poorer Than We Thought, But No Less Successful in the Fight Against Poverty", World Bank Policy Research Working Paper No. 4621.

Chen, X. (2009), "Review of China's Agricultural and Rural Development: Policy Changes and Current Issues", *China Agricultural Economic Review*, 1(2), 121-135.

Chen, X. (2010), "Issues of China's Rural Development and Policies", *China Agricultural Economic Review*, 2(3), 233-239.

Datt, G.. and M. Ravallion (1992), "Growth and Redistribution Components of Changes in Poverty Measures: A Decomposition with Applications to Brazil and India in the 1980s", *Journal of Development Economics*, 38(2), 275-95.

Foster, J., J. Greer, and E. Thorbecke (1984), "A Class of Decomposable Poverty Measures", *Econometrica*, 52(3), 761-766.

Gale, F., B. Lohmar, and F. Tuan (2005), "China's New Farm Subsidies", USDA Outlook, WRS-05-01, at http://www. ers. usda. gov/publications/WRS0501/WRS0501. pdf, accessed 2/22/2011.

Gustafsson, B., L. Shi, and T. Sicular (2008), "Inequality and Public Policy in China: Issues and Trends", in B. Gustafsson, L. Shi, and T. Sicular, eds., *Inequality and Public Policy in China*, 1-34, New York: Cambridge University Press.

Huang, J., Y. Jun, Z. Xu, S. Rozelle, and N. Li (2007), "Agricultural Trade Liberalization and Poverty in China", *China Economic Review*, 18(3), 244-265.

Khan, A. R., K. Griffin, C. Riskin, and R. Zhao (1992), "Household Income and Its Distribution in China", *China Quarterly*, no. 132, 1029-1061.

Khan, A. R. and C. Riskin (1998), "Income and Inequality in China: Composition, Distribution and Growth of Household Income, 1988 to 1995", *China*

Quarterly, no. 154, 221-253.

Khan, A. R., and C. Riskin (2008), "Growth and Distribution of Household Income in China between 1995 and 2002", in B. Gustafsson, L. Shi, and T. Sicular, eds., *Inequality and Public Policy in China*, 61-87, New York: Cambridge University Press.

Osberg, Lars (2000), "Poverty in Canada and the United States: Measurement, Trends, and Implications", *Canadian Journal of Economics*, 33 (4), 847-877.

Poverty Reduction and Economic Management Division, East Asia and Pacific Region (2009), "From Poor Areas to Poor People: China's Evolving Poverty Reduction Agenda", World Bank Report No. 47349-CN.

Ravallion, M. (1992), "Poverty Comparisons: A Guide to Concepts and Methods", Living Standards Measurement Study Working Paper No. 88, The World Bank.

Ravallion, M. (1994), *Poverty Comparisons*, Philadelphia: Harwood Academic.

Ravallion, M. and S. Chen (2007), "China's (Uneven) Progress Against Poverty", *Journal of Development Economics*, 82(1), 1-42.

Sato, H., S. Li, and X. Yue (2008), "The Redistributive Impact of Taxation in Rural China, 1995 – 2002: An Evaluation of Rural Taxation Reform at the Turn of the Century", in B. Gustafsson, L. Shi, and T. Sicular, eds., *Inequality and Public Policy in China*, 312-336, New York: Cambridge University Press.

Shorrocks A. F. (1999), "Decomposition Procedures for Distributional Analysis: A Unified Framework Based on the Shapley Value", Department of Economics, University of Essex.

Sicular, T., X. Yue, B. Gustafsson, and S. Li (2007), "The Urban-Rural Income Gap and Inequality in China", *Review of Income and Wealth*, 53 (1), 93-126.

Stark, O., J. E. Taylor, and S. Yitzhaki (1986), "Remittances and Inequality", *Economic Journal*, 96(383), 722-740.

Whyte, M. K., ed. (2010), *One Country, Two Societies: Rural-Urban Ine-*

quality in Contemporary China, Cambridge, MA: Harvard University Press.

Xu, Y. and X. Zhang (2010), "Rural Social Protection in China: Reform, Performance and Problems", in J. Midgely and K. L. Tang, eds., *Social Policy and Poverty in East Asia: The Role of Social Security*, 116-127, New York: Routledge.

Zhang, X. and L. Sun (n. d.), "Social Security System in Rural China: An Overview", CATSEI Project Report, at http://www. catsei. org/contents/73/1076. html, accessed March 9, 2011.

第八章　中国农民工市场的演变（2002—2007年）[①]

第一节　引　言

基于1988年全国住户调查的第一次中国住户收入调查（CHIP）并没有包括农民工调查（Griffin和Zhao，1993）。其中的一部分原因是因为这一年的调查完全依赖于在国家统计局一年一度进行的全国住户调查中抽样，而国家统计局的全国住户调查样本只包括农村家庭和城市户口（居住登记）家庭。抽样过程所反映的背后现实是：农村向城市的迁移是受限的、有限的和不重要的。1995年的CHIP调查同样如此（Riskin，Zhao和Li，2001），尽管它已经包含了基于农村样本的移民分析（Li，2001）。2002年的CHIP调查首次单独包括了农村向城市的移民样本，Gustafsson、Li和Sicular 2008年出版的一书中的几个章节就分析了这些农民工样本（Gustafsson，Li和Sicular，2008）。2007年的CHIP调查也同样包括了一个农村－城市移民样本，这是构成本书研究的数据基础之一。四次CHIP调查越来越重视农民工和农民工问题，反映了中国经济中的一个重要发展。

① 本章内容完成于约翰·奈特访问北京师范大学期间。非常感谢Simon Cox，Fung Kwan，Gus Rains和Adrian Wood的有益评论，我们在更长的论文（Knight等，2010）中对CHIP中国住户收入调查进行了更为拓展的分析。

农村人口向城市流动这一被称为人类历史上最伟大的迁移是目前中国的经济增长、收入分配、贫困缓解和劳动力市场分析的关键。事实上，它也是基于2007年CHIP调查的独立研究（Meng和Manning，2010）的研究对象，但该项研究并没有强调本章提出的问题。

对于评价发展中国家的经济业绩、并解释经济发展成果的分享方式而言，著名的刘易斯模型（Lewis，1954）无疑提供了一个很好的框架。在一个竞争性的市场经济国家中，只有当经济从存在剩余劳动力的古典阶段（也即第一发展阶段）进入到劳动力稀缺的新古典阶段（也即第二发展阶段）时，实际收入才会普遍上升。

在这一转折点到达之前，经济增长的成效体现为对剩余劳动力的吸收，而不是实际收入的普遍上升。在越过这一转折点之后，劳动力稀缺可以成为缓解劳动收入分配不均等的巨大推动力。日本（20世纪50年代或60年代）和韩国（20世纪60年代或70年代）的经验，很好地诠释了从古典发展阶段向新古典发展阶段的转变。毫无疑问，中国在改革初期是一个典型的劳动力剩余型经济体，农村（表现为公社内部的不充分就业）和城市（表现为国有企业内部的不充分就业）都存在剩余劳动力。改革开放以来，中国经济得到了快速发展，1978—2008年这30年期间的年平均增长率超过9%。然而，劳动力人数在同一时期增长了3.8亿，从相对量看则增长了90%，相当于年均增长率为2.3%。一个饶有兴味的问题便是，剩余劳动力是否已经被快速发展的经济有效地吸收了？

一些学者依据某些地区农民工工资上升的报告或数据，并结合中国经济的不同增长点，认为中国已经到达了刘易斯转折点（如Cai等，2007；Park等，2007；王德文，2008）。但有学者认为，农民工工资几乎没有增长（Du和Pan，2009；Meng和Bai，2007）。还有学者认为，有证据表明中国农村地区还存在着较大规模的剩余劳动力（如Kwan，2009；Minami和Ma，2009）。刘易斯转折点也成为出现在媒体上的一个热点话题。例如，国务院的一位参事指出，中国在未来40年内的劳动力资源都是充足的（Xin和Shan，2010）。对剩余劳动力问题出现了两种截然不同的判断，这种状况部分地反映了数据的匮乏，导致难以对这两种假说进行检验。然而，这两种判断有可能都包含着正确的成分。但问题在于如何将表面上相互冲突的论据予以整合，而本章将试图提供解决这一难题的可行途径。

本章的第二节将提供中国劳动力市场发展趋势的一些背景信息，第三节描述了本章使用的 2002 年和 2007 年全国住户调查数据。第四节介绍了最低工资和农民工工资机制的已有研究，估计了农民工的工资方程，以考察并解释中国城镇地区农民工的工资机制及其变动。第五节基于农村住户调查数据，估计了劳动力外出的 probit 模型，估算出农村地区潜在的可供转移的农民工数量。第六节讨论了上面提到的疑问并总结全章内容。

第二节　中国劳动力市场的变化趋势

早在几十年以前，中国的可用土地数量就达到了极限。1952—1995 年期间，播种面积的增长幅度不到 6%。而在同一时期，农村劳动力却增加了 150%，并在 1995 年达到最高点。改革开放前，公社中存在着剩余劳动力，但并没有实际体现出来，因为剩余劳动力被工分制掩盖了。许多研究测算了中国农村劳动力的剩余程度，但估计结果之间的差异较大。然而，大多数研究表明，剩余劳动力在 20 世纪 80 年代占到了农村劳动力的 30%（Taylor，1988；Knight 和 Song，1999，第 2 章）。

作为新中国成立初期宽松人口政策的滞后效应，农村劳动力在 20 世纪 80 年代迅速增长。而在 70 年代后期提出的计划生育政策，只是到了 90 年代后期才开始影响到劳动力市场。表 8. 1 列出了 1995—2007 年间关于劳动力人口和就业数量的几个指标。农村劳动力从 20 世纪 90 年代中期开始缓慢下降。随着农村非农就业的增长（平均每年增长 1. 6%），从事农业的劳动力数量显著下降（年均下降 1. 4%）。城镇就业数量快速上升（年均增长 3. 7%），而正规部门的就业（包括国有企业和城镇集体企业）实际上呈现出下降的态势（年均下降 2. 2%），城镇非正规就业则是发展最快的部门（年均增长 10. 7%）。

表 8.1　中国 1995—2007 年的劳动力和就业情况

		数量（百万）			增长率（%）	年均增长率（%）
		1995 年	2007 年	1995—2007 年	1995—2007 年	1995—2007 年
农村	劳动力规模	490	476	−14	−2.9	−0.03
	就业人口	490	476	−14	−2.9	−0.03
	乡镇企业、私营企业和个体户	165	200	35	21.2	1.62
	家庭农业	325	276	−49	−15.1	−1.36
	第一产业就业	355	314	−41	−11.5	−0.01
城镇	劳动力规模	196	325	131	66.8	4.43
	就业人口	190	294	104	54.7	3.7
	正规部门	149	114	−35	−23.5	−2.21
	非正规部门	41	180	139	339	13.12
	失业人口	6	31	25	416.7	15.55
农民工		30	132	102	340	13.14
城镇平均实际工资（元/年，按 1995 年价格调整）		5348	19904	14556	272.2	11.16

资料来源：《中国统计年鉴（2008）》，表 4－2、表 4－3、表 4－5、表 4－8；农民工人数来自盛来运（2008）。

城镇本地劳动力的自然增长过于缓慢，以致于无法满足城镇雇主对劳动力日益增长的需求，农民工则恰好填补了这一缺口。盛来运（2008）利用国家统计局的数据，估算出农民工的数量从 1995 年的 3000 万增加到了 2006 年的 1.32 亿。外出务工人员占农村劳动力的比重从 1995 年的 7%至少上升到了 2006 年的 26%。尽管很难准确地测度每年的农民工数量，但这几个判断应该是没有争议的：农民工的数量大概每年增长 14%，农民工是近十年来劳动力各个组成部分中增长最为迅速的部分。

表 8.1 也显示，城镇的平均实际工资在 1995—2007 年间的年均增长率为 11.16%，这一增长幅度要远高于农村实际人均收入年均约 6.3%的增长幅度。然而，官方统计的城镇职工的工资水平并没有将农民工包括在内。城镇职工的工资不仅受到体制和政治考量的影响，而且在近年来也受到了

非正规性质的利润分享的影响，后者是与效率工资理论相一致的。而农民工的工资决定机制与城镇职工并不相同（Knight 和 Li，2005；Knight 和 Song，2005，第 7 章）。因此，官方数据所显示出的工资增长趋势，并不等于农民工的工资也出现了同样幅度的增长，我们需要单独研究农民工的工资变动状况。

中国居民收入分配课题组（CHIP）2007 年的调查数据表明，城镇居民与农民工的月平均工资的比率为 1.49。尽管相比城镇居民而言，农民工更多地受到市场因素的影响，但农民工的工资还是要高于他们的机会成本。2007 年的调查数据也询问了农民工如果留在农村会得到的收入水平，发现农民工在城镇地区得到的工资水平与他们留在农村所获得的收入水平之间的比率为 2.43。根据外出务工的概率模型可知，城乡收入差距应该会吸引农村劳动力大量涌入城市，并在外出的农民工中间形成较为严重的失业问题。然而，中央政府与地方政府在城镇地区所施加的对农民工就业及安置方面的约束，使得农民工的失业问题并不严重（Knight 和 Song，2005，第 5 章与第 8 章）。根据估计，2002 年中国城镇地区的农民工失业率仅为 2.8%（李实、邓曲恒，2004）。

第三节　数　据

本章使用的数据来自中国居民收入分配课题组（CHIP）2002 年和 2007 年的住户调查。调查包括三种类型的住户：城镇住户、农村住户和农民工住户。这三种类型的住户调查是分开进行的，其中城镇住户和农村住户的样本是国家统计局大样本中的一部分。2002 年的农村住户调查覆盖 22 个省，在选择调查省份时充分考虑了代表性问题。其中北京代表直辖市，河北、辽宁、江苏、浙江、山东和广东代表沿海地区，山西、吉林、安徽、江西、河南、湖北和湖南代表中部地区，四川、重庆、贵州、云南、广西、陕西、新疆和甘肃代表西部地区。样本户在 22 个省的分布大致等同于这些省份的人口数的相对比例。各省统计局根据收入分层抽取样本县和样本户，每个样本县中至少有50个调查户。在2002年的农村住户调查中，总计有120个调查县、9200个样本户、37969个人。2002年的城镇住户调查只包含上述22个省份中的12个：北京、山西、辽宁、江苏、安徽、河南、湖北、广东、重庆、四川、云南和甘肃，总计有70个城市、6835个样本户和20632个人。调查问卷由课题组成员设计。为了精确估计家庭可支配收入，调查问卷包括了详尽的收入信息。调查户被要求回答每一就业人员的工资性收入与其他收入以及家庭经营收入等。农村调查户还回答了在本乡以及本乡之外工作时间的有关信息。有关收入的问题包括每个家庭成员的工资性收入和其他收入，也包括家庭经营收入。

2002年的农民工调查则包括了2000个调查户，其中沿海和中部的每个省份都抽取了200个调查户，西部省份的每个省份则抽取了150个调查户。农民工被定义为在城镇居住了6个月以上的农村户籍人员。对农民工调查而言，每个省的省会城市抽取100个调查户，而中等城市抽取50个调查户。在每个城市中，农民工家庭都是通过社区进行入户调查的，因此居住在建筑工地和工厂的农民工并没有包括在调查中。农民工调查的问卷包括工资、经营性收入、消费、家庭成员的就业特征等问题。

2007年的农村住户、城市住户和农民工调查在9个相同的省份进行：上海、江苏、浙江、安徽、河南、湖北、广东、重庆和四川。城镇住户和农民工调查覆盖15个城市，而农村住户调查覆盖80个县的800个村庄。样本包括8000个农村住户、5000个城市住户和5000个流动人口住户。与2002年的调查相类似，2007年的农村住户和城市住户样本是从国家统计局大样本中提取的子样本，而农民工调查则是单独实施的。为确保两年调查样本的可比性，我们将分析样本限定在两年调查都覆盖的省份。2007年的调查问卷尽可能多地保留了2002年调查所询问的问题。此外，2007年调查新增加了关于农民工身份和行为的一些信息。

2002年和2007年的农民工调查在抽样方法上存在差异。在2007年调查中，农民工是从他们的工作地点抽取的，而在2002年调查中农民工是从居住社区抽取的。因此，从事自我经营的农民工在2002年调查中的比例较高。相对于居住在其他地方的农民工而言，居住在社区的农民工具有更高的收入，因此 2002 年数据中的农民工工资要系统性地高于 2007 年数据中的农民工工资。为了纠正这一偏差，我们在 2007 年的农民工调查中，只选取了居住条件与 2002 年相仿的农民工。

第四节　农民工工资分析

CHIP 住户调查数据是农民工工资的极具价值的信息来源。我们的分析分为两部分。首先，我们利用 2007 年的调查数据，分析农民工工资的影响因素，这有助于我们考察市场力量在农民工工资决定机制中所起的作用。接下来，我们将 2002 年和 2007 年的数据进行合并，以研究农民工的工资在 2002 年和 2007 年之间的变化，从而判断农民工的实际工资是否有所上升，并探寻农民工工资变化的原因。2007 年的农民工问卷和城镇住户问卷都询问了月工资收入以及自我经营的净收入。我们利用 Brandt 和 Holz（2006）的处理方法，根据省级层面上的购买力平价计算了物价指数，从而使得收入在时间和空间上都具有可比性。由于农村调查和农民工调查是分别进行的，无法将农民工与农村居民进行匹配，因而无法纠正劳动力流动方面的自选择性偏差。

估计各城市内部城镇户口劳动力的收入对农民工工资收入的影响，在技术上是可以实现的。我们的做法是分别估计每一城市城镇居民的收入函数，然后根据农民工的特征以及农民工所在城市的城镇居民收入函数的估计系数计算农民工的预测收入。农民工的预测收入可以成为特定城市对农民工的需求的代理变量。如果农民工的供给曲线在每个城市都是具备完全弹性的，而城市内部又存在劳动力市场的分割，那么城镇居民的工资对农民工的市场出清工资应该没有影响。然而，如果农民工工资受到了城镇职工工资的影响，那么就可能说明农民工和城镇职工之间在就业方面存在着竞争关系（即劳动力市场的分割是不完全的），或者制度化的工资决定过程也适用于部分农民工。数据还提供了农民工户籍所在村的非技术工人的日工资水平，以及如果农民工留在老家可以得到的月收入等信息。这些变量可以作为农民工供给价格的代理变量。

农民工劳动供给和需求的代理变量有助于解释农民工工资的变化。考虑一个简单的需求和供给模型，而农民工和城镇职工是不完全替代的（Knight 和 Yueh，2009）。由于信息滞后、惯性和交易成本的存在，需求曲线的右移在短期内会导致供给方面的较小幅度的反应。我们预期农民工工资会因此而上升，少量的农民工则可以享有工资租金。在长期意义上，供给会做出相应变化，边际租金会消失，均衡状态的工资则由供给和需求曲线的弹性决定。如果农民工供给曲线是完全弹性的，那么均衡的工资将回到初始水平；如果劳动供给曲线不是完全弹性的，那么农民工需求的代理变量的系数无论在短期还是长期都为正。如果市场的冲击来自供给曲线的上移（或左移），而且在短期内如果农民工的供给反应滞后，那么农民工的工资上升幅度将很小，实际上可能会出现负的边际租金。随着时间的推移，均衡工资将会进一步提升。如果农民工供给曲线是完全弹性的，农民工工资的增长幅度将达到最大。在这一情形中，农民工需求的代理变量不会影响到均衡工资。

供给和需求的代理变量的相对重要性，揭示了市场力量是如何影响农民工工资的。如果农民工劳动需求的代理变量有着更高的系数，那么就说明需求是决定工资水平和工资增长的重要因素。如果农民工供给价格的代理变量有更高的系数，那么供给条件在农民工工资的形成机制中有着更为重要的作用。需要指出的是，我们在本章中使用的是截面数据，因此无法处理滞后效应，也无法在均衡和非均衡状态之间做出区分。

表 8.2　2007 年农民工工资（对数）和自我经营收入（对数）的影响因素

	均值		系数	
	工资	自我经营收入	工资	自我经营收入
如果留在农村的收入（对数）	6.277	6.233	0.161 ***	0.197 ***
本村非技术工人的工资（对数）	6.958	6.977	0.046 **	0.173 ***
预测的城市工资（对数）	7.107	7.333	0.086 ***	-0.006

续表

	均值		系数	
	工资	自我经营收入	工资	自我经营收入
受教育年限	9.522	8.431	0.020 ***	0.004
学习成绩一般	0.656	0.71	-0.021	0.066
学习成绩较差	0.077	0.074	-0.038	0.07
接受过培训	0.267	0.148	0.037 *	0.096 *
城市打工时间（年）	6.366	10.024	0.024 ***	0.022 ***
城市打工时间的平方	73.218	141.523	-0.001 ***	-0.001 ***
男性	0.554	0.646	0.102 ***	0.173 ***
制造业	0.263	0.038	0.063 ***	0.158
建筑业	0.072	0.022	0.165 ***	0.237 *
常数项			4.714 ***	4.677 ***
调整的 R^2			0.212	0.098
样本规模			2026	980
因变量的均值	7.007	7.362		
如果留在农村的收入（剔除农村非技术工人的工资后）			0.165 ***	0.215 ***

注：样本中局限于在城市有住房或租房居住的农民工。省略的变量分别是在学校成绩较好、没有接受过培训、女性、其他行业。工作单位规模、合同性质、单位所有制等雇主特征变量的估计系数，因系数值基本上较小而且不显著而没有在这里报告。“预测的城市工资”是根据城镇职工工资方程得到的估计系数与农民工的个人特征估算出来的。名义工资和收入根据省级生活成本的差异进行了调整，采用的方法参照 Brandt 和 Holz（2006）。*** 、** 和 * 分别表示 1%、5% 和 10% 的显著性水平。

资料来源：2007 年 CHIP 调查农民工样本。

表 8.2 报告了 2007 年农民工工资收入方程和自我经营收入方程的 OLS 估计结果，其中收入变量都进行了对数化处理。农民工劳动供给价格这一变量的系数显著为正：机会成本的系数为 0.161，而农村非技术工人的工资的系数为 0.046。由于这些变量之间可能存在着共线性，我们又从方程中剔除了非技术工人的工资这一变量，以重新估计机会成本的系数（表 8.2 中最后一行），结果发现机会成本的系数的估计值为 0.165，与包括非技术工人的工资的情形相比只是略微有所提高。如果收入变量不进行对数

化处理（这里未报告估计结果），那么估计结果表明机会成本每上升100元，农民工工资会显著增加33元。自我经营收入方程的估计结果表明，劳动供给价格的作用更大（机会成本的系数为0.197，而农村非技术工人工资的系数为0.173，两者都在统计上显著）。当估计方程不包括非技术工人工资这一变量时，机会成本的估计结果显示，如果农村劳动力的供给价格提高100元，农民工在城市的自我经营收入将提高73元。这一证据表明，机会成本更高的农民工在城市中的收入也更高。因此，农村劳动供给价格的上升将导致农民工工资的增长。

预测的农民工工资是城市劳动需求的一个合适的代理变量，其系数估计值显著为正（0.086），但是要低于农民工机会成本代理变量的估计系数（0.165）。然而，这一变量可能反映了需求以外的因素的作用。在城市中省级生活成本变量的影响应该通过通用的购买力平价指数进行调整而剔除，但是省级调整也具有缺陷，正如Brandt和Holz（2006）所承认的。由于农民工大多分布在城市工资分布的底端，因而农民工工资可能也反映了制度性因素尤其是最低工资制度的影响。因此不难理解，预测收入在自我经营者样本中的估计系数显著为负且不显著（-0.006）。

针对农民工的城镇需求的代理变量，我们进行了多个稳健性检验。由于农民工在城镇地区的预测工资/收入可能与教育等其他变量正相关，我们将预测的工资/收入变量去掉，重新估计了表8.3的第4列和第5列。然而，去掉预测的城市工资/收入变量之后，教育变量以及其他变量的估计结果并没有发生太大变化。我们也尝试了将预测的城市工资/收入变量替换为其他两个代理变量。一个代理变量为初中文化程度以及初中文化程度以下城镇居民在各个城市的平均工资/收入。另一代理变量则是城镇居民的加权平均工资/收入。这一变量的生成方法是利用每一城市的农民工职业分布对城镇居民进行重新加权，以使得城镇居民的职业分布与农民工的职业分布相一致，进而得到城镇居民的加权平均工资/收入。我们的估计结果表明，对自我雇佣的农民工而言，无论使用何种代理变量，预测的城市工资/收入的系数在数值上都很小而且并不显著。然而，对从事工资性就业的农民工而言，第二个代理变量的系数估计值为0.148，而第一个代理变量的系数估计值则为0.300，两者都在0.01的水平上统计显著。因此，我们所得到的结果并不是简单划一的。根据所选择的代理变量的不同，农民工需求方面因素的影响（系数在 0.086 和 0.300 之间变动）可能高于也有可能低于供给方面的影响（系数的变动范围为 0.046 和 0.165）。

农民工的收入方程中也包括了其他控制变量。我们简单地讨论系数估计值显著并且具有较强经济意义的一些变量。对工资性就业者而言，教育回报率显著为正，但数值较低（年均 2%），而学习成绩对工资没有显著影响。这些估计结果可能反映出农民工通常从事着低技能的工作。对自我经营者而言，教育变量在所有收入方程中的系数都不显著。然而，接受过培训对工资性就业者和自我经营者都有着正的回报。类似地，对工资性就业者和自我经营者而言，在城镇地区的工作经验（外出打工的年数）和收入的关系也都呈现出惯常的倒 U 型。男性和建筑工人的工资性收入、自我经营性收入高于女性或其他部门（主要是销售和其他服务），这说明农民工从事的一些工作较为繁重或者并不令人愉悦；对自我经营者而言，这意味着从事某些特定经营活动则存在着技术或资本方面的障碍。

表 8.3 将 2007 年和 2002 年的农民工样本进行了合并，以考察对数工资在这两个调查年份之间的变化。前已述及，2002 年和 2007 年调查的抽样方式有所不同。2002 年的样本是从居住社区抽取的，而 2007 年的样本则是从农民工的工作地点抽取的。由于一些农民工住在雇主提供的宿舍或工作场所，因此 2007 年数据的覆盖面更广。为了使得这两年的数据具有可比性，2007 年的样本只包括了居住在自己的房子或出租房的农民工。我们仍然采用 Brandt 和 Holz（2006）的方法，根据购买力平价指数来调整城市物价水平及其变动。

表 8.3　2002 年至 2007 年农民工工资和自我经营收入的变化的影响因素

	工资				自我经营收入			
	(1)	(2)	(3)	(4)	(5)	(6)	(7)	(8)
2007 年	0.643 ***	0.589 ***	0.531 ***	0.342 ***	0.819 ***	0.771 ***	0.737 ***	0.506 ***
教育年限		0.042 ***	0.030 ***	0.021 ***		0.032 ***	0.032 ***	0.019 ***
城市打工时间（年）		0.025 ***	0.023 ***	0.023 ***		0.040 ***	0.038 ***	0.038 ***

续表

	工资				自我经营收入			
	(1)	(2)	(3)	(4)	(5)	(6)	(7)	(8)
城市打工时间的平方		-0.001 ***	-0.001 ***	-0.001 ***		-0.002 ***	-0.002 ***	-0.002 ***
接受培训		0.075 ***	0.064 ***	0.050 ***		0.066 *	0.078 **	0.081
男性		0.212 ***	0.170 ***	0.148 ***		0.168 ***	0.159 ***	0.125 ***
制造业		0.120 ***	0.118 ***	0.096 ***		0.363 ***	0.325 ***	0.275 ***
建筑业		0.086 ***	0.098 ***	0.099 ***		0.208 ***	0.215 ***	0.199 ***
预测的城市工资		0.098 ***	0.085 ***			0.036 ***	0.041 ***	
如果留在农村的收入			0.158 ***				0.186 ***	
常数项	6.362 ***	5.733 ***	5.254 ***	4.648 ***	6.539 ***	6.093 ***	5.855 ***	5.026 ***
样本规模	3254	3254	3254	3254	2478	2478	2478	2478
调整的 R^2	0.302	0.409	0.418	0.459	0.29	0.343	0.344	0.385

注：第2、6列只包括年份虚拟变量（2007年为1，2002年为0）。第3、4、5列在第2列的基础上逐渐添加了变量，第7、8、9列在第6列的基础上逐渐添加了变量。表8.3的解释变量与表8.2大致相同，但没有包括学习成绩和农村非技术工人的工资，这是因为2002年的数据没有提供这些信息。省略的虚拟变量分别是女性、没有接受过培训和其他行业。***、**和*分别表示1%、5%和10%的显著性水平。

资料来源：2002年和2007年CHIP调查农民工样本。

表8.3中的模型设定不同于表8.2，表8.3中的关键变量是年份虚拟变量：2007年为1，2002年为0。第2列和第6列都只包括年份虚拟变量和截距项，以度量农民工实际工资的毛增长。估计结果表明，工资性就业者和自我经营者的收入的年均增长率分别为13.7%和17.8%。① 第3列和第7列则在年份虚拟变量之外还加入了个人特征变量。值得注意的是，在加入个人特征变量之后，工资性收入和自我经营收入的年均增长率只是略微下降，两者分别为12.5%和16.7%。这说明了技术水平极低的农民工的工资增长幅度。我们也在第4列和第8列中进一步控制了预测的城市工资，

① 这里及下文年均增长率的计算用到了下面的公式：$(1+r)^5=e^c$，其r为年均增长率，c为回归系数。

结果发现收入增长率进一步下降，工资性收入和自我经营收入的增长率分别为 11.2% 和 15.9%。农民工留在农村可以获得的收入是农村劳动供给价格的最好指标，当在第 5 列和第 9 列控制该变量后，工资性收入和自我经营收入的增长率进一步分别下降为 7.0% 和 10.6%。尽管如此，还有很大一部分工资性收入和自我经营收入的增长，无法由我们所选取的变量进行解释。

对不同特征农民工的需求和供给的相对改变，可能会改变农民工的工资结构。特别地，如果青年农民工和受过较好教育的农民工的稀缺程度日趋严重，那么这些农民工的工资增长幅度会更大。我们接下来考察了这一可能性。我们将样本分为青年农民工（35 岁及 35 岁以下）和年长农民工（35 岁以上）、高文化程度农民工（初中及初中文化程度以上）和低文化程度农民工（初中文化程度以下）。我们重新估计了表 8.3 第 3 列到第 5 列的工资方程，将原有方程的教育变量分别替换为青年农民工的虚拟变量与 2007 年的交叉项、高文化程度农民工的虚拟变量与 2007 年的交叉项。需要检验的假说是这些交叉项的估计系数都是正的。估计结果（这里未报告）表明，青年农民工与 2007 年的交叉项在第 3 列到第 5 列的估计系数都显著为正，系数值在 0.08 和 0.11 之间变动。相比之下，高文化程度与 2007 年的交叉项并不显著为正。相反，这一变量在 2 个估计方程中出现了系数显著为负的情形。这表明，相对年长的农民工而言，青年农民工的处境更好，这说明了青年农民工日趋严重的相对稀缺性或者最低工资标准的增加。而农民工教育的溢价在 2002—2007 年期间有所下降。然而，这并不一定意味着年轻农民工的日益消失。在 20 世纪 90 年代中期一些城市引入了最低工资，并扩大了其覆盖面，并在随后几年其工资水平提升了（Du and Pan 2009）。年轻农民工作为城市中最低工资的工人，从城市发展中受益最多是合理的。

随着时间的推移，农民工的受教育程度将越来越高，在城市的工作时间会更长，而教育和工作经验等生产性特征将得到市场的回报。一个更加直接的方法是通过分解分析来度量特征变化对农民工工资增长的贡献。表 8.4 报告了 2002 年到 2007 年期间农民工平均工资变化的分解结果。可以看到，平均对数工资的增长（0.643）中的一小部分（不超过 30%）可以归因于两个工资方程之间的系数差异，而工资增长的大部分则是由于特征均值的变化导致的。然而，农民工文化程度的提高所引致的工资增长只占了工资增长总量的不到5%，而城市工作时间的增加对工资增长则没有影响。工资增长的主要来源是城市劳动力需求价格（31.6%或42%，取决于所使用的权数）和农村劳动力供给（35.4%或32.2%）价格的上升。因此，劳动力市场方面的因素确实是工资增长的主要原因。如表8.4所显示的，自我经营性收入增长的分解结果与工资性收入增长的分解结果类似。

简要归纳一下工资方程的回归结果。在表8.2中，农村劳动供给的代理变量（农村机会成本）和城市劳动需求的代理变量（雇主对农民工的估价）与农民工工资都有着正向关系。农村劳动供给的代理变量与自我经营性收入也存在正向关系，但城市劳动需求的代理变量对自我经营性收入没有影响。教育的回报很低，这也许反映了大多数农民工从事的是体力活。从表8.3我们可以看到，无论是否控制农民工的特征，工资性收入和自我经营性收入在2002年到2007年期间的增长都很迅猛。表8.4显示，农村劳动力供给价格的代理变量和城镇劳动力需求价格的代理变量，能够解释农民工实际工资增长的大约三分之二。因此，供给和需求因素都在影响着农民工的工资及其增长，农民工工资的上升并不能简单地归因为剩余劳动力的减少乃至消失。

表8.4 2002—2007年农民工实际工资增长的分解（部分结果）：个人特征的均值变化对平均工资增长的贡献

单位：%

	工资		自我经营收入	
	2002年权重	2007年权重	2002年权重	2007年权重
教育	3.3	4.1	1.3	1.9
城市经历	-0.4	-0.4	-0.5	-0.9
预测的城市工资（对数）	31.6	42.0	8.0	30.3
如果留在农村的收入（对数）	35.4	32.2	36.2	26.4
其他	0.4	4.8	-0.3	2.9
总计	70.3	82.7	44.7	60.6

注：根据Oaxaca-Blinder分解方法，分别利用2002年和2007年的估计系数作为权重得到分解结果。

资料来源：2002年和2007年CHIP调查数据。

CHIP 调查数据所提供的证据表明，农民工劳动力市场在空间上正在变得更加一体化。表 8. 5 报告了三个样本的农民工平均工资的离散程度（dispersion）。这三个样本分别为 2002 年和 2007 年调查中相同的 7 个城市、2002 年和 2007 年调查中相同的 7 个省份中的 23 个城市、所有的被调查城市。在第一个样本中，平均工资的基尼系数从 0. 107 下降到 0. 067，而对数工资的标准差从 0. 323 下降到 0. 129。但平均工资的标准差则呈现出上升的态势。在其他两个样本中以及当分析对象为自我经营性收入时，我们也得到了类似的结果。然而，对哪个指标能够更好地测量工资离散度，并没有严格的判定标准。但我们倾向于认为，工资差异的来源及其成本可能会随着收入的提高而增加。因此，这些结果意味着最低工资标准变得更为规范和具有效力，或者农民工在不同地区之间的流动性日益增强迫使市场力量做出响应，而后一种情形出现的可能性更大。

表 8. 5　2002 和 2007 年城市之间农民工工资的离散度

	相同的城市		相同省份的城市		所有城市	
	2002 年	2007 年	2002 年	2007 年	2002 年	2007 年
基尼系数	0. 167	0. 067	0. 203	0. 103	0. 260	0. 261
对数工资的标准差	0. 323	0. 129	0. 441	0. 194	0. 508	0. 194
工资的标准差	75	134	85	165	132	170

资料来源：2002 年和 2007 年 CHIP 调查数据。

最后，根据 CHIP 城镇和农民工调查，我们注意到 2002 年城镇的农民工平均工资是城镇职工平均工资的 70%，而在 2007 年这一数字降低到了 63%。因此，农民工工资的增长速度慢于城镇工人工资增长速度，尽管一部分原因是因为教育回报率的变化：即城镇工人的教育回报率上升而农民工则降低了。

第五节　潜在的农村外出人口

本节的主要目的在于估计潜在的农村外出劳动力规模。我们使用2002年和2007年CHIP数据的农村样本，选取了两年调查都涉及到的9个省份，估计农村劳动力外出务工的概率方程，以判断外出概率较高的非外出务工人员的规模。我们对外出概率的阈值进行了设定，以使得预测的外出务工人数恰好等于实际的外出务工人数。在我们的样本中，外出人口的比例在2002年和2007年分别为23.4%和27.3%。在2002年，14%的非外出人口根据模型的预测结果会外出务工，而46%的外出人口则被预测为非外出人口。2007年相应的数字则分别为13%和36%。

表8.6报告了probit方程的估计结果，因变量为外出务工，省略的变量为留在本地就业。从边际效应看，男性的外出概率在2002年和2007年分别比女性高出15个和12个百分点。已婚对外出概率具有负向作用，尤其是对已生育小孩的已婚者而言。21—25岁年龄组的外出概率在两个调查年份都是最高的。在2002年，外出概率在26岁后随年龄而急速下降。在2007年，外出概率在31岁后随年龄而迅速下降，并且其下降幅度比2002年更大。这一结果有些出乎意料，因为随着农民工逐渐变得稀缺，年龄较大的农村居民的外出概率将会提高。相比其他个人特征而言，年龄对外出概率的作用更强。

与小学及小学以下文化程度的农村居民相比，初中文化程度农村居民的外出务工概率在2002年和2007年分别要高出6个和2个百分点。高中文化程度的估计系数在2007年不显著。尽管高中文化程度在2002年的估计系数是统计显著的，但它的边际效应（5%）小于初中文化程度。与表8.3所报告的低教育回报率相一致，教育在2002年并不是影响外出务工概率的重要因素。而在五年之后，教育的作用变得更弱。健康状况良好在两个调查年份都有助于提高外出务工的概率，健康状况欠佳则在2007年会降

表 8.6　2002 和 2007 年用 Probit 模型估计的农村劳动力外出务工概率

		2002 年		2007 年	
		系数	边际效应	系数	边际效应
男性		0. 552 ***	0. 145	0. 456 ***	0. 119
已婚无小孩		-0. 457 ***	-0. 101	-0. 337 ***	-0. 079
已婚有 0-6 岁小孩		-0. 513 ***	-0. 113	-0. 401 ***	-0. 094
已婚有 7-12 岁小孩		-0. 54	-0. 122	-0. 365 ***	-0. 086
已婚有 13 岁以上小孩		-0. 526 ***	-0. 136	-0. 413 ***	-0. 108
父母年龄超过 70		0. 049	0. 013	-0. 130 ***	-0. 034
年龄组	21-25 岁	0. 172 ***	0. 049	0. 111 **	0. 031
	26-30 岁	0. 041	0. 011	-0. 021	-0. 006
	31-35 岁	-0. 116	-0. 03	-0. 437 ***	-0. 099
	36-40 岁	-0. 301 ***	-0. 073	-0. 737 ***	-0. 152
	41-45 岁	-0. 530 ***	-0. 116	-1. 051 ***	-0. 198
	46-50 岁	-0. 719 ***	-0. 15	-1. 443 ***	-0. 214
	51 岁以上	-1. 022 ***	-0. 196	-1. 853 ***	-0. 298
教育	初中	0. 217 ***	0. 058	0. 081 **	0. 022
	高中	0. 168 ***		0. 014	0. 004
	大学	0. 041	0. 011	-0. 097	-0. 025
健康	好	0. 181 ***	0. 046	0. 072 *	0. 019
	差	-0. 089	-0. 023	-0. 271 **	-0. 064
家庭人均可耕地面积		-0. 043 **	-0. 012	-0. 046 ***	0. 012
村庄中外出务工人口比例		2. 021 ***	0. 541	1. 493 ***	0. 401
PseudoR^2		0. 195		0. 289	
样本规模		9321		16094	

注：省略的变量是女性、未婚、父母年龄不超过 70 岁、16-20 岁年龄组、小学以下、健康一般。***、** 和 * 分别表示 1%、5% 和 10% 的显著性水平。模型中包括省份虚拟变量但没有报告其估计结果。

资料来源：2002 年和 2007 年 CHIP 农村数据。

低外出务工概率。家庭人均可耕地面积越多，家庭成员外出务工的概率越低。回归方程中还包含了省份虚拟变量，估计结果表明农村人口的所属省份是外出务工概率的重要影响因素，但这里没有报告具体估计结果。

村庄中外出务工人口比例对外出务工概率有着重要影响。村庄中外出务工人口比例的均值在2002年和2007年分别为0.13和0.22，标准差分别为0.10和0.14。村庄中外出务工人口比例的一个单位标准差的提高，会使得外出务工概率在2002年和2007年分别提高5.2和5.5个百分点。对这一结果有着几个可能的解释。其中一个解释是，随着信息的累积和外出务工人员网络的形成，劳动力流动和工作搜寻的货币成本和心理成本都会降低，这就形成了对外出务工的累积作用过程。在这一情形下，外出务工人口比例目前依然较低的村庄，或许能够在未来形成劳动力大量外出的局面。

阻碍农村居民外出务工的原因是什么？2007年的调查询问了不外出务工的原因，表8.7列出了对这一问题的各种选项的分布。主要原因有三个：年龄大了、在外面找不到工作、需要照顾老人或小孩。随着对农民工劳动力需求的日益扩大，回答这三个原因的农村居民可能都会转变自己对外出务工的态度。如果政策调整使得举家迁移和定居城市变得更为容易，那么年龄较大以及需要照顾老人或小孩的农村居民都会外出务工。如果对农民工的需求增强，农村居民将会更为容易地在外找到工作。而外出务工人员的网络在找寻工作的过程中会进一步增强，这无疑会提高农民工的就业概率。

表8.7　农村劳动力未外出务工的原因：回答的分布及其与外出务工概率的关系

原因	分布（%）	解释外出务工概率	
		回归系数	偏相关系数
年龄太大，40岁以下	17.3	-0.118 ***	-0.107 ***
年龄太大，40岁及以上	7.3	0.195 ***	0.161 ***
有病或残疾	3.2	0.000	
担心在外找不到工作	22.6	0.021 *	0.019 *
照顾老人或小孩	26.0	0.021 *	0.019 *
照看本地生意	10.4	0.006	0.004
其他	13.3	-0.006	-0.020

资料来源：2002和2007年CHIP农村数据。

表 8.7 也报告了以未外出务工人口为样本的 OLS 估计结果，因变量是从表 8.6 得到的预测外出务工概率，而自变量则是各种未外出务工原因的虚拟变量。这一估计结果并不能从因果效应的角度进行解释。相反，它只是说明没有外出务工的哪些主观原因与表 8.6 所报告的由客观因素预测出的外出务工概率之间存在相关关系。如果估计系数或偏相关系数的数值为正，那么系数越高就说明没有外出务工的主观原因与较高的外出务工概率具有越强的相关性。这也就说明，对于解释预测外出务工概率较高的农村居民为何未外出务工，这一主观原因能够起到十分重要的作用。从表 8.7 可以看到，回归系数以及偏相关系数最大的变量为年龄在 40 岁以上并且自认为年龄太大了这一虚拟变量。除了实际年龄的影响（已被吸纳在预测的外出务工概率里），自我感觉年龄太大似乎是阻碍外出务工的重要因素。一个重要的问题即是，随着外出务工机会的增加和劳动力流动政策的变动，这一自我感觉是否会相应调整？

利用表 8.6 中的 probit 模型估计结果，我们能够计算出 2002 年和 2007 年外出务工人员和未外出务工人员的预测外出务工概率，并根据预测外出务工概率计算劳动力的频次分布。根据外出务工人员和未外出务工人员在样本中的人数，我们可以计算出外出务工人员和未外出务工人员在全国农村人口中的总数，并得到它们在预测外出务工概率的不同区间中的人数。基于此，表 8.8 和图 8.1 显示，在预测的外出务工概率高于 0.5 的农村人口中，实际的外出务工人员数量在两个调查年份里都要多于未外出务工人员的数量。外出务工人员和未外出务工人员在数量上的这一差异在 2002 年较小，但在 2007 年有所扩大。预测的外出务工概率在 0.3—0.5 这一区间的外出务工人员的数量较大（2007 年为 3300 万），这意味着预测外出务工概率处于这一区间的农村居民非常有可能外出务工。但预测的外出务工概率在 0.3—0.5 这一区间的农村居民中，有着更多的未外出人口（4500 万）。事实上，预测外出务工概率高于 0.3 但没有外出的人口超过 8000 万，这一数字要略高于 2002 年的 7700 万。

表8.8 根据预测外出务工概率计算的2002年和2007年外出务工和未外出务工的人员数量

单位：百万

预测概率的区间	外出	没有外出	外出	没有外出
	2002年	2002年	2007年	2007年
0-0.1	7.8	153.3	8.7	185.9
0.1-0.2	14.6	104.6	11.3	72.0
0.2-0.3	19.4	57.8	13.8	41.5
0.3-0.4	20.4	30.9	14.0	26.4
0.4-0.5	18.1	19.5	17.4	19.1
0.5-0.6	15.8	14.2	19.6	14.2
0.6-0.7	12.1	8.6	23.2	11.0
0.7-0.8	7.5	3.6	21.4	7.8
0.8-1.0	1.3	0.6	11.3	2.2
总计	117	393	140	380

注：估计方法已在文中说明。

资料来源：2002和2007年CHIP农村调查数据。

度量潜在的农民工数量的另一种方法，是预测未外出务工人员中将会外出的人数，即将每一预测概率区间内未外出务工人员的数量乘以该预测区间的概率（取区间的中值）。表8.8给出了相应的计算结果，未外出务工人员中的预测外出人数在2002年和2007年分别为7400万和7100万。

由于年龄是影响外出务工的重要因素，因此有必要将未外出务工人员分为青年和年长两组（分界线为35岁）。在青年未外出务工人员中，预测外出务工概率高于0.3的人数在两个调查年份都达到了6700万（大多数年长未外出务工人员的预测外出务工概率都低于0.3），预测外出务工人数从2002年的4400万下降到了2007年的4100万。

我们的上述结果都基于probit模型，只是在外出务工和未外出务工之间进行了区分。作为一项稳健性检验，我们也估计了多元logit模型。基准组被设定为务农，其他组别为本地非农就业和外出务工。本地非农就业和外出务工的影响因素大致类似。但相比外出务工而言，教育对本地非农就

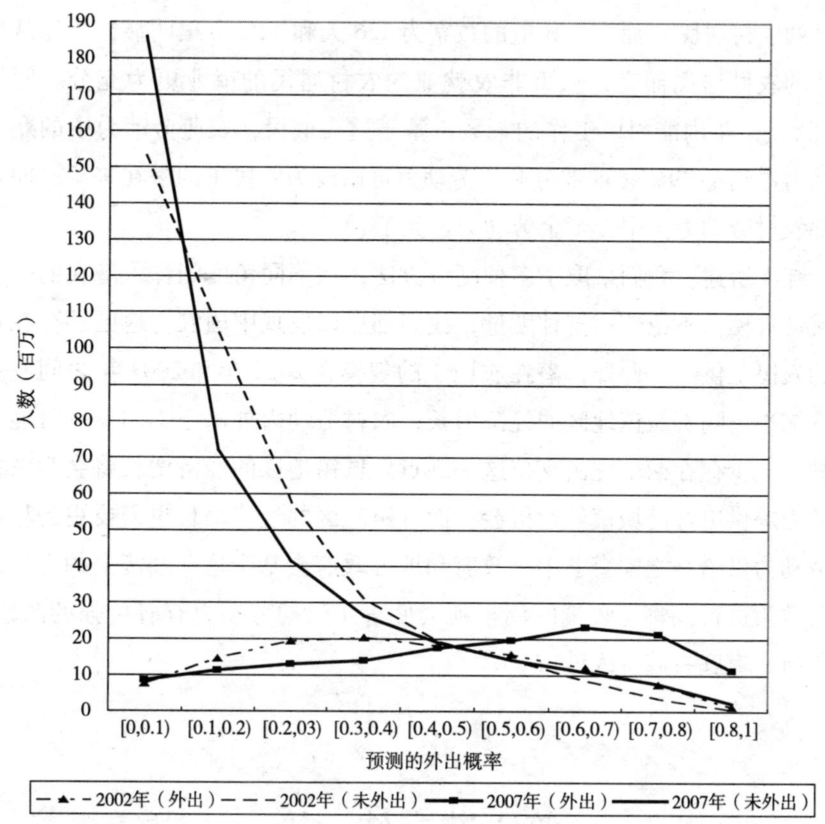

图 8.1　根据预测外出务工概率估算的外出务工与未外出务工的人数分布

业的重要性更强，而年龄对本地非农就业的影响更弱。由于本地非农就业的收入要高于外出务工的收入（例如，Knight 和 Song，2005，第 8 章），因此，对能在本地非农就业工作得到充分就业的农村居民而言，本地非农就业比外出务工更具吸引力。我们下面将要论及，外出务工的农村居民数量可能会受到农村的本地非农就业机会的影响。

通过比较实际工作的天数与可用来工作的天数，我们也可以测度农村的剩余劳动力规模。尽管 2007 年的 CHIP 数据并没有提供这一信息，但 2008 年的 CHIP 数据记录了工作天数，并询问了农村就业人员的主要经济活动。在回答自己从事农业的农村居民当中，平均的工作天数为 183 天（其中只有 25 天不是从事农业），其中 49% 的农业劳动力的工作天数少于 200 天。对所有的农村劳动力（包括自我识别为非农就业人员和外出务工人员的农村居民）而言，相应的数字为226天和32%。很明显，相比从事农业的农村居民而言，从事非农就业的农村居民的就业更为充分。假设300天是一年内能用来工作的天数。基于这一假设，农业劳动力中的剩余劳动力占到了39%，这部分剩余劳动力可以成为农民工的潜在来源。而在全部农村劳动力当中，剩余劳动力占到了25%。

综上所述，我们采取了多种度量方法，从不同角度阐释了潜在的劳动力流动规模。不论使用哪种度量，我们都可以发现中国农村地区还存在可观的农民工供给。此外，潜在农民工的规模在2002年和2007年之间基本没有缩小。随着城镇地区的经济增长，农村劳动力外出务工的概率可能会提高。至少存在两个理由支持这一观点。城镇地区的经济增长将会为农村劳动力提供更好的城镇就业机会。而城镇地区的经济增长也需要更为稳定的劳动力供给与之配套，中央政府和地方政府会基于这一经济上的考量对相关政策进行调整。政策的调整则会使得年长的劳动力有着更强的激励，与其所在家庭一起进入城市。

第六节　结　论

我们所提供的证据表明，农村地区存在着剩余劳动力，而与此同时城镇地区的农民工工资正在上升。这两种现象的并存似乎与刘易斯模型的假说不相一致，但它们在中国确实同时存在。我们对这一难题的解释是劳动力市场存在着分割，城乡劳动力流动的制度性约束导致了这一结果的出现（Knight 和 Song，1999，第8—9章；Knight 和 Song，2005，第5—7章；Lee 和 Meng，2010）。制度性约束为农民工在城镇地区的生活（例如体面和稳定的工作、住房、公共服务的享有）制造了困难，也阻碍或阻止了农民工的举家流动。这也使得许多农民工不愿离开农村，至少不愿意离开农村太长时间。尽管有证据表明，农民工所在的劳动力市场正在变得更加一体化，但农村的剩余劳动力与农民工工资的上升这两种现象在未来几年仍将同时存在。对中国这样的大国且存在较强管制的国家而言，并不一定会存在明确的刘易斯转折点。Ranis和Fei（1961）对刘易斯模型进行了修正，正式地引入了转折阶段的概念，以描述农村劳动力边际产品的逐渐提高这一过程。考虑到农村部门的异质性和中国劳动力市场的制度性约束，我们预期中国的转折阶段会更长。然而，自2007年以来农民工实际工资迅猛增长，以及预测的未来十年城镇就业的持续快速增长，一方面农村劳动力转移会停滞和下降，另一方面，转型期不会太遥远甚至可能已经开始了（Knight，Deng和Li，2011）。

我们的分析表明，农民工的实际工资水平在近几年的确有所提高，而且农民工的工资与城市劳动力市场的状况以及农村劳动力的供给价格有着非常紧密的关系。农村收入的提高能够解释相当大一部分的农民工工资增长。但是我们无法区分农村收入的外生增长部分（如取消农业税和教育费附加）和因外出务工导致的内生增长部分。我们本来预期农民工工资的增长部分地来源于农民工的文化程度，以及城市工作经验等人力资本的改善，但这些因素至少在2002年至2007年期间对农民工工资增长的作用出奇的小。

通过对2002年和2007年CHIP农村住户调查数据的分析，我们发现农村存在着大量外出务工概率很高的未外出务工人员。没有外出务工在很大程度是基于年龄太大、需要照顾家人、担心在外面找不到工作这三个原因。随着农民工工作机会的增加以及劳动力市场政策的内生性调整，这三个原因对农民工外出务工的影响将逐渐减小。

如果我们的预测大致正确，那么劳动力市场的发展趋势可能会鼓励农民工定居城市，并促进户口制度的弱化。随着更多技术性职位的空缺，农民工的职业分布将会有所改善，而随之引致的收入增长，为农民工提供了定居城市的经济基础。技能以及相关的培训成本增强了对就业稳定性的需求。而中国候鸟式的人口流动将变得越来越缺乏经济效率。在许多国家，对这一问题的解决方案是雇主尽力通过提高长期服务的回报，来稳定他们的劳动力队伍。如果长期服务在经济上变得更为有效率，那么政府就会有动力允许并鼓励这一行为，雇主也会有激励提高长期服务的回报，而农民工则会有激励选择长期服务。长期服务反过来会鼓励农民工举家迁移到城市。

在城市长期生活会使得农民工认同城市居民的价值观，而农民工的社会基准组则会从农村转移到城市（Knight 和 Gunatilaka，2010）。这一过程可能会使得农民工的相对剥夺感增强。随着越来越多的农民从农民工转变成为产业工人，中央和地方政府将在平等对待农村流动劳动力和城市居民方面承受越来越大的压力，而依附在户口上的特权很可能会消失。

劳动力市场的变化还具有其他深远的影响。改革开放以来，中国的收入不平等程度不断扩大，而非技术工人的普遍稀缺将可能成为减轻收入不平等的最为强大的市场力量。非技术工人的普遍稀缺也可能会成为缩小城乡收入差距的主要市场机制。快速提高非技术工人的收入，也需要发展战略向技能密集型和技术密集型经济转型，而这需要长期的规划和人力资本投资。除了1998 年以来的高校扩招以外，目前几乎没有证据表明，中国的经济进行了上述调整。然而，由于城镇就业的持续快速增长和人口模式的迅速转变，我们很可能在未来十年观察到这些变化。

（本章作者：约翰·奈特、邓曲恒、李实）

参考文献

李实、邓曲恒（2004）：《中国城镇失业率的重新估计》，《经济学动态》2004 年第 4 期，第 44—47 期。

国家统计局（2008）：《中国统计年鉴 2008》，中国统计出版社 2008 年版。

盛来运（2008）：《流动还是迁移：中国农村劳动力流动过程的经济学分析》，上海远东出版社 2008 年版。

王德文（2008）：《刘易斯转折点与中国经验.，载蔡昉编：《中国人口与劳动问题报告 9》，社会科学文献出版社 2008 年版，第 88—103 页。

Brandt, L. and C. A. Holz (2006), "Spatial Price Differences in China: Estimates and Implications", Economic Development and Cultural Change, 55 (1), 43-86.

Cai, F., Y. Du, and C. Zhao (2007), "Regional Labour Market Integration since China's WTO Entry: Evidence from Household-level Data", in R. Garnaut and L. Song, eds. , *China: Linking Markets for Growth*, 133-150, Canberra: Asia Pacific Press.

Du, Y. and W. Pan (2009), "Minimum Wage Regulation in China and its Applications to Migrant Workers in the Urban Labor Market", *China and World Economy*, 17 (2), 79-93.

Griffin, K. and R. Zhao, eds. (1993), *The Distribution of Income in China*, Basingstoke: Macmillan.

Gustafsson, B. A. S. Li, and T. Sicular, eds. (2008), *Inequality and Public Policy in China*, New York: Cambridge University Press.

Knight, J., Q. Deng, and S. Li (2011), "The Puzzle of Migrant Labour Shortage and Rural Labour Surplus in China", *China Economic Review*, forthcoming.

Knight, J. and R. Gunatilaka (2010), "Great Expectations? The Subjective Well-being of Rural-Urban Migrants in China", *World Development*, 38 (1), 113-124.

Knight, J. and L. Yueh (2009), "Segmentation or Competition in China's Urban Labour Market?" *Cambridge Journal of Economics*, 33(1), 79-94.

Knight, J. and L. Song (2005), *Towards a Labour Market in China*, New York: Oxford University Press.

Knight, J. and S. Li (2005), "Wages, Firm Profitability and Labor Market Segmentation in Urban China", *China Economic Review*, 16(3), 205-228.

Knight, J. and L. Song (1999), *The Rural-Urban Divide: Economic Disparities and Interactions in China*, New York: Oxford University Press.

Kwan, F. (2009), "Agricultural Labour and the Incidence of Surplus Labour: Experience from China During Reform", *Journal of Chinese Economic and Business Studies*, 7(3), 341-361.

Lewis, W. A. (1954), "Economic Development with Unlimited Supplies of Labour", *The Manchester School*, 22 (2), 139-191.

Li, S. (2001), "Labor Migration and Income Distribution in Rural China", in C. Riskin, R. Zhao, and S. Li, eds. , *China's Retreat from Equality: Income Dis-

tribution and Economic Transition, 303-328, Armonk, New York: M. E. Sharpe.

Meng, X. and N. Bai (2007), "How Much Have the Wages of Unskilled Workers in China Increased? Data from Seven Factories in Guangdong", in R. Garnaut and L. Song, eds., *China: Linking Markets for Growth*, 151-175, Canberra: Asia Pacific Press.

Meng, X. and C. Manning, with S. Li and T. N. Effendi, eds. (2010), *The Great Migration: Rural-Urban Migration in China and Indonesia*, Cheltenham, UK: Edward Elgar.

Minami, R. and X. Ma (2009), "The Turning Point of Chinese Economy: Compared With Japanese Experience", Conference on Labor Market in the PRC and its Adjustment to Global Financial Crisis, ADBI, Tokyo, June.

Park, A., F. Cai, and Y. Du (2010), "Can China Meet its Employment Challenges?" in J. C. Oi, S. Rozelle, and X. Zhou, eds., *Growing Pains: Tensions and Opportunity in China's Transformation*, 27-55, Stanford, CA: Walter H. Shorenstein Asia-Pacific Research Center and Baltimore: Brookings Institution Press.

Ranis, G. and J. Fei (1961), "A Theory of Economic Development", *American Economic Review*, 51(4), 533-565.

Riskin, C., R. Zhao, and S. Li, eds. (2001), *China's Retreat from Equality: Income Distribution and Economic Transition*, Armonk, New York: M. E. Sharpe.

Taylor, J. R. (1988), "Rural Employment Trends and the Legacy of Surplus Labour, 1978 - 86", *China Quarterly*, no. 116, 736-766.

Xin Dingding and Shan Juan (2010), "China Has 'Sufficient Labor Poll for Next 40 Years'", *China Daily*, March 27, 2010, at http://www.chinadaily.com.cn/cndy/2010 - 03/27/content_9651006.htm.

第九章　城镇收入不平等提高的新阶段

第一节　引　言

中国城镇地区收入的不平等问题一直被广泛关注。人们一致认为收入不平等程度在多年来不断提高。但有证据表明，收入不平等的提高过程并不平滑。例如，近期基于中国 CHIP 数据的研究发现，中国城镇居民个人层次的工资性收入不平等程度和家庭层次的收入不平等程度，从 1988 到 1995 年呈现出明显的增大趋势。然而，尽管从 1995 年至 2002 年间工资性收入不平等程度继续增大，但是家庭层面的收入不平等程度则有轻微下降（Gustafsson，Li 和 Sicular，2008）。经济的快速发展，使得用代表不变购买力的贫困线（“绝对贫困”）来估计的城市贫困人口大幅减少（Appleton，Song 和 Xia，2010）。那么在本世纪初期（2002—2007 年），中国社会还发生了些什么变化呢？在这一章中，我们将阐明在这一时段的新发展。我们选取了同时包括在 2002 年和 2007 年 CHIP 调查中的 12 省份的数据来分析家庭人均收入的变化情况。

我们首先要研究的问题是：收入水平、收入不平等和贫困是如何演变的？我们报告了收入增长曲线并报告了与收入不平等有关的一些描述性统计分析。此外，我们还基于累积密度函数来发现 1988 年、1995 年、2002 年和 2007 年相对贫困状况的总体情况。第二个研究问题是：何种力量导致了这种变动？为了理解这一点，我们把 2002 年和 2007 年的家庭人均可支配收入的基尼系数进行分解。第三个研究问题是：从2002年到2007年不同类型的人群经历了怎么样的变化？

本章的一个主要发现是，城镇收入不平等程度的扩大趋势在2002年到2007年进入一个新阶段。但是，如果用基尼系数等总体指标来衡量，城镇收入不平等程度增大的速度并没有像1988年到1995年那样快。根据代表不变购买力水平的各种贫困线（绝对贫困线）来衡量，城镇居民的贫困发生率下降了。然而，如果用当年中位收入水平的一个固定百分比来定义贫困线（相对贫困线），那么，从2002年到2007年，生活在贫困线之下的城镇居民的比例甚至还更大了。采用不同的贫困线标准得到了不同的结果。

我们发现了两个造成收入不平等的最重要的来源：自有住房估算租金的快速增长和企业收入（来自自我经营和拥有私营企业的收入）的快速增长。这些来源于本世纪初期之前的政策影响。我们报告了城镇间家庭经济状况的巨大差异。中国的城镇贫困问题主要集中在低收入城镇，而富裕家庭在高收入城镇中更为普遍。不同孩子成长于经济情况相当不同家庭中。老人间的经济福利状况也有很大的差异。我们还发现在2002—2007年间没有出现收入决定机制的较大变动。

中国城镇的收入不平等涉及许多方面，我们在本章中无法全面涉及。这里的一个必要的限制是：依照很多其他的研究，我们的分析主要集中于城镇居民。这意味着，我们没有考虑农村流动人口的收入情况，也没考虑农村流动人口数量的增长对所有居住在城市的个人和家庭不平等程度的影响。同时，本章的研究对象是住户中与其他家庭成员分享收入的个体，而本书其他章分析的主要是工人劳动所得和工资不平等是如何演变的，以及主要原因（例如本书第十一章）。虽然这两个角度密切相关，但也存在一些差异。这在别雍·古斯塔夫森和丁赛（本书第十章）的研究中有很明显的体现：该研究表明中国城市家庭间的收入再分配过程在很大程度上抵消了由于失业增加所导致的不平等的扩大。此外，像大多数研究一样，我们主要关注代表家庭成员福利指标的收入分配状况。在这里，我们假设家庭内部资源平均分配。这一假设可能不是在所有情况下都成立。然而，在缺乏信息的条件下，很难用其他方式代替这个假设。最后，收入显然不是表现福祉的唯一指标。本书的其他章节有与其他因素有关的一些平行研究，诸如教育和（见本书第六章）等。

在下一节，我们将报告本章所涉及的中国城镇地区在2002年到2007年的变化，以作为本章研究的背景资料。第三节介绍了本章涉及的数据，并定义了一些关键变量。第四节研究了中国城市收入不平等和贫困的总整体发展情况。第五节从收入的组成角度对基尼系数进行分解。第六节介绍了不同类型人群收入不平等的演变，并总结了我们主要的研究结果。

第二节 背 景

2002—2007年间，中国经济持续以惊人的速度增长（GDP增长了82%）。许多因素对中国经济的发展做出了贡献，一些因素也影响了中国人口中主要群体的构成变化。例如，年纪较小的儿童所占比例下降，老年人的比例增加等。这些是影响收入不平等变动的最重要因素，我们将讨论它们的变化情况。

在近30年中，国民经济中各种工作单位构成已经发生了翻天覆地的变化。在过去，几乎所有的经济活动都发生在国有企业（SOEs）或者集体单位中。然而，从20世纪90年代后期开始，中央政策推行产权多元化，允许无效率的企业破产。这导致大量失业，国有企业和集体企业的职工人数从1995年的1亿4400万减少到2002年6100万，减少了高达8300万个工作岗位，或者说每年减少约1200万个工作岗位（参见国家统计局历年数据）。因此，规模空前的就业问题就成为影响收入不平等程度增大的一个重要刺激因素（Cai，Chen，Zhou，2010）。虽然从2002年到2007年在国有企业和集体企业的就业人数以每年约200万的速度在减少，但是在2007年有约6400万的工人仍被国有企业雇用，有约700万的工人被集体企业雇用。

与此同时，国有企业和集体企业的精简和重组带来的工作岗位减少，被私人部门的工作岗位增长抵消了（例如，Chen，Li和Matlay，2006；

Haggard 和 Huang，2008；Dickson，2008；H. Li 等，2008）。从中华人民共和国成立后不久到1978年，中国的社会政治环境都不允许私营企业和自我经营的发展。直到1988年4月《中华人民共和国宪法》确立了私营经济的合法地位，私营企业才被正式承认。1988年6月，国务院出台的《中华人民共和国私营企业暂行条例》中赋予了雇佣8人或以上人数的私人单位拥有正式法律地位，并称之为"私营企业"。然而，法规的出台并没有立即改变私营企业的环境。私营企业曾经面临并且现在仍然面临的一些问题，例如如何通过正规渠道获得信贷资金等。这些限制了私营企业的发展。但幸运的是，正如大多数学者所认同的，私营企业的机会增加了。私营企业的社会认同程度增加的一个显著标志是，2002年中国共产党第十六次全国代表大会修订了党章，允许私人企业主加入中国共产党。

私人企业主合法运营企业，必须在不同层级的国家工商行政管理局进行登记注册。官方统计显示，自1988年私营企业在法律上的地位得以承认之后，注册的私营企业数量不断增长，从1991年的139000家增加到2002年的超过200万家，而到2007年私营企业的数量多达550万家（《中国私营经济年鉴》，2009）。从经营规模来看，不同私营企业之间的差异很大。私营企业中有许多小型企业（例如在零售业和服务业），而在例如制造业和采矿业中也有一些大型企业。因此可以预见，私人企业主的收入的分布也相当不平等。私营企业在2002年雇佣了约2000万工人，而在2007年的雇佣人数不少于4600万。

私人部门的另一部分是由自我雇佣者组成（例如，Yueh，2009）。在计划经济时期，国有企业提供了稳定的就业、大量住房补贴和医疗保健服务，以及养老保障等。因此，自我经营对大多数城镇职工没有吸引力。然而，当出现大规模失业以及各种福利和补贴被逐渐取消的时候，自我经营工作方面的需求随之增加。特别是在改革进程的早期，那些有较大被裁员风险的低技能职工更加倾向于转为自我经营工作。然而，在最近几年中，大量的技术工人和专业人才也转向了自我经营工作。在2002—2007年间，自我经营者的人数从2002年的2200万增加至2007年的3300万（参见国家统计局历年数据）。这意味着，在2007年包括自我经营者和私营企业工人在内的私人部门雇佣人数与国有和集体部门雇佣的工人人数一样多。

经营性收入指自我经营或者作为私营企业的所有者获得的收入。私人部门的扩张，意味着经营性收入的增加，在2002—2007年间增加更加迅速。在本章第五节中我们发现，这些年来经营性收入的增长速度高于总收入。相比之下，我们所研究的这段时期内，由于CHIP调查涵盖的家庭储蓄少，并且没有购买股票的行为，他们中获得财产性收入的家庭极少。在第五节中，我们还报告了在所研究的这段时期内，财产性收入的增长速度高于总收入的增长速度。然而，在中国家庭中，财产性收入仍然只占一个相当小的比例。

虽然在本世纪初期，经营性收入和财产性收入都迅速增加，居民在国有企业或者私人单位的工资仍然是收入的主要来源。但是，工资收入的增长速度比其他许多收入来源更慢。在本章第五节中我们指出工资收入在总收入中所占的份额实际上下降了。一个特定家庭工资收入的多少主要取决于不同的家庭情况，包括家庭中劳动力供给变化。这一变化伴随着以工资收入为主要经济来源的成年人数量下降的长期趋势，还包括由于工资决定机制变动、需求变化、供给变化所造成的工资率的变化。关于后者，主要是低技术工人从农村向城市移民的增加，这可能会给低技术工人的工资增长造成负面的影响。然而，高等教育人数的增加可能会使得高技术工人的工资下降。在本书第十一章将更详细地介绍21世纪初中国城镇的工资不平等的变动。

在改革开放前的中国，绝大多数城镇家庭被分配了具有较低租金的住房，例如，当时存在大量的住房补贴会降低住房成本。然而，由于不同地区以不同的速度进行了不同类型的住房改革，中国城市地区的大部分住房在2002年前都已经私有化。私有化通常遵循一个模式是，住户有机会以低于市场价格的价钱购买到他们所住的住房。这种资本收益通常对于境况较好的职工有更大的好处，因为这些工人一般在更好的位置分配到了较大的住房（Logan，Fang和Zhang，2010）。出于这个原因，也由于新兴房屋的市场交易，可以想象，对于自有住房的估算租金更大程度上取决于家庭收入。

近几年，全国各大小城镇都会看到很多建设工地，其中有一大部分是用于居住的住房建设。在2002—2007年，住房存量迅速增加。此外，住房需求也迅速扩大。许多人积累储蓄以让自己有能力购买房屋，而同时，他们获得贷款的机会也增多了。导致这种情况发生的一个重要原因是，城镇居民一般会预期他们未来的收入将不断增加。此外，房价的迅速上涨导致房价上涨的预期增加，使得城镇居民更倾向于投资于住房市场，从而推动房价进一步上涨，甚至增加了产生价格泡沫的危险。我们观察到，在2002—2007 年，中国城市的住房价格增长非常快。在本章第五节中，我们的研究发现，平均来说，居民自有住房的估算租金增长速度几乎是家庭总收入的两倍。

在中国城镇地区的超过 55 岁的女性和超过 60 岁的男性中，作为前国有企业、政府或集体企业的的员工比例相当高。这部分人大多都能获取一定的退休金。因此很少有老人出去工作挣钱。然而，一部分老人是和他们的成年有经济能力的子女或子女的配偶生活在一起的，而另一部分是独自生活或和他们的配偶生活在一起，并以养老金为主要收入来源（Palmer 和 Deng，2008）。退休金和工作历史有关联。从西方学者的角度来看，这种替代率被认为是很高的。绝大部分退休人员因为有较长的工作年限而有大量的退休金收入。随着企业员工的最低退休金从 2005 年的每月 714 元增加到 2007 年的每月 963 元，收入手段有限的退休人员也享受到了实际收入的增加。由于他们较长的工作年限而带来了较大的住房，许多中老年人享受到了自主房租的估算租金的好处。在整体而言，中国城镇老年人的生活水平并没有和劳动人群有什么显著不同。

以上所描述的许多情况增加了家庭层面的收入不平等。然而，现实中还存在一些其他的因素也会影响收入差距。例如，收入的快速增加会使得不同层次的收入群体进入更高的税级。虽然税率表进行了改革，但是累进税制可能抵消这些扩大收入不平等的力量。更多关于中国税制的问题，请参阅徐静和岳希明的研究（本书第十二章）。

第三节 数据和定义

我们的数据是2002年和2007年的CHIP城市调查数据。2002年的数据覆盖12个省份：北京、山西、辽宁、江苏、安徽、河南、湖北、广东、重庆、四川、云南和甘肃。我们从2007年的调查数据中选取了与2002年相同省份的数据，而2007年数据中还包括了上海、浙江、福建和湖南的数据。为了同更早时期进行比较，我们也使用了1988年和1995年CHIP城镇调查数据中相同省份的数据（1988年，四川不包含在调查范围内）。Eichen和Zhang（1993）对1988年的调查进行了描述。1995年和2002年调查的信息可参见李实等（2008）。李实、罗楚亮和史泰丽（本书第二章）提供了2007年调查的详细信息。

我们所定义的家庭人均收入和早期研究中的定义相同。它包括工资性收入、退休金、经营性收入、住房补贴、自有住房的估算租金以及实物收入等。经营性收入包括自我经营收入和作为私人企业主的收入。我们的定义还包括了自有住房的估算租金。自有住房净值（现行重置价值减去未偿还债务）的8%被定义为估算租金收入，税费被视为负收入。我们使用的样本权重和宋丽娜、史泰丽和岳希明（本书附录Ⅱ）使用的权重相同。

我们将家庭总收入除以家庭成员总数，得到家庭人均收入，进而将家庭成员个体作为分析单位。收入按照消费物价指数调整为2002年的恒定价格。这项研究与别雍·古斯塔大森和丁赛的研究（本书第10章）的不同之处在于在我们使用的样本总体包括儿童和老人。参考Brandt和Holz（2006）的文章，我们还考虑了空间价格差异。

第四节 总体变动

在本节中，我们研究中国城镇家庭收入和贫困的总体变动。虽然很多研究已经报告了中国在2002年前收入水平和收入差距的状况，但是关于中国在2002—2007年期间的研究是最新的。我们首先比较百分位点计算的收入增长曲线（Ravallion、Chen，2003），图9.1中展示了在三个时期的收入年均增长情况。我们发现了几个有意思的现象。所有三个时期中的几乎全部分位点上的收入增长都是正的。同时，在1988—1995年期间最低收入的九个分位点中，在这期间这部分人的收入下降了。收入在2002—2007年期间增长最快，可以看到这时期的增长曲线全部位于其他两个时期的增长曲线之上。因此，中国家庭收入在2002—2007年期间加速增长。例如，在收入中位数上，收入水平在1988—1995年以年均2.7%的速度增长，在1995—2002年以年均7.3%的速度增长，而在2002—2007年以令人震惊的年均11.3%的速度增长。

图9.1还显示，在最近一段时间内，高收入的居民收入增长最快，低收入的居民收入增长最慢。向上倾斜的曲线意味着收入不平等程度不断增大。然而，2002—2007年间的收入增长曲线没有1988—1995年间的收入增长曲线那么陡峭。相比之下，1995—2002年间的收入增长曲线相对平坦：在较低收入的分位点处向上倾斜，在较高收入的分位点处向下倾斜。观察这三条曲线的斜率，我们可以得出这样的结论：在中国发展的这三个时期内，收入不平等变动的情况各不相同。1988—1995年间收入不平等迅速增加，1995—2002年间变化不大，2002—2007年间，出现了一个新的收入不平等增大的时期。

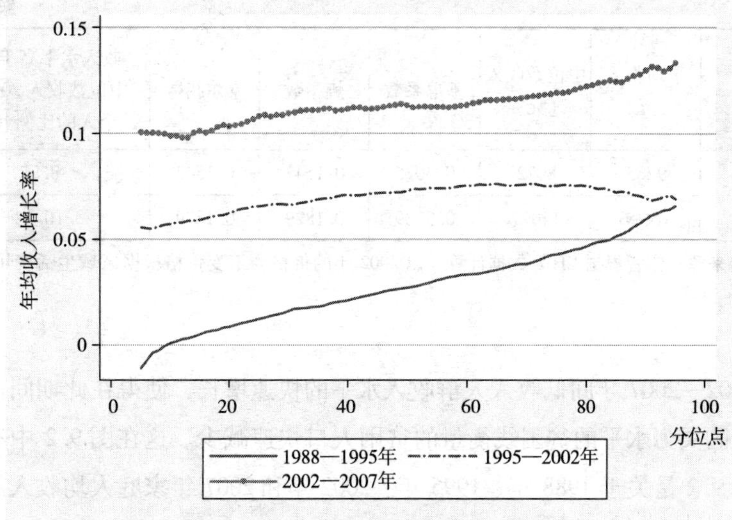

图 9.1　1988—1995 年、1995—2002 年、2002—2007 年的收入增长曲线（不同百分位点的年增长率）

资料来源：作者根据 CHIP 数据计算。

表 9.1 提供了根据 1988 年、1995 年、2002 年和 2007 年 CHIP 数据计算得到的三个常用的不平等指数。这些指数所显示的结论与图 9.1 类似。先是一个收入不平等的快速增长时期，紧接着一个小幅度下降的时期，然后是收入不平等增长的新阶段。根据我们的定义，2007 年的基尼系数为 0.3289，根据发达国家的标准这个值不是很高，但也不是非常低的。纵观分布的顶部，我们看到，人均收入超过当时收入中位数水平 200% 的人数（富裕的人）比例从 1988 年的 4% 迅速增加到 1995 年的 9%。在 2002 年这个比例没有变化，但在 2007 年这个比例缓慢的上升至 11%。

表 9.1　1988 年、1995 年、2002 年和 2007 年的收入不平等指数

年份	平均收入（元）	中位数收入（元）	基尼系数	熵指数	泰尔指数	收入水平高于当时中位数收入 200% 的个人的比例（%）
1988	4520	4173	0.2104	0.0726	0.0768	3.60
1995	6037	5034	0.3340	0.1931	0.2422	8.80

续表

年份	平均收入（元）	中位数收入（元）	基尼系数	熵指数	泰尔指数	收入水平高于当时中位数收入200%的个人的比例（%）
2002	9285	8072	0.3025	0.1547	0.1542	8.77
2007	16696	14077	0.3289	0.1829	0.1879	10.98

资料来源：作者根据CHIP数据计算，以2002年的价格为不变价格根据区域生活费用差异进行调整。

2002—2007年间低收入人群收入水平的快速增长，使得在此期间内以代表不变购买力水平的贫困线衡量的贫困人口快速减少。这在图9.2中有所显示。图9.2是关于1988年、1995年、2002年和2007年家庭人均收入的累积密度函数。在图9.2中我们画了三个可供选择的贫困线，均通过居民消费价格指数（CPI）调整得到不变购买力水平下的贫困线。虽然这个方法已经在之前研究中国城镇贫困的文献中有所涉及（例如，Riskin和Gao（2010）的一项调查），但是它并不是一个完全没有问题的假设（参见Meng，Gregory和Wang（2005）重新估算的1986—2000年间满足基本需求花费的贫困线）。

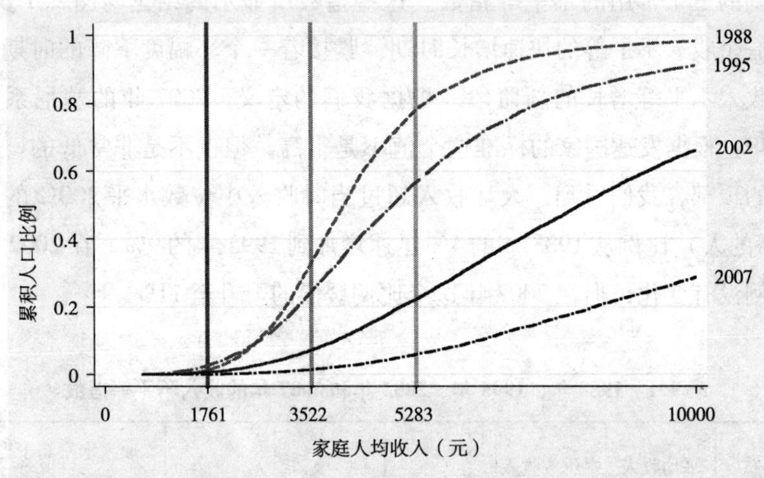

图9.2　1988年、1995年、2002年和2007年家庭人均收入的累积分布

资料来源：作者根据CHIP数据计算。

图 9.2 中较低的贫困线是世界银行规定的按照购买力平价（PPP）调整后每人每天 1.25 美元的贫困线。按照 2002 年的价格计算，这一贫困线为 1761 元（Chen 和 Ravallion，2010）。第二条和第三条贫困线分别对应于这一标准的两倍到三倍的贫困线。中国的城市地区没有官方的贫困标准。可以看出，在被贫困线划出的几个部分里，2007 年的累计密度函数低于 2002 年。因此我们可以发现，根据恒定代表不变购买力的贫困线标准估计的中国城市的贫困水平持续下降。我们还注意到，尽管在最高水平的贫困线标准下贫困水平下降明显，但在最低水平的贫困线标准下，由于 2002 年只有很小部分的城市居民的收入水平在贫困线以下，所以贫困水平的下降不容易察觉。

表 9.2　根据两条绝对贫困线计算的 1988 年、1995 年、2002 年和 2007 年中国城市的贫困指数

FGT 指数：1761 元作为贫困线

年份	FGT（0），贫困率	FGT（1）	FGT（2）
1988	0.0135	0.0031	0.0089
1995	0.0269	0.0062	0.0027
2002	0.0073	0.0014	0.0004
2007	0.0007	0.0002	0.0001

FGT 指数：3522 元作为贫困线

年份	FGT（0），贫困率	FGT（1）	FGT（2）
1988	0.3287	0.0648	0.0223
1995	0.2439	0.0591	0.0228
2002	0.0713	0.0167	0.0061
2007	0.0144	0.0029	0.0009

资料来源：作者根据 CHIP 数据计算。

在表 9.2 中，我们报告了使用两条绝对贫困线计算的中国 1988 年、1995 年、2002 年和 2007 年的 FGT 指数（1984）。从最低水平的贫困线，即每人每天 1.25 美元（PPP 调整）的世界贫困线可以看出，城市贫困居民的比例从1988年的1%上升至1995年的3%，然后下降到低于1%。然而，当贫困线标准加倍时，在1988年有约三分之一的城镇居民被认为是生活在贫困线之下。这个比例在1995年和2002年之间迅速下降，到2007年下降到只有1%。其他两个指数所反映的中国城镇的贫困水平的变化情况和贫困率指标基本相同。应该注意的是，在我们计算贫困率时，家户通过最低生活保障计划（低保）获得的转移性收入也被包括在内。我们可以看到，20世纪90年代中期到本世纪以来低保体系的扩张，没有有效地抵消潜在相对贫困人口的增加。

然而，对于一个快速增长的经济体来说，仅仅或者主要根据绝对贫困标准来判断贫困的程度是否有意义？在发达国家的经济增长时期，许多学者对这个问题有过大量争论。例如，当欧盟统计局计算欧盟国家中有多少人存在陷入贫困的风险时，选择了用个人和家庭所在国家的中位数收入的一个固定百分比作为贫困线。很多年来，贫困线定在所在国家中位数收入的60%。最近一项关于30个富裕国家的收入不平等和贫困的研究报告中，也使用了相同的方法（OECD，2008）。对中国城镇地区的研究文献中，Wong（1995，1997）也采用这种方法，将贫困线设定为受调查的城市（广州和上海）的中位数收入的50%。Saunders（2007）在一项关于中国老年人贫困的国际比较的研究中，使用中国城镇中位数收入的50%作为贫困线。据此，我们也按照这种方法，分别把贫困线设定在当时中国城市中位数收入的40%、50%、60%和70%上。结果见表9.3。

表9.3　使用不同相对贫困线计算的中国城镇的相对贫困率

贫困线	相对贫困率（%）			
	1988年	1995年	2002年	2007年
中位数收入的40%	0.98	4.13	5.86	7.09
中位数收入的50%	3.23	8.49	11.56	13.51
中位数收入的60%	8.00	15.21	19.23	20.67
中位数收入的70%	15.67	24.45	27.27	27.75

资料来源：作者根据CHIP数据计算。

表9.3显示，中国城镇地区的相对贫困水平在全部年份中都提高了，在选择的收入中位数的不同比例下均表现出这种趋势。我们将贫困线的标准设定为城镇居民中位数收入的60%，在1988年有8%的城镇居民生活在贫困线之下，这一比例在1995年提高到15.21%，到2002年提高到19.23%，并在2007年上升到20.67%。该比例处于30个OECD国家2005年前后按类似标准估算的贫困率的区间中，且高于其平均水平（OECD，2008）。

根据以上两种贫困线的确定标准得到的结果，我们可以得出这样的结论：中国城镇贫困程度的衡量很大程度上取决于我们所选取的贫困线标准。从第三世界的角度来看，中国是减贫工作中比较成功的案例——在2007年只有极少数人生活在每人每天1.25美元（PPP调整）的贫困线之下。然而，与发达国家相比，情况似乎令人担忧。中国的相对贫困率并不低，并且城镇贫困也不是微不足道的现象。一项在中国城镇地区使用主观贫困线来定义贫困线的研究得出了类似的结果。Gustafsson、Li和Sato（2004）认为在1999年12个中国城镇样本的贫困率为6%—7%。另一个令人担忧的现象是，中国城镇的相对贫困率在过去长达二十年的时间里一直稳步上升。

第五节　收入来源的变化如何影响收入不平等

在本节中，基于第三节关于收入的定义来分解中国城市家庭人均收入的基尼系数，以探究中国城镇收入不平等的变化情况。基尼系数可写成各种收入来源的集中率的加权和。权重等于不同来源的收入占人均收入的份额。因此，我们有：

$$G = \sum_{k} \frac{\mu_k}{\mu} C_k \qquad (9.1)$$

其中μ_k和μ分别是来自收入来源k的平均收入和人均总收入，C_k是收入来源k的集中率。集中率衡量了收入来源k和人均总收入之间的联系，

取值范围从 -1 到 +1。如果集中率为负，意味着低收入的居民比高收入的居民获得更大数额的收入（在绝对数量上)。我们不仅关注集中率的符号，还关注集中率和基尼系数数值大小的比较。这个指标可以刻画出来自某个收入来源的收入的分布情况。如果某个收入来源的集中率等于人均总收入的基尼系数，则该收入来源的分配情况就和人均总收入相同。但是，如果某个收入来源的集中率比人均总收入的基尼系数大（或者小)，这一收入来源就被认为是扩大不平等（缩小不平等）的。

我们所定义的收入包含八个组成部分，据此分解 2002 年和 2007 年中国城镇家庭人均收入的基尼系数。表 9.4 列出了收入构成并报告了这两年收入的平均值及其绝对和相对的变化程度。这两年中国城镇家庭人均收入中占比最高的是工资性收入，其次是个人住房的估算租金（这是一个快速增长的收入组成部分)，再其次是退休金收入。第四个组成部分是经营性收入，经营性收入在 2002 年和 2007 年间翻了超过一番。虽然财产性收入在 2007 年迅速增长，但仍然只是收入中一个小的组成部分。这主要源于在 2007 年之前中国城镇的计划经济基本消失，很少的住房补贴和快速减少的食物收入可以作为证据。负的净转移收入增长十分迅速。

表 9.4　2002 年和 2007 年中国城镇家庭人均收入的组成部分及其增长

	家庭人均收入（元）		增长	
	2002 年	2007 年	总量（元）	年均增长率（%）
工资性收入	5573.92	9071.66	3497.74	10.23
自有住房的估算租金	1690.16	4358.94	2668.78	20.86
退休金	1399.50	2642.54	1243.04	13.56
经营性收入	266.37	985.65	719.28	29.91
财产性收入	91.63	209.81	118.18	18.02
实物收入	81.87	88.40	6.53	1.55
住房补贴	231.22	86.74	-144.48	-17.81
净转移收入	-49.70	-747.44	-697.74	71.97
总收入	9284.98	16696.29	7411.31	12.45

资料来源：作者根据 CHIP 数据计算。按照 2002 年的价格计算。

表 9.5　2002 年和 2007 年中国城镇家庭人均收入分解及其对收入不平等的贡献率

	2002 年			2007 年		
	占比（%）	集中系数	贡献率（%）	占比（%）	集中系数	贡献率（%）
工资性收入	60.03	0.2875	57.05	54.33	0.2946	48.67
自有住房的估算租金	18.20	0.3557	21.40	26.11	0.3899	30.96
退休金	15.07	0.3266	16.27	15.83	0.3125	15.04
经营性收入	2.87	0.0502	0.48	5.90	0.3404	6.11
财产性收入	0.99	0.5073	1.65	1.26	0.7180	2.74
实物收入	0.88	0.4762	1.39	0.53	0.4444	0.72
住房补贴	2.49	0.2073	1.71	0.52	0.0428	0.07
净转移收入	-0.54	-0.0280	0.05	-4.48	0.3160	-4.30
总收入	100	0.3025	100	100	0.3289	100

资料来源：CHIP 数据库。

根据表 9.5，我们首先观察那些在 2007 年相对份额超过 1% 的收入来源的集中率。我们发现，2002 年和 2007 年工资性收入的集中率均与基尼系数比较接近。相比之下，自住住房的估算租金具有扩大收入不平等的效应，并且估算租金的集中率在这两年间增大了。2002 年和 2007 年退休金的集中率和基尼系数基本相等。而经营性收入则从缩小收入不平等变为了扩大收入不平等。财产性收入的集中率是所有收入来源中最高的，在这两年间也增大了。净转移收入在 2002 年或多或少的与收入无关，到 2007 年与收入成比例相关。

现在我们分解基尼系数以分析导致收入不平等增加的因素。这里采用如下方法进行分析：不同年份的两个基尼系数的差异可以写成：

$$G_1 - G_0 = \sum (\mu_{1k} C_{1k} - \mu_{0k} C_{0k}) \tag{9.2}$$

μ_{ik} 代表收入来源 k 在第 i 年（2002 年和 2007 年）在人均总收入中所占的份额，C_{ik} 是在第 i 年收入来源 k 的集中率，G_i 是第 i 年（2002 年和 2007 年）人均可支配收入的基尼系数。每个收入来源对基尼系数变化的贡献度，体现在在表 9.6 中的第 4 列的数值，这个数值又可以分解为变化的相对份额（保持集中系数不变）和变化的集中率（保持相对份额不变）的贡献。由于后者可以使用不同的基准年，我们在表9.6中报告了使用两个不同基准年的结果。

表9.6　通过收入来源分解2002年和2007年的基尼系数的差值

	$u_{02} \cdot C_{02}$	$u_{07} \cdot C_{07}$	对基尼系数变动的贡献（列3-列2）	$C_{02}(u_{07}-u_{02})$	$u_{02}(C_{07}-C_{02})$	$C_{07}(u_{07}-u_{02})$	$u_{07}(C_{07}-C_{02})$
工资性收入	0.1726	0.1601	−0.0125	−0.0164	0.0043	−0.0168	0.0039
自有住房的估算租金	0.0647	0.1018	0.0371	0.0281	0.0062	0.0308	0.0089
退休金	0.0492	0.0495	0.0003	0.0025	−0.0021	0.0024	−0.0022
经营性收入	0.0014	0.0201	0.0186	0.0015	0.0083	0.0103	0.0171
财产性收入	0.0050	0.0090	0.0040	0.0014	0.0021	0.0019	0.0027
实物收入	0.0042	0.0024	−0.0018	−0.0017	−0.0003	−0.0016	−0.0002
住房补贴	0.0052	0.0002	−0.0049	−0.0041	−0.0041	−0.0008	−0.0009
净转移收入	0.0002	−0.0142	−0.0143	0.0011	−0.0019	−0.0125	−0.0154
总收入	0.3025	0.3289	0.0264	0.0124	0.0125	0.0137	0.0139

注：表中第4列中的值等于第6列和第7列值的总和，也等于第5列和第8列（忽略了误差）的总和。

资料来源：CHIP数据库。

表9.6显示了促使基尼系数增大的两个最大贡献者，即自有住房的估算租金和经营性收入。这部分收入更集中于较富裕的家庭中。假设仅有自有住房的估算租金的相对份额增大，基尼系数增加了0.0281或者0.0308（取决于用哪年的集中系数作权重）。假定仅有自有住房的估算租金的集中率提高，会使基尼系数增大0.0062或0.0089。而基尼系数实际增加了0.0264。因此，住房市场的发展是在2002年和2007年间中国城镇地区收入不平等增大的主要贡献因素。中国城镇收入不平等的第二个来源是经营性收入：由于集中系数增加，基尼系数增加了0.0083或者0.0171；由于相对份额的增加，基尼系数增加了0.0015或0.0103。表9.6还显示，中国城镇收入不平等增加的主要原因是净转移收入和工资性收入。

第六节　各类人群的收入变化

什么决定了中国城镇地区的经济福祉？中国城镇地区的各个阶层的收入在2002—2007年期间变化如何？我们将使用三种形式划分居民：所有制部门、个人的年龄以及户主的受教育程度。然后，我们将描述每类居民的收入水平变化情况，并估计一个多变量模型。对于每类居民，我们将画出一条增长曲线，其中报告了平均收入、收入不平等情况、相对贫困率以及富裕人口的比例。

我们从所有制部门的划分开始，我们把它定义成三种类型：（1）主要与国有部门相关的家庭（国有部门家庭）居民，如工资收入来自国有企业或政府机构的个人。（2）主要与私人部门相关的家庭（私人部门家庭）居民，如私营企业的工人、私营企业主或者通过那些自我经营活动获得收入的个人。（3）家庭中的年轻人没有工作的家庭（非工人家庭）所属居民，如主要是靠退休金生活的老年人。我们推测，在2002—2007年间迅速扩张的私人部门中，收入分布顶端的人群收入增长的动力最强。这种动力不仅因为私营企业高技术工人会获得更高的工资，也因为私营企业主的收入以及自住住房估算租金收入的迅速增长。我们还假定，在逐渐萎缩的国有部门中，收入分布顶端的人群也存在一定的收入增长，但不如在私人部门中增长得那么快。相比之下，这两个部门中收入分布尾端的人群的收入增长被认为是由于劳动力供给的减少以及工资水平增长相对缓慢影响的。例如，低技术工人就面临着这种情况。此外，我们对于空间特征如何影响收入水平感兴趣。空间特征由个体所在的城市的平均收入水平来衡量。在我们阅读的文献中，这个问题一直没有引起太多关注。

按照我们的收入定义，我们发现与私人部门相关的居民比例从2002年的24%增加到2007年的33%；相反，在同一时期，与国有部门相关的居民比例从64%下降到55%。在这两年中，11%的城镇居民的家中没有成年工人（见表9.7)。正如我们预计的一样，图9.3显示在私人部门家庭的个人收入分布顶端收入增长最快，其次是非工人家庭个人。国有部门家庭个人的收入增长比其他两个部门都低。在中位数水平上，收入增长最快的是私人部门家庭个人，其次是非工人家庭个人，最后是国有部门家庭个人。私人部门家庭个人和国有部门家庭个人向上倾斜的收入增长曲线表明，私人部门家庭的个人收入不平等程度增大的速度比国有部门家庭快。表9.7中的基尼系数反映了这一点。相比之下，非工人家庭的个人收入增长曲线并没有表现出一个明显的坡度，并且基尼系数的增加幅度比其他两类家庭小。同样，虽然从2002年到2007年私人部门家庭和国有部门家庭的相对贫困率有所上升，但是非工人家庭的相对贫困率却略有下降。

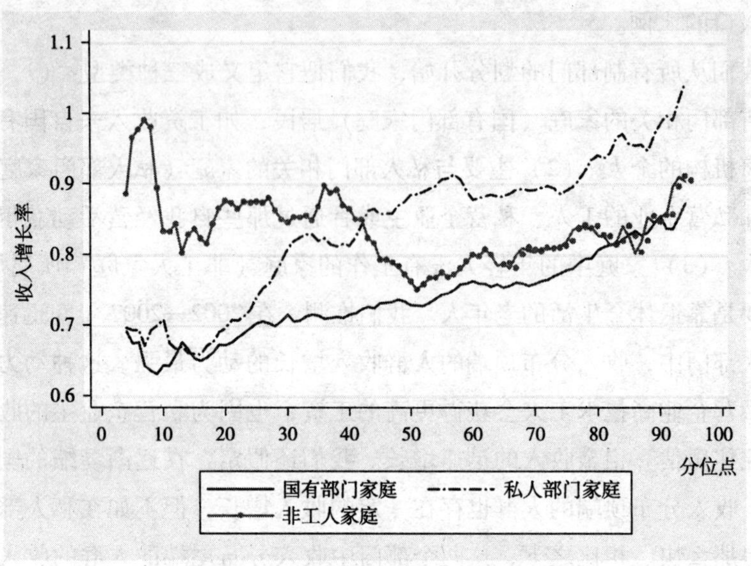

图9.3　2002年和2007年城镇中国有部门家庭、私人部门家庭和非工人家庭的个人收入增长曲线

资料来源：作者根据CHIP数据计算。

表 9.7　2002 年和 2007 年城镇中国有部门家庭、私人部门家庭和非工人家庭的人口比例、人均收入、收入不平等和相对贫困率的变动

	2002 年			2007 年		
	国有部门家庭	私人部门家庭	非工人家庭	国有部门家庭	私人部门家庭	非工人家庭
人口比例（%）	64.55	24.31	11.14	55.46	33.40	11.13
人均收入（元）	9822	7709	9938	17500	14773	18792
基尼系数	0.2856	0.3109	0.3267	0.3050	0.3444	0.3370
居民收入低于中位数收入40%的比例（%）	4.82	5.85	10.00	5.22	7.88	7.88
居民收入低于中位数收入50%的比例（%）	9.60	11.27	16.60	11.09	14.39	15.42
居民收入低于中位数收入60%的比例（%）	16.48	17.78	24.90	17.95	22.47	22.68
居民收入低于中位数收入70%的比例（%）	24.24	26.42	32.40	25.10	30.04	30.01
居民收入高于中位数收入200%的比例（%）	8.05	9.70	10.26	9.92	11.81	11.09

注：如果一个家庭的大多数劳动者在国有部门（私人部门）工作，家庭被列为国有部门家庭（私人部门家庭）。如果在国有部门工作的人数等于在私营部门工作的人数，家庭被列入国有部门家庭。因此，我们划分出的国有部门家庭的比例比按《中国统计年鉴》中国有部门雇佣的员工数量划分的比例要大。

资料来源：作者根据 CHIP 数据计算。根据 2002 年的价格计算。

这三类家庭的收入水平和收入不平等变动一定程度上反映了其他两种划分总人口方式下的变动的情况。在图 9.4 和表 9.8 中，我们将城镇人口划分为儿童（比例不断减少）、成人以及老人（一个比例不断增大的人群）。和许多发达国家的情况相反，中国老年人的平均收入比成年人的平均收入高。虽然图 9.4 给人的直观印象是三个年龄组的收入增长情况类似，但是他们之间还是有一些值得注意的区别。老年人的收入在收入分布的两端快速增长，但在中间增长较慢。根据基尼系数衡量的老年人的收入不平等程度增大，而相对贫困略有下降。儿童和成年人的收入不平等程度也增大了，但是并不像老年人增大的那么迅速。儿童和成年人的相对贫困率都提高了。应该指出的是，最高的收入增长率是在儿童和老人收入分布的顶端观察到的，而非成年人收入分布的顶端。

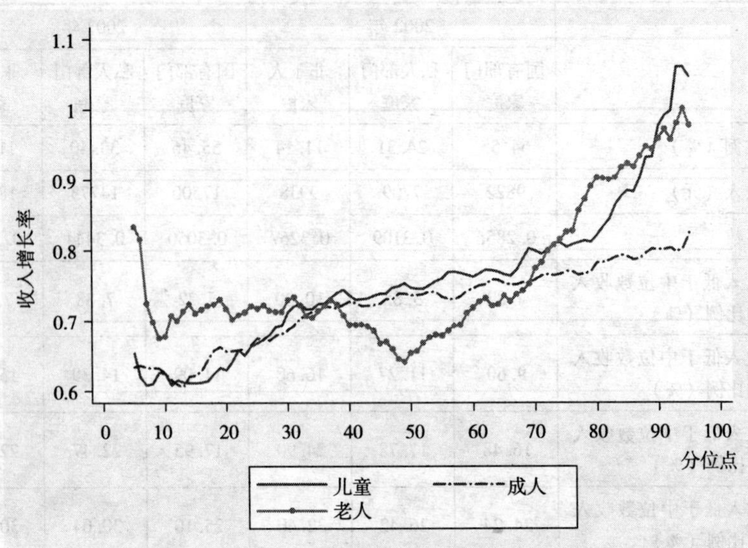

图 9.4　2002 年和 2007 年城镇中儿童、成人和老人的收入增长曲线

资料来源：作者根据 CHIP 数据计算。

表 9.8　2002 年和 2007 年城镇中儿童、成人、老人的人口增长率、人均收入、收入不平等指数和相对贫困率

	2002 年			2007 年		
	儿童	成人	老人	儿童	成人	老人
人口比例（%）	14.56	74.76	10.68	12.49	75.14	12.37
人均收入（元）	8146	9391	10201	14934	16573	19202
基尼系数	0.2887	0.3025	0.2965	0.3228	0.3199	0.3411
居民收入低于中位数收入 40% 的比例（%）	5.89	5.92	6.86	7.78	7.03	6.24
居民收入低于中位数收入 50% 的比例（%）	10.79	11.24	13.54	13.84	13.44	12.66
居民收入低于中位数收入 60% 的比例（%）	17.67	18.96	20.63	21.61	20.40	19.27
居民收入低于中位数收入 70% 的比例（%）	26.38	26.41	29.09	28.94	27.46	26.86

续表

	2002年			2007年		
	儿童	成人	老人	儿童	成人	老人
居民收入高于中位数收入200%的比例（%）	7.18	8.90	8.10	9.56	10.25	12.66

注：年龄在16岁以下的被视为儿童，年龄在61岁以上的被视为老人。

资料来源：作者根据CHIP数据计算。根据2002年的价格计算。

与中国农村地区不同的是，在中国城镇地区，家庭户主的教育程度几乎都高于小学文化程度。图9.5显示了不同户主受教育程度的家庭居民的收入增长曲线。我们发现户主受教育程度较低的家庭人均收入与其他文化程度的户主的家庭人均收入之间存在很大区别，而教育程度较低的户主主要是老年人。在收入分布中收入水平较低的部分，户主教育程度较低的家庭人均收入增长最快。除了这些受教育程度较低的户主之外，收入增长曲线还显示了收入不平等的增大，但相对贫困率变化不大。

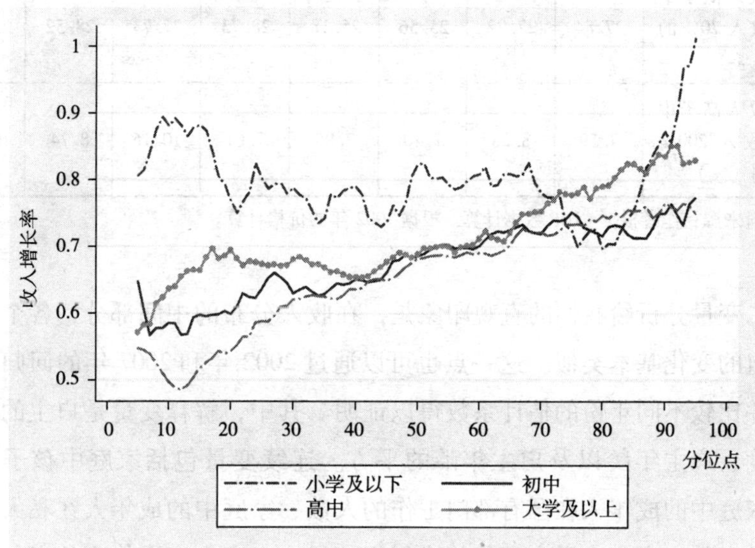

图9.5 2002年和2007年按户主受教育程度划分的城镇家庭人均收入增长曲线

资料来源：作者根据CHIP数据计算。

表 9.9 2002 年和 2007 年按户主受教育程度划分的城镇家庭人口增长、人均收入、收入不平等和相对贫困率

	2002 年				2007 年			
	小学及以下	初中	高中	大学及以上	小学及以下	初中	高中	大学及以上
人口比例（%）	7.51	29.04	36.88	26.57	5.98	25.27	35.06	33.69
人均收入（元）	6892	7820	9220	11798	12443	13345	15824	20914
基尼系数	0.3027	0.2953	0.2844	0.2814	0.2997	0.3125	0.3143	0.3073
居民收入低于中位数收入 40% 的比例（%）	5.39	5.70	5.49	3.59	6.13	6.92	6.99	4.50
居民收入低于中位数收入 50% 的比例（%）	14.02	11.03	10.05	8.92	12.42	12.97	14.19	9.73
居民收入低于中位数收入 60% 的比例（%）	20.31	17.97	17.78	15.61	21.66	20.40	20.92	15.98
居民收入低于中位数收入 70% 的比例（%）	27.84	27.72	25.56	25.18	28.73	27.73	28.52	25.27
居民收入高于中位数收入 200% 的比例（%）	7.59	8.28	7.40	7.85	7.61	10.16	8.74	10.62

资料来源：作者根据 CHIP 数据计算。根据 2002 年的价格计算。

二变量分析给我们的直观印象是，在收入分布的中间部分，各个不同收入组的变化基本类似。这一点也可以通过 2002 年和 2007 年的回归分析模型并比较不同年份的估计系数得以证明。其中，解释变量是户主的受教育程度、户主年龄以及户主年龄的平方。连续变量包括家庭中孩子的数量、家庭中的成年人在国有部门工作的人数、家庭中的成年人在私人部门工作的人数、家庭中没有工作的成年人数量、家庭中有退休金的老年人的数量和家庭中没有退休金的老人数量。是否为汉族作为一个虚拟控制变量被包含在模型中，各城镇的家庭人均收入的对数和省份的虚拟变量也包含在模型中。解释变量的描述性统计见本章附录。

表 9.10　收入函数：因变量、家庭人均收入的对数

	2002 年	2007 年
户主的受教育水平	0.048 *** (0.001)	0.051 *** (0.001)
户主年龄	-0.002 (0.002)	-0.005 ** (0.002)
户主年龄的平方	0.0001 *** (0.00002)	0.0001 *** (0.00002)
家庭中孩子的数量	-0.065 *** (0.007)	-0.050 *** (0.007)
家庭中在国有部门工作的成年人人数	-0.152 *** (0.004)	-0.159 *** (0.004)
家庭中在私人部门工作的成年人人数	-0.201 *** (0.004)	-0.191 *** (0.004)
家庭中不工作的人数	-0.239 *** (0.006)	-0.244 *** (0.007)
家庭中有退休金的老人人数	0.091 *** (0.007)	0.078 *** (0.007)
家庭中没有退休金的老人人数	-0.098 *** (0.012)	-0.065 *** (0.012)
汉族虚拟变量	-0.073 *** (0.016)	-0.007 (0.017)
人均收入的对数	0.862 *** (0.015)	0.845 *** (0.012)
山西	-0.048 *** (0.018)	0.006 (0.018)
辽宁	0.035 ** (0.014)	-0.021 (0.015)
江苏	0.023 (0.014)	-0.004 (0.014)
安徽	0.006 (0.018)	0.003 (0.017)
河南	0.032 ** (0.016)	-0.018 (0.016)
湖北	0.017 (0.017)	-0.012 (0.018)

续表

	2002 年	2007 年
广东	0.103 *** (0.014)	0.114 *** (0.014)
重庆	-0.004 (0.020)	0.047 ** (0.019)
四川	0.004 (0.017)	-0.016 (0.017)
云南	0.026 (0.016)	0.056 *** (0.018)
甘肃	-0.014 (0.019)	-0.055 *** (0.019)
常数项	1.109 *** (0.151)	1.303 *** (0.132)
调整后的 R^2	0.4493	0.4995
观测值数量	20434	21545

注：作者根据 CHIP 数据估算。

** 表示在 5% 的显著性水平上显著，*** 表示在 1% 的显著性水平上显著。

回归模型的估计结果见表 9.10。可见，家庭人均收入与家庭所在城市的平均收入紧密正相关。受教育年限的估计系数在 2002 年是 0.048，在 2007 年是 0.051，二者非常接近。家庭人均收入随着成年家庭成员的增加而减小，而且当有家庭成员未就业时，收入迅速减少。虽然家庭人均收入随着有退休金的老人的数量增加而增加，但是随着没有退休金的老年人数量增加而减少。关于省份的虚拟变量，广东省的系数在这两年都有较大的 t 值。

在第二步，我们将重点放在收入分布两端的个人上。其中因变量表示是否为相对贫困，并建立对应的 Probit 模型。我们定义相对贫困是家庭人均收入低于人均收入中位数 60% 的居民。在另一个模型中，我们研究了富裕家庭的收入决定因素。富裕家庭定义为家庭人均收入至少是城镇人均收入中位数 200% 的家庭。这两个模型和线性回归模型的解释变量是相同的。估算的结果在本章附录。在表 9.11 中，我们只要列出了一些典型个人的预测概率的结果。

表 9.11　2002 年和 2007 年相对贫困和富裕的预测概率（百分比）

个体	城市收入水平	个体特征描述	相对贫困		富裕	
			2002 年	2007 年	2002 年	2007 年
A	低收入	户主年龄 47.9 岁，受教育年限为 9 年，家庭中 2 人工作在国有部门，1 人无工作，1 个孩子。汉族	15.5	57.5	0.7	0.3
	中等收入		6.0	22.4	2.8	1.6
	高收入		1.7	4.7	14.6	11.1
B	低收入	像 A 一样但是家庭中多了没有退休金的老人	26.2	67.3	0.3	0.4
	中等收入		11.0	30.5	1.3	2.4
	高收入		3.2	7.0	7.4	15.8
C	低收入	像 A 一样，但家庭中原本工作的成员变为无工作状态	21.1	68.2	0.5	0.2
	中等收入		8.5	31.4	2.1	1.2
	高收入		2.4	7.3	11.2	8.4
D	低收入	和 C 一样但户主有 16 年的受教育经历	6.5	32.1	2.8	1.3
	中等收入		2.3	9.2	10.7	7.3
	高收入		0.6	1.7	41.3	37.2
E	低收入	和 D 一样，但家庭中没有孩子	5.1	29.6	3.9	1.9
	中等收入		1.8	8.2	14.1	10.4
	高收入		0.5	1.5	49.1	46.6
F	低收入	和 E 一样，但家庭中多了一个有退休金收入的老人	3.2	21.1	4.0	2.9
	中等收入		1.1	5.4	14.5	15.0
	高收入		0.3	1.0	49.8	57.0
G	低收入	老年夫妻独自居住，户主年龄 65 岁，受教育年限为 9 年，没有孩子，有一个老人有退休金收入	0.9	3.7	48.7	36.5
	中等收入		0.3	0.8	79.6	77.1
	高收入		0.1	0.1	95.8	96.2

注：城市收入水平中的低收入/中等收入/高收入分别对应城市收入的十等分收入中的最低十分位/中位数收入/最高十分位的平均收入。估计细节见本章的附录。

从表 9.11 可以看出，不同的城镇平均收入对相对贫困还是富裕的改变有非常显著的影响。考虑一个典型的个人 A：生活在由两个有工作的成年人和一个小孩组成的家庭，并且户主受过 9 年的教育。在 2002 年，如果这个家庭生活在高收入城市，那么有 1.7% 的可能性陷入贫困；而如果这个家庭生活在低收入的城市，有 15.5% 的可能性陷入贫困。在 2007 年，陷入贫困的相应概率从 4.7% 增加到 57.5%。这个例子说明，虽然相对贫困率在 2007 年的样本中略高于 2002 年样本，但是具有某种特征的家庭陷入贫困的风险更大。

表 9.11 的模拟结果还表明，儿童和老人收入的变动对家庭特征的依赖截然不同。在老年人中，由于城市收入水平、家庭类型以及老年人是否领取退休金的不同，老年人的收入有着很大的差异。令人吃惊的是，一个居住在多代家庭且没有退休金的老人（个人 B）2007 年在一个低收入的城市，预计有 67.3% 的概率陷入贫困；而在成为富裕者的可能性还不到 1%。与此相反，一个和他的配偶生活在一起的老人（个人 G），在高收入的城市中只有不到 1% 的概率陷入贫困，有 95.8% 的概率成为富裕居民。这个模拟结果也可以发现其他因素的影响情况，如当一个人失去工作（与个体 A 和个体 C 比较）时概率会如何变化，户主受教育水平的重要性（与个体 C 和个体 D 比较），家庭中是否有子女（与个体 D 和个体 E 比较），家庭中是否有领取退休金的老人（与个体 F 和个体 E 比较）等。

本节中的结果显示，在 2002 年和 2007 年间各类型的中国城市居民收入变化情况存在不同。例如，家庭收入与私人部门的扩张密切相关，以及收入最高居民的收入增长速度更快。此外，虽然从 2002 年到 2007 年儿童和成年人的相对贫困都有所增加，但是老年人的情况并非如此。然而，总的来说，数据并没有表明从 2002 年到 2007 年收入决定因素有很大的变动。

相比之下，我们发现城镇间的家庭经济状况有很大的差别。中国城镇的贫困人口较大比例地集中在低收入城镇，而富裕家庭较大比例地集中在高收入城镇。我们发现，城市中有儿童或者有老人的家庭的收入有着较大的差异。单独居住的老年夫妇，尤其是当他们生活在高收入城镇时，其生活比在多代家庭中的老人好很多，尤其比生活在低收入城镇的多代家庭的老人好得多。

第七节 结 论

在本章中，我们研究了2002—2007年间中国城镇居民的收入变化，并且同更早时期的收入情况进行比较。基于CHIP数据，我们研究了实际收入的变化、收入不平等程度的变化和贫困水平的变化。我们按照收入来源对人均家庭收入的基尼系数进行分解，以此找出收入不平等变化的原因。此外，我们将居民按三个维度分类来描述居民的收入是如何变化的。这三个维度包括：工作单位的所有制、个人年龄和户主的受教育程度。同时，我们进行了二元分析并估算了收入的函数。

我们在报告中指出，中国城镇居民的整体收入在2002—2007年间的增长比之前两个时期更加迅速。例如，虽然1988—1995年人均收入的中位数年均增长2.7%，1995—2002年年均增长7.3%，但是2002—2007年年均增长高达11.3%。与1995—2002年间相反，收入不平等在2002—2007年间增大了，虽然增大的速度不如1988—1995年快。

从2002—2007年的收入分布低端的人群实际收入的增长情况看，根据绝对贫困线标准来衡量的贫困人口比例在下降。然而，这部分人群的收入增长比中位数收入的增长速度慢，中国城镇的相对贫困比例的增加仍在继续。因此，关于中国贫困问题的看法很大程度上取决于看待这个问题的角度。如果从低收入国家家庭的角度来观察中国，今天的中国城镇中的贫困现象不是一个问题。但是，如果从高收入国家的角度来看，中国城镇居民的贫困问题和大部分发达国家一样严重。

中国城镇居民的收入不平等主要通过两个主要路径扩大。需要注意的是，这两个路径并不包括来自劳动力市场的收益。其中最重要的路径是自有住房的估算租金的迅速增加，特别是在收入分布顶端的居民尤其明显。这可能是由于自有住房面积的增加，或更可能由于住房价格的迅速上涨。另一个路径是收入分布顶端人群的经营性收入的快速增长。相比于2002

年，在2007年中国有更多的私营企业家和自我经营者，他们的收入大多集中在收入分布中较高的部分。

2002—2007年间中国城镇居民没有享受到统一比率的收入增长。例如，主要与私人部门的扩张密切相关并且处在其内部收入分布顶端的家庭收入增长的速度，快于其他类型居民。但是，总的来说，收入的决定因素在2002—2007年间没有剧烈变动。相比之下，我们发现在各城镇间的家庭经济状况存在显著差异。中国城镇的贫困人口大多数集中于低收入城市，而富裕家庭较多地集中于高收入城市。我们还发现，城镇家庭中的儿童和老人的经济条件差异很大。单独居住的老年夫妇，尤其是当他们生活在高收入城镇时，其收入比生活在多代家庭的老人更高，尤其是比生活在低收入城镇的多代家庭的老人更高。

因此，在本章的研究中我们表明，在2002—2007年，中国城镇收入差距扩大的势头并没有停下来。相反，收入不平等和相对贫困都增加了。然而应该强调的是，我们对于收入组成部分的分析表明，增加收入不平等的主要推动力是由自有住房估算租金的增加和私人部门收入的扩张而导致的高收入人群收入的快速增长。而这些推动力可以归因于这一时期之前已经开始的政策改变。

（本章作者：邓曲恒、别雍·古斯塔夫森）

参考文献

国家统计局（历年）：《中国统计年鉴》，中国统计出版社。

中华全国工商业联合会、中国民（私）营经济研究会主编（2009）：《中国私营经济年鉴：2006．6—2008．6》，中华工商联合出版社2009年版。

Appleton, S., Song, L. and Xia, Q. (2010), "Growing out of Poverty: Trends and Patterns of Urban Poverty in China 1988 – 2002", *World Development*, 38, 665-678.

Brandt, L. and Holz, C. A. (2006), "Spatial Price Differences in China: Estimates and Implications", *Economic Development and Cultural Change*, 55 (1),

43-86.

Cai,H. ,Chen,Y. and Zhou L-A (2010),"Income and Consumption Inequality in China:1992 – 2003",*Economic Development and Cultural Change*,58 (3) 385-413.

Chen,G. ,Li,J. and Matlay,H. (2006),"Who are the Chinese Private Entrepreneurs? A Study of Entrepreneurial Attributes and Business Governance", *Journal of Small Business and Enterprise Development*,13 (2),148-160.

Chen,S. and Ravallion,M. (2010),"China is Poorer than We Thought,but No Less Successful in the Fight against Poverty", in Anand, S. , Segal, P. and Stiglitz,J. (Eds),*Debates on the Measurement of Global Poverty*, Oxford: Oxford University Press.

Dickson,B. (2008),*Wealth into Power,The Communist Party's Embrace of China's Private Sector*,Cambridge:Cambridge University Press

Eichen,M. and Zhang,M. (1993),"Annex: The 1988 Household Sample Survey-Data Description and Availability", in Griffin,K. ,Zhao,R. (Eds),*The Distribution of Income in China*,Houndmills:McMillan.

Foster,J. Greer,J. and Thorbecke,E. (1984),"A Class of Decomposable Poverty Indices",*Econometrica*,52,761-765.

Gustafsson,B. ,Li,S. and Sato,H. (2004),"Can a Subjective Poverty Line be Applied to China? Assessing poverty among urban residents 1999",*Journal of International Development*,16,1089-1107.

Gustafsson,B. Li,S. and Sicular,T. (2008),*Inequality and Public Policy in Urban China*,Cambridge:Cambridge University Press.

Haggard,S. and Huang,Y. (2008),"The Political Economy of Private-Sector Development in China",Chapter ten in Brandt,L and Rawski,T. G. (Eds), *China's Great Economic Transformation*,Cambridge:Cambridge University Press.

Li,H,Meng,L. ,Wang,O and Z,L-A. (2008),"Political Connections,Financing and Firm Performance:Evidence from Chinese Private Firms",*Journal of Development Economics*,87,283-299.

Li,S. ,Luo,C. ,Wei,Z. and Yue,S. (2008),"Appendix: The 1995 and

2002 Household Surveys: Sampling Methods and Data Description", in Gustafsson, B, Li, S. and Sicular, T. (Eds), *Inequality and Public Policy in China*, Cambridge, Cambridge University Press.

Logan, J., Fang, Y. and Zhang, Z. (2010), "The Winners in China's Urban Housing Reform", *Housing Studies*, 25, 101-117.

Meng, S., Gregory, R. and Wang, Y. (2005), "Poverty Inequality and Growth in Urban China 1986 – 2000", *Journal of Comparative Economics*, 33, 710-729.

OECD (2008), *Growing Unequal? Income Distribution and Poverty in OECD Countries*, Paris.

Palmer, E. And Deng, Q. (2008), "What Has Economic Transition Meant for the Well-Being of the Elderly in China", in Gustafsson, B. Li, S. and Sicular, T. (2008) *Inequality and Public Policy in Urban China*, Cambridge: Cambridge University Press.

Ravallion, M. and Chen, S. H. (2003), "Measuring Pro-Poor Growth", *Economic Letters*, 78, 93-99.

Riskin, C. (2010), "The Changing Nature of Urban Poverty in China", in Anand, S., Segal, P. and Stiglitz, J. (Eds) *Debates on the Measurement of Global Poverty*, Oxford: Oxford University Press.

Saunders, P. (2007), "Comparing Poverty among Older People in Urban China Internationally", *China Quarterly*, 190, 451-465.

Wong, C. K. (1995), "Measuring Third World Poverty by the International Poverty Line: The Case of Reform China", *Social Policy and Administration*, 29: 189-203.

Wong, C. K. (1997), "How Many Poor People in Shanghai Today? The question of poverty measures", *Issues and Studies*, 33, 32-49.

Yueh, L. (2009), "China's Entrepreneurs", *World Development*, 37, 778-786.

附 录

表 9A.1 描述性统计

	2002 年	2007 年
户主的受教育水平	10.67	11.99
户主年龄	47.67	48.99
户主年龄的平方	2394.96	2535.29
家庭中孩子的数量	0.49	0.44
家庭中在国有部门工作的成年人人数	2.10	1.78
家庭中在私人部门工作的成年人人数	0.83	1.15
家庭中无工作者人数	0.30	0.27
家庭中有退休金的老人人数	0.27	0.32
家庭中没有退休金的老人人数	0.07	0.06
是否是汉族	0.96	0.97
城镇人均收入的对数	9.08	9.64
北京	7.06	10.70
山西	9.39	8.30
辽宁	10.23	10.48
江苏	10.48	7.79
安徽	7.15	7.34
河南	10.11	8.92
湖北	10.00	5.46
广东	8.54	10.64
重庆	4.03	5.62
四川	8.25	8.21
云南	8.96	8.48
甘肃	5.79	8.07

资料来源：作者根据 CHIP 数据计算。

表 9A.2　贫困函数（贫困线设为中位数收入的 60%）

	2002 年	2007 年
户主的受教育水平	-0.193 *** (0.007)	-0.216 *** (0.008)
户主年龄	0.038 ** (0.018)	-0.013 (0.016)
户主年龄的平方	-0.001 *** (0.0002)	-0.0002 (0.0002)
家庭中孩子的数量	0.247 *** (0.048)	0.120 *** (0.044)
家庭中在国有部门工作的成年人人数	0.465 *** (0.031)	0.640 *** (0.028)
家庭中在私人部门工作的成年人人数	0.711 *** (0.031)	0.823 *** (0.027)
家庭中无工作者人数	0.842 *** (0.042)	1.104 *** (0.045)
家庭中有退休金的老人人数	-0.502 *** (0.060)	-0.450 *** (0.052)
家庭中没有退休金的老人人数	0.659 *** (0.071)	0.422 *** (0.071)
是否是汉族	0.017 (0.115)	0.034 (0.116)
城镇人均收入的对数	-3.388 *** (0.110)	-3.604 *** (0.099)
北京		
山西	1.253 *** (0.237)	-0.392 *** (0.137)
辽宁	0.979 *** (0.235)	-0.183 (0.132)
江苏	1.137 *** (0.234)	-0.047 (0.152)
安徽	1.097 *** (0.236)	-0.719 *** (0.144)
河南	1.103 *** (0.233)	-0.367 *** (0.134)
湖北	1.052 *** (0.233)	-0.309 ** (0.146)

续表

	2002	2007
广东	0.667 *** (0.241)	-0.696 *** (0.141)
重庆	0.996 *** (0.250)	-0.744 *** (0.145)
四川	1.219 *** (0.235)	-0.237 * (0.133)
云南	0.935 *** (0.235)	-0.398 *** (0.132)
甘肃	1.147 *** (0.238)	0.029 (0.136)
常数项	27.661 *** (1.120)	34.377 *** (1.076)
Pseudo R^2	0.2527	0.2992
观测值数量	20434	21545

资料来源：CHIP 数据库。

表 9A.3　以中位数收入的 200%为门槛划定的小康收入函数

	2002	2007
户主的受教育水平	0.246 *** (0.010)	0.267 *** (0.011)
户主年龄	0.016 (0.022)	-0.007 (0.017)
户主年龄的平方	0.0002 (0.0002)	0.0002 (0.0002)
家庭中孩子的数量	-0.316 *** (0.079)	-0.388 *** (0.070)
家庭中在国有部门工作的成年人人数	-1.423 *** (0.056)	-1.008 *** (0.046)
家庭中在私人部门工作的成年人人数	-1.638 *** (0.061)	-1.056 *** (0.048)
家庭中无工作者人数	-1.731 *** (0.086)	-1.327 *** (0.082)
家庭中有退休金的老人人数	0.026 (0.079)	0.419 *** (0.062)

续表

	2002	2007
家庭中没有退休金的老人人数	-0.763 *** (0.192)	0.406 *** (0.137)
是否是汉族	-0.587 *** (0.136)	0.182 (0.157)
城镇人均收入的对数	4.516 *** (0.196)	4.115 *** (0.145)
山西	0.952 *** (0.180)	0.068 (0.198)
辽宁	0.728 *** (0.122)	0.071 (0.123)
江苏	0.550 *** (0.113)	0.053 (0.086)
安徽	0.401 ** (0.178)	-0.214 (0.140)
河南	0.769 *** (0.142)	0.001 (0.126)
湖北	0.14 (0.186)	-0.09 (0.153)
广东	0.945 *** (0.103)	0.585 *** (0.084)
重庆	0.740 *** (0.166)	0.169 (0.168)
四川	0.797 *** (0.159)	0.504 *** (0.124)
云南	0.350 ** (0.151)	0.798 *** (0.151)
甘肃	0.25 (0.229)	-0.259 (0.247)
常数项	-43.461 *** (1.948)	-43.229 *** (1.536)
Pseudo R^2	0.3030	0.3217
观测值数量	20434	21545

资料来源：CHIP 数据库。

第十章　中国城镇失业与非就业者数量的增加：成因及结果[①]

第一节　引　言

经济转型之前，中国城镇中几乎所有16—55岁的女性居民与16—60岁的男性居民都为收入而工作。随着中国向现代化与市场经济的迈进，这种状况发生了改变。本章的研究结果表明，1988年拥有城镇户口的劳动年龄人口仅有6%为非就业者，而1995年这一比例上升到15%，2002年上升到29%，2007年该比例则高达36%。多数经济体难以应付如此迅速的支出负担变化。不过，中国经历了一个经济高速增长时期。由于劳动力队伍中大量年轻人群的进入和较低的出生率，中国也经历了一个有利的人口结构变化。除此之外，城镇中的农民工从事有薪工作的比重在增加，这些农民工一般工作时间较长，即使他们获得的报酬少于城市居民。

中国城镇非就业者数量的增加是由多种变化过程造成的。一是由于教育的快速扩张导致更多的年轻人维持学生身份而成为非就业者，这与许多

---

① 本章内容之前的版本先后提交给了2009年5月和2010年5月于北京师范大学召开的“中国收入不平等研讨会”；2010年6月于中国厦门召开的“中国留美经济学会2010中国年会”；2010年8月于瑞士圣加仑召开的第31届“收入和财富研究国际协会大会”；2010年10月于波恩召开的第二届“中经院/IZA劳动经济学研究研讨会”。非常感谢所有这些会议的参与者和Terry Sicular为我们所提出的有用意见。

发达国家的情况相似；二是由于中国从计划经济体制向市场经济体制转变所带来的结构性变化。这些变化对毕业生以及中年和老年就业者产生了影响。

计划经济时期，从毕业到找到第一份（往往也是终身的）工作的过渡过程中通常不含有非意愿的失业期。相比之下，近年来的毕业生必须依靠各自的社会关系自己找到工作。这通常意味着在当代中国，如同许多发达国家一样，一些毕业生在找到其工作之前要经历失业期。

向市场经济的过渡导致了中国企业的重组，并使得很多中年和老年就业者被裁员。尤其是在20世纪90年代后半期以及之后的几年中，有大量的工人被下岗，许多工人在正常退休年龄之前离开了劳动力市场。这些变化并不是随机发生的。比如，近年来农民工从农村向城市的大量涌入使得城市中的非技术工人面临的竞争加剧，但这种情况很少会对城镇中的技术工人造成影响。女性和老年劳动者往往被认为是缺乏吸引力的潜在受雇者，他们成为非就业者要比成年男性成为非就业者更能被社会接受。此外，中国的经济转型在空间上是一个非平衡的过程，该转型过程对某些地区和城镇的影响要超过其他地区和城镇。本世纪初以来，经济结构迄今发生的这些变化与之前时期（当时中国城镇中的就业岗位总量大幅下降）所发生的变化有一个重要的区别。近年来，中国城镇就业岗位整体上的持续增加，这使得就业问题得到缓解，尽管就业岗位量还没有达到20世纪90年代中期国企改革之前的水平。

本章旨在从几个方面提高我们对中国城镇中非就业问题的认识。我们采用从中国多个城镇中获取的大量样本，从性别、年龄等角度详细描述了1988年、1995年、2002年和2007年城镇就业者与非就业者的变化情况。我们区分了五类不同的非就业者，即在校学生、失业者、提前退休者、家务劳动者以及其他非就业者等。至少就某种程度而言，成为哪一类非就业者的决定因素可以被假定为是不同的。我们提出的一个研究问题是：不同类别的非就业者分别具有何种个人特征？假设在整个生命周期中，造成非就业者从属类别不同的决定因素不同。从该假定出发，我们考察性别、受教育程度以及家庭特征所起的作用，以及个人所在城市的就业状况是否影响处于不同非就业状态的概率，如果有影响，又是如何影响的？

我们提出的第二个研究问题是：不同类别的非就业人群的经济福利状况是什么样的？非就业者的个人收入对其福利水平很重要，同时其家庭其他成员的收入以及整个家庭的支出负担也很重要。我们希望找到不同类别的非就业者之间或内部的差异性。例如，有相当数量的学生是富裕或相对宽裕家庭中的独生子女，但其他学生却不是。一些提前退休人员得到了相对丰厚的退休金，并且与收入高于平均水平的人生活在一起；而其他退休者在其中一个方面或两个方面都没有这么幸运。我们可以预料到失业人员的经济状况会更差，因为失业救济金即便能够得到，往往也很微薄。家务劳动者的状况是否相似是一个开放性问题，如果受访者与调查人员就“非就业”问题做了沟通，那么就会回答是非就业者，否则就会回答是失业者。在城镇中是否重新出现了传统意义上的家庭主妇，即高收入者的配偶？在经济快速发展与结构快速变化的二十年中，中国城镇中的家庭角色及性别差异发生了怎样的变化？为该问题的讨论提供新的资料是本章的研究目的。

迄今为止，一些文献对改革以来中国城镇劳动市场变化的问题进行了探讨；一些文献研究了被解雇工人和失业工人的问题；其他文献对收入或工资函数进行了估计，这些研究有时与研究性别工资差距联系在一起；也有一些文献讨论了工资报酬不平等和家庭收入不平等的问题。与西方研究相比，关于中国城镇中的年轻人从毕业到工作期间如何过渡的问题以及关于提前退休的变化问题，我们没有找到较多的相关文献。我们的研究将有助于了解中国城镇非就业者的经济福利问题（就我们所知，对该问题的已有研究文献很少），并将在文献层面为研究中国城镇收入分配变化问题做出潜在贡献。

关于研究结果，我们的研究表明大部分年轻男性的初始工作年龄在提高，1988 年该年龄平均为 17 岁，2007 年该年龄则提高至 24 岁。年轻女性的情况与男性类似。与此同时，在大多数年龄段不再为得到工资报酬而工作的人群比例也在增加。另外，1988—2002 年间退休年龄下降的趋势明显，但是此后实际退休年龄在 2007 年又回到与 1988 年相同的水平。我们的一个重要结论是：1988—2002 年，在中国城镇非就业数量增加的过程中存在着明显的学历和性别歧视。2002 年，对于中年和老年劳动者的低学历者以及女性而言，他们陷入各种非就业状态的可能性大大增加。然而在2002—2007年间，由于创造了更多的工作岗位，低学历者或者女性劳动者所受到的上述影响有所减小。相比之下，我们发现年轻非就业者中的性别差异很小。此外，我们的研究表明当地劳动市场条件是非就业从属状态的影响因素之一。显性失业只是城镇低就业率的结果之一。当就业率较低时，年轻人继续提高学历的可能性更大，中年和老年劳动者提前退休并成为家务劳动者或其他类别非就业者的可能性也增加。

我们的另一个重要结论是在一些情况下，非就业者入不敷出的问题主要通过两个途径得到缓解，一是由有工作的家庭成员对其进行收入补给，二是通过政府转移支付。学生群体较可能有高收入的父母，大量提前退休者的退休金则为他们的家庭收入做出了可观的贡献。这也是学生群体之间与提前退休者之间的收入分配相对比较均等的原因。相比之下，失业者和家务劳动者集中于较低收入等分组，尤其是在2002年。因此，失业者与家务劳动者比例的增加直接导致了家庭收入分配不平等程度增加，而学生群体与提前退休者比例增加对家庭收入分配不平等的可能影响则没有这么直接。尽管中国城镇的就业岗位数量在2002—2007年有所增加，但收入分配的不平等却在一些方面持续扩大。一是随着各城镇就业率不同程度的上升，地区间的收入差距在不断扩大；二是随着夫妻收入中女性收入所占比例的下降及男性收入份额的上升，性别收入差距也在持续扩大。

本章研究的问题与本书第九章所研究的内容密切相关，第九章重点分析了从本世纪初期至2007年间中国城镇收入不平等程度的变化情况，本章与第九章使用的数据相同。第九章描述了贫困的演化过程，并分析了各种收入结构对收入分配不平等程度变化的影响，本章对这些问题不做探讨。另外，第九章一方面研究了受教育程度、家庭规模以及其他一些特征之间的关系变化，另一方面也研究了收入的变化情况，而本章的研究对象则集中在含有非就业成员的家庭。

本章结构如下：第二节介绍研究背景。第三节给出数据，分别描述研究期间不同年龄段的男性与女性群体非就业情况的变化，并介绍非就业者的五种分类。第四节分析不同类别非就业者的特征。第五节讨论不同类别非就业者的经济福利状况。第六节给出结论。

第二节　背景与猜想

随着中国经济的增长以及经济复杂程度的增加，潜在工作者面临的工作要求越来越高。中国经历了从计划经济（在该时期，不同文化程度间的收入差异很小）体制向市场经济体制的转型，同时近些年来城市低技能劳动者面临的来自农民工的竞争在不断增加，这些变化意味着人们追求更高学历水平的激励越来越强。对于中国教育回报率变化的近期研究（如，Zhang 等（2005）、Knight 和 Song（2008））证实了这一点。经济的快速增长使得父母们有能力为子女接受更长时间的教育提供资金，也使得地方和中央政府部门能够将更多的资源配置到教育部门。此外，中国独生子女政策的实施，意味着 1979 年以来在城镇出生的儿童只有少数人有兄弟或姐妹。教育费用的增长率在通常情况下超过了 GDP 的增长率。Hannum 等（2008，第 222 页）给出了 1994—2004 年间的相应数据。

在这种背景下，如同在当前许多其他国家一样，中国的新一代人比老一代人受教育程度高得多是一种很合理的现象，当然这种变化并非总是平稳的。例如，数据结果显示在 20 世纪 80 年代小学升中学的升学率并没有上升的趋势（Hannum 等，2008，第 231 页）。相比之下，在 20 世纪 90 年代小学升中学的升学率从略高于 70% 上升到了 90% 多。在改革初期，相对于庞大的人口规模，中国城镇中上大学或大专的人数很少。1980 年仅有 4% 的中学生进入了大学或大专阶段。不过从这之后，除了少数几个年份外，中学升大学或大专的升学率几乎每年都在上升。比如，2000 年就有高达 73% 的中学生升入了大学或大专。近几十年来中国高等教育的扩张速度令人印象深刻，普通高等学校的在校生人数在 1988 年为 20 万，1995 年为 30 万，2002 年为 90 万，2007 年则达到了惊人的 190 万（参见国家统计局历年统计数据）。这使得中国受过高等教育的劳动力的世界占比增加，这一变化毫无疑问将带来全球性的影响。

教育扩张是中国城镇中年轻人群进入劳动市场的时间推迟的一个主要原因。与西方国家不同，中国的学生在上学期间或者在假期里通常是不工作的。与西方国家有所差异的另外一点是，中国学生毕业后获得工作的过程发生了巨大的变化，从毕业到就业的过渡问题吸引了大量国外研究者的兴趣（如 Ryan（2001））。1984 年以前，中国由政府给毕业生分配工作。之后，由于双轨制的实行，毕业生既可以由政府分配工作，也可以自己寻找工作。然而从 1993 年开始，毕业生的就业问题需要完全靠自己解决（Zhao & Wen，2008）。如同许多发达国家一样，这些变化产生的原因是毕业生的供给超出了需求，目前中国很多毕业生在寻找首份工作的时候都面临着困难。

平均而言，城镇家长比农村家长富裕得多，城镇家长能够负担得起学费、其他教育支出以及由于正在上学的子女无法从事经济活动所放弃的收入。同样，城镇中的学校主管部门也比农村（尤其是贫穷乡村）占有并支配更多资源，从而他们可以提供更加多样化的学习机会（Tsang & Ding，2005）。因此，不同地区的入学率和教育程度差异非常大（Connelly & Zheng，2003；Hannum & Wang，2006）。从地区差异角度来看，城镇就业率在多大程度上影响着人们成为不同类别的非就业者的概率？当就业机会有限的时候，人们更有可能成为在校学生这一类非就业者的概率又有多大？

我们对于确定教育活动中的代际联系对非就业概率的影响程度这一问题也很感兴趣。在“文化大革命”期间（1966—1976 年），教育政策的重点是消除由于社会背景所带来的教育差距。然而这种政策已经成为历史，中国的教育体制改革被很多人描绘为“信奉新自由主义”（Mok，Wong 和 Zhang，2009）。教育开始变得更加商业化，公共机构不再完全公共，私立学校快速涌现。例如，在 2007 年高等教育机构的资金几乎有一半来自学费以及其他杂项来源。但在过去分配给教育的资金较少的时期（据国家统计局有关各年数据），情况却并非如此。统计数据显示，2007 年家庭支付的年均学费达到几千元，或等于 3—4 个月家庭平均收入总和①。越来越多的

① 参见《来看各地大学学费标准》，2007－04－04，http://bbs.edu5a.com/showtopic-422.html。

中国家长正在为子女提供资金帮助，但是对许多家长来说，支付学费仍是困难的。为子女的教育支出提供资金已经成为中国居民的首要储蓄目标①。正如我们普遍观察到的情况，在当前的中国城镇，我们可以预期父母的经济状况将影响子女成为在校学生非就业者的概率。

不过就性别而言，性别差异是否影响在校学生非就业者的从属概率并没有肯定的结论，这需要区分城镇与农村两种不同的情况。农村家庭的收入较低，子女数量一般多于一个，父母希望女孩尽早结婚离开家庭，并且没有多少父母能够获得养老金。在这种情况下，出于经济上的考虑，农村父母会对男孩的教育给予更多的资金支持。然而在城市，独生子女政策意味着城市父母不用考虑男孩与女孩之间的教育投资选择问题。

我们现在来考虑另外一个导致非就业的重要变化过程，就是经济转型带来的失业增长和劳动参与率的降低。中国城市在 20 世纪 90 年代中期之前几乎没有显性失业，因此没有必要建立失业保险制度。然而，随着国有企业产权多元化改革，以及允许效率低下的工作单位破产等中央政策的推行，情况发生了改变。国有企业职工数量从 1995 年的 1.13 亿下降到 2002 年的 4100 万。同时，集体所有制单位职工数量从 1995 年的 3100 万下降到 2002 年的 2000 万。1995—2002 年间，合并后的国有和集体部门中的就业岗位数量减少了 8300 万，在此期间，私营企业、自我经营部门、有限责任公司分别创造了 1900 万、700 万、600 万个新就业岗位（据国家统计局有关各年数据）。从数据中看出，这些新的就业岗位仅仅部分缓解了国有企业和集体经济单位改革所带来的就业压力。由于就业岗位新增加的数量远远少于就业岗位减少的数量，同时需要就业的人口数量在增加，这使得城镇居民的就业问题在此期间大大恶化。

在 2002—2007 年间，情况发生了改变。虽然国有企业和集体所有制企业中的职工数量继续在下降，但是下降的幅度从之前的年均 1200 万人减少了到年均 200 万人左右。就业岗位数量在此期间总共减少了 1000 万，其中国有企业减少了 700 万，集体制企业减少了 300 万。这意味着，2007 年，国有企业仍然是最大的就业单位，其职工数量达到 6400 万，而集体制企业

① 参见 http://test.pbc.gov.cn/publish/diaochatongjisi/193/1685/16850/16850_.html#。

中的职工数量只有700万。同时，私营企业中的职工数量增加了2600万，有限责任公司与自我经营部门中的职工数量分别增加了1000万，这大大超过了国有企业和集体制企业中职工数量的减少额。2007年，私营企业部门中的职工总数为4600万，成为中国第二大就业部门（据国家统计局有关数据）。

中国城镇在20世纪90年代中期及之后的几年中所受到的就业冲击，在某些地区对于低技能劳动者、老年劳动者和女性劳动者等群体而言尤为严重（Appleton等，2002；Giles、Park & Cai，2006）。尽管在一个增长的经济体中许多下岗工人能够找到新的工作，但是中国劳动需求的增长速度小于毕业生、下岗工人以及新出现的农民工群体的增长速度。此外，由于户籍限制，中国城镇劳动市场的发育并不完善，劳动力在区域间的流动面临着困难。因此，从20世纪90年代中期开始，很多城镇居民开始接受显性失业的现实，并在就业冲击之下被迫退出劳动力队伍。

我们很难精确地描述中国城镇显性失业与劳动力参与率下降的程度和演变过程。因为目前中国还没有能够计算出各年失业率以及劳动力价格的官方、可靠、及时（与OECD国家的劳动力调查具有可比性）的全国劳动力调查①。不过，据五大城市调查的报告结果，按照国际标准计算，1996年中国城镇居民失业率为6.8%，2002年为11.1%（Giles等，2006）。该数据表明，中国的城镇失业率与当期发达国家的城镇失业率几乎一样高，并远远高于城镇登记失业率。1996年和2002年中国城镇登记失业率分别只有2.9%和4.0%（据国家统计局相关年份数据）。

在本世纪初之前，中国政府实施的若干政策措施旨在减少中国就业问题带来的不良影响。1999年，《失业保险条例》的适用范围从国企部门扩大至所有城市失业者（Duckett & Hussain，2008）。该制度实施的资金来源于企业和员工共同缴纳的失业保险金，该制度为那些已登记并缴纳了保险金的下岗工人提供了有限的下岗补贴或再就业培训。一些工作单位为下岗

① 国家统计局2009年开始进行劳动市场调查，但是至本章撰写时，即2010年9月，该调查结果仍未正式公布。国家统计局、人力资源和社会保障部、农业部和中华全国总工会、中国侨联2005年进行了一个试点调查，该调查结果由国家统计局2006年正式公布。

职工提供了早退制度，女性在 55 岁、男性在 60 岁之前就可以提前退休。另外一项缓解失业不良影响的措施是建立下岗分类制度，这种状况发生在那些已经离职但并没有和工作单位脱离人事关系的工人身上。如果工作单位有负担能力，这些工人就可以得到一个比较低的工资和一些福利（Wong & Ngok，2006）。

在失业迅速增加期间，工作单位买断中年和老年职工工龄的情况变得普遍，即工作单位一次性支付给他们一笔当期年龄至正常退休年龄期间的累积未来工资收益。与那些已经工作了三十年或以上的职工一起，这些职工自愿放弃了可以按月领取工资的就业岗位。本世纪初之前的一个重要政策转变是城镇居民社会救助体系的扩张，该扩张使得受助者的数量从 1998 年的不到 200 万人增加到 2003 年的 2200 万人（国家统计局相关年份数据；Leung,2006;Gustafsson & Deng,2007;Gao、Garfinkel & Zhai,2009）①。

然而，2003 年以后，随着劳动市场条件的改善，许多影响失业工人的政策发生了改变。工作单位中不再有下岗职工，也很少有工作单位再买断中年和老年职工的工龄。虽然福利支出的数量没有减少，但低保政策的受助者数量不再扩大②。

我们可以得出结论，经济转型带来的收入影响备受政策制定者的关注。不过，这些措施没能阻止收入不平等程度扩大的趋势。有两项对本世纪初之前一个时期的相关研究结果指出了这一点。Meng（2004）利用 1988 年、1995 年和 1999 年的家庭收入调查数据进行的分析认为，中国经济转型带来的失业和其他影响是城镇家庭收入基尼系数上升的主要影响因素。Cai、Chen 和 Zhou（2010）利用 1992—2003 年的省级面板数据模型，分析了各种不平等测量指标与反映国有企业改革、城市化、全球化的变量指标

① 在我们回顾的文献中，我们很少看到文献分析各种旨在缓解中国城镇中失业影响的政策措施的效率问题。个人和家庭所做出的留出劳动力的决策在多大程度上可能是由于负收入的减少受到了各种政策措施的影响，也很少有文献进行了该方面的量化分析。我们无法排除一种可能性，即可能是由于旨在缓解失业影响的政策措施的介入，导致了这里所指出的城市就业数量的一部分减少。

② 2008 年，即我们这里所研究期间（2009 年）的前一年，《中华人民共和国劳动合同法》生效，其中规定了当企业裁员时不能首先解除或终止劳动合同的劳动者类型。比如，一个家庭的唯一经济来源人员，或者在所在单位连续工作满 15 年且距法定退休年龄不足 5 年的劳动者。

之间的关系。他们的研究结果表明，国企改革是导致所研究期间城市收入差距扩大的最显著的因素。

经济转型对男性和女性的影响程度有什么不同？描述发达国家的公共政策如何构造了性别角色的两个理想模型是“养家模型”（bread-winner model）和“双薪模型”（dual-earner model）。中国城镇家庭具有“双薪模型”的几个特征。在计划经济时期，女性的收入水平与男性几乎一样高。同样，在向市场经济体制转型期间，中国城镇女性就业者的平均工资收入与男性也基本处于同一水平，这种状况一直持续到本世纪初（Gustafsson & Li,2000;Démurger,Fournier & Chen,2007;Chi & Li,2008）。然而，如本书第十三章所指出的，在这之后中国的性别工资差异呈现出快速增加的现象。劳动者可以从中国的社会保障制度中获益，但照顾家庭者无法从中受益。所得税的征收依据是个体劳动者的收入水平，并不考虑家庭特征。从这些方面来看，中国的情况与“双薪模型”的北欧模式相似。

不过从其他方面看，中国城镇中的性别角色和家庭角色又包括“养家模型”的要素。城镇中的家长无法依靠得到了大量资助且离开家庭的子女来照顾老人，也无法依靠得到政府资助的家庭来照顾老人，这些往往是女性的无偿工作。与南欧国家相似但与北欧国家不同的是，中国的成年子女在结婚并自己成为父母之前，通常仍然是其父母家庭的成员。这意味着，城镇家庭内部存在大量的转移支付，并存在相当大的、对照顾家人的需求。另外，这也意味着家庭内部需要资金的再分配，一般情况下，住房、食物和教育支出是由父母负担的。相比之下，北欧国家的成年子女高中毕业后不久就会独自居住，大学生的多数生活支出由政府贷款和助学金资助，并且没有学费，因此需要父母资助的金额非常有限。

与其他地方一样，中国城镇中的女性（尤其是已婚女性）被认为以照顾家人为生活的重心，从而她们在生活的所有阶段不从事全职带薪工作（Zhang 等，2008；Maurer-Fazio 等，2009）。雇用者以及潜在雇用者均保有该观念，认为女性劳动者的生产力较低，因此男性在被聘用和工作保留方面得到了优惠待遇。这样，在经济转型期间女性比男性的失业时间长就不足为奇（Du & Dong，2009）。Du 和 Dong 通过估算导致女性失业时间较长的各种因素的相对重要程度，认为结构和体制因素比性别偏好对性别差异的影响更具有决定性。从家庭层面看，与中年男性群体不同，城镇中年女性群体从劳动力市场的迅速退出导致了女性对家庭收入的贡献度下降，从而可能削弱了女性在家庭内部的议价能力（Li 等（2006）对 1988—1999 年期间的研究；Li & Gustafsson（2008）对 1995—2002 年期间的研究）。

最后，我们讨论了地区差异问题。众所周知，中国的经济转型给某些城镇地区带来的冲击尤为严重，比如东北地区。该地区在经济转型期间有大量工人失业，但是新就业岗位却创造得很少。而在其他地区，比如一些大型城市，由于地方政府有更多的资源应对失业，因此大型城市的就业问题从人口总规模方面看就没有那么严重。图 10.1 源自我们在下一部分中进行的数据描述。从图 10.1 中可以看出，1995—2002 年间城镇之间的失业率差异显著扩大，并且这种扩大的趋势在 2002—2007 年间仍在继续。1988 年城市就业率的基尼系数为 0.031，1995 年为 0.032，但 2002 年增加至 0.060，2007 年则进一步上升至 0.093①。

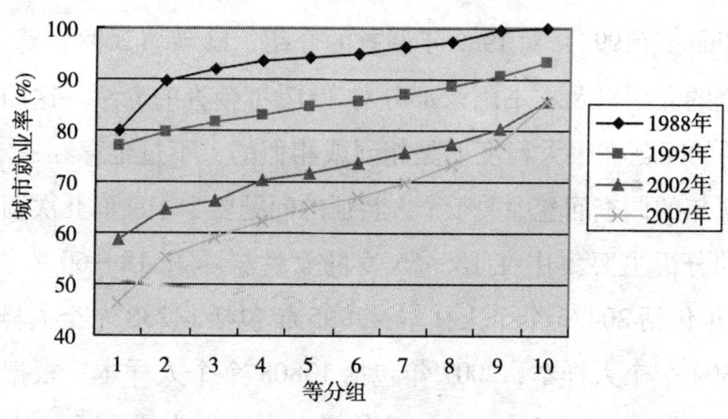

图 10.1　城镇就业率的十等分组图

（1988 年、1995 年、2002 年、2007 年）

① 由于各调查之间的城镇抽样方法不同，未来的研究将视是否能在其他数据中也发现该发展而定。

第三节　数据来源与非就业者的统计描述

本章所使用的数据来自于1988年、1995年、2002年和2007年中国住户收入调查（CHIP）中的城市住户调查数据。我们使用的是北京、山西、辽宁、云南、甘肃、江苏、安徽、河南、湖北、广东、重庆和四川等省份的1988年、1995年、2002年、2007年调查数据。正式出版的《中国统计年鉴》中含有官方住户统计资料，我们的这些样本是国家统计局在收集官方住户统计资料时所用的大样本的子样本。国家统计局进行了实地考察，样本的目标人群是有城市户口的居民，不包括没有城市户口的农民工。我们的样本中所包括的城镇数量在1988年、1995年、2002年和2007年分别为158个、69个、77个和219个城镇[①]。有关抽样调查程序的更多详细信息参见Eichen和Zhang（1993）对1988年调查的介绍，Li等（2008）对1995年和2002年调查的介绍以及本书附录部分对2007年调查的介绍。这四次调查问卷中所包括的问题在很大程度上是相同或相似的，不过也存在一定的差别。比如，2007年的调查问卷中关于个人特征的问题要少于前面几次调查。

我们的分析主要集中在18—55岁的女性样本和18—60岁男性样本，其中1988年包括20426个个人样本，1995年包括14238个个人样本，2002年包括14304个个人样本，2007年包括13808个个人样本。根据我们对主动就业年龄的界定，1988年只有6%的样本人群为非就业者，但是1995年该比例增加至15%，2002年增加至29%，2007年则达到36%。就业的减少多发生在一个人工作生命周期的起点时期和终点时期。图10.2显示了所研究期间内16—30岁年龄段内男性样本群体的就业率。可以看出，1988年男性就业比例超过50%的初始就业年龄为17岁，1995年为20岁，2002

① 与大多数利用CHIP数据的研究相同，我们没有使用样本权重。虽然样本规模在各省间差别不大，但各省之间的总人口规模存在较大的差异。

年增加到23岁。但是，2002—2007年间该初始年龄增加了不到1岁，表明初始就业年龄的增加速度有所降低。这意味着在我们所研究的20年间，劳动力市场的平均进入年龄上升了7年。在所研究的所有年份中，该年龄段女性样本的就业情况（如图10.3所示）与男性样本基本相似。

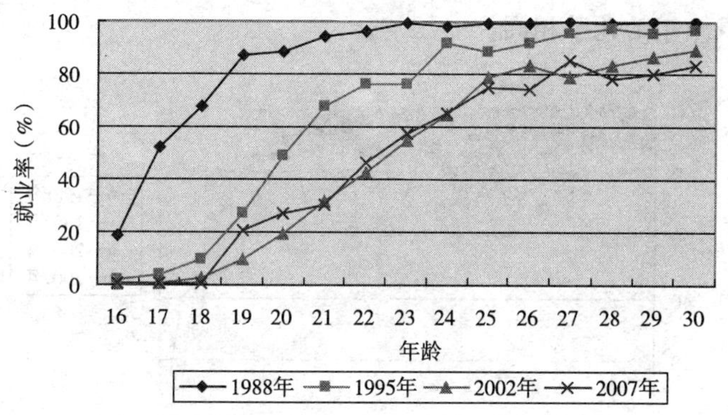

图10.2　16—30岁男性就业率（1988年、1995年、2002年、2007年）

资料来源：作者根据CHIP数据计算得出。

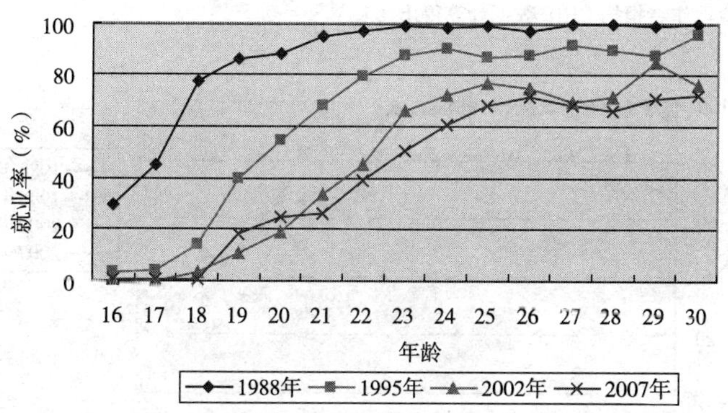

图10.3　16—30岁女性就业率（1988年、1995年、2002年、2007年）

资料来源：作者根据CHIP数据计算得出。

图10.4和图10.5则显示了30岁以上年龄段内不同年龄人群的就业率。我们发现许多例子中，就业率大幅降低的情况是从1995年开始的，并且在开始阶段女性样本就业率降低的幅度超过男性。另外，老年就业者的情况引起了我们的兴趣，虽然他们从劳动力市场的退出年龄也在变化，但

我们没有看到一个20年间的变化趋势，而在16—30岁样本中我们可以看到一个明显的时间趋势。该年龄组人群中50%的人群退出劳动力市场的年龄，我们称之为“实际退休年龄”。从图10.4和图10.5中可以看出，尽管2002年男性和女性样本的实际退休年龄均比1995年有所下降，但是在2007年男性和女性样本的实际退休年龄又上升至61岁和52岁，这与1988年的实际退休年龄几乎相同。

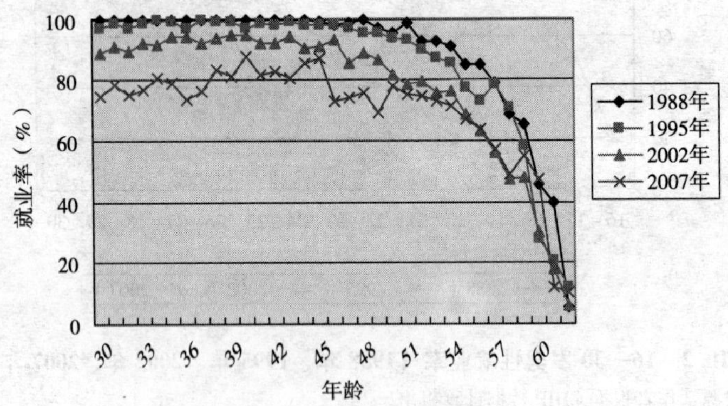

图10.4　30—62岁男性就业率（1988年、1995年、2002年、2007年）

资料来源：作者根据CHIP数据计算得出。

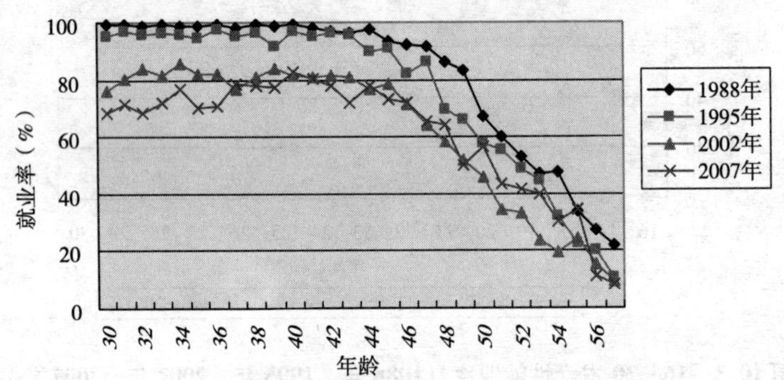

图10.5　41—57岁女性就业率（1988年、1995年、2002年、2007年）

资料来源：作者根据CHIP数据计算得出。

总体而言，图10.2至图10.5表明，1988—2007年中国城镇非就业数量增加的原因在于年轻人积极进入劳动力市场的年龄大大推后，以及很多年龄段人群（尤其是女性）非就业比例的增加。虽然1998—2002劳动力市场的退出年龄（实际退休年龄）出现了下降，但这只是暂时现象而不是长期现象。可以推测，随着中国人口健康状况的继续改善，实际退休年龄将增加而不是下降。

处于积极就业年龄的非就业者主要参与哪些活动？根据问卷受访者对其所参与活动的回答，我们区分了以下五种类型的非就业者：一是提前退休者，即得到某种提前退休金并不再工作的人群；二是在校学生；三是失业者；四是家务劳动者；五是其他非就业者，比如包括由于短期或长期的健康原因无法工作的人群。这五类非就业者的具体界定参见表10.1的注释部分。

表10.1　1988年、1995年、2002年和2007年城镇非就业者样本分布

	1988年		1995年		2002年		2007年	
	比例	样本量	比例	样本量	比例	样本量	比例	样本量
提前退休者	0.77	157	1.73	246	4.45	637	4.16	575
失业者	0.33	67	2.96	421	9.24	1322	5.38	743
在校学生	0.56	114	3.92	558	6.02	851	11.21	1548
家务劳动者	0.48	97	1.19	170	2.11	302	6.67	921
其他非就业者	4.36	890	5.48	780	7.31	1045	9.47	1307
总计	6.50	1325	15.28	2175	29.06	4157	36.89	5094
失业率［=失业人数/（就业人数+失业人数）］	0.38	17670	3.37	12484	11.53	11387	7.86	9457

注：①1988年、1995年和2002年的调查问卷中关于就业问题有10个选项。我们把选择了"就业"选项的个人样本归为"就业者"，选择了"在校学生"选项的个人样本归为"在校学生"，选择了"退休"选项并且年龄在40—50岁的个人样本归为"提前退休者"，选择了"下岗、离岗或失业"的个人样本归为"失业者"，剩下的非就业者归为"其他非就业者"。

②男性样本为18—60岁样本，女性样本为18—55岁样本。2007年的调查问卷中关于就业问题有14个选项。"就业者"包括选择了在国有单位工作、在集体制单位工作、个体或私营企业主、私营企业雇员、离退休再就业或其他企业选项的个人样本。"在校学生"包括选择了"在校学生"选项以及具有本科学历、年龄在25岁以下但没有选择"在校学生"选项的个人样本，这样处理的原因是在校学生可能被受访者理解为本科学历以下的学生。"家务劳动者"包括选择了"家务劳动者"选项以及46岁以下、已婚并选择了"离退休"选项的个人样本，这样处理的原因在于从16岁开始工作的国有企业职工需要有30年工龄才能得到提前退休津贴，则2007年的46岁以下人群不可能买断工龄。"提前退休者"指选择了"提前退休"选项的个人样本，但不包括包含在"家务劳动者"中的部分样本。"失业者"包括选择了"待分配、失业、待升学"选项的个人样本。"其他非就业者"包括所有18—40岁、未婚并选择了"离退休"选项的个人样本。

资料来源：作者根据CHIP数据计算得出。

表10.1给出了1988年、1995年、2002年和2007年五类非就业者的样本分布情况。表中数据显示，在18—55岁的女性和18—60岁的男性总样本中，1988年大多数非就业者属于第五种非就业者，即其他非就业者，只有不到1%的样本属于其他四种非就业者。在校学生的样本占比在这四年中不断增加，并且其增加速度尤为迅速，2007年该类非就业者的比例达到了11%。失业者的样本占比在1995—2002年间迅速增加，2007年该比例有所下降，但仍高于1995年。提前退休者所占比例在2002年上升至4%①，但之后有小幅下降。家务劳动者的比例则持续增加，并于2007达到7%。从这个意义上来看，在1988—2007年这20年期间，传统的性别角色在中国城市中出现了虽非大量但却明显的重现迹象。

同时根据性别和年龄（包括18—29岁、30—45岁、46岁及以上三个年龄组）进行分组，表10.2给出了五类非就业者在研究年的分组样本数据。不出所料，在校学生全部集中在最低年龄组，同时该年龄组在1995年、2002年和2007年的失业率也相对较高。另一个预期中的结果是各调查年的最低年龄组中都不含有提前退休者。如果将不同类别非就业者占比从高到低进行排序，我们发现1995年、2002年和2007年，在30—45岁年龄组样本中，失业者在所有类型的非就业者中处于最高位。相比而言，在这三年中，最高年龄组中的失业者占比仅处于第三位，其他非就业者比重最大，其次为提前退休者。从表10.2中我们还可以看出，家务劳动者已成为女性非就业者的首要类别，这一结果在某种程度上也在预期之中。

按照定义，失业率是指失业者数量占劳动力数量的比例，劳动力数量是所有就业者数量与失业者数量的总和。也就是说，除失业者之外的非就业者数量的多少并不影响失业率的高低。根据这一定义，我们的数据显示，1988年中国的城镇失业率为0.4%，1995年该失业率则增加至3.3%，2002年该失业率更是跃升至11.5%②。不过此后在2007年，城镇失业率又降低到7.9%，但仍然是1995年失业率的两倍多，该数字也是同期城镇登

① 由于2007的调查问卷中关于提前退休问题的表达与之前调查问卷中相应问题的表达有所不同，我们很难判断表中所看到的2007年提前退休者比例的小幅减少是否是真实的。

② Giles等（2005）根据对五大城市样本所做的研究中指出，2002年失业率非常接近11.1%。

记失业率的约两倍。2007 年，中国城镇登记失业率为 4.0%（国家统计局相关年份统计数据）。根据所观测到的 OECD 国家 2007 年的失业率数据，同期中国 7.9% 的城镇失业率处于 OECD 国家失业率的范围内，或者略高于 OECD 国家的平均失业率水平①。

表 10.2　1988 年、1995 年、2002 年和 2007 年城镇非就业者在不同年龄/性别组中的样本分布（占各年龄/性别组样本数的百分比）

		1988 年		1995 年		2002 年		2007 年	
		男性	女性	男性	女性	男性	女性	男性	女性
18—29 岁	在校学生	2	2	20	18	31	29	36	31
	失业者	1	1	10	9	17	14	6	8
	失业率	1.27	1.05	11.98	10.87	33.77	22.19	11.16	15.29
	家务劳动者	0	0	0	0	0	0	3	6
	其他非就业者	1	1	2	3	3	6	6	12
	样本量	2749	2954	1584	1667	1345	1430	2383	2267
30—45 岁	失业者	1	1	10	9	6	12	4	7
	失业率	0	1.21	10.22	20.16	6.12	15.17	4.54	8.89
	提前退休者	0	0	0	1	0	4	0	0
	家务劳动者	0	1	0	1	0	1	10	15
	其他非就业者	0	0	0	1	1	2	1	1
	样本量	4464	4891	3441	3770	3027	3393	2425	2608
46 岁及以上	失业者	0	0	0	1	6	6	3	3
	失业率	0	0.06	0.26	0.88	6.78	11.08	3.82	6.65
	提前退休者	2	4	4	9	9	13	12	16
	家务劳动者	0	2	0	7	0	6	0	3
	其他非就业者	10	24	13	26	9	29	11	33
	样本量	2904	1944	2235	1541	2861	2248	2304	1821

注：各类非就业者的界定同表 10.1。

资料来源：作者根据 CHIP 数据计算得出。

① 参见《OECD 失业率在 2009 年 11 月保持在 8.8%》，2010－01－11，http://www.oecd.org/dataoecd/30/61/44367840.pdf。

图10.6和图10.7分别显示的是不同年龄组的男性样本和女性样本的失业率。从中可以看出，对于中年和老年劳动者而言，女性的失业率高于男性。从时间变化角度观察，所有年龄组样本的失业率从1988年开始都在上升，这种上升到2002年停止。年轻组人群失业率的最高时期为2002年，

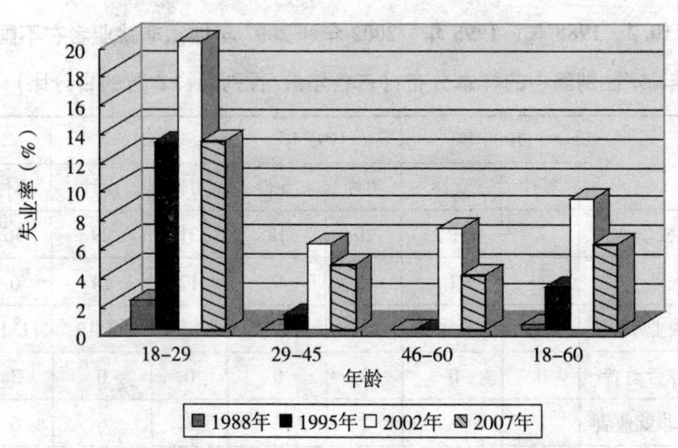

图10.6　1988年、1995年、2002年和2007年不同年龄组男性失业率（占该年龄组男性劳动力人口百分比）

资料来源：作者根据CHIP数据计算得出。

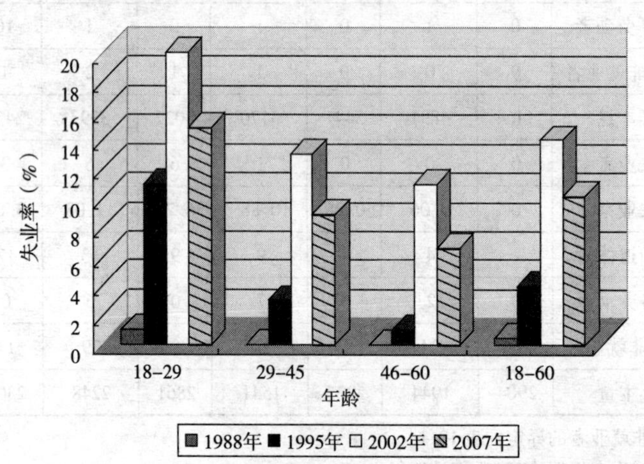

图10.7　1988年、1995年、2002年和2007年不同年龄组女性失业率（占该年龄组女性劳动力人口百分比）

资料来源：作者根据CHIP数据计算得出。

该年最低年龄组男性样本的失业率达到22%，女性的失业率达到34%。相比之下，在46岁以上年龄组中，2002年男性样本的失业率低于7%，女性的失业率则低于11%。

第四节　非就业产生的原因

为了更好地理解什么因素导致了各种不同的非就业状态，我们对可以观测到大量非就业者的三个时期①，即1995年、2002年和2007年的数据资料进行了统计分析。我们将每一年的样本拆分为两部分样本：一部分是30岁以下样本，另一部分是30岁及以上样本。这样拆分的一个原因是在校学生仅仅出现在年轻组样本中，且年轻人群中不含有提前退休者。另一个原因在于，对于年轻人群和其他年龄人群而言，影响非就业状态的因素可以被假定为在某些方面是不同的。

我们希望得到的结论是什么？首先来考虑年轻组群体。我们假设教育存在着代际关联性，因此年轻人群属于在校学生这一类非就业者的概率与其父母的受教育程度之间正相关。此外我们假定在就业率较低的城市，愿意作为学生的概率更高。在校学生或失业者的从属概率分别被假定为随着年龄的增加而减少，同时我们认为这两个概率并不存在明显的性别差异。

再来考虑中年和老年年龄组群体。我们认为在中年和老年人群中存在着性别差异，也就是说该年龄组的女性成为各种非就业者的概率要高于男性，并且这种性别差异在2002年会最大。家庭内部子女或老年人数量的增加会增加该年龄组人群成为家务劳动者的可能性。受教育程度被假定为对

① 利用CHIP城镇住户调查1988年、1995年、2002年数据，Liu（2009）估计了是否属于劳动力人口（包括就业者或失业者）的概率模型。同时，她还估计了劳动力人口的就业概率模型。与其分析不同之处在于，我们这里的分析界定了不同类型的非就业者，并考虑了如城镇就业率等的解释变量。此外，我们的数据还包括2007年的CHIP数据。

各种非就业状态的从属概率有负向影响，并且2002年这种负向影响会更大。此外我们假定，城镇就业率越低，中年和老年人群成为各种非就业者的可能性越高。

我们把就业人群作为省略变量，通过估计多项logit模型来进行统计分析。30岁以下年龄组样本人群中包括三类非就业者：在校学生、失业者和其他非就业者，其中后者的样本量相对较少，并且该年龄组样本中的家务劳动者非常少。30岁及以上年龄组样本人群中包括四类非就业者：失业者、提前退休者、家务劳动者和其他非就业者。这两组样本包含一些相同的解释变量：年龄、性别和居民所在城市的就业率（就业率指标从相关数据中计算得出）。除了这些相同的解释变量之外，在30岁以下年龄组的分析中将父母的平均受教育年限也作为了解释变量；而对30岁及以上年龄组分析的解释变量则还包括了个人及其配偶的受教育年限①，以及是否有子女和是否有老人两个虚拟变量。附录中的表10A.1给出了30岁以下年龄组样本各个解释变量指标的统计性描述，表10A.2则给出了30岁及以上年龄组样本各个解释变量指标的统计性描述。

表10.3 18—29岁年龄组各类非就业状态的决定因素

（1995年、2002年、2007年）

		在校学生		失业者		其他非就业者	
		系数	z值	系数	z值	系数	z值
1995	个人年龄	-0.9120	-20.96	-0.2125	-7.62	-0.0084	-0.16
	性别（男性=0；女性=1）	-.21475	-1.60	-0.1316	-0.92	0.3873	1.30
	城镇就业率	-0.0537	-3.48	-0.0595	-3.61	-0.0881	-2.59
	父母平均受教育年限	0.1966	8.41	-0.0667	-2.91	-0.0672	-1.51
	截距	20.5350	12.84	8.6735	5.52	4.5860	1.42
	Pseudo R^2	0.2499					
	观测值	538		243		48	

① 数据分析中忽略了那些少数没有配偶的家庭。

续表

		在校学生		失业者		其他非就业者	
		系数	z 值	系数	z 值	系数	z 值
2002	个人年龄	-0.8155	-24.24	-0.1894	-7.33	-0.1730	-4.04
	性别（男性=0；女性=1）	-0.1651	-1.29	-0.0605	-0.46	0.0841	0.38
	城镇就业率	-0.0197	-2.01	-0.0387	-3.98	-0.1093	-7.11
	父母平均受教育年限	0.1602	6.08	-0.1078	-4.49	-0.0345	-0.84
	截距	17.4078	16.70	7.1015	7.24	9.4990	6.12
	Pseudo R^2	0.2635					
	观测值	865		325		95	
2007	个人年龄	-0.8538	-20.95	-0.1811	-4.85	-0.4167	-4.99
	性别（男性=0；女性=1）	0.0476	0.29	0.1865	1.01	0.3603	0.81
	城镇就业率	-0.0380	-3.74	-0.0534	-5.10	-0.0671	2.76
	父母平均受教育年限	0.2320	5.89	-0.0547	-1.41	-0.1654	-1.76
	截距	19.1041	16.06	6.6879	5.39	12.1592	4.57
	Pseudo R^2	0.3798					
	观测值	716		150		22	

注：除了一小部分选择了家务劳动者选项的个人样本在本表中被归入“其他非就业者”外，其他各类非就业者的界定同表10.1。

在本表1995年的样本中，就业者样本量为1382个，在校学生样本量为538个，失业者样本量为243个，其他非就业者样本量为48个。由于某些样本缺少一些变量信息，这里的工作样本共2211个，少于该年龄组的3251个总样本。

在本表2002年的样本中，就业者样本量为948个，在校学生样本量为901个，失业者样本量为289个，其他非就业者样本量为66个。由于某些样本缺少一些变量信息，这里的工作样本共2233个，少于该年龄组的2551个总样本。

在本表2007年的样本中，就业者样本量为688个，在校学生样本量为716个，失业者样本量为150个，其他非就业者样本量为22个。

资料来源：作者根据CHIP数据计算得出。

表10.3给出了30岁以下年龄组样本的估计结果。结果表明：（1）所有年份在校学生的从属概率和失业者的从属概率均随个人年龄的增长而下降，这跟我们假设的相同。（2）2002年和2007年，其他非就业者的从属概率也呈现出相似的特征，即与个人年龄负相关。（3）在各个年份，性别

对各类非就业者的从属概率都不存在影响。(4) 在所研究的所有年份，样本个人所在城市的就业率不仅对成为失业者的概率有负向影响，更有趣的是，该就业率与在校学生以及其他非就业者的从属概率同样存在负相关关系。(5) 与我们的假设相同，父母的受教育水平越高，其子女成为在校学生的概率越高。另外，在1995年和2002年，父母的受教育水平对子女成为失业者的概率存在负向影响。

图10.8显示的是1995年、2002年和2007年具有一定个人特征的年轻个体成为某些类别的非就业者的概率。根据个人特征的不同，30岁以下年龄组样本又进一步细分为A、B、C、D、E、F六组样本。其中，图10.8a给出了不同个人特征年轻样本的在校学生从属概率，从中可以看出，1995年年龄特征为20岁的A样本成为在校学生的概率为41%，对于年龄特征为23岁的B样本，该概率只有18%。然而，2007年A样本和B样本成为在校学生的从属概率分别上升至75%和44%。通过比较C样本和D样本以及E样本和F样本，图10.8a还表明，不同的城镇就业率以及不同的父母受教育水平都会影响在校学生的从属概率，并且相对而言，后者的影响更大。

图10.8b则表明了年龄、父母的受教育水平以及所在城镇的就业率如何影响代表性年轻样本的失业者从属概率。值得注意的是，从图10.8b中我们观察到与2002年相比，2007年失业者的从属概率急剧下降，而与之相同的是，图10.6和图10.7显示该两年间的失业率在下降。这意味着教

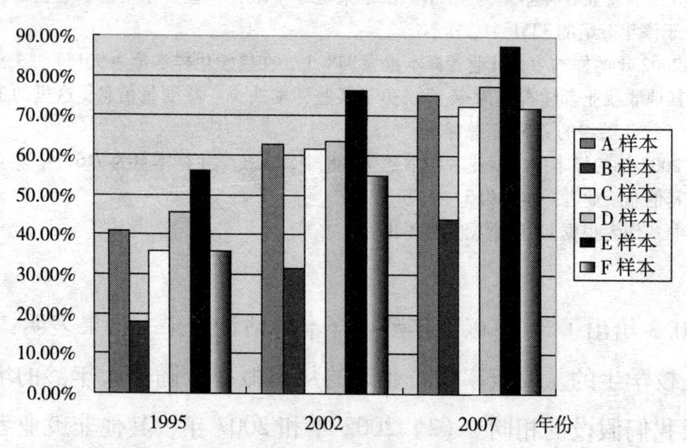

a　在校学生的从属概率

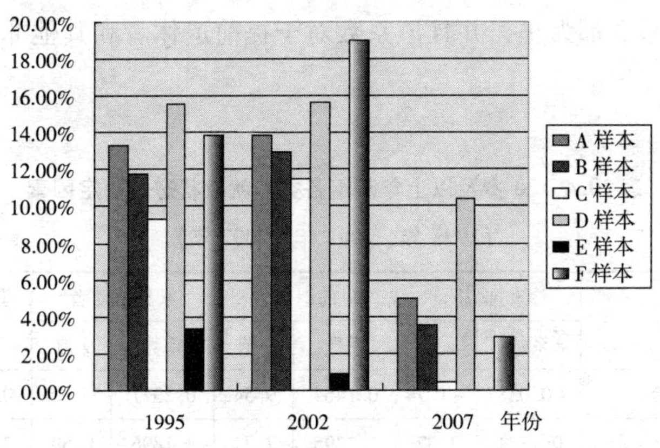

b　失业者的从属概率

图 10.8　18—29 岁年龄组的各类非就业者从属概率

（1995 年、2002 年、2007 年）

注：A 样本的年龄为 20 岁、所在城镇就业率为 30 岁以下年龄组样本均值、父母受教育水平也为 30 岁以下年龄组样本均值的男性样本；B 样本的年龄为 23 岁，其他个人特征与 A 样本相同；C 样本所在城镇就业率当年为 30 岁以下年龄组样本的最高 10%，其他个人特征与 A 样本相同；D 样本所在城镇就业率当年为 30 岁以下年龄组样本的最低 10%，其他个人特征与 A 样本相同；E 样本父母受教育程度当年处于 30 岁以下年龄组样本的最高 10%，其他个人特征与 A 样本相同；F 样本父母受教育程度当年处于 30 岁以下年龄组样本的最低 10%，其他个人特征与 A 样本相同。

资料来源：根据表 10.3 数据绘制。

育在这一段时期的快速扩张不仅使得年轻人群就业数量的减少，也同时导致了年轻人群失业数量的减少，当然前者减少得更快速一些。从图 10.8b 还可以看出，在所在城镇就业率不同的代表性样本之间，失业者的从属概率差异非常大。另外需要指出的是，在 1995 年和 2002 年，父母受教育水平低的 20 岁男性非就业者更多地成为失业者。

再来看 30—55 岁（女性）或 30—60 岁（男性）年龄组样本的估计结果（见表 10.4）。表 10.4 表明，一些系数在几乎所有研究年份中对所有非就业状态都具有较高的 z 值。比如女性性别变量的正系数、城镇就业率变量的负系数以及个人受教育程度变量的负系数，均是这种情况。2007 年女性性别和个人受教育程度变量的系数值（指绝对值）普遍小于之前年份的系数值。而相比之下，配偶受教育程度对各种非就业状态的影响在 2007 年却是最大的。还有一个明显的结果是，子女的存在增加了个人成为家务劳动者的概率，而老人的存在并不具有这种影响。另外，在所有研究年份，年龄变量的系数都为正，并且该系数对于提前退休者和其他非就业者的 z 值都较高①。

表 10.4　30 岁及以上年龄组各类非就业状态的决定因素

（1995 年、2002 年、2007 年）

		失业者		提前退休者		家务劳动者		其他非就业者	
		系数	z 值	系数	z 值	系数	z 值	系数	z 值
1995	年龄	-0.0387	-1.74	0.1464	9.54	0.2377	11.35	0.4962	26.78
	女性	0.7754	3.37	1.2395	7.24	4.1896	8.69	2.8774	17.07
	个人受教育年限	-0.1841	-4.56	-0.1738	-7.03	-0.3557	-10.65	-0.1753	-8.81
	有子女	0.7521	2.45	-0.9578	-4.24	0.6351	2.76	0.5049	3.01
	有老人	0.7552	2.48	-0.1277	-0.47	-0.6992	-1.58	-0.2517	-1.13
	配偶受教育年限	-0.0127	0.32	0.0026	0.11	-0.0558	-1.83	-0.0091	-0.47
	城镇就业率	-0.0689	3.04	-0.0863	-5.34	-0.0668	-3.09	-0.0524	3.64
	截距	3.7368	1.68	-1.7970	-1.13	-9.2850	-4.21	-22.9430	-14.61
	Pseudo R^2	0.3464							
	观测值	98		225		130		495	
2002	年龄	-0.0105	-1.34	0.1727	17.80	0.1168	8.83	0.5803	31.43
	女性	0.8721	10.31	1.3184	12.96	3.5678	12.75	4.0442	26.46
	个人受教育年限	-0.1933	-12.77	-0.1505	-8.75	-0.3884	-17.07	-0.1954	-10.83
	有子女	0.0980	0.92	-0.3867	-2.51	1.1940	7.05	0.1714	1.07
	有老人	0.3973	2.96	0.1198	0.69	-0.1006	-0.35	0.2611	1.38
	配偶受教育年限	-0.0380	-2.62	-0.0231	-1.39	-0.0135	-0.58	-0.0083	-0.48
	城镇就业率	-0.0557	-10.35	-0.0809	-12.31	-0.0578	-6.24	-0.0598	-8.50
	截距	3.8625	6.95	-5.1028	-7.02	-7.3983	-6.74	-31.6521	-26.04
	Pseudo R^2	0.2775							
	观测值	764		608		251		831	

① 系数表明，年龄对“家务劳动者”非就业状态在 1995 年和 2002 年存在正向影响，而在 2007 年则为负向影响。这可能是由于人们对“家务劳动者”这一概念的理解随时间推移发生了变化，使得该概念被更多的中年女性所接受从而其在接受问卷调查时会选择该选项。

续表

		失业者		提前退休者		家务劳动者		其他非就业者	
		系数	z 值	系数	z 值	系数	z 值	系数	z 值
2007	年龄	0.0070	0.37	0.1074	8.02	-0.1987	-15.38	0.6514	17.55
	女性	0.2896	1.10	0.6766	4.11	0.5758	3.58	3.6860	14.99
	个人受教育年限	-0.1914	-4.44	-0.0804	-2.88	-0.0878	-2.92	-0.1671	-4.85
	有子女	0.0009	0.01	-0.2945	-1.40	-1.7062	-8.86	0.1894	0.67
	有老人	0.0946	0.18	0.2220	0.70	0.4714	1.29	0.4556	1.22
	配偶受教育年限	-0.0525	-1.19	-0.1380	-5.37	-0.1689	-5.93	-.0440	-1.38
	城镇就业率	-0.0618	-5.12	-0.0586	-7.45	-0.0671	-8.56	-0.0555	-5.67
	截距	2.3994	1.94	-1.8589	-2.16	12.8326	15.65	-32.2476	-15.27
	Pseudo R^2	0.2919							
	观测值	85		250		252		281	

注：男性样本年龄为30—60岁，女性样本年龄为30—55岁。

除了小部分选择了家务劳动者选项的个人样本在本表中被归入“其他非就业者”外，其他各类非就业者的界定同表10.1。

在本表1995年的样本中，就业者样本量为8945个，失业者样本量为98个，提前退休者样本量为225个，家务劳动者样本量为130个，其他非就业者样本量为495个。由于某些样本缺少一些变量信息，这里的工作样本共9893个，少于该年龄组的10987个总样本。

在本表2002年的样本中，就业者样本量为8171个，失业者样本量为764个，提前退休者样本量为251个，家务劳动者样本量为608个，其他非就业者样本量为831个。由于某些样本缺少一些变量信息，这里的工作样本共10625个，少于该年龄组的11753个总样本。

在本表2007年的样本中，就业者样本量为3077个，失业者样本量为236个，提前退休者样本量为250个，家务劳动者样本量为101个，其他非就业者样本量为281个。

资料来源：作者根据CHIP数据计算得出。

图10.9显示了1995年、2002年和2007年，不同性别、不同的受教育水平、不同的城镇就业率的50岁个体样本的就业概率，以及成为提前退休者和失业者的概率。其中，从图10.9a可以看出，从1995年到2002年，受教育水平较低的女性的就业概率比受教育水平较高的男性下降得快得多。从2002年到2007年，虽然不同受教育程度的男性和女性之间的就业差距在扩大，但是却出现了相反的情况，2007年受教育水平较低女性的就业概率比2002年出现了明显上升，而2007年受教育水平较高男性的就业概率实际上比2002年更低。最后，从图10.9a中还可以看出就业概率的地区差异在持续扩大，这与我们在图10.1中所报告的描述性结果一致。

图 10.9b 表明，1995 年 50 岁个体样本成为失业者的概率很低，但 1995 年之后，受教育水平较低的男性和女性成为失业者的概率均大大增加，而对于受教育水平较高的人群这一概率则继续保持在低水平。从图 10.9b 还可以看出，失业率增加在 2002 年有非常明显的地区差异，但这种地区差异在 2007 年有所减小。与受教育水平差异和地区差异相比，失业概率的性别差异较小。图 10.9c 则主要表明，随着时间推移，地区差异比性别差异和受教育水平差异对于提前退休的概率影响更大。

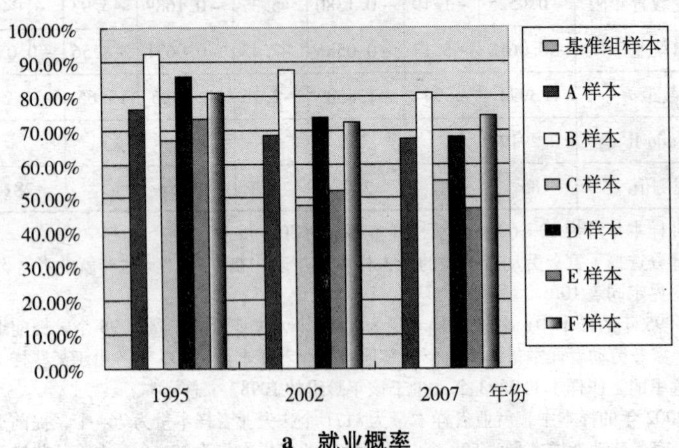

a　就业概率

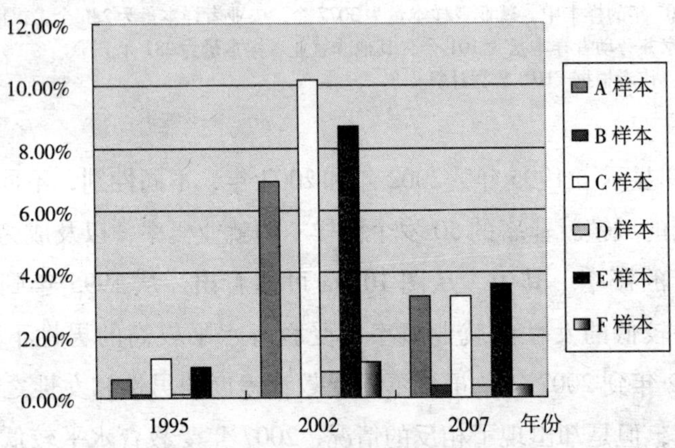

b　失业者从属概率

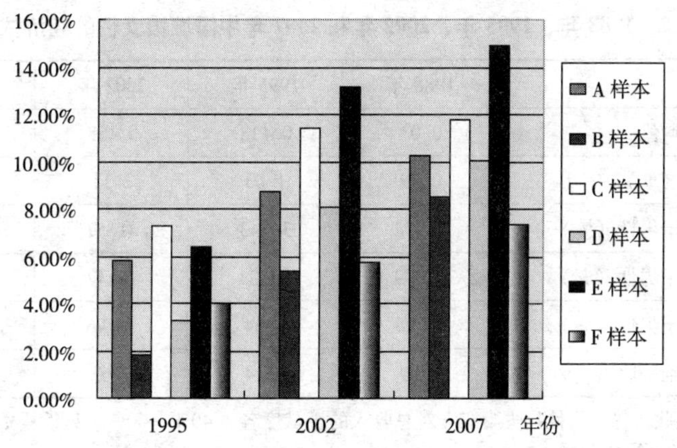

c　提前退休者从属概率

图 10.9　50 岁群体的就业概率及各类非就业者从属概率

（1995 年、2002 年、2007 年）

注：50 岁女性，家庭中无 14 岁以下子女并无 65 岁及以上老人，所在城市就业率为均值水平，个人收入受教育年限为均值水平，配偶受教育年限也为均值水平。

A 样本为受教育年限较短的 50 岁男性样本；B 样本为受教育年限较长的 50 岁男性样本；C 样本为受教育年限较短的 50 岁女性样本；D 样本为受教育年限较长的 50 岁女性样本；E 样本为所在城市就业率低（最低 10% 就业率组）、受教育程度为平均水平的 50 岁女性样本；F 样本为所在城市就业率高（最低 10% 就业率组）、受教育程度为平均水平的 50 岁女性样本。

资料来源：根据表 10.4 数据绘制。

就业模式的变化对于性别角色会带来何种影响？我们通过考察所研究期间内丈夫和妻子对夫妻总收入的贡献度来讨论这一问题。我们发现，随着时间推移，这一贡献度的改变不仅与就业模式的变化有关，而且与薪酬模式和婚姻模式的变化有关。表 10.5 所体现出的变化趋势与我们在第二节所提到的研究的结果一致，这些研究涉及我们研究的大多数时期，但并非所有时期。根据表 10.5 中的结果，1995 年夫妻工资报酬相等的比重为 3/5，但 2007 年该比重下降至 2/5。这一变化产生的主要原因在于妻子比丈夫收入少的样本比例大大增加，并且 1999—2002 年该比例增加得尤为明显。相比之下，妻子无收入的样本比例增加的影响要小得多，但仍然是可以观察到的。

表 10.5　1988 年、1995 年、2002 年和 2007 年中国城镇女性的经济依赖度

	1988 年	1995 年	2002 年	2007 年
经济依赖度均值	0.03	0.118	0.158	0.216
女性无收入（%）	0.79	1.03	2.11	5.64
女性收入低于男性（%）	25.92	30.43	41.57	44.50
女性收入等于男性（%）	63.09	60.93	46.47	42.60
女性收入高于男性（%）	10.99	8.64	11.96	9.06
女性收入为唯一收入（%）	0.09	0.14	0.62	0.71

注：女性收入等于男性指夫妻双方对总收入的贡献度各占 40%—60%。男性样本年龄为 18—60 岁、女性样本年龄为 18—55 岁。

资料来源：作者根据 CHIP 数据计算得出。

第五节　非就业者的经济福利

在本节我们将分析非就业者的经济福利状况。为了达到这个目的并按照分析家庭收入分配问题时的通常做法，我们首先加总所有家庭成员的个人收入，再加上包括自有住房的估算租金和低保收入在内的家庭整体性收入，同时减去税收和转移支付，从而得到人均家庭可支配收入指标。然后，我们用家庭可支配收入除以家庭成员数量得到人均家庭可支配收入变量指标，相同家庭内部各家庭成员的人均可支配收入相等。采用这种方法，我们在考虑家庭经济状况的基础上可以得到不同年龄个人的收入。下面，我们将对收入进行十等分组，并考察 1988 年、1995 年、2002 年和 2007 年各等分收入组中的非就业者状况。

从图 10.10 可以看出，研究期间内各等分组中非就业者的样本占比上升，同时与其他年份明显不同的是，2002 年各等分组的非就业者样本占比曲线明显地向右下方倾斜，2002 年的非就业者主要集中于低收入组。不过到了 2007 年，该曲线再次趋向水平。这样，非就业的增加从倾向于更加不平等又转变为倾向于更加平等。为了更好地理解该现象，我们进一步给出了各年份中我们所划分的五类非就业者在各等分收入组中的样本占比图形（分别如图 10. 11、图 10. 12、图 10. 13 和图 10. 14 所示）。

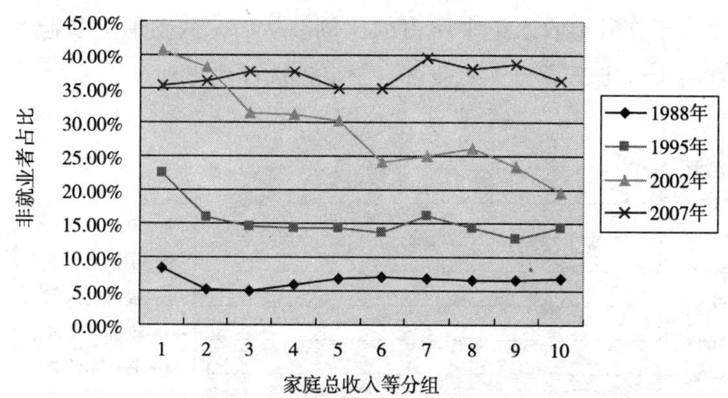

图 10. 10　家庭总收入各等分组中的非就业者人数占比

（1988 年、1995 年、2002 年、2007 年）

资料来源：作者根据 CHIP 数据计算得出。

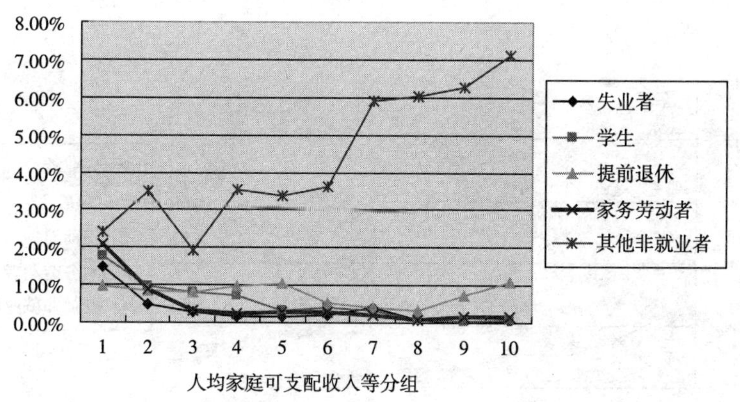

图 10. 11　1988 年人均家庭可支配收入各等分组中不同类型非就业者人数占比

资料来源：作者根据 CHIP 数据计算得出。

图 10. 11、图 10. 12、图 10. 13 和图 10. 14 主要表明，尽管某些类别的非就业者在不同收入组中的分布相当均匀，但是另一些非就业者则更多地

集中于低收入家庭。值得注意的是，在校学生的比重不断增加，并在所有收入组中的分布都比较均匀。同时其他非就业者和提前退休者的分布同样比较均匀，虽然提前退休者在最低收入组中的比重较少。而失业者和家务劳动者则表现出另外一种情况，这两类非就业者在最低收入组中所占的比例要大大高于在其他收入组中所占的比例。从而，从图形上看起来，家务劳动者在很大程度上成为了失业者一个可供选择的类别。

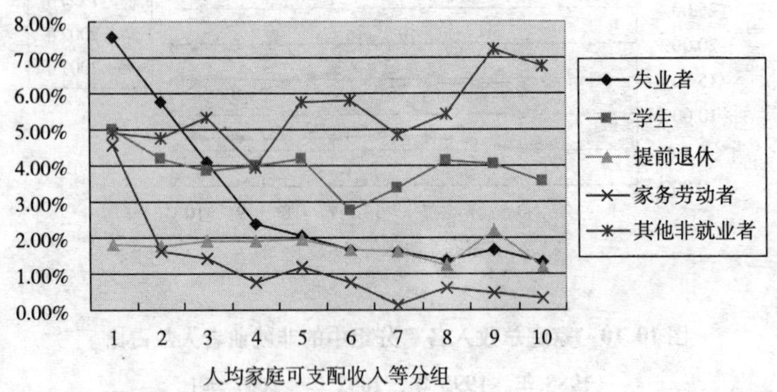

图 10.12　1995 年人均家庭可支配收入各等分组中不同类型非就业者人数占比

资料来源：作者根据 CHIP 数据计算得出。

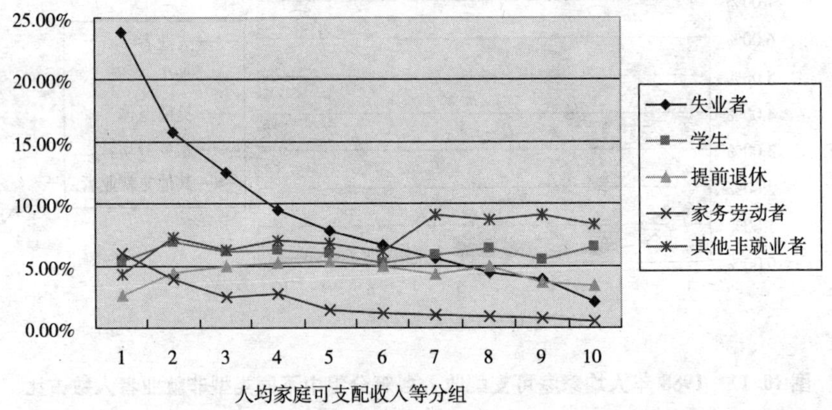

图 10.13　2002 年人均家庭可支配收入各等分组中不同类型非就业者人数占比

资料来源：作者根据 CHIP 数据计算得出。

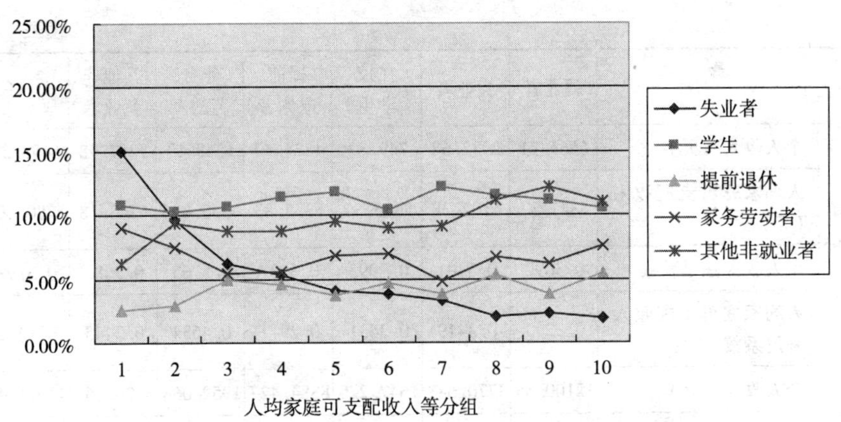

图 10.14　2007 年人均家庭可支配收入各等分组中不同类型非就业者人数占比

资料来源：作者根据 CHIP 数据计算得出。

然而，不同年份之间也存在着差异。2002 年 57% 的失业者和 59% 的家务劳动者位于最低 40% 收入组，而只有 2% 位于最高 10% 收入组。2002 年，家务劳动者的人均家庭可支配收入只占全部样本人均家庭可支配收入的 66%，失业者的这一比例仅为 68%（数据从表 10.6 中计算得出）。2007 年，失业者在低收入组中的集中情况与 2002 年相似。

表 10.6　1988、1995、2002 和 2007 年就业者和各类非就业者的个人收入与人均家庭可支配收入（均值和基尼系数）

		就业者	失业者	在校学生	提前退休者	家务劳动者	其他非就业者	总计
1988	个人收入（元）	1459.38	736.45	798.56	1170.50	533.27	612.276	1251.265
	人均家庭可支配收入（元）	1881.90	1238.32	1339.72	1901.82	1263.53	2144.98	1885.48
	个人收入基尼系数	0.2462	0.2754	0.2617	0.2709	0.5529	0.6747	0.2765
	人均家庭可支配收入基尼系数	0.2241	0.2275	0.2005	0.2572	0.2489	0.2255	0.2272

续表

		就业者	失业者	在校学生	提前退休者	家务劳动者	其他非就业者	总计
1995	个人收入（元）	6661. 21	2932. 68	749. 82	4884. 47	1268. 19	5257. 98	6453. 37
	人均家庭可支配收入（元）	5841. 37	4102. 38	5653. 37	5335. 83	4555. 096	6243. 18	5780. 498
	个人收入基尼系数	0. 3092	0. 5301	0. 7993	0. 3237	0. 5765	0. 3083	0. 3198
	人均家庭可支配收入基尼系数	0. 3243	0. 3419	0. 3431	0. 2971	0. 4634	0. 3445	0. 3299
2002	个人收入（元）	12100. 35	3770. 688	1647. 229	8384. 427	1952. 068	8820. 957	11011. 47
	人均家庭可支配收入（元）	9156. 002	5968. 182	8721. 782	8326. 185	5730. 145	9309. 497	8739. 749
	个人收入基尼系数	0. 3474	0. 5649	0. 7143	0. 3114	0. 6839	0. 3008	0. 3749
	人均家庭可支配收入基尼系数	0. 3076	0. 3024	0. 3091	0. 2702	0. 3127	0. 2885	0. 3119
2007	个人收入（元）	22282. 96	3074. 35	10894. 9	16364. 04	13878. 14	14199. 28	18400. 41
	人均家庭可支配收入（元）	18521. 44	12355. 44	18358. 65	20138. 47	18276. 26	19557. 9	18323. 08
	个人收入基尼系数	0. 3790	0. 7572	0. 7731	0. 3251	0. 4795	0. 3970	0. 4630
	人均家庭可支配收入基尼系数	0. 3274	0. 3497	0. 3247	0. 3334	0. 3530	0. 3151	0. 3323

注：表中女性样本年龄为 18—55 岁，男性样本年龄为 18—60 岁。1988 年观测值为 20246 个，1995 年观察值为 14238 个，2002 年观测值为 14304 个，2007 年观测值为 13808 个。

资料来源：作者根据 CHIP 数据计算得出。

1988 年的高校在校生可能得到了月补助金，从某种程度上讲，该补助金比较丰厚。

接下来，我们主要关注 1995 年、2002 年和 2007 年就业者和不同类别的非就业者的个人收入水平。为此，我们将个人收入定义为 18—60 岁男性和 18—55 岁女性的工资收入。表 10. 6 给出了就业者和不同类别非就业者的个人收入均值和人均家庭可支配收入均值，以及反映其收入分配不平等程度的基尼系数。根据表 10. 6 中的数据可以看到，失业者、家务劳动者和在校学生的平均个人收入较低，而提前退休者和其他非就业者的平均个人收入较高。失业者内部、家务劳动者内部的收入差距较大，在校学生内部的收入分配尤为不均等。失业者和在校学生的个人收入均值均比其人均家庭可支配收入均值低得多。相比之下，就业者的人均家庭可支配收入则比其平均个人收入要低。这表明中国城镇家庭内部存在大量的收入再分配，并且正如我们所观察到的，这种家庭内部的收入再分配在不断增加。还需要指出的是，无论从绝对角度还是相对角度来看，就业者得到的个人收入与人均家庭可支配收入之间的负差距，都比这二者之间在失业者和在校学生中的正的差距要小。这是因为就业者的数量多于非就业者的数量。

从就业年龄人群个人收入的基尼系数与全部样本人均家庭可支配收入的基尼系数也能够看出家庭内部收入再分配的快速增加现象。其中，前者的基尼系数 1988 年约为 0.28，1995 年约为 0.32，2002 年上升至约 0.37，2007 年更是高达约 0.46，上升得非常快；而后者的基尼系数则比较平稳，相应四个年份的基尼系数分别约为 0.23、0.33、0.31 和 0.33。从 1995 年开始，中国城镇劳动市场中所产生的个人收入差距在家庭内部有很大程度被抵消。这里面一个重要的原因是，越来越多的年轻人群成为在校学生或者失业者，在上学或失业期间他们将没有或者只有很少的个人收入，而在此期间他们一般与其父母共同居住并被其父母所供养，这种家庭内部的收入转移将从家庭人均层面在很大程度上抵消劳动市场中的个人收入差距。

需要指出的是，与学生共同居住的家长的可支配收入将有一部分被用于学费和其他教育支出，从而无法用于其他支出。另外，这里家庭内部收入再分配的计算期间为一个会计年限。我们可以认为有更高教育水平的年轻人在将来会有一个相对高的个人收入。从这个方面来讲，中国城镇年轻人口的受教育水平更高将可能导致未来收入差距的扩大。

为了进一步阐明城市家庭内部收入再分配的重要性，我们计算了 1995 年、2002 年和 2007 年的十等分收入转换矩阵，以显示个人收入与人均家庭可支配收入之间的关系（见表 10.7）。根据表 10.7 中的结果，个人收入处于最低 10% 分组中的人群只有较少一部分同时也处于人均家庭可支配收入的最低 10% 分组，该比例在 1995 年与 2002 年均为 35%，但 2007 年降低至 20%。这显示出家庭内部收入转移重要性的增加。此外，在所有年份，个人收入处于最高 10% 分组中的人群有 50% 左右同时也处于人均家庭可支配收入的最高 10% 分组，而只有不超过 1% 的人群转移到了人均家庭可支配收入的最低10%分组。这表明，家庭内部的收入再分配更倾向于提高无个人收入或个人收入较低人群的收入分组位置，而不是降低高个人收入人群的相对位置。

表10.7 成人的十分位个人收入和人均家庭可支配收入

（1988年、1995年、2002年和2007年）

个人收入等分组		家庭人均收入十等分组										总计
		1	2	3	4	5	6	7	8	9	10	
1988	1	22.06	15.33	11.43	9.45	9.56	7.98	7.81	6.84	6.33	3.22	100
	2	19.74	14.38	11.05	10.07	8.63	6.62	8.92	9.49	6.96	4.14	100
	3	15.5	15.17	14.05	12.65	9.23	7.67	8.28	7.61	6.66	3.19	100
	4	10.76	13.05	13.45	13.28	11.91	10.82	7.73	7.73	6.93	4.35	100
	5	9.98	10.5	12.92	12.57	12.63	12.28	9.63	8.07	6.34	5.07	100
	6	7.34	10.83	9.74	12.44	11.92	12.78	10.66	9.17	7.45	7.68	100
	7	6.31	7.91	10.24	11.32	12.06	13.37	13.03	9.8	9.78	6.09	100
	8	4.15	6.16	7.49	9.5	10.25	12.44	13.59	12.96	12.56	10.89	100
	9	3.19	4.67	6.61	5.93	8.66	9.34	12.54	15.38	18.58	15.1	100
	10	0.87	2.00	3.00	2.79	5.15	6.7	7.81	12.93	18.41	40.27	100
	总计	100	100	100	100	100	100	100	100	100	100	
	观测值	2043	2038	2038	2038	2039	2041	2038	2041	2038	2038	20392
1995	1	33.66	17.8	11.03	8.67	7.09	4.76	5.35	4.22	3.85	3.62	100
	2	25.89	18.93	13.66	10.32	8.24	8.46	5.43	3.62	3.02	2.42	100
	3	17.51	20.02	14.8	11.71	10.43	8.61	5.06	5.73	3.85	2.27	100
	4	7.92	17.19	17.42	15.15	11.94	9.59	8.53	5.96	4.38	1.96	100
	5	6.57	11.16	15.11	16.88	14.36	10.42	8.45	7.69	5.28	3.93	100
	6	3.77	6.41	12.24	14.85	15.95	14.73	13.06	8.07	6.94	4.16	100
	7	2.04	5.13	8.08	10.4	14.36	17.82	14.19	12.52	10.11	5.22	100
	8	1.96	1.81	4.46	7.54	9.45	14.27	19.02	19.91	14.87	6.88	100
	9	0.53	1.28	2.72	3.84	5.9	8.92	15.65	19.31	21.92	19.88	100
	10	0.15	0.3	0.45	0.68	2.27	2.42	5.28	12.97	25.81	49.66	100
	总计	100	100	100	100	100	100	100	100	100	100	
	观测值	1325	1326	1324	1327	1323	1324	1325	1326	1325	1323	13248

续表

个人收入等分组		家庭人均收入十等分组										总计
		1	2	3	4	5	6	7	8	9	10	
2002	1	33.55	17.22	12.94	9.09	7.93	5.38	5.3	2.9	3.21	2.48	100
	2	28.25	20.76	15.51	9.9	7.32	5.86	4.5	3.62	2.97	1.31	100
	3	15.09	18.66	14.79	14.88	10.61	8.27	6.59	5.96	3.68	1.47	100
	4	9.31	15.71	16.69	16.84	12.87	8.74	7.94	5.99	3.89	2.02	100
	5	6.66	11.58	14.31	14.64	13.34	11.89	11.57	7.73	5.46	2.82	100
	6	3.25	6.66	9.83	13.31	16.04	15.89	12.18	10.44	8.17	4.23	100
	7	1.54	4.71	6.68	10.11	12.6	17.4	14.74	15.51	10.45	6.26	100
	8	0.8	2.98	5.14	6.76	10.69	13.33	18.07	15.29	16.63	10.3	100
	9	0.56	0.78	2.42	3.12	5.77	10.52	13.8	20.5	23.62	18.91	100
	10	1	0.91	1.58	1.26	2.74	2.66	5.31	12.03	22.06	50.45	100
	总计	100	100	100	100	100	100	100	100	100	100	
	观测值	1246	1243	1244	1243	1244	1245	1245	1242	1245	1243	12440
2007	1	18.45	16.19	11.5	11.66	9.95	7.06	8.85	6.38	5.69	4.25	100
	2	36.35	19	12.05	7.52	6.63	5.01	3.96	4.47	2.67	2.34	100
	3	19.27	19.5	16.16	13.05	9.64	8.45	5.63	4.88	2.53	0.89	100
	4	12.27	14.41	17.89	14.65	11.6	10.72	7.02	6.4	3.77	1.27	100
	5	7.65	12.72	14.36	13.73	14.72	10.58	9.89	7.15	6.02	3.2	100
	6	4.01	8.71	11.83	14.15	12.27	13.99	12.41	10.87	8.03	3.69	100
	7	1.86	5.23	8.36	11.58	14.71	15.98	13.44	13.31	10.53	5.08	100
	8	0.3	3.19	4.91	8.33	11.88	14.23	15.86	15.78	16.65	8.85	100
	9	0.07	0.82	2.23	4.39	6.98	10.88	15.69	19.42	19.85	19.57	100
	10	0.15	0.23	0.53	0.76	1.44	2.95	7.26	11.54	24.26	50.87	100
	总计	100	100	100	100	100	100	100	100	100	100	
	观测值	1346	1344	1344	1345	1347	1342	1345	1345	1345	1342	13808

资料来源：作者根据 CHIP 数据计算得出。

第六节　结　论

本章利用涵盖了中国大部分地区的调查数据，分析了中国城镇居民非就业数量在1988年、1995年、2002年和2007年间的增长状况。我们分年龄和性别报告了各年的就业率。另外，我们将非就业者划分五种类型，即在校学生、失业者、提前退休者、家务劳动者和其他非就业者，并利用概率模型估计了劳动市场内各种非就业状态与家庭特征变量及城镇就业率之间的关系。我们还对就业者和非就业者的个人收入与可支配收入进行了研究。

在所调查的二十年期间，人们的初始工作年龄发生了很大的变化。1988年，男性就业比例超过50%的初始就业年龄为17岁，女性的平均初始工作年龄为18岁。然而在此之后，人们进入劳动市场的年龄不断上升，2007年该年龄上升至24岁。也就是说在所研究期间，平均初始工作年龄共增加了7岁或6岁。我们还发现，2002年和2007年在18—29岁年龄组的人群中有1/5左右的人没有就业，而在1988年并没有出现类似的情况。这些变化的产生与人们受教育年限的提高有关，也与毕业生在找到首份工作之前所面临的失业有关。如果父母的受教育程度较高，子女的受教育水平往往也较高。另外，如果年轻人所在城市的就业率较低，其失业的可能性以及继续提高学历的可能性也会较大。

30岁及以上年龄组人群的非就业数量也在增加，与1988年相比，2007年该年龄组人群中的非就业比例有所增加。2002年实际退休年龄的降低体现了20世纪90年代中期开始的中国经济转型的效应，这些提前退休者之所以选择离开劳动力市场是为了获得一些经济好处。不过，随着国有企业职工下岗过程的结束，同时有更多的人开始在私营企业、有限责任公司就业或成为自我经营者，2007年实际退休年龄又大约回到了1988年的水平。

中年和老年劳动者所面临的就业前景的变化，给低教育水平人群所带来的影响比其他人群更大。2002 年非就业具有明显的性别和文化程度特征，2007 年这些特征则大大减弱。同时，1995—2002 年城市之间的就业率差异开始扩大，并且该就业率差异在 2007 年继续增加。我们的研究表明城镇就业率的降低不仅会增加显性失业的可能性，而且会提高中年和中老年人群提前退休，从而成为家务劳动者或其他非就业者的概率。

关于性别角色的变化问题，我们得到了喜忧参半的研究结果。一方面，对于 30 岁以下年龄组人群而言，我们没有发现女性群体成为在校学生的概率比男性群体少。另一方面，我们可以观察到传统家庭妇女的重现现象，但是并没有找到充足的证据。这是关于中国女性对夫妻总收入贡献较少而男性贡献较多问题的一部分内容，该问题的另一部分内容是就业者之间工资差距的扩大（关于该问题的详细研究见本书第十三章）。

我们的一个主要发现是，中国城镇中非就业者的收入损失在很大程度上在家庭内部被弥补。这与本书第九章的研究结果相一致，该章的研究指出，从家庭层面来看劳动市场因素并不是导致收入差距扩大的主要原因。我们的研究结果表明 1995 年、2002 年和 2007 年，城镇中个人收入与人均家庭可支配收入之间的联系不强，并且这些联系随着时间推移变得更弱。学生和年轻失业者群体的数量在不断增加，这部分人在上学期间和失业期间所放弃的收入在很大程度上由其父母（特别是个人收入在平均水平之上的父母）来提供。我们的研究还表明，除了为数不多的最低 10% 收入组的提前退休者之外，其他提前退休者之间的人均家庭可支配收入分布相对比较平均。需要指出的是，失业者在 2002 年与 2007 年的经济状况比其他城市居民要差，而失业者在 1988 年几乎不存在，其在 1995 年的数量也很少。

2002 年失业者数量的增加对于收入分配不平等程度扩大具有显著的影响，这对于关注中国城市家庭收入差距扩大问题的政策制定者而言是一个坏消息，不过值得庆幸的是失业者数量增加的趋势已经有所减弱。有城市户口的居民所得到的就业岗位总量的增加，虽然减小了收入分配差距，但收入差距扩大的趋势仍然在持续。城市之间的就业率差距在继续增加。在夫妻总收入中女性收入所占的份额持续减少，男性对夫妻收入的贡献度则不断增加。

（本章作者：别雍·古斯塔夫森、丁赛）

参考文献

国家统计局（历年）:《中国统计年鉴》，中国统计出版社。

国家统计局（2006）:《中国劳动统计年鉴2006》，中国统计出版社2006年版。

莫荣（2008）:《2007年就业：改革中的制度完善与创新》，载如信、陆学世、李培林编:《2008年中国社会形势分析与预测》，社会科学文献出版社2008年版，第30—44页。

赵世奎、文东茅（2008）:《三十年来高校毕业生就业制度变革的回顾与现行制度的分析》，《中国高教研究》2008年第8期，第2—5页。

Appleton, S. , J. Knight, L. Song, and Q. Xia (2002), "Labor Retrenchment in China: Determinants and Consequences", *China Economic Review*, 13 (2-3), 252-275.

Cai, F. , A. Park, and Y. Zhao (2008), "The Chinese Labor Market in the Reform Era", in L. Brandt and T. G. Rawski eds. , *China's Great Economic Transformation*, 167-214, New York: Cambridge University Press.

Cai, H. , Y. Chen, and L-A. Zhou (2010), "Income and Consumption Inequality in Urban China: 1992 - 2003", *Economic Development and Cultural Change*, 58(3), 385-413.

Chi, W. and B. Li (2008), "Glass Ceiling or Sticky Floor? Examining the Gender Earnings Differential Across the Earnings Distribution in Urban China, 1987 - 2004", *Journal of Comparative Economics*, 36(2), 243-263.

Connelly, R. and Z. Zheng (2003), "Determinants of School Enrollment and Completion of 10 to 18 Year Olds in China", *Economics of Education Review*, 22 (4), 379-388.

Démurger, S. , M. Fournier, and Y. Chen (2007), "The Evolution of Gender Earnings Gaps and Discrimination in Urban China, 1988 - 95", *Developing Economics*, 45 (1), 97-121.

Du, F. and X. Dong (2009), "Why do Women have Longer Durations of Unemployment than Men in Post-restructuring Urban China?" *Cambridge Journal of*

Economics,33(2),233-252.

Duckett,J. and A. Hussain (2008),"Tackling Unemployment in China: State Capacity and Governance Issues",*Pacific Review*,21(2),211-229.

Eichen,M. and M. Zhang (1993),"Annex: The 1988 Household Sample Survey-Data Description and Availability", in K. Griffin and R. Zhao,eds.,*The Distribution of Income in China*,341-346,Basingstoke: Macmillan.

Gao,Q.,I. Garfinkel, and F. Zhai (2009),"Anti-Poverty Effectiveness of the Minimum Living Standard Assistance Policy in Urban China",*Review of Income and Wealth*,55,Supplement I,630-655.

Giles,J.,A. Park,and F. Cai (2006),"Reemployment of Dislocated Workers in Urban China: The Roles of Information and Incentives",*Journal of Comparative Economics*,34(3),582-607.

Giles,J.,A. Park,and J. Zhang (2005),"What is China's True Unemployment Rate?" *China Economic Review*,16(2),149-170.

Gustafsson,B. and Q. Deng (2007),"Social Assistance Receipt and its Importance for Combating Poverty in Urban China", IZA Discussion Paper No. 2758.

Gustafsson,B. and S. Li(2000),"Economic Transformation and the Gender Earnings Gap in Urban China", *Journal of Population Economics*, 13 (2), 305-329.

Hannum,E.,J. Behrman,M. Wang,and J. Liu (2008),"Education in the Reform Era", in L. Brandt and T. G. Rawski,eds.,*China's Great Economic Transformation*,215-249,New York: Cambridge University Press.

Hannum,E. and M. Wang (2006),"Geography and Educational Inequality in China",*China Economic Review*,17(3),253-265.

Knight,J. and S. Li (2006),"Unemployment Duration and the Earnings of Reemployed Workers in Urban China", *China Economic Review*, 17 (2), 103-119.

Knight,J. and L. Song (2008),"China's Emerging Wage Structure 1995 – 2002", in B. A. Gustafsson,S. Li,and T. Sicular,eds.,*Inequality and Public Pol-*

icy in China,221-242,New York:Cambridge University Press.

Leung,J. C. B. (2006),"The Emergence of Social Assistance in China",*International Journal of Social Welfare*,15(3),188-198.

Li,H.,J. Zhang,L. T. Sin,and Y. Zhao (2006),"Relative Earnings of Husbands and Wives in Urban China",*China Economic Review*,17(4),412-431.

Li,S. and B. Gustafsson (2008),"Unemployment,Earlier Retirement,and Changes in the Gender Income Gap in Urban China,1955 – 2002",B. A. Gustafsson,S. Li,and T. Sicular,eds.,*Inequality and Public Policy in China*,243-286,New York:Cambridge University Press

Li,S.,C. Luo,Z. Wei,and X. Yue (2008),"Appendix:The 1995 and 2002 Household Surveys:Sampling Methods and Data Description",in B. A. Gustafsson,S. Li,and T. Sicular,eds.,*Inequality and Public Policy in China*,337-353,New York:Cambridge University Press.

Li,S. and J. Song (2010),"Changes in Gender Wage Gap in Urban China during 1995 – 2007",China International Symposium on Family and Labor Economics,University of Chicago and Renmin University of China.

Li,T. and J. Zhang (2010),"What Determines Employment Opportunity for College Graduates in China after Higher Education Reform?"*China Economic Review*,21(1),36-50.

Li,W. (2007),"Family Background,Financial Constraints and Higher Education Attendance in China",*Economics of Education Review*,26(6),725-735.

Liu,Q. (2009),"Essays in Labor Economics:Education,Employment,and Gender",Ph. D. thesis,Uppsala University.

Maurer-Fazio,M.,R. Connelly,C. Lan,and L. Tang (2009),"Child Care,Eldercare,and Labour Force Participation of Married Women in Urban China:1982 – 2000",IZA Discussion Paper No. 4204.

Meng,X. (2004),"Economic Restructuring and Income Inequality in Urban China",*Review of Income and Wealth*,50(3),357-379.

Mok,K. H.,Y. C. Wong,and X. Zhang,X. (2009),"When Marketisation and Privatisation Clash with Socialist Ideals:Educational Inequality in Urban China",*International Journal of Educational Development*,29(5),505-512.

Ryan,P. (2001),"The School-to-Work Transition:A Cross-National Perspective",*Journal of Economic Literature*,39(1),34-92.

Tsang,M. C. and Y. Ding (2005) "Resource Utilization and Disparities in Compulsory Education in China",*China Review*,5(1),1-31.

Wong,L. and K. Ngok (2006),"Social Policy between Plan and Market:Xiagang (Off-duty Employment) and the Policy of Re-employment Service Centres in China",*Social Policy and Administration*,40(2),158-173.

Zhang,J.,Y. Zhao,A. Park,and X. Song (2005),"Economic Returns to Schooling in Urban China 1988 to 2001",*Journal of Comparative Economics*,33(4),730-752.

Zhang,Y.,E. Hannum,and M. Wang (2008),"Gender-Based Employment and Income Differences in Urban China:Considering the Contributions of Marriage and Parenthood",*Social Forces*,86(4),1529-1560.

附　录

表10A.1　30岁以下年龄组样本的统计性描述

（1995年、2002年、2007年）

		就业者	失业者	在校学生	其他就业者
1995	个人年龄	23.11	21.67	19.18	22.93
	女性（%）	46.89	46.09	48.70	51.16
	城镇就业率	84.16	83.23	84.09	82.25
	父母平均受教育年限	9.61	8.79	10.69	8.77
	观测值	1382	243	538	48
2002	个人年龄	24.04	22.83	19.80	22.93
	女性（%）	48.52	48.92	47.63	49.44
	城镇就业率	70.67	69.05	70.17	65.20
	父母平均受教育年限	9.64	8.86	10.5	9.54
	观测值	948	325	865	95
2007	个人年龄	25.42	24.4	20.25	22.82
	女性（%）	46.66	50.0	47.91	54.55
	城镇就业率	62.01	58.04	60.21	57.15
	父母平均受教育年限	10.71	10.44	11.84	9.91
	观测值	688	150	716	22

资料来源：作者根据CHIP数据计算得出。

表10A.2　30岁及以上年龄组样本的统计性描述

（1995年、2002年、2007年）

		就业者	失业者	提前退休者	家务劳动者	其他就业者
1995	年龄	41.54	38.83	48.22	47.95	53.76
	女性	46.65	69.39	66.67	96.15	64.24
	个人受教育年限	10.62	9.0	8.65	6.18	8.55
	有子女	58.54	78.57	13.33	31.54	17.78
	有老人	6.83	13.27	7.11	4.62	7.68
	配偶受教育年限	10.47	9.89	9.74	8.72	9.57
	城镇就业率	85.12	83.76	83.19	83.26	83.56
	观测值	8945	98	225	130	495
2002	年龄	42.74	42.23	49.23	44.80	53.50
	女性	42.69	61.40	56.41	94.02	71.12
	个人受教育年限	11.23	9.60	9.55	7.31	9.20
	有子女	39.90	39.27	9.38	40.24	12.88
	有老人	6.77	9.82	7.07	5.98	7.46
	配偶受教育年限	10.94	9.98	9.80	9.61	9.89
	城镇就业率	71.77	69.09	67.96	69.59	69.52
	观测值	8171	764	608	251	831
2007	年龄	44.85	45.8	49.82	38.44	55.34
	女性（%）	25.74	25.88	26.40	34.13	45.55
	个人受教育年限	12.22	10.38	10.68	11.15	10.21
	至少一个子女（%）	30.55	27.06	13.20	17.46	10.68
	至少一个老人（%）	3.64	4.71	5.20	3.97	4.98
	配偶受教育年限	11.85	10.58	9.94	10.46	10.19
	城镇就业率	61.29	56.00	56.93	54.91	58.44
	观测值	3077	85	250	252	281

资料来源：作者根据CHIP数据计算得出。

第十一章　公有部门的职工还享有工资优势吗？

第一节　引　言

劳动力市场分割在国际社会上是一个被研究了几十年的问题。近几年，随着中国改革的逐步深化与收入差距不断扩大现象的同时出现，该问题再一次引起了前所未有的关注。不同所有制类型的企业在劳动力市场上并存，是我国特定政治体制和经济发展的产物。1997 年中共十五大召开后，一方面国有企业改革的步伐开始加快，鼓励大型国有企业加快公司化进程并对小型企业进行重组；另一方面中央也指出，私营企业是经济发展的重要组成部分，并通过立法巩固其地位。这直接导致的后果是，城市劳动力市场的结构面临前所未有的失业压力和国有与私营部门员工的转换问题，必须进行重新调整。近几年国家在政策和资金方面，进一步加大了对中小企业和高科技企业的扶持力度，拓宽了具有一定规模的民营企业的经营范围，并加快了部分集体企业的股权改造，使不同企业的经济效益以及职工收入也发生了较大幅度的调整。

就转型经济而言，这些巨大的变化为中国城市劳动力市场的发展提出了许多问题。其中一个核心问题是中国的劳动力市场是否已经完全转型为市场经济体制下的劳动力市场，使不同所有制的企业可以在完全竞争的环境下运行。许多根据 20 世纪 90 年代末或 21 世纪初收集的数据的研究显示，中国的经济改革还没有完成（Lardy，1998），劳动力市场仍处于分割状态：不同经济部门员工的收入决定机制不同，劳动力在不同所有制、不同地区之间流动性较差（例如 Dong & Bowles，2002；Knight & Song，2003；Chen 等，2005；Li & Bai，2005；Démurger 等，2007a）。职工不愿意从公有部门流出的一个重要原因，是国有企业的工资远远高高于市场的均衡工资（Zhao，2002；Chen 等，2005）。此外，Démurger 等（2007a）还发现在1995—2002 年间，不同所有制企业的收入差距有扩大趋势，特别是最具特权的部门与市场化程度最高的部门之间的工资差距在显著增加。陈钊等（2010）的研究发现行业差距是造成收入差距的最重要原因，但所有制的贡献度也在提高。

研究劳动力市场分割对于分析政策的有效性（如 Adamchik & Bedi（2000），Boeri & Terell（2002），Falaris（2004），Lokshin & Jovanovic（2003）等人研究发展中国家或转型经济中公有部门和私人部门的收入差距所证实的）以及收入不平等（Meng & Zhang，2001）都具有极其重要的作用。一个多层次的劳动力市场，即工资不仅由工人的技能水平决定，也与不同的制度因素有关，对于劳动力在不同部门间的分配以及工人之间的收入分配都有非常重要的意义。1994 年前我国国有部门职工的就业一直实行“铁饭碗”的福利就业机制，严重阻碍了企业的发展（Knight & Song，2005）。因此国有部门的效率问题一直是政府关注的一个问题。此外，随着经济的发展、贫富差距的扩大，政府部门将关系整个社会长治久安的居民收入分配问题提到了前所未有的高度。所有制对于处于转型经济中的中国是一个非常重要的研究问题，它关系到政府是否可以为所有的企业提供一个平等有效的商务环境，进而使整个社会的福利最大化。1978 年公有部门的企业数量占全国所有企业数量的 99%，到 2007 年这一比例仅为 10%。研究国有企业是否仍然得到政府政策的保护，在市场经济中占有优势地位是非常有意义的。

宏观经济数据显示，20 世纪 90 年代中期以来，中国城镇职工的平均工资一直呈递增的趋势（见图 11.1）。2007 年城镇职工的月平均工资为2559 元（以 1995 年的价格为基础），为 1995 年的 5.7 倍。虽然每一种所有制形式的工资都在增加，但不同所有制企业在不同时期增加的幅度不同，到2007年为止一个最显著的变化是公有和私人部门工资的差距在减小。1995年“其他所有制形式”（属于私人部门）的平均工资最高，到2007年其平均工资低于国有企业职工的平均工资。这种变化促使我们想进一步了解变化背后的原因——是由于存在歧视行为，还是某种所有制企业仍享有特定的优势。

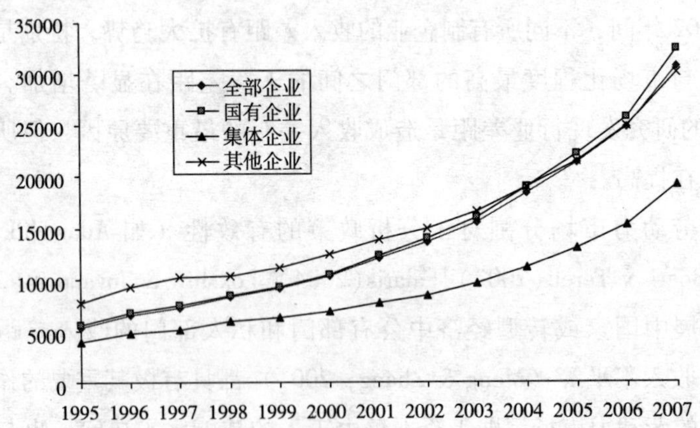

图11.1　1995—2007年公有部门与私人部门实际年平均工资的发展趋势

注：由于统计年鉴中没有区分私营企业和外资企业，我们将这两类企业均归入“其他”分类中，年平均工资根据城镇消费价格指数进行了调整（1995＝100）。

资料来源：《中国统计年鉴（2008）》。

本章旨在分析在2002—2007年间实施一系列深化改革措施后，不同所有制企业职工的收入差距的变化趋势及其决定因素。我们首先应用Oaxaca-Blinder分解方法调查了不同所有制企业的收入差距，并将其分解为不同的组成部分。同时研究了在控制个人特征后，单纯由于所有制分割所能解释的收入差距的比重。然后应用Juhn-Murphy-Pierce方法研究了在不同收入分布区间不同所有制员工收入的差距。

本章的其他部分构成如下：第二节描述了数据并进行了初步的统计分析。第三节讨论了不同所有制企业根据收入等式的计量分析结果。第四节和第五节陈述了2002—2007年间根据两种分解方法分析的收入差距的结论。第六节进行了总结。

第二节　数据与统计分析

一、不同所有制企业的统计描述

本章所使用的数据来自中国家庭收入课题组（CHIP）对2002年和2007年中国家庭收入情况进行的调查（下文分别简称CHIP-2002、CHIP-2007）。问卷由中外专家设计，国家统计局城调队统一收集数据。CHIP-2002和CHIP-2007均由城镇、农村和流动人口三个样本组成。本章中，我们使用了仅包含城镇居民的城镇样本①。其中CHIP-2002城镇调查包含了12个省市的6935个家庭，20632个个体。CHIP-2007包含了9个省市的5003个家庭，14699个个体。

为了使两期调查的数据具有可比性，我们仅保留了两期调查均包含的7个省份的观测值。这7个省份为江苏、安徽、河南、湖北、广东、重庆和四川。此外，我们将样本限制在全职就业并获得收入、男性年龄为16—60岁、女性年龄为16—55岁的个体②。最终2002年数据的样本数为5430个，2007年的样本数为5029个。

本章将企业所有制形式分为五类（参见表11.1），分别是：国有企业、集体企业、政府机关和事业单位、个体和私营企业以及外资企业。2002到2007年的五年间公有和私人部门显示出相反的发展趋势：国有企业的比重从35%下降到19%，而个体与私营企业的比重从24%增加到33%。这可能涉及到如何根据所属企业进行分类。在每次调查中，受访者都要求回答

① 城镇居民是指居住在城市里并拥有城市户口的个体，样本不包含居住在城里但没有城市户口的个体（如农民工）。

② 将样本限制为全职就业的个体后，样本的最低年龄增加到18岁。有学者提出，随着高等教育的扩张，大多数18—22岁的个体仍待在学校里，这可能造成样本偏差。然而在CHIP-2007中，年龄为18—22岁仍在学校的个体仅占该群体的3.6%，CHIP-2002中这一比例更低。因此，即便会产生一定的偏差，我们认为不会对我们的估计结果产生很大的影响。

他们企业的所有制性质。在CHIP-2002中，所有制被划分为13类，而2007的调查中所有制被分为16类。为了简化分析，我们将细化的分类又归为5种。这样“国有企业”类别中包含了国有独资企业、国有控股企业、国有控股合资企业。换句话说只要企业中的国有比例占有绝对优势，无论其他股份属于谁（私营企业家或外国投资者），在我们的分析中均被归为国有企业。另一方面，我们仅把外商独资企业和外商控股的合资企业归为“外资企业”。这种分类使得在2002—2007年外国直接投资（FDI）迅猛增加的背景下，但在我们的分析中“外资企业”的比重没有显著增加。

表11.1　企业所有制分类

<table>
<tr><th></th><th>所有制分类</th><th>所包含的种类</th></tr>
<tr><td rowspan="2">公有部门</td><td>国有企业（SOE）</td><td>国有独资企业
国有控股企业
国有控股的合资企业</td></tr>
<tr><td>政府机关和事业单位（GAI）</td><td>党政机关（包括党委、政府、人大、政协、公检法、武装部、部队）
国家、集体的事业单位
民办企事业单位</td></tr>
<tr><td>半公有部门</td><td>集体企业（UCE）</td><td>集体独资企业
集体控股企业
集体控股的合资企业</td></tr>
<tr><td rowspan="2">私人部门</td><td>个体和私营企业（PIE）</td><td>私营独资企业
私营控股企业
私营控股的合资企业
个体</td></tr>
<tr><td>外资企业（FIE）</td><td>外资独资企业
外资控股的合资企业</td></tr>
</table>

注：如果受访者的回答为“其他”，则没有归为上述的任何一种类型，而是直接将其删除。
资料来源：CHIP-2007城镇调查问卷。

不同所有制企业个体特征的统计描述在表11.2中列出。这段时期性别的分布没有很大的变化，男性占所有城镇职工的56%—57%，并主要集中在国有企业。2002年和2007年男性分别占到国有企业职工的59.5%和

61.5%。在某种程度而言，这种分布意味着男性相对于女性在就业与收入领域更占优势。然而，一个值得注意的变化是，男性在传统上以女性为主的集体企业的比就业重显著增加（Maurer-Fazio 等；1999，Démurger 等，2007b）。2007 年，男性占所有集体企业职工的 53.7%，而这一比例在 2002 年仅为 44%。相对于其他所有制形式，男性在集体企业的就业比重仍是最低的，但与其他企业形式（除了国有企业）没有显著区别。如下面所描述的，这种变化反映了集体企业在激烈的竞争中提高了生产力，吸引了更多有能力的工人，整体情况在好转。

表 11.2　不同所有制企业个体特征的统计描述

		国有企业	政府机关	集体企业	私营企业	外资企业	全部
2002	性别	0.595 (0.491)	0.551 (0.498)	0.440 (0.497)	0.549 (0.498)	0.567 (0.497)	0.558 (0.497)
	年龄	40.86 (8.505)	40.46 (8.914)	41.44 (8.178)	39.11 (8.666)	35.85 (8.923)	40.24 (8.716)
	教育程度	11.17 (2.702)	12.69 (2.872)	10.13 (2.471)	10.14 (2.853)	11.96 (2.665)	11.34 (2.957)
	在当前公司的年限	17.71 (9.383)	14.43 (9.214)	16.25 (9.380)	10.45 (9.335)	10.46 (8.417)	14.65 (9.722)
	培训时间	0.283 (0.451)	0.327 (0.469)	0.239 (0.427)	0.198 (0.398)	0.276 (0.449)	0.273 (0.445)
	是否属于沿海地区	0.308 (0.462)	0.294 (0.456)	0.450 (0.498)	0.363 (0.481)	0.504 (0.502)	0.332 (0.471)
	是否是省会城市	0.348 (0.476)	0.305 (0.461)	0.232 (0.422)	0.236 (0.425)	0.488 (0.502)	0.302 (0.459)
	公司规模	2.912 (1.129)	1.793 (1.013)	1.919 (0.968)	1.752 (1.069)	2.709 (1.062)	2.204 (1.194)
	样本数	1896	1698	393	1316	127	5430
	占总体的比重	34.92	31.27	7.24	24.24	2.34	100.00
2007	性别	0.615 (0.487)	0.570 (0.495)	0.537 (0.500)	0.555 (0.497)	0.558 (0.498)	0.571 (0.495)
	年龄	40.56 (9.258)	40.59 (9.332)	39.52 (9.118)	37.93 (9.236)	34.17 (7.748)	39.43 (9.353)

续表

		国有企业	政府机关	集体企业	私营企业	外资企业	全部
2007	教育程度	12.14 (3.032)	12.99 (3.076)	11.78 (3.116)	11.30 (3.232)	13.39 (3.211)	12.22 (3.215)
	在当前公司的年限	16.99 (10.72)	14.85 (10.63)	12.48 (10.19)	8.606 (8.115)	8.628 (7.126)	12.85 (10.32)
	培训时间	0.442 (0.497)	0.425 (0.494)	0.326 (0.470)	0.275 (0.447)	0.407 (0.493)	0.372 (0.484)
	是否属于沿海地区	0.248 (0.432)	0.321 (0.467)	0.389 (0.488)	0.398 (0.490)	0.628 (0.485)	0.347 (0.476)
	是否是省会城市	0.673 (0.469)	0.664 (0.473)	0.646 (0.479)	0.606 (0.489)	0.512 (0.501)	0.640 (0.480)
	公司规模	2.531 (1.208)	1.858 (1.082)	1.800 (1.013)	1.358 (0.783)	2.145 (1.227)	1.827 (1.102)
	样本数	949	1968	285	1655	172	5029
	占总体的比重	18.87	39.13	5.67	32.91	3.42	100.00

注："公司规模"测量了当前所在公司的员工数，被归为4组（与CHIP-2002保持一致），1代表人数为1—100，2代表人数为101—500，3代表人数为501—1000，4代表人数为1000及以上。

资料来源：CHIP-2002和CHIP-2007调查数据中的城镇样本，7个省份，男性年龄在16—60岁之间，女性年龄在16—55岁，全职就业，收入为正的个体。

2002年和2007年的数据比较显示劳动力的平均年龄有递减的趋势，相对于国有企业和政府机关这一趋势在集体企业和私人部门更加明显。这两年的数据均显示公有部门员工的平均年龄大于私营企业。如预期所料，1999年高等教育扩张后，以教育年限来衡量的劳动力的平均教育程度显著增加，五年间平均受教育年限增加了1年，从平均11.34年增加到12.22年。除了在2002年平均教育程度最高的政府机关的工作人员（平均受教育年限为12.69年远远高于其他类型的企业），其他类型的企业均受益于教育程度的整体提高，因此不同所有制企业人员受教育年限的绝对差从2.56年减小到2.09年。这种发展也显示，除了政府机关以外，外资企业在2007年也吸引到越来越多的优秀人才。

2007年在当前公司的平均任职时间除了"政府机关"外，均小于2002年的平均年数。特别是对于集体企业和私人部门（私营企业和外资企业），这种缩减更为明显。这种变化可能反映了这些部门人员的流动性在提高，而公有部门（国有企业和政府机关）仍是最稳定的工作单位，个体不会轻易离开这些部门。最后，公司的平均规模在2002年到2007年间在逐渐递减，在所有企业中国有企业的规模仍居首位。

二、收入的变化及其在不同所有制企业中的分布

表11.3陈述了不同所有制企业收入的统计描述。年均总收入由工资、奖金、津贴、补贴、养老金等组成。小时工资是将年总收入除以所汇报的全年工作小时数而得。此外，收入根据由Brandt和Holz（2006）计算的省际价格通胀指数进行了的调整，便于各省不同购买力水平收入的比较。

表11.3　不同所有制企业个体收入的统计描述

		国有企业	政府机关	集体企业	私营企业	外资企业	全部
2002	年总收入	11261.6 (7352.8)	14221.1 (7992.0)	8108.8 (4880.5)	9270.9 (9157.6)	12907.7 (9617.8)	11514.9 (8211.9)
	与平均收入的比值	0.98	1.24	0.70	0.81	1.12	
	基尼系数	0.307	0.290	0.293	0.386	0.324	0.336
	工作小时数/周	42.30 (7.972)	41.23 (8.060)	44.38 (10.39)	51.94 (15.63)	45.34 (11.61)	44.52 (11.45)
	小时工资	5.380 (4.375)	7.086 (6.096)	3.710 (2.444)	3.851 (4.819)	5.877 (4.836)	5.434 (5.155)
	与平均收入的比值	0.99	1.30	0.68	0.71	1.08	
	基尼系数	0.334	0.328	0.322	0.430	0.361	0.377
	样本数	1896	1698	393	1316	127	5430
2007	年总收入	21614.6 (18204.8)	23096.0 (16235.1)	18897.0 (12956.8)	20492.2 (27264.2)	27455.7 (19755.7)	21870.7 (20872.9)
	与平均收入的比值	0.99	1.06	0.86	0.94	1.26	
	基尼系数	0.341	0.338	0.337	0.408	0.366	0.367
	2002－2007年增长率	92%	62%	133%	121%	113%	90%
	工作小时数/周	43.24 (9.682)	42.19 (19.21)	44.65 (10.24)	49.87 (22.32)	42.61 (7.716)	45.07 (18.59)

续表

		国有企业	政府机关	集体企业	私营企业	外资企业	全部
2007	小时工资	10.13 (9.031)	11.58 (11.01)	8.826 (6.914)	8.947 (11.56)	12.81 (9.277)	10.33 (10.68)
	与平均收入的比值	0.98	1.12	0.85	0.87	1.24	
	基尼系数	0.364	0.378	0.375	0.449	0.375	0.405
	2002－2007年增长率	88%	63%	138%	132%	118%	90%
	样本数	949	1968	285	1655	172	5029

注：收入根据 Brandt 和 Holz（2006）计算的省际价格通胀指数进行了调整，并且对2007年的数据进行了更新。基准值为2002年的全国平均价格。

资料来源：CHIP-2002 和 CHIP-2007 调查数据中的城镇样本，7个省份，男性年龄在16—60岁之间，女性年龄在16—55岁，全职就业，收入为正的个体。

在2002—2007年的5年间，不同所有制企业的收入差别发生了翻天覆地的变化，实际的平均收入几乎增加了两倍，但不同企业增加的速度不同。国有部门年总收入和小时工资增加的最慢（国有企业增加了88%—92%，政府机关增加了62%—63%）。与此形成对比的是，集体企业和私人部门工资的增加幅度均超过110%（集体企业小时工资的增加幅度最高达到138%）。与1995—2002年的变化趋势所不同的是（Démurger 等，2007a），不同所有制企业的收入朝着更加平等的方向发展，这归功于集体企业和私营企业收入的显著增长。2002年政府机关的总收入在各种形式的所有制企业中最高，但由于2002—2007年其收入的增长速度相对缓慢，在2007年时其收入排名低于外资企业位于第二位。① 另一方面，集体企业以及私人企业的相对位置显著提高（与1995—2002年的趋势相反），集体企业与平均总收入的差距从0.3减小到0.14，私营企业从0.19减小到0.06。国有企业仍维持在中间位置，与平均收入的差距几乎为零。②

① 有趣的是，这种变化正好与1995—2002年的变化趋势完全相反（参见 Démurger 等，2007a）。

② 但人们需要注意的是，对于国有部门所汇报的收入可能不能完全反映个人的实际收入，可能会低估个人的实际收入。因为国有企业和政府机关的福利远远好于外资企业和私营企业，但这方面的信息很难收集，特别是非现金收入。由于这两个部门工资相对较高、福利待遇非常好，国有企业和政府机关在我国仍是最具竞争力的单位，竞争度甚至高于外资企业。

另外一点需要提出的是，公有部门和私人部门的工作时间正在趋于一致。2002—2007年的这段时间，私营企业和外资企业每周的工作时间持续递减，而以前的铁饭碗部门（即国有企业和政府机关）的工作时间略微增加（虽然仍比私有部门的时间略短）。这种融合的原因可能是国有企业和政府机关职位的竞争越来越激烈，雇员们不得不努力工作以保住自己的饭碗。与此同时，私营企业和外资企业也开始关注职工的权利，给予他们更多的自主性。

基尼系数显示总收入和小时工资的不平等性均有递增的趋势。就整体样本而言，从2002年到2007年小时工资的基尼系数从0.377增加到0.405。虽然私营企业一直呈现出最大的收入分歧，公有部门（包括集体企业）收入的不平等性也显著增加，这使得两类部门的收入分布也呈现趋同的走势。

图11.2描绘了不同所有制企业分类小时工资对数分布的非参数核密度估计值。该图描绘了2002年和2007年整体样本以及每一类所有制形式的收入分布。

图11.2的左半部分展现了2002年收入的核密度估计值。由于代表政府机关收入曲线的整体位置靠右且峰度最高，说明政府机关的小时工资平均高于其他部门。此外该部门的分散程度相对较窄，主要集中在均值附近。外资企业的平均工资位居第二，其平均工资略高于国有企业但宽度很大，说明其分布很分散。在五种分类中，私营企业的小时工资最低，且分布向左倾斜，说明私营企业一些职工的收入很低。

如图11.2的右半部分所示，这种特征没有随着时间的推移而改变，只是相对于2002年，2007年的五条线更加紧凑，进一步说明五种所有制分类的小时工资开始收敛。在2007年，外资企业小时工资的分布优于政府机关。不仅体现在外资企业的平均工资更高，而且在这一部分没有很多低收入者，因为左尾的分布很平缓。此外，政府机关与集体企业的分布十分相似，只是政府机关的小时工资在集体企业的右侧。①

① 这可能也与我们的所有制分类有关。在外资企业的类别中我们只包含了外资独资企业和外资控股的合资企业，这些企业可能主要集中在高收入行业。

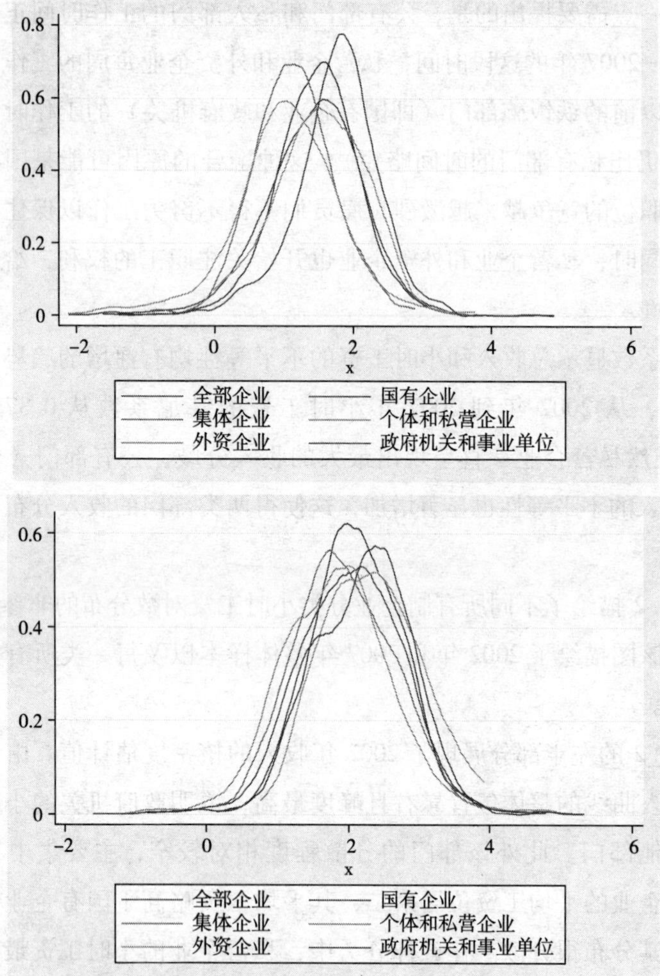

图 11.2　2002 年和 2007 年不同所有制企业收入分布的核密度估计值

注：收入根据 Brandt 和 Holz（2006）计算的城镇省际空间价格指数（并将该指数更新至 2007）进行了调整。基准值为 2002 年的全国价格。图中“全部企业”曲线表示全体职工小时工资对数的核密度，“国有企业”曲线表示国有企业职工小时工资对数的核密度，“集体企业”曲线表示集体企业职工小时工资对数的核密度，“个体和私营企业”曲线表示私营企业职工小时工资对数的核密度，“外资企业”曲线表示外资企业职工小时工资对数的核密度，“政府机关和事业单位”曲线表示政府机关职工小时工资对数的核密度。

资料来源：作者根据 CHIP-2002 和 RUMIC-2007 调查数据计算而得。

第三节　Oaxaca-Blinder 分解

为了分析不同所有制企业个体的收入差距，我们首先使用 Oaxaca-Blinder 方法（Blinder，1973，Oaxaca，1973）将对数收入的均值差距分解为两部分：一部分为不同所有制个体特征的差别，另一部分为不同所有制形式对这些个体特征回报的差别。

假定明瑟小时工资可以表示为①：

$$w_{ir} = \sum_i \beta_{ir} X_{ir} + \lambda\phi(\gamma' w))/\varphi(\gamma' w) + \mu_{ir} \tag{11.1}$$

其中下标 $r \in [1, 5]$ 代表上面所定义的五种不同的所有制分类；w_{ir}是个体 i 在 r 企业小时工资的自然对数（根据省际购买力差别进行了调整）；X_{ir}是代表个体特征的向量；β 为所观测到的一系列人口特征的回报率。向量 X 包括性别、教育程度（根据调查中所汇报的学年数来衡量）、工作经验②、工作经验的二次项、在当前职业的工作经验、是否参加在职培训、是否属于沿海地区、是否属于省会城市以及公司规模。残差 u_{ir} 代表了所有影响个体小时工资 w 但无法观测的因素。

那么，两个不同所有制企业 r_1 和 r_2 所观测到的平均对数收入的差别可以表示为：

$$\Delta\overline{w}_{r_1 r_2} = \overline{w}_{r_1} - \overline{w}_{r_2} \tag{11.2}$$

其中横杠表示平均值。将等式（11.1）代入等式（11.2）可以得到：

$$\Delta\overline{w}_{r_1 r_2} = \overline{X}'_{r_1}\hat{\beta}_{r_1} - \overline{X}'_{r_2}\hat{\beta}_{r_2} \tag{11.3}$$

其中系数上面的小三角表示从两个不同等式估计的系数。

① Card（1999）总结了各种教育回报率的估计方法及其优缺点。他认为 OLS 估计方法仍是最稳健的估计方法。

② 2007 年的调查中没有汇报实际工作经验，结果我们应用了潜在的工作经验（即年龄减去学年数减 6）来替代。

假定已知非歧视的工资结构 β^*，对数工资的差别可以通过下面的方式进行分解（Neumark 1988）：

$$\Delta\overline{w}_{r_1r_2} = (\overline{X}'_{r_1} - \overline{X}'_{r_2})'\beta^* + [\overline{X}'_{r_1}(\hat{\beta}_{r_1} - \beta^*) - \overline{X}'_{r_2}(\hat{\beta}_{r_2} - \beta^*) \quad (11.4)$$

等式（11.4）说明 r_1 所代表的所有制与 r_2 所代表的所有制的收入差别可以分解为两部分。第一项可以解释为对数收入的差别是由于不同所有制企业平均个体特征的差别所致。它测量了在 r_1 所有制企业的个体，如果具有在 r_2 所有制企业个体的特征，他们的收入如何。第二项表示根据非歧视工资的结构所计算的两种不同的所有制企业的回报率。这是收入差距中无法解释的或者说残差部分。这一项可以解释为市场分割或不同的生产力水平。换句话说具有相同个体特征的职工在不同所有制企业的收入不同，可能由于不同所有制企业的生产过程不同所导致的生产力水平有差异，或者由于特定的制度因素（例如垄断）所导致的回报率不同。构建非歧视工资结构 β^* 有几种不同的方法。下面我们使用了 Neumark（1988）所提出的方法进行分解，该方法假定不同所有制企业非歧视工资结构为共有的组工资结构。

表 11.4 描绘了对 2002 年数据和 2007 年数据分别应用 Oaxaca-Blinder 分解方法得到的我国城镇不同所有制企业相对货币收入的变化。该表分别列出了不同所有制企业对数收入的均值、收入的差距、以及将差距分解为可以解释的部分和无法解释的部分。

表 11.4　根据 Oaxaca-Blinder 分解方法分析不同所有制企业对数收入的差距①

		平均对数收入		差距（A－B）	分解				N
		组 A	组 B		可解释的	百分比	无法解释的	百分比	
2002年	SOEs-GAIs	1.490 *** (0.0141)	1.762 *** (0.0154)	－0.271 *** (0.0209)	0.0115 (0.0150)	－4.2%	－0.283 *** (0.0219)	104.2%	3594
	SOEs-UCEs	1.490 *** (0.0141)	1.139 *** (0.0293)	0.351 *** (0.0325)	0.105 *** (0.0182)	29.9%	0.246 *** (0.0324)	70.1%	2289

① 该表是以 OLS 方法回归小时对数工资为基础的，受篇幅限制，具体的 OLS 回归结果可以向作者索要。

续表

		平均对数收入		差距 （A－B）	分解				N
		组 A	组 B		可解释的	百分比	无法解释的	百分比	
2002年	SOEs-PIEs	1. 490 *** （0. 0141）	0. 973 *** （0. 0266）	0. 517 *** （0. 0301）	0. 256 *** （0. 0189）	49. 5%	0. 261 *** （0. 0274）	50. 5%	3212
	SOEs-FIEs	1. 490 *** （0. 0141）	1. 547 *** （0. 0587）	－0. 0566 （0. 0604）	－0. 00777 （0. 0262）	13. 7%	－0. 0488 （0. 0556）	86. 3%	2023
	GAIs－UCEs	1. 762 *** （0. 0154）	1. 139 *** （0. 0293）	0. 622 *** （0. 0331）	0. 0726 *** （0. 0200）	11. 7%	0. 550 *** （0. 0340）	88. 3%	2091
	GAIs-PIEs	1. 762 *** （0. 0154）	0. 973 *** （0. 0266）	0. 789 *** （0. 0307）	0. 217 *** （0. 0194）	27. 5%	0. 572 *** （0. 0307）	72. 5%	3014
	GAIs-FIEs	1. 762 *** （0. 0154）	1. 547 *** （0. 0587）	0. 215 *** （0. 0607）	0. 0323 （0. 0308）	15. 0%	0. 183 ** （0. 0589）	85. 0%	1825
	UCEs-PIEs	1. 139 *** （0. 0293）	0. 973 *** （0. 0266）	0. 166 *** （0. 0396）	0. 119 *** （0. 0242）	71. 7%	0. 0473 （0. 0369）	28. 3%	1709
	UCEs-FIEs	1. 139 *** （0. 0293）	1. 547 *** （0. 0588）	－0. 408 *** （0. 0657）	－0. 178 *** （0. 0428）	43. 6%	－0. 230 *** （0. 0665）	56. 4%	520
	PIEs-FIEs	0. 973 *** （0. 0266）	1. 547 *** （0. 0587）	－0. 574 *** （0. 0645）	－0. 334 *** （0. 0439）	58. 2%	－0. 240 *** （0. 0607）	41. 8%	1443
2007年	SOEs-GAIs	2. 081 *** （0. 0233）	2. 194 *** （0. 0162）	－0. 113 *** （0. 0284）	－0. 0121 （0. 0157）	10. 7%	－0. 101 *** （0. 0297）	89. 3%	2912
	SOEs-UCEs	2. 081 *** （0. 0233）	1. 946 *** （0. 0394）	0. 135 ** （0. 0458）	0. 0496 * （0. 0235）	36. 7%	0. 0854 （0. 0461）	63. 3%	1233
	SOEs-PIEs	2. 081 *** （0. 0233）	1. 846 *** （0. 0191）	0. 235 *** （0. 0301）	0. 140 *** （0. 0237）	59. 6%	0. 0955 ** （0. 0349）	40. 4%	2600
	SOEs-FIEs	2. 081 *** （0. 0233）	2. 312 *** （0. 0532）	－0. 231 *** （0. 0581）	－0. 0976 ** （0. 0333）	42. 3%	－0. 134 * （0. 0598）	57. 7%	1120
	GAIs-UCEs	2. 194 *** （0. 0162）	1. 946 *** （0. 0394）	0. 248 *** （0. 0426）	0. 125 *** （0. 0223）	50. 4%	0. 123 ** （0. 0398）	49. 6%	2249
	GAIs-PIEs	2. 194 *** （0. 0162）	1. 846 *** （0. 0191）	0. 348 *** （0. 0250）	0. 232 *** （0. 0162）	66. 7%	0. 116 *** （0. 0244）	33. 3%	3616
	GAIs-FIEs	2. 194 *** （0. 0162）	2. 312 *** （0. 0532）	－0. 118 * （0. 0556）	－0. 00764 （0. 0308）	6. 5%	－0. 111 * （0. 0494）	93. 5%	2136
	UCEs-PIEs	1. 946 *** （0. 0394）	1. 846 *** （0. 0191）	0. 100 * （0. 0438）	0. 0886 *** （0. 0229）	88. 6%	0. 0114 （0. 0406）	11. 4%	1937
	UCEs-FIEs	1. 946 *** （0. 0394）	2. 312 *** （0. 0532）	－0. 366 *** （0. 0663）	－0. 180 *** （0. 0414）	49. 2%	－0. 186 ** （0. 0647）	50. 8%	457

续表

		平均对数收入		差距 (A－B)	分解				N
		组 A	组 B		可解释的	百分比	无法解释的	百分比	
2007年	PIEs-FIEs	1.846 *** (0.0191)	2.312 *** (0.0532)	－0.466 *** (0.0565)	－0.254 *** (0.0319)	54.5%	－0.212 *** (0.0528)	45.5%	1824

注：括号内为标准差。* 表示 $p<0.05$，** 表示 $p<0.01$，*** 表示 $p<0.001$。SOEs 代表国有企业，UCEs 代表集体企业，PIEs 代表私营企业，FIEs 代表外资企业，GAIs 代表政府机关。收入根据 Brandt 和 Holz（2006）计算的城镇省际空间价格指数（并将该指数更新至 2007）进行了调整。基准值为 2002 年的全国价格。

资料来源：CHIP-2002 和 CHIP-2007 调查数据中的城镇样本，7 个省份，男性年龄在 16—60 岁之间，女性年龄在 16—55 岁，全职就业，收入为正的个体。

表 11.4 的上半部分为 2002 年不同所有制企业的小时对数工资的分解结果。该表显示不同所有制企业的收入差距相对较大，特别是公有部门与私营企业以及外资企业与私营企业。此外，除了国有企业与外资企业的差距，其他所有制企业收入的差距均很显著。分解的结果发现个人特征只能解释很小一部分收入的差距，但 UCEs-PIEs 与 PIEs-FIEs 是个例外。这说明在 2002 年无法解释的部分占收入差距的比重很大，这与 Démurger 等（2007a）所证明的在中国城镇不同所有制企业的分割仍非常严重的结论相一致。这种分割的一个最典型例子是在公有部门内部：国有企业与政府机关的人员素质基本相当，27% 的收入差距完全来自无法解释的部分，这可能反映了在本世纪初对政府机关人员收入的制度保护（Démurger 等，2007a）。类似的结论也可以通过对比政府机关与外资企业员工的收入得到：相对于外资部门，政府机关职工的收入显然得到了额外的照顾。

与 2002 年相比，在 2007 年不同所有制企业的小时对数工资的差距明显减小，但国企与外企、政府机关与外企是个例外。由于 2007 年外资企业的收入大大提高使其与公有部门的收入差距与 2002 年倒置。这种发展总体来讲使私人部门和半公有部门（PIEs，FIEs，UCEs）更加受益，而政府机关获益较少。这可能是对 1995—2002 年政府机关收入增长过快的一种调整。如在本章的统计描述部分所观测到的，2002—2007 年的这段时间不同的所有制结构正朝着更加平衡的方向发展。

对不同所有制企业收入差距分解的特征，在这段时间也发生了显著变化，可解释部分与无法解释部分的比重换位了。在2007年的数据中，不仅不同所有制企业的收入差距呈现递减的趋势，且个人特征可以解释收入差距中的很大一部分。这意味着企业所有制分割变得不太显著。

表11.4列出的分解结果对于我们理解中国城镇劳动力市场的最新进展主要有三个方面的贡献。第一，城镇集体和私营企业的地位相对于公有部门显著提高。与国有企业和政府机关相比，收入差距的大大缩减来自两个方面：一是员工个人特征趋于收敛，另一方面是公有部门与集体企业和私营企业的分割大大减弱。这种变化非常重要，它意味着各种所有制之间正在走向融合，这在以前是从未出现过的。

第二，政府机关职工收入的绝对优势从2002年到2007年之间正逐渐消失，政府机关职工相对较高的收入是因为职工的个人素质相对于其他部门相对较高。特别是相对于集体企业和私营企业，在2007年这两个部门与政府机关职工收入的差距中，50%和67%可以通过个人特征来解释的，而在2002年个人特征只能解释12%和28%。换句话说，本世纪初所观测到的政府机关占绝对优势的市场分割现象（Démurger等，2007a），在最近这段时间正在逐渐消失。这不仅体现在绝对收入差距的减小，还体现在无法解释部分在收入差距中的比重也在缩小。这说明政府对公有部门的保护正在逐渐减弱。

第三，与公有部门相比，外资企业正通过雇用较高素质的个体加大市场分割程度以继续加强其收入领先地位。有趣的是，2002—2007年国有部门与外资企业巨大的收入差距（后者收入较高）一方面来自个人特征分化的增强，另一方面由于企业所有制分割的加剧所致。在2007年，如果国有企业与外资企业员工的个人特征相同，外资企业职工可以获得额外13%的收入补贴。这与外资企业和政府机关职工收入差距中无法解释部分相当，这也是这两类企业职工收入的总差距，因为外资企业和政府机关职工的个人特征非常接近。最后，与集体企业和私营企业相比，外资企业的位置没有太大的变化：外资企业具有职工素质的绝对优势，但企业所有制分割情况也相当严重，与集体企业和私营企业相比，企业所有制分割可以解释收入差距的37%和47%。

第四节 Juhn-Murphy-Pierce 分解

Oaxaca-Blinder 分解法只能针对收入的均值，而忽略了整体分布的差异，例如分散程度或倾斜度。然而，不同部门间小时工资的分布是有差异的。因此，作为对 Oaxaca-Blinder 分解法的补充，我使用了 Juhn、Murphy 和 Pierce（1993）提出的分解方法，该方法可以分析整个收入差异的分布。

Juhn-Murphy-Pierce（JMP）分解法通过考虑残差分布扩展了 Oaxaca-Blinder 方法。该方法将收入差距分解为三个部分：个体特征效应（由 Xs 分布的变化所致）、回报或价格效应（由 βs 的变化所致）以及残差效应（受无法观测的因素影响）。

遵照 Juhn 等（1993），等式（11.1）中的残差 μ_{ir} 可以表示为：

$$\mu_{ir} = F_r^{-1}(\theta_{ir} \mid X_{ir}) \tag{11.5}$$

其中 θ_{ir} 为个体 i 的百分位数，F_r 为个体特征为 X_{ir} 在 r 所有制的残差收入等式的积分分布方程。

假定 F^* 为参照的残差分布，β^* 为参照的工资结构①，两个假设的小时工资分布可以表示为：

$$w_{ir1}^1 = \beta^* X_{ir1} + F_r^{*-1}(\theta_{ir1} \mid X_{ir1}) \tag{11.6}$$

$$w_{ir1}^2 = \beta^{r_1} X_{ir1} + F_r^{*-1}(\theta_{ir1} \mid X_{ir1}) \tag{11.7}$$

等式（11.6）中的工资等式是通过计算 r_1 所有制企业中每一个工人的特征 k 相对于参照的工资结构 β^*，以及在参照的残差分布 F^* 中他在 r_1 企业残差分布的位置而得。等式（11.7）中给出的第二个假设分布是根据每个工人自己估计的对特征 β^{r_1} 的回报率以及参照的残差分布 F^* 而得。

① Oaxaca-Blinder 分解法参照的工资结构是根据整体样本合并的模型估计的。参照的残差分布是两个样本的平均分布。Juhn-Murphy-Pierce 分解法的结果是根据 Stata 软件使用 jmpierce. ado 命令得到的。

JMP 分解方法最主要的特征是它可以分析整个收入的分布。如果让 $\widehat{w}$ 代表相应变量分布的总的统计，我们可以将不同所有制的两个企业 r_1 和 r_2 的收入对数的差异分解为：

$$\widehat{w}_{r_1} - \widehat{w}_{r_2} = \widehat{w}^1_{r_1} - \widehat{w}^1_{r_2} + [(\widehat{w}^2_{r_1} - \widehat{w}^2_{r_2}) - (\widehat{w}^1_{r_1} - \widehat{w}^1_{r_2})] + [(\widehat{w}_{r_1} - \widehat{w}_{r_2}) - (\widehat{w}^2_{r1} - \widehat{w}^2_{r2})] \tag{11.8}$$

根据上面的定义，右边的第一项反映了个体特征（数量）效应或两个部门间可观测到的差异。第二项（用方括号表示）代表了回报效应或可观测到的价格差异，第三项为残差效应，说明了两个部门残差分布的区别。

图 11.3 描绘了根据 JMP 分解法对每一对所有制形式的分解结果。每一个小图呈现了收入差距以及每一对所有制企业在第 5、第 10、第 25、第 50、第 75、第 90 以及第 95 分位点的分解结果。从这些图中，我们可以得出四个最主要的结论。

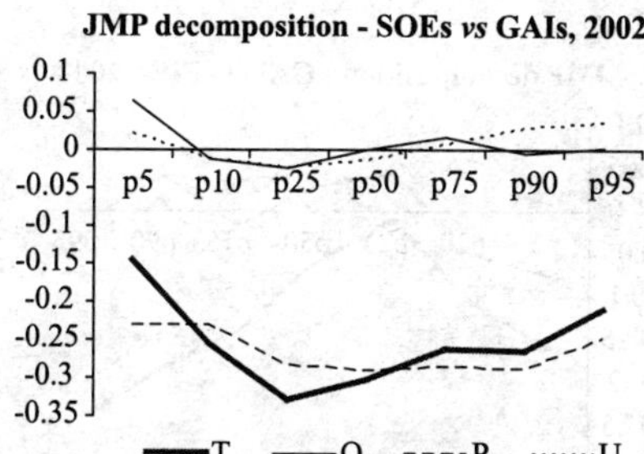

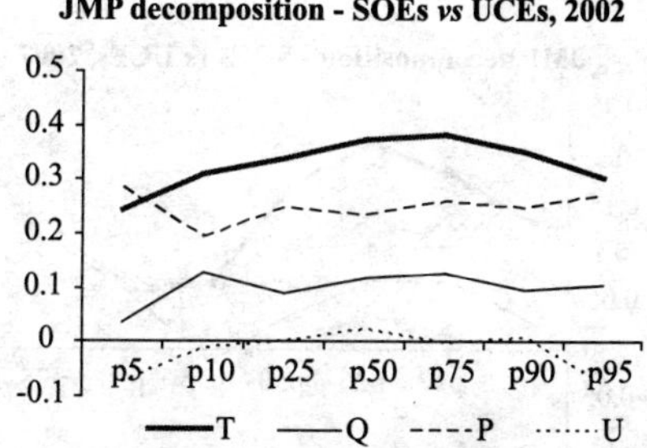

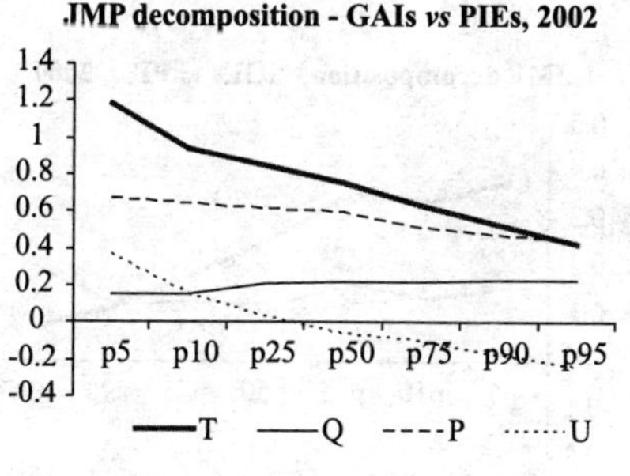

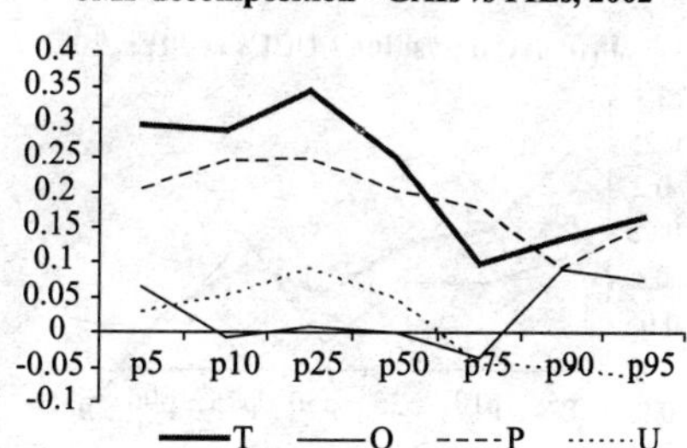

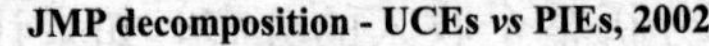

JMP decomposition - UCEs *vs* PIEs, 2002

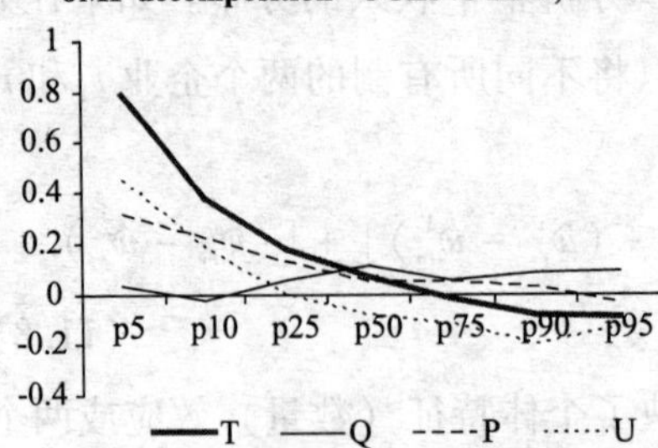

JMP decomposition - SOEs *vs* PIEs, 2002

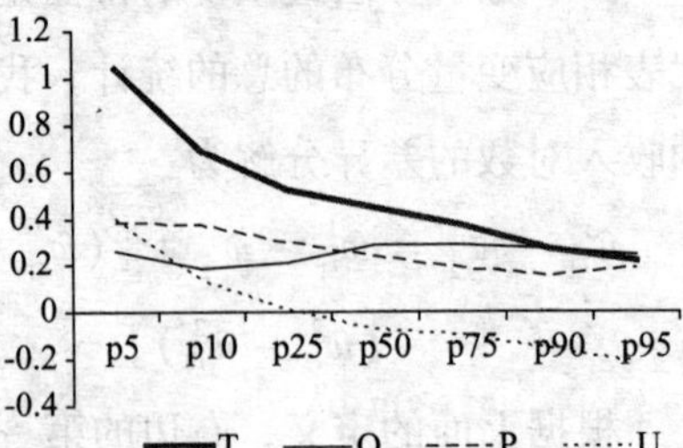

JMP decomposition - SOEs *vs* FIEs, 2002

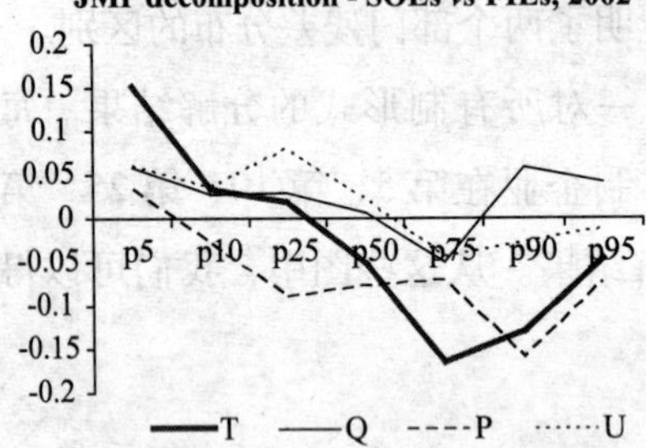

JMP decomposition - UCEs *vs* FIEs, 2002

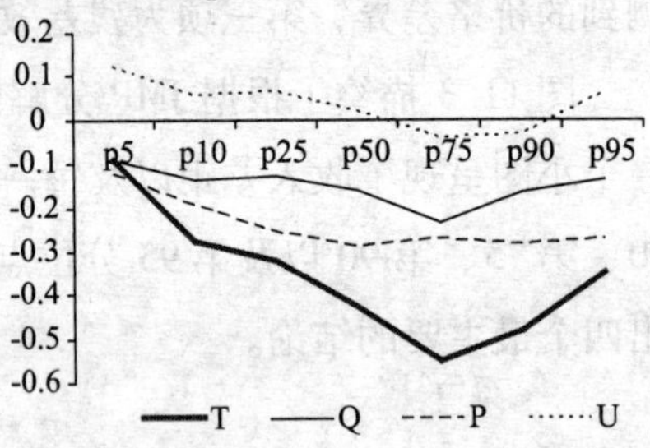

JMP decomposition - SOEs *vs* UCEs, 2007

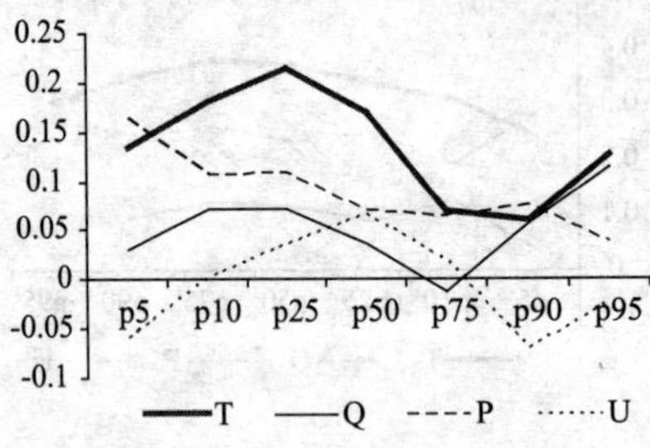

JMP decomposition - GAIs *vs* FIEs, 2007

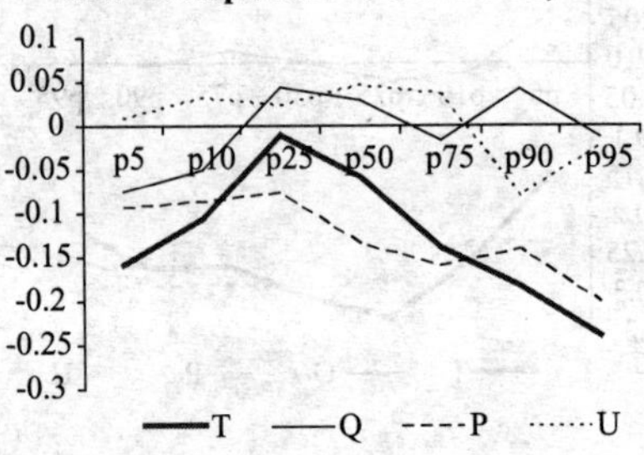

JMP decomposition - UCEs *vs* PIEs, 2007

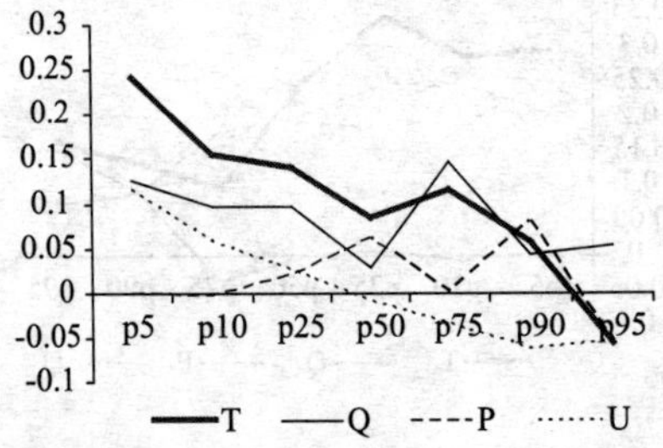

JMP decomposition - SOEs *vs* PIEs, 2007

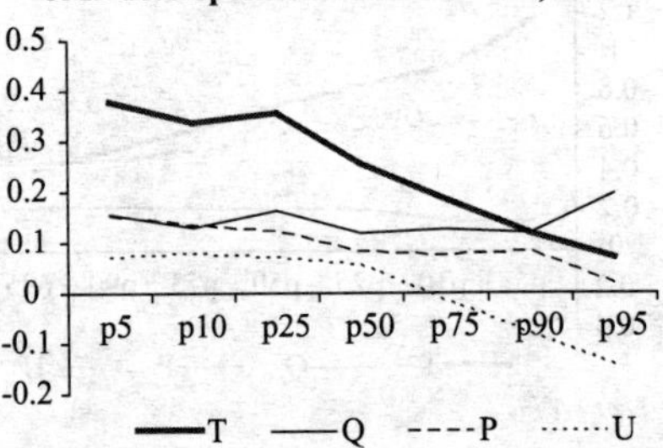

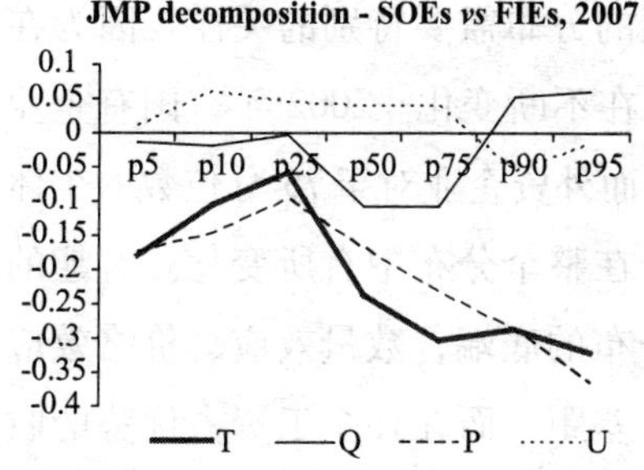

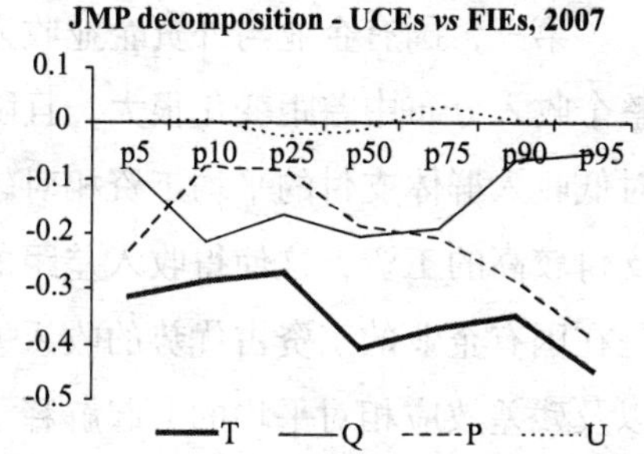

图 11.3　根据 JMP 方法分解不同所有制企业的小时对数工资

注：T 表示总的收入差异，Q 代表数量效应，P 代表价格效应，U 代表残差效应

第一，不同所有制企业收入差距的分布显著不同。通过比较 2002 年和 2007 年其他所有制形式的企业与私营企业的分布（即 SOEs-PIEs、GAIs-PIEs、UCEs-PIEs 和 FIEs-PIES），我们发现收入差距在分布的底端均很显著，而在顶端几乎都消失了。这意味着所观测到的这些所有制形式与私营企业的收入差距主要来自最底层的 5%—10% 的个体，这些个体在私营企业的收入远远低于其他所有制企业。另一方面在 2002 年的数据中集体企业和外资企业收入的差距与此特征完全相反：两类企业的低收入群体的收入几乎没有差距，随着收入的增加，两类企业的收入差距逐渐加大。这种趋势也反映了图 11.2 所体现的特征，在 2002 年外资企业高收入群体的工资远远高于半公有部门的高收入群体。最后，国有企业与集体企业、政府机关与集体企业以及国有企业与政府机关的收入差距在 2002 年相对平缓。这说明在公有和半公有部门收入差距的分布相对均衡，高、低端收入群体的收入差距均不显著。

第二，收入差距的分解再一次肯定了个体的资质只能解释公有和半公有部门收入差距的很小一部分，所有制分割效应（或称为价格效应）仍很显著，且该结论在整个分布都成立。当比较私人部门时，个人特征变得比较重要，可以解释 50% 左右外资企业与集体企业、外资企业与私营企业的收入差距。残差效应（无法观测因素）对于解释收入差距分布的作用不明显，但国有企业与私营企业、政府机关与私营企业以及集体企业与私营企业是个例外。

第三，国有企业与外资企业收入差距的分布需要特别的关注，因为在整个收入分布中差距变化很大，且随时间在不断变化。2002 年，国有企业对低收入群体支付的平均工资相对较高，而外资企业对于 75 分位数的个体支付较高的工资，这使得收入差距的符号在整个分布中有所变化。有趣的是在国有企业的工资占优势的收入差距分布的底端，数量效应、价格效应以及残差效应相对平均的一起解释了收入差距，而在外企工资占优势的收入差距的高端，收入差距则主要由个体特征的差异所致（也就是说外企高端员工的素质好于国企的高端员工）。

第四，如前面所分析的，对于大多数所有制的企业 2002—2007 的收入差距在大幅度减小。收入差距的分布图通过比较分布中的一些不同之处，对各种所有制企业的平均演变过程提供了一个更加完成的画面。我们发现收入差距的减小在收入分布的底端更加明显，所有制分割的趋势也在减弱。特别对于国有企业和政府机关，以及集体企业和政府机关的职工，这说明公有部门低收入群体的工资结构更加和谐。此外，不同所有制企业在不同分位点的分布特征也变化了很多，暗示着在这段时期工资的制定机制发生了很多的变化。就这个方面而言，外资企业显现出非常重要的变化。相对于国有企业和政府机关，外资企业显著提高了其经济地位，在收入差距的分布中，外企员工的工资更有优势，特别是高收入群体，收入差距几乎完全可以用所有制分割效应来解释。这可能反映了外企对高素质员工格外亲睐的招聘政策。非常有意思的是，对于外资企业和国有企业、外资企业和政府机关，收入差距最小的群体在 25 分位数左右，这意味着低于均值收入的个体的工资非常接近。最后，2007 年的图显示所有制分割效应对于解释不同所有制企业的收入差距仍扮演一个非常重要的角色，特别是对于高收入群体。

第五节　结　论

本章分析了2002—2007年间不同所有制企业职工工资差距的发展趋势，并分析了平均工资以及工资分布的差异背后的原因。我们发现虽然在2002年不同所有制企业的收入差距仍相当大，但向2007年过渡的五年间这一差距在逐渐缩减。此外，所观测到的工资收敛的趋势更有利于私人部门和半公有部门。根据JMP分解法所观测到的收入差距分布的结论显示，公有部门收入差距的分布相对均衡，但私营企业与其他所有制企业的收入差距主要来自低收入者。外企相对于公有部门（国有企业和政府机关）的工资收入在2007年的提高，在整个分布区间均很显著，这意味着外企所有的员工均受益于外企相对位置的提高。

Oaxaca-Blinder和JMP分解法均显示随着时间的推移个人特征对于解释工资差异的重要性越来越显著，且不同所有制企业的收入差距呈现递减的趋势。另一方面，市场分割在2007年相对于2002年减弱了许多。我们的结果显示各部门的收入差距呈收敛的趋势，这在以前是从未出现过的。此外，在2002年市场分割更有利于政府机关的情况还十分严重，这种情形随着时间推移正逐渐减弱，但在整个分布递减的速度不同。此外，JMP分解法还显示市场分割对于高收入者仍非常重要，也就是说在收入分布高端的个体相对于低收入者仍受益于一定的市场分割的保护。当然这种保护可能来自政府的政策，也可能来自不同所有制企业对高素质人才的争夺。

（本章作者：杨娟、Sylvie Démurger、李实）

参考文献

陈钊、万广华、陆铭：《行业间不平等：日益重要的城镇收入差距成因——基于回归方程的分解》，《中国社会科学》2010年第3期。

国家统计局（2008）：《中国统计年鉴2008》，中国统计出版社2008年版。

李实、王亚柯：《中国东西部地区企业职工收入差距的实证分析》，《管理世界》2005年第6期。

联合国开发计划署、中国发展研究基金会（2005）：《中国人类发展报告2005：追求公平的人类发展》，中国对外翻译出版公司2005年版。

王小鲁、樊纲：《中国收入差距的走势和影响因素分析》，《经济研究》2005年第10期。

岳希明、李实、史泰丽：《垄断行业高收入问题探讨》，《中国社会科学》2010年第3期。

Adamchick, V. A. and A. S. Bedi (2000), "Wage Differentials between the Public and the Private Sectors: Evidence from an Economy in Transition", *Labour Economics*, 7(2), 203-224.

Blinder, A. S. (1973), "Wage Discrimination: Reduced Form and Structural Estimates", *Journal of Human Resources*, 8(4), 436-55.

Boeri, T. and K. Terell (2002), "Institutional Determinants of Labor Reallocation in Transition", *Journal of Economic Perspectives*, 16(1), 51-76.

Brandt, L. and C. A. Holz (2006), "Spatial Price Differences in China: Estimates and Implications", *Economic Development and Cultural Change*, 55(1), 43-86.

Card, D. (1999), "The causal effect of education on earnings", in O. Ashenfelter and D. Card (eds.), *Handbook of Labor Economics*, North Holland, Amsterdam, Vol. 3, 1801-1863.

Chen, Y., S. Démurger, and M. Fournier (2005), "Earnings Differentials and Ownership Structure in Chinese Enterprises", *Economic Development and Cultural Change*, 53(4), 933-958.

Démurger, S., M. Fournier, S. Li, and Z. Wei (2007a), "Economic Liberalization with Rising Segmentation on China's Urban Labor Market", *Asian Economic Papers*, 5(3), 58-101.

Démurger, S., M. Fournier, and Y. Chen (2007b), "The Evolution of Gender Earnings Gaps and Discrimination in Urban China:1988 - 1995", *The Developing Economies*, 45(1), 97-121.

Dong, X. and P. Bowles (2002), "Segmentation and Discrimination in China's Emerging Industrial Labor Market", *China Economic Review*, 13 (2-3), 170-196.

Falaris, E. M. (2004), "Private and Public Sector Wages in Bulgaria", *Journal of Comparative Economics*, 32(1), 56-72.

Jann, B. (2008), "A Stata Implementation of the Blinder-Oaxaca Decomposition", ETH Zurich Sociology Working Papers 5, ETH Zurich.

Juhn, C, K. Murphy, and B. Pierce (1993), "Wage Inequality and the Rise in Returns to Skill", *Journal of Political Economy*, 101, 410-442.

Knight, J. and L. Song (2005), *Towards a Labour Market in China*, Oxford: Oxford University Press.

Knight, J. and L. Song (2003), "Increasing Urban Wage Inequality in China: Extent, Elements and Evaluation", *Economics of Transition*, 11(4), 597-619.

Lardy N. R. (1998), *China's Unfinished Economic Revolution*, The Brookings Institution.

Li, S. and N. Bai (2005), *China Human Development Report -Development with Equity*, Beijing: UNDP and China Development Research Foundation.

Lokshin M. M. and B. Jovanovic (2003), "Wage Differentials and State Private Sector Employment Choice in Yugoslavia", *Economics of Transition*, 11(3), 463-491.

Maurer-Fazio, M., T. Rawski, and W. Zhang (1999), "Inequality in the Rewards for Holding up Half the Sky: Gender Wage Gaps in China's Urban Labor Market, 1988 - 1994", *China Journal*, 41, 55-88.

Meng, X. and J. Zhang (2001), "The Two-tier Labor Market in Urban China-Occupational Segregation and Wage Differentials between Urban Residents and Rural Migrants in Shanghai", *Journal of Comparative Economics*, 29 (3), 485-504.

Mincer, J. (1974), *Schooling, experience, and earnings*, New York: National

Bureau of Economic Research.

Neumark, D. (1988), "Employers' Discriminatory Behavior and the Estimation of Wage Discrimination", *The Journal of Human Resources*, 23, 279-295.

Oaxaca, R. L. (1973), "Male-Female Wage Differentials in Urban Labor Markets", *International Economic Review*, 14(3), 693-709.

Song, J. and S. Li, (2010), "Changes in Gender Wage Gap in Urban China during 1995 - 2007", conference paper for the inequality workshop, BNU, China.

Xing, C. (2008), "Human Capital and Wage Determination in Different Ownerships, 1989 - 97", in Wan Guanghua (ed.), *Understanding Inequality and Poverty in China: Methods and Applications*, Palgrave Macmillan.

Zhao, Y. (2002), "Earnings Differentials between State and Non-state Enterprises in Urban China", *Pacific Economic Review*, 7(1), 181-197.

第十二章　我国个人所得税的居民收入分配效应①

第一节　引　言

税收既可以降低收入不均等，也可以加大收入不均等，这要取决于税制的类型和税率的大小。一般来说，个人所得税可以改善收入分配，② 而流转税会使其恶化。原因在于，前者按收入征税，税率一般随着收入上升而增加，而后者则是按消费征税，税率通常是比率税率。③ 因此，流转税占整个税收收入比重较大而个人所得税所占比重较低的税制对居民收入分配是不利的，这恰恰是我国的现实。

累进税是指税率随着收入的增加而上升的税种，个人所得税是典型的累进税。本章的后面将会看到，个人所得税的收入再分配效应取决于两个因素：税收的累进性和平均税率。在保持累进性不变的前提下，提高平均税率可以增加个税对居民收入分配的调节作用，反之亦然。可以预测，我国个人所得税对居民收入不平等具有缩小功能。原因在于，我国居民收入主要构成（如工资性收入）的法定税率都是累进的。但是个人所得税对居

---

① 我们感谢 Terry Sicular 的有益评论，文责自负。

② 本章有时把个人所得税简称为个税。

③ 一般地说，收入中用于消费的比率随收入的增长而下降，因此按消费课税会使纳税额与收入的比率（或者说税率）会随收入的上升而下降，而这种税率则称为累退税率。

民收入分配的影响究竟有多大?这一点并不清楚。原因在于除了税率的累进性之外，税率的高低是左右税收的收入再分配效应大小的另一主要因素。如果我国个人所得税的平均有效税率较低，那么即使个税有利于居民收入不平等的改善，其效果也会很弱。本章的分析证实了这一点。

本章所使用的城镇居民住户调查数据包括每个人个税纳税额信息。然而，经过仔细分析并结合相关信息检验之后发现，城镇住户调查中有关个税的信息严重地低估了城镇居民的实际税收负担。税收负担的低估，实际上是低估了平均有效税率。在其他情况一定的条件下，税率的低估会直接导致个人所得税收入再分配效果的低估。不仅如此，住户调查数据中个税的纳税额低估如果存在一定的规律性，那么根据该信息估计的个税累进性也将存在偏差。具体地说，如果个税纳税额的低估程度，低收入人群较高收入人群严重的话，那么个税的累进性会被高估，反之则会被低估。由于住户调查数据中个税纳税额低估的规律性不清楚，我们也就不能发现该数据对个税收入分配效应进行评价时所出现的偏差。由此可见，纠正住户调查数据中个税纳税额偏差对于评价个税的居民收入分配效应是非常重要的。在纠正住户调查数据中个人所得税漏报和低报问题上，本章的做法是，首先根据税率表和住户调查数据中个人收入构成信息，估计了每个人的个税应纳税额，然后使用这一估算值计算了 MT 指数，由此评价个税的居民收入再分配效应。

本章后续结构为：第二节以中国整个税制为背景介绍个人所得税。第三节首先介绍本章用来测量个人所得税收入分配效应的指标，然后仔细讨论城镇住户调查数据对个税纳税额的低估，最后介绍本章对个税纳税额低估的校正办法。第四节使用个税应纳税额的估计值计算 MT 指数，并对其进行分解，由此评价我国个人所得税的居民收入分配效应。第五节给出本章的结论。

第二节　我国税制中的个人所得税

我国现行税制是1994年分税制改革时建立起来的，其最大特点是间接税在整个税收收入中占主导地位。表12.1给出了1994年分税制改革之后的几个年份主要税种占税收收入总额的比重。增值税是对第一、二产业以及第三产业中的批发零售、修理修配业课征的税负，其在税收收入总额中的比重最大，1995高达44%。之后虽有下降趋势，但2007年依然接近税收总额的三分之一。营业税在行业部门上与增值税处于补充的位置，第三产业中除了上面提到的属于增值税征税范围的批发零售、修理修配业之外，均属于营业税的征收范围（政府部门属于非税部门）。营业税为流转税，以销售总额为征税对象，由此导致重复征税。根据表12.1可知，营业税在全部税收收入中占比位居第三，基本稳定在13%以上。消费税实际上是货物税，是对特定商品的征税，应税商品包括烟、酒精、珠宝、摩托车、小汽车等。海关代征进口货物增值税和消费税占税收收入总额的比重，1995年为6.6%，2000年之后维持在12%左右。

表12.1　几个年份主要税种占税收收入总额比重

单位:%

税种	1995年	2000年	2005年	2007年
增值税	44.4	36.9	34.7	31.6
消费税	9.3	6.8	5.3	4.5
海关代征进口货物增值税和消费税	6.6	11.8	13.7	12.4
营业税	14.6	14.9	13.7	13.3
企业所得税	13.8	14.0	17.9	19.6
个人所得税	2.2	5.2	6.8	6.4
其他	9.1	10.4	8.0	12.2
总税收	100.0	100.0	100.0	100.0

上述主要间接税合计占税收收入总额的比重，1995 年高达 75%，之后虽有下降趋势，但在 2007 年仍然在 60% 以上。除海关代征进口货物增值税和消费税之外，上述三个主要税种占全部税收收入的比重在 1996 年超过 68%，2007 年仍然接近 50%。

像其他国家一样，中国有两种所得税：企业所得税和个人所得税。表 12.1 显示，企业所得税在税收收入中的比重呈现上升的趋势，最近几年接近 20%。在税收归宿的文献中，企业所得税的转嫁是不确定的，其对居民收入分配的影响也是很难预测的。企业可以通过提高自身产品价格将税负转嫁给购买了其产品和服务的消费者身上，也可能通过降低工人工资的方式将税负转嫁给工人。如果这些转嫁都不成功，或者不能完全成功，剩余的税收负担就落到了纳税企业的所有者身上。如果企业可以将全部或部分所得税转嫁给消费者或者工人，与完全不能转嫁相比，企业所得税的累进性将会减弱，或者变成累退性税收。

与企业所得税不同，相关文献对个人所得税的税收归宿已有共识。那就是个人所得税完全由纳税人负担，税收负担不能转嫁。[①] 个人所得税的法定税率通常是累进的，也就是税率随应税所得的增加而提高，由此个税的平均有效税率是随个人的收入增加而上升的，因此为累进税率。目前中国个人所得税实施分项课征模式（相反的是综合课征模式），纳税人的收入来源不同，免征额、扣除标准和内容、税率等也不同，每个纳税人的个税负担由各项收入缴税额的加总确定。个人所得税对居民收入分配的影响方向，或者说它是否有利于居民收入分配的改善，取决个税是累进的还是累退的。如果是前者，个税将缩小居民收入不平等。但是，在多大程度上能够缩小居民收入差距，则取决于纳税人全体的平均有效税率。下一节方法讨论中将明确这一点。表 12.1 显示，个人所得税占税收收入的比重近年来维持在 6% 以上，低于上述主要间接税（除消费税之外）以及企业所得税。不仅如此，个人所得税与城镇居民收入之比（也就是个人所得税平均有效税率）也很低，这一点是限制我国个人所得税充分发挥调节居民收入

① 有特殊技能的工人可能和雇主交涉（个人所得税）税后工资，另外谈判能力较强的工会在工资谈判中会降低会员的个人所得税税收负担，这些因素会影响个人所得税的税收归宿。

差距作用的主要因素。本章的目标就在于明确这一点。

以间接税为主的我国现行税制对居民收入分配具有非常重要的含义。间接税是对居民消费支出征收的税。由于低收入人群收入中用于生活消费支出的比重较高收入人群要高，平均有效税率与收入之间将存在负的相关关系，即收入越低，税率越高，税收负担越重，这也是间接税累退性的来源。Fukao 等（2010）使用传统税收归宿研究方法估计了我国整体税制的居民收入分配效应。估计结果显示，个人所得税和企业所得税是累进的，而间接税是累退的。由于直接税占整个税收收入比重较低，尚不足以抵消间接税的累退性，因此我国整体税制是累退性的。

第三节　方法和数据

本章的目的在于评价我国个人所得税的居民收入分配效应，包括个税对居民收入差距的作用方向和影响程度。为了实现这一目标，我们需要相应的衡量指标。在测量税收再分配效应时最常用指标是由 Musgrave 和 Thin（1949）提出的指数，该指数通常称为 MT 指数，其定义为税前基尼系数减去税后基尼系数，用公式表示如下：

$$MT = G - G^* \tag{12.1}$$

这里，G 和 G^* 分别表示税前和税后的基尼系数。如果 MT 指数是正数，说明税后基尼系数会小于税前基尼系数，税收降低收入分配不平等。其数值越大，税收降低收入不平等的程度也就越大。相反，如果 MT 指数是负数，说明税后基尼系数会大于税前基尼系数，税收扩大了收入差距。

税收累进性（或累退性）是研究税收的收入分配效应时最重要概念之一，它决定着税收对收入不平等的作用方向和程度，因此有必要对其进行准确的定义。如果一个税种的税率随收入变化保持不变的话，那么该税种被称为比例税。与此不同，如果其税率随着收入的上升而上升（下降）的话，那么它被称为累进（累退）税。关于衡量税收累进性或者累退性的尺度，最常见的是由 Kakwani（1977）提出的 P 指数，P 指数等于税收集中率减去税前收入的基尼系数，用公式表示为：

$$P = C - G \tag{12.2}$$

公式中的 P 表示 P 指数的值，C 表示税收（收入）的集中率。简单地说，税收集中率是相对收入而言，税收负担在个人之间分布的衡量指标。具体地税，当税收集中率与税前收入基尼系数相等时（也就是 P 指数为 0 时），税收负担与收入在个人之间的分布是完全相同的，即每个人在税收收入总额中的比重等于他在收入总额中的比重，此时的税收为比例税。如果税收集中率大于税前收入基尼系数（也就是 P 指数是正值），税收负担的分布则偏重于高收入人群，高收入人群在税收总额中的比重较其在收入总额中的比重高，或者说高收入人群的税率高于低收入人群，这样的税种为累进性税。P 指数的值越大，税收的累进程度也越强。同理可以定义累退性税收。

MT 指数曾经被用作税收的累进性和累退性的衡量指标，但 Kakwani（1977）指出，衡量税收再分配效应的 MT 指数与衡量税收累进性的 P 指数虽有密切的联系，但是二者从根本上是不同的。MT 指数是衡量税收的收入再分配效应指标，而 P 指数则是衡量税收是否累进，以及累进程度的指数。Kakwani（1984）通过 MT 指数的分解，第一次建立了税收再分配效应的 MT 指数和税收累进性的 P 指数之间的联系，用公式表示如下：

$$MT = (C_d - G^*) + \frac{tP}{1 - t} \tag{12.3}$$

公式中的 C_d 表示税后收入的集中率，t 是平均有效税率。（12.3）式右边的两项实际上与税收的两个公平性原则有关，即横向公平和纵向公平。从理论上讲，税收横向公平原则要求同样的人在纳税上要受到同样待遇。这里同样的人是指纳税能力相同的人，而纳税能力一般是用收入水平来衡量的。换句话说，横向公平原则要求相同收入的人承担的税负也应当相等。从以往文献看，横向公平的实证研究较理论研究更复杂，更缺少共识。税收的横向公平原则是否得以实现？横向公平原则如果被违背的话，即出现横向不公平。横向不公平究竟有多大？应当如何测量？税收的横向（不）公平与税收的收入再分配效应之间的关系如何？这是以往研究试图回答的问题。以往文献通常利用个人按税前收入排序和按税后收入排序之间的变化来衡量横向不公平是否存在以及程度如何。根据 Feldstein（1976）的建议，Rosen（1978）通过计算税前个人效用与税后个人效用的秩相关系数，估计了美国联邦所得税（federal income tax）和工薪税（payroll tax）按横向公平原则的偏离程度，也就是横向不公平。Rosen 分析的一个缺点是没有把横向不公平的衡量指标与税收的收入再分配效应衡量指标（如 MT 指数）联系起来，因此无法考察税收的横向不公平对税收的收入再分配效应的影响。Atkinson（1980）使用了税后收入的集中率和基尼系数考察了个人排序变化后税制对收入差距的影响，但是并没有提出一个横向不公平的测量指标。Plotnick（1981）使用了与前面的（12.3）式右边第一项类似的指数来衡量横向不公平，但是仍然没有建立横向不公平指标与税收的收入分配效应尺度之间的联系。Kakwani（1984）提出了 MT 指数分解公式（见（12.3）式），第一次建立了税收的横向不公平尺度及其收入再分配效应尺度之间的联系。

（12.3）式右边第 1 项即税收横向不公平的测量指标，它等于税后收入（按税前收入排序计算的）集中率（ C_d ）以及税后收入（按其自身排序计算的）基尼系数（ G^* ）的差值。很显然，每个人按税前和按税收收入的排序都相同的话，C_d 等于 G^* ，也就是横向不公平指标的测度值为 0。由 Kakwani（1980）、Atkinson（1980）和 Plotnick（1981）的证明可知，与税前收入排序相比，个人的按税后收入排序如果发生变化的话，税后收入集中率一定小于税后收入基尼系数，也就是 $C_d < G^*$ ），或者说 $C_d - G^* < 0$。也就是说，作为横向不公平衡量指标的 $C_d - G^*$ ，其最大值为 0，而且只有在横向公平原则得以实现时取最大值，否则取负值。从（12.3）式不难看出，在该式右边第 2 项（税收纵向公平的衡量指标，参见下文）给定的条件下，如果税收破坏横向公平原则，$C_d - G^*$ 则为负，MT 的值也会变小，而 MT 的值变小，则意味着税收的收入再分配效应减弱。

与（12.3）式右边第 1 项不同，右边第 2 项是税收通过发挥纵向公平原则对居民收入不平等发挥作用的衡量指标，它由税收累进性（或累退性）指标和税率两项组成。该项至少包含以下两个重要含义：第一，税收的累进性（或累退性）决定着税收通过纵向公平原则对收入分配不平等的作用方向。税率一项的值一定大于或等于零，而累进性指标可以任意值。也就是说，税收通过纵向公平原则对收入分配的作用方向，完全取决于税收是累进的还是累退的，也就是 P 指数的取值。如果税收是累进的，也就是 P 指数取正数，意味着税收满足纵向公平原则，其对收入不平等的作用是积极的，会降低居民收入差距。相反，如果税收是累退的（收入越低，税率越高），也就是 P 指数取负值，这意味税收违背了纵向公平原则（产生了纵向不公平），因此其对收入不平等的作用是负面的，会加剧收入分配不平等。如果 P 指数等于 0，税收为比例税，这意味着税收通过纵向公平原则对收入分配没有起到任何作用。现实中，（12.3）式右面第 1 项横向（不）公平指标的取值十分接近 0，[①] 因此 P 指数的符号直接决定税收对收入分配不平等的作用方向。

（12.3）式右面第 2 项所拥有的第二个重要含义是，在税收横向（不）公平一定的条件下，税收的收入再分配效应大小不仅取决于税收的累进（退）性程度，同时受税率高低的影响，在发挥税收收入再分配效应上，二者缺一不可。税收累进性的强弱和税率的高低在一定程度上是独立的。具体地说，在保持平均税率不变的条件下，可以改变税收的累进（退）性。同样，在保持税收累进（退）性不变的同时，可以提高或降低平均税率。举例说，在保持税收收入不变的条件下，降低低收入人群税负的同时增加高收入人群的税负，可以增强税收的累进性。同样，所有纳税人的纳税额增加一倍，税收的累进（退）虽然保持不变，但是平均税率也随之增加一倍。由于平均税率高低和税收累进（退）性强弱同时影响收入再分配效应，为了充分发挥个人所得税对居民收入分配不平等的调节作用，单靠加强税收累进性是不够的。在平均税率较低的情况下，依靠增强税收的累进性来加强税收对居民收入调节效应是有局限性的。我国 9 月 1 日开始实施的新税制已经遭遇了这一局限性。[②]

接下来我们讨论本章使用的数据。本章的数据来自于国家统计局的住

---

① 参见本章下一节对我国的实证分析结果。

② 相关讨论见本章下一节。

户调查。目前我国个人所得税主要对城镇居民征收，因此本章仅使用了城镇住户调查数据，样本量为10000户。数据提供了个人的总收入及其构成信息，同时包括个人缴纳的个人所得税额信息。我国个人所得税是分项征收的，即纳税人按照其收入来源不同分别缴纳个人所得税。在我们数据里，缴税额信息没有按照收入构成分项列出，而是仅仅提供了纳税人个税的缴纳总额。通过仔细观察和与其他相关数据的交叉检验，我们发现住户调查数据严重地低估了个人所得税的纳税额。我们有两个证据证明这一点：

其一，国家税务总局（以下简称国税局）每年分税种公布全国税收收入总额，其中包括个人所得税收入。作为税收统计，该统计较其他数据来源要准确、可靠。根据住户调查和国税局的个人所得税信息分别计算的个人所得税平均税率显示在表12.2中。根据国税局税收收入统计的计算结果是，个人所得税平均税率在2002年是2.95%，2007年是3.60%。而根据我们住户调查数据的计算结果则分别是0.33%和0.85%，远远低于根据国税局个人所得税统计的计算结果。这一点验证了住户调查对个人所得税缴纳额的低估。

表12.2　住户调查与国家税务总局统计的个人所得税平均税率对比

个人所得税的数据来源	2002年	2007年
本章使用的10000户住户样本	0.33[a]	0.85[a]
国家税务总局	2.95[b]	3.60[b]

注：a等于每户个人所得税加总除以每户家庭总收入加总，再乘以100。

b等于国税局个人所得税收入总额除以全国城镇居民家庭总收入，再乘以100。全国城镇居民家庭总收入等于人均家庭总收入乘以城镇人口。

其二，根据我国个人所得税法对各项收入的扣除以及税率的规定，以及住户调查中个人分项收入的信息，可以计算每个人的应纳税额。把它与住户调查中的个人所得税信息相比，即可知道住户调查是否漏报了个人所得税。[①] 这里我们就工资薪金收入和经营性收入两种收入考察这一点。根

① 两种情况导致应纳税额不为零，但住户调查没有报告个人所得税：漏报和逃税，相关讨论见以下正文。

据中国个人所得税法规定，2002 年月工资薪金收入超过 800 元（该年工资薪金收入扣除额）的人必须缴纳个税。在我们样本中，2002 年月平均工资收入超过 800 元的有 5137 人，其中的 3319 人没有报告个人所得税纳税额（或者个人所得税纳税额为 0），占 64.6%。这个比例是相当高的。在没有报告个人所得税的个人样本中，工资收入较低人群的漏报比率较工资收入较高人群可能更严重，因为前者缴纳的税额较小，因此更容易忽视。为了验证这一推测是否成立，我们根据应税收入分组后观察了个人所得税漏报情况，结果显示在表 12.3 中。表 12.3 的数字证实了我们的推测。在 2002 年，应税收入不为 0 但未报告个税缴纳额的比例随着收入的增加明显降低，最低组为 84.7%，而最高组则为 46.2%。

与 2002 年相比，2007 年的情形没有很大的变化。略有不同的是，未报告个税的个人比例在整体以及各收入组均有所降低。这也许反映了中国个人所得税征管工作的改善。

表 12.3　工资性收入者中未报告个人所得税的比重

分组		平均应税收入（元/月）	样本数（人）	是否报告个税的比重（%）		
				否	是	合计
2002	1	70	1029	84.7	15.3	100
	2	215	1026	75.0	25.0	100
	3	389	1028	63.3	36.7	100
	4	657	1028	54.0	46.0	100
	5	1551	1026	46.2	53.8	100
	合计	576	5137	64.6	35.4	100
2007	1	143	1345	79.3	20.7	100
	2	461	1325	67.7	32.3	100
	3	894	1334	49.6	50.4	100
	4	1623	1335	37.6	62.4	100
	5	3938	1334	28.0	72.0	100
	合计	1411	6673	52.5	47.5	100

注：平均应税收入是月平均工资薪金总收入减去免征额，2002 年的免征额为 800 元，2007 年为 1600 元。分组是按照月平均工资性收入排序得到的。

住户调查中个税漏报同样发生在了获得营业性收入的个人身上。按照个人所得税法，个人必须为其得到的净经营收入缴纳个人所得税。表 12.4 给出了按净经营收入分组的税收漏报信息。从表 12.4 可以看出，2002 年有 715 人得到了净营业收入，其中只有 5.0% 的人报告缴纳了个税，这个数字在 2007 年为 11.6%，表明了税收征管工作的改善。2002 年和 2007 年未报告个税的比重在最低组和最高组都比较低，而在中间组很高。比较表 12.3 和表 12.4 可知，经营性收入者中报告个税的比重较工资收入者要低很多。

表 12.4　经营性收入者中未报告个税的比重

分组		平均应税收入（元/年）	观测数量（人）	是否报告个税的比例（%）		
				否	是	总
2002	1	1153	145	95.9	4.1	100
	2	3548	141	100.0	0.0	100
	3	5691	143	96.5	3.5	100
	4	8902	143	93.7	6.3	100
	5	19539	143	88.8	11.2	100
	合计	7760	715	95.0	5.0	100
2007	1	1821	352	78.7	21.3	100
	2	6438	334	89.5	10.5	100
	3	12119	342	93.0	7.0	100
	4	20837	343	93.3	6.7	100
	5	59227	342	88.0	12.0	100
	合计	20046	1713	88.4	11.6	100

以上把应纳税额不为 0，而没有报告个税缴纳额的情况归结为漏报。当然除了漏报之外，逃税也可以导致同样的情况。在此的问题是漏报和逃税各占多大比重，相对重要性如何。回答这一问题并不容易。但是有一点可以肯定，那就是逃税不是导致个人应纳税额不为 0 但没有报告个税缴纳额的唯一原因。如果没有住户调查中个税信息漏报的话，根据住户调查数

据计算的全国平均个人所得税税率与根据国税局的税收统计的计算结果应当十分接近。但是，如前所述，二者之间差距很大。

关于住户调查中个税信息存在的问题最后应当提及的是，除了漏报之外，低报也可能是导致基于住户数据计算的平均个人所得税率较低的原因。但是，住户调查中的个人信息没有按收入分项，而只有个税总额，因此无法验证低报的程度。

城镇住户调查中个人所得税信息存在的漏报和低报问题，给评价个税的收入再分配效应带来了极大的障碍，它将从以下几个途径影响个税收入再分配效应的估计。其一，个人所得税纳税额的漏报和低报直接导致个税平均有效税率的低估。由上一节的公式（12.3）可知，平均有效税率是左右税收的收入再分配效应大小的主要因素之一，如果直接使用住户调查中的个人所得税信息，税收的收入再分配效应不可避免地被低估。其二，从本节前文的讨论可知，工资收入者的纳税漏报比重，有随工资收入上升而下降的趋势。由于工资收入占收入总额的比重较高，这一趋势会高估整个税收的累进性，由此高估税收的收入再分配效应。最后，纳税额的漏报和低报有可能改变个人样本税前与税后收入排序，因此导致横向不公平的估计结果，也就是公式（12.3）右边第一项会出现偏差。

为了准确可靠地估计中国个人所得税的收入再分配效应，上述住户调查中个税信息存在的问题必须得到纠正。对此本章的解决方法是，首先根据个人所得税税率表计算每个人的应纳税额，然后使用应纳税额估计 MT 指数及其分解。使用应纳税额实际上假定没有偷漏税现象，这显然不完全符合现实。即使如此，我们认为应纳税额较住户调查中报告的个税信息更可取，更能准确地估计我国个人所得税的收入再分配效应。使用应纳税额有其优势，它能给出一个个人所得税法得到完全执行条件下个人所得税收入再分配效应的估计值。

众所周知，我国目前个人所得税实行分项征收，针对不同的收入来源，个人所得税法规定的扣除和税率也不同。在这种情况下，为了准确地计算每个人的应纳税额，住户调查提供的收入信息与个人所得税法（以下简称为税法）中的分项收入在收入分类、收入定义以及计算收入的时间长短等方面应当基本保持一致，否则很难得到令人可以接受的应纳税额估计值。下面我们就这些问题进行仔细的讨论。

住户调查数据中收入的分类方法，以及每项收入的定义与我国个人所得税法的分项收入基本一致。住户调查中个人总收入首先划分为四大类：工资性收入、经营性收入、财产性收入以及转移性收入。第一大类的工资性收入进一步划分为两项：工资及补贴收入、其他劳动收入。其中前者与个人所得税法中工资薪金所得大致可以对应。从住户调查的指标解释上可以看出，工资性收入的另一部分，即其他劳动收入与税法中的劳务报酬所得和稿酬所得基本对应。由于税法中劳务报酬所得和稿酬所得的扣除和税率完全完全一致，因此尽管住户调查中没有区分劳务报酬所得和稿酬所得，对这两项所得应纳税额的估计并不因此受到影响。住户调查中的经营性所得与税法中的个体工商户的生产、经营所得基本可以对应，而且两者对经营性收入的定义都使用了纯收入的概念，即总收入减去成本。财产性收入在税法中被分为了四部分：（1）特许权使用费所得；（2）利息、股息和红利；（3）财产租赁收入；（4）财产出售收入。这四类收入在我们的住户调查数据中均有独立的收入项目与之对应。

尽管在收入分类上住户调查数据和税法之间能够基本保持一致，但是在收入的计算时间上二者之间存在较大的差距，而这种差异直接影响应纳税额的估计，下面我们详细讨论这一点。住户调查中收入的报告时间为年，也就是个人在一年（本章考察的年份为2002年和2007年）内的收入总额，换句话说是他们在一年内每月或者每次赚得收入的总额。但按税法的规定，除了个体工商户的生产、经营所得（住户调查中的经营性收入）之外，其他所有分项收入都不是按年收入课征个人所得税的。按着我国个人所得税法规定，工资薪金所得按月（收入）缴纳个人所得税，也就是说，纳税人在每月领取工资时，对其中超出免征额（2002年800元，2007年1600元）的应税所得，按收入级次纳税。与工资薪金所得不同，劳务报酬所得、稿酬所得、所有的财产性收入（包括特许权使用费所得、利息、股息、红利所得财产租赁所得、财产转让所得），以及偶然所得等，现行税法规定按“次”缴纳个人所得税，也就是纳税人在每次收到这些收入，按税法规定减掉扣除额后缴纳个人所得税。因此，根据住户调查的收入数据计算个人应纳税额，必须把住户调查中年收入转化成月收入或者每次的收入。对此我们的做法如下：在计算工资薪金应纳税额时我们使用了月平均收入，也就是将住户调查中的年工资收入除以12，得到月平均收入。使用工资收入的月平均值（而不是每月实际得到的工资收入）会低估这部分收入的税收负担。原因是月收入将高估了每月免征额，并降低了工资收入中适用高边际税率的部分。下面通过一个例子来说明这一点。假设一个纳税人在2007年只工作了两个月，共取得6000元工资收入，第一个月1000元，第二个月5000元。根据个人所得税法规定，该纳税人应税总额为385元。税收在两个月之间的分配为，第一个月0元，第二个月385元。如果我们按其月平均收入计算应纳税额时，其应税总额将是230元，每个月115元。由此看见，按平均月收入计算的税负要低于按每月实际收入计算的应纳税额。一般来说，按平均月收入计算应纳税额所导致估计误差的大小，取决于纳税人收入在一年各月份之间的变动幅度，变动幅度越大，估计误差也越大，反之越小。①

关于按“次”缴纳个人所得税的分项收入，根据商业惯例等相关信息，我们就个人接受这些收入的次数做了以下的假定。房屋出租是个人所得税法中财产租赁收入的主要部分，房屋出租通常是按月进行的，因此我们假定个人一年内取得财产租赁收入的次数为12次。关于利息所得的支付频率，我国银行的现行做法是，活期存款利息按季度支付，定期存款利率在存款到期时一次性支付。关于股息、红利所得的支付，在我国，公司通常一年最多支付一次红利（大部分公司很多年都不支付红利），只有极少数情况一年支付两次。因此，我们把个人在一年内接受利息、股息、红利所得的次数假定为一年1次。关于劳务所得、稿酬所得、特许权使用费所得、财产转让所得和偶然所得，由于缺少必要的信息，我们假定个人接受这些收入的次数为一年12次，也就是每月1次。假定每年12次的根据在于：首先，月是会计上重要的核算周期；其次，按照现行税法的规定，在接受的收入总额一定的条件下，纳税人可以通过增多接受收入次数来提高免征额，以此降低纳税负担。因此纳税人有增加接受收入次数的动机。为了检验以上关于接受各项收入次数假定对估计结果的影响，除了财产租赁

① 月收入在免征额之下的变动不影响应纳税额的估计，此时的应纳税额为0。

所得以及利息、股息、红利所得之外，我们用每年1次取代每月1次的假定后重新进行了估计。① 另外，上述关于接受各项收入的“次”数，会因人而异，但是由于缺少必要的信息，我们只能忽略这一点。关于次数的假定，在绝大多数情况下仅仅影响扣除，而不影响使用的税率。因为除劳务报酬所得之外，其他应税所得的税率均为20%。②

关于个体工商户的生产、经营所得，税法规定按年收入征税，这一点与住户调查该项收入的报告时间一致，因此该项收入应纳税额的估计，较其他分项收入要准确。

第四节　我国个人所得税收入再分配效应的估计

本节使用上一节得到的应纳税所得额估计我国个人所得税的居民收入再分配效应。在此我们考察的样本对象为全部家庭成员，而不仅仅是有工作的家庭从业成员。

在给出MT指数及其分解结果之前，表12.5中首先显示了按人均税前收入十等分组的平均有效税率。从表12.5可以看出，除极个别情况外，平均税率随收入的上升而上升的，这表明个人所得税是累进的。这一点并不奇怪，因为工资收入等个人总收入中主要收入构成的法定税率均为累进性税率，边际税率随收入层级上升而提高。2002年十等分组最高组的平均税率为最低组的7倍多，2007年上升到8.6倍以上，这说明我国个人所得税的累进性在此期间有所增强。

值得注意的是，平均税率并未随等分组的上升而严格地上升。2002年第三组比第二组要低一些，2007年第二组比第一组低了很多。这可能主要因为不同收入的税负不同，以及不同等分组在收入构成上的差异造成的。

① 估计结果见本章下一节。

② 劳务报酬所得实行超额累进税率，税率同工资薪金收入，只是免征额有所不同。

从我们的计算可知，财产性收入和经营性收入的税收负担比其他收入来源（例如工资薪金收入）要高。以2007年为例，财产性收入的平均有效税率为21.3%，经营性收入的税收负担是18.5%，而工资薪金收入只有3.4%。[①] 与此同时，不同等分组的收入构成有明显的差别。2007年十等分组最低一组经营性收入总收入比重为10.5%，而在次低组则为7.1%。财产性收入相应的比重分别为0.41%和0.31%。因此，2007年十等分组最低组的平均有效税率超过次低组的现象，是由于前者的高税负收入构成占总收入的比重高于后者所致。

表12.5　十等分组个人所得税平均有效税率

十等分组	平均有效税率（%）		相对税率（最低一组=1）	
	2002年	2007年	2002年	2007年
1	0.60	0.98	1.00	1.00
2	0.71	0.85	1.18	0.87
3	0.70	1.10	1.16	1.13
4	0.77	1.37	1.29	1.40
5	0.86	1.51	1.43	1.54
6	1.21	1.94	2.02	1.98
7	1.40	2.34	2.34	2.39
8	1.53	3.02	2.56	3.09
9	2.34	4.14	3.91	4.24
10	4.25	8.42	7.1	8.61
总样本	2.06	3.97	3.44	4.06

下面报告MT指数的估计值及其分解结果，见表12.6。从表12.6可以看出，无论2002年还是2007年，人均税后收入的基尼系数低于税前收入的基尼系数。MT指数为正数，表明我国个人所得税对居民收入不平等缓解起到了积极的作用。作为税收累进（退）性指标的P指数为正数，表明

① 某项收入的平均有效税率等于该项收入的应税总额除以该项收入总额，再乘以100。

我国个人所得税是累进的。这种累进性是 MT 指数为正数的必要条件。表 12.5 显示，平均有效税率随收入等分组的上升而上升，而且上升的幅度 2007 年较 2002 年要大。从这一点来看，表 12.6 中 P 指数两年均为正数，而且 2007 年大于 2002 年的结果就不足为奇了。

表 12.6 传递的另外一个最重要的信息是，MT 指数的取值虽为正数，但数值非常小，2002 年为 0.0064%，2007 年有所上升，但也只有 0.0132%。这说明，我国个人所得税虽然降低了居民收入分配的不平等，但是作用十分不显著，甚至可以忽略不计。

表 12.6　MT 指数和 Kakwani 指数

	2002 年	2007 年
税前基尼系数（G）	0.3212	0.3459
税后基尼系数（G^*）	0.3148	0.3327
MT 指数（MT）	0.0064	0.0132
税收集中率（C）	0.6330	0.6791
Kakwani 指数（P）	0.3117	0.3333

把 MT 指数分解为横向公平效应和纵向公平效应，能够提供我国个人所得税的收入再分配效应为何不显著的信息。分解结果显示在表 12.7 中。从表 12.7 可以看出，测量横向公平的指标取负值，2002 年为 -0.0002，2007 年为 -0.0006，这意味着我国个人所得税改变了个人税前收入排序，违背了横向公平原则，导致了横向不公平。但从数值上看，程度并不是太大。导致横向不公平的原因在于不同收入来源的税收负担也不同，这一点在本节的一开始已经讨论过。

表 12.7　MT 指数的分解

	2002	2007
MT 指数（MT）	0.0064	0.0132
横向公平（$C_d - G^*$）	-0.0002	-0.0006
纵向公平（$=p \cdot t/(1-t)$）	0.0066	0.0138

横向公平指标为负，但取值很小，表明 *MT* 指数与纵向公平效应的测量值很接近。换句话说，中国个人所得税的收入再分配效应程度，主要取决于纵向公平效应的大小。如上一节的讨论所示，税收的纵向公平效应由两部分构成：由 *P* 指数衡量的税收累进（退）性以及由 *t* 表示的平均有效税率。通过比较 *P* 指数值（见表 12.6）、平均有效税率（见表 12.5）以及税收的纵向公平效应指标（见表 12.7）可知，*MT* 指数的估计值较小，也就是个人所得税的收入再分配效应不明显的主要原因是平均有效税率过低。

如上一节所述，我国现行所得税法对一些分项收入按“次”课征个人所得税，即纳税人在每次收到这些收入时，都要按规定的扣除和税率进行纳税。在我们使用的数据中，收入均为年收入，计算这些分项收入的应纳税额需要对个人在一年里接受这些收入的“次”数进行假定。以上计算使用的“次”数假定是除利息、股息、红利所得（每年 1 次）之外，其他所有分项收入均为每年 12 次，也就是每月 1 次。为了检验“次”数假定对个人所得税的收入再分配效应估计值的影响，我们采取不同假设之后又重新进行了估算。这次我们假定是，除利息、股息、红利所得（每年 1 次）和财产租赁所得（每月 1 次）之外的所有分项收入均为每年 1 次。[①] 重新估算的结果显示，表 12.5 至表 12.7 的估计结果变化不大。[②] 例如，MT 指数在 2002 年由表 12.6 的 0.0064 变为 0.0061，2007 年由 0.0132 变成了 0.0128。MT 指数缩小的原因是，个人一年内取得相关分项收入的次数由每月 1 次变为每年 1 次之后，在年总收入一定的条件下，扣除额增加，应纳税所得额和应纳税额减少，个人所得税的收入再分配效应减弱。

① 关于这两类所得“次”数假定的根据，参见本章上一节的相关讨论。

② 有兴趣的读者可向作者索取。

第五节 结论和政策含义

本章使用2002年和2007年城镇住户调查数据对我国个人所得的收入再分配效应进行了评价。为了纠正住户调查数据中个人所得税的漏报和低报问题，我们根据住户调查中收入构成以及个人所得税法中的税率表，计算了每个家庭成员的应纳税额。使用这一应纳税额，我们计算了衡量税收收入再分配效应尺度的MT指数，并将其分解为横向公平效应和纵向公平效应。结果显示，我国个人所得税虽降低了城镇居民收入不平等，但是幅度非常小，甚至可以忽略不记。个人所得税平均有效税率过低是阻碍个人所得税充分发挥居民收入再分配功能的主要障碍。这一点具有很强的政策含义。为了进一步发挥税收对居民收入分配的调节功能，在保持或者适当提高目前个人所得税累进性同时，提高个人所得税税率是不可避免的。从长期来看，降低增值税、营业税等间接税率，提高个人所得税率是我国未来税制改革的基本方向。9月1日实施的个人所得税新方案，虽然增加了个人的累进性，但是大大降低了个人所得税率，这与我国税制的未来改革方向是背道而驰的。

（本章作者：徐静、岳希明）

参考文献

Atkinson, Anthony, 1980, "Horizontal Equity and the Distribution of the Tax Burden", in Henry Aaron and Michael Boskin (eds.), *The Economics of Taxation* (Washington, D.C.: The Brookings Institution), pp. 3-18.

Feldstein, Martin, 1976, "On the theory of tax reform", *The Journal of Public Economics*, Vol. 6, pp. 77-104.

Fukao, Kyoji, Qingwang Guo, John Whalley and Ximing Yue, 2010, "Who

Bears the Tax in China? – An Applied Study of Incidence of Tax", in processing.

Kakwani, Nanak, 1977, "Measurement of Tax Progressivity: An International Comparison", *The Economic Journal*, Vol. 87, pp. 71-80.

Kakwani, Nanak, 1980, *Income Inequality and Poverty Methods of Estimation and Policy Applications*, New York: Oxford University Press.

Kakwani, Nanak, 1984, "On the Measurement of Tax Progressivity and Redistribution Effect of Taxes with Applications to Horizontal and Vertical Equity", *Advances in Econometrics*, Vol. 3, pp. 149-168.

Musgrave, Richard A. and Tun Thin, 1949, "Income Tax Progression 1929 – 48", *Journal of Political Economy*, Vol. 56, pp. 498-514.

Plotnick, Robert, 1981, "A Measure of Horizontal Equity", *Review of Economics and Statistics*, Vol. 63, pp. 283-288.

Rosen, Harvey S., 1978, "An Approach to the Study of Income, Utility, and Horizontal Equity", *The Quarterly Journal of Economics*, Vol. 92, No. 2, pp. 307-322.

第十三章　中国城镇职工性别工资差距的演变[①]

第一节　引　言

在过去三十年中，中国经济已从计划经济体制向市场经济体制迈进。从 20 世纪 90 年代中期城市改革逐渐深化之后，工资的不平等程度也逐渐扩大（Appleton 等，2002；Knight 和 Song，2008）。在传统计划经济时期，缩小性别工资差距是当时中国政府的社会经济发展的主要目标之一。加上集中控制的工资分配体制，那一时期的中国城镇职工性别工资差距明显小于其他国家（Gustafsson 和 Li，2001）。随着城镇经济改革的推进，城镇职工性别工资差距受到了多方面的影响。首先，经济改革催生了大量的私有企业，同时大批国有企业、集体企业进行了产权制度改革，企业拥有了更独立的雇佣自主权，此外工资的决定方式也发生了变化。由于在进入到劳动力市场之前，女性在受教育机会上已经受到一定的歧视，其较低的学历导致了她们主要集中就业于那些对人力资本要求比较低的行业和企业中。随着农村迁移劳动力的数量迅速增加，女性工人尤其是对那些低技能的人来说，在城镇劳动力市场上面临着更加激烈的竞争。其结果是，她们的工

① 本章的初稿曾在“中国收入不平等研讨会”（2010 年北京）上宣读过，作者感谢与会者的评论和史泰丽教授的建设性意见。

资水平由于竞争而降低，这更进一步导致了性别工资差距的增加。

本章试图用收集到的1995年、2002年和2007年住户调查数据，来考察20世纪90年代中期以后中国城镇地区性别工资差距的变化。应当指出的是，在我们分析的时期内，中国城镇劳动力市场经历了两次冲击。一次冲击是城市企业的改革，主要是国有企业和集体企业的私有化。其结果是国有企业和集体企业的数百万工人下岗。国有企业职工的数量从1995年的1.126亿减少到2002年的7160万，并且2007年进一步减少到6420万。同时，城镇集体企业的职工数量从1995年的3150万减少到2002年的810万，2007年减少到了720万（国家统计局，2008）。这次企业改革导致的下岗冲击对男性和女性职工有不同的影响。2002年底，和男性劳动者相比，女性劳动者的失业率更高，并且提前退休的比例也更高（Li和Gustafsson，2008）。毫无疑问，这次冲击也对城镇男性和女性的工资增长有不同的影响。

对城镇劳动力市场的第二次冲击是由于政府对农村流动人口的政策变化，大量的农村流动人口进入城镇。20世纪90年代时，政府不鼓励农村人口流动，但是2000年以后，这一政策发生了改变。由于流动人口政策的改变，城乡流动人口的数量迅速增加，从2001年少于8000万增加到2006年的1.32亿（李实、罗楚亮，2007）。此外，更多的城镇工作和职位也对农村流动人口开放。其结果就是，在城镇劳动力市场上，当地的工人和农民工之间的竞争增加。这种竞争对男性和女性劳动者的影响也不相同。由于农民工多为学历较低的低技能劳动力，他们所带来的竞争也主要集中在城镇女性劳动者更为密集的工作领域。在这样的情况下，我们认为，农民工对城镇女性劳动者的冲击比对男性更为直接和明显。

国有企业私有化和私营企业的迅速发展都导致了男性职工和女性职工之间工资差距的增长。Dong等（2004）证实了在山东和江苏省的乡镇企业中，女性职工并没有因为工作经验而得到回报，并且他们在工资决定上也受到了歧视。

由于中国城镇劳动力市场的改革和重建，从20世纪90年代中期开始，城镇职工的平均工资开始稳定提高。城镇职工的年名义工资从1995年的5500元提高至2007年的25000元，年均增长率为11.4%（国家统计局，

2008)。由于国家统计局没有提供分性别的工资信息，我们无从得知官方数据里工资增长率的性别差距。可是，我们的调查数据表明，男性职工工资在这一时期的年平均增长率为10.4%，而女性职工的年平均增长率为9.2%。

应该指出的是，在21世纪初中国政府实施了多项法律法规，以保障女性在劳动力市场上的法律权利和利益，促进性别平等，使女性在社会中发挥积极的作用。然而，这些法律法规的实施效果并不尽如人意。在2005年，《妇女权益保障法》修订，以便更进一步保证性别平等。修订后的法律规定，性别不能成为拒绝雇佣女性的借口。同时，在《中国妇女发展纲要（2001—2010)》中也规定了性别平等。在一定程度上，这些新规定减少了对女性的歧视程度，但是它们对性别工资差距的影响还不太清楚。

本章考察了在研究的时期内，性别工资差距是否继续扩大。我们用Blinder-Oaxaca分解方法将男性和女性职工之间的工资差距分解为可解释的部分和不可解释的部分。这种分解的方法是基于一个一般性的工资方程和组间的回归结果分析。1995年、2002年和2007年的分解结果表明性别工资差距显著增加，尤其在2002年到2007年间，并且性别工资差距中不可解释部分的比例增加，这意味着对女性职工的歧视程度增加。基于分位回归分析的分解表明对低收入组来说，性别工资差距更大，并且工资差距中不能解释部分的比例也更大。

本章的结构如下：第二节是文献综述，第三节是对数据和个人特征和男性、女性就业结构的描述统计，第四节讨论了分解方法并解释了分解结果，最后一节是我们的结论。

第二节　文献回顾

计划经济时期，性别工资差距在城镇不是一个重要的问题。因此，对这一问题的研究相对较少，这种情形在20世纪80年代经济转型的早期阶段仍然持续。从国际范围内看，那时候观测到的中国男女职工的工资差距仍然非常小。例如，Gustafsson 和 Li（2000）发现1988年中国女性职工的工资水平是男性职工工资水平的84%。这和20世纪90年代初期，瑞典的82%和加拿大的78%相差无几。相对于其他的解释变量，诸如所有制结构、行业和地理位置等，城镇中的性别工资差距被认为并不重要（Kinght 和 Song，1993）。然而，随着国有企业改革和私营企业的发展，性别工资差距增加，并有利于男性职工。1988年到1995年间，性别工资差距上升了2%（Gustafsson 和 Li，2000）。

20世纪90年代中期，城市经济改革加速后，就业制度和社会保障制度发生了重大变化。其结果是，大批的城镇职工下岗，进入失业的行列（Li 和 Hong,2004;Appleton 等,2002;Knight 和 Li,2006）。城市中存在大量下岗职工的主要影响就是女性在劳动力市场上参与率的下降。世纪之交的几年，大量的女性职工离开了劳动市场并成为家庭妇女。1995年和2002年的调查数据表明，16—60岁之间城镇女性在劳动力市场上的参与率从1995年的76%降低到2002年的67%，而同期男性的参与率从86%下降到82%。2007年和2002年相比，劳动力市场的女性参与率保持不变，但同期男性的参与率上升了1.4个百分点（见表13.1）。特别的，受教育程度较低的女性的劳动市场参与率显著下降。例如，那些受教育程度低于初中的女性劳动市场参与率从1995年的78.34%降低到2002年的61.9%，并进一步降低到2007年的51.9%。

鉴于劳动力市场的巨大变化和城镇企业改革所导致的性别工资收入差距的迅速上升，一些研究者考察了20世纪80年代和90年代性别工资差距的程度以及随时间的变化趋势（Gustafsson 和 Li,2000;Kidd 和 Meng,2001;Liu,Meng 和 Zhang,2000;Maurer-Fazio 和 Hughes,2002;Meng,1998;Meng 和 Miller,1995;Rozelle 等,2002）。

进入21世纪，中国政府实施了新的发展战略，主要试图通过平衡城镇和农村地区之间的发展、缩小地区之间的差距来降低收入不平等的问题，而日益扩大的性别工资差距则没有成为政策的主要目标。其结果是，在过去的十年间，性别工资差距迅速扩大（Démurger、Fournier 和 Chen，2007）。Li 和 Gustafsson（2008）发现1995—2002年间，随着更多的女性下岗，性别收入差距显著增加。Chi 和 Li（2008）的研究表明从 1996 年到 2004 年，男性和女性职工的平均收入差距明显增加。

对中国性别工资差距的主要研究分别分析了相应的中国数据。Wang 和 Cai（2008）发现大部分的性别工资差距可以归因为歧视。这些发现主要是基于 2001 年五大城市调查数据。Chi 和 Li（2008）利用 1987 年、1996 年和 2004 年的数据，发现城镇性别收入差距在整个收入分布中都在增加，并且在低收入群体中增加得更多。Zhang 等（2008）的研究也支持了这一发现。

2000 年之前，多数研究考察性别工资（收入）差距时使用的数据仅来自很少的城市。使用 2000 年以后数据的一些研究发现城镇的性别工资（收入）差距增加，歧视在差距中的作用也逐渐增强。然而，许多有关性别工资（收入）差距的问题还没有得到回答。

第三节 研究问题和数据描述

我们主要关注以下问题：在经济转型和政府发展战略调整的背景下，中国城镇职工性别工资差距在我们研究的时间内发生了怎样的改变？这一差距随着时间推移变得更大还是减小了？如果是前者，那么引起变化的因素是什么？性别歧视在其中是否发挥了作用？如果女性劳动者确实受到了性别歧视的影响，哪一个群体的女性受到了最严重的歧视？是否处于工资水平底部的女性职工受到了更严重的歧视？

为了回答这些问题，我们对比了 1995 年、2002 年和 2007 年三个调查年份性别工资差距的基本特征，以及 1995—2002 年和 2002—2007 年两个时期性别工资差距变化的不同特征。我们还把性别工资差距分解为两部分，即可解释的部分和不可解释的部分。

本章采用的数据来自于中国收入分配课题组（CHIP）组织的三次城镇住户收入调查，分别采集了 1995 年、2002 年和 2007 年的有关住户和个人的就业和收入方面的信息。为了便于比较，我们选用了相同省份的样本，即在三次城镇住户调查中都被覆盖的省份，包括北京、山西、辽宁、江苏、安徽、广东、河南、湖北、四川、云南和甘肃。这些省份代表中国的五个不同地区（李实、罗楚亮，2007），例如北京代表三个直辖市，江苏和广东代表沿海地区，辽宁代表东北地区，山西、安徽、河南和湖北代表中部地区，四川和云南代表西南地区，甘肃代表西北地区。①

我们分析中的对象是单个职工，我们排除掉了失业和自我雇佣的人群，以及私营企业主。工资变量的定义是包含工资和薪金、奖金和工人得到的现金补贴。2002 年和 2007 年的工资都用 1995 年的价格进行了调整。

表 13.1 反映了三个调查年份劳动力的基本信息，包括劳动参与率、就业率和失业率等基本情况。如表 13.1 显示，16—60 岁之间的劳动力数量占全体个人样本的比例在 1995—2002 年期间上升了约 3 个百分点，而 2002—2007 年期间这一比例几乎保持不变。这两个时期内，城镇劳动力供给总量也在上升。相应的结果是，由于失业率的上升，城镇劳动参与率显著下降。对全体劳动者而言，劳动参与率下降了约 6.6 个百分点。虽然男性的劳动参与率下降了不足 5 个百分点，但女性的劳动参与率的下降却超过 7 个百分点。和 2002 年相比，2007 年女性的劳动参与率略有上升。

在下岗政策和劳动力供给增加的共同作用下，城镇职工的实际失业率显著提高。如表 13.1 所示，男性职工的实际失业率从 1995 年的 2.93% 提高为 2002 年的 8.32%，女性职工的实际失业率则从 3.62% 上升至 13.22%。2002—2007 年间，劳动力的失业率有所下降，但相对于 1995 年，2007 年的失业率仍然处于较高水平。② 从 20 世纪 90 年代中期开始，男性和女性的失业率日益出现差异，2002 年女性劳动者的失业率比男性失业者高出 59%，2007 年则高出 80%。

---

① 本章中我们没有使用权重去调整数据的代表性误差。这样做主要是基于两个原因：首先，我们能够使用 2000 年人口普查数据和 2005 年 1% 人口抽样调查数据中的城镇职工地区分布去调整 2002 年和 2007 年的数据，但 1995 年的样本没有相关的调整数据。因此，我们选择了三个调查中相同的省份。其次，我们比较了 2002 年和 2007 年经过调整以后的结果，发现引入省份的虚拟变量后，回归结果并没有显著改变。因此，我们认为我们的结果是稳健的。

② 需要注意的是这三年的失业率都比官方公布的失业率高。官方公布的这三年的城镇地区登记失业率分别是 2.9%、4% 和 4%（国家统计局，1996、2003、2008）。

表 13.1 同时给出了就业结构的信息，即劳动者中受雇者和自我雇佣者的比例。随着非公有部门的发展和公有企业的私有化，1995—2007 年间自我雇佣者的数量不断提高。自我雇佣者占全体就业者的比例从 1995 年的 1.58% 提高至 2002 年的 4.68%，又进一步提高为 2007 年的 6.63%。应该指出的是，由于受到抽样偏差的影响，我们的数据可能低估了自我雇佣者的比例。

表 13.1　城镇劳动参与率、失业和就业情况

单位:%

		1995 年			2002 年			2007 年		
		总计	男性	女性	总计	男性	女性	总计	男性	女性
劳动年龄人口比例 (16 - 60 岁)		71.6	70.58	72.56	74.61	73.91	75.28	74.77	73.55	75.95
劳动力参与率		80.93	86.28	75.8	74.32	81.89	67.06	74.97	83.21	67.17
失业率		3.26	2.93	3.62	10.58	8.32	13.22	7.15	5.23	9.42
劳动力构成	就业者	78.29	83.75	73.05	66.46	75.08	58.19	69.61	78.86	60.84
	失业者	2.64	2.53	2.75	7.86	6.82	8.87	5.36	4.35	6.33
	学生	7.69	7.9	7.49	9.65	9.76	9.55	9.7	10.36	9.08
	退休者	8.94	5.02	12.7	12.33	7.01	17.43	11.97	5.7	17.91
	家务劳动者	1.55	0.11	2.94	2.3	0.24	4.29	2.27	0.21	4.23
	其他	0.89	0.7	1.07	0.92	0.69	1.13	1.01	0.44	1.54
就业者结构	工资性就业者	98.42	98.37	98.48	95.32	95.1	95.59	93.37	93.08	93.72
	自我雇佣者及其他	1.58	1.63	1.52	4.68	4.9	4.41	6.63	6.92	6.28

资料来源：1995 年、2002 年、2007 年 CHIP 城镇住户调查数据。

表 13.2 给出了 1995 年、2002 年和 2007 年男性和女性职工的月工资、所有个体的性别工资比例以及不同的分组情况。平均来看，女性的工资占男性的工资的比例逐渐降低，从 1995 年的 84% 下降到 2002 年的 82%，再下降到 2007 年的 74%。数据表明女性的相对工资水平在 2002—2007 年比 1995—2002 年下降得更快。在某种程度上，2002—2007 年女性相对工资的迅速下降可以归因于农民工的竞争。

表 13.2　城镇职工工资分布及性别工资差距

		1995 年			2002 年			2007 年		
		男性（元）	女性（元）	女/男	男性（元）	女性（元）	女/男	男性（元）	女性（元）	女/男
实际月工资		520.12	436.0	0.84	953.73	779.33	0.82	1705.84	1259.59	0.74
年龄组	16－20 岁	266.39	252.83	0.95	327.98	340.95	1.04	723.29	494.32	0.68
	21－25 岁	360.24	317.57	0.88	655.01	616.73	0.94	1106.41	1076.06	0.97
	26－30 岁	402.89	382.53	0.95	796.87	663.12	0.83	1501.02	1283.6	0.86
	31－35 岁	478.06	410.82	0.86	889.15	785.41	0.88	1752.67	1334.44	0.76
	36－40 岁	516.08	470.37	0.91	962.11	794.99	0.83	1849.38	1260.78	0.68
	41－45 岁	563.47	483.59	0.86	1006.65	810.82	0.81	1815.88	1189.04	0.65
	46－50 岁	585.93	487.68	0.83	1009.4	859.37	0.85	1753.83	1277.87	0.73
	51－55 岁	624.11	503.77	0.81	1035.93	866.86	0.84	1696	1586.58	0.94
	56－60 岁	661.89	442.11	0.67	1068.27	619.37	0.58	1628.9	868.74	0.53
民族	汉族	521.85	437.53	0.84	954.46	776.37	0.81	1712.86	1262.6	0.74
	少数民族	480.7	402.18	0.84	956.4	879.5	0.92	1491.58	1179.24	0.79
婚姻状况	已婚	542.57	449.71	0.83	985.31	797.97	0.81	1767.03	1268.85	0.72
	未婚	360.93	322.85	0.89	706.53	634.78	0.9	1232.47	1180.11	0.96
	其他	426	448.4	1.05	720.09	807.94	1.12	972.42	1275.98	1.31
受教育水平	小学及以下	469.46	376.83	0.8	720.3	481.63	0.67	989.8	657.93	0.66
	初中	486.28	394.3	0.81	768.75	561.51	0.73	1169.87	776.87	0.66
	高中	494.11	416.4	0.84	869.48	727.36	0.84	1445.03	1047	0.72
	中专	526.5	480.4	0.91	918.73	843.63	0.92	1536.21	1179.12	0.77
	大专	552.63	514.17	0.93	1088.85	938.33	0.86	1914.41	1461.52	0.76
	本科及以上	631.3	557.87	0.88	1337.57	1163.47	0.87	2512.74	1904.54	0.76
所有制	国有企业	530.06	456.7	0.86	1018.53	879.9	0.86	1887.58	1456.06	0.77
	集体企业	421.55	335.35	0.8	681.36	550.97	0.81	1365.12	1183.36	0.87
	合资或外商独资企业	679.96	642.16	0.94	1230.82	930.11	0.76	1701.03	1264.13	0.74
	私营或个体企业	525.03	520.57	0.99	668.33	461.21	0.69	1137.77	827.65	0.73
	其他	532.91	447.81	0.84	853.6	637.57	0.75	902.5	676.21	0.75

续表

		1995年			2002年			2007年		
		男性（元）	女性（元）	女/男	男性（元）	女性（元）	女/男	男性（元）	女性（元）	女/男
职业	办事人员	496.17	440.93	0.89	975.95	861.41	0.88	1845.5	1382.54	0.75
	单位负责人	619.31	585.83	0.95	1237.25	1175.85	0.95	2380.25	1693.08	0.71
	技术人员	526.63	466.65	0.89	961.08	907.69	0.94	2091.32	1711.63	0.82
	工人	414.14	356.52	0.86	666.94	520.11	0.78	1270.73	899.47	0.71
	其他	443.42	376.52	0.85	677.46	462.11	0.68	1239.69	779.64	0.63
行业	制造业	491.78	403.54	0.82	808.58	680.58	0.84	1460.33	1092.62	0.75
	农林牧副	543.37	432.14	0.8	898.59	820.32	0.91	1400.95	1342.19	0.96
	采矿业	533.54	443.64	0.83	701.72	580.4	0.83	1708.53	1090.42	0.64
	建筑业	561.65	418.13	0.74	945.35	810.26	0.86	1670.13	1152.55	0.69
	交通运输邮电通讯业	581.34	463.53	0.8	977.43	864.42	0.88	1622.09	1290.74	0.80
	批发零售贸易餐饮	477.05	387.84	0.81	730.76	612.27	0.84	1281.06	918.1	0.72
	房地产业	560.78	428.74	0.76	931.78	658.06	0.71	1486.74	1041.53	0.70
	金融保险业	572.2	521.78	0.91	1172.92	894.74	0.76	2006.57	1632.8	0.81
	教育文化艺术	582.12	496.28	0.85	1227.12	963.29	0.78	2013.93	1673.35	0.83
	卫生和社会福利	564.47	520.61	0.92	1142.75	1025.38	0.9	1787.62	1487.99	0.83
	科学研究技术服务	619.34	519.54	0.84	1298.38	1308.8	1.01	2321.07	1566.73	0.68
	公共管理社会组织	514.47	491.19	0.95	1102.25	954.5	0.87	2166.65	1510.34	0.7
省份	北京	662.94	574.34	0.87	1329.38	1031.53	0.78	2341.99	1888.47	0.81
	山西	432.13	320.8	0.74	806.14	651.47	0.81	1394.83	1063.91	0.76
	辽宁	478.47	393.83	0.82	887.18	643.5	0.73	1310.72	833.61	0.64
	江苏	566.76	480.92	0.85	1011.31	798.93	0.79	2174.11	1544.7	0.71
	安徽	429.2	335.63	0.78	826.13	619.13	0.75	1427.15	953.75	0.67
	河南	400.95	321.34	0.8	756.23	575.22	0.76	1227.6	999.79	0.81
	湖北	479.26	430.86	0.9	814.96	674.47	0.83	1617.76	1076.59	0.67

续表

		1995年			2002年			2007年		
		男性（元）	女性（元）	女/男	男性（元）	女性（元）	女/男	男性（元）	女性（元）	女/男
省份	广东	921.55	781.49	0.85	1564.54	1332.93	0.85	2649.59	1822.7	0.69
	四川	480.93	408.4	0.85	804.65	681.84	0.85	1352.98	1142.82	0.84
	云南	485.65	426.4	0.88	911.68	807.28	0.89	1186.28	1045.16	0.88
	甘肃	392.23	320.41	0.82	805.04	627.83	0.78	1175.41	828.53	0.7

资料来源：1995年、2002年、2007年CHIP城镇住户调查数据。

按照各职工分组来看，几乎所有分组的性别工资比率在1995—2007年间都有所下降。就年龄组来看，9个组中7个组的性别工资比率都有所下降；12个行业组中，10个行业的性别工资比率下降；11个省份中，9个省的性别工资比率下降。由于对受教育程度和性别工资差异的关系变化感兴趣，我们也给出了不同受教育程度组中职工的性别工资差距。研究期间，不同教育程度组别中性别工资比率（女性/男性）下降。然而，1995—2002年，我们发现受教育程度较低人群的性别工资比率下降的更剧烈。例如，1995—2002年，小学及以下人群的性别工资比率下降了13个百分点，而大学本科人群的性别工资比率只下降了1个百分点。2002—2007年则相反。这两个数字分别是下降1个百分点和11个百分点。这样，假设体力劳动者的受教育程度低于专业工人，1995—2002年体力劳动者的性别工资比率下降的更多，但是2002—2007年，情况则相反。此外，平均而言，与国有企业和私营企业中的高学历人群相比，私营企业中性别工资比率的下降更加显著。

第四节　方　法

为了对每一年的性别工资差距进行分解，我们采用了Oaxaca（1973）

分解方法。该方法的主要原理可以表述如下：男性劳动力的平均工资记为$Y_{m,t}$，女性劳动力的平均工资记为$Y_{f,t}$，那么性别之间的工资差距为：

$$Y_{m,t} - Y_{f,t} = \beta_{m,t}X_{m,t} - \beta_{f,t}X_{f,t} \tag{13.1}$$

其中，X是收入方程中所有解释变量的向量，β是这些解释变量的估计系数组成的向量，下标m和f分别表示男性组和女性组。

此时，性别工资差异（$Y_{m,t} - Y_{f,t}$）可以被分解成两个部分：

$$Y_{m,t} - Y_{f,t} = \beta_{m,t}(X_{m,t} - X_{f,t}) + X_{f,t}(\beta_{m,t} - \beta_{f,t}) \tag{13.2}$$

方程（13.2）中$\beta_{m,t}$（$X_{m,t} - X_{f,t}$）是两个性别组之间的个人或就业特征差异带来的工资差异，通常被称作为可以解释的部分；而$X_{f,t}$（$\beta_{m,t} - \beta_{f,t}$）是两个性别组工资方程或收入方程的系数差异带来的工资差异，通常被称作为不可解释的成分或歧视成分。①

为了将工资的性别差异在不同时期的变化进行分解，我们将性别间工资差异的变化分解为：

$$\Delta Y_{t+1} - \Delta Y_t = \beta_{m,t}(\Delta X_{t+1} - \Delta X_t) + \Delta X_{t+1}(\beta_{m,t+1} - \beta_{m,t}) + X_{f,t}(\Delta\beta_{t+1} - \Delta\beta_t) + \Delta\beta_{t+1}(X_{f,t+1} - X_{f,t}) \tag{13.3}$$

这里，$\Delta Yt+1$和ΔYt分别指在$t+1$时点和t时点上工资的性别差异，并且t和$t+1$时点上个人特征的性别差距和系数表示如下：

$$\Delta X_t = X_{m,t} - X_f;\Delta X_{t+1} = X_{m,t+1} - X_{f,t+1};\Delta\beta_t = \beta_{m,t} - \beta_{f,t};\Delta\beta_{t+1} = \beta_{m,t+1} - \beta_{f,t+1} \tag{13.4}$$

公式（13.3）有四部分。第一部分$\beta_{m,t}$（$\Delta X_{t+1} - \Delta X_t$）表示两个时点上性别组之间禀赋差异的变化带来的性别工资差距的变化；第二部分ΔX_{t+1}（$\beta_{m,t+1} - \beta_{m,t}$）表示两个时点上男性组禀赋回报率变化带来性别工资差距的变化；第三部分$X_{f,t}$（$\Delta\beta_{t+1} - \Delta\beta_t$）表示两个时点上性别组之间禀赋回报率差异的变化带来的性别工资差距的变化；第四部分$\Delta\beta_{t+1}$（$X_{f,t+1} - X_{f,t}$）表示两个时点上女性组禀赋变化带来的性别工资差距的变化。

这种方法的缺陷是不能够反映出性别工资差距中男性和女性工资分布点上的不同效应。在一个分割的劳动市场上，那些受教育程度较低、技能

① 性别工资差距也可以分解为$Y_{m,t} - Y_{f,t} = \beta_{f,t}$（$X_{m,t} - X_{f,t}$）$+ X_{m,t}$（$\beta_{m,t} - \beta_{f,t}$）。本章中我们使用了公式（13.2），原因是我们假设如果劳动力市场没有歧视的话，女性受到的对待和男性相同。

水平较低、在非正式部门工作的女性很可能面临着更严重的歧视。为了解决这个问题，我们采用基于分位回归分析的方法对各分位点上的性别工资差距进行了分解。

第五节　结果和解释

一、性别工资差距随时间的变化

为了确定是否性别工资差距纯粹是由性别差异引起的，我们首先进行了一个回归分析，其中性别被处理为虚拟变量，控制变量有婚姻状况、受教育程度、单位所有制性质、地区等等。近年来，男性和女性之间的职业和行业隔离已经引起了广泛的讨论。我们需要考虑职业和行业变量是否要包含在工资方程中。其他的研究发现，如果男性和女性职工的职业和行业隔离确实存在的话，工资方程中包括职业和行业变量会低估性别工资差距。[①] 因此，我们分别提供了包含和不包含职业与行业变量的回归结果。表13.3给出了1995年、2002年和2007年的回归结果。很明显，性别工资差距随着时间的推移而增加。如表13.3所示，和女性职工的工资相比，男性职工的工资水平1995年高10.5%，2002年高17.4%，2007年高29.7%。从汇总数据的回归结果来看，1995—2007年间男性职工的工资平均比女性职工高18.5%。[②] 很明显，2002—2007年性别工资差距变得更大。此外，排除职业和行业变量后，增加了性别变量对性别收入差距的贡献度。这在2002年尤为显著。然而，2007年，包含和不包含职业和行业

① 不同职业和行业的样本分布，见本章附表13.A1。从表中可以看出，男性职工成为“办事人员”，“单位负责人”，“专业技术人员”的可能性更高，更多的女性职工是普通工人。1995—2007年职业隔离变得更加严重。然而，行业间男性和女性这种不成比例的分布在我们的观察期间并没有明显改变。

② 男性职工与女性职工工资差距用下面的公式计算：$P = \exp(c) - 1$，这里P是工资差距的幅度，c是回归系数。

变量时，两者的系数差变小，这可能意味着行业隔离的增强。

表 13.3　城镇职工性别工资差距的估计结果

	1995 年		2002 年		2007 年		混合样本	
	IO	NIO	IO	NIO	IO	NIO	IO	NIO
男性	0.10 (10.15) **	0.12 (12.84) **	0.16 (12.03) **	0.20 (15.16) **	0.26 (20.87) **	0.27 (22.18) **	0.17 (24.36) **	0.19 (28.16) **
2007 年							0.47 (53.06) **	0.42 (49.03) **
2002 年							−0.52 (60.37) **	−0.52 (61.71) **
常数项	4.47	4.52	4.80	4.85	5.14	5.13	4.93	4.96
Observations	(98.39) **	(104.95) **	(54.38) **	(54.14) **	(51.88) **	(51.44) **	(125.03) **	(128.94) **
R - squared	0.37		0.35		0.43		0.54	

注：本表是由引入了一系列控制变量的工资函数得到的，详细结果可参看附表 13. A2。
"IO" 和 "NIO" 分别代表回归中 "含有" 或 "不含有" 行业虚拟变量。
资料来源：1995 年、2002 年、2007 年 CHIP 城镇住户调查数据。

从本章附表 13. A3 可以看出，年龄变量的贡献度随时间变化较大。图 13. 1 给出了 1995 年、2002 年、2007 年男性和女性职工对数工资和年龄变量的变化轮廓。1995 年女性职工的年龄—工资模式和多数市场经济国家的模式相似。工资水平随着年龄的增长而增长，在 41—45 岁之间到达顶峰，其后开始下降直到退休。然而，男性的年龄—工资模式却显示工资随着年龄的增加而增加，并且直到退休年龄时增加得更快。这是 1995 年年龄变量对性别工资差距的影响为正的原因。年龄一般被认为是工作经验的代理变量。2002 年女性职工的年龄—工资模式和男性职工的较为相似（见图 13. 1b），这意味着 1995—2002 年间工作经验的回报率出现了收敛。此外，2002—2007 年间，和男性相比，女性职工的工作经验回报率增加得更为明显（见图 13. 1c）。这是年龄变量对性别工资差距的贡献度降低的主要原因。

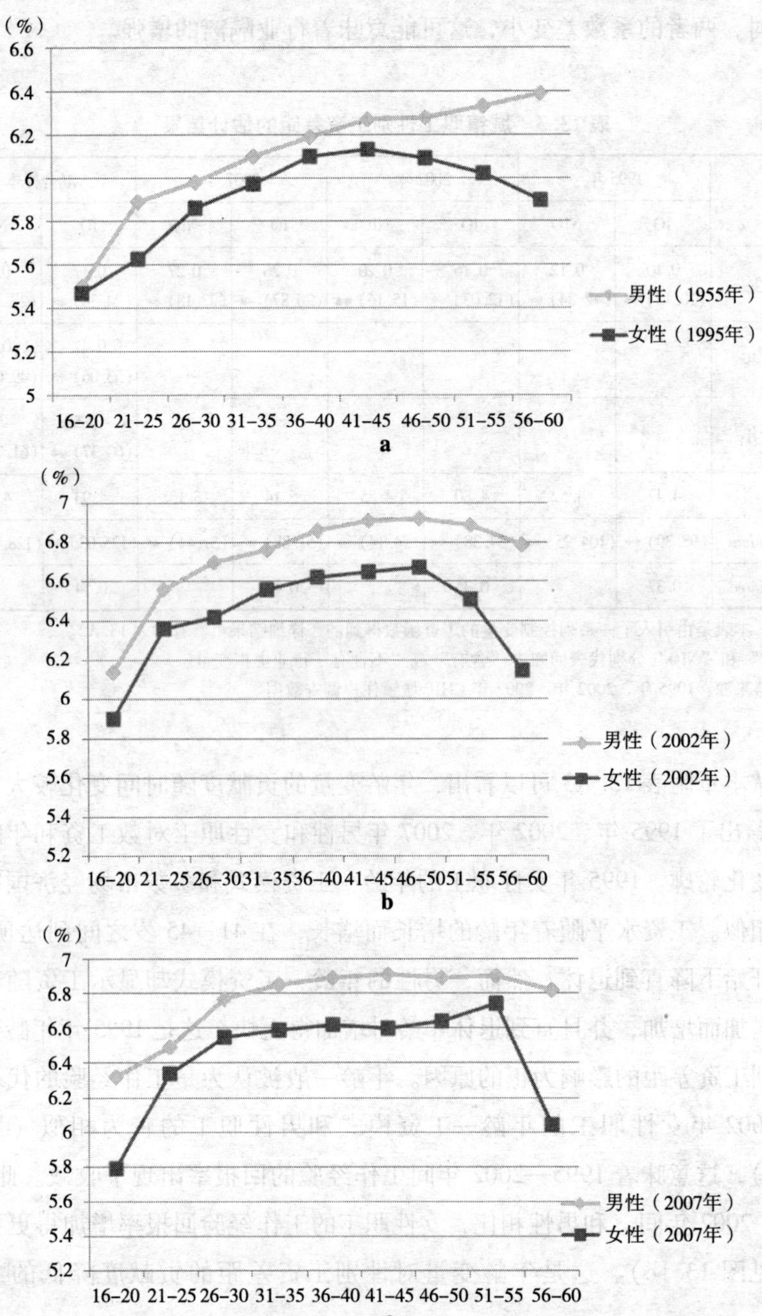

图 13.1　男性和女性职工年龄和工资变化（1995 年、2002 年、2007 年）

注：本图是用“平均的”男性和女性的期望工资画出来的，即用除了年龄之外的其他变量的最普通特征来估计不同年龄组男性和女性的期望工资。

另一个对性别工资差距有重要影响的因素是企业的所有制性质。图13.2显示了1995年、2002年、2007年不同所有制企业职工的性别工资差距。1995年，在国有单位、合资或外商独资企业、私营企业就业的女性职工都能够获得相对更高的工资。此后，她们的相对优势逐渐下降。除了城镇集体企业外，男性职工在其他所有制部门，如国有企业的工资增长超过了女性职工，这在2007年更加明显。结果是，基于企业所有制结构的性别工资差距差异随时间的推移增加，这也意味着对女性职工歧视的上升引起了性别工资差距的增加。

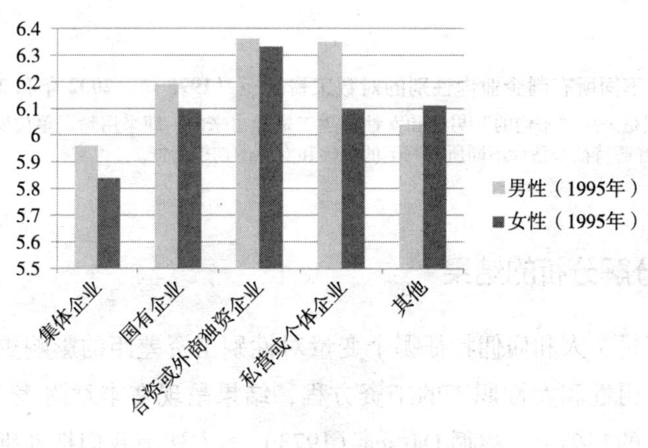

a

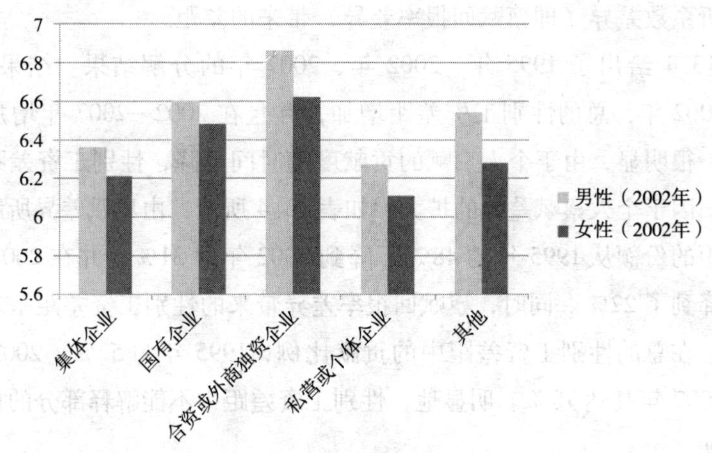

b

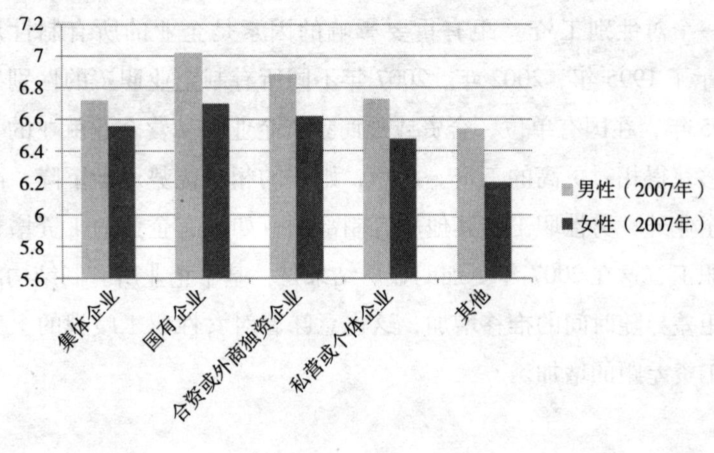

c

图 13.2　不同所有制企业内性别的对数工资差距（1995 年、2002 年和 2007 年）

注：本图是采用“平均的”男性和女性期望工资画出来的，即采用除了单位所有制之外的其他变量的最普通特征来估计不同所有制下的男性和女性的期望工资。

二、分解分析的结果

为了衡量个人和雇佣特征哪个变量对性别工资差距的影响更大，我们分别估计了男性和女性职工的工资方程，结果呈现在本章附表 13A.3 中。在回归结果的基础上，遵循 Oaxaca（1973）的方法，我们把性别工资差距分解为不同的部分，一部分是由于个人禀赋差异带来的差距，另一部分是回归分析系数差异（即禀赋回报率差异）带来的差距。

表 13.4 给出了 1995 年、2002 年、2007 年的分解结果。结果表明，1995—2002 年，总的性别工资差距增加，并且在 2002—2007 年增加得更加迅速。很明显，由于个人禀赋的贡献度随时间下降，性别工资差距的上升不能归因于个人禀赋差异的扩大。如表 13.4 所示，由禀赋差异所解释的工资差距的份额从 1995 年的 48% 下降到 2002 年的 31%，并在 2007 年进一步下降到了 22%。同时，禀赋回报率差异带来的性别工资差距呈现上升势头，它在总的性别工资差距中的贡献比例，1995 年为 52%，2002 年为 69%，2007 年高达 78%。明显地，性别工资差距中不能解释部分的重要性显著增加。

表 13.4　性别工资差距的 Oaxaca 分解结果

单位:%

	1995 年	2002 年	2007 年
总差距（R = E + C）	19.5	24.1	32
归因于禀赋差异的差距（E）	9.4	7.5	7.1
归因于禀赋回报率差异的差距（C）	10.1	16.7	24.9
禀赋差异解释的差距比例（E/R）	48	31	22.3
回归系数解释的差距比例（D/R）	52	69	77.7

注：第 2 行的三个数字是各年中男性职工工资高于女性职工的比例。
资料来源：1995 年、2002 年、2007 年 CHIP 城镇住户调查数据。

如果把性别工资差距中由系数差异引起的部分解释为歧视的影响，表 13.4 表明总的性别工资差距中歧视所解释的部分随着时间推移显著增加。

三、分位回归的结果

大批农村流动人口进入城市（尤其在 2002—2007 年），增加了城镇劳动力市场的职位竞争，使当地的工人找工作更加困难，也降低了那些和农民工有同样禀赋的城市工人的工资水平。然而，农民工带来的冲击是否对男性职工和女性职工有相同的影响？这一问题还不清楚。为了衡量农民工在城镇劳动力市场上对城镇职工工资收入影响的性别差异，我们对 1995 年、2002 年、2007 年的数据进行了分位回归分析。

表 13.5 给出了 1995 年、2002 年、2007 年分位回归分析的结果。很明显，1995—2007 年所有工资组别中男性和女性职工的总工资差距都有所增加，2002—2007 年间增加的更快。同时，如图 13.3a 所示，与高工资组别的性别工资差距相比，低工资组别的性别工资差距在这三年间的变化更大。由歧视导致的性别工资差距占总差距的比例，对最低工资组而言大于最高工资组中的比例。此外，如图 13.3b 所示，歧视所占的份额随着时间持续增加，尤其对低收入组更是如此。因此，这个结果意味着对女性职工的歧视在低工资者中更加严重，并且还在增加。一方面，对所有分位组歧视的解释比例随时间增加；另一方面，对高工资组而言，低工资组的歧视份额增加的更快。

表 13.5　分位回归分析的分解结果

单位:%

		10th	25th	50th	75th	90th
1995	总差距（R=E+C）	22.4	18.7	17.5	16.7	17.2
	归因于禀赋差异的差距（E）	12.4	9.8	8.7	8.3	7.7
	归因于回归系数的差距（C）	10.1	8.9	8.7	8.4	9.5
	禀赋差距解释的差距比例（E/R）	55.4	52.4	49.7	49.7	44.8
	回归系数解释的差距比例（D/R）	45.1	47.6	49.7	50.3	55.2
2002	总差距（R=E+C）	29.2	26.6	23.4	22	18.1
	归因于禀赋差异的差距（E）	9.8	8.5	8	7.4	6.6
	归因于回归系数的差距（C）	19.4	18.1	15.5	14.6	11.4
	禀赋差距解释的差距比例（E/R）	33.6	32	34.2	33.6	36.5
	回归系数解释的差距比例（D/R）	66.4	68	66.2	66.4	63
2007	总差距（R=E+C+U）	35.2	34	33	31	28.2
	归因于禀赋差异的差距（E）	7.4	6.7	7.2	8.3	7.6
	归因于回归系数的差距（C）	27.9	27.3	25.8	22.7	20.5
	禀赋差距解释的差距比例（E/R）	21	19.7	21.8	26.8	27
	回归系数解释的差距比例（D/R）	79.3	80.3	78.2	73.2	72.7

注：每年第一行的五个数字是各分位点上男性职工工资高于女性职工的比例。

资料来源：1995 年、2002 年、2007 年 CHIP 城镇住户调查数据。

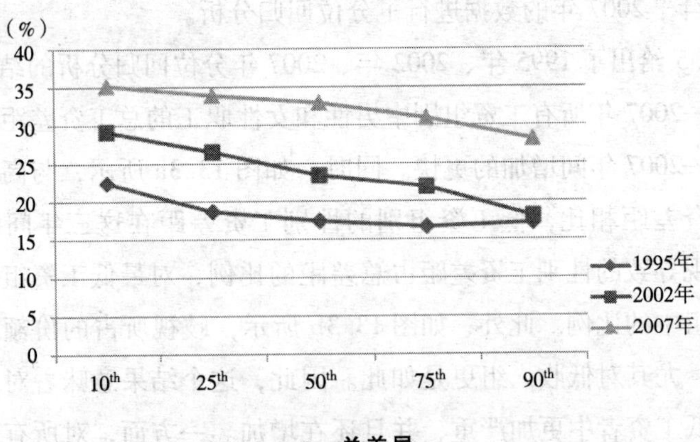

a　总差异

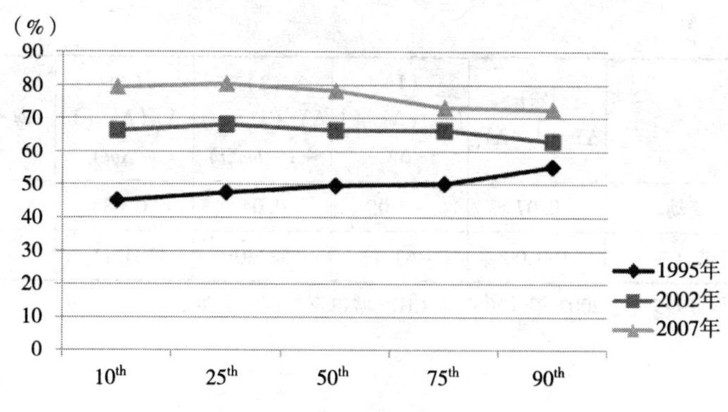

b　歧视解释的份额

图 13.3　分位分析的性别工资差异

注：绘制本图的数据来自表 13.5。

四、动态分析结果

为了比较 1995—2002 年和 2002—2007 年两个时期内性别工资差距的变化，我们用本章第三节公式（13.3）把每一期性别工资差距的变化分解为四部分。表 13.6 给出了每一部分对性别工资差距变化的相对贡献度。

表 13.6 表明 1995—2002 年间，性别工资差距的变化主要可以归因为解释变量，诸如职业、所有制和行业等。很明显，女性禀赋的变化（第四部分）和工资函数中系数的性别差异的变化（第三部分）是解释 1995—2002 年间性别差距变化的两个最大的部分。和 1995—2002 年相比，2002—2007 年，工资函数中系数的性别差异的变化（第三部分）成了最重要的解释因素。这意味着 2002—2007 年，工资函数中系数的性别差异变得更大。

表 13.6　性别工资差距变动的分解结果

		总计 $\Delta Y_t+1-\Delta Y_t$	(1) $bm,t(\Delta X_t+1-\Delta X_t)$	(2) $\Delta X_t+1(bm,t+1-bm,t)$	(3) $X_{f,t}(\Delta bt+1-\Delta bt)$	(4) $\Delta bt+1(X_{f,t}+1-X_{f,t})$
1995—2002 年	变动	0.05	-0.01	0.00	0.03	0.03
	贡献（%）	100.00	-20.26	-9.75	60.28	69.72

续表

		总计 $\Delta Y_t+1-\Delta Y_t$	(1) $bm,t(\Delta X_t+1-\Delta X_t)$	(2) $\Delta X_t+1(bm,t+1-bm,t)$	(3) $X_{f,t}(\Delta bt+1-\Delta bt)$	(4) $\Delta bt+1(X_{f,t}+1-X_{f,t})$
2002—2007年	变动	0.07	-0.05	0.04	0.08	0.01
	贡献（%）	100.00	-63.47	52.30	104.11	7.07

资料来源：1995年、2002年、2007年CHIP城镇家户调查数据。

第六节　结　论

从20世纪90年代中期以后，男性和女性之间的工资差距变得更大。先前许多关注20世纪90年代的研究都提供了一个时点或一个短时期的经验发现。本章利用来自1995年、2002年和2007年CHIP调查的数据，对20世纪90年代中期以后中国城镇的性别工资差距进行了深入地分析。我们发现性别工资差距显著增加，尤其是在2002—2007年之间。并且性别工资差距的增加主要来自于不可解释的部分，这意味着在城镇劳动力市场上对女性职工的歧视增强了。为了考察是否处于劳动市场底层的女性受到了更多的歧视，我们使用了基于分位回归的分解方法。结果表明低工资群体的性别工资差距更大，并且低工资群体的性别工资差距中不可解释部分的份额也更大。我们假定那些技能水平较低、受教育程度较低的城镇职工在劳动力市场上面临着更大的来自农民工的竞争压力。但这些竞争对男性和女性职工的影响程度是不同的；女性职工的工资增长和男性职工相比更明显地被抑制了，对那些低技能和低教育程度的女性职工而言更是如此。

（本章作者：李实、宋锦）

参考文献

李实、罗楚亮（2007）:《中国城乡居民收入差距的重新估计》,《北京大学学报》2007 年第 2 期，第 111—120 页。

李实、佐藤宏（2004）:《经济转型的代价：中国城市失业、贫困、收入差距的经验分析》，中国财政经济出版社 2004 年版。

国家统计局（历年）:《中国统计年鉴》，中国统计出版社。

国家统计局（2008）:《中国统计年鉴 2008》，中国统计出版社 2008 年版。

Appleton, S. , J. Knight, L. Song, and Q. Xia, (2002), "Labor Retrenchment in China-Determinants and Consequences", *China Economic Review*, Jan 2002.

Blau, F. and L. Kahn, (2003) "Understanding International Differences in the Gender Pay Gap", *Journal of Labor Economics* (January 2003).

Blinder, A (1973), "Wage Discrimination: Reduced Form and Structural Estimations", *Journal of Human Resources*, 8:436-455.

Chi, Wei and Bo Li (2008), "Glass Ceiling or Sticky Floor? Examining the Gender Earnings Differential Across the Earnings Distribution in Urban China, 1987 – 2004", *Journal of Comparative Economics* 36, 243-263.

Démurger, S. , Fournier, M. , Chen, Y. , (2007), "The Evolution of Gender Earnings Gaps and Discrimination in Urban China: 1988 – 1995", *Developing Economics* 45, 97-121.

Dong, X. , and P. Bowles, (2002), "Segmentation and Discrimination in China's Emerging Industrial Urban Market", *China Economic Review*, 13:170-196.

Gustafsson, B. , and S. Li, (2000), "Economic Transformation in Urban China and the Gender Earnings Gap", *Journal of Population Economics*, July, 2000.

Kidd, M. and X. Meng, (2001), "The Chinese State Enterprise Sector: Labour Market Reform and the Impact on Male-Female Wage Structure", *Asian Economic Journal*, Vol. 15, No. 4:405-423.

Knight, J. and L. Song, (1993), "Why Urban Wages Differ in China", in Griffin, K. & Zhao, R. , eds. , *The Distribution of Income in China*, Houndsmills, Macmillan.

Knight, J. and L. Song, (2008), "China's Emerging Urban Wage Structure, 1995 – 2002", in Bjorn Gustafsson, Li Shi and Terry Sicular, eds., *Income Inequality and Public Policy in China*, Cambridge University Press: Cambridge, April 2008.

Knight, J., and S. Li, (2002), "Unemployment Duration and Earnings of Re-employed Workers in Urban China", working paper.

Li, Shi and B. Gustafsson (2008), "Unemployment, Earlier Retirement, and Changes in the Gender Income Gap in Urban China, 1995 – 2002", in Bjorn Gustafsson, Li Shi and Terry Sicular, eds., *Income Inequality and Public Policy in China*, Cambridge University Press: Cambridge, April 2008.

Liu, P., X. Meng, and J. Zhang, (2000), "Sectoral Gender Wage Differentials and Discrimination in the Transitional Chinese Economy", *Journal of Population Economics*, 13: 331-352.

Maurer-Fazio, M., and J. Hughes, (2002), "The Effects of Market Liberalization on the Relative Earnings of Chinese Women", *Journal of Comparative Economics*, 30: 709-731.

Meng, X., (1998), "Male-female Wage Determination and Gender Wage Discrimination in China's Rural Industrial Sector", *Labour Economics*, 5: 67-89.

Meng, X., and P. Miller, (1995), "Occupational Segregation and its Impact on Gender Wage Discrimination in China's Rural Industrial Sector", *Oxford Economic Papers*, 47, 136-155.

Oaxaca, R., (1973), "Male-Female Wage Differentials in Urban Labour Markets", *International Economic Review*, 14, 693-709.

Rozelle, S., X. Dong, L. Zhang, and A. Mason, (2002), "Gender Wage Gaps in Post-reform Rural China", *Pacific Economic Review*, 7: 157-79.

Wang, Meiyan, and Fang Cai (2008), "Gender Earnings Differential in Urban China", *Review of Development Economics*, *Vol.* 12, *Issue* 2, *pp.* 442-454, *May* 2008

Zhang, Junsen; Han, Jun; Liu, Pak-Wai; and Zhao, Yaohui (2008) "Trends in the Gender Earnings Differential in Urban China, 1988 – 2004", *Industrial & Labor Relations Review*, Vol. 61, No. 2.

附　录

表 13. A1　城镇职工样本分布比例（1995 年、2002 年、2007 年）

		1995 年		2002 年		2007 年	
		男性	女性	男性	女性	男性	女性
样本比例		100	100	100	100	100	100
年龄组	16－20 岁	1.97	2.63	0.65	0.94	0.48	0.45
	21－25 岁	8.53	9.68	5.13	7.59	5.23	7.38
	26－30 岁	9.49	11.95	6.97	9.47	7.99	11.04
	31－35 岁	14.07	16.22	13.05	17.19	10.68	15.83
	36－40 岁	17.97	21.01	18.48	21.89	16.58	21.42
	41－45 岁	18.78	21.66	16.32	19.79	20.79	24.03
	46－50 岁	13.44	11.03	20.67	16.78	15.52	14.04
	51－55 岁	9.51	4.52	13.62	5.42	16.17	5.47
	56－60 岁	6.25	1.29	5.11	0.94	6.54	0.32
民族	汉族	95.78	95.72	96.07	95.89	96.83	96.39
	少数民族	4.22	4.28	3.93	4.11	3.17	3.61
婚姻状况	已婚	86.9	87.65	88.99	86.68	88.85	86.73
	单身	12.51	11.12	10.12	10.73	10.54	10.36
	其他	0.6	1.24	0.89	2.59	0.61	2.91
受教育水平	小学及以下	5.21	7.26	3.48	2.95	2.03	1.68
	初中	32.54	37.04	26.8	25.11	19.45	14.86
	高中	18.89	21.79	22.85	25.52	24.27	27.26
	中专	15.25	16.35	10.43	14.82	10.49	12.93
	专科	17.92	12.53	23.5	23.61	25.63	29.1
	本科及以上	10.2	5.04	12.94	7.98	18.14	14.18

续表

		1995 年		2002 年		2007 年	
		男性	女性	男性	女性	男性	女性
所有制	国有企业	86.88	78.93	73.09	66.78	63.06	55.32
	集体企业	10.97	18.39	5.71	9.13	5.22	7.63
	合资或外商独资企业	1.26	1.17	2.4	2.12	16.54	16.02
	私营或个体企业	0.59	0.81	8.67	8.87	11.02	12.63
	其它	0.31	0.7	10.13	13.09	4.16	8.41
职业	办事人员	19.61	22.82	18.88	24.78	32.98	37.54
	单位负责人	17.04	5.83	16.3	5.1	7.42	3.2
	专业技术人员	47.91	41.64	46.72	37.64	20.06	19.61
	工人	12.3	22.42	16.53	30.11	35.13	34.56
	其他	3.14	7.29	1.57	2.37	4.41	5.09
行业	制造业	43.26	40.85	27.73	25.09	23.12	15.67
	农林牧副	2.02	1.29	1.43	1.26	1.13	0.73
	采矿业	1.2	0.94	2.35	1.06	1.85	0.7
	建筑业	3.33	2.56	4.24	2.42	3.73	1.93
	交通运输邮电通讯业	5.92	4.14	10.25	5.44	11.44	4.5
	批发零售贸易餐饮业	12.31	17.21	7.82	12.64	8.39	15.29
	房地产	3.34	4.49	13.26	18.59	15.45	20.6
	金融保险业	1.84	2.21	2.68	3.35	2.81	3.63
	教育文化	6.59	8.69	8.9	10.55	8.14	10.79
	卫生和社会福利业	3.61	5.77	4.15	7.22	3.12	5.93
	科学研究技术服务业	2.64	2.13	2.27	1.6	5.5	3.75
	公共管理和社会组织	13.93	9.74	14.9	10.78	15.33	16.47
省份	北京	7.3	7.07	8.1	8.83	11.92	11
	山西	9.62	9.17	9.41	7.97	8.55	7.47
	辽宁	10.59	10.36	12.2	10.63	10.41	9.61
	江苏	11.14	11.1	10.44	10.02	7.3	7.02
	安徽	6.8	7.26	7.31	6.43	8.16	8.25

续表

		1995 年		2002 年		2007 年	
		男性	女性	男性	女性	男性	女性
省份	河南	8.4	7.99	9.41	9.85	9.07	9.79
	湖北	10.81	10.66	10.87	11.34	5.77	5.54
	广东	8.28	8.23	8.87	10.35	14.93	16.29
	四川	12.12	12.71	8.71	8.58	7.85	8.2
	云南	9.32	9.95	8.63	10.12	7.6	8.13
	甘肃	5.62	5.51	6.04	5.87	8.44	8.7

表 13. A2　城镇职工工资方程估计结果（一般线性回归模型）

		1995 年		2002 年		2007 年		混合样本	
男性		0. 1 （10. 15） **	0. 16 （12. 03） **	0. 26 （20. 87） **	0. 17 （24. 36） **	0. 12 （12. 84） **	0. 2 （15. 16） **	0. 27 （22. 18） **	0. 19 （28. 16） **
年龄组	21 - 25 岁	0. 26 （7. 16） **	0. 44 （5. 75） **	0. 33 （3. 84） **	0. 3 （9. 09） **	0. 29 （8. 03） **	0. 46 （5. 83） **	0. 34 （3. 84） **	0. 32 （9. 92） **
	26 - 30 岁	0. 42 （10. 23） **	0. 52 （6. 67） **	0. 56 （6. 41） **	0. 46 （13. 26） **	0. 44 （10. 89） **	0. 55 （6. 89） **	0. 57 （6. 49） **	0. 49 （14. 34） **
	31 - 35 岁	0. 54 （12. 66） **	0. 63 （7. 78） **	0. 61 （6. 88） **	0. 55 （15. 57） **	0. 56 （13. 70） **	0. 67 （8. 12） **	0. 62 （6. 88） **	0. 59 （16. 82） **
	36 - 40 岁	0. 64 （15. 25） **	0. 71 （8. 74） **	0. 64 （7. 23） **	0. 63 （17. 81） **	0. 68 （16. 60） **	0. 76 （9. 19） **	0. 67 （7. 39） **	0. 68 （19. 47） **
	41 - 45 岁	0. 7 （16. 58） **	0. 75 （9. 22） **	0. 65 （7. 28） **	0. 67 （18. 70） **	0. 75 （18. 20） **	0. 8 （9. 69） **	0. 67 （7. 47） **	0. 72 （20. 52） **
	46 - 50 岁	0. 69 （15. 92） **	0. 76 （9. 38） **	0. 66 （7. 36） **	0. 66 （18. 48） **	0. 74 （17. 71） **	0. 84 （10. 09） **	0. 68 （7. 52） **	0. 72 （20. 45） **
	51 - 55 岁	0. 71 （15. 80） **	0. 7 （8. 51） **	0. 7 （7. 74） **	0. 66 （18. 08） **	0. 76 （17. 43） **	0. 79 （9. 33） **	0. 73 （7. 96） **	0. 73 （20. 05） **
	56 - 60 岁	0. 78 （15. 97） **	0. 58 （6. 66） **	0. 58 （6. 17） **	0. 6 （15. 36） **	0. 85 （17. 90） **	0. 69 （7. 77） **	0. 6 （6. 38） **	0. 68 （17. 51） **
婚姻状况	已婚	0. 13 （5. 29） **	0. 15 （4. 38） **	0. 18 （6. 17） **	0. 12 （7. 26） **	0. 13 （5. 50） **	0. 15 （4. 25） **	0. 17 （5. 95） **	0. 12 （7. 14） **
	其他	0. 06 - 1. 15	0. 08 - 1. 29	0. 15 （2. 83） **	0. 05 - 1. 67	0. 07 - 1. 25	0. 08 - 1. 24	0. 16 （3. 01） **	0. 06 - 1. 78

续表

		1995 年		2002 年		2007 年		混合样本	
民族	少数民族	-0.07 (2.99) **	0.07 (2.10) *	-0.04 -1.34	-0.01 -0.62	-0.07 (2.96) **	0.07 (2.16) *	-0.04 -1.33	-0.01 -0.77
受教育程度	初中	0.12 (5.88) **	0.04 -0.98	0.16 (3.56) **	0.09 (4.83) **	0.14 (6.76) **	0.07 -1.87	0.17 (3.87) **	0.11 (6.10) **
	高中	0.18 (7.69) **	0.17 (4.33) **	0.26 (5.96) **	0.16 (8.70) **	0.22 (9.78) **	0.23 (5.98) **	0.29 (6.62) **	0.2 (11.14) **
	中专	0.24 (10.26) **	0.24 (5.97) **	0.39 (8.41) **	0.26 (13.04) **	0.32 (13.86) **	0.38 (9.21) **	0.45 (9.84) **	0.34 (17.91) **
	大专	0.27 (10.84) **	0.34 (8.56) **	0.52 (11.53) **	0.34 (17.73) **	0.35 (15.16) **	0.51 (12.90) **	0.62 (13.81) **	0.46 (24.39) **
	本科及以上	0.35 (12.72) **	0.47 (10.86) **	0.7 (14.86) **	0.5 (23.91) **	0.45 (17.34) **	0.68 (16.18) **	0.83 (18.03) **	0.65 (32.29) **
所有制	国有企业	0.25 (17.77) **	0.25 (9.56) **	0.24 (9.73) **	0.24 (20.23) **	0.28 (20.06) **	0.32 (12.42) **	0.28 (11.42) **	0.28 (23.96) **
	合资或者外商独资企业	0.45 (9.94) **	0.45 (9.31) **	0.13 (4.85) **	0.2 (11.68) **	0.45 (10.30) **	0.45 (9.04) **	0.12 (4.37) **	0.19 (11.00) **
	私营或个体经营	0.35 (3.20) **	-0.11 (3.45) **	-0.04 -1.23	-0.1 (5.63) **	0.31 (3.05) **	-0.17 (5.30) **	-0.08 (2.95) **	-0.15 (8.98) **
	其他所有制	0.2 (2.57) *	0.1 (3.37) **	-0.3 (8.97) **	-0.1 (5.80) **	0.12 -1.65	0.08 (2.46) *	-0.36 (10.88) **	-0.14 (8.10) **

续表

		1995 年		2002 年		2007 年		混合样本	
职业	一般办事员	0.11 (6.72) **	0.23 (10.70) **	0.08 (4.74) **	0.14 (13.82) **				
	企事业单位负责人	0.23 (11.33) **	0.37 (13.72) **	0.23 (7.99) **	0.27 (18.92) **				
	专业技术人员	0.16 (11.05) **	0.27 (14.45) **	0.19 (9.96) **	0.2 (20.69) **				
	其他	0.06 (2.36) *	-0.15 (3.11) **	-0.07 (2.26) *	-0.02 -0.89				
行业	农林牧渔	-0.01 -0.28	0.05 -0.91	0.09 -1.45	0 -0.16				
	采矿业	0.09 (2.06) *	0.07 -1.35	0.33 (6.45) **	0.14 (4.80) **				
	建筑业	0.02 -0.69	-0.01 -0.16	-0.01 -0.17	0 -0.13				
	交通运输邮电通讯业	0.1 (4.59) **	0.15 (5.92) **	0.08 (3.45) **	0.1 (7.55) **				
	批发零售贸易餐饮业	-0.05 (3.58) **	-0.02 -0.88	-0.07 (3.08) **	-0.04 (3.79) **				
	房地产业	-0.07 (2.88) **	0.03 -1.25	-0.01 -0.63	-0.05 (4.01) **				

续表

		1995 年		2002 年		2007 年		混合样本	
行业	金融保险业	0.24 (7.19) **	0.15 (3.72) **	0.16 (4.48) **	0.16 (7.52) **				
	教育文化艺术及广播电影电视	0.05 (2.52) *	0.18 (7.07) **	0.05 (2.12) *	0.08 (6.03) **				
	卫生体育和社会福利业	0.06 (2.69) **	0.23 (7.67) **	0.02 -0.49	0.09 (5.47) **				
	科学研究技术服务业	0.13 (4.16) **	0.21 (4.47) **	0.15 (4.94) **	0.16 (7.94) **				
	公共管理和社会组织	0 -0.12	0.11 (4.63) **	0.07 (3.01) **	0.04 (3.41) **				
省份	北京	0.48 (17.65) **	0.46 (13.49) **	0.69 (26.66) **	0.58 (34.87) **	0.45 (17.14) **	0.45 (12.81) **	0.71 (27.12) **	0.57 (34.29) **
	山西	0.05 -1.9	-0.05 -1.53	0.21 (7.54) **	0.09 (5.22) **	0.02 -0.62	-0.04 -1.18	0.23 (8.08) **	0.08 (4.76) **
	辽宁	0.18 (7.16) **	0.22 (6.73) **	0.17 (6.28) **	0.2 (12.48) **	0.15 (6.19) **	0.19 (5.81) **	0.18 (6.72) **	0.18 (11.45) **
	江苏	0.43 (17.49) **	0.28 (8.70) **	0.63 (21.85) **	0.46 (27.74) **	0.4 (16.70) **	0.29 (8.70) **	0.64 (21.77) **	0.45 (27.44) **
	安徽	0.12 (4.38) **	0.04 -1.21	0.24 (8.77) **	0.16 (9.08) **	0.09 (3.29) **	0.05 -1.47	0.25 (8.91) **	0.15 (8.66) **

续表

		1995 年		2002 年		2007 年		混合样本	
省份	河南	0.03 -0.98	-0.03 -0.93	0.07 (2.47) *	0.04 (2.46) *	-0.02 -0.66	-0.02 -0.5	0.08 (2.87) **	0.03 (2.02) *
	湖北	0.21 (8.47) **	0.05 -1.53	0.36 (11.76) **	0.22 (13.22) **	0.18 (7.29) **	0.06 -1.75	0.35 (11.28) **	0.2 (12.33) **
	广东	0.84 (32.42) **	0.72 (21.64) **	0.81 (33.23) **	0.8 (50.45) **	0.81 (31.99) **	0.72 (21.24) **	0.82 (33.52) **	0.8 (50.21) **
	四川	0.19 (7.83) **	0.13 (3.90) **	0.25 (9.03) **	0.21 (12.60) **	0.17 (7.21) **	0.12 (3.49) **	0.27 (9.55) **	0.2 (12.52) **
	云南	0.25 (9.90) **	0.17 (5.00) **	0.18 (6.29) **	0.22 (13.16) **	0.23 (9.34) **	0.2 (5.74) **	0.2 (6.80) **	0.23 (13.46) **
*Year*2007 虚拟变量					0.47 (53.06) **				0.42 (49.03) **
*Year*2002 虚拟变量					-0.52 (60.37) **				-0.52 (61.71) **
常数项		4.47 (98.39) **	4.8 (54.38) **	5.14 (51.88) **	4.93 (125.03) **	4.52 (104.95) **	4.85 (54.14) **	5.13 (51.44) **	4.96 (128.94) **
样本数		10777	8657	9979	29413	11358	8719	9980	30057
R^2		0.37	0.35	0.43	0.54	0.35	0.31	0.41	0.53

注：括号内数值为标准差，** p<0.01，* p<0.05。

省略变量包括：女性，年龄组 16－20，未婚，汉族，小学及以下文化程度，集体企业，工人，制造业，甘肃。

表 13. A3　城镇职工工资方程，1995，2002，2007

解释变量		1995 年		2002 年		2007 年	
		男性	女性	男性	女性	男性	女性
年龄组	21-25 岁	0.39 (7.73) **	0.16 (3.08) **	0.42 (3.87) **	0.46 (4.26) **	0.17 -1.56	0.55 (4.03) **
	26-30 岁	0.48 (8.61) **	0.39 (6.43) **	0.56 (5.18) **	0.52 (4.50) **	0.45 (4.01) **	0.76 (5.48) **
	31-35 岁	0.6 (10.40) **	0.5 (8.11) **	0.62 (5.56) **	0.66 (5.56) **	0.53 (4.62) **	0.8 (5.72) **
	36-40 岁	0.69 (11.83) **	0.63 (10.25) **	0.72 (6.37) **	0.72 (6.13) **	0.57 (4.92) **	0.83 (5.95) **
	41-45 岁	0.77 (13.28) **	0.66 (10.67) **	0.77 (6.86) **	0.75 (6.37) **	0.59 (5.09) **	0.81 (5.82) **
	46-50 岁	0.78 (13.29) **	0.62 (9.70) **	0.78 (6.92) **	0.77 (6.50) **	0.57 (4.93) **	0.85 (6.05) **
	51-55 岁	0.83 (13.81) **	0.55 (7.93) **	0.75 (6.62) **	0.61 (4.94) **	0.58 (4.99) **	0.95 (6.62) **
	56-60 岁	0.89 (14.22) **	0.43 (3.88) **	0.65 (5.56) **	0.25 -1.63	0.5 (4.27) **	0.25 -1.2
婚姻状况	已婚	0.18 (5.58) **	0.08 (2.11) *	0.19 (4.31) **	0.1 -1.75	0.2 (4.91) **	0.11 (2.63) **
	其他	-0.03 -0.4	0.1 -1.28	0.02 -0.25	0.09 -1.08	-0.04 -0.37	0.15 (2.25) *

续表

解释变量		1995 年		2002 年		2007 年	
		男性	女性	男性	女性	男性	女性
民族	少数民族	-0.05 -1.56	-0.09 (2.48) *	-0.02 -0.4	0.16 (3.07) **	-0.05 -1.26	-0.02 -0.52
学历	初中	0.09 (3.20) **	0.15 (4.79) **	0.01 -0.25	0.09 -1.45	0.14 (2.56) *	0.16 (2.16) *
	高中	0.15 (4.76) **	0.19 (5.84) **	0.13 (2.64) **	0.25 (3.95) **	0.24 (4.37) **	0.27 (3.77) **
	中专	0.18 (5.51) **	0.31 (8.75) **	0.17 (3.33) **	0.35 (5.30) **	0.34 (5.81) **	0.41 (5.53) **
	大专	0.21 (6.37) **	0.34 (9.09) **	0.26 (5.27) **	0.46 (7.07) **	0.48 (8.42) **	0.53 (7.34) **
	本科	0.3 (8.45) **	0.43 (9.55) **	0.41 (7.85) **	0.57 (7.87) **	0.65 (10.98) **	0.72 (9.41) **
所有制	国有企业	0.23 (11.28) **	0.25 (12.70) **	0.24 (6.63) **	0.25 (6.88) **	0.31 (8.82) **	0.15 (4.43) **
	合资或外商独资企业	0.4 (6.63) **	0.49 (7.25) **	0.5 (7.98) **	0.39 (5.10) **	0.18 (4.85) **	0.07 -1.89
	私营或个体经营	0.4 (2.61) **	0.26 -1.7	-0.1 (2.35) *	-0.12 (2.58) **	0.01 -0.16	-0.08 (1.97) *
	其他所有制	0.08 -0.54	0.26 (2.61) **	0.16 (3.75) **	0.05 -1.12	-0.19 (3.88) **	-0.36 (7.92) **

续表

解释变量		1995 年		2002 年		2007 年	
		男性	女性	男性	女性	男性	女性
职业	办事人员	0.08 (3.32) **	0.12 (5.11) **	0.2 (6.55) **	0.24 (7.81) **	0.07 (3.39) **	0.11 (4.20) **
	单位负责人	0.19 (7.46) **	0.25 (7.01) **	0.33 (9.97) **	0.4 (7.81) **	0.22 (6.45) **	0.24 (4.42) **
	专业技术人员	0.12 (5.82) **	0.17 (8.32) **	0.22 (8.45) **	0.31 (10.74) **	0.16 (6.53) **	0.25 (8.01) **
	其他	0.05 -1.21	0.06 (1.99) *	-0.11 -1.64	-0.16 (2.36) *	-0.05 -1.2	-0.07 -1.72
行业	农林牧渔	0.02 -0.35	-0.06 -0.9	0.03 -0.46	0.07 -0.79	0.06 -0.81	0.16 -1.57
	采矿业	0.09 -1.66	0.09 -1.23	0.14 (2.36) *	-0.12 -1.18	0.33 (5.76) **	0.25 (2.35) *
	建筑业	0.02 -0.49	0.02 -0.54	0.01 -0.23	-0.04 -0.6	0.03 -0.78	-0.11 -1.73
	交通运输邮电通讯业	0.09 (3.22) **	0.12 (3.24) **	0.15 (5.07) **	0.16 (3.43) **	0.06 (2.26) *	0.11 (2.36) *
	批发零售贸易餐饮业	-0.08 (4.11) **	-0.03 -1.26	-0.04 -1.07	-0.02 -0.45	-0.09 (3.08) **	-0.04 -1.2
	房地产业	-0.01 -0.37	-0.09 (2.46) *	0.11 (3.87) **	-0.04 -1.37	0.01 -0.44	-0.03 -1.11

续表

解释变量		1995年		2002年		2007年	
		男性	女性	男性	女性	男性	女性
行业	金融保险业	0.23 (4.96) **	0.28 (5.62) **	0.26 (4.87) **	0.04 -0.76	0.11 (2.22) *	0.2 (3.99) **
	教育文化艺术广播影视业	0.03 -1.08	0.07 (2.62) **	0.26 (7.76) **	0.08 (2.07) *	0.02 -0.51	0.07 -1.81
	卫生体育和社会福利业	0.03 -0.8	0.1 (3.00) **	0.23 (5.20) **	0.22 (5.09) **	-0.03 -0.6	0.03 -0.75
	科学研究技术服务业	0.13 (3.43) **	0.13 (2.47) *	0.17 (3.03) **	0.31 (3.82) **	0.17 (4.74) **	0.12 (2.37) *
	公共管理和社会组织	-0.02 -0.91	0.04 -1.37	0.15 (5.09) **	0.09 (2.07) *	0.1 (3.47) **	0.03 -0.78
省份	北京	0.47 (13.34) **	0.48 (11.60) **	0.49 (11.11) **	0.45 (8.48) **	0.67 (19.83) **	0.72 (18.07) **
	山西	0.09 (2.80) **	0 -0.09	-0.06 -1.36	-0.03 -0.52	0.22 (6.11) **	0.18 (4.25) **
	辽宁	0.17 (5.32) **	0.18 (4.69) **	0.23 (5.59) **	0.23 (4.41) **	0.2 (5.72) **	0.12 (2.93) **
	江苏	0.38 (11.78) **	0.49 (12.98) **	0.27 (6.49) **	0.31 (6.09) **	0.63 (16.55) **	0.63 (14.20) **
	安徽	0.1 (3.02) **	0.13 (3.07) **	0.05 -1.22	0.04 -0.72	0.26 (7.16) **	0.22 (5.28) **

续表

解释变量		1995 年		2002 年		2007 年	
		男性	女性	男性	女性	男性	女性
省份	河南	0.04 -1.07	0.02 -0.46	-0.03 -0.77	-0.01 -0.29	0.02 -0.42	0.13 (3.15) **
	湖北	0.16 (4.95) **	0.26 (6.88) **	0.03 -0.75	0.08 -1.65	0.38 (9.47) **	0.34 (7.09) **
	广东	0.31 (24.05) **	0.87 (21.70) **	0.69 (16.07) **	0.75 (14.66) **	0.81 (25.22) **	0.8 (21.80) **
	四川	0.18 (5.57) **	0.21 (5.55) **	0.08 -1.74	0.23 (4.23) **	0.17 (4.73) **	0.35 (8.22) **
	云南	0.21 (6.43) **	0.28 (7.37) **	0.12 (2.62) **	0.23 (4.39) **	0.12 (3.23) **	0.24 (5.61) **
常数项		4.56 (72.32) **	4.49 (68.52) **	4.98 (40.88) **	4.74 (36.68) **	5.46 (43.16) **	5.04 (32.04) **
样本数		5688	5089	4827	3830	5579	4400
R^2		0.36	0.36	0.33	0.36	0.41	0.41

注：括号中的数值为标准差，*** p<0.01，** p<0.05，* p<0.1。

省略变量包括：女性，年龄组16－20岁，未婚，汉族，小学及以下文化程度，集体企业，制造业，普通工人，甘肃。

第十四章　中国城镇居民民族间收入不平等的跨期变化

第一节　引　言

1978 年开始改革开放之后，中国经济迅速增长（Chow，1993）。在此之后的 30 年中，中国国内生产总值（GDP）不断增长，制造业持续增长对外出口迅猛增加。这样大幅度的增长，在很大程度上被认为是由于资本积累和生产效率的提高所带来的（Chow 和 Li，2002）。

图 14.1 显示了中国经济 30 年来所取得的重大成就。1978—2007 年，中国 GDP 年均增长率约为 9.74%。作为对比，美国同时期的 GDP 年均增长率仅为 3.3%（Myers，即将出版）。

改革开放以后中国经济总体上显著增长所带来的影响是，无论从整体上还是从区域上来看，处于中国收入分布顶端的人口与处于收入分布底端的人口之间的不平等程度在扩大（Cai，Wang 和 Du，2002）。通过对总体收入差距和区域收入不平等程度的测算，从改革开放之初到现在，两者都有大规模的增加（OECD，2010，第 140—141 页）。1995—2002 年间，由于自有住房估算租金和公共补贴计算方法的改进，收入不平等程度上升但却保持了稳定（Gustafsson，Li 和 Sicular，2008）。在中国经济迅猛发展的 20 世纪 80 年代到 21 世纪初期，中国城镇地区的人均家庭可支配收入的不平等程度增加。中国城镇地区的基尼系数，从 1988 年的 0.244 增长为

1995 年的 0. 339，到 2002 年这一数据为 0. 322（Gustafsson，Li 和 Sicular，2008）。2002—2007 年期间，中国城镇地区的收入不平等继续拉大，但其增长速度并不像 2002 年之前那么快（见本书第九章）。2005 年前后，中国整体的收入不平等程度已经超过美国和大多数欧洲国家，而与墨西哥和智利类似，但是低于南非、巴西（OECD，2010，第 130 页）。

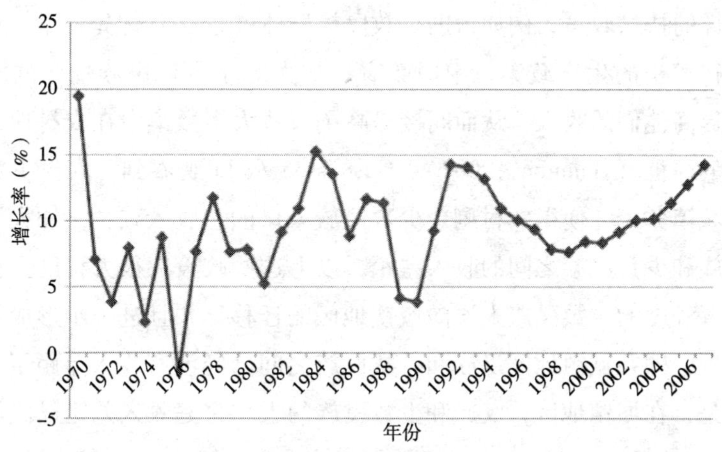

图 14. 1　中国 GDP 实际增长率

资料来源：世界银行：《世界发展报告》，http://databank. worldbank. org/ddp/home. do? Step = 12&id = 4&CNO = 2。

中国的经济增长政策产生了一个鲜为人知的影响。那就是，城镇地区汉族人口与少数民族人口之间收入差距的缩小。中国农村地区少数民族与汉族家庭的人均收入之比变化不大：1988 年为 0. 663，1995 年为 0. 6714，2002 年为 0. 6573。但是在城镇地区，这个比率从 1988 年的 0. 92 上升到了 2002 年的 1. 00，这一数据让一些专家认为，中国城镇地区的汉族和少数民族间的收入差距已经不存在了。

这一发现与农村地区少数民族地位的相对恶化形成了鲜明的对比。Gustafsson 和 Li（2003）对中国 19 个省 1988 年和 1995 年的调查数据进行了估算，发现少数民族家庭和汉族家庭的人均收入差距从 1988 年的 19. 2% 上升到了 1995 年的 35. 9%。Gustafsson 和 Li（2003）将农村收入差距产生的原因分解为几个部分进行解释，它们分别是：人力资本、空间和政治因素，以及另外一些不明因素。他们指出，农村汉族和少数民族人口收入差距中的很大部分可以通过人力资本及其相关因素做出解释。在那些农村收入差距缩小的省份，少数民族受教育程度的增加在其中产生了至关重要的作用。

政府政策对城镇地区少数民族而言，可能提高了他们相对的经济地位。但是在农村情况并非如此，原因在于一种内在的选择效应。除了一些有针对性的扶植政策，例如帮助少数民族群体（子女）优先入学、对少数民族实行宽松的生育政策，中国政府还加大对于少数民族地区的资金投入，以提高他们的收入，从而间接提高了那些大多数集中在农村地区的少数民族的福祉（Hannum，2002）。Gustafsson 和 Li 观察到，农村少数民族人口到城镇务工，使得农村剩余少数民族人口的总收入减少，加大了农村地区汉族和少数民族之间的收入差距。以上这些政策在很大程度上促进了更高教育程度的少数民族人群向城镇地区的迁移，并且进一步形成了这样一种印象，即在城镇地区汉族和少数民族之间已经没有收入差距了。传统的观点是，在城镇地区，汉族和少数民族的人均家庭收入差距已经微乎其微（Zhang 和 Li，2001）。因此，除了经济在改革开放的 30 年中迅速增长，中国政府也实施了对少数民族有利的政策，这些都对减少汉族和少数民族之间的收入差距做出了贡献。

1995—2002 年间，在中国经济增长速度略有放缓的情况下，少数民族和汉族收入差距出现历史性缩小。本章将具体阐述对这一变化产生影响的因素。同时本章也对 2002—2007 年间，迄今尚未被记载的中国城镇地区的民族间收入差距增大进行了探讨。这一分析的开创性贡献是，它提供了两种对收入差距变化进行分解的方法：（1）组内的跨期差异；（2）组间的同期差异。

本章的结构如下：首先，我们描述了过去几十年汉族和少数民族工人所面临的情况的背景信息。然后，我们将提供一个分析框架，这个框架是用来理解汉族和少数民族之间工资和薪金收入差异的。并且，我们将对这一收入差距进行分解：一方面在同一族群中进行不同时期的分解；另一方面，在同一时期对不同族群进行分解。这个方法是为了对少数民族和汉族的工资和薪金差距进行比较，然后再将这一比较结果从禀赋差异（differences in endowment）和待遇差异（differences in Treatment）两方面进行组间和跨期的分解。在最后的结论部分，我们将讨论那些旨在增加少数民族受教育程度的政策和那些旨在增加国有企业中少数民族员工的政策所产生的影响。

第二节 背 景

传统观点认为，随着市场经济改革的推进，中国经济快速发展，随之而来的是人均收入总体不平等程度的扩大。这种不平等在很大程度上是由于城镇地区和农村地区在享用基础设施上的城乡差距，以及随之而来的教育投入和教育不平等所产生的影响造成的。尽管识字率、入学率、整体的受教育程度提高了，但是农村和城镇地区的差距变大了（Hannum，2002）。由于少数民族主要居住在中国的农村和不发达地区，教育产出方面的差距就被认为主要是由于职业差异造成的（Hannum 和 Yu，1998；Rong 和 Shi，2001；Zhang 和 Kanbur，2005）。全国性的统计数据显示，少数民族自治地区的贫困率远远高于中国其他农村地区。2006—2009 年，少数民族自治地区的贫困率分别是 18.9%、18.6%、17% 和 16.4%。同期，中国农村的贫困率分别是 6%、4.6%、4.2% 和 3.6%（中央人民政府，2011）。

利用北京的汉族和少数民族的一个小样本，Zang 和 Li（2001）发现，汉族和少数民族之间几乎不存在人口统计学的差异，这被认为是受过高等教育的少数民族向城镇地区的选择性迁移而造成的（Zang 和 Li，2001，第 41 页）。他们还认为，国家给少数民族提供的优惠政策为少数民族的发展提供了一种向上的动力（Zang 和 Li，2001，第 41 页）。此外，他们发现，总收入——包括奖金、投资回报和工资薪金等在内，并没有统计上显著的民族区别。但是，在教育回报和工作回报上，各民族之间却有显著的差异。他们认为，提高受教育程度并加大在国有企业的就业率，少数民族比非少数民族要获益更多。

通过使用1989—1992年数据进行的一个简单人力资本模型估算（并未对城乡居民和少数民族身份两个因素进行控制），Maurer-Fazio（1999，第27页）发现，教育回报率大约为3%—4%，而且女性的教育回报率要高于男性。这个结果说明了一种可能性的存在，即收入差距的变化可能是由于男女之间的教育回报率差别造成的。

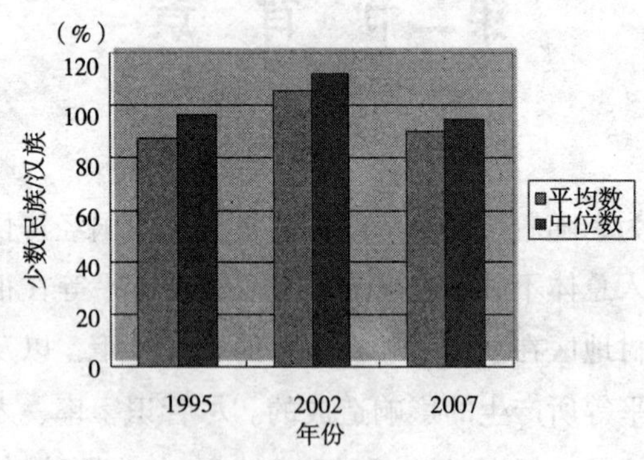

图14.2　中国城镇少数民族和汉族家庭总收入的比率（平均数与中位数对比）

资料来源：作者使用1995年、2002年和2007年CHIP数据计算得来。

这些关于城镇汉族和少数民族之间工资差别的典型事实，与另外一些在中国经济增长的不同时期，从全国抽取的家庭收入、个人收入、工资薪金收入差距的样本数据是相互矛盾的。图14.2显示，在经济增长呈下滑趋势的时期，比如1995年，少数民族与汉族收入的平均数与中位数的比率低于2002年经济增长呈上升趋势的时候。经济增长率在2002年之后就比较稳定了，只在2007年的时候有少许下滑，也正是在这一年，少数民族与汉族收入的比率再一次出现了低点（见图14.2）。由于这一结果并未指向一个固定的收入差距模式，因此，对相关的劳动力市场动态进行更为细致的观察是很有必要的，因为它可能是导致收入差距先扩大，继而减小的原因。

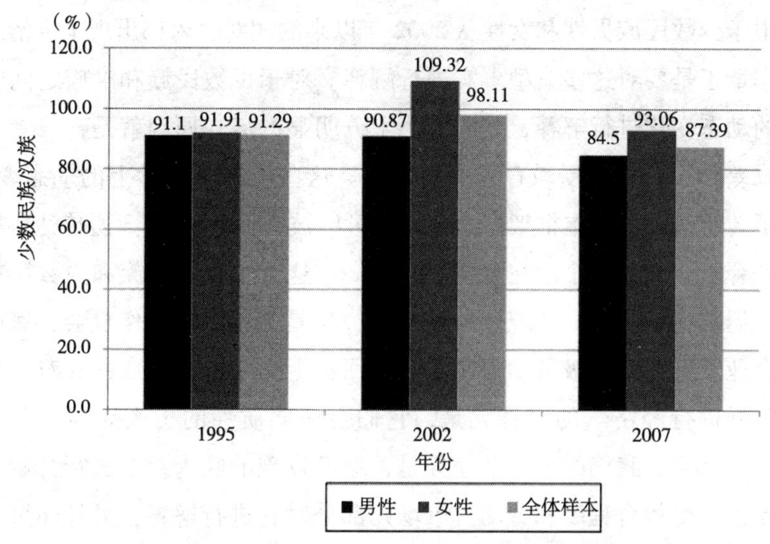

图 14.3　少数民族和汉族工资薪金收入的比率

资料来源：作者使用 1995 年、2002 年和 2007 年的 CHIP 数据计算得来。

图 14.3 给出了少数民族与汉族的平均工资薪金收入的比率。样本包含的年份是 1995 年、2002 年和 2007 年。计算所使用的样本是那些有工资薪金收入并且年龄在 18 岁及以上的人群。在这三年中，样本省份都是随机选取的。图中的比率分别是少数民族女性和汉族女性的收入比率、少数民族男性和汉族男性的收入比率，以及两者全部样本的收入比率。根据这些未经调整的估计结果，少数民族在 1995 年、2002 年和 2007 年的收入都低于汉族。少数民族男性与汉族男性的收入比率，在 1995 年是 91.1%，在 2002 年稍有下降为 90.87%，在 2007 年再次下滑，降到了 84.5%。因此，十二年间，少数民族与汉族的男性的收入比率是下降的。1995 年，少数民族女性与汉族女性的收入比率是 91.91%，2002 年这一比率上升到 109.32%，但是 2007 年又下降至 93.06%。因此，十二年间，相对于汉族女性而言，少数民族女性的收入是增加的。总体上，把男性和女性的情况结合起来看，少数民族与汉族的工资薪金收入比率，从 1995 年的 91.29% 上升到了 2002 年的 98.11%。这一时期的增长，主要是由于少数民族女性收入的相对增长造成的。然而，在 2007 年，这一比率下降到了 87.39%，

这是由于少数民族男性和女性从2002年以来的相对收入都出现了下滑。

本章正是要对这些典型事实进行解释。对于少数民族和汉族之间收入差距的动态变化进行解释，其中一个十分明显的潜在原因就是，二者的年龄模式差异和（或）受教育程度的差异。这些人口统计学上的动态变化，形成了传统的人力资本框架，这一框架可以被看作是图14.3所传达事实的潜在解释因素。另一个潜在解释因素是，在这十二年中汉族和少数民族受到的待遇发生了变化。从统计结果来看，这是由教育、工作机会、家庭结构、企业类型或者省级劳动力市场等在回报上的差异所造成的。对于这些回报差异进行经济学的解释就是，它们会使同质性的工人受到不同的待遇。在此之后，我们的另一个任务是，对已发现的收入差距进行分解：首先从年龄、受教育程度和劳动力市场几部分对它进行解释；另外还可以从回报差异的角度，对以上几方面不能做出解释的部分给出解释。

第三节 "反歧视"政策法规和中国少数民族的发展

近些年来，用于保护少数民族不受歧视或者扶持少数民族发展的法律和政策不断完善。在这个过程中出现了一个细微的变化，即在本世纪初之前，政策法规主要是保护少数民族不受到歧视；但在本世纪初以来，政策法规则开始向给予少数民族优惠方向倾斜。《中华人民共和国宪法》严禁歧视少数民族。其他反对歧视少数民族的努力还包括，1951年《关于禁止使用侮辱少数民族的街道名和地名的规定》，以及1997年将歧视少数民族的行为定为刑事犯罪的做法。近期的反歧视政策更偏向给予少数民族优惠，包括对于少数民族考生进行高考加分、对少数民族实行宽松的生育政策，以及保证民族自治地区少数民族政治权利的措施等（Gustafsson和Ding，2009）。

一部分农村少数民族和个人基本上是不受中国1979年实行的计划生育

政策约束的。根据《中华人民共和国人口与计划生育法》，各省以及自治区人民代表大会可以制定自己的地方性法规。一般情况下，在农村少数民族地区，一个少数民族家庭可以生育三个孩子。在西藏，生育孩子的数目则没有任何限制。然而，在城镇地区，生育政策则更为严格。在一些城镇地区，比如安徽和山东，如果夫妻双方都是少数民族的话，那么他们最多可以生育两个孩子。在其他城镇地区，比如新疆和青海，只要夫妻双方中有一人是少数民族，那么他们就可以生育两个孩子。在另外一些城镇地区，比如广西和河北，如果夫妻双方中有一人是少数民族，而且其所在城市的人口数少于 1000 万，那么经过申请后这对夫妻就可以生育第二个孩子。

中国共有 5 个省级少数民族自治区；77 个地级少数民族自治区，包括地级市、自治州和盟；698 个县级少数民族自治区，包括县级市、旗和自治县、自治旗；另外还有 7745 个乡镇一级的少数民族行政事业单位（国家统计局，2009a）。这些少数民族聚居地区具有特殊的政治和行政地位。

《民族区域自治法》1984 年颁布，2001 年进行修订。民族区域自治在国家统一领导下，在少数民族自治地区实行。根据《民族区域自治法》，民族自治机构一旦建立，少数民族就享有自治权，他们在自治区内有权管理自己的内部事务。

《城市民族工作条例》制定于 1993 年。该条例共 30 条，其中的 13 条都鼓励雇佣更多的少数民族，促进少数民族企业发展，培养和选拔少数民族干部，重视少数民族教育，以及对少数民族进行税务减免等。

另外，有关反对歧视少数民族的国际法也对中国产生着影响，比如《经济、社会和文化权利国际公约》于 2001 年 3 月在中国生效；《消除一切形式种族歧视国际公约》1981 年 12 月在中国生效；《就业政策公约》在 1997 年 12 月正式生效。

第四节 模 型

传统人力资本观点假定，个人工资和薪金收入的对数与工作经验和受教育程度有关，主要用年龄、年龄的平方、受教育程度或受教育年限作为代理变量。然而，在中国的背景下，还要把行业结构包含在内。市场化改革催生了一个与教育体系和劳动力市场的层次结构相关的职业类别，这一类别反过来影响了工资的决定。首先，我们认为，工资决定是人力资本、家庭结构、行业、职业和所处地理位置这些因素相互作用的结果。然后，我们把少数民族和汉族的收入进行分解，在这一过程我们将会详细介绍我们所使用的分析方法。最后，我们将会提供一个模型，用来理解随着时间的推移，少数民族和汉族之间收入比率变化的原因。

一、少数民族身份对工资薪金的影响

考虑一个包含人力资本、行业或职业指标的向量 X，M 代表少数民族身份，如果一个人是政府承认的 55 个少数民族中的一员，那么 M 值就等于1，否则 M 值就是0。通过以下模型，我们分别对每个时期 t 内的男性和女性的数据进行了估计：

$$\ln y_t = \alpha_{t0} + \sum a_{ti} x_{ti} + \delta_r M_t + \varepsilon_t \tag{14.1}$$

模型中，随机误差项 ε 假定是正态分布的，具有零均值和常数方差，并且与 M 和 X 无关。原假设为：少数民族身份对其收入没有消极影响。如果对人力资本、行业和职业特征进行控制的话，那么 δ 等于0。另一种对原假设进行验证的方法是，在控制相关的人力资本、行业和职业因素的条件下，做如下检验：分别对少数民族和非少数民族的收入对数方程进行估算，用上标 m 和 h 代表：

$$\ln y_t^h = \beta_{t0}^h + \sum \beta_{it}^h x_{it}^h + \omega_t^k$$

$$\ln y_t^m = \beta_{t0}^m + \sum \beta_{it}^m x_{it}^m + \omega_t^m \tag{14.2}$$

我们没有理由假定在 m 方程和 h 方程中，它们误差项是相同的。同时这也是不必要的，即我们假定，模型中少数民族 x 对 y 的影响与非少数民族 x 对 y 的影响是一样的。这些都是估计方程式（14.1）时受到的限制。所以另一种计算少数民族身份对其收入消极影响的方法就是，假定在当少数民族与非少数民族面对相同对待的时候，对少数民族的假想收入进行计算：

$$\ln \tilde{y}_t^m = \hat{\beta}_{t0}^h + \sum \hat{\beta}_{it}^h \cdot x_{it}^m \tag{14.3}$$

对于收入差距中不能被解释的部分，或者说不能由少数民族和汉族的特征差异来进行解释的部分，另外一种衡量的方法是：

$$\Delta = \frac{\ln \tilde{y}_t^m - \ln y_t^m}{\ln y_t^h - \ln y_t^m} \tag{14.4}$$

在公式（14.4）中，分子是在对数方程中尚未被解释的残差，而分母则是实际的收入差距。二者之比就是收入对数方程中总体差距不能用汉族和少数民族的特征差异来进行解释的部分。这就是我们所熟知的“Blinder-Oaxaca”分解。我们假设在男性和女性中无法解释的残差是不同的，而且少数民族男性比少数民族女性面临更大的收入差距；我们还假定无法解释的残差在每一年也是不一样的。然而，要想知道民族特征的跨期变化在多大程度上能够解释收入差距的动态变化模式，这需要我们对不同时期的收入差距进行分解。

二、少数民族和汉族收入差距动态变化的决定因素

考虑用 I（t，$t+1$）度量两个时期间少数民族和汉族的收入差距。在 t 时期和 $t+1$ 时期，汉族（h）和少数民族（m）的收入分别用以下方程表示：

$$\ln y_t^h = \beta_{0t}^h + \sum \beta_{it}^h x_{it}^h + \omega_t^h$$

$$\ln y_{t+1}^h = \beta_{0,t+1}^h + \sum \beta_{it+1}^h x_{it+1}^h + \omega_{t+1}^h$$

$$\ln y_t^m = \beta_{0,t}^m + \sum \beta_{it}^m x_{it}^m + \omega_t^m$$

$$\ln y_{t+1}^{m} = \beta_{0,t+1}^{m} + \sum \beta_{it+1}^{m} x_{it+1}^{m} + \omega_{t+1}^{m} \tag{14.5}$$

如果少数民族与汉族的收入比率从 t 时期到 $t+1$ 时期是上升的，那么收入差距就是在缩小。当 I 的分子比分母大的时候（t 时期的收入比率比 $t+1$时期的收入比率大）那么收入差距就是在扩大。因此，方程式（14.6）提供了一种涵盖不同时期收入差距动态变化影响因素的方法：

$$I(t,t+1) = \ln\left[\frac{\dfrac{y_t^m}{y_t^h}}{\dfrac{y_{t+1}^m}{y_{t+1}^h}}\right] = \ln y_t^m - \ln y_t^h - \ln y_{t+1}^m + \ln y_{t+1}^h \tag{14.6}$$

需要注明的是任何一个特定因素的改变，比如 x_j，都会以以下方式对收入差距产生影响：

$$\begin{aligned}\frac{\partial I}{\partial x_j} &= \frac{\partial \ln y_t^m}{\partial x_j} - \frac{\partial \ln y_t^h}{\partial x_j} - \frac{\partial \ln y_{t+1}^m}{\partial x_j} + \frac{\partial \ln y_{t+1}^h}{\partial x_j} \\ &= \beta_t^m - \beta_t^h - \beta_{t+1}^m + \beta_{t+1}^h \end{aligned} \tag{14.7}$$

变量 x_j 对于 I 的边际影响是负数的时候，就能缩小收入差距。当方程（14.7）中导数符号为正时，这一变量则会导致收入差距的扩大。需要特别指出的是，该导数使我们能够判断某一特定因素是否对少数民族和汉族的收入差距产生了持续的影响，如受教育程度或者在外资企业中就业等。

对于中央政府和地方政府来说，有两个关键政策工具可供使用，一个是扩大少数民族的受教育机会，主要通过在大学录取中优先录取少数民族，或者在高考中给少数民族单设分数线的方式来实现；另一个就是在国有企业中优先雇佣少数民族。我们通常可能会认为，如果少数民族的教育回报和国有企业雇佣的回报增加的话，同时在少数民族中扩大受教育机会和加大国有企业的雇用，将会有助于缩小收入差距。然而，如果汉族受国有企业雇佣的回报和教育回报都比少数民族高的话，仍然会导致差距的扩大。

用方程（14.7）来衡量收入差距的动态变化有一个缺陷，那就是它假定每一个独立变量都是不断变化的。另一种求导方法是建立在 Smith 和 Welch（1975、1977 和 1989）的基础上，Darity、Myers 和 Chung（1998）认为，可以根据不同组和不同时期的系数差别，以及不同组和不同时期的禀赋差别将收入差异分成几个部分进行分解。这样就设想出了两种不同的分解方式：一种是跨期分解，考察同一组内不同时期的禀赋和系数差异；另一种是同期分解，考察同一期不同组之间的禀赋和系数差异。

三、同期分解

这一分解把 $I(t, t+1)$ 分成了两部分，一部分是根据每个时期内少数民族和汉族受到的不同待遇划分的，另一部分则是根据每个时期内少数民族和汉族的禀赋差异划分的。方程（14.8）显示，差距的衡量方法 $I(t, t+1)$ 还可以被改写成是处置效应和禀赋效应的总和：

$$
\begin{aligned}
\ln I(t,t+1) &= \ln y_t^m - \ln y_t^h - \ln y_{t+1}^m + \ln y_{t+1}^h \\
&= \ln y_t^m - \ln y_t^h - \ln y_{t+1}^m + \ln y_{t+1}^h + (\ln \tilde{y}_t^m - \ln \tilde{y}_t^m) + (\ln \tilde{y}_{t+1}^m - \ln \tilde{y}_{t+1}^m) \\
&= [(\ln y_t^m - \ln \tilde{y}_t^m) - (\ln y_{t+1}^m - \ln \tilde{y}_{t+1}^m)] \\
&\quad + [(\ln \tilde{y}_t^m - \ln y_t^h) - (\ln \tilde{y}_{t+1}^m - \ln y_{t+1}^h)] \qquad (14.8)
\end{aligned}
$$

方程（14.8）等号右边第一个中括号里的内容表示的是处置效应，第二的中括号里的内容表示的是禀赋效应。在特定时期 j 内的平等待遇的收入可以通过以下公式表示：

$$\ln \tilde{y}_j^m = \hat{\beta}_{0,j}^h + \sum \hat{\beta}_{i,j}^h \cdot x_{x,j}^m \qquad (14.9)$$

该公式表示在 j 时期内，少数民族和汉族受到相同待遇时少数民族的收入情况。这是在少数民族和汉族受到相同待遇，并且具有少数民族的其他特征时，他们所得到的收入对数的预期值。如果在一个时期内，少数民族和汉族的在方程（14.9）中 β 系数都相同，那么方程（14.9）等号左边的值将会和少数民族的收入对数方程相同，这就会导致方程（14.8）等号右边第一中大括号内的值等于0。

四、跨期分解

这里将 $I(t, t+1)$ 分成两部分，一部分是根据跨期的处置效应划分的，在这里少数民族和汉族在 $t+1$ 时期和 t 时期所受到的待遇是相同的；另一部分是根据禀赋效应的跨期分布划分的，在这里 $t+1$ 时期和 t 时期少数民族和汉族的禀赋是相同的。

$$\ln I(t,t+1) = \ln y_t^m - \ln y_t^h - \ln y_{t+1}^m + \ln y_{t+1}^h$$

$$= [(\ln y_t^m - \ln\tilde{y}_{t,t+1}^m) - (\ln y_t^h - \ln\tilde{y}_{t,t+1}^h)]$$

$$+ [(\ln\tilde{y}_{t,t+1}^m - \ln y_{t+1}^m) - (\ln\tilde{y}_{t,t+1}^h - \ln y_{t+1}^h)] \tag{14.10}$$

在此，k^{th}组的跨期平等待遇如下所示：

$$\ln\tilde{y}_{t,t+1}^k = \hat{\beta}_{0,t}^k + \sum \hat{\beta}_{i,t}^k \cdot x_{i,k+1}^k \tag{14.11}$$

方程（14.11）说明了这样一个事实，k^{th}组在 $t+1$ 时期受到的待遇是用他们在 t 时期受到的待遇和在 $t+1$ 时期的特点来进行预测所得到的。因此，就可以把收入差距的衡量公式 I（t，$t+1$）分成两个部分，分别归为不同时期同组内的禀赋差异和不同时期的禀赋（或者待遇）回报率差异。

第五节 数据和描述性统计

本章使用的数据来自 1995 年、2002 年和 2007 年中国家庭收入调查（CHIP）的城镇住户调查。中国家庭收入调查数据是由国家统计局进行的城镇家庭抽样调查所得出的数据中的一部分。为了使这些数据在年与年之间具有可比性，我们把研究范围限定在完整参与了三次城市住户调查的省份。这 12 个都完整参与的省份分别是：北京、山西、辽宁、云南、甘肃、江苏、安徽、河南、湖北、广东、重庆和四川。我们的样本所选择的城市数量不同，1995 年选取了 69 个城市，2002 年选取了 77 个城市，2007 年则选取了 300 个城市。

城镇样本是通过分层随机抽样的方法得到的（国家统计局，2009），该分层方法是按照省份和城市的规模大小进行。城镇地区的家庭抽样方法保证了人口样本的随机性。为了选择 CHIP 数据的样本，家庭是按照全国人口的地理分布，从各省份中随机抽取的。这其中，CHIP 数据的城镇样本被视为自加权的样本。

1995 年、2002 年、2007 年三次调查中都包括的基本变量是：年龄、受教育年限、少数民族身份和户主。在我们的分析中，这些被认为是人力资本变量。

职业变量包括：私人企业所有者或管理者；专业工人或技术工人；机构管理者；工人，包括办公室工作人员、熟练技术工人、非技术工人；其他未经归类的职业。但是，在此次分析中专业工人或技术工人没有被包括在内。

公司的类型主要有：国有企业，包括地方公有制企业和集体所有制企业；民营企业或者自我经营企业，包括合资企业和个人独资企业；此外还包括一些其他类型的企业，比如中外合资经营企业、外商独资企业、乡镇企业，以及合作经营的企业等。回归分析中的对照组是集体所有制企业。

表 14. 1 显示了我们此项调查的重要信息：即几个调查年份中，样本省份工资薪金收入的动态变化情况。表 14. 1 反映了工资薪金收入的大幅提高，以及少数民族和汉族之间收入差距的动态变化情况。

表 14. 1　被调查 12 个省份的少数民族与汉族人均工资薪金收入

		少数民族	汉族	总计
1995 年	被观察样本（个）	967	20729	21696
	样本占比（%）	4. 46	95. 54	100
	人均工资薪金收入（元）	5243. 69	5，744. 40	5723. 15
2002 年	被观察样本（个）	902	19537	20439
	样本占比（%）	4. 41	95. 59	100
	人均工资薪金收入（元）	10527. 53	10，620. 19	10616. 34
2007 年	被观察样本（个）	781	21548	22333
	样本占比（%）	3. 50	96. 49	100
	人均工资薪金收入（元）	17237. 08	19658. 51	19577. 15

资料来源：作者使用 1995 年、2002 年和 2007 年 CHIP 数据计算得来。

1995—2002 年至间，人均工资薪金收入几乎翻了一番，而在 1995—

2007 年这段时间内，人均工资薪金收入增加了三倍以上。在这期间的每一年，少数民族的人均工资薪金收入都落后于汉族。例如，在 2007 年的调查省份中，城镇地区少数民族的人均工资薪金收入为 17237 元，而汉族的人均工资薪金收入则为 19659 元。两者之间的差距比 1995 年的时候增大了，1995 年少数民族的人均工资薪金收入是 5244 元，汉族是 5744 元。

表 14.2　少数民族和汉族的收入比率

			1995 年	2002 年	2007 年
男性	总计（少数民族/汉族）		91.16%	90.69%	84.65%
	18－30 岁（少数民族/汉族）		105.53%	68.38%	86.17%
	31－60 岁（少数民族/汉族）		89.78%	97.78%	74.35%
	两个年龄组间收入比率	少数民族	78.73%	51.49%	120.57%
		汉族	66.98%	73.62%	104.03%
女性	总计（少数民族/汉族）		91.56%	108.68%	89.27%
	18－30 岁（少数民族/汉族）		82.22%	105.46%	95.74%
	31－60 岁（少数民族/汉族）		93.86%	111.06%	87.78%
	两个年龄组间收入比率	少数民族	65.73%	77.84%	120.14%
		汉族	75.04%	81.98%	110.16%

资料来源：作者使用 1995 年、2002 年和 2007 年 CHIP 数据计算得来。

表 14.2 报告了汉族和少数民族按照年龄分组时组内和组间的收入差距，同时还分别给出了男性和女性两个结果。18—60 岁的男性中，少数民族与汉族的收入比率，在 1995 年是 91.16%，2002 年是 90: 69%，2007 年是 84.65%；18—60 岁的女性这一比率为 1995 年 91.56%，2002 年 108.68%，2007 年 89.27%。然而，在特定的年龄群中，这一模式是存在分歧的。例如，在 18—30 岁的男性中，少数民族和汉族的收入比率从 1995 年的 105.53% 下降到了 2002 年的 68.38%，在此之后这一比率又在 2007 年上升到了 86.17%。与此相对的是，在 31—60 岁的男性中，少数民族和汉族的收入比率在 1995 年为 89.78%，在 2002 年为 97.78%，但是在 2007 年则为 74.35%。

在女性中，1995—2002 年少数民族和汉族的收入比率在两个年龄段（18—30 岁、31—60 岁）中都有所上升，在 2002—2007 年又都有所下降。但是在 1995—2007 年之间，18—30 岁的女性和 31—60 岁的女性的变化结果有所不同。在年轻女性（18—30 岁）中，少数民族和汉族的收入比率在 2007 年比 1995 年高；但在年长女性（31—60 岁）中，少数民族和汉族的收入比率在 2007 年低于 1995 年。

表 14. 2 也给出了按民族分组中，年轻工人（18—30 岁）和年长工人（31—60 岁）收入变化的信息。“年龄组间收入比率”的几行中，按照年份和性别，计算了同一个民族中 18—30 岁和 31—60 岁人群的收入比率。在少数民族男性中，18—30 岁人群和 31—60 岁人群的收入比率，从 1995 年的 78. 73% 下降到了 2002 年的 51. 49%。在汉族男性中，这一比率从 1995 年的 66. 98% 上升到了 2002 年的 73. 62%。对于汉族和少数民族男性来说，这一比率在 2007 年大幅增加到了 104. 03% 和 120. 57%。对于少数民族和汉族女性来说，年轻人群（18—30 岁）和年长人群（31—60 岁）之间的收入比率在 1995—2007 年间持续上升。

总之，汉族和少数民族之间的收入差距中存在着重要的年龄和性别差异。对于这些差异（年龄、性别）进行控制，也许可以对近年来观察到的民族间收入差距进行解释。

第六节 结 果

方程（14. 1）把收入对数看成是关于 M 的函数，少数民族身份是一个二元变量，这构成了我们分析的起点。用普通最小二乘法估计系数 δ，含义是少数民族身份对收入差距百分比的影响，按照时间和性别分别进行估计。首先不控制人力资本、家庭结构、职业、行业和省份等变量；然后再控制这些变量，观察它们的影响。表 14. 3 给出了对于男性和女性，在控制以上每一个因素时每年的 M 的系数值。

在不控制相关变量的情况下，δ 的值是负数，并且对于男性在每一年都统计显著；对女性而言，在1995年和2007年统计显著。这证实了我们之前关于汉族和少数民族收入差距的判断。δ 系数值的意义就是少数民族和汉族之间收入差距的百分比。如果系数为负，就说明少数民族比汉族收入低。男性和女性的第一行数据中，没有控制年龄、受教育程度和家庭结构。但是当对这些与人力资本相关的变量进行控制后，δ 的估计值，以男性为例，在1995年从 -0.086 上升到了 -0.055，2002年从 -0.202 上升到了 -0.102。1995年的系数并不显著，2002年的系数略显著。因此，对于1995年和2002年的人力资本变量进行控制，能够在很大程度上解释少数民族男性之间产生收入差距的原因。用2007年的数据进行对比，控制人力资本变量以后，系数 δ 并没有太大改变。

表14.3　少数民族身份对收入影响的普通最小二乘估计

		1995	2002	2007
男性	未经控制的数据	-0.086 (2.27)**	-0.202 (3.22)***	-0.194 (2.19)**
	控制人力资本之后的数据	-0.055 (1.59)	-0.102 (1.86)*	-0.192 (2.33)**
	控制人力资本、职业和公司类型	-0.048 (1.41)	-0.062 (1.16)	-0.152 (2.05)**
	控制人力资本、职业和公司类型、省份	-0.071 (2.17)**	-0.070 (1.32)	-0.158 (2.18)**
女性	未经控制的数据	-0.090 (1.99)**	0.120 (1.65)	-0.183 (1.75)*
	控制人力资本之后的数据	-0.076 (1.85)*	0.138 (2.13)*	-0.133 (1.44)
	控制人力资本、职业和公司类型	-0.087 (2.16)**	0.199 (3.16)**	-0.044 (0.53)
	控制人力资本、职业和公司类型、省份	-0.115 (2.95)***	0.177 (2.78)***	-0.043 (0.51)

注：括号内是 t 统计量的绝对值；*、**、*** 分别代表10%、5%、1%的显著性水平。完整的回归结果可在下面的网址查询：http://www.hhh.umn.edu/centers/wilkins/pdf/DoesaRisingTideLiftAllShips.pdf。

2007年不控制相关变量时男性的δ估计值是-0.194，而对人力资本变量进行控制以后的值是-0.192。控制职业和企业类型以后，进一步减小了δ的大小及其显著性，但是控制了省份的影响以后就产生了新的δ。尽管它的绝对值比不控制时的数值小，但是在1995年和2007年，δ变得统计显著。1995年δ的估计值是男性-0.071，2007年这一值则为-0.158。总之，使用这个模型，我们可以得出结论：在1995年和2007年，少数民族身份对收入具有负面影响，而且这一负面影响的绝对值有所增加。

在女性中，如果不对其他的变量进行控制，1995年和2007年δ的估计值为负，并且统计显著；但是在2002年δ的估计值为正，也统计显著。对人力资本、职业、企业类型和省份这些变量进行控制，δ的估计值在1995年是负数并且统计显著，在2002年是正数也统计显著，在2007年是负数，但并不显著。1995年和2007年的δ估计值是-0.115和-0.043，这反映了在这两年之间，女性的少数民族身份对其收入的不利影响减小。

一、教育回报和国企就业保障

区分出两个对每个民族的男性和女性收入都有影响的关键的经济因素，是十分有意义的。不论性别和民族，受教育程度在任何一年的系数都是正的，并且显著。是否在国有企业工作的系数同样为正数且显著。表14.4给出了这些结果。1995年男性和女性的教育回报率分别为2.5%和3.9%，这与Maurer-Fazio使用相似时间段的报告结果类似。2002年，男性的教育回报率增加到9%，女性的教育回报率增加到13.3%。2007年教育回报率的估计值为男性8.3%和女性11%。

从表14.4中可以看出，1995年少数民族和汉族的教育回报率有显著差异。但在2002年和2007年，两者则几乎没有区别。1995年，少数民族男性的教育回报率为3.5%，但是汉族男性只有2.4%。对于女性来说，1995年少数民族的教育回报率为5.5%，汉族为3.8%。这表明1995年少数民族的教育回报率更高，但是在2002年和2007年这一现象消失了，少数民族和汉族的教育回报率几乎是一样的。教育回报率的趋同是一个非常重要，但尚未引起关注的发现。

表 14.4　教育和国有企业就业回报

		1995 年		2002 年		2007 年	
		男性	女性	男性	女性	男性	女性
教育	所有组	0.025 （10.30）***	0.039 （12.48）***	0.090 （23.04）***	0.133 （27.99）***	0.083 （16.90）***	0.110 （17.95）***
	少数民族	0.035 （2.55）**	0.055 （2.82）***	0.099 （5.19）***	0.133 （6.00）***	0.083 （3.01）***	0.102 （2.89）***
	汉族	0.024 （9.95）***	0.038 （12.26）***	0.089 （22.20）***	0.133 （27.32）***	0.083 （16.52）***	0.110 （17.58）***
国有企业	所有组	0.215 （11.12）***	0.280 （14.51）***	0.068 （2.34）**	0.148 （3.99）***	0.715 （23.40）***	0.702 （19.46）***
	少数民族	0.108 （1.08）	0.295 （2.33）**	0.212 （1.21）	−0.177 （0.64）	0.833 （4.60）***	0.772 （3.58）***
	汉族	0.220 （11.12）***	0.278 （14.33）***	0.062 （2.12）**	0.153 （4.08）***	0.710 （22.83）***	0.702 （19.13）***

注：括号内是 t 统计量的绝对值；*、**、*** 分别代表 10%、5%、1% 的显著性水平。在工资对数方程中对教育和国有企业的 OLS 估计结果，控制了年龄、教育程度、户主身份、职业、公司类型和省份等变量。完整的回归结果可在以下网址查询：http://www.hhh.umn.edu/centers/wilkins/pdf/DoesaRisingTideLiftAllShips.pdf。

表14.4还估计了在国有企业工作所带来的奖金收入。令人惊奇的是，尽管汉族男性在国有企业就业的奖金收入曾经高于少数民族男性，但在1995—2007年间，少数民族男性奖金的增长速度快于汉族的男性职工。到2007年，少数民族男性在国有企业获得的奖金收入比率高于汉族男性。1995年，国有企业少数民族男性和汉族男性职工享有的奖金收入比率分别是10.8%和22%，但在2007年，这一比率分别为83.3%和71.0%。在这么短时间内发生如此重大转变，这与一个假说是一致的，那就是：劳动力市场结构向私有化的转变对于民族之间收入差距产生了巨大影响。

女性在国有企业就业而享有奖金收入也大幅增加。在所有女性中，由于在国有企业工作而享有的奖金的比率从1995年的28.0%上升到了2007年的70.2%。在少数民族女性中，这一比率在1995年为29.5%，在2007年为77.2%。在汉族女性中，这一比率在1995年为27.8%，在2007年为70.2%。因此，对于少数民族女性和汉族女性来说，在国有企业就业的边际回报是相似的。

随着中国经济的发展和私营领域的开放，在非国有企业就业的比率大幅增长。表14.5表明，在1995—2007年间，在私营企业就业的男性比例从1.46%（汉族）和2.19%（少数民族）骤增到了14.96%（汉族）和15.97%（少数民族）。在外资企业或合资企业就业的男性比例也大幅增长。相比之下，在国有企业就业的男性员工比例，从1996年的86.03%（汉族）和84.01%（少数民族）下降到了2007年的73.81%（汉族）和73.95%（少数民族）。对于女性而言，在国有企业就业的汉族女性在1995年为75.41%，少数民族女性为77.64%；但在2007年，这一数据分别下降至64.26%和63.37%。

表14.5　1995年、2002年和2007年CHIP数据中不同民族的描述统计

		1995年		2002年		2007年	
		汉族	少数民族	汉族	少数民族	汉族	少数民族
男性	年龄	42.98	41.71	43.06	42.29	39.17	38.25
	教育	10.8	10.46	12.31	12.05	12.51	12.58

续表

<table>
<tr><td colspan="3" rowspan="2"></td><td colspan="2">1995 年</td><td colspan="2">2002 年</td><td colspan="2">2007 年</td></tr>
<tr><td>汉族</td><td>少数民族</td><td>汉族</td><td>少数民族</td><td>汉族</td><td>少数民族</td></tr>
<tr><td rowspan="10">男性</td><td rowspan="4">职业</td><td>私营企业所有者或管理者或自谋职业者</td><td>1.65</td><td>0.96</td><td>1.9</td><td>6.48</td><td>1.08</td><td>0.67</td></tr>
<tr><td>专业或技术人员</td><td>21.2</td><td>21.09</td><td>20.95</td><td>18.52</td><td>18.05</td><td>19.46</td></tr>
<tr><td>政府部门或机构的管理者</td><td>18.62</td><td>14.06</td><td>15.81</td><td>15.28</td><td>6.77</td><td>6.71</td></tr>
<tr><td>工人或其他</td><td>58.53</td><td>63.9</td><td>61.35</td><td>59.72</td><td>74.1</td><td>73.15</td></tr>
<tr><td rowspan="4">所有制</td><td>国有企业</td><td>86.03</td><td>84.01</td><td>83.67</td><td>76.92</td><td>73.81</td><td>73.95</td></tr>
<tr><td>集体企业</td><td>10.99</td><td>12.54</td><td>11.45</td><td>17.95</td><td>6.18</td><td>5.04</td></tr>
<tr><td>私营企业或自我经营</td><td>1.46</td><td>2.19</td><td>3.9</td><td>5.13</td><td>14.96</td><td>15.97</td></tr>
<tr><td>其他</td><td>1.53</td><td>1.25</td><td>0.98</td><td>0</td><td>5.05</td><td>5.04</td></tr>
<tr><td colspan="2">年龄</td><td>42.35</td><td>42.75</td><td>40.45</td><td>39.42</td><td>37.41</td><td>38.39</td></tr>
<tr><td colspan="2">教育</td><td>9.81</td><td>9.58</td><td>12.01</td><td>11.95</td><td>12.51</td><td>12.59</td></tr>
<tr><td rowspan="6">女性</td><td rowspan="4">职业</td><td>私营企业所有者或管理者或自谋职业</td><td>1.49</td><td>2.25</td><td>1.53</td><td>5.75</td><td>1.05</td><td>3.25</td></tr>
<tr><td>专业或技术人员</td><td>21.24</td><td>24.12</td><td>23.34</td><td>29.31</td><td>17.74</td><td>24.39</td></tr>
<tr><td>政府部门或机构的管理者</td><td>5.94</td><td>2.57</td><td>5.02</td><td>5.17</td><td>2.84</td><td>3.25</td></tr>
<tr><td>工人或其他</td><td>71.34</td><td>71.06</td><td>70.11</td><td>59.77</td><td>78.37</td><td>69.11</td></tr>
<tr><td rowspan="2">所有制</td><td>国有企业</td><td>75.41</td><td>77.64</td><td>79.69</td><td>61.11</td><td>64.26</td><td>63.37</td></tr>
<tr><td>集体企业</td><td>21.17</td><td>18.94</td><td>16.47</td><td>22.22</td><td>9.39</td><td>7.92</td></tr>
</table>

资料来源：作者使用 1995 年、2002 年和 2007 年的 CHIP 数据计算得到。

二、残差分析

方程（14.1）的估计建立在一个站不住脚的假设之上。它假设在任何情况下少数民族身份和其他变量之间都没有相互影响。因此，我们对少数民族和汉族在 1995 年、2002 年和 2007 年的收入分别用回归模型进行了估计，正如方程（14.2）至方程（14.4）所示，我们还把收入差距分解为“可以解释”和“不可解释”的两部分。

表 14.6 中给出了回归和分解的结果。表格的第 2 列给出了汉族男性和

女性在1995年、2002年和2007年的收入的对数值。第3列是少数民族男性和女性在1995年、2002年和2007年收入的对数值。第4列栏计算了汉族和少数民族之间的对数收入差距。除了2002年外，无论是男性还是女性，这一差距在每一年都是正数。2002年，少数民族女性的收入比汉族女性高。这一差距有待进一步解释。因此，分性别对汉族和少数民族的对数收入进行估计，目的是得出当少数民族和汉族面临相同待遇时的预期对数收入。这一结果在表格的第5列中。第3列和第5列的差别就是两者对数收入未被解释的残差，或者说是收入差距中不能用禀赋差异来进行解释的部分。残差在实际对数收入差距（乘以100）中所占的比例就是收入差距中不能解释的部分。

表14.6　少数民族和汉族工资薪金收入的残差分析

		汉族	少数民族	汉族－少数民族	与汉族同等对待的少数民族	残差	不能解释的部分
		(1)	(2)	(1)－(2)	(3)	(3)－(2)	[(2)－(3)]/[(1)－(2)]
男性	1995	8.498	8.382	0.116	8.415	0.033	28.3%
	2002	8.709	8.511	0.198	8.610	0.099	50.2%
	2007	9.247	9.056	0.192	9.145	0.089	46.7%
女性	1995	8.139	7.639	0.500	8.079	0.441	88.1%
	2002	8.268	8.550	－0.281	8.204	－0.346	122.9%
	2007	8.604	8.475	0.129	8.511	0.037	28.4%

注：来自收入对数回归方程，控制了年龄、教育、户主、职业、公司类型，并对西部和中部省份设置了区域虚拟变量。

从这些计算中可以得出两个关键结论。首先，1995—2007年间，少数民族和汉族女性收入差距中不能解释的部分下降；但是在少数民族和汉族男性收入差距中不能解释的部分上升。少数民族和汉族收入差异中，不能解释的部分1995年在男性中占28%，而在女性中则占到了88%。而在2007年，不能解释的部分在男性中所占的比例上升到了47%，而在女性中则下降到了28%。第二个结论是，在2002—2007年期间，少数民族和汉族收入差距中不能解释的部分在男性中稍有下降，从 50% 下降到了 47%；但是对于女性来说，这一比例有所上升。尽管如此，2007 年少数民族和汉族收入差距中不能被解释的百分比男性仍然高于女性。

表 14.7　少数民族收入变化的决定因素

$$\frac{\partial I(t,t+1)}{\partial_{xi}} = \beta_t^m - \beta_t^h - \beta_{t+1}^m + \beta_t^h$$

			1995—2002 年	2002—2007 年	1995—2007 年
男性		年龄	-0.01	0.006	-0.004
		教育	0.011	0.011	0.021
		户主	-0.225	0.418	0.194
	职业	私营企业主或管理者	0.212	-1.078	-0.866
		机构管理者	-0.141	-0.142	-0.283
		工人或其他	0.021	-0.193	-0.171
	所有制	国有企业	-0.285	0.035	-0.251
		私营企业或自谋职业	-0.247	0.46	0.213/1
		其他	0.206/2	-0.362	-0.518
女性		年龄	-0.036	0.02	-0.016
		教育	0.006	0.015	0.021
		户主	0.111	-0.409	-0.298
	职业	私营企业主或管理者	-0.206	0.887	0.681
		机构管理者	-0.145	0.555	0.409
		工人或其他	0.044	0.286	0.33
	所有制	国有企业	0.386	-0.316	0.071
		私营企业或自谋职业	-0.583	0.214	-0.369
		其他	0.695	0.039	0.733

注：该估算包括了西部和中部省份的区域虚拟变量（未显示）。

1995 年少数民族这些变量的系数未能进行估算。公布的数据是假设这一系数为零的结果。

2002 年少数民族这些变量的系数未能进行估算。公布的数据是假设这一系数为零的结果。

三、收入差距的决定因素

方程（14.5）至方程（14.7）提供了一种探讨特定因素随时间对少数民族和汉族收入差距所起作用的初步工具。每个要素一单位的增加，就表明对于男性和女性来说，受教育程度中任何的增加都伴随着收入差距的扩大。然而，这些正数值并不总是在统计上显著，而且在数量级上也十分微小。此外，正如我们已知，近些年少数民族和汉族实际的教育回报在很大程度上是相似的。同样的，年龄的影响非常小，并且不显著。较大的影响似乎来自企业类型的变化。对男性来说，1995—2007 年期间，被国有企业雇用数量的增多是少数民族和汉族收入差距大幅减小的原因。对女性产生的净效应是两种相反影响的结果。如表 14.7 所示，由于在国有企业就业，1995—2002 年，少数民族和汉族女性收入不平等有所扩大；然而，2002—2007 年，少数民族和汉族女性收入不平等下降。在 1995—2007 年这段时间内，少数民族和汉族女性收入不平等略有上升。这与汉族和少数民族男性之间的收入不平等有较大幅度减小形成了鲜明对比。表 14.7 同时也显示，在 1995—2007 年间，企业管理者人数的增加，使少数民族和汉族女性之间的收入不平等增加却使得男性间的收入不平等减小。

另一种对差距进行分解的方法是，考虑跨时期的待遇和禀赋差异，以及同时期的待遇和禀赋差异。表 14.8 给出了根据方程（14.8）至方程（14.11）计算的分解结果。

表 14.8 的第一行数据是 $I(t, t+1)$ 的数据，或者说是少数民族和汉族男性、女性分别在 1995—2002 年、2002—2007 年和 1995—2007 年三个时间段内收入差距的变化结果。请注意，当该指数为正时，少数民族与汉族的收入比率是下降的，或者说收入差距正在扩大。当该指数为负时，说明收入差距减小。第一行的数据表明，1995—2002 年间，少数民族和汉族男性的收入差距扩大，而女性的收入差距缩小，两者的 $I(t, t+1)$ 值分别是 0.082 和 -0.781。2002—2007 年间，少数民族和汉族男性的收入差距稍有减小，女性的收入差距加大，此时两者的 $I(t, t+1)$ 值分别是 -0.007 和 0.410。1995—2007 年的净效应，即 1995—2002 年和 2002—2007 年这两段时间的效果加总，是少数民族和汉族男性的收入差距扩大，女性

的收入差距缩小，二者的 I（t，$t+1$）值分别是 0.075 和 -0.371。接下来，我们将解释收入差距是怎样分解为待遇差异和禀赋差异的。

表 14.8　收入差异的同期和跨期分解

		1995—2002 年		2002—2007 年		1995—2007 年	
		男性	女性	男性	女性	男性	女性
I（$t+1$）		0.082	-0.781	-0.007	0.41	0.075	-0.371
同期分解	处置效应	82%	101%	143%	93%	76%	109%
	禀赋效应	18%	-1%	-43%	7%	25%	-9%
跨期分解	处置效应	-133%	-3%	43%	18%	-92%	-6%
	禀赋效应	233%	103%	57%	82%	192%	106%

注：收入对数方程的估算结果，包括年龄、教育、户主、职业、公司类型变量以及西部和中部省份的区域虚拟变量。

（一）同期分解

表 14.8 第二、三行数据给出了少数民族和汉族收入差距的分解结果，一部分用每个时期内少数民族和汉族收入对数回归方程的系数差异进行解释，另一部分用每个时期的禀赋差异来进行解释。前者被称为处置效应，后者则被称为禀赋效应。这个分解可以回答，在我们所观察到的少数民族和汉族收入差距变化中，有多大的部分是由少数民族和汉族之间的待遇差异造成的，以及有多大部分是由禀赋差异造成的。1995—2002 年间，几乎所有的少数民族和汉族女性收入差距的变化都是由待遇差异造成的。实际上，我们可以说，在城镇地区待遇差异极大程度的向少数民族女性倾斜，在这一点上汉族女性是无法与之相比的。同时期，少数民族和汉族男性大部分收入差距的变动（82%）也是由于待遇差异造成的。2002—2007 年这段时间内也出现了相似的结果。这促使我们得出这样一个结论，即少数民族和汉族收入差距产生同期变化的主导因素是少数民族和汉族之间所受到的待遇差异。虽然少数民族和汉族女性的收入差距有所下降，然而待遇差异在少数民族女性身上表现得更为明显，或者说表现为所谓的逆向歧视

(reverse discrimination)。另一种解释就是，少数民族女性之所以处于较有利的地位，是由于城镇少数民族女性得到了更多的优惠造成的，这使得她们的工资收入比同等地位的汉族女性要多。在男性当中，我们发现其影响是相反的。由于收入差距增大，汉族男性和少数民族男性之间的禀赋回报差异对少数民族男性的相关工资收入产生了不利影响。

（二）跨期分解

表 14.8 中使用的第二种分解方法是把收入差距进行重新划分，一部分归结于同一人群不同时期间的禀赋差异，另一部分归结为这些禀赋的回报差异。在两个时期内，同一组的数据与其自身进行比较。正如我们在数据描述中所指出的那样，人群的构成发生了变化，同时每一个人群中年轻成员与年老成员的相对收入也发生了变化。有一点并不奇怪，那就是少数民族和汉族收入差距的跨期变化几乎都不能归因于以下方面：即少数民族人群一个时期得到的待遇与另一个时期有差异；或者汉族人群一个时期得到的待遇与另一时期有差异。相反，多数的变化可以归结为是由于禀赋变化引起的。

由于我们只将注意力放在了城镇工薪阶层身上，所以得出的结果相对温和。但是本章的分析并没有把以下三种选择形式考虑在内：第一种选择形式是在所有潜在的工人中把工薪阶层挑选出来。Darity 和 Myers（2001）使用美国黑人和白人的数据显示，这种类型的选择将会使少数民族和主要民族的收入比率偏高。第二种选择形式在本章的引言部分有所提及，包括少数民族中有能力的那部分人从农村地区向城镇地区的转移。这种自我选择的方式，可以有助于说明为什么城镇地区的少数民族与汉族的收入差距在减小，而农村地区的收入差距却在增大。第三种未被发现的选择形式是由政策因素引发的选择。在大学录取、政府工作或者国有企业就业中对少数民族的优惠会产生这样一个结果，即在像北京这样的中央政府所在地，同时也拥有大批高校毕业生，在这里会聚集大量高素质的少数民族。总之，在本章中用于检验城镇收入差距的基本方法，反映出多种不同的选择方法来源，这值得我们在将来进行进一步的调查研究。

第七节　总结与结论

本章论述了1995—2007年这段时间内，少数民族和汉族之间的收入差距先是缩小然后扩大。这一模式在男性和女性中是不同的：少数民族和汉族男性之间的收入差距是扩大的，而少数民族和汉族女性之间的收入差异是缩小的。

少数民族和汉族收入差距变化中的一个关键组成部分是待遇差异。1995年，我们估计了少数民族和汉族女性的收入差距中未能被解释的部分。到了2002年，少数民族和汉族之间依然存在着待遇差异。很意外的是，待遇差异更有利于少数民族女性，她们在2002年比汉族女性的收入高。考虑人力资本、职业、企业类型以及省份等方面的差异，也并不能消除少数民族女性获得的这一明显优势。使用一个一元回归方程，并且控制年龄、教育、职业、企业类型和省份变量，2007年，少数民族身份对于收入对数的影响很小并且统计不显著。当用一个完整的残差模型进行估计时，测量出了一个很小不明原因的差距。总之，1995年发现的任何不能解释的收入差距在2007年都消失了。

我们得出的结果表明，在城镇地区，少数民族和汉族男性的总体收入差距中，不能解释的部分呈现出增大的趋势。1995—2007年间，城镇地区少数民族和汉族男性之间的工资薪金收入比率有所下降。收入差距扩大的原因，不能被简单的说成是由民族禀赋差异造成的。事实上，城镇少数民族男性的受教育程度与汉族男性是很接近的。城镇少数民族男性禀赋的提高，被他们相对于汉族工人所得到的差别待遇所遮盖。我们的一个重要看法是，担任管理工作或者在国有企业就业能够帮助少数民族男性减少收入差距，部分的原因是，近些年担任管理工作和在国有企业任职的预计收入，对于少数民族来说是高于汉族的。另外，其他一些因素抵消了这些影响。其中最大的一个因素是私营企业就业人数相对于国有企业来说不断增加。因此，尽管城镇中少数民族男性在国有企业就业人数是增加的，但是随着私有企业就业的扩张，国有企业员工占员工总数的份额下降。

还有许多遗留的问题有待进一步的探讨。为什么少数民族和汉族女性的收入比率在1995—2002年间增大了？如何解释2002年城镇地区少数民族女性相对于汉族女性受到明显的优待？此外，如何解释1995—2007年间，当整体就业增加的时候，国有企业回报却出现大幅变化，并且2002年这一回报又出现大规模下降？政策干预，如宽松的迁移政策，以及大专或者大学毕业后就有机会更改户口所在地的政策，起到了什么作用？尽管我们并不能用目前的CHIP数据来回答这些问题，但是能够了解我们在此得到的这些结论中，多大程度上是由城镇少数民族工人的异质性造成的也是十分重要的。本章中把55个不同的少数民族合并看成一个综合的民族，是否产生了一种错觉，使我们认为收入差距可以用一个更大群体之间的禀赋差异来解释？这些问题都可以在未来的实证研究和分析中加以强调。

（本章作者：丁赛、李实、塞缪尔·迈尔斯）

参考文献

国家统计局（2009a）：《中国民族统计年鉴2008》，中国统计出版社2008年版。

国家统计局（2009b）：《中国民族统计年鉴2009》，中国统计出版社2009年版。

—（2011）：《民委发布2010年少数民族地区农村贫困检测结果》，2011年7月29日，http:www.gov.cn/gzdt/2011－07/29/content_1916420.htm。

Cai, F., D. Wang, and Y. Du (2002), "Regional Disparity and Economic Growth in China: The Impact of Labor Market Distortions", *China Economic Review*, 13(2-3), 197-212.

Chow, G. C. (1993), "Capital Formation and Economic Growth in China", *Quarterly Journal of Economics*, 108 (3), 809-842.

Chow, G. C. and K. W. Li (2002), "China's Economic Growth: 1952－2010", *Economic Development and Cultural Change*, 51(1), 247-256.

Darity, W. A., Jr. (1982), "The Human Capital Approach to Black-White Earnings Inequality: Some Unsettled Questions", *Journal of Human Resources*, 17 (1), 72-93.

Darity, W. and S. L. Myers, Jr. (2001), "Why Did Black Relative Earnings Surge in the Early 1990s?" *Journal of Economic Issues*, 35(2), 533-542.

Darity, W., S. L. Myers, Jr., and C. Chung (1998), "Racial Earnings Disparities and Family Structure", *Southern Economic Journal*, 65(1), 20-41.

Friedman, E. (2006), "Jiang Zemin's Successors and China's Growing Rich-Poor Gap", in T. J. Cheng, J. deLisle, and D. Brown, eds., *China Under Hu Jintao*, 97-134, Singapore: World Scientific Publishing Co.

Gustafsson, B. and S. Ding (2009), "Villages Where China's Ethnic Minorities Live", *China Economic Review*, 20(2), 193-207.

Gustafsson, B. and S. Li (2003), "The Ethnic Minority-Majority Income Gap in Rural China During Transition", *Economic Development and Culture Change*, 51(4), 805-822.

Gustafsson, B. A., S. Li, and T. Sicular (2008), *Inequality and Public Policy in China*, New York: Cambridge University Press.

Hannum, E. (2002), "Educational Stratification by Ethnicity in China: Enrollment and Attainment in the Early Reform Years", *Demography*, 39 (1), 95-117.

Hannum, E. and X. Yu (1998), "Ethnic Stratification in Northwest China: Occupational Differences between Han Chinese and National Minorities in Xinjiang, 1982 – 1990", *Demography*, 35(3), 323-333.

Maurer-Fazio, M. (1999), "Earnings and Education in China's Transition to a Market Economy: Survey Evidence from 1989 and 1992", *China Economic Review*, 10(1), 17-40.

Myers, S. L. Jr. (forthcoming), "Prosperity and Inequality: Lessons from the United States", Chinese Academy of Social Sciences Proceedings.

OECD (2010), *Economic Surveys: China*, Paris.

Sicular, T., X. Yue, B. Gustafsson, and S. Li (2007), "The urban-Rural Income Gap and Inequality in China", *Review of Income and Wealth*, 53 (1), 93-126.

Smith, J. P. and F. R. Welch (1975), "Black-White Earnings and Employment, 1960 – 1970", The RAND Corporation, R-1666.

Smith, J. P. and F. R. Welch (1977), "Black-White Male Wage Ratios: 1960 – 70", *American Economic Review*, 67(3), 323-338.

Smith, J. P. and F. R. Welch (1989), "Black Economic Progress After Myrdal", *Journal of Economic Literature*, 27(2), 519-564.

Xue Lan Rong and Tianjian Shi (2001) "Inequality in Chinese Education", *Journal of Contemporary China* 10(26), 107-124

Zang, X. and L. Li (2001), "Ethnicity and Earnings Determination in Urban China", *New Zealand Journal of Asian Studies*, 3(1), 34-48.

Zhang, X. and R. Kanbur (2005), "Spatial Inequality in Education and Health Care in China", *China Economic Review*, 16(2), 189-204.

附　　录

附录Ⅰ 2007年CHIP调查：抽样方法和数据描述

为了追踪中国收入分配的动态情况，中国住户收入调查（CHIP）已经针对中国住户在1988年、1995年、2002年和2007年的收入状况进行了四次入户调查。这几次调查是由中外研究者共同组织的、关于中国收入和不平等的合作研究项目的组成部分，在国家统计局的协助下完成。CHIP项目的参与者和其他学者分析了前三次的调查数据，并且发表和出版了涉及很多领域的文章、报告和书籍。对于CHIP调查的具体描述和主要研究发现可在Griffin和Zhao（1993），Riskin、Zhao和Li（2001），以及Gustafsson、Li和Sicular（2008）中找到。本书的研究主要基于2007年的第四次CHIP调查数据，同时也引用了前面几次CHIP调查数据，以便于我们理解收入分配状况随时间变化的趋势。

Eichen和Zhang（1993）介绍了1988年的CHIP调查，Li、Luo、Wei和Yue（2008）介绍了1995年和2002年的CHIP调查。本附录提供了关于2007年调查的基本信息。CHIP调查与NBS住户调查十分类似。Li等学者（2008）曾探讨过NBS住户调查样本是如何选择的。其他有关NBS调查的细节可详见最新的NBS统计报告和相关出版物。

所有的CHIP数据均包含针对城镇和农村住户的调查。鉴于农村向城镇迁移的日渐重要的现实意义，以及城镇和农村住户的子样本并不完全覆盖所有流动人口，2002年的调查增加了对流动人口的调查。因此，2002年CHIP调查包含了三个子样本。2007年调查也采用了同样的方法，因此也由三个部分组成：城镇住户调查、农村住户调查和流动人口调查①。这一结构反映了中国的城乡分割和近20年中不断增加的迁移到城镇地区的农村个体数量。可以说，2007年调查与之前的三次调查既存在相同点，也有不同点，我们会在下面详细说明。

在CHIP调查中，城镇、农村和流动人口的样本大小并不能完全反映他们在全国人口中所占的比例。因此，在很多研究中我们需要一些以人口为基础的权重来帮助我们获得具有代表性的分析结果。此外，地区和省份的样本大小也与各地区和省份人口在全国人口中的比例不尽相同，因此我们需要多重的权重。本书附录Ⅱ就向我们详细介绍了2002年和2007年CHIP调查样本所用到的权重。但是，在本附录中，所有报告的信息都是未经加权处理的。本附录所汇报的统计结果试图介绍原始的调查数据，但可能并不具有反映全中国情况的代表性。

2002年和2007年的流动人口数据包含了不同种类的从农村到城镇的流动人口，其中有些可能也被包含在农村和城镇住户的调查样本之中。流动人口样本包含了具有当地农业户口的城市居民，而这一人群可在城镇样本中找到。流动人口样本也包含了暂时和短期内拥有非当地户口的农村移民，这一人群可在农村样本中找到。鉴于这些样本的重叠，所有将流动人口样本调查数据与城镇或农村调查数据相结合的分析都需要对样本进行调整，以避免重复计算。本书附录Ⅱ探讨了一些解决重复计算的方法。在本附录中，我们将讨论全部调查样本，包含可能被重复计算的住户类型。需要重申的是，这一附录中的统计信息旨在描述未经修正和调整的原始调查数据。

一、抽样和样本规模

表AI.1反映了2007年CHIP调查中农村、城镇和流动人口样本的样

① 2002年CHIP调查是由NBS组织进行的。2007年城镇和农村调查是由NBS组织进行，而流动人口调查则是由一家调查公司组织的。同时，2007年调查也是大型RUMiCI（印度尼西亚和中国的农村－城镇移民）调查项目的组成部分。2007年流动人口调查所用到的抽样过程和调查方法在印度尼西亚和中国的农村－城镇移民调查项目的相关文件中有所提及。可详见http://rse.anu.edu.au/rumici/documentation.php。

本大小。城镇调查覆盖了从 16 个省份 302 个城市中选出的 10000 个住户和 29262 个个体；农村调查覆盖了从 16 个省份 287 个城市中选出的 13000 个住户和 51847 个个体；流动人口调查则覆盖了从 9 个省份 15 个城市中选出的近 5000 个住户和 8404 个个体。

表 AI.1　CHIP 子样本的样本规模（2007 年）

	城镇	农村	流动人口
个体	29262	51847	8404
住户	10000	13000	4978
省份	16	16	9
县/区/城市	302	287	15
地区	4	4	4

注：对于城镇和农村地区来说，“地区”那行提供了调查所覆盖的县和区数量；对于流动人口来说，这一行则意味着调查所覆盖的城市数量。注意到表中所报告的城镇和流动人口的样本规模与本书附录Ⅱ中汇报的样本规模有细微差别。这是由于对城镇样本中某些重复采用了不同的处理方法，也因为此处我们去掉了小部分个体和住户样本中无法合并的观测量。

为了获得一个全国范围内的有代表性的样本，调查涉及省份是从四个不同的地理区域中选出，以反映不同地区的经济发展和地理条件的差异。北京和上海是中国的大都市的代表；辽宁、江苏、浙江、福建和广东用来代表东部地区；山西、安徽、河北、河南、湖北和湖南用来代表中部地区；重庆、四川、云南和甘肃用来代表西部地区。包含在城镇和农村调查中的省份基本上是一致的，除了上海仅出现在城镇调查中，而河北仅出现在农村调查中。

流动人口住户调查涉及了出现在城镇和农村调查中的 9 个省份 15 个城市，包括上海（大都市地区）；广东的广州、深圳和东莞（东部地区）；江苏的南京和无锡（东部地区）；浙江的杭州和宁波（东部地区）；湖北的武汉（中部地区）；安徽的合肥和蚌埠（中部地区）；河南的郑州和洛阳（中部地区），重庆（西部地区）；和四川的成都（西部地区）。中国大部分流动人口都集中在上述城市。

无论是在个体还是住户的数量上，2007 年 CHIP 调查的样本规模都要大于2002年调查。与2002年调查相比，2007年调查在城镇调查中覆盖了更多的省份，而在农村调查中包含了较少的省份。在2007年城镇调查中，加入了上海、浙江、福建和湖南，同时保留了12个出现在2002年城镇调查中的省份：北京、山西，辽宁、江苏、安徽、河南、湖北、广东、重庆、四川、云南和甘肃。河北仅出现在了2002年的城镇调查中，而没有出现在2007年。

同时出现在2002年和2007年农村调查中的省份是北京、河北、山西、辽宁、江苏、浙江、安徽、河南、湖北、湖南、广东、重庆、四川、云南和甘肃。2007年调查中去除了以下7个省份：吉林、江西、山东、陕西、广西、贵州和新疆，但是福建被加入了2007年的农村调查。

在2002年的流动人口住户调查中，样本包含了2002年城镇调查中各省份的省会城市以及同省中其他1—2个中等规模城市的2000个流动人口住户。2007年流动人口住户样本与2002年调查不同之处是，选取的是全国范围内流动人口最为集中的城市。

除了上面提到的对住户和个体的调查，在一些地方还进行了村级调查，以获取农村住户所处社区的相关信息。我们可以得到在CHIP问卷（见本书附录Ⅴ）中提供信息的8000户农村住户的村级变量。如有要求，我们可以提供村级调查数据的信息。

二、CHIP问卷数据与NBS提供数据的比较

CHIP数据库包含了两类数据。一类是由NBS提供给CHIP的，是其每年的城镇和农村住户调查的一部分；另一种是利用独立的CHIP问卷进行家庭访谈所获得的。CHIP问卷设计用于为NBS调查数据提供补充。CHIP问卷中的问题既包括NBS调查的一些信息，也包括NBS住户调查中未能涉及的一些信息。关于流动人口调查方面，NBS并没有设计流动人口调查，流动人口数据库的信息就完全基于独立的CHIP问卷进行的访谈。

表 AI.2 CHIP和NBS数据库所包含的样本量（住户数）

	仅CHIP数据库	CHIP和NBS数据库	仅NBS数据库
城镇	（5000）[1]	0	10000
农村	0	8000[2]	5000
流动人口	4978	0	0

注：1. 如文中所讨论的，这5000个城镇住户的数据仅可在CHIP问卷中找到，而NBS中无匹配信息。因为那5000个住户的数据是不完整的，我们将不把它们列入下面的数据描述和表格。

2. NBS数据对这8000个住户是有效的。详见后文的讨论。

不幸的是，并不是所有住户和个体的全部指标的信息都可以得到。表AI.2总结了每个子样本涉及的数据的种类。在2007年城镇调查中，NBS提供了10000个住户的全面信息，而这10000个住户并没有参与CHIP问卷的回答。

我们注意到：CHIP问卷被用于另外5000个城镇住户样本，而这些样本并没有包含在对2007年调查样本的描述之中。这5000个额外的住户分别位于9个省份之中（上海、江苏、浙江、安徽、河南、湖北、广东、重庆和四川）。它们曾是2006年NBS城镇住户调查样本的组成部分，但是由于样本轮换，未能包含在2007年的CHIP调查之中。因此，这5000个住户的信息并不能由NBS调查获得。由于CHIP城镇问卷旨在与NBS提供的数据进行匹配，因此这5000个住户的信息并不完全，在分析收入、不平等和贫困时会受到限制。因此，在本附录中，我们仅对NBS数据的那10000户城镇住户进行讨论。同样的，本书的很多章所分析的城镇数据都仅用到NBS数据的那10000户的样本。

对于2007年农村调查，CHIP农村问卷涉及了8000个住户。这8000个住户的收入和支出信息可以从NBS住户调查中得到。NBS还为另外5000个住户提供了其调查数据，但是对这些住户并没有采用CHIP问卷进行访谈。换句话说，CHIP数据和部分NBS数据对8000个住户同时可用，而对另外5000个住户，仅有NBS数据可用，CHIP数据不再可用。然而，因为我们拥有全部13000个住户的关键住户特征和收入支出情况的可比较的数据，我们可以把这两个农村子样本结合起来分析收入、不平等和贫困等问题。因此在本附录中，我们讨论的是全部13000个农村住户样本。

对于流动人口样本，我们只可以利用CHIP数据，而非NBS数据。CHIP流动人口问卷的设计与城镇和农村问卷是一致的，既包含了可与城镇和农村住户调查相比较的信息，也包含了与流动人口和迁移相关的特殊议题的附加信息。但是需要注意的是，所有CHIP流动人口调查中关于收入和支出的数据都是以回忆性问题为基础。对于城镇和农村数据库而言，收入和支出数据是以每日记账为基础的。原则上来说，每日记账收入数据要比回忆性数据更为准确，但是回忆性数据仍然有用。那些使用流动人口数据的分析者们应该意识到流动人口样本数据与城镇和农村样本数据的差异。

三、2007年CHIP城镇调查的特征

2007年CHIP调查城镇样本中拥有NBS数据的10000个住户的住户和个体按省份的分布情况可见表AI.3。样本的抽样原则是在人口越多的省份中抽选越多的住户。但是，每个省份或地区的样本规模并不是与其实际人口数存在严格正比例关系，因此在某些分析中，我们有必要为样本重新选择权重来获取更具有代表性的结果（详见本书附录Ⅱ）。

表AI.3　2007年CHIP调查城镇样本中住户的分布情况（按省份）

	县/区的数量	住户的数量	个体的数量
北京	18	800	2289
山西	24	600	1771
辽宁	52	800	2244
上海	12	500	1519
江苏	12	600	1669
浙江	16	600	1653
安徽	11	550	1572
福建	32	800	2443
河南	19	650	1893
湖南	23	800	1160
湖北	8	400	2327

续表

	县/区的数量	住户的数量	个体的数量
广东	23	700	2268
重庆	13	400	1186
四川	9	600	1740
云南	17	600	1794
甘肃	13	600	1734

注：这里和后文有关 2007 年 CHIP 调查城镇样本的统计数据是针对 10000 个 NBS 可提供信息的城镇住户得出的，不包括仅由 CHIP 问卷提供数据的那额外 5000 个住户。

2007 年 CHIP 城镇调查数据按省份的性别组成详见表 AI. 4。在全部样本中，女性个体比男性个体稍多。在 2002 年和 2007 年的 CHIP 调查中，性别构成比例几乎是一致的，2002 年 CHIP 数据（Li 等，2008，第 348 页）中为 100：102. 6（男性：女性），2007 年为 100：102. 1。但是，在不同省份中，两年之间存在一些差异。例如：北京的女性/男性比例在 2002 年为 101%，而在 2007 年为 95. 5%。尽管存在这些差异，我们并没有在这里给出详细的解释。

表 AI. 4 2007 年 CHIP 调查城镇样本中个体的性别构成（按省份）

	男性	女性	女性/男性
总样本	14478	14784	102. 1
北京	1171	1118	95. 5
山西	902	869	96. 3
辽宁	1089	1155	106. 1
上海	751	768	102. 3
江苏	828	841	101. 6
浙江	815	838	102. 8
安徽	782	790	101. 0
福建	1195	1248	104. 4
河南	925	968	104. 6
湖北	579	581	100. 3

续表

	男性	女性	女性/男性
湖南	1160	1167	100.6
广东	1110	1158	104.3
重庆	589	597	101.4
四川	849	891	104.9
云南	876	918	104.8
甘肃	857	877	102.3

表 AI.5 说明了在 2007 年 CHIP 城镇调查中以住户规模为划分标准的住户分布情况。多于 57% 的住户样本是由 3 个成员组成，反应出在中国城镇中计划生育政策的强化。3 个以上成员家庭的比例从 2002 年的 61.6% 下降到 2007 年的 57.7%，下降了 4 个百分点。2007 年，多于 80% 的城镇住户样本是由 2—3 个成员组成的，这说明了“核心家庭（nuclear household)”已经占据了城镇样本的大部分。2—3 个成员家庭比例在发达省份更高一些。NBS 全国城镇住户调查中的平均住户规模在 2007 年为 2.91，非常接近我们城镇调查中计算出的平均（未加权的）住户规模 2.93。

表 AI.5　2007 年 CHIP 调查城镇样本中住户的分布情况（按照住户规模和所在省份）

单位:%

	住户成员的数量							
	1	2	3	4	5	6	≥7	总计
总样本	1.7	25.1	57.7	10.3	4.6	0.5	0.1	100.0
北京	0.0	22.5	70.6	5.1	1.8	0.0	0.0	100.0
山西	1.7	25.7	53.7	14.5	3.8	0.7	0.0	100.0
辽宁	2.1	34.1	50.5	8.0	4.9	0.4	0.0	100.0
上海	0.4	16.4	69.8	6.4	6.4	0.6	0.0	100.0
江苏	3.2	35.5	47.2	9.2	4.2	0.8	0.0	100.0
浙江	3.5	28.3	60.5	5.0	2.2	0.5	0.0	100.0
安徽	0.6	25.6	63.6	7.8	2.4	0.0	0.0	100.0
福建	1.1	21.3	57.8	11.8	7.5	0.4	0.3	100.0

续表

	住户成员的数量							
	1	2	3	4	5	6	≥7	总计
河南	1.7	28.2	53.4	11.4	4.8	0.6	0.0	100.0
湖北	2.3	23.5	61.0	8.8	4.3	0.3	0.0	100.0
湖南	2.5	26.1	55.4	10.6	4.8	0.6	0.0	100.0
广东	0.3	10.1	65.0	15.9	7.6	0.9	0.3	100.0
重庆	1.0	25.8	54.8	13.0	5.3	0.3	0.0	100.0
四川	1.2	29.8	52.3	11.7	4.5	0.5	0.0	100.0
云南	5.0	24.7	47.0	15.3	6.3	1.2	0.5	100.0
甘肃	1.5	24.0	61.5	10.2	2.7	0.2	0.0	100.0

表 AI.6 反映了在 2007 年 CHIP 城镇调查中不同年龄组的样本个体分布情况。图 A1.1 比较了 2002 年和 2007 年 CHIP 城镇调查的年龄 – 性别比例。在 2007 年，20—60 岁之间的个体占全部个体样本的 68.8%。这一比例在不同省份中的变化范围是 65%—76%。例如：在北京和上海，20—60 岁个体的比例要高于其他省份。与 2002 年 CHIP 调查城镇数据相比，2007 年老年组个体的比重提高，青年组个体的比重降低。这反映了中国城镇人口的老龄化现象。

表 AI.6　2007 年 CHIP 调查城镇样本中个体的分布情况（按照年龄组和所在省份）

单位:%

	0 – 5 岁	6 – 10 岁	11 – 20 岁	21 – 30 岁	31 – 40 岁	41 – 50 岁	51 – 60 岁	61 – 70 岁	>70 岁	总计
总样本	2.7	4.2	11.9	10.7	17.8	21.8	18.5	8.1	4.3	100.0
北京	1.2	2.1	10.6	14.2	11.3	24.4	25.7	7.7	2.9	100.0
山西	2.1	5.9	16.0	8.4	23.6	20.4	13.5	6.8	3.2	100.0
辽宁	1.7	3.2	10.3	10.7	14.7	21.2	22.5	11.1	4.7	100.0
上海	3.1	2.3	9.6	15.0	12.1	20.4	25.9	7.6	4.2	100.0
江苏	2.5	3.2	9.4	10.3	14.9	18.6	21.0	11.2	8.9	100.0
浙江	2.6	4.4	11.4	11.1	17.9	23.4	17.4	7.7	4.1	100.0

续表

	0－5岁	6－10岁	11－20岁	21－30岁	31－40岁	41－50岁	51－60岁	61－70岁	>70岁	总计
安徽	2.0	3.4	14.1	10.0	15.0	28.9	15.7	6.4	4.6	100.0
福建	3.2	4.2	13.1	8.2	20.0	22.3	16.0	8.5	4.5	100.0
河南	3.0	5.2	12.4	9.6	21.5	18.3	16.4	9.1	4.5	100.0
湖北	2.8	2.1	10.3	13.9	12.9	22.9	22.2	7.8	5.2	100.0
湖南	3.4	5.8	10.7	9.6	19.3	20.1	17.9	8.3	5.0	100.0
广东	4.7	6.5	13.1	11.2	23.6	21.6	12.8	4.4	2.2	100.0
重庆	1.9	4.1	10.5	11.2	18.0	19.1	22.4	7.9	4.8	100.0
四川	2.2	4.4	10.9	9.2	17.2	22.0	19.3	9.6	5.2	100.0
云南	4.2	3.7	12.4	11.4	18.7	20.8	16.0	9.1	3.6	100.0
甘肃	2.8	5.8	14.0	8.9	21.2	23.5	14.9	5.9	2.9	100.0

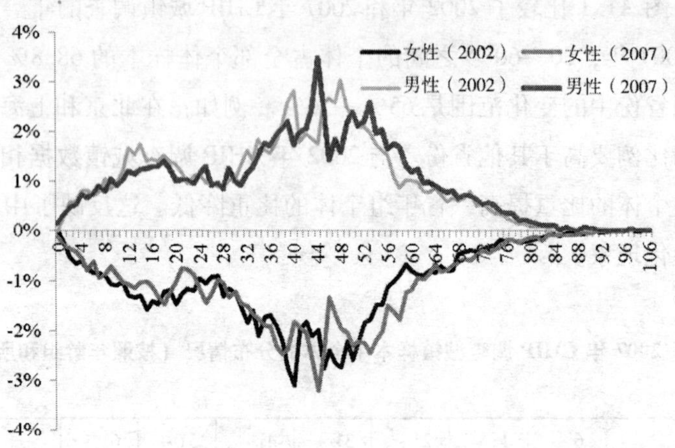

图 AI.1　年龄－性别比例（城镇调查）

表 AI.7　2007 年 CHIP 调查城镇样本中超过 15 岁个体的受教育水平（按省份）

单位：%

	低于小学	小学	初中	高中	职业学校*	中专	大学及以上	总计
总样本	1.8	6.0	24.5	25.7	11.0	18.9	12.1	100.0
北京	0.5	2.2	19.0	23.4	11.6	22.5	20.8	100.0
山西	0.8	4.6	31.8	25.1	11.8	15.2	10.8	100.0

续表

	低于小学	小学	初中	高中	职业学校*	中专	大学及以上	总计
辽宁	1.5	5.3	31.8	23.1	10.2	19.1	9.1	100.0
上海	1.0	2.6	24.9	29.1	11.4	16.9	14.1	100.0
江苏	2.9	6.7	25.7	26.3	9.5	14.9	14.0	100.0
浙江	1.9	9.5	31.7	22.7	6.4	17.2	10.6	100.0
安徽	1.3	4.6	21.8	32.0	10.0	20.1	10.2	100.0
福建	2.2	7.7	25.8	26.5	14.6	14.8	8.4	100.0
河南	1.4	3.5	19.6	26.7	11.6	24.1	13.1	100.0
湖北	1.3	3.3	19.3	26.6	12.0	21.7	15.7	100.0
湖南	1.8	8.1	24.0	25.3	10.8	18.3	11.7	100.0
广东	1.0	5.9	16.3	30.4	10.7	23.0	12.8	100.0
重庆	1.6	7.2	25.4	26.4	8.7	20.2	10.6	100.0
四川	2.7	6.9	24.8	24.2	9.4	20.9	11.0	100.0
云南	4.5	13.6	26.8	16.0	14.4	15.7	9.0	100.0
甘肃	2.6	4.6	23.8	30.1	11.3	17.1	10.4	100.0

注：*这里和其他地方说指的“professional school”是指中专，一种教授技能/职业技能的高校。

表AI.7汇报了在2007年CHIP城镇调查中，以受教育水平为划分标准的超过15岁个体的分布情况。选择“大专”和“大学或以上”的个体比重明显提升，分别从2002年的16.7%和8.7%上升为2007年的18.9%和12.1%。这一接受高中以上教育的比率上升是自1999年来高等教育扩张的成果。在北京，拥有超过高中教育水平的超过15岁的个体占子样本的比重超过43%，远远高于其他省份中的比例。总体来说，在经济越发达的省份中，教育获得率越高。

四、2007年CHIP农村调查的特征

表AI.8反映了在2007年CHIP调查农村样本中按省份的住户和个体分布情况。由于这些农村地区的人口多于城镇地区，中国的农村地区更具有异质性等问题，农村调查比城镇调查选取了更多的住户和个体作为样

本。调查设计所选取的住户数量是基于各个省份的人口数。人口越多的省份，被选的住户越多。但是与城镇调查相似，各省的样本规模与其真实的人口分布情况并不一致。因此，根据我们所要分析的问题，可能有必要按照新的权重进行计算以获得有代表性的结果（详见本书附录Ⅱ）。

尽管2007年CHIP调查涵盖的省份比2002年少，但2007年的样本规模由于包含更多的住户和个体而扩大，同时在各省份中，我们抽取了更多的城市。

表AI.8　2007年CHIP调查农村样本中的住户分布情况（按省份）

	县的数量	住户的数量	个体的数量
北京	13	500	1717
河北	5	500	1826
山西	35	700	2777
辽宁	24	800	2694
江苏	10	1000	3714
浙江	10	1000	3426
安徽	9	900	3683
福建	26	800	3435
河南	10	1000	4089
湖南	37	800	3168
湖北	10	1000	4026
广东	12	1000	5082
重庆	5	500	1782
四川	11	1100	4163
云南	40	700	3015
甘肃	30	700	3250

表AI.9提供了2007年CHIP调查农村样本的整体和分省份的性别组成。与城镇调查（见表AI.4）相比，整体和各个省份的农村调查包含的女性均比男性少。这一差异反映出中国农村地区对男孩的偏爱。性别组成在2002年和2007年的农村调查中仅发生了轻微的变化。2002年女性/男性的

比例为 92.2%，2007 年为 93.2%。

表 AI.9 2007 年 CHIP 调查农村样本中个体的性别构成（按省份）

	男性	女性	女性/男性
总样本	26838	25009	93.2
北京	859	858	99.9
河北	930	896	96.3
山西	1436	1341	93.4
辽宁	1386	1308	94.4
江苏	1901	1813	95.4
浙江	1782	1644	92.3
安徽	1932	1751	90.6
福建	1792	1643	91.7
河南	2119	1970	93.0
湖北	2080	1946	93.6
湖南	1651	1517	91.9
广东	2640	2442	92.5
重庆	928	854	92.0
四川	2148	2015	93.8
云南	1581	1434	90.7
甘肃	1673	1577	94.3

表 AI.10 给出了 2007 年 CHIP 农村调查中以住户规模为划分标准的住户分布情况。由 4 个成员组成的家庭占全部样本的 30%，3—4 个成员的家庭共占总样本的 56%。中国农村较大的家庭规模反映出城镇和农村在执行计划生育政策时的差距。在大多数县里，农村的夫妇是允许生育两个孩子的。2007 年 CHIP 农村调查显示的平均（未加权的）住户规模为 4 人（根据表 AI.10 计算所得），与 NBS 在其每年的农村住户调查中汇报的官方结果（每户 4.03 人）相近。

表 AI.10　2007 年 CHIP 调查农村样本中住户的分布（按住户规模和所在省份）

单位:%

	住户成员的数量							
	1	2	3	4	5	6	≥7	总计
总样本	0.3	12.0	25.8	30.2	19.1	9.1	3.5	100.0
北京	0.6	12.2	48.4	24.2	11.8	2.4	0.4	100.0
河北	0.4	19.6	27.2	29.6	15.6	5.8	1.8	100.0
山西	0.3	12.6	19.3	37.9	20.1	7.9	2.0	100.0
辽宁	0.6	21.8	38.4	23.3	11.9	3.8	0.4	100.0
江苏	0.2	15.3	34.1	23.5	19.2	6.3	1.4	100.0
浙江	0.5	18.4	40.6	24.9	10.9	3.9	0.8	100.0
安徽	0.7	9.7	21.6	33.4	22.0	9.4	3.2	100.0
福建	0.0	5.6	20.9	35.9	21.6	10.0	6.0	100.0
河南	0.4	10.6	16.9	39.0	20.2	11.0	1.9	100.0
湖北	0.2	9.9	25.1	32.8	20.2	9.0	2.8	100.0
湖南	0.0	12.3	23.5	34.8	18.3	8.9	2.4	100.0
广东	0.3	2.4	8.0	26.8	28.3	19.1	15.1	100.0
重庆	0.2	20.6	33.2	24.6	14.8	4.6	2.0	100.0
四川	0.5	14.7	32.9	23.1	17.9	9.1	1.8	100.0
云南	0.1	6.9	18.1	38.0	21.3	10.1	5.4	100.0
甘肃	0.0	4.1	12.6	31.4	27.1	18.3	6.4	100.0

2007 年 CHIP 农村调查中不同年龄组的个体分布情况详见表 AI.11 和图 AI.2。农村样本的平均年龄比城镇样本小。农村样本中 0—5 岁个体的比例和 11—20 岁个体的比例分别为 4.6% 和 18.6%，明显高于城镇样本中的比例。但农村样本中却具有相对较少的处于工作年龄的个体。20—60 岁的个体在农村样本中占 63.4%，比城镇样本少 5 个百分点，这可能反映出一些迁移到城镇地区打工的农村劳动力被排除在农村调查的范围之外。在本书附录Ⅱ中我们详细解释了如何处理那些在调查时正远离家庭的个体。与城镇样本相似，农村样本的年龄分布在 2002—2007 年间向年龄较高方向移动，反映出人群的年龄老化趋势（见图 AI.2）。

表 AI.11 2007年CHIP调查农村样本中个体的分布（按年龄组和所在省份）

单位:%

	0－5	6－10	11－20	21－30	31－40	41－50	51－60	61－70	>70	总计
总样本	4.6	4.7	18.6	15.3	15.3	17.5	15.3	5.9	2.9	100.0
北京	1.9	2.6	17.3	13.3	15.8	24.3	16.2	6.2	2.6	100.0
河北	4.8	4.6	16.5	13.2	14.7	18.1	19.7	6.0	2.6	100.0
山西	3.1	4.6	22.5	15.2	14.5	19.0	14.5	4.9	1.7	100.0
辽宁	3.0	3.4	14.9	13.1	14.3	21.0	19.9	6.6	3.8	100.0
江苏	4.2	4.3	17.2	12.1	18.6	18.4	15.5	6.7	3.1	100.0
浙江	3.7	4.6	13.1	13.4	14.1	21.3	19.7	7.0	3.2	100.0
安徽	5.7	4.2	20.6	15.5	15.4	16.1	14.0	5.7	2.7	100.0
福建	4.4	4.3	18.9	18.5	16.7	17.4	12.5	4.7	2.7	100.0
河南	6.0	5.9	21.7	14.4	16.3	15.6	12.9	5.2	2.2	100.0
湖北	5.0	2.8	17.9	19.2	12.4	19.5	16.9	4.2	2.2	100.0
湖南	4.6	4.4	18.2	16.8	13.3	16.5	17.1	6.3	3.0	100.0
广东	5.5	6.2	22.8	19.2	11.5	14.5	12.8	4.4	3.2	100.0
重庆	4.8	3.5	12.1	13.3	15.8	16.0	21.0	9.2	4.4	100.0
四川	4.5	5.1	14.8	12.2	18.8	14.7	18.7	8.0	3.4	100.0
云南	5.3	6.4	19.4	17.0	16.1	16.3	10.2	5.8	3.5	100.0
甘肃	4.4	5.6	23.5	13.1	18.0	17.0	9.8	6.1	2.6	100.0

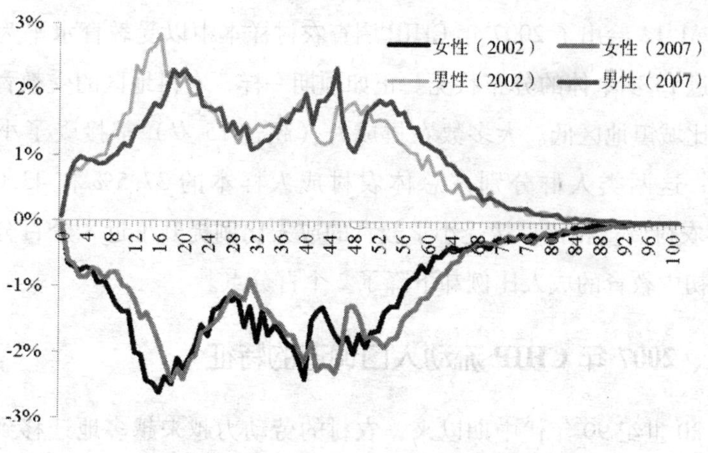

图 AI.2 年龄－性别比例（农村调查）

表 AI.12　2007 年 CHIP 调查农村样本中超过 15 岁个体的受教育水平（按省份）

单位：%

	低于小学	小学	初中	高中	职业学校	中专或以上	总计
总样本	3.8	37.5	43.0	11.3	2.4	2.1	100.0
北京	3.3	7.7	44.7	20.3	11.0	13.1	100.0
河北	0.0	40.4	48.5	9.0	1.1	1.0	100.0
山西	3.7	20.2	54.7	16.1	2.5	2.8	100.0
辽宁	3.9	21.4	55.7	10.5	2.9	5.6	100.0
江苏	0.0	44.3	41.0	11.1	2.2	1.3	100.0
浙江	0.0	49.3	35.7	11.0	2.3	1.7	100.0
安徽	0.0	39.8	51.2	6.9	1.1	1.1	100.0
福建	9.7	23.9	40.8	16.5	4.5	4.5	100.0
河南	0.0	43.8	44.0	9.8	2.1	0.4	100.0
湖北	0.0	47.9	41.4	8.5	1.3	0.8	100.0
湖南	4.8	29.5	45.5	15.5	2.8	1.9	100.0
广东	0.0	42.1	46.0	10.1	1.4	0.4	100.0
重庆	0.0	57.2	33.9	7.6	0.9	0.3	100.0
四川	0.0	55.3	36..1	6.9	0.9	0.9	100.0
云南	18.4	35.0	35.7	7.7	2.1	1.1	100.0
甘肃	18.6	25.5	35.3	15.8	2.7	2.1	100.0

表 AI.12 给出了 2007 年 CHIP 调查农村样本中以受教育水平为划分标准的超过 15 岁个体的分布状况。正如预期一样，农村地区的受教育水平从总体上比城镇地区低。大多数农村成人（超过 15 岁）都接受了小学和初中教育；这两类人群分别占总体农村成人样本的 37.5% 和 43.0%。与 2002 年农村调查相比，接受小学教育的成人比例提升了近 8 个百分点，但是接受初中教育的成人比例却下降了 2 个百分点。

五、2007 年 CHIP 流动人口调查的特征

从 20 世纪 90 年代中期以来，农村的劳动力越来越多地迁移到城镇地区去寻求就业机会。但是 NBS 定期进行的农村和城镇调查都不足以覆盖城

乡移民。NBS农村住户调查包含了一些流动人口，他们被界定为在农村住户中停留超过6个月的住户成员个体，或已经离开农村家庭却仍然与家庭存在紧密的经济联系的个体（详见本书附录Ⅱ）。从以往的惯例来看，NBS城镇住户调查仅涵盖了具有本地户口的住户，而在近些年中NBS开始有意将城镇样本扩展以涵盖没有城镇户口的住户。但是，一般来说，NBS数据中的流动人口样本的代表性不足。

2002年的CHIP调查包含了与城镇样本相同的省份中的流动人口住户样本。在缺乏特别针对流动人口设计的抽样框架的情况下，我们通过社区居民委员会和中国城镇的基层组织来识别和选择我们的调查所需的流动人口住户。有关2002年CHIP调查中流动人口样本的细节详见Li等人（2008）。

2007年CHIP流动人口调查覆盖了城镇调查的16个省份中的9个。与城镇调查相似，省份的样本规模与实际的省间流动人口数量分布并不一致。因此，根据要分析的问题，我们需要重新加权来获取具有代表性的结果（详见本书附录Ⅱ）。

2007年CHIP流动人口调查是在中国农村－城镇移民（RUMiC）项目的领导下，由一家专门从事市场研究的公司Datasea协助完成。调查者们尽他们最大的努力去构建抽样框架，其解释详见Kong（2010）。这里，我们只是简要地描述一下过程。首先，依据最新的等比例尺地图，把每个被选的城市样本分为每块0.25平方千米的等尺寸方块；然后，随机选择其中10%的方块。统计员会按一定的顺序列出每个方块中的所有工作地点，并获得每个工作地点中流动人口工作者的数量记录。这些记录被看作是抽样基础框架，研究者可以从这个基础框架中随机选出用于流动人口调查的个体。最后，调查问卷要求流动人口回答有关他们在城市中生存状况的信息，包含他们在城市的家庭情况，例如，他们是否与家庭中其他个体共同生活在城镇中，并且共同分享收入和分担支出。

流动人口样本包含了那些拥有农业户口却没有居住在其户口所在地的个体，包括临时和长期流动人口①。因为临时流动人口同样以住户成员的

① 2007年，户口制度改革仅在几个省份中贯彻实施。对于大部分地区来说，户口仍然被明确地划分为农业和非农业两类。

身份被包含在农村样本中，可能存在重复计算的问题。因此，本书中的一些分析将临时流动人口去掉，仅使用长期稳定的流动人口子样本。同时，流动人口样本也包含那些在城市地区中拥有当地农业户口的个体。这些个体因为包含在城镇样本中，也可能造成重复计算的问题。本书附录Ⅱ对如何解决流动人口和农村城镇调查之间的潜在的重复计算问题进行了详细讨论。

表 AI. 13 – 表 AI. 16 均报告了 2007 年 CHIP 调查有关流动人口样本的信息，与上述报告的有关城镇样本和农村样本的信息类似。这些表格中的统计数据是通过全体流动人口样本计算得出的，包含临时和长期流动人口，也包含城镇中具有当地农业户口的个体。

表 AI. 13 给出了不同城市中流动人口住户和个体的分布。在表 AI. 13 中，我们可以看到城乡流动人口样本中的平均住户规模比城镇样本和农村样本中的小很多。大多数流动人口家庭仅包含一个单独的个体。

通过观察表 AI. 14 的性别组成，我们可以发现流动人口样本比其他两个样本包含了更多的男性个体，因为已婚妇女通常会返回他们的出生地。并不令人意外的是，具有工作年龄的个体在流动人口样本中占有很高的比例。

2002 年流动人口样本的年龄分布中 25—40 岁之间的个体占据主要地位（图 AI. 3）。这可能是对抽样方法的一种反映：在 2002 年中，主要选取那些定居在城镇中的长期流动人口。在 2007 年，流动人口抽样方法选取了更多 17—25 岁之间的年轻流动人口。正如在附录Ⅱ中所讨论的，通过加权和去除短期流动人口来对流动人口样本进行调整，将会降低这种差异。

2007 年流动人口样本中超过 15 岁个体的受教育程度呈现在表 AI. 16 中。与农村样本的研究发现近似，大多数的成年流动人口仅具有中学教育水平，这反映出流动人口与城镇个体相比受教育水平较低。

表 AI. 13　2007 年 CHIP 调查流动人口样本中住户和个体的分布情况（按城市）

	个体数量	住户数量	平均住户规模	住户成员的数量（%）				
				1	2	3	≥4	总计
总样本	8404	4978	1.7	60.5	18.9	13.7	6.9	100.0
广州	617	400	1.5	66.0	18.5	12.3	3.3	100.0

续表

	个体数量	住户数量	平均住户规模	住户成员的数量（%）				
				1	2	3	≥4	总计
东莞	427	272	1.6	66.9	17.3	9.9	5.9	100.0
深圳	365	302	1.2	84.4	12.3	1.7	1.7	100.0
郑州	658	350	1.9	56.9	14.9	14.9	13.4	100.0
洛阳	366	200	1.8	59.5	12.5	17.5	10.5	100.0
合肥	705	350	2.0	47.4	20.3	19.4	12.9	100.0
蚌埠	428	200	2.1	43.5	18.5	22.0	16.0	100.0
重庆	682	400	1.7	56.3	25.3	12.0	6.5	100.0
上海	852	503	1.7	58.3	20.5	15.7	5.6	100.0
南京	611	400	1.5	65.3	22.8	7.0	5.0	100.0
无锡	331	200	1.7	63.5	12.0	20.0	4.5	100.0
杭州	639	400	1.6	58.0	28.5	10.5	3.0	100.0
宁波	331	200	1.7	61.0	20.5	11.5	7.0	100.0
武汉	692	400	1.7	61.5	12.8	18.8	7.0	100.0
成都	700	401	1.7	57.9	18.7	16.7	6.7	100.0

表 AI.14 2007年CHIP调查流动人口样本中的个体性别构成（按城市）

	男性	女性	女性/男性
总样本	4777	3627	75.9
广州	343	274	79.9
东莞	257	170	66.1
深圳	235	130	55.3
郑州	386	272	70.5
洛阳	220	146	66.4
合肥	416	289	69.5
蚌埠	251	177	70.5
重庆	367	315	85.8
上海	484	368	76.0
南京	342	269	78.7
无锡	153	178	116.3

续表

	男性	女性	女性/男性
杭州	381	258	67.7
宁波	184	147	79.9
武汉	378	314	83.1
成都	380	320	84.2

表 AI.15　2007 年 CHIP 调查流动人口样本中个体的分布情况
（按年龄组和所在城市）

单位:%

	0－5	6－10	11－20	21－30	31－40	41－50	51－60	61－70	>70	总计
总样本	4.5	3.3	17.2	32.5	24.9	12.8	3.8	0.8	0.2	100.0
广州	3.7	2.6	14.3	36.1	25.9	14.3	2.6	0.5	0.0	100.0
东莞	4.9	2.8	11.9	42.6	24.6	8.7	3.3	0.9	0.2	100.0
深圳	1.9	0.3	20.6	51.0	15.6	7.4	3.3	0.0	0.0	100.0
郑州	8.5	4.3	19.6	29.5	20.5	9.4	5.5	2.4	0.3	100.0
洛阳	7.7	4.4	24.0	25.4	22.1	12.0	2.7	0.8	0.8	100.0
合肥	5.0	4.3	21.7	25.3	26.4	11.8	5.3	0.4	0.0	100.0
蚌埠	6.3	6.1	20.8	24.3	29.0	8.9	3.3	1.2	0.2	100.0
重庆	2.8	3.2	14.8	30.1	27.9	16.7	3.4	0.7	0.4	100.0
上海	3.6	2.9	14.3	32.8	27.4	16.7	2.1	0.2	0.0	100.0
南京	2.6	1.6	19.8	36.2	21.1	11.5	5.7	1.3	0.2	100.0
无锡	4.5	3.0	16.3	38.1	16.9	17.8	3.3	0.0	0.0	100.0
杭州	3.1	2.7	13.0	36.8	26.8	13.3	3.8	0.6	0.0	100.0
宁波	5.1	2.7	15.1	27.8	26.9	15.4	5.7	1.2	0.0	100.0
武汉	5.2	4.1	17.5	34.5	21.7	14.0	2.5	0.6	0.0	100.0
成都	4.0	4.0	17.4	25.3	32.4	10.9	4.1	1.1	0.7	100.0

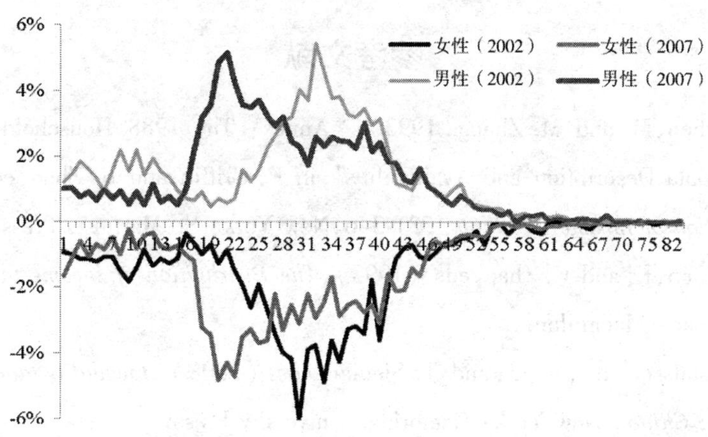

图 AI.3 年龄－性别比例（流动人口调查）

表 AI.16 2007 年 CHIP 调查流动人口样本中超过 15 岁个体的受教育程度（按城市）

单位：%

	低于小学	小学	初中	高中	职业学校	中专	大学及以上	总计
总样本	2.5	13.3	55.3	19.8	5.2	3.3	0.6	100.0
广州	1.6	8.4	60.0	22.2	3.6	3.2	0.9	100.0
东莞	1.1	10.2	57.3	23.3	4.2	3.4	0.5	100.0
深圳	0.6	7.1	49.1	26.9	10.9	5.1	0.3	100.0
郑州	3.2	14.5	46.2	18.3	10.3	7.0	0.6	100.0
洛阳	1.4	7.1	62.6	18.2	6.7	2.7	1.4	100.0
合肥	6.0	18.0	54.1	14.5	3.7	3.4	0.4	100.0
蚌埠	6.6	18.2	57.6	11.9	3.6	1.5	0.6	100.0
重庆	1.5	17.0	54.1	20.6	3.6	2.9	0.3	100.0
上海	2.2	13.9	57.6	18.0	4.9	2.2	1.2	100.0
南京	3.4	9.5	54.2	23.5	5.7	3.2	0.5	100.0
无锡	0.7	6.9	75.9	12.1	2.8	0.7	1.0	100.0
杭州	2.2	15.2	49.0	25.7	2.0	5.4	0.5	100.0
宁波	3.6	25.8	46.4	19.2	4.0	0.7	0.3	100.0
武汉	0.9	8.2	60.0	19.3	8.4	2.9	0.5	100.0
成都	2.5	17.2	52.7	19.3	5.1	3.0	0.2	100.0

（本附录作者：罗楚亮、李实、史泰丽、邓曲恒、岳希明）

参考文献

Eichen, M. and M. Zhang (1993), "Annex: The 1988 Household Sample Survey-Data Description and Availability", in K. Griffin and R. Zhao, eds., *The Distribution of Income in China*, 331-346, New York: St. Martin's Press.

Griffen, K. and R. Zhao, eds. (1993), *The Distribution of Income in China*, Basingstoke: Macmillan.

Gustafsson, B., S. Li, and T. Sicular, eds. (2008), *Inequality and Public Policy in China*, New York: Cambridge University Press.

Kong, Sherry Tao (2010), "Rural-Urban Migration in China: Survey Design and Implementation", in X. Meng, C. Manning, S. Li, and T. N. Effendi, eds., *The Great Migration: Rural-Urban Migration in China and Indonesia*, 135-150, Northampton, MA: Edward Elgar.

Li, S., Luo, C., Wei, Z., and Yue, X. (2008), "Appendix: The 1995 and 2002 Household Surveys: Sampling Methods and Data Description", in B. Gustafsson, S. Li, and T. Sicular, eds., *Inequality and Public Policy in China*, 337-353, New York: Cambridge University Press.

Riskin, C., R. Zhao, and S. Li, eds. (2001), *China's Retreat from Equality: Income Distribution and Economic Transition*, Armonk, New York: M. E. Sharpe.

附录Ⅱ 2002年和2007年CHIP调查：样本、权重以及城镇、农村和流动人口综合样本[①]

一、总 论

CHIP数据库包含了城镇、农村以及2002年和2007年城乡流动人口样本。这些样本的大小并不与其在全国人口中所占的比例相一致，并且他们的地区分布也不相同。因此，为了使得样本具有全国代表性，必须计算权重。

本附录讨论样本权重的计算问题，以便用于分析2002年和2007年CHIP数据。我们使用国家统计局提供的2000年人口普查数据和2005年全国1%人口抽样调查（后来被称为“2005年小规模普查”）数据计算权重。这两套数据提供了中国最完整有效的人口情况统计。我们的样本权重设计用来反映在2000年人口普查和2005年小规模普查中的人口比例。

我们首先在本附录的第二部分讨论CHIP样本设计及其对权重的影响。权重的计算要求关于人口比例的数据要根据地理位置和城镇、农村以及流动人口进行分类，这些我们可以从2000年人口普查和2005年小规模普查数据中获得。为此，我们第三部分讨论2000年人口普查和2005年小规模普查数据。为了采用一致的权重，我们必须对所有个人和家庭的户籍所在

① 提出权重需要引起关注的学者是塞缪尔·迈尔斯、丁赛和李实，他们在2009年5月CHIP研讨会上做了“样本权重及人均收入的分析：以CHIP为例”的演讲。本附录建立在他们工作的基础之上。我们感谢李实贡献的关键性建议，同时感谢他使得我们在计算权重时能够使用2000年人口普查和2005年1%人口抽样调查子样本数据。人类关系和社会公平中心的罗伊·威尔金斯教授以及明尼苏达大学公共事务学院的休伯特·汉弗莱教授对本工作给予了部分的支持。

地分类，确保不出现重复计算。对于地理位置的分类放到第四部分讨论。本附录最后一部分提出一些数据分析中权重使用的建议。

二、权重的计算

CHIP 调查样本与在全国人口中的比重相比，有些群组过度采样，而另外一些群组则采样不足。在此，我们讨论用来调整 CHIP 样本数据的权重的设立，使得这些样本具有全国的代表性。

在过去对 CHIP 数据的分析中，权重调整仅仅为了反映农村和城镇的人口规模占总人口比例。比如说，在 2002 年，根据国家统计局（NBS）人口数据，中国农村人口为 7.824 亿，而城镇人口为 5.021 亿，意味着农村和城镇人口分别占总体的 60.91% 和 39.09%。但是 2002 年 CHIP 调查农村和城镇样本比例分别为 64.78% 和 35.22%，所以样本中存在农村样本过度采样，城镇样本采样不足。在 2002 年 CHIP 数据中使用农村—城镇权重试图调整城镇和农村样本人口比重，以便使其与全国农村和城镇人口比重一致。

根据中国家庭收入调查项目组成员提出的问题以及随之而来的大量讨论，我们总结认为样本权重不仅应该反映农村和城镇人口比例，而且也应该反映中国主要区域的人口比例。这个结论是基于这样一个原则得出，即权重选择应该根据构建 CHIP 调查样本的方法来决定。CHIP 调查城镇和农村样本选择反映了中国四大地区即中国沿海、中部、西部以及直辖市的情况[①]。表 AII.1 提供了 1988 年、1995 年、2002 年、2007 年 CHIP 调查样本的省份和地区分类，在每一次调查中，样本省份从每个地区选择以便反映那个地区的经济特征。城镇和农村分别这样选择样本，因此总共有 8 个层次。

① 参见李实、罗楚亮、魏众和岳希明：《1995 年和 2002 年住户调查：抽样方法和数据描述》，载别雍·古斯塔夫森、李实和史泰丽编：《不平等和中国公共政策》，剑桥大学出版社 2008 年版，有关样本选择的解释。构建 CHIIP 调查样本涵盖的地区分类：(1) 直辖市（北京、天津和上海作为独立的地理区域分别对待；为了保持一致性，重庆作为中国西部的一部分，之前的调查重庆包含在四川省内），(2) 沿海地区（河北、辽宁、江苏、浙江、福建、山东、广东和海南）；中部地区（山西、吉林、黑龙江、安徽、江西、河南、湖北和湖南）；以及西部地区（内蒙古、广西、重庆、四川、贵州、云南）。

表 AII. 1　1988 年、1995 年、2002 年和 2007 年 CHIP 调查样本的省份和地区分类

省份	省份代码	地区	1988 年		1995 年		2002 年			2007 年				
			农村	城镇	农村	城镇	农村	城镇	流动人口	农村 CHIP	城镇 CHIP	流动人口 CHIP	农村 NBS	城镇 NBS
北京	11	1	*	*	*	*	*	*	*				*	*
天津	12	1	*											
上海	31	1	*								*	*		
河北	13	2	*		*		*			*				
辽宁	21	2	*	*	*	*	*	*	*				*	*
江苏	32	2	*	*	*	*	*	*	*	*	*	*		
浙江	33	2	*		*		*			*	*	*		
福建	35	2	*										*	*
山东	37	2	*		*		*							
广东	44	2	*	*	*	*	*	*	*	*	*	*		
海南	46	2	*											
山西	14	3	*	*	*	*	*	*	*				*	*
吉林	22	3	*		*		*							
黑龙江	23	3	*											
安徽	34	3	*	*	*	*	*	*	*	*	*	*		
江西	36	3	*		*		*							
河南	41	3	*	*	*	*	*	*	*	*	*	*		
湖北	42	3	*	*	*	*	*	*	*	*	*	*		
湖南	43	3	*		*		*						*	*
内蒙古	15	4	*											
广西	45	4	*				*							
重庆	50	4			(*)	(*)	*	*	*	*	*	*		
四川	51	4	*		*	*	*	*	*	*	*			
贵州	52	4	*		*		*							
云南	53	4	*	*	*	*	*	*	*				*	*
西藏	54	4												
陕西	61	4	*		*		*							

续表

省份	省份代码	地区	1988 年		1995 年		2002 年			2007 年				
			农村	城镇	农村	城镇	农村	城镇	流动人口	农村 CHIP	城镇 CHIP	流动人口 CHIP	农村 NBS	城镇 NBS
甘肃	62	4	*	*	*	*	*	*	*				*	*
青海	63	4	*											
宁夏	64	4	*											
新疆	65	4					*							

注释：* 表示样本涉及的省份。2007 年这几列表示这些省份是否被 CHIP 问卷和/或被国家统计局提供的补充数据库覆盖。

地区：1 指直辖市；2 指沿海地区；3 指中部地区；4 指西部地区。

在最初的 1988 年 CHIP 样本框架中，河北被划分为中部地区省份，但是国家统计局将其作为东部省份。在此我们采用国家统计局的划分方法。

重庆在 1997 年成为独立的直辖市。自 1995 年起，重庆就包含在四川省城镇样本中，随时间的推移，为了保持一致性并且因为重庆城镇化程度低，它与其他直辖市并不一样，因此我们仍把重庆划归到西部地区。

CHIP 流动人口调查与 CHIP 城镇和农村调查一样，同样覆盖相同的中国四大地区①。包含流动人口调查在内，2002 年和 2007 年 CHIP 调查数据库由 12 个类别组成：沿海农村、中部农村、西部农村、直辖市农村；沿海城镇、中部城镇、西部城镇、直辖市城镇以及沿海流动人口、中部流动人口、西部流动人口、直辖市流动人口。如果不包含流动人口样本，CHIP 调查数据库包含 8 个类别。

我们基于这些地区的人口比例来介绍样本权重。2002 年和 2007 年 CHIP 调查中，权重可以用于分析 CHIP 农村样本、城镇样本和流动人口子样本（正如下面所讨论的，在流动人口样本中只保留长期稳定的流动人口样本，以避免重复计算）。不论这些权重是否单独使用还是联合使用，这也是本附录主要关注的内容。比如，对中国正式城镇人口（具有本地城镇户籍的城镇人口）的分析仅仅是四个城镇类别样本的权重适用于 CHIP 城

① 2002 年流动人口调查与城镇住户调查在相同的 12 个省份开展，但是每个省份覆盖了较少的城市；2007 年流动人口调查在 9 个省份进行，它们全部都是 2007 年城镇住户调查覆盖的省份，但是 2007 年城镇调查总体上覆盖了 16 个省份。

镇调查数据，对中国全部城镇人口（包括流动人口）的分析是四个城镇类别样本和四个流动人口类别样本的权重适用于 CHIP 流动人口数据（仅仅是长期稳定的流动人口）。对全国人口的分析可以使用来自 12 个类别样本的权重，分别适用于 CHIP 农村、城镇以及长期稳定流动人口数据。

研究者可能希望使用这样的权重，即不仅反映地区人口比例，也反映省份人口比例。原则上，样本权重是否应该反映省份人口比例取决于地区内样本构建方式。如果谨慎选择地区样本以确保它们具有地区代表性，那么样本权重不需要反映省份人口比例。可惜地是，CHIP 调查省份不是以完全透明的方式选择的，因此我们不清楚样本权重是否应该反映省份人口比例。在此，我们讨论权重构建方法并且提供两套权重。研究学者可以选择自己更为倾向的权重构建方法。

（一）反映地区人口比例的权重的构建

我们的样本由个人组成，其中每个人属于一个类别，此处“类别”指的是上面讨论的 12 个地区类别。比如，沿海城镇、中部流动人口等。

对于类别 k 中的个人 i 的权重 w_i^k 等于：

$$w_i^k = \frac{N^k}{n^k} \tag{AⅡ.1}$$

上式中，N^k 表示类别 k 的人口数量，n^k 表示来自类别 k 的样本大小。

举例来说，如果来自类别 k 的样本包含此类别 1% 的人口，那么每个样本观察量代表 100 人，那么每个样本观察变量的权重是 100。

以这种方式确定权重，保证了来自不同类别的样本的综合结果能够反映这些类别在全国人口中的综合比例。比如说，所有城镇类别综合样本反映了全国城镇人口占全国人口的比例。同样地，一个地区所有类别综合样本反映了此地区人口占全国人口的比例。

这些权重是样本和人口比例的方程。令 $S^k = \frac{N^k}{N}$ 为类别 k 人口占全国人口 N 的比例，令 $s^k = \frac{n^k}{n}$ 为来自类别 k 的样本占所有样本 n 的比例。那么类别 k 中的个人 i 的权重 w_i^k 可以写成：

$$w_i^k = \left(\frac{N^k \cdot n}{n^k \cdot N}\right) \cdot \frac{N}{n} = \frac{S^k}{s^k} \cdot \frac{N}{n} \tag{AⅡ.2}$$

换言之，权重等于类别人口比例除以类别样本比例，再乘以总人口规模与总样本规模的的比例。

公式（AⅡ.2）比较直观，它告诉我们权重决定于总人口中各类别人口所占比重是否比它在总样本中占的比重大或者小。所以，打个比方，如果中国中部农村人口在全国总人口中占的比重超出了它在CHIP样本中占的比重，那么来自于中国中部农村的样本观察量将接受一个大于1的权重。

注意 $\frac{N}{n}$ 对于所有类别来讲是一样的。因为回归方法和不平等测度典型地规模不变，对于大部分的分析来讲，这个比例因子可以删除不用，权重可以简单地用各类别人口占全国人口的比重与其在总样本中的比重之比来表示。

（二）反映地区和省份人口比例的权重的构建

权重是否应该也反映省份人口比例取决于样本省份如何选择。如果样本省份和每个地区内的省份样本谨慎选择，以便它们的集合样本代表地区，那么就不需要反映省份人口比例的权重。

比如说，如果 j 个样本省份从类别 k 包含的 M 个省份中抽出，这些省份被选中的原因是它们的总人口代表了第 k 个人口类别。在这种情况下，从样本省份总人口中随机抽取 n^k 个个体样本的概率等于从整个人口类别中随机抽取 n^k 个个体样本的概率。那么一个个体样本被抽到的概率将会是 $p_i^k = n^k/N^k$。如果随机样本分别从每个省份抽取，每个省份样本大小 n_j^k 与其人口数量 N_j^k 成比例，那么结果一样适用。在这两种情况下，样本权重将与（AⅡ.1）式中给出的相同。因此，权重仅需要反映地区人口比例，不需要反映省份人口比例。

假设被选择的省份并不能用来作为可以整体代表地区的样本，每个省份样本大小并不与其人口数量成比例，权重就应该反映个体被选中的概率随省份而不同。

令 N_j^k 为总人口，n_j^k 为来自类别 k 中省份 j 的样本大小。那么个体在一个省内被抽取的概率为 $p_i^{j,k} = \frac{N_j^k}{n_j^k}$。地区样本大小来自地区内所有省份的样本和，$n^k = \sum n_j^k$。类别 k 中省份 j 的个人 i 的权重 $v_i^{j,k}$ 可以写成：

$$v_i^{j,k} = (\frac{N_j^k}{n_j^k}) \cdot (\frac{N^k}{n^k}) = (\frac{N_j^k}{n_j^k}) \cdot w_i^k \quad (\text{A}\,\text{II}.3)$$

我们可以看到，N^k/n^k 就是来自于（AⅡ.1）式的类别权重，所以 $v_i^{j,k}$ 就等于权重 w_i^k 与样本省份人口数量与样本大小之比的乘积。

正如（AⅡ.1）式所示，多个子类别的加权样本数等于那些子类别总人口数。比如说，综合加权的省份农村样本大小等于全国农村人口。

我们可以重申公式（AⅡ.3），以人口和样本比例形式表示如下：

$$v_i^{j,k} = (\frac{N_j^k}{n_j^k}) \cdot \frac{S^k}{s^k} \cdot \frac{N}{n} \quad (\text{A}\,\text{II}.4)$$

另外，我们可以从（AⅡ.3）式中看到，权重可以写成类别人口的省份比重（S_j^k）与类别样本的省份比重（s_j^k）的比率：

$$v_i^{j,k} = \frac{S_j^k}{s_j^k} \quad (\text{A}\,\text{II}.5)$$

三、人口比例：来自2002年人口普查和2005年小规模普查

正如上文所述，权重的计算要求不同地区类别的 N^k 或者 N_j^k 信息。2002年我们从中国2000年人口普查中得到此信息，而2007年我们从2005年小规模普查（全国人口1%样本抽样调查）中得到此信息。请注意，小规模普查不是完全根据跨省人口比例构建。国家统计局（NBS）提供了我们可以用来调整小规模普查数据的权重，以便调整后的数据可以更准确地反映省份人口①。我们计算来自2005年小规模普查的人口比例时使用这些权重。

2000年人口普查和2005年小规模普查计算的是一个时点上的个人（对于2000年人口普查，截止到2000年10月31日24点，对于小规模普查，截止到2005年10月31日24点）。对于每个个人，两次普查包含了地理位置标记及其他信息，比如性别、年龄、与家庭成员关系、户口类型、离开户口所在地时长等等。

---

① 权重变量名称为power_2。数据中每个个体样本都有行对应的此变量的值，从0.082149到2.454594之间590个不同的值。

我们没有获得2000年人口普查和2005年小规模普查所有数据的途径；但是，国家统计局（NBS）已经提供给了我们随机选择的子样本。对于2000年人口普查，我们拥有0.095%的样本，对于2005年小规模普查，我们拥有20%的子样本。国家统计局（NBS）采用系统间隔抽样法来选择子样本，所以这些样本可以代表全体的人口普查结果和全体的小规模普查结果。

我们检查了我们的子样本构成和NBS出版的全部人口普查和小规模普查的汇总数据。省份间子样本按性别、城/镇/村分类的人口比例，与全部普查和全部小规模普查结果相近。

为了计算权重，我们使用每个人的地理位置（城、镇、村）标记。地理位置标记在2000年人口普查时遵循一定的标准，即此标记确保普查计算稳定居民以及外出居民时不出现重复计算。人口普查时，一个人被标记为他或她所在的地理位置，如果：（a）他或她住在当地并有当地户口（包含那些是当地家庭成员，普查时外出，但是外出时间未超过6个月的个人）；或者（b）他或她户口在外地，但是普查时已经在当地居住6个月以上①。

2005年小规模普查使用了不同的方法，所有个人都标记的是在小规模普查时他们所在的位置。此外，一个人如果是某地的家庭的一员，并且在当地有户口，但是在小规模普查时外出，那此人就被认为是该地居民。这个方法可能会导致小规模普查时不在家的个人的重复计算②。

四、地理位置的划分

为了建立权重，我们需要根据个体样本不同类别的居住地点对个体样本进行分类。我们必须持续地对所有数据库进行分类以建立权重，包括2000年人口普查、2005年小规模普查和2002年、2007年CHIP城镇、农

① 2000年人口普查时在本地的人归为本地居民如果（a）他们居住在本地少于6个月但是离开其户口所在地多于6个月或者（b）他们没有户口但是居住或习惯居住在本地（比如，新出生婴儿或者在国外短期学习）。2000年人口普查中地理位置如何标记可以在下面网址中找到：http://www.stats.gov.cn/tjsj/ndsj/renkoupucha/2000pucha/html/append5.htm。

② 2005年小规模普查中地理位置如何标记的详细信息能够从2005年全国1%人口抽样调查资料（中国统计出版社，2008，第833页）中获得。

村以及流动人口样本。由于每个地点可能是城镇（包括城市和城镇）或者农村（村庄），将个人根据地区的分类确保了个人作为城镇或农村人口的一致性。分类适用于所有个体样本，包括流动人口。根据分类标准，归类为城市或城镇居民的流动人口被计为城镇人口；那些被归类为村居民的就被计为农村人口。

我们采用的地区分类方法是NBS在每年农村和城镇住户调查中所采用的方法。CHIP农村和城镇住户调查样本是NBS农村和城镇住户调查的子集，因此使用相同的标准是符合实际的。NBS标准不仅考虑地区和居住时长，还考虑个人与家庭的经济联系程度。

NBS（CHIP）城镇和农村调查样本包含住户及其家庭成员。如果他或她是一个地区家庭的成员，并且在调查年，如果他或她常居住在这个家庭中或者已经在这个家庭中居住了6个月及以上，那么这个人就被记为这个地区的居民。那些不常居住在一个地区的某一家庭中，或者离开这一家庭6个月以上的个人，如果他或她将大部分收入返回家庭中，或者与家庭保持密切的经济联系，那么这个人也会被记为家庭的一员。那些不满足这些标准的个人不被计入本地居民中。

（一）2000年人口普查和2005年小规模普查样本的重新分类

在2000年人口普查和2005年小规模普查中用来标记地理位置的标准与在NBS住户调查中使用的不一样，所以我们在构建人口比例和样本权重之前，必须把2000年人口普查和2005年小规模普查中的个体样本重新分类。

最重要的一个区别，就是对那些离开家6个月以上、但与家庭保持密切经济联系的个体样本的处理。2000年人口普查和2005年小规模普查将这些个体样本归为居住地，我们必须根据原籍将其重新分类。

2000年人口普查和2005年小规模普查没有包含反映个人与其原籍所在家庭的经济联系程度的信息，但是包含婚姻状况的信息和是否与配偶生活在一起的信息。我们使用这个信息作为与原籍所在家庭的经济联系程度的代理变量。如果有非本地户口的个人结婚并且未与其配偶生活在一起，我们认为这个人和户口所在地的家庭有着显著的经济联系。我们认为这些个人不是稳定的流动人口。如果有非本地户口的个人没有结婚（单身、离异或寡居)，或者结婚了并与其配偶生活在一起，我们认为这个人与其户口所在地的家庭没有很强的经济联系程度。我们认为这些个人是稳定的流动人口。

我们也必须完成2005年小规模普查中的个体样本的重新分类，因为2005年小规模普查使用的标记地理位置的方法与2000年普查使用的方法不同。为了与2000年人口普查和NBS住户调查保持一致性，我们重新对2005年小规模普查之时居住在本地但是离开其户口所在地少于6个月的个体样本进行分类①。

为了进行地理位置重新分类，我们检查了2000年人口普查和2005年小规模普查的子样本中的所有个人。我们接受标记的地区，并且对符合下列条件的个人不再进行分类：

1. 他们有本地户口（不论是农业户口还是非农业户口）并且（a）他们现在居住在本地，或者（b）他们不在本地但是是本地家庭的成员，并且离开本地不到6个月。

2. 他们没有本地户口但是居住在本地6个月以上，并且（a）单身、离异或寡居或者（b）结婚并与配偶一起居住。

所有其他个人重新分类到其户口所在省份。换言之，所有没有本地户口而且在本地居住时间不到6个月的个人都会被重新分类。同样，所有没有本地户口并且居住在标记地时间超过6个月、结婚但是没有与配偶居住在一起的个人也是如此。

那些被重新分类回到其户口所在省份的个人将作为农村或城镇人口，这取决于他们拥有的是农业户口还是非农业户口。如果他们拥有农业户口，那么他们就被重新分类为户口所在省份的农村人口。如果他们拥有非农户口，他们将被重新分类为户口所在省份的城镇人口。

① 2005年小规模普查包含户口（省份）地点信息，户口类型（农业或者非农业）、离开户口所在地的时长。我们使用这些信息来进行重新分类。离开时长的信息由对“离开户口登记地时间”这一问题的回答得到。这与询问一个人已经在现在所在地居住多久稍有不同。比如，一个农民工很可能离开户口原籍很长一段时间，首先去了其他地方，仅仅最近才搬到现在居住地。我们没有这个人离开户口登记所在地之后来本地之前居住的信息。我们假设这些人离开户口所在地6个月或以上或者最近6个月居住在本地。

表 AII. 2　重新分类前后 2000 年人口普查和 2005 年小规模普查样本

		原始样本数据		分出		分进		缺失值（删除）	重新分类后样本数据			
		样本数	人口总数占比	流向农村	流向城镇	来自农村	来自城镇		样本数	当地人口占比	流动人口占比	人口总数占比
2000 年普查	城镇	432315	36.6%	8293	0	191	0	2380	421833	93.1%	6.9%	35.8%
	农村	747795	63.4%	0	191	0	8293	223	755674	100%	0%	64.2%
2005 年小规模普查	城镇	1147410	43.7%	25598	5914	926	5914	4642	1118167	92.9%	7.1%	43.7%
	农村	1417005	55.3%	7769	926	7769	25598	1137	1440825	56.3%	100%	56.3%

注：2005 年小规模普查样本数权重为 power_2。

原则上，原始数据 + “分进来” 的数据 - “分出去” 的数据 - 缺失数据 = 重新分类后的数据。对于 2000 年人口普查数据来说是这样的，但是对于 2005 年小规模普查数据来说由于权重的关系有细微的差异。没有权重时保持相同。

这个重新分类计划，有效地处理了临时流动人口和长期不稳定流动人口，将其作为户口所在地居民。那些长期稳定的流动人口没有被重新分类。注意重新分类可以发生在任何类型的流动人口身上，包括城镇－城镇、农村－农村、城镇－农村或者农村－城镇。但是农村－城镇流动人口现象更有趣并且数量最多。

表AII.2给出了2000年人口普查和2005年小规模普查样本重新分类前后的概要。对于2000年人口普查，重新分类主要只限于那些居住在本地6个月以上并且结婚但没有与配偶生活在一起的个体样本。对于2005年小规模普查来说，有更多的重新分类情况，因为在小规模普查中，那些居住在本地少于6个月的个体样本同样要被分类。

（二）CHIP调查样本的重新分类

因为我们已经采用NBS城镇和农村住户调查中使用的地区标准，并且CHIP城镇和农村样本来自NBS住户调查，所以我们没必要在CHIP城镇和农村调查样本中重新分类个体样本。我们把CHIP农村样本中的所有个人看作是调查地的本地居民，把所有CHIP城镇样本的个人也看作是城镇地区的当地居民①。

NBS农村调查把那些大部分时间生活在其农村家庭中、或者虽然离开家6个月以上但跟家庭仍然有密切经济关系的个人看作是农村住户的一员。因此短期的不稳定的“农村—城镇”流动人口就被作为农村的调查样本。这会产生流动人口代表性不足的问题，这主要是因为一些离家较长时期的“农村—城镇”流动人口没有与农村的家庭有密切的经济关系。

这样的流动人口包含在CHIP流动人口调查中。CHIP流动人口调查也包含了其他类型的个人。这些调查是那些生活在城镇地区但有农业户口的个体样本，不但包含长期稳定的“农村—城镇”流动人口，也包含有当地农业户口、短期的“农村—城镇”流动人口和那些与其原籍家庭有密切经济关系的长期“农村—城镇”流动人口样本。为了计算权重，我们需要删除后面那些类型，因为他们已经包含在NBS和CHIP农村样本中。

---

① 我们检查了CHIP城镇调查样本，发现实际上一些个人拥有非本地农村户口，但是这些样本所占比例很少，不到总样本量的1%。

在此基础上，我们只要在 CHIP 流动人口调查中保留那些拥有非本地户口的个人并且满足下列标准①：

第一，他们已经在城镇地区生活超过 6 个月，并且单身、离异或者寡居，或者

第二，他们已经在城镇地区生活超过 6 个月，并且他们结婚并与配偶生活在一起。

我们把这些人称为长期稳定的流动人口。在城镇地区生活少于 6 个月的个人或者多于 6 个月但结婚了没有与配偶生活在一起的个人被删除了。我们把这些人称为短期或长期不稳定流动人口。那些拥有本地农业户口的个体样本也被删除了。

表 AII. 3 列出了 2002 年和 2007 年 CHIP 流动人口调查中个体样本数及其所占比例，这些符合以上长期稳定流动人口的标准。表 AⅡ. 3 也列出了流动人口调查中那些属于其他分类的个体样本数。注意 2002 年和 2007 年流动人口样本的不同构成部分地反映了这两年构建流动人口样本使用的不同方法。2002 年作为抽样范围的居委会的纳入，使得当年长期稳定的流动人口和有本地农业户口的个体样本比例偏高。

表 AII. 3　2002 年和 2007 年 CHIP 流动人口样本构成

类别	2002 年	2007 年
本地农业户口	1938 （36. 4%）	1806 （21. 4%）
长期稳定	2976 （55. 9%）	5303 （62. 8%）
短期以及长期不稳定	278 （5. 2%）	1289 （15. 3%）
缺失	135 （2. 5%）	98 （1. 2%）
总计	5327 （100%）	8446 （100%）

注：此表给出了个体样本数；括号内数字表示占当年流动人口样本百分比。

① 2007 年 CHIP 流动人口调查包含“最近 12 个月内，在外出务工经商一共生活了几个月？”这一问题。2002 年 CHIP 流动人口调查包含相似的问题，“在 2002 年你总共在城镇居住时间是多少？（月）”。我们使用对这两个问题的回答决定个体样本的流动时间。

我们为2002年和2007年流动人口数据集创造了一个变量"catg"，据此区分长期稳定流动人口个体样本。STATA 数据文件 mcatg02. dta 和 mcatg07. dta 包含这个变量，个人身份变量有助于合并 CHIP 流动人口数据集（可向作者索要）。变量 catg 可以用来保留或者删除样本。当计算权重以及合并流动人口数据、CHIP 城镇和农村数据时，catg = 2 的变量满足长期稳定流动人口的标准，应该被保留，其他观察值应该被删除①。

五、权重的实施

表 AII. 4 和表 AII. 5 包含了 12 个数据类别中每个类别的个体样本数，以及重新分类以后 2000 年人口普查和 2005 年小规模普查子样本中各自的省份构成。研究人员可以使用这些数字作为 N^k 和 N_j^k 的值计算权重。每一个阶层 S^k 的样本大小及它的省份构成 S_j^k 会随着分析中使用的样本的不同而不同，所以研究人员将根据其使用的样本量的大小进行计算。

表 AII. 4　2002 年地区类别人口频数（2000 年人口普查 0. 095%二次抽样个人）

省份代码	省份名称	地区代码	城镇当地居民	长期稳定流动人口	农村当地居民
11	北京	1	8597	984	3232
12	天津	1	6369	289	2800
31	上海	1	11796	1404	1871
	小计	1	26762	2677	7903
13	河北	2	16202	670	48964
21	辽宁	2	21479	824	18727
32	江苏	2	26866	1659	41626
33	浙江	2	18647	1966	23717
35	福建	2	11311	1230	18971
37	山东	2	31845	1128	56274

① 变量 catg = 1 代表个人有本地农业户口；catg = 2 代表个人是长期稳定的流动人口；catg = 3 代表个人是短期或者不稳定长期流动人口。缺失值表示个人不能够被识别而放在任何一个组别。如果有缺失值，我们删除这些个体样本。研究人员可以沿着我们的方法删除他们，或者使用数据集中其他信息识别他们，并在计算中将他们考虑在内。

续表

省份代码	省份名称	地区代码	城镇当地居民	长期稳定流动人口	农村当地居民
44	广东	2	32291	8171	36769
46	海南	2	2617	196	4287
	小计	2	161258	15844	249335
14	山西	3	10382	451	20946
22	吉林	3	11935	359	12530
23	黑龙江	3	16473	760	16079
34	安徽	3	14395	514	41806
36	江西	3	9461	310	25650
41	河南	3	19552	785	69598
42	湖北	3	20500	951	30636
43	湖南	3	14974	650	42325
	小计	3	117672	4780	259570
15	内蒙古	4	8769	765	12903
45	广西	4	10642	695	30713
50	重庆	4	8801	313	17844
51	四川	4	19112	841	55774
52	贵州	4	7316	597	26328
53	云南	4	7953	981	31672
54	西藏	4	325	77	1967
61	陕西	4	10022	371	23532
62	甘肃	4	5425	286	18585
63	青海	4	1337	120	3188
64	宁夏	4	1606	122	3718
65	新疆	4	5757	607	12642
	小计	4	87065	5775	238866
总计			392757	29076	755674

表 AII. 5　2005 年地区类别人口频数（2005 年小规模人口普查 20%二次抽样个人）

省份代码	省份名称	地区代码	城镇当地居民	长期稳定流动人口	农村当地居民
11	北京	1	20476	3085	4754
12	天津	1	13408	1355	5186
31	上海	1	24010	4687	3602
	小计	1	57894	9127	13542
13	河北	2	46357	1347	90331
21	辽宁	2	46773	2112	32848
32	江苏	2	72030	6767	65983
33	浙江	2	43135	7548	42212
35	福建	2	28168	4982	35009
37	山东	2	80865	3029	95949
44	广东	2	86997	21147	72754
46	海南	2	8211	598	8068
	小计	2	412535	47530	443153
14	山西	3	27336	1020	39042
22	吉林	3	26608	845	25644
23	黑龙江	3	40744	1674	32127
34	安徽	3	51554	1379	85144
36	江西	3	31078	590	52585
41	河南	3	59245	1180	129229
42	湖北	3	47604	2080	64398
43	湖南	3	43862	1754	8183
	小计	3	328032	10522	510001
15	内蒙古	4	24114	2312	21754
45	广西	4	28168	1259	58636
50	重庆	4	24945	662	31407
51	四川	4	49475	1857	116263
52	贵州	4	18709	1100	55322
53	云南	4	25777	2136	62381
54	西藏	4	1559	88	4754

续表

省份代码	省份名称	地区代码	城镇当地居民	长期稳定流动人口	农村当地居民
61	陕西	4	30038	1092	45526
62	甘肃	4	15383	446	38466
63	青海	4	3742	215	6483
64	宁夏	4	4573	255	7203
65	新疆	4	13512	1108	25932
	小计	4	239996	12530	474128
总计			1038458	29076	1440825

表 AII. 4 和 AII. 5 中的数据适用于个人或者人均水平分析中的权重计算。住户层面的分析应该使用利用家庭数量计算的权重，因为在各类别中每个家庭的人数都不相同。表 AII. 6 和表 AII. 7 给出了我们 2002 年和 2007 年调查中每个类别及包含省份构成的子样本中的家庭数目。研究人员可以使用这些数据作为人口频数 N^k 或者 N_j^k，从而计算住户层面的权重。住户抽样数量实际上取决于分析所覆盖的观察量，并且研究人员应据此计算权重。

表 AII. 6　2002 年地区类别人口频数（2000 年人口普查 0. 095%二次抽样家庭）

省份代码	省份名称	地区代码	城镇当地居民	长期稳定流动人口	农村当地居民
11	北京	1	2914	330	880
12	天津	1	2131	82	773
31	上海	1	4103	514	614
	小计	1	9148	926	2267
13	河北	2	4723	206	13165
21	辽宁	2	7041	246	5499
32	江苏	2	8443	538	12111
33	浙江	2	6104	679	7495
35	福建	2	3274	381	4931
37	山东	2	9712	287	16944

续表

省份代码	省份名称	地区代码	城镇当地居民	长期稳定流动人口	农村当地居民
44	广东	2	8758	2160	8460
46	海南	2	699	60	982
	小计	2	48754	4557	69587
14	山西	3	3095	116	5497
22	吉林	3	3789	102	3540
23	黑龙江	3	5389	228	3540
34	安徽	3	4399	128	11697
36	江西	3	2776	69	6931
41	河南	3	5683	176	18267
42	湖北	3	6150	273	8632
43	湖南	3	4789	189	12264
	小计	3	36070	1281	71413
15	内蒙古	4	2877	206	3723
45	广西	4	3136	196	7887
50	重庆	4	2944	89	5627
51	四川	4	6278	228	16504
52	贵州	4	2126	159	6695
53	云南	4	2533	313	7913
54	西藏	4	115	29	404
61	陕西	4	3042	116	6203
62	甘肃	4	1675	87	4321
63	青海	4	432	31	706
64	宁夏	4	505	34	855
65	新疆	4	1773	191	3073
	小计	4	27436	1679	63911
总计			121408	8443	207178

注：包括流动人口集体家庭，但不包括城镇和农村当地家庭。

表AII.7　2005年地区类别人口频数（2005年小规模人口普查20%二次抽样家庭）

省份代码	省份名称	地区代码	城镇当地居民	长期稳定流动人口	农村当地居民
11	北京	1	13413	2025	2939
12	天津	1	24032	1798	5941
31	上海	1	24199	5287	3864
	小计	1	61644	9110	12744
13	河北	2	11190	335	19923
21	辽宁	2	16966	741	10623
32	江苏	2	17522	1853	15906
33	浙江	2	12994	2606	12923
35	福建	2	8531	1851	10228
37	山东	2	23875	833	27360
44	广东	2	61217	13158	44665
46	海南	2	5830	420	4892
	小计	2	158125	21797	146520
14	山西	3	18449	677	23593
22	吉林	3	15042	423	12505
23	黑龙江	3	16014	550	10498
34	安徽	3	12116	308	18841
36	江西	3	9288	145	15114
41	河南	3	11142	195	22658
42	湖北	3	15712	577	19977
43	湖南	3	13159	512	23123
	小计	3	110922	3387	146309
15	内蒙古	4	10833	853	8947
45	广西	4	8585	354	16378
50	重庆	4	11467	253	13815
51	四川	4	12524	412	27718
52	贵州	4	6411	334	1050
53	云南	4	14221	1218	36763
54	西藏	4	1318	103	2915

续表

省份代码	省份名称	地区代码	城镇当地居民	长期稳定流动人口	农村当地居民
61	陕西	4	17008	589	25270
62	甘肃	4	10714	293	20541
63	青海	4	4658	280	6044
64	宁夏	4	3956	181	4491
65	新疆	4	6132	503	8963
	小计	4	107827	5373	188895
总计			438518	39667	494468

注：包括流动人口集体家庭，但不包括城镇和农村当地家庭。

本附录讨论的权重计算问题，权重依据人口的地区和省份分布，同时也依据城镇、农村和流动人口的分布计算。一些研究人员可能对不同人口的细分感兴趣，比如细分为汉族与少数民族，或者不同教育组别，或者不同年龄组别。分析这些细分群组的时候需要计算权重以确保结果能够代表这些细分群组。在这种情况下，我们可以将依据地区类别计算的权重与依据人口类别和感兴趣的细分子群组计算的权重结合起来。比如说，本书第六章，约翰·奈特、史泰丽和岳希明关于代际教育流动的研究使用的是根据年龄群组计算的权重。同样地，关于汉族和少数民族的差异分析可以使用反映汉族和少数民族在每个类别中的人口规模的权重。

为了避免重复计算，在我们的个体样本（住户样本）根据地区分类时，我们选择删除那些在 CHIP 流动人口调查中具有农村户口的个人，因为这些个人同时也包含在 CHIP 城镇样本中。但是一些研究人员可能希望将这些流动人口加入到 CHIP 城镇样本中，而不是删除掉它们。如果这样的话，权重应该据此相应调整。同样的，我们从 CHIP 流动人口调查中删除了短期和不稳定流动人口，因为他们同时也包含在 CHIP 农村样本中。一些研究人员可能希望将这些样本加入 CHIP 农村样本中，这种情况下，权重也需要据此进行调整。

最后，正如本书附录 I 所讨论的，我们注意到 2007 年调查数据中并不是所有的变量对于全部农村和城镇CHIP样本可用。因此样本大小取决于哪些变量被使用，以及个体样本数或者可用住户数。研究人员因此需要关注其样本大小并且据此计算权重。

（本附录作者：宋锦、史泰丽、岳希明）

附录Ⅲ　2007年城镇住户调查问卷

表　　号：Ⅷ　513　　表
制表机关：国　家　统　计　局
文　　号：国统字［2008］34号
有效期至：2008年　12月

您好！为了对当前城市劳动力流动及居民生活质量问题进行研究并向有关政府部门提出政策建议，国家有关部门联合开展此项专门调查。

调查内容主要包括：收入、消费、就业及生活质量等有关方面的情况。请您按照自家的实际情况和自己的真实想法如实回答问题，认真协助调查员填写调查表。我们将严格遵守统计法，对您个人的信息给以保密。

谢谢合作！

省、市（县、区、旗）编码						乡（镇、街道）编码			村/居委会编码			住户编码				

注：住户编码需与常规调查编码保持一致

	一审	签名	二审	签名
日期				

家庭住址：＿＿＿＿＿＿省＿＿＿＿＿＿市＿＿＿＿＿＿＿＿区（县）
＿＿＿＿＿＿街道＿＿＿＿＿＿小区＿＿＿＿＿＿门牌号
被访者姓名：＿＿＿＿＿＿＿＿　联络电话：＿＿＿＿＿＿＿＿

上户访谈开始时间：2008年______月______日______时______分.

访谈结束时间：2008年______月______日______时______分.

调查员姓名/编号：____________________

联络电话：____________________

调查员签字____________________

一、家庭成员特征

（注：1. 在本调查表中住户成员代码应自始至终保持一致，注意不要错位；2. 调查对象为本户所有户籍人口以及其他常住人口）

（一）所有成员都要回答的问题

1. 家庭成员姓名		A01								
2. 家庭成员代码		A02	1	2	3	4	5	6	7	8
3. 与户主关系：1. 户主 2. 配偶 3. 子女 4. 父母/岳父母或公婆 5. 祖父母 6. 媳婿 7. 孙子女 8. 兄弟姐妹 9. 其他亲属 10. 其他		A03	户主							
4. 性别 ①男 ②女		A04								
5. 出生日期（阳历）	年	A05－1								
	月	A05－2								
	日	A05－3								
6. 在兄弟姐妹中排行第几?		A06								
7. 婚姻状况：①未婚（跳到问题9） ②初婚 ③再婚 ④离异 ⑤丧偶 ⑥同居		A07								
8. 一共生过几个孩子?（个）		A08								
9. 民族：①汉 ②壮 ③回 ④维吾尔 ⑤彝 ⑥苗 ⑦满 ⑧其他		A09								
10. 目前身高（厘米）		A10								
11. 目前体重（公斤）		A11								

12. 与同龄人相比，您目前的健康状况： ①非常好；②好；③一般；④不好；⑤非常不好	A12								
13. 是否有身体残疾？①没有②有，但不影响正常工作、学习和生活③有，且影响正常工作、学习和生活	A13								
14. 当前户口　①本市/县非农户口　②外地非农户口　③本市/县农业户口（跳到问题 17）　④外地农业户口（跳到问题 17）	A14								
15.（问 A14 = 1，2）如果是农转非，请问是哪年取得非农户口的？（年份）	A15								
16.（问 A14 = 1，2）如果是农转非，请问是如何取得非农户口的？ ①上学　②参军　③转干　④土地被征用　⑤在城市购房　⑥其他（请注明）	A16								
17. 2007 年底状况与身份 ①从事工资性工作，务农或自我经营者　②离退休再就业人员　③失业人员　④离退休人员　⑤家务劳动者　⑥家庭帮工　⑦丧失劳动能力　⑧在校学生/学龄前儿童　⑨待分配/待升学人员/辍学生　⑩其他	A17								
18. 2007 年您是否参加了以下医疗保险（可多选）？ ①公费医疗或统筹　②商业医疗保险　③农村合作医疗　④其他　⑤没有保险（跳到问题 20）	A18								
19.（问 A18 ≠⑤）2007 年参加医疗保险您本人共缴费多少元？（包括工资中扣除部分）	A19								
20.（问 A20 = 1）最近三个月是否生病或受伤，包括慢性或急性病？ ①是　②否（跳到问题 25）	A20								
21. 最近一次得的是什么病（或受什么伤）？（填写疾病代码，代码表附后）	A21								
22. 最近 3 个月中，您为了治这个病，一共花了多少钱？（元，包括报销或减免费用）	A22								

23. 其中，您可以报销或减免多少钱？（元）（A23≤A22）	A23								
24. 最近3个月由于这种病（或伤）您有多少天不能从事正常工作，学习和生活（天）	A24								
25.（问所有人）2007年全年您的医疗现金总支出为多少元？（包括报销或减免费用）	A25								
26.（问所有人）扣除各种报销，您个人实际支付了多少元？（A26≤A25）	A26								
27.（问所有人）您现在每天都抽烟吗？ ①是　②否	A27								
28.（问所有人）调查时本人是否在场？ ①是　②否	A28								

（二）由在调查现场并且年满16周岁（1991年以前出生）的成员回答本表问题

1. 被调查者在A02中的家庭成员代码	A29					
在过去几周中，您是否有以下感觉？						
2. 觉得自己做事情 ①能集中精力，不分心　②偶尔分心　③有时分心　④经常分心，不能集中精力	A30					
3. 自己常因为忧虑（担心）而睡不好觉 ①完全没有　②有一点　③比较严重　④很严重	A31					
4. 觉得自己在很多事情上 ①发挥积极作用　②能发挥一些积极作用　③很少能发挥积极作用　④发挥不了	A32					
5. 觉得自己做事 ①挺有主见　②比较有主见　③不太有主见　④没有主见	A33					

6. 精神上有压力 ①完全没有　②有一点　③比较严重　④很严重	A34					
7. 觉得无法克服困难 ①完全没有　②有一点　③比较严重　④很严重	A35					
8. 觉得日常生活有意思 ①很有意思　②比较有意思　③没太大意思　④没有意思	A36					
9. 逃避工作、学习或生活中遇到的困难和问题 ①不逃避　②很少逃避　③有时逃避　④经常逃避	A37					
10. 经常觉得郁闷或忧郁 ①完全没有　②有一点　③比较严重　④很严重	A38					
11. 经常对自己没有信心 ①完全没有　②有一点　③比较严重　④很严重	A39					
12. 经常觉得自己没有价值 ①完全没有　②有一点　③比较严重　④很严重	A40					
13. 考虑到生活的各个方面，您是否觉得幸福？ ①很幸福　②比较幸福　③不太幸福　④很不幸福	A41					

（三）成年人教育及培训

（请年满 16 周岁（1991 年以前出生）并且已经离开学校的人员回答本表问题）

1. 被调查者在 A02 中的家庭成员代码	B01					
2. 您所完成的最高教育程度（如果选①“从未上过学”，跳到问题 10）（填写教育程度代码，代码表附后）	B02					

3.（问 B02≠1）您所受正规教育年限（年，不包括跳级和留级年数）	B03					
4.（问 B02≠1）您最后离开学校时在班上的成绩如何？　①很好　②比较好　③一般　④比较差　⑤很差	B04					
5.（问 B02≠1）您是否参加过高考？　①是　②否（跳到问题 10）　③保送（跳到问题 10）	B05					
6. 您最后一次参加高考的年份？	B06					
7. 您当年的高考成绩是多少分？	B07					
8. 您当年考的是文史类还是理工类？①文艺体育类　②文史类　③理工类　④其他（请注明）	B08					
9. 您是在哪个省参加高考的？（填写省份代码，代码表附后）	B09					
10. 除正规学校教育外，您是否接受过任何培训？（按时间排序最多可选三项） ①没有参加任何培训（跳到下一人或下一表）　②农业生产培训　③企业内部的非农业培训 ④社会上的非农业培训　⑤其他培训，请说明	B10					
11.（问 B10≠1）您最近一次接受的是什么类型的培训？ ①与工作相关的技能培训　②与工作无关的一般技能培训　③一般性培训，如维护工人权益等　④其他，请说明	B11					
12.（问 B10≠1）这次培训一共多少天（不足一天按一天计算）？	B12					
13.（问 B10≠1）这次培训总共花了多少钱？（元，包括本人支付和他人支付，没缴费者请填 0）	B13					
14. 谁支付这次培训的费用？①政府有关部门　②自费　③现在的雇主　④以前的雇主　⑤本人与雇主分担　⑥其他	B14					

（四）成年人社会保险与就业经历

（请年满16周岁（1991年以前出生）以上家庭成员回答本表问题）

1. 被调查者在A02中的家庭成员代码		C01					
2. 您目前有失业保险吗？ ①单位负担 ②自己购买 ③单位与自己共付 ④没有 ⑤不知道		C02					
3. 您目前有养老保险吗？ ①单位负担 ②自己购买 ③单位与自己共付 ④没有 ⑤不知道		C03					
4. 您目前有工伤保险吗？①单位负担 ②自己购买 ③单位与自己共付 ④没有 ⑤不知道		C04					
5. 您目前有住房公积金吗？①单位负担 ②自己购买 ③单位与自己共付 ④没有 ⑤不知道		C05					
6. 过去一周您是否从事过一个小时以上有收入的工作？ ①是（（包括自我经营和工资性工作者，跳到问题8） ②不领工资的家庭帮工（跳到问题8） ③否		C06					
7.（问C06=3）您过去一周为什么没有从事过一个小时以上有收入的工作？ ①有工作而暂时没上班（包括带薪休假和不带新休假） ②全日制在校学生（跳到下一人或下一表） ③无工作（包括离退休，跳到问题36）		C07					
8.（问C06=1，2或C07=1）您哪年开始从事当前这份主要工作的？（年份）		C08					
被调查者在A02中的家庭成员代码		C01					
9. 您当前主要工作的职业？（填写职业代码，代码表附后）		C09					
10. 您从什么时候开始从事该职业的？（包括在其他单位从事该职业的时间）	年	C10-1					
	月	C10-2					
11. 您当前主要工作的行业？（填写行业代码，代码表附后）		C11					
12. 您当前主要工作的单位所有制？（填写工作单位所有制代码，代码表附后）		C12					
13. 您是如何获得当前这份主要工作的？ ①政府/社区安排介绍 ②商业职介（包括人才交流会） ③招聘广告 ④直接申请（含考试） ⑤家人/亲戚介绍 ⑥朋友/熟人介绍 ⑦其他（请注明）		C13					

14. 您花了多长时间找到了当前这份主要工作？（天）	C14					
15. 包括您在内，您的工作单位有多少人？（人）	C15					
16. 在当前主要工作中，您平均每周工作多少小时？（小时/周）	C16					
17. 从当前这份主要工作中，您一般平均每月得到的收入共计为多少元？（元/月，可以出现0或负值） （工资性工作者的工资，奖金，津贴和实物折现；自我经营者的净收入）	C17					
18. 除当前主要工作外，您是否有兼职工作（包括家庭帮工）？ ①是　②否（跳到问题21）	C18					
19. （问C18＝1）所有有报酬的工作（包括自我经营）加在一起，您平均每周工作多少小时？（小时/周）（C19≥C16）	C19					
20. （问C18＝1）从所有有报酬的工作（包括自我经营）中，一般平均每月得到的总收入为多少元？（元/月） （工资性工作者的工资，奖金，津贴和实物折现；自我经营者的净收入）（C20≥C17）	C20					
21. 您目前是否还在积极寻找另一份工作？如果是，主要原因是什么？ ①否　②想工作时间长一点　③想要高一点的报酬　④不喜欢现在的雇主　⑤不喜欢现在的工作环境 ⑥其他（请说明）	C21					
22. 您当前这份主要工作是？ ①固定工　②长期合同工（一年及以上）　③短期合同工（一年以下）　④无合同的临时工　⑤不领工资的家庭帮工（检查C06＝2跳到下一人/表）　⑥自我经营（跳到问题25）　⑦打零工　⑧其他（请注明）	C22					
23. 您的主要工作单位如果提供工作餐或伙食补贴，平均每月估计折算多少钱？（元/月，没有填0）	C23					
24. 您的主要工作单位如果提供住宿或住宿补贴，平均每月估计折算多少钱？（元/月，没有填0）	C24					
25. 您的这份经营活动雇佣了家庭以外的成员多少人？（没有填0）	C25					

26. 您从事自我经营的主要原因是？ ①找不到打工机会　②自我经营能挣得更多　③想自己当老板　④自由自在　⑤其他（请说明）		C26					
27. 正式营业前的全部投资是多少（元）		C27					
28. 其中，有多少钱是借款或贷款？（元）（C28≤C27）		C28					
被调查者在 A02 中的家庭成员代码		C01					
29. 其中，来自正规银行或信用社多少元？（元）		C29					
30. 来自民间借贷组织/私人借款多少元？（元）（C29 + C30≤C28）		C30					
31. 从事这份经营之前您主要干什么？ ①其他自我经营活动　②工资性工作　③没有工作　④参加培训　⑤上学　⑥其他（请说明）		C31					
32. 您为他人工作过（打过工）吗？　①是　②否		C32					
33. 您现在还在找（或想找）为他人工作的机会吗？ ①是　②否（跳到问题 35）		C33					
34. （问 C33 = 1）您为什么还想找为他人工作的机会？ ①能挣更多钱　②可能会更体面　③可能会更稳定　④其他（请说明）		C34					
35. 假如您为他人工作（打工），估计您每月能挣多少钱？（元/月）		C35					
36. 请问您在没工作的这段时间里主要在做什么？ ①离退休（跳到下一人/表）　②丧失劳动能力　③生病或受伤　④怀孕或哺乳　⑤上学/培训　⑥操持家务　⑦什么也不干　⑧其他（请说明）		C36					
37. （问 C36≠1）您过去工作过吗？①是　②否（跳到问题 39）		C37					
38. （问 C37 = 1）您从什么时候开始离开上份工作的？	年	C38 - 1					
	月	C38 - 2					

39. 您现在是否在积极地找工作？①是（跳到问题41） ②否	C39					
40. 您现在没有积极找工作的主要原因？ ①照看家人/干家务②旅行/假期 ③义务工 ④找不到 ⑤其他（请说明）	C40					
41. 如果现在有一份适合您的工作，您能在两周内到岗吗？ ①能（跳到下一人/表） ②不能	C41					
42. （问C41=2）您不能到岗的主要原因是什么？ ①上学 ②培训 ③等待其他求职结果 ④准备自已创业 ⑤生病或受伤 ⑥怀孕或哺乳 ⑦操持家务 ⑧其他	C42					

（五）子女教育

（请父母或监护人回答以下关于16周岁以下（1991年以后出生）的所有孩子和年满16周岁（1991年以前出生）仍在校的孩子的问题。包括在本户共同生活的孩子、本户寄养在亲戚朋友家的孩子，以及本户在外地上学的孩子。按孩子的年龄大小依次编码并填入D01中）

1. 孩子的姓名	D01					
2. 孩子的编码（不同于家庭成员代码）	D02					
3. 他/她出生时的体重（克）	D03					
4. 如果孩子是本户家庭成员，请调查员填写该孩子在A02中的家庭成员代码，然后跳到问题11，如果孩子不是本户家庭成员，请调查员填写该孩子父亲/母亲/监护人在A02中的家庭成员代码，并继续回答问题5。	D04					
5. 他/她的性别 ①男 ②女	D05					
6. 他/她的年龄（周岁）	D06					

孩子的编码（不同于家庭成员代码）	D02					
7. 他/她的目前身高（厘米）	D07					
8. 他/她的目前体重（公斤）	D08					
9. 他/她目前的健康状况（与同龄人相比）？　①非常好　②好　③一般　④不好　⑤非常不好	D09					
10. 目前，他/她主要和谁住在一起？ ①父亲一方　②母亲一方　③（外）祖父母　④其他亲属　⑤自己住	D10					
11. 他/她是学龄前儿童吗？ ①是（回答问题 32—36 后跳至下一人/表）　②否	D11					
12. 他/她几周岁开始上小学（不包括学前班）（周岁）	D12					
13. 他/她目前/辍学前所在年级？（填写教育年级代码，代码表附后）	D13					
14. 他/她目前/辍学前所在学校的类型？ ①公立　②私立　③其他（请说明）	D14					
15. 他/她目前/辍学前所在学校的教学质量？ ①本市/县最好　②本市/县比较好　③一般　④本市/县比较差	D15					
16. 他/她目前/辍学前在班上的成绩如何 ①很好　②比较好　③一般　④比较差　⑤很差	D16					
17. 您对这个孩子的发展担心的是什么？ ①不担心　②学习成绩不好　③逃课、不完成家庭作业　④经常上网吧、看电视太多/玩太多电脑游戏 ⑤受人欺负　⑥结交坏朋友　⑦早恋　⑧其他（请说明）	D17					
18. 他/她现在还在上学吗？①是，在校（回答问题 22 至 31）　②否，辍学（回答问题 19 至问题 21）	D18					
辍学子女问题（D18 =2，回答问题 19 至问题 21）						
19. 请问这个孩子是从哪一年开始不再上学了？（年份）	D19					

20. 他/她当时不再上学的最主要原因是什么（限选一项）？ ①不想上学 ②外面有打工机会 ③没考上 ④家庭经济困难 ⑤附近没有学校⑥其他（请说明）	D20					
21. 他/她现在主要干什么？ ①务农 ②在家从事非农自我经营 ③在家从事工资性就业 ④在外地务工 ⑤在外地经商 ⑥在外地，不知道干什么 ⑦在家，什么也没干 ⑧其他（请说明）	D21					
在校子女问题（D18 =1，回答问题 22 至问题 31）						
22. 请问孩子的学校离孩子的住家有多远（公里）?（住校也问离家距离，不在同一城市的估计两城市间公里数）	D22					
23. 他/她目前是否住校？ ①是（跳到问题 25） ②否	D23					
24.（问 D23 =2）他/她每周除在学校外平均花多少小时用于做功课或复习功课?（小时/周）	D24					
25. 2007 年他/她上学实际交纳/支付的各种常规费用（元，不包括赞助费、借读费和择校费）	D25					
26. 其中，学杂费（元）	D26					
27. 食宿费（元，包括住在校外的房租和饮食）	D27					
28. 校内辅导班费用（元）	D28					
29. 其他费用（如校服等）（元）	D29					
30. 请问他/她 2007 年校外辅导班费用是多少?（元）	D30					
31. 2007 年他/她向学校交纳的各种赞助费/借读费/择校费（元，没交填 0，如果提前交了，请按年份分摊）	D31					
孩子的编码（不同于家庭成员代码）	D02					
学龄前儿童的问题（D11 =1，回答问题 32 至问题 36）						
32. 平常谁照料这个孩子最多? ①母亲 ②父亲 ③（外）祖父母 ④哥哥姐姐 ⑤其他亲戚 ⑥保姆 ⑦幼儿园 ⑧其他（请说明）	D32					

33. 与同龄孩子相比，您认为这个孩子总体发育如何？（包括身体和心理健康，以及学习和交往的能力） ①非常好　②比较好 ③一般　④低于一般水平	D33					
34. 平均每月的托儿费是多少元？（元/月，不上幼儿园的填 0）	D34					
35. 如果这个孩子没有上幼儿园，主要原因是什么？ ①由家人照顾　②幼儿园太贵　③找不到幼儿园 ④上幼儿园对他/她不好　⑤有保姆照管　⑥孩子年龄太小	D35					
36. 为照管这个孩子平均每月的保姆费支出是多少元？（元/月，没有保姆照管填 0）	D36					

二、家庭社会关系及生活情况

（一）按出生顺序提供与户主或配偶不在一起生活的 16 周岁（1991 年前出生）及以上成年子女的基本信息

（请户主或配偶回答，包括户主或配偶亲生、领养或过寄、不在一起生活的所有子女。在“子女教育”表中调查过的人员不再回答本表问题）

1. 子女姓名	E01					
2. 他/她是户主或配偶亲生的吗？ ①是，户主和配偶生的　②是，户主和他人生的③户主配偶和他人生的　④不是户主或配偶亲生	E02					
3. 他/她的出生年月　年	E03 - 1					
月	E03 - 2					
4. 他/她的性别　男　②女	E04					
5. 他/她的婚姻状况　①未婚　②初婚　③再婚　④同居　⑤离异　⑥丧偶　⑦其他	E05					

6. 他/她一共有过几个孩子（目前健在和不健在的所有亲生/领养/过继的孩子）	E06				
7. 他/她完成的教育程度（填写教育程度代码，代码表附后）	E07				
8. 他/她现在的主要居住地点 ①本社区 ②本城市其他社区 ③本省其他城市 ④其他省城市 ⑤农村 ⑥其他（请说明）	E08				
9. 他/她当前的状况与身份 ①从事工资性工作，务农或自我经营者 ②离退休再就业人员 ③失业人员 ④离退休人员 ⑤家务劳动者 ⑥丧失劳动能力 ⑦在校学生/学龄前儿童 ⑧待分配/待升学人员 ⑨辍学生 ⑩其他	E09				
10. （问 E09 = 1，2）他/她当前的主要工作职业？（填写职业代码，代码表附后）	E10				
11. 您与他/她之间的联系频率？ ①一周至少一次 ②一月至少一次 ③一年至少一次 ④几乎不联系	E11				
12. 在 2007 年，您们有几个月没有共同生活在一起？（月）	E12				
13. 在 2007 年，请问他/她给过您以下何种帮助？（可多选） ①经济上的（如借钱/借物/介绍工作等） ②精神上的（如谈心/出主意等） ③日常事务的（如帮助看孩子/有病时帮助照料等） ④没有	E12				
14. 在 2007 年，您给他/她多少钱和礼品/宴请（实物折成现金，如同时给多人，请分摊）？（元）	E14				
15. 在 2007 年，他/她给您多少钱和礼品/宴请（实物折成现金，如同时给多人，请分摊）？（元）	E15				

（二）户主和配偶的父母的基本信息

（请户主或配偶回答，包括生/养/继父母，如果有多个父母，选与被调查对象关系最近的一个）

		户主父亲	户主母亲	配偶父亲	配偶母亲
1. 他/她现在是否为家庭成员？如果是，填其在 A02 中的家庭成员代码，跳至下一人/表，如果不是，填 0	E16				

2. 他/她是否健在①是（跳到问题4） ②否	E17				
3. 他/她的去世年份	E18				
4. 他/她的出生年份	E19				
5. 他/她的教育程度（填写教育程度代码，代码表附后）	E20				
6. 他/她现在或曾经的职业（仍在工作者回答当前的职业，已不工作者回答最近的职业）（填写职业代码，代码表附后）	E21				
以下问题只针对健在父母询问（E17 =1）					
7. 他/她当前的状况与身份 ①从事工资性工作，务农或自我经营者 ②离退休再就业人员 ③失业人员 ④离退休人员 ⑤家务劳动者 ⑥丧失劳动能力 ⑦在校学生/学龄前儿童 ⑧待分配/待升学人员 ⑨辍学生 ⑩其他	E22				
8. 他/她目前的身体状况？ ①非常好 ②好 ③一般 ④差 ⑤非常差	E23				
9. 他/她现在主要和谁住？ ①单独居住 ②仅和配偶居住 ③仅与成年子女居住 ④与配偶及成年子女居住 ⑤和其他人居住 ⑥在养老院 ⑦其他（请说明）	E24				
10. 他/她现在的主要居住地点 ①本社区 ②本城市其他社区 ③本省其他城市 ④其他省城市 ⑤农村 ⑥其他（请说明）	E25				
11. 他/她一共有过几个子女？（目前健在和不健在的所有亲生/领养/过继的孩子，含被访者本人在内）	E26				
12. 您与他/她多长时间联系一次 ①每周至少一次 ②每月至少一次 ③每年至少一次 ④几乎不联系	E27				
13. 在2007年，请问他/她给过您以下何种帮助？（可多选） ①经济上的（如借钱/借物/介绍工作等） ②精神上的（如谈心/出主意等） ③日常事务的（如帮助看孩子/有病时帮助照料等） ④没有	E28				

14. 在 2007 年，您们有几个月没有共同生活在一起？（月）	E29					
15. 在 2007 年，您给他/她多少钱和礼品/宴请（实物折成现金，如同时给多人，要分摊）（元）	E30					
16. 在 2007 年，他/她给您多少钱和礼品/宴请（实物折成现金，如同时给多人，要分摊）（元）	E31					

（三）社会关系表

（请户主或配偶回答）

回答人在 A02 中的家庭成员代码（E00）________

E3_1. 2008 年春节期间，您通过各种方式（包括见面/打电话/写信/发电子邮件等）相互问候过（E32）________人？

在这些人中，您的亲戚大约有（E33）________人，朋友/熟人大约有（E34）________人？这些人中，现在主要在城市生活的（E35）________人？

E3_2. 请您回忆一下最近半年给你帮过忙的人（比如借钱、找工作、帮忙照顾孩子，或者说碰到问题找人谈心，让人出主意等）大概有（E36）________人？

下面请你说出 3—5 位在 2007 年帮助过你们家的人（或关系最好的人）的基本情况，按重要程度排序。但不包括本住户的家庭成员、户主或配偶的父母或子女等）

		关系人 1	关系人 2	关系人 3	关系人 4	关系人 5
1. 关系人的姓名	E37					

2. 最近半年，请问他/她给过您以下何种帮助？（可多选） ①经济上的（如借钱/借物/介绍工作等）　②精神上的（如谈心/出主意等）　③日常事务的（如帮助看孩子/有病时帮助照料等）　④没有	E38						
3. 请问他/她与您是什么关系？ ①非直系其他亲戚（跳到问题 5）　②同乡/邻居（跳到问题 5）　③朋友　④同学　⑤同事/雇主　⑥师生/师徒⑦熟人　⑧其他	E39						
4. 你跟他/她认识交往有多少年了？（不足一年的按一年计算）	E40						
5. 请问他/她的教育程度（填写教育程度代码，代码表附后）	E41						
6. 他/她的婚姻状况？ ①未婚　②初婚　③再婚　④同居　⑤离异　⑥丧偶　⑦其他	E42						
7. 他/她当前的状况与身份 ①从事工资性工作，务农或自我经营者　②离退休再就业人员　③失业人员　④离退休人员　⑤家务劳动者　⑥丧失劳动能力　⑦在校学生/学龄前儿童　⑧待分配/待升学人员　⑨辍学生　⑩其他	E43						
8. 他/她当前的主要职业？（职业代码，代码表附后）	E44						
9. 请问他/她现在住在哪里？ ①本社区　②本城市其他社区　③本省其他城市　④其他省城市　⑤农村　⑥其他（请说明）	E45						
10. 现在您们多久联系一次？ ①一周至少一次　②一月至少一次　③一年至少一次　④几乎不联系	E46						
11. 在 2007 年，您给他/她多少钱和礼品/宴请（实物折成现金，如同时给多人，请分摊）（元）	E47						
12. 在 2007 年，他/她给您多少钱和礼品/宴请（实物折成现金，如同时给多人，请分摊）（元）	E48						

（四）生活情况表

（请户主或配偶回答）

回答人在 A02 中的家庭成员代码（F00）______

2007 年发生过的事情（如果同一事情发生过多次，请描述最后一次）	1 结婚	2 找到对象	3 怀孕	4 子女出生	5 找到一份好工作	6 离婚或分居	7 生大病或意外伤害	8 有家人去世	9 家里盖房/买房
1. 是否发生过？①是 ②否（跳至下一事情）									
2. 此事情发生在何人身上？（可多选）①本人 ②配偶 ③子女 ④兄弟姐妹 ⑤父母 ⑥本户其他成员									
3. 此事情的发生是否在您的意料之中？①是 ②否 ③不知道									

三、2007 年全年全家收入支及住房情况（单位：元）

（请户主或配偶填写）

收入	编码	金额	支出	编码	金额		编号	金额
全年家庭总收入	G101		（一）消费性支出	G201		（二）经营性支出	G210	
1. 工资性收入	G102		1. 食品支出	G202		（三）财产性支出	G211	
其中，工资及补贴收入	G103		2. 衣着支出	G203		（四）转移性支出	G212	
其他劳动收入	G104		3. 居住支出	G204		（五）社会保障支出	G213	

2. 经营性收入	G105		4. 家庭设备用品及服务	G205		1. 个人缴纳的养老基金	G214	
3. 财产性收入	G106		5. 医疗保健	G206		2. 个人缴纳的住房公积金	G215	
4. 转移性收入	G107		6. 交通和通信	G207		3. 个人缴纳的医疗基金	G216	
养老金或离退休金	G108		7. 教育文化娱乐服务	G208		4. 个人缴纳的失业基金	G217	
社会救济收入	G109		8. 其他商品和服务	G209		5. 其他社会保障支出	G218	
住房		编码						
有无厨房？ ①没有 ②独立厨房 ③公用厨房		I101		地理位置？ ①城区 ②城乡结合区 ③镇中心区 ④镇乡结合区 ⑤特殊区域			I102	

调查结束，谢谢您的合作！

问卷代码表

省份代码	11 北京 12 天津 13 河北 14 山西 15 内蒙古 21 辽宁 22 吉林 23 黑龙江 31 上海 32 江苏 33 浙江 34 安徽 35 福建 36 江西 37 山东 41 河南 42 湖北 43 湖南 44 广东 45 广西 46 海南 50 重庆 51 四川 52 贵州 53 云南 54 西藏 61 陕西 62 甘肃 63 青海 64 宁夏 65 新疆
教育程度代码	1. 未上过学 2. 扫盲班 3. 小学 4. 初中 5. 高中 6. 中专 7. 大学专科 8. 大学本科 9. 研究生
教育年级代码	1 小学一年级 2 小学二年级 3 小学三年级 4 小学四年级 5 小学五年级 6 小学六年级 7 初中一年级 8 初中二年级 9 初中三年级 10 普高一年级 11 普高二年级 12 普高三年级 13 职高一年级 14 职高二年级 15 职高三年级 16 技校一年级 17 技校二年级 18 中专一年级 19 中专二年级 20 大专一年级 21 大专二年级 22 大专三年级 23 电大/函授/远程教育一年级 24 电大/函授/远程教育二年级 25 电大/函授/远程教育三年级 26 电大/函授/远程教育四年级 27 电大/函授/远程教育五年级 28 大学本科一年级 29 大学本科二年级 30 大学本科三年级 31 大学本科四年级 32 大学本科五年级 33 硕士研究生一年级 34 硕士研究生二年级 35 硕士研究生三年级 36 博士研究生一年级 37 博士研究生二年级 38 博士研究生三年级 39 博士研究生四年级

行业代码	1. 农、林、牧、渔　2. 采矿业　3. 制造业　4. 电力、燃气及水的生产和供应业　5. 建筑业　6. 交通运输、仓储和邮政业　7. 信息传输、计算机服务和软件业　8. 批发和零售业　9. 住宿和餐饮业　10. 金融业　11. 房地产业　12. 租赁和商务服务业　13. 科学研究、技术服务和地质勘察业　14. 水利、环境和公共设施管理业　15. 居民服务和其他服务业　16. 教育　17. 卫生、社会保障和社会福利业　18. 文化、体育和娱乐业　19. 公共管理和社会组织　20. 国际组织
职业代码	1. 国家机关党群组织、企事业单位负责人　2. 专业技术人员　3. 办事人员和有关人员　4. 商业、服务业人员　5. 农、林、牧、渔、水利生产人员　6. 生产、运输设备操作人员及有关人员　7. 军人　8. 不便分类的其他从业人员
工作单位所有制代码	1 党政机关（包括党委、政府、人大、政协、公检法、武装部、部队）　2 国家、集体的事业单位　3 民办企事业单位　4 国有独资企业　5 国有控股企业　6 集体独资企业　7 集体控股企业　8 私营独资企业　9 私营控股企业　10 外资独资企业　11 外资控股的合资企业　12 国有控股的合资企业　13 集体控股的合资企业　14 私营控股的合资企业　15 个体　16 其他企业
疾病代码	1 传染病　2 寄生虫病　3 恶性肿瘤　4 良性肿瘤　5 糖尿病　6 血液，造血器官疾病　7 精神类疾病　8 眼部疾病　9 耳和乳突疾病　10 心脏病　11 高血压　12 脑血管病　13 支气管炎　14 胃炎　15 肝硬化　16 胆囊疾病　17 泌尿生殖系病　18 妊娠，分娩病及产褥期并发症　19 皮肤类疾病　20 关节炎　21 围产期疾病　22 损伤和中毒　23 其他（请说明）

附录Ⅳ 2007年农村住户调查问卷

表　　号：Ⅷ　　511　　表
制表机关：国　家　统　计　局
文　　号：国统字［2008］34号
有效期至：2008年　12月

请调查员在调查开始时向调查对象宣读以下内容：

您好！为了对当前农村问题进行研究和向有关部门提出政策建议，我们开展此项专门调查。调查内容主要包括就业、生产及生活等有关方面的情况。请您按照自家的实际情况和自己的真实想法如实回答问题，认真协助调查员填写调查表。我们将严格遵守统计法，对您个人的信息给以保密。谢谢合作！

问卷编号					常规住户调查过录数据编码	

	一审	二审
日期		
签名		

家庭住址：＿＿＿＿＿＿省＿＿＿＿＿＿市＿＿＿＿＿＿＿＿区（县）
＿＿＿＿＿＿街道＿＿＿＿＿＿小区＿＿＿＿＿＿门牌号

被访者姓名：＿＿＿＿＿＿＿＿　联络电话：＿＿＿＿＿＿＿＿

上户访谈开始时间：2008年＿＿＿月＿＿＿日＿＿＿时＿＿＿分.

访谈结束时间：2008 年______月______日______时______分 .

调查员姓名/编号：__________________

联络电话：__________________

调查员签字__________________

一、家庭成员特征

（注：1. 在本调查表中住户成员代码应自始至终保持一致，注意不要错位；2. 调查对象为本户所有户籍人口以及其他常住人口）

（一）所有成员都要回答的问题

1. 家庭成员姓名	A01										
2. 家庭成员代码	A02	1	2	3	4	5	6	7	8	9	10
3. 与户主关系 ①配偶 ②亲生子女 ③非亲生子女 ④儿媳女婿 ⑤兄弟姐妹 ⑥父母 ⑦岳父母/公婆 ⑧（外）祖父母 ⑨孙子女 ⑩外孙子女 11 孙媳婿 12 外孙媳婿 13 叔（姑）/舅（姨） 14 侄/甥子女 15 其他	A03	户主									
4. 性别 ①男 ②女	A04										
5. 出生日期 年	A05－1										
月	A05－2										
日	A05－3										
6. 在兄弟姐妹中排行第几？	A06										
7. 婚姻状况 ①初婚 ②再婚 ③同居 ④离异 ⑤丧偶 ⑥未婚（跳到问题9）	A07										
8. 一共生过几个孩子？（个）	A08										
9. 民族 ①汉 ②壮 ③回 ④维吾尔 ⑤彝 ⑥苗 ⑦满 ⑧其他	A09										

10. 目前身高（厘米）	A10										
11. 目前体重（公斤）	A11										
12. 与同龄人相比，您目前的健康状况 ①非常好 ②好 ③一般 ④不好 ⑤非常不好	A12										
13. 是否有身体残疾？①没有 ②有，但不影响正常工作、学习和生活 ③有，且影响正常工作、学习和生活	A13										
14. 当前户口 ①本市/县非农户口 ②外地非农户口 ③本市/县农业户口（跳到问题 17） ④外地农业户口（跳到问题 17）	A14										
15. （问 A14 = 1，2）如果是农转非，请问是哪年取得非农户口的？（年份）	A15										
16. （问 A14 = 1，2）如果是农转非，请问是如何取得非农户口的？ ①上学 ②参军 ③转干 ④土地被征用 ⑤在城市购房 ⑥其他（请注明）	A16										
17. 2007 年底状况与身份 ①从事工资性工作，务农或自我经营者 ②离退休再就业人员 ③失业人员 ④离退休人员 ⑤家务劳动者 ⑥家庭帮工 ⑦丧失劳动能力 ⑧在校学生/学龄前儿童 ⑨待分配/待升学人员/辍学生 ⑩其他	A17										

18. 2007 年您是否参加了以下医疗保险（可多选）？　①农村合作医疗　②公费医疗或统筹　③商业医疗保险　④其他　⑤没有保险（跳到问题 20）	A18										
19.（问 A18≠⑤）2007 年参加医疗保险您本人共缴费多少元？（包括工资中扣除部分）	A19										
20. 最近三个月是否生病或受伤，包括慢性或急性病？①是　②否（跳到问题 25）	A20										
21. 最近一次得的是什么病（或受什么伤）？（填写疾病代码）	A21										
22. 最近 3 个月中，您为了治这个病，一共花了多少钱？（元，包括报销或减免费用）	A22										
23. 其中，您可以报销或减免多少钱？（元）（A23≤A22）	A23										
24. 最近 3 个月，由于这种病（或伤）您有多少天不能从事正常工作，学习和生活？（天）	A24										
25. 2007 年全年您的医疗现金总支出为多少元？（包括报销或减免费用）	A25										
26. 扣除各种报销，您个人实际支付了多少元？（A26≤A25）	A26										
27. 2007 年您（他/她）在外地（本乡镇以外）居住了几个月？	A27										
28. 如果 2007 年在外地（本乡镇以外）居住时间超过 3 个月，主要住在哪里？ ①本县农村　②本省外县农村　③外省农村　④本县县城 ⑤本省城市/其它县城　⑥外省城市/县城　⑦其他（请说明）	A28										

29. 2007 年在本乡镇以外居住时间超过 3 个月的主要原因是什么？ ①上学 ②参军 ③务工经商 ④探亲访友 ⑤其他（请说明）	A29										
30.（问所有人）您现在每天至少抽一支烟吗？ ①是 ②否	A30										
31.（问所有人）调查时本人是否在场？ ①是 ②否	A31										

（二）由在调查现场并且年满 16 周岁（1991 年以前出生）的成员回答本表问题

1. 家庭成员代码（请与 A02 中的成员代码保持一致）	A32					
在过去几周中，您是否有以下感觉？						
2. 觉得自己做事情 ①能集中精力，不分心 ②偶尔分心 ③有时分心 ④经常分心，不能集中精力	A33					
3. 自己常因为担心而睡不好觉 ①完全没有 ②有一点 ③比较严重 ④很严重	A34					
4. 觉得自己在很多事情上发挥着积极的作用 ①确实如此 ②能发挥一些积极作用 ③很少能发挥积极作用 ④发挥不了积极作用	A35					
5. 觉得自己做事 ①挺有主见 ②比较有主见 ③不太有主见 ④没有主见	A36					
6. 精神上有压力 ①完全没有 ②有一点 ③比较严重 ④很严重	A37					
7. 觉得无法克服困难 ①完全没有 ②有一点 ③比较严重 ④很严重	A38					

8. 觉得日常生活有意思 ①很有意思　②比较有意思　③没太大意思　④没有意思	A39					
9. 逃避工作、学习或生活中遇到的困难和问题 ①不逃避　②很少逃避　③有时逃避　④经常逃避	A40					
10. 经常觉得郁闷或忧郁 ①完全没有　②有一点　③比较严重　④很严重	A41					
11. 经常对自己没有信心 ①完全没有　②有一点　③比较严重　④很严重	A42					
12. 经常觉得自己没有价值 ①完全没有　②有一点　③比较严重　④很严重	A43					
13. 考虑到生活的各个方面，您是否觉得幸福？ ①很幸福　②比较幸福　③不太幸福　④很不幸福	A44					

（三）成年人教育及培训

（请年满 16 周岁（1991 年以前出生）并且已经离开学校的人员回答本表问题）

1. 家庭成员代码（请与 A02 中的成员代码保持一致）	B01					
2. 您所完成的最高教育程度（如果选①“从未上过学”，跳到问题 10）（填写教育程度代码）	B02					
3. （问 B02≠1）您所受正规教育年限（年，扣除跳级和留级年数）	B03					
4. （问 B02≠1）您最后离开学校时在班上的成绩如何？　①很好　②比较好　③一般　④比较差　⑤很差	B04					
5. （问 B02≠1）您是否参加过高考？　①是　②否（跳到问题 10）　③保送（跳到问题 10）	B05					

6. （问 B01≠1B05=1） 您最后一次参加高考的年份？	B06						
7. （问 B02≠1B05=1） 您当年的高考成绩是多少分？	B07						
8. （问 B02≠1B05=1） 您当年考的是文史类还是理工类？ ①文艺体育类 ②文史类 ③理工类 ④文理不分类 ⑤3+2 新分类 ⑥其他	B08						
9. （问 B02≠1B05=1） 您是在哪个省参加高考的？（填写省份代码）	B09						
10. 除正规学校教育外，您是否接受过任何培训？（按时间排序最多可选三项） ①没有参加任何培训（跳到下一人或下一表） ②农业生产培训 ③企业内部的非农业培训 ④社会上的非农业培训 ⑤其他培训（请说明）	B10						
11. （问 B10≠1） 您最近一次接受的是什么类型的培训？ ①与工作相关的技能培训 ②与工作无关的一般技能培训 ③一般性培训，如维护工人权益等 ④其他（请说明）	B11						
12. （问 B10≠1） 这次培训一共多少天（不足一天按一天计算）？	B12						
13. （问 B10≠1） 这次培训总共花了多少钱？（元，包括本人支付和他人支付，没缴费者请填 0）	B13						
14. （问 B10≠1、B13≠0） 谁支付这次培训的费用？ ①政府有关部门 ②自费 ③现在的雇主 ④以前的雇主 ⑤本人与雇主分担 ⑥其他	B14						

（四）成年人就业经历

（请年满 16 周岁（1991 年以前出生）及以上人员回答本表问题）

1. 家庭成员代码（请与 A01 中的成员代码保持一致）	C01						

2. 您是否有过外出务工经商经历？　①是（跳到问题4）　②否	C02						
3.（问 C02 = 2）您从未外出的主要原因是什么？（回答后跳到问题6） ①年纪大了　②有病或残疾　③担心在外找不到工作　④照顾老人/小孩　⑤照看本地生意 ⑥正在上学　⑦其他（请说明）	C03						
4.（问 C02 = 1）您第一次外出务工经商是什么时候？（年份）	C04						
5.（问 C02 = 1）您最近一次回本村老家连续居住超过三个月的主要原因？ ①本人生病　②家人生病　③照顾小孩　④照顾家里的生意或农业生产　⑤不喜欢城市或不喜欢当时的工作　⑥结婚/相亲或盖房　⑦被解雇，找不到新工作　⑧其他	C05						
6. 您近期是否打算外出务工经商？ ①打算一个月以内外出　②打算半年以内外出　③打算一年以内外出　④说不准　⑤不打算外出	C06						
7. 过去一周您是否从事过一个小时以上有收入的非农工作？ ①是（包括自我经营和工资性工作者，跳到问题9）　②不领工资的家庭帮工（跳到问题9） ③否	C07						
8.（问 C07 = 3）您过去一周为什么没有从事有收入的非农工作？ ①有非农工作而暂时没上班（包括带薪休假和不带薪休假）　②全日制在校学生（跳到下一人或下一表）　③无非农工作（包括离退休，跳下一人或下一表）	C08						
问题7选择“1是”、“2不领工资的家庭帮工”，或者问题8选择“①有非农工作而暂时没上班”者，继续回答问题9至问题26）							
9. 您哪年开始从事当前（或返乡前）这份主要非农工作的？（年份）	C09						
10. 您当前（或返乡前）主要非农工作所在地①本县农村　②本省外县农村　③外省农村 ④本县县城　⑤本省城市/其它县城　⑥外省城市/县城　⑦其他（请说明）	C10						
家庭成员代码（请与 A01 中的成员代码保持一致）	C01						

11. 您当前（或返乡前）主要非农工作的职业？（填写职业代码）		C11						
12. 您从什么时候开始从事该职业的？（包括在其他单位从事该职业的时间）	年	C12－1						
	月	C12－2						
13. 您当前（或返乡前）主要非农工作的行业？（填写行业代码）		C13						
14. 您是如何获得当前（或返乡前）这份主要非农工作的？①政府/社区安排介绍 ②商业职介（包括人才交流会） ③招聘广告 ④直接申请（含考试） ⑤家人/亲戚介绍 ⑥朋友/熟人介绍⑦其他，请注明		C14						
15. 您花了多长时间找到当前（或返乡前）这份非农工作？（天）		C15						
16. 包括您在内，您的工作单位有多少人？		C16						
17. 在当前（或返乡前）主要非农工作中，您平均每周工作多少小时？（小时/周）		C17						
18. 从当前（或返乡前）的这份主要非农工作中，您一般平均每月得到的总收入为多少元？（可以出现0或值）（工资性就业者的工资，奖金，津贴和实物折现，自我经营者的净收入）		C18						
19. 除当前（或返乡前）主要非农工作外，您是否有其他兼职工作（包括家庭帮工）？①是 ②否（跳到问题22）		C19						
20. （问C19＝1）当前（或返乡前）所有有报酬的非农工作（包括自我经营）加在一起，您平均每周工作多少小时？（小时/周）（C20≥C17）		C20						
21. （问C19＝1）从当前（或返乡前）所有有报酬的非农工作（包括自我经营）中，您一般平均每月得到的总收入为多少元？（工资性就业者的工资，奖金，津贴和实物折现，自我经营者的净收入）（C21≥C18）		C21						
22. 如果您当前（或返乡前）还在积极寻找另一份工作，主要原因是什么？①想工作时间长一点 ②想要高一点的报酬 ③不喜欢现在的雇主 ④不喜欢现在的工作环境 ⑤其他（请说明）		C22						

23. 您目前（返乡前）有失业保险吗？ ①单位负担 ②自己购买 ③单位与自己共付 ④没有 ⑤不知道 ⑥不适用	C23						
家庭成员代码（请与 A01 中的成员代码保持一致）	C01						
24. 您目前（返乡前）有养老保险吗？ ①单位负担 ②自己购买 ③单位与自己共付 ④没有 ⑤不知道 ⑥不适用	C24						
25. 您目前（返乡前）有工伤保险吗？ ①单位负担 ②自己购买 ③单位与自己共付 ④没有 ⑤不知道 ⑥不适用	C25						
26. 您当前（或返乡前）这份主要非农工作是自我经营还是给别人打工？ ①自我经营（跳到问题27） ②给别人打工（跳下一人或下一表） ③不领工资的家庭帮工（检查 C02 = 2，跳到下一人或下一表）	C26						
目前（或返乡前）从事非农自我经营者的问题（问题 26 选择“①自我经营”者继续回答问题 27 至问题 37）							
27. 您的这份非农自我经营活动雇佣了多少个家庭以外的成员？（人，没有填 0）	C27						
28. 您从事非农自我经营的主要原因是什么？ ①找不到打工机会 ②自我经营能挣得更多 ③想自己当老板 ④更灵活，自由自在 ⑤其他（请说明）	C28						
29. 正式营业前的全部投资是多少（元）	C29						
30. 其中，有多少钱是借款或贷款？（元）（C30≤C29）	C30						
31. 其中，来自正规银行或信用社多少元？（元）	C31						
32. 来自民间借贷组织/私人借款多少元？（元）（C31 + C32≤C30）	C32						
33. 从事非农这份经营活动之前，您主要在干什么？ ①其他自我经营活动 ②工资性工作③参加培训 ④上学 ⑤务农 ⑥没有工作 ⑦其他（请说明）	C33						

34. 您为他人工作过（打过工）吗？ ①是 ②否	C34						
35. 您现在还在找（或想找）为他人工作的机会吗？ ①是 ②否	C35						
36. （C35=1）您为什么还想找为他人工作的机会？ ①能挣更多钱 ②可能会更体面 ③可能会更稳定 ④其他（请说明）	C36						
37. 假如您为他人工作（打工），估计您每月能挣多少钱？（元/月）	C37						

（五）子女教育

（请父母或监护人回答以下关于16周岁以下（1991年以后出生）的所有孩子和年满16周岁（1991年以前出生）仍在校的孩子的问题。包括在本户共同生活的孩子、本户寄养在亲戚朋友家的孩子，以及本户在外地上学的孩子。按孩子的年龄大小依次编码并填入D01中）

1. 孩子的姓名	D01					
2. 孩子的编码（不同于家庭成员代码）	D02					
3. 他/她出生时的体重（克）	D03					
4. 请问孩子当前的主要生活地点在哪里？ ①本村 ②本乡镇外村 ③本县外乡镇 ④其他农村地区 ⑤城里	D04					
5. 请问孩子2007年的主要生活地点在哪里？ ①本村 ②本乡镇外村 ③本县外乡镇 ④其他农村地区 ⑤城里	D05					
6. 如果孩子是本户家庭成员，请调查员填写该孩子的家庭成员代码（同A01），然后跳到问题14，如果孩子不是本户家庭成员，请调查员填写该孩子父亲/母亲/监护人的家庭成员代码（同A01），并继续回答问题7。	D06					

7. 性别 ①男 ②女	D07					
8. 年龄（周岁）	D08					
9. 目前身高（厘米）	D09					
10. 目前体重（公斤）	D10					
11. 孩子目前的健康状况（与同龄人相比）？①非常好 ②好 ③一般 ④不好 ⑤非常不好	D11					
12. 目前，他/她主要和谁住在一起？ ①父亲一方 ②母亲一方 ③（外）祖父母 ④其他亲属 ⑤自己住（跳到问题14）	D12					
13. 如果孩子的父/母亲外出务工经商，孩子没有随父母外出，主要原因是什么？ ①城市生活成本高 ②城里学校/幼儿园费用太高 ③在城里找不到学校/幼儿园 ④在老家上学比城里好 ⑤城里没人照顾孩子 ⑥其他（请说明）	D13					
14. 他/她是学龄前儿童吗？①是（回答问题34—36后跳至下一人/表） ②否	D14					
15. （问D14=2）他/她几周岁开始上小学（不包括学前班）（周岁）	D15					
孩子的编码（不同于家庭成员代码）	D01					
16. （问D14=2）他/她目前/辍学前所在年级？（填写教育年级代码）	D16					
17. （问D14=2）他/她目前/辍学前所在学校的教学质量？ ①本市/县最好 ②本市/县比较好 ③一般 ④本市/县比较差	D17					
18. （问D14=2）他/她目前/辍学前在班上的成绩如何 ①很好 ②比较好 ③一般 ④比较差 ⑤很差	D18					
19. （问D14=2）您对这个孩子的发展担心吗？如果担心，最担心的是什么？ ①不担心 ②学习成绩不好 ③逃课、不完成家庭作业 ④经常上网吧、看电视太多/玩太多电脑游戏 ⑤受人欺负 ⑥结交坏朋友 ⑦早恋 ⑧其他（请说明）	D19					

20. （问 D14 =2）他/她现在还在上学吗？ ①是，在校（回答问题 24 至 33）　②否，辍学（回答问题 21 至问题 23）	D20					
辍学子女问题（D20 =2，回答问题 21 至问题 23）						
21. 请问这个孩子是从哪一年开始不再上学了？（年份）	D21					
22. 他/她当时不再上学的最主要原因是什么（限选一项）？ ①不想上学　②外面有打工机会　③没考上　④家庭经济困难　⑤附近没有学校　⑥其他（请说明）	D22					
23. 他/她现在主要干什么？ ①务农　②在家从事非农自我经营　③在家从事工资性就业　④在外地务工　⑤在外地经商 ⑥在外地，不知道干什么　⑦在家，什么也没干　⑧其他（请说明）	D23					
在校子女问题（D20 =1，回答问题 24 至问题 33）						
24. 请问孩子的学校离孩子的住家有多远（公里）？（住校也问离家距离，不在同一城市的估计两城市间公里数）	D24					
25. 他/她目前是否住校？　①是（跳到问题 27）　②否	D25					
26. （问 C25 =2）他/她每周除在学校外平均花多少小时用于做功课或复习功课？（小时/周）	D26					
27. 2007 年他/她上学实际交纳/支付的各种常规费用（元，不包括赞助费、借读费和择校费）	D27					
28. 其中，学杂费（元）	D28					
孩子的编码（不同于家庭成员代码）	D01					
29. 食宿费（元，包括住在校外的房租和饮食）	D29					
30. 校内辅导班费用（元）	D30					
31. 其他费用（如校服等）（元）	D31					
32. 请问他/她 2007 年校外辅导班费用是多少？（元）	D32					

33. 2007 年他/她向学校交纳的各种赞助费/借读费/择校费（元，没交填 0，如果提前交了，请按年份分摊）	D33					
学龄前儿童的问题（D14 = 1，回答问题 34 至问题 36）						
34. 平常谁照料这个孩子最多？ ①母亲 ②父亲 ③（外）祖父母 ④哥哥姐姐 ⑤其他亲戚 ⑥保姆 ⑦幼儿园 ⑧其他（请说明）	D34					
35. 与同龄孩子相比，您认为这个孩子总体发育如何？（包括身体和心理健康，以及学习和交往的能力） ①非常好 ②比较好 ③一般 ④低于一般水平	D35					
36. 平均每月的托儿费是多少元？（元/月，不上幼儿园的填 0）	D36					

二、家庭社会关系及生活情况

（一）按出生顺序提供与户主或配偶不在一起生活的 16 周岁（1991 年前出生）及以上成年子女的基本信息

（请户主或配偶回答，包括户主或配偶亲生、领养或过寄、不在一起生活的所有子女，不包括已在“子女教育表”已经调查过的人员）

1. 子女姓名	E01					
2. 他/她是户主或配偶亲生的吗？ ①是，户主和配偶生的 ②是，户主和他人生的 ③户主配偶和他人生的 ④不是户主或配偶亲生	E02					
3. 他/她的出生年月 年	E03 - 1					
月	E03 - 2					
4. 他/她的性别 ①男 ②女	E04					
5. 他/她的婚姻状况 ①未婚 ②初婚 ③再婚 ④同居 ⑤离异 ⑥丧偶 ⑦其他	E05					

6. 他/她一共有过几个孩子（目前健在和不健在的所有亲生/离婚/领养/过继的孩子）	E06					
7. 他/她完成的教育程度（填写教育程度代码）	E07					
8. 他/她现在的主要居住地点 ①本村 ②本乡镇外村 ③本县外乡镇 ④本县县城 ⑤外县农村 ⑥外县城镇 ⑦其他（请说明）	E08					
9. 他/她在 2007 年底的状况与身份 ①从事工资性工作，务农或自我经营者 ②离退休再就业人员 ③失业人员 ④离退休人员⑤家务劳动者 ⑥丧失劳动能力 ⑦在校学生/学龄前儿童 ⑧待分配/待升学人员 ⑨辍学生 ⑩其他	E09					
10. 他/她的主要工作职业？（填写职业代码）	E10					
11. 您与他/她之间的联系频率？ ①一周至少一次 ②一月至少一次 ③一年至少一次 ④几乎不联系	E11					
12. 在过去一年中，请问他/她给过您以下何种帮助？（可多选） ①经济上的（如借钱/借物/介绍工作等） ②精神上的（如谈心/出主意等） ③日常事务的（如帮助看孩子/有病时帮助照料等） ④没有	E12					
13. 在过去一年中，您们有几个月没有共同生活在一起？（月）	E13					
14. 在过去一年中，您给他/她多少钱和礼品/宴请（折成现金，如同时给多人，请分摊）？（元）	E14					
15. 在过去一年中，他/她给您多少钱和礼品/宴请（折成现金，如同时给多人，请分摊）？（元）	E15					

（二）户主和配偶的父母的基本信息

（请户主或配偶回答，包括生/养/继父母，如果有多个父母，选与被调查对象关系最近的一个）

		户主父亲	户主母亲	配偶父亲	配偶母亲
1. 他/她现在是否为家庭成员？如果是，填其家庭成员代码（请与 A01 中的编码保持一致）跳至下一人/表，如果不是，填 0	E16				
2. 他/她是否健在 ①是（跳到问题 4） ②否	E17				
3. 他/她的去世年份	E18				
4. 他/她的出生年份	E19				
5. 他/她的教育程度（填写教育程度代码）	E20				
6. 他/她现在或曾经的职业（仍在工作者回答当前的职业，已不工作者回答最近的职业）（填写职业名称代码）	E21				
以下问题只针对健在父母询问（E17 = 1）					
7. 他/她在 2007 年底的状况与身份 ①从事工资性工作，务农或自我经营者 ②离退休再就业人员 ③失业人员 ④离退休人员 ⑤家务劳动者 ⑥丧失劳动能力 ⑦在校学生/学龄前儿童 ⑧待分配/待升学人员 ⑨辍学生 ⑩其他	E22				
8. 他/她目前的身体状况？ ①非常好 ②好 ③一般 ④差 ⑤非常差	E23				
9. 他/她现在主要和谁住？ ①单独居住 ②仅和配偶居住 ③仅与成年子女居住 ④与配偶及成年子女居住⑤和其他人居住 ⑥在养老院 ⑦其他（请说明）	E24				
10. 他/她现在的主要居住地点 ①本村 ②本乡镇外村 ③本县外乡镇 ④本县县城 ⑤外县农村 ⑥外县城镇 ⑦其他（请说明）	E25				

11. 他/她一共有过几个子女？（目前健在和不健在的所有亲生/离婚/领养/过继的孩子，含被访者本人在内）	E26				
12. 您与他/她多长时间联系一次①每周至少一次　②每月至少一次　③每年至少一次　④几乎不联系	E27				
13. 在过去一年中，请问他/她给过您以下何种帮助？（可多选）①经济上的（如借钱/借物/介绍工作等）②精神上的（如谈心/出主意等）③日常事务的（如帮助看孩子/有病时帮助照料等）④没有	E28				
14. 在过去一年中，您们有几个月没有共同生活在一起？（月）	E29				
15. 在过去一年中，您给他/她多少钱和礼品/宴请（折成现金，如同时给多人，要分摊）（元）	E30				
16. 在过去一年中，他/她给您多少钱和礼品/宴请（折成现金，如同时给多人，要分摊）（元）	E31				

（三）社会关系表

（请户主或配偶回答）

回答人的家庭成员代码（E00）________（请与 A01 中的编码保持一致）

1. E3_1. 最近的一个春节期间，您通过各种方式（包括见面/打电话/写信/发电子邮件等）相互问候过（E32）________人？在这些人中，您的亲戚大约有（E33）________人，朋友/熟人大约有（E34）________人？这些人中，现在主要在城市生活的（E35）________人？其中有城市户口的（（E36）________人？

2. E3_2. 请您回忆一下在过去这一年中给你帮过忙的人（比如借钱、找工作、帮忙照顾孩子，或者说碰到问题找人谈心，让人出主意等）大概有（E37）________人？

下面请你说出 3—5 位在过去一年里帮助过你们家的人（或关系最好的人）的基本情况，按重要程度排序。但不包括本住户的家庭成员、户主或配偶的父母或子女等）

		关系人1	关系人2	关系人3	关系人4	关系人5
1. 关系人的姓名	E38					
2. 在过去一年中，请问他/她给过您以下何种帮助？（可多选） ①经济上的（如借钱/借物/介绍工作等） ②精神上的（如谈心/出主意等） ③日常事务的（如帮助看孩子/有病时帮助照料等）④没有	E39					
3. 请问他/她与您是什么关系？ ①非直系其他亲戚（跳到问题5） ②同乡/邻居（跳到问题5） ③朋友 ④同学 ⑤同事/雇主 ⑥师生/师徒⑦熟人 ⑧其他	E40					
4. 你跟他/她认识交往有多少年了？（不足一年的按一年计算）	E41					
5. 请问他/她的教育程度（填写教育程度代码）	E42					
6. 他/她的婚姻状况？①未婚②初婚 ③再婚④同居 ⑤离异 ⑥丧偶 ⑦其他	E43					
7. 他/她在2007年底的状况与身份 ①从事工资性工作，务农或自我经营者 ②离退休再就业人员 ③失业人员 ④离退休人员 ⑤家务劳动者 ⑥丧失劳动能力 ⑦在校学生/学龄前儿童 ⑧待分配/待升学人员 ⑨辍学生 ⑩其他	E44					
8. 他/她的主要职业？（职业代码）	E45					
9. 请问他/她现在住在哪里？ ①同村 ②本县其他农村 ③本省其他县农村 ④其他省农村 ⑤同一城市 ⑥本省其他城市/县城 ⑦其他省的城市/县城 ⑧其他（请说明）	E46					
10. 现在您们多久联系一次？①一周至少一次 ②一月至少一次 ③一年至少一次 ④几乎不联系	E47					
11. 在过去一年中，您给他/她多少钱和礼品/宴请（实物折成现金，如同时给多人，请分摊）（元）	E48					

12. 在过去一年中，他/她给您多少钱和礼品/宴请（实物折成现金，如同时给多人，请分摊）（元）	E49					

（四）生活事件表

（请户主或配偶回答）

回答人的家庭成员代码（F00）________

最近一年内发生过的事件（如果同一事件发生过多次，请描述最后一次）	1 结婚	2 找到对象	3 怀孕	4 子女出生	5 找到一份好工作	6 离婚或分居	7 生大病或意外伤害	8 有家人去世	9 家里盖房/买房
1. 是否发生过？ ①是 ②否（跳至下一事件）									
2. 此事件发生在何人身上？（可多选） ①本人 ②配偶 ③子女 ④兄弟姐妹 ⑤父母 ⑥本户其他成员									
3. 此事件的发生是否在您的意料之中？ ①是 ②否 ③不知道									

调查结束，谢谢您的合作！

附录V 2007年农村村调查问卷

一、人口、就业与经济发展

（一）人口

1. 2007年末乡村总人口 v1101 ________人

2. 2007年末乡村总户数 v1102 ________户

其中：个体工商户 v1103 ________户

干部户 v1104 ________户

既是干部户又是个体户 v1105 ________户

少数民族户 v1106 ________户

五保户 v1107 ________户

（二）迁出/迁入户数

调查问题	编码	2007年	编码	2006年	编码	2005年
1. 举家迁出的户数	v1201	户	v1202	户	v1203	户
2. 举家迁入的户数	v1211	户	v1212	户	v1213	户

（三）2007年本村劳动力在当地的就业结构

（如无统计，请被调查人根据所掌握的情况估计）

调查问题	编码	回答
1. 从事农林牧渔业的劳动力所占比例	v1301	%
2. 从事工业的劳动力所占比例	v1302	%
3. 从事建筑业的劳动力所占比例	v1303	%
4. 从事批发和零售贸易、餐饮业的劳动力所占比例	v1304	%
5. 从事其他行业的劳动力所占比例	v1305	%

续表

调查问题	编码	回答
6. 本村劳动力在本村各类企业中从业的人员数量	v1306	人
其中：在本村集体企业中从业的人员数量	v1307	人

（四）外出从业劳动力的数量和去向

（如无统计，请被调查人根据所掌握的情况估计）

1. 本村2005年外出务工劳动力人数？ v1401 ______人

2. 本村2006年外出务工劳动力人数？ v1402 ______人

3. 本村2007年外出务工劳动力人数？ v1403 ______人

4. 据您估计，2007年本村劳动力外出在本县外乡（镇）就业的劳动力大体比例为： v1404 ______

（1）20%以下（2）21%—40%（3）41%—60%（4）61%—80%

（5）80%以上

5. 据您估计，2007年本村劳动力外出在本省外县就业的劳动力大体比例为： v1405 ______

（1）20%以下（2）21%—40%（3）41%—60%（4）61%—80%

（5）80%以上

6. 据您估计，2007年本村劳动力外出在外省（含国外）就业的劳动力大体比例为： v1406 ______

（1）20%以下（2）21%—40%（3）41%—60%（4）61%—80%

（5）80%以上

（五）外来劳动力的数量和来源地

（如无统计，请被调查人根据所掌握的情况估计）

调查问题	编码	2007年	编码	2006年	编码	2005年
外来劳动力总数	v1501	人	v1511		v1531	人
其中：来自县内外乡（镇）	v1502	人	v1512		v1532	人
来自省内外县	v1503	人	v1513		v1533	人
来自外省	v1504	人	v1514		v1534	人

（六）2007 年外来劳动力在本村的就业结构

（如无统计，请被调查人根据所掌握的情况估计）

1. 主要从事农林牧渔业的劳动力所占比例大概是多少？v1601 ______%

2. 主要从事工业的劳动力所占比例大概是多少？v1602 ______%

3. 主要从事建筑业的劳动力所占比例大概是多少？v1603 ______%

4. 主要从事批发和零售贸易、餐饮业的劳动力所占比例大概是多少？v1604 ______%

5. 从事其他行业的劳动力所占比例大概是多少？v1605 ______%

（七）2007 年本村外来劳动力的居住情况

1. 本村向外来劳动力出租房子的农户大约有多少户？v1701 ______户

2. 平均一个房间的月租金大约是元？v1702 ______元

（八）经济发展

1. 2007 年本村农民人均年纯收入属于下列哪个区间？v1801 ______

（1）500 元以下　（2）500—800 元　（3）800—1000 元

（4）1000—1200 元　（5）1200—1500 元　（6）1500—1800 元

（7）1800—2000 元　（8）2000—2500 元　（9）2500—3000 元

（10）3000—3500 元　（11）3500—4000 元　（12）4000—5000 元

（13）5000—6000 元　（14）6000—7000 元　（15）7000—8000 元

（16）8000—10000 元　（17）10000—15000 元

（18）150000—20000 元　（19）20000 元以上

2. 本村所在县是否是国家扶贫开发重点县？v1802 ______

（1）是　（2）否

3. 本村所在县是否是省定扶贫开发重点县？v1803 ______

（1）是　（2）否

4. 本村所在乡是否是省定的扶贫开发重点乡？v1804 ______

（1）是　（2）否

5. 本村在七十年代是否办过社队企业？v1805 ______

（1）是　（2）否

6. 2007 年在本乡镇内打临工一天大致赚多少钱？v1806 ______元

7. 2006 年在本乡镇内打临工一天大致赚多少钱？v1807 ______元

8. 2005 年在本乡镇内打临工一天大致赚多少钱？v1808 ______元

二、农业生产

（一）农作物播种面积

（本村没有生产的品种，请留空白）

调查问题	编码	2007 年	编码	2006 年	编码	2005 年
1. 农作物总播种面积	v2101	亩	v2111	亩	v2121	亩
2. 粮食播种面积	v2102	亩	v2112	亩	v2122	亩
其中：(1) 稻谷播种面积	v2103	亩				
(2) 小麦播种面积	v2104	亩				
(3) 玉米播种面积	V2105	亩				
3. 各种经济作物播种面积	v2106	亩				

（二）粮食单产与价格

（本村没有生产的粮食品种，请留空白）

调查问题	编码	2007 年单产	编码	2007 年价格		
1. 稻谷	v2201	公斤/亩	v2211	元/公斤		
2. 小麦	v2202	公斤/亩	v2212	元/公斤		
3. 玉米	v2203	公斤/亩	v2213	元/公斤		

（三）农民和农业直接补贴

1. 本村哪一年开始实行粮食直接补贴？（如果没有实施，请填写 9999）v2301 ________年

2. 2007 年本村粮食直接补贴的标准为每亩多少元？v2302 ________元/亩

3. 本村哪一年开始实行化肥补贴？（如果没有实施，请填写 9999）v2303 ________年

4. 2007 年本村化肥补贴标准为每亩多少元？v2304 ________元/亩

5. 本村哪一年开始实行良种补贴？（如果没有实施，请填写 9999）v2305 ________年

6. 2007年本村良种补贴标准为每亩多少元？v2306 ________元/亩

7. 本村哪一年开始实行农机具购置补贴？（如果没有实施，请填写9999）v2307 ________年

8. 2007年本村综合直补标准为每亩多少元？v2308 ________元/亩

（四）自然灾害

1. 2007年本村是否遭遇过自然灾害？　（1）是　（2）否 v2401 ______

2. 如果遭过自然灾害，农业生产比正常年份减少了多少？（%）（如没有受灾，请留空）v2402 ______%

三、耕地管理

（一）土地承包基本情况

1. 本村哪一年进行第二轮耕地承包？（如果没有进行第二轮承包，请填写9999）v3101 ________年

2. 本村第二轮土地承包标准为人均几亩耕地？（如果没有进行第二轮承包，请留空）v3102 ________亩/人

3. 如果进行耕地调整，本村是以行政村为单位？还是以村民小组为单位？v3103 ________

（1）行政村　（2）村民小组（自然村）

4. 2002年以来，全村或村民小组一共进行过几次耕地调整（如没有进行过，请填写零）v3104 ________次

5. 2007年本村是否提留机动田（机动田指由村组集体保留作为人口增加的补充的耕地）v3105 ________

（1）是　（2）否

（二）第二轮土地承包后本村土地承包管理情况（请回答者根据本村土地承包管理政策回答）

1. 外出且土地交回村组的外出务工者，如果回村要地：v3201 ________

（1）按第二轮承包标准分给耕地（2）低于第二轮承包标准分给耕地

（3）不分耕地（4）按个别情况来定（5）其他

2. 外出后因耕地抛荒由村组强制收回耕地的外出务工者，如果回村要

地：v3202 ________

（1）按第二轮承包标准分给耕地（2）低于第二轮承包标准分给耕地

（3）不分耕地（4）按个别情况来定（5）其他

3. 没有参加第二轮耕地承包的外出务工者，如果回村要地：v3203 ________

（1）按第二轮承包标准分给耕地（2）低于第二轮承包标准分给耕地

（3）不分耕地（4）按个别情况来定（5）其他

4. 因新增人口要耕地的农户：v3204 ________

（1）按第二轮承包标准分给耕地（2）低于第二轮承包标准分给耕地

（3）不分耕地（4）按个别情况来定（5）其他

5. 过去3年（2005—2007年），回村要耕地的外出务工者一共有多少人？（如没有填写零）v3205 ________人

其中：实际分到耕地的外出务工者有多少？（如没有填写零）v3206 ________人

6. 过去3年（2005—2007年）分给回村要地外出务工者的耕地面积（如没有填写零）。v3207 ________人

（三）耕地有偿流转

1. 2007年本村有偿流转耕地的总面积为多少亩？v3301 ________亩

其中：转包给村内其他农户的总面积为多少亩？v3302 ________亩

转包、出租给外地人的总面积为多少亩？v3303 ________亩

2. 本村耕地转包费的标准为每亩多少元（每亩每年的平均额）？v3304 ________元/亩

3. 2006年本村有偿流转耕地的总面积为多少亩？v3305 ________亩

4. 2005年本村有偿流转耕地的总面积为多少亩？v3306 ________亩

四、村集体财务和村治理

（一）村集体财务收支 单位：元

调查问题	编码	2007年	编码	2005年
1. 村集体财务收入合计	v4101		v4111	
(1) 村组统一经营收入（包括集体企业上缴）	v4102		v4112	

续表

调查问题	编码	2007年	编码	2005年
（2）集体企业以外的各种经济实体上缴的收入	v4103		v4113	
（3）村“一事一议”筹资（酬劳部分按以钱代工的标准折算）	v4104		v4114	
（4）村提留（如已取消填写零）	v4105		v4115	
（5）村民上缴的其他各种费用（承包任务、收费、集资等）	v4106		v4116	
（6）上级拨入的各种收入	v4107		v4117	
（7）其他收入	v4108		v4118	
2. 村集体财务支出合计	v4201		v4221	
（1）用于集体经营扩大再生产服务支出	v4202		v4222	
（2）为农户提供生产服务支出	v4203		v4223	
（3）教育事业支出	v4204		v4224	
（4）医疗卫生事业支出	v4205		v4225	
（5）公路维修事业支出	v4206		v4226	
（6）灌溉排水管理事业支出	v4207		v4227	
（7）其他公共服务支出	v4208		v4228	
（8）村组干部工资和补贴支出	v4209		v4229	
（9）其他行政管理支出	v4210		v4230	
（10）其他支出	v4211		v4231	

（二）集体债权和债务

1. 截至2007年末，本村集体债权累计总额为多少万元？v4301 ________万元

2. 截至2007年末，本村集体债务累计总额为多少万元？v4302 ________万元

（三）集体所有的生产性固定资产

1. 2007年末，村组集体所有的生产性固定资产原值达多少万元？v4401 ________万元

（四）村治理体制

1. 本村哪一年开始实行村账乡管（乡管村用）？（如果没有实行，请填写 9999 年）v4501 ________年

2. 本村哪一年开始实行村委会直选？（如果没有实行，请填写 9999 年）v4502 ________年

3. 本村哪一年开始由村民直接提名产生村委会主任（村长）候选人？（如果没有实行，请填写 9999 年）v4503 ________年

4. 2007 年召开村民代表大会的次数 v4504 ________次

5. 2007 年拿工资（干部补贴）的村组干部人数 v4505 ________人

（五）村领导班子（2007 年末）

调查问题	编码	村支书	编码	村主任
1. 从哪一年开始担任村支书或村主任	v4601	年	v4611	年
2. 年龄（1）29 岁及以下（2）30—39 岁（4）40—49 岁（6）50 岁及以上	v4602		v4612	
3. 学历（1）小学及以下（2）初中（3）高中（4）中专（5）大专及以上	v4603		v4613	
4. 每月的工资（干部补贴）标准	v4604	元/月	v4614	元/月

（六）有关村治的其他问题

1. 本村所在乡镇 1990 年以来哪年进行过合并（如果没有，请填写 9999）？v4701 ________年

2. 本村 1990 年以来哪年进行过合并（如果没有，请填写 9999）？v4702 ________年

3. 本村的联系人是否有人在县级及以上党政部门（包括人大、政协）工作？v4703 ________（1）是 （2）否

4. 最近五年（2003—2007 年）县政府及有关部门领导平均每年到本村考察的人次（如果平均每年不到一次填写零）。v4704 ________次

5. 最近五年（2003—2007 年）本村是否被评定为生产、经济方面的示范村（种植业，养殖业，科技兴农，乡镇企业，小康等）？v4705 ________

（1）否 （2）乡镇级 （3）县级 （4）省级 （5）国家级

6. 最近五年中（2003—2007 年）本村是否有招商引资项目？v4706 ________

（1）没有 （2）有本村村民引资项目 （3）有本村干部引资项目

（4）有乡镇及以上干部引资项目 （5）有其他人引资项目

7. 2007 年最后三个月本村村民找村干部（被调查人）商量解决各种问题的次数 v4707 ________次

（如果没有或几乎没有的话，填写零）

五、公共服务

（一）交通情况

1. 本村最初通公路（指从乡到村的公路）是在以下哪个时间段？v5101 ________

（1）1969 年以前（2）1970—1979 年（3）1980—1989 年

（4）1990—1998 年（5）1999 年以后（6）至今未通

2. 乡通村公路的种类属于以下哪种类型？v5102 ________

（1）沥青路、水泥路（2）砂石路（3）泥路（4）其他

3. 本村最初通电是在以下哪个时间段？v5103 ________

（1）1969 年以前（2）1970—1979 年（3）1980—1989 年

（4）1990—1998 年（5）1999 年以后（6）至今未通

4. 从本村到最近乡镇政府所在地的主要出行方式为：v5104 ________

（1）步行（2）自行车（3）拖拉机（4）畜力车（5）摩托车

（6）汽车（7）其他

5. 根据通常的出行方式，从本村到最近乡镇政府所在地大致需要多长时间？v5105 ________

（1）15 分钟以内（2）15—30 分钟（3）30—60 分钟

（4）60—90 分钟（5）90 分钟以上

6. 从本村到最近县城的主要出行方式为：v5106 ________

（1）步行（2）自行车（3）拖拉机（4）畜力车（5）摩托车

（6）汽车（7）其他

7. 根据通常的出行方式，从本村到最近县城大致需要多长时间？

v5107 ________

(1) 30 分钟以内 (2) 30 分钟—1 小时 (3) 1—2 小时

(4) 2—4 小时 (5) 4 小时以上

(二) 公共工程

2007 年的公共工程

公共工程	编码	2007 年本村是否有下列公共工程？ 1. 无 2. 有	工程建设资金来源			
			编码	村自筹资金（酬劳部分按以钱代工标准折算）	编码	上级拨款和其他资金
1. 修路工程	v5201		v5211	元	v5221	元
2. 水利、排灌工程	v5202		v5212	元	v5222	元
3. 小学教育	v5203		v5213	元	v5223	元
4. 其他教育事业	v5204		v5214	元	v5224	元
5. 医疗、卫生事业建设	v5205		v5215	元	v5225	元
6. 其他	v5206		v5216	元	v5226	元

2005 年和 2006 年的公共工程

公共工程	本村是否有下列公共工程，建设资金来源是什么？			
	编码	2005 年	编码	2006 年
1. 修路工程	v5231		v5241	
2. 水利、排灌工程	v5232		v5242	
3. 小学教育	v5233		v5243	
4. 其他教育事业	v5234		v5244	
5. 医疗、卫生事业建设	v5235		v5245	
6. 其他	v5236		v5246	

备选答案：(1) 无；(2) 有，资金完全是村里自筹；(3) 有，资金的一部分是村里自筹，一部分是上级资金和其他外部资金；(4) 有，资金完全是上级资金和其他外部资金

（三）村集体支农服务

调查问题	编码	2007年	编码	2002年
1. 本村集体是否实行统一灌溉排水 （1）是　（2）否	v5311		V5312	
2. 本村主要的灌溉方式 （1）渠水灌溉　（2）井水灌溉	v5321		V5322	
3. 本村是否有村集体所有的灌溉设备 （1）是　（2）否	v5331		V5332	
4. 本村集体是否提供机耕服务 （1）是　（2）否	v5341		V5342	
5. 本村集体是否实行统一防治病虫害 （1）是　（2）否	v5351		V5352	
6. 村集体是否提供统一购买生产资料的服务 （1）是　（2）否	v5361		V5362	
7. 本村集体是否实行种植规划 （1）是　（2）否	v5371		V5372	
8. 本村集体是否组织、安排劳动力外出 （1）是　（2）否	v5381		V5382	

（四）本地区涉农收费标准

调查问题	编码	2006年	编码	2004年
1. 农业用水平均每亩多少元（水费，排灌费）	v5401		v5402	
2. 农业生产用电每度（千瓦时）多少元	v5403		v5404	
3. 平均每个学生一学期交纳的学杂费（学杂费全免，填零）	v5405		v5406	

（五）教育

1. 本村是否有小学？v5501 ______

（1）有完小（2）有其他小学（3）有教学点

（4）无教学点（跳到问题8）

2. 本村小学/教学点中共有教师多少人？（包括编外民办、代课教师）v5502 ______人

其中：编外、民办、代课教师共计多少人？v5503 ______人

3. 本村小学/教学点中在校学生总数（人）v5504 ______人

4. 本村小学/教学点中教师每月平均工资多少元？（包括奖金、各种补贴）v5505 ______元

5. 2007年村级财务补助教师工资总金额？（如没有，请填写零）v5506 ______万元

6. 本村小学/教学点是否有危房问题？v5507 ______

（1）有 （2）无

7. 本村小学/教学点的公用经费是否有困难？（问题结束后跳到问题10）v5508 ______

（1）非常困难（2）比较困难（3）没有困难

8. 本村到最近完小的主要出行方式是什么？v5509 ______

（1）步行（2）自行车（3）拖拉机（4）畜力车（5）摩托车

（6）汽车（7）其他

9. 根据通常的出行方式，到最近完小需要多少时间？v5510 ______

（1）15分钟以内（2）15—30分钟（3）30—60分钟

（4）60—90分钟（5）90分钟以上

10. 本村是否有初中（1）有（2）无 v5511 ______

11. 本村如无初中，到最近初中使用的主要出行方式是什么？v5512 ______

（1）步行（2）自行车（3）拖拉机（4）畜力车（5）摩托车

（6）汽车（7）其他

12. 根据通常的出行方式，到最近初中需要多少时间？v5513 ______

（1）15分钟以内（2）15—30分钟（3）30—60分钟

（4）60—90分钟（5）90分钟以上

（六）卫生、农村新型合作医疗

1. 本村哪一年开始实行农村新型合作医疗保险（没有实行填写9999年，跳到问题3）？v5601 ______年

2. 农村新型合作医疗保险的参加率是多少？v5602 ______%

3. 本村是否有医疗点（包括卫生站、私人诊所）或个体医生？

v5603 ______

（1）有　（5）无

4. 本村医疗点中共有卫生人员多少名？v5604 ______名

5. 卫生人员月平均收入工资（包括奖金、各种补贴）是多少？v5605 ______元

6. 2007 年村级财务给医疗点的补助是多少？（问题结束后跳问第（七）部分问题）v5606 ______万元

7. 本村村民到最近医疗点的主要出行方式是什么？v5607 ______

（1）步行（2）自行车（3）拖拉机（4）畜力车（5）摩托车

（6）汽车（7）其他

8. 根据通常的出行方式到最近医疗点需要多少时间？v5608 ______

（1）30 分钟以内（2）30 分钟—1 小时（3）1—2 小时

（4）2—4 小时（5）4 小时以上

（七）农村公共服务质量变化

1. 本村从哪一年开始取消农业税？v5701 ______年

2. 本村从哪一年开始取消征收乡镇统筹？v5702 ______年

3. 取消农业税以后，县乡财政和村实际投入到本村小学生的经费有何变化？v5703 ______

（1）减少（2）增加（3）基本上没有变化

（4）本村无小学（跳问问题 6）

4. 如果有变化，变化程度大概是多少？v5704 ______%

5. 取消农业税以后，本村小学教学质量是否有变化？v5705 ______

（1）大幅度下降（2）有所下降（3）基本上没有变化

（4）有所提高（5）大幅度提高

6. 取消农业税以后，本乡镇及村的公路管理是否有变化？v5706 ______

（1）大幅度恶化（2）有所恶化（3）基本上没有变化

（4）有所改善（5）大幅度改善

7. 取消农业税以后，本乡镇及村的水利管理情况是否有变化？v5707 ______

（1）大幅度恶化（2）有所恶化（3）基本上没有变化

（4）有所改善（5）大幅度改善

（八）村民相互无偿帮忙的情况

1. 农忙时本村村民是否有互相无偿帮工的情况？v5801 ______

（1）没有（2）比较少（3）比较多（4）很多

2. 与5年前相比农忙时村民互相无偿帮工情况有何变化？v5802 ______

（1）大幅度减少（2）有所减少（3）差不多（4）有所增加

（5）大幅度增加

3. 本村村民修建住房时是否有无偿帮工的情况？v5803 ______

（1）很少或没有（2）比较少（3）比较多（4）很多

4. 修建住房时村民互相无偿帮工的情况，与5年前相比：v5804 ______

（1）大幅度减少（2）有所减少（3）差不多（4）有所增加

（5）大幅度增加

5. 本村是否有村民共同办理婚丧礼仪的组织（“红白理事会”等）？v5805 ______

（1）有　（2）无

六、其他

（一）社会结构

1. 本村的第一大姓在总户数所占的比例是否超过百分之五十？v6101 ______

（1）是　（2）否

2. 本村的前五个大姓在总户数所占的比例是否超过百分之五十？v6102 ______

（1）是　（2）否

（二）劳动力流动与村治理

1. 您认为劳动力流动对本村的计划生育工作是否有影响？v6201 ______

（1）没有影响（2）有一点影响（3）有很大影响（4）不好说

2. 您认为劳动力流动对本村的“一事一议”筹资是否有影响？v6202 ______

（1）没有影响（2）有一点影响（3）有很大影响（4）不好说

3. 您认为劳动力流动对本村的村委会选举是否有影响？v6203 ______

（1）没有影响（2）有一点影响（3）有很大影响（4）不好说

4. 您认为劳动力流动对本村的社会治安维护是否有影响？v6204 ______

（1）没有影响（2）有一点影响（3）有很大影响（4）不好说

调查到此结束，谢谢！

附录Ⅵ 2007 年农村到城镇的流动人口调查问卷

请调查员在调查开始时向调查对象宣读以下内容：

您好！为了对当前城市农民工的社会经济状况进行研究并向有关政府部门提出政策建议，国家有关部门联合开展此项专门调查。调查内容主要包括：收入、消费、就业、家庭经营及生活等有关方面的情况。请您按照自家的实际情况和自己的真实想法如实回答问题，认真协助调查员填写调查表。我们将严格遵守统计法，对您个人的信息给以保密。谢谢合作！

北京师范大学《中国外来务工经商人员研究》课题组

地图块编号					

问卷编号				

	一审	二审
日期		
签名		

家庭住址：____________省____________市________________区（县）

____________街道____________小区____________门牌号

被访者姓名：________________ 联络电话：________________

上户访谈开始时间：2008 年______月______日______时______分.

访谈结束时间：2008 年______月______日______时______分.

调查员姓名/编号：____________________

联络电话：___________________________

调查员签字___________________________

A. 家庭成员基本特征

（所有家庭成员都要回答的问题）

注：①调查对象为当前在该地址共同生活，并共享收入，共担开支的所有人员。②在本调查表中同一个家庭成员的编码应自始至终保持一致，注意不要错位。③户主是指本住户外出务工经商人员中，主要经济来源者或家庭事务主要决策者。如果很难区分，由住户选一个比较熟悉本户情况的人为户主。请在编号后边的相应人员里填写“被抽选人”字样。

	问题	编号						
A000	家庭成员姓名	A000						
A00	家庭成员编码	A00	户主1	2	3	4	5	6
A01	最近12个月内，在外出务工经商地一共生活了几个月？	A01						
A02	与户主关系？ ①户主本人　②配偶　③亲生子女　④非亲生子女　⑤儿媳女婿　⑥兄弟姐妹　⑦父母　⑧岳父母/公婆　⑨（外）祖父母　⑩孙子女　⑪外孙子女　⑫孙媳婿　⑬外孙媳婿　⑭叔（姑）/舅（姨）　⑮侄/甥子女　⑯其他亲属　⑰男女朋友	A02						
A03	调查时本人是否在场？　①是　②否	A03						
A04	性别　①男　②女	A04						
A05	年龄（周岁）	A05						
A051	（访问员记录年龄分界）①<16周岁　②≥16周岁	A051						
A06	出生日期（以真实日期为准）________年	A06						
	____月____日		/	/	/	/	/	/

A07	您所说的出生日期是阴历还是阳历？　①阴历　②阳历	A07						
A08	您在兄弟姐妹中排行第几？	A08						
A09	婚姻状况　①初婚　②再婚　③同居　④离异　⑤丧偶　⑥未婚	A09						
A10	您一共有过几个孩子？（目前健在和不健在的所有亲生孩子）（个）	A10						
A13	民族 ①汉　②壮　③回　④维吾尔　⑤彝　⑥苗　⑦满　⑧其他（请说明）	A13						
A14	当前，您的就业状况是什么？ ①从事工资性工作，务农或自我经营者　②离退休再就业人员　③失业人员　④离退休人员　⑤家务劳动者　⑥家庭帮工　⑦丧失劳动能力　⑧在校学生/学龄前儿童　⑨待分配/待升学人员/辍学生　⑩其他（请说明）	A14						
A15	您目前的户口状况？　（被抽选人只能是农村户口，在本题目只能选择 3 或 4） ①本市（县城）非农户口　②外地非农户口　③本市（县城）农业户口（跳至 A18） ④外地农业户口（跳至 A18）	A15						
A16	（A15 = 1，2）请问您哪年取得的城市户口？________年	A16						
A17	（A15 = 1，2）请问您是如何取得城市户口的？ ①上学　②参军　③转干　④土地被征用　⑤在城市购房　⑥出生　⑦其他（请注明）	A17						
A18	（问所有人）您在外出务工前是否有当兵/村干部/或其他非农工作经历？ ①是　②否	A18						
A19	（问所有人）您户口所在省份/直辖市？（直接填写省/直辖市名）	A19						
A20	（问所有人）您户口所在县/市（直接填写县/市名）	A20						

问题		编号						
A000	家庭成员姓名	A000						
A00	家庭成员编码	A00	户主1	2	3	4	5	6
（问 A051 =2）请 16 周岁及以上的家庭成员回答以下有关社会保险的问题								
A21	您目前有失业保险吗？ ①单位负担　②自己购买　③单位与自己共付　④没有　⑤不知道　⑥不适用	A21						
A22	您目前有养老保险吗？ ①单位负担　②自己购买　③单位与自己共付　④没有　⑤不知道　⑥不适用	A22						
A23	您目前有工伤保险吗？ ①单位负担　②自己购买　③单位与自己共付　④没有　⑤不知道　⑥不适用	A23						
A24	您目前有住房公积金吗？ ①单位负担　②自己购买　③单位与自己共付　④没有　⑤不知道　⑥不适用	A24						

健康状况

（询问所有家庭成员，16 周岁以下人员情况由父母或监护人回答）

A25	目前身高（厘米）	A25						
A26	目前体重（公斤）	A26						
A27	您目前的健康状况（与同龄人相比）？①非常好　②好　③一般　④不好　⑤非常不好	A27						
A28	您是否有身体残疾？①没有　②有，但不影响正常工作、学习和生活　③有，影响了正常工作、学习和生活	A28						
A29	最近三个月您是否生过病或受过伤，包括慢性或急性病？①是　②否（跳至 A36）	A29						

A30	（询问 A29＝1） 最近一次得的是什么病（或受的什么伤）？（直接填写疾病名称）	A30						
A31	（询问 A29＝1） 病情严重吗？ ①非常严重 ②比较严重 ③比较轻微 ④非常轻微 ⑤不知道	A31						
A32	（询问 A29＝1） 患病期间，您是如何处理的？（按时间顺序最多选三项） ①没在意 ②没有吃药但休息了几天 ③自己买药吃 ④去医务室或小诊所看过病 ⑤去医院看过病 ⑥其他（请注明）	A32						
A33	（询问 A29＝1） 最近 3 个月中，您为了治这个病，一共花了多少钱？（包括报销或减免费用）（元）	A33						
A34	（询问 A29＝1） 其中：您个人实际支付了多少？（A34≤A33）（元）	A34						
A35	（询问 A29＝1） 最近 3 个月，由于这种病（或伤）您有多少天不能从事正常工作，学习和生活？（天）	A35						
A36	（问所有人） 您目前是否参加了以下的各种医疗保险（可多选）？ ①商业医疗保险②公费医疗 ③劳保医疗 ④家属可享受的医疗保险 ⑤农村合作医疗 ⑥统筹医疗 ⑦妇幼健康保险 ⑧计免保险 ⑨其他（请说明） ⑩没有保险（跳至 A38）	A36						
A37	（问 A36≠99）2007 年参加医疗保险您本人共缴费多少元？（包括工资中自动扣除部分）（元）	A37						
A38	（问 A36＝99） 如果您没有参加任何医疗保险，为什么？ ①没听说过 ②听说过，但不太了解具体情况 ③付不起费 ④觉得没有必要 ⑤未实行 ⑥其他（请说明）	A38						

问题		编号						
A000	家庭成员姓名	A000						

A00	家庭成员编码	A00	户主 1	2	3	4	5	6
A39	（问所有人）2007 年全年您的医疗现金总支出是多少？（包括报销或减免费用）（元）	A39						
A40	（问所有人）其中：您个人实际支付了多少？（A40≤A39）　（元）	A40						
A41	（问所有人）2007 年您是否体检过或接受过免疫服务（打防疫针等）？　①是　②否	A41						
A42	（问所有人）您现在经常抽烟吗（每天至少一根）？　①是（跳至 A44）　②否	A42						
A43	（问 A42 =2）您过去经常抽烟吗（每天至少一根）？　①是　②否	A43						
在过去的几周中，您是否有以下感觉？（只问在调查现场的 16 周岁及以上的人员，检查 A051 =2 且 A03 =1）								
A44	觉得自己做事情 ①能集中精力，不分心　②偶尔分心　③有时分心　④经常分心，不能集中精力	A44						
A45	自己常因为担心而睡不好觉 ①完全没有　②有一点　③比较严重　④很严重	A45						
A46	觉得自己在很多事情上发挥着积极的作用 ①确实如此　②能发挥一些积极的作用　③很少能发挥着积极的作用　④发挥不了什么积极的作用	A46						
A47	觉得自己做事 ①挺有主见　②比较有主见　③不太有主见　④没有主见	A47						
A48	总觉得精神上有压力 ①完全没有这种感觉　②有一点　③比较严重　④很严重	A48						
A49	觉得无法克服困难 ①完全没有这种感觉　②有一点　③比较严重　④很严重	A49						

A50	觉得日常生活挺有意思的 ①挺有意思 ②比较有意思 ③没太大意思 ④没有意思	A50						
A51	觉得自己不逃避工作、学习和生活中遇到的困难和问题 ①不逃避②很少逃避 ③有时逃避 ④经常逃避	A51						
A52	经常觉得郁闷或忧郁 ①完全没有这种感觉 ②有一点 ③比较严重 ④很严重	A52						
A53	经常对自己没有信心 ①完全没有这种感觉 ②有一点 ③比较严重 ④很严重	A53						
A54	经常觉得自己没有价值 ①完全没有这种感觉 ②有一点 ③比较严重 ④很严重	A54						
A55	考虑到生活的各个方面，您是否觉得挺幸福的？ ①很幸福 ②比较幸福 ③不太幸福 ④很不幸福	A55						

B. 家庭中成年人的教育和培训经历

（16 周岁及以上并且已经离开学校的家庭成员请回答此表，即 A051 = 2 且 A14≠8）

问题		编号	人员					
A000	家庭成员姓名	A000						
B101	家庭成员编码（请与 A00 中的成员编码保持一致）	B101	户主 1	2	3	4	5	6
B102	您所完成的最高教育程度（如果选①从未上过学，请跳至 B116）（教育程度代码）	B102						
B103	（问 B102≠1）您所受正规教育年限？（扣除跳级和留级的影响）（年）	B103						
B104	（问 B102≠1）您最后离开学校时所在的年级（教育年级代码）	B104						

B105	（问 B102≠1）您最后离开学校时在班上的成绩如何？ ①很好　②比较好　③一般　④比较差　⑤很差	B105						
B106	（问 B102≠1）您是否留过级或跳过级？①留过级　②跳过级　③都没有　④既跳过也留过级	B106						
B107	（问 B102≠1）您几周岁开始上小学（不包括学前班）？（周岁）	B107						
B108	（问 B102≠1）您是否参加过高考？①是　②否（跳至 B114）　③保送（跳至 B114）	B108						
B109	（问 B108＝1）您最后一次参加高考的年份？________年	B109						
B110	（问 B108＝1）您当年的高考成绩是多少？（分）	B110						
B111	（问 B108＝1）您当年考的是文史类还是理工类？ ①文艺体育类　②文史类　③理工类　④文理不分类　⑤3＋2 新分类　⑥其他（请注明）	B111						
B112	（问 B108＝1）您是在哪个省高考的？（省名）	B112						
B113	（问 B108＝1）当年该省考您这一类的一般本科录取分数线是多少？（分）	B113						
B114	您是否正在接受学历教育？①是　②否（跳至 B116）	B114						
B115	您接受何种学历教育？ ①电大　②函授　③远程　④在职　⑤成人继续教育　⑥其他（请说明）	B115						
B116	（问所有该部分答题人）除正规学校教育外，您是否接受过任何培训？（按时间排序最多可选三项） ①没有参加任何培训（跳到下一人或下一表）　②农业生产培训　③企业内部的非农业培训　④社会上的非农业培训　⑤其他培训（请说明）	B116						

B117	（问 B116≠1）您最近一次接受的是什么类型的培训？ ①与工作相关的技能培训 ②与工作无关的一般技能培训 ③一般性培训，如维护工人权益 ④其他（请说明）	B117						
B118	（问 B116≠1）这次培训一共多少天（不足一天按一天计算）？（天）	B118						
B119	（问 B116≠1）这次培训本人总共花了多少钱？（包括本人或家人支付的费用，没缴费者请填0）（元）	B119						
B120	（问 B116≠1）谁支付这次培训的费用？ ①政府有关部门 ②现在的雇主 ③以前的雇主 ④本人与雇主分担 ⑤本人 ⑥其他（请说明）	B120						

C. 就业状况

（只询问16周岁及以上的家庭成员，即 A051 =2，请调查员将本户所有16周岁及以上的家庭成员编码填入 C100 中）

问题		编号	人员					
目前的就业状况								
A000	家庭成员姓名	A000						
C100	家庭成员编码（请与 A00 中的成员编码保持一致）	C100	户主1	2	3	4	5	6
C101	过去一周您是否从事过一个小时以上有收入的工作？ ①是（包括自我经营和工资性工作者，跳至 C103） ②不领工资的家庭帮工（跳至 C103） ③否	C101						

C102	（问 C101 = 3）您过去一周为什么没有从事有收入的工作？ ①有工作而暂时没上班（包括带薪休假和不带薪休假） ②全职在校学生（跳下一人或 D 表） ③无工作（包括离退休，跳至 C158）	C102							
C103	（问 C101 = 1 或 2 或 C102 = 1）您哪年开始从事当前这份主要工作的？（________年）	C103							
C104	您当前主要工作的职业？（职业名称）	C104							
C105	您从什么时候开始从事该职业的？（包括在其他单位从事该职业的时间）（________年）	C105							
	（　　　月）								
C106	您当前主要工作的行业？（行业名称）	C106							
C107	您当前主要工作的单位所有制？（工作单位所有制代码）	C107							
C108	您当前主要工作的性质？①固定工 ②长期合同工（一年及以上） ③短期合同工（一年以下） ④无合同的临时工 ⑤不领工资的家庭帮工（检查 C101 = 2） ⑥自我经营 ⑦打零工 ⑧其他（请注明）	C108							
C109	您是如何获得当前这份主要工作的？ ①政府安排 ②政府职介 ③社区就业服务站 ④商业职介（包括人才交流会） ⑤看到广告后申请 ⑥直接申请 ⑦家人联系 ⑧亲戚介绍 ⑨朋友介绍 ⑩一般熟人介绍 ⑪雇主招工 ⑫其他（请注明）	C109							
C110	您花了多长时间找到了当前这份主要工作？（天）	C110							
C111	包括您在内，您工作单位有多少人？①1 人 ②2—5 人 ③6—7 人 ④8—20 人 ⑤21—49 人 ⑥50—99 人 ⑦100—999 人 ⑧1000 及以上 ⑨不清楚，估计不到 50 人 ⑩不清楚，估计在 50 人以上	C111							
C112	在当前主要工作中，您平均每周工作多少小时？（小时/周）	C112							

C113	您当前主要工作的时间安排？①日班（8 小时） ②日班（白天大于 8 小时） ③晚班（晚 12：00 之前） ④夜班（晚 12：00 之后） ⑤三班倒（日班，晚班，夜班轮换） ⑥两班倒（每天两个不同班次） ⑦随叫随到 ⑧工作时间不规则 ⑨其他（请注明）	C113						
C117	从当前的这份主要工作中，您一般平均每月得到的总收入为多少元？（可以出现 0 或负值）（元/月） （工资性工作者的工资，奖金，津贴和实物折现，自我经营者的净收入）	C117						
C118	除当前主要工作外，您是否有其他兼职工作（包括家庭帮工）？①是 ②否（跳至 C121）	C118						
C119	（问 C118 = 1）所有有报酬的工作（包括自我经营）加在一起，您平均每周工作多少小时？（小时/周） （C119≥C112）	C119						
C120	（问 C118 = 1）从所有有报酬的工作（包括自我经营）中，您一般平均每月得到的总收入为多少元？ （工资性工作者的工资，奖金，津贴和实物折现，自我经营者的净收入，C120≥C117）（元/月）	C120						
C121	（问该部分所有人）您目前是否还在积极寻找另一份工作？如果是，主要原因是什么？①想工作时间长一点 ②想要高一点的报酬 ③不喜欢现在的顾主 ④不喜欢现在的工作环境 ⑤其他（请说明）⑥不在积极寻找另一份工作	C121						
C122	您目前的主要工作是自我经营还是工资性工作？ ①自我经营（跳到 C147） ②工资性工作（续问 C123） ③不领工资的家庭帮工（检查 C101 = 2 和 C108 = 5，跳至 C165）	C122						
（只问 C122 = 2）目前工资性工作者的问题								

C123	您的主要工作单位是否提供工作餐？①提供三顿　②提供两顿　③提供一顿　④不提供，但补贴部分伙食费（跳至 C126）　⑤不提供，也没有补贴（跳至 C127）	C123						
C124	（问 C123 = 1，2 或 3）每月从您工资中扣除多少饭钱？（没有扣除的填 0）（元/月）	C124						
C125	（问 C123 = 1，2 或 3）您估计单位提供的这些餐每月值多少钱？（元/月）	C125						
C126	（问 C123 = 1，2，3 或 4）您如有伙食补贴，每月补贴多少钱？（元/月）	C126						
C127	（问所有本部分人）您的主要工作单位是否提供住宿？ ①提供住宿　②不提供住宿，但住宿费有补贴（跳到 C130）　③不提供住宿，也没有补贴（跳到 C131）	C127						
C128	（问 C127 = 1）每月从您工资中扣除多少住宿费？（没有扣除的填 0）（元/月）	C128						
C129	（问 C127 = 1）您估计单位提供这些住宿每月值多少钱？（元/月）	C129						
C130	（问 C127 = 1，2）您如有住宿补贴，每月补贴多少钱？（元/月）	C130						
C131	（问所有本部分人）您这份非农工作的工资类型是什么？ ①月薪　②年薪　③计件工资　④计时工资　⑤不保底提成　⑥保底提成 ⑦其他（请注明）	C131						
回答以上关于工资性工作者的问题后跳至 C165								
（只问 C122 = 1）目前自我经营者的问题		编号	人员					
C147	您的这份经营活动雇佣了多少个家庭以外的成员？（没有填 0）（人）	C147						
C148	您从事自我经营的主要原因是？ ①找不到打工机会　②自我经营能挣得更多　③想自己当老板　④自由自在 ⑤其他（请说明）	C148						
C149	请问您在正式营业前的全部投资是多少？（元）	C149						

C150	其中借贷款多少元（包括从银行/信用社或朋友家人那里借的钱款）？（如答案为“0”，跳至 C153）（元）	C150						
C151	（若 C150≠0，则问本题）其中，从正规银行或信用社借贷多少元？（C151≤C150）（元）	C151						
C152	（若 C150≠0，则问本题）从民间借贷组织/私人借贷多少元？（C151≤C150）（元）	C152						
C153	（所有 C122 =1 的答题者）从事这份经营之前，您主要干什么？ ①其他自我经营活动 ②工资性工作 ③没有工作 ④参加培训 ⑤上学 ⑥务农 ⑦其他（请说明）	C153						
C154	（所有 C122 =1 的答题者）您为他人工作过（打过工）吗？①是 ②否	C154						
C155	（所有 C122 =1 的答题者）您现在想找为他人工作（打工）的机会吗？①是 ②否（跳至 C157）	C155						
C156	（问 C155 =1）您为什么还想找为他人工作（打工）的机会呢？ ①能挣更多钱 ②可能会更体面 ③可能会更稳定 ④其他（请说明）	C156						
C157	（问所有 C122 =1）假设您为他人工作（打工），那么您估计每月平均能挣多少钱？（元/月）	C157						
回答以上关于自我经营性工作的问题后跳至 C165								
目前无工作者的问题		编号	人员					
A000	家庭成员姓名	A000						
C100	家庭成员编码（请与 A00 中的成员编码保持一致）	C100	户主 1	2	3	4	5	6
C158	（问 C102 =3）请问您在没工作的这段时间里主要在做什么？ ①离退休（跳至 C165） ②丧失劳动能力 ③生病或受伤 ④怀孕或哺乳 ⑤上学/培训 ⑥操持家务 ⑦什么也不干 ⑧其他（请说明）	C158						

C159	（问本部分所有 C158≠1）您过去工作过吗？①是　②否（跳至 C161）	C159						
C160	（C159=1）您从什么时候开始离开上份工作的？______年______月______日	C160						
C161	（问本部分所有 C158≠1）您现在是否在积极地找工作？①是（跳至 C163）　②否	C161						
C162	（问 C161=2）您现在没有积极找工作的主要原因？ ①照看家人/干家务　②旅行/假期　③义务工　④找不到　⑤其他（请说明）	C162						
C163	（问本部分所有 C158≠1）如果现在有一份适合您的工作，您能在两周内到岗吗？ ①能（跳至 C165）　②不能	C163						
C164	（问 C163=2）您不能到岗的主要原因是什么？①上学　②培训　③等待其他求职结果　④准备自己创业　⑤生病或受伤　⑥怀孕或哺乳　⑦操持家务　⑧其他（请说明）	C164						
（问所有 A051=2）外出务工经商以来的第一份工作		编号			人员			
C165	您第一次外出务工经商是什么时候？______年______月	C165						
C166	您第一次离开农村老家的原因？（请选最重要的一个） ①不喜欢务农　②一直在念书，不懂农活　③家乡没有发展机会，不愿过那样的生活　④家里太穷，我出来以后家里少一点开支　⑤家里太穷，赚点钱贴补家用　⑥羡慕城里的生活　⑦同村人不少在外干得不错，我也像试试　⑧出来见点世面，为以后积累经验　⑨全家在外面　⑩其他（请说明）	C166						
C167	请问您第一次来城市以前在做什么？①上学　②务农　③在乡镇企业工作　④个体/家庭经营　⑤农村教师　⑥乡村干部　⑦家庭主妇　⑧什么都没干　⑨其他	C167						
C168	请问是谁向您提供了有关外出找工作的信息？ ①亲戚提供　②本村其他外出务工经商者提供　③其他（请说明）	C168						

C169	请问您外出务工经商以来的第一份工作是不是就是您现在在做的工作？ ①是（跳至C184） ②否 ③外出以来一直没有找到工作（跳至C184）	C169						
C170	（问C169 = 2）您是怎么得到当时第一份工作的？①老家政府安排 ②城里政府职介 ③社区就业服务站 ④商业职介（包括人才交流会） ⑤看到广告后申请 ⑥直接申请 ⑦家人联系 ⑧亲戚介绍 ⑨朋友介绍 ⑩一般熟人介绍 ⑪雇主招工 ⑫其他（请注明）	C170						
C171	（问C169 = 2）您当时是花了多长时间找到了第一份工作？（到了城市以后花费的时间）（天）	C171						
C172	（问C169 = 2）您第一份工作所在地的省份（省名）	C172						
C173	（问C169 = 2）您第一份工作的职业（职业名称）	C173						
C174	（问C169 = 2）您第一份工作的单位所有制类型（工作单位所有制代码）	C174						
C175	（问C169 = 2）您第一份工作的行业（行业名称）	C175						
C176	（问C169 = 2）请问您第一份工作符合以下哪种描述 ①固定工 ②长期合同工（一年及以上） ③短期合同工（一年以下）④无合同的临时工 ⑤家庭帮工 ⑥自我经营 ⑦其他（请说明）	C176						
C177	（问C169 = 2）请问您第一份工作平均每周工作几小时？（小时/周）	C177						
C178	（问C169 = 2）请问您第一份工作第一个月的收入是多少？（可能出现0，如果是一次性付款要平均）（元/月）	C178						
C179	（问C169 = 2）请问您离开第一份工作时的月收入是多少？（可能出现0，如果是一次性付款要平均）（元/月）	C179						
C180	（问C169 = 2）请问您是怎样结束了第一份工作的呢？①主动不干了 ②被迫不干了（跳到C182）	C180						

C181	（问 C180＝1）请问您主动结束第一份工作最主要的原因？（回答后跳到 C183） ①收入太低 ②工作不稳定 ③工作条件差 ④劳动强度大 ⑤社会福利差 ⑥不喜欢这个老板 ⑦我不喜欢同事 ⑧不如开创自己的事业 ⑨其他（请说明）	C181						
C182	（问 C180＝2）您刚才说您结束第一份工作是被迫的，其最主要的原因是什么？ 单位停产、半停产、亏损②企业破产③因单位被兼并或企业重组 ④裁员 ⑤项目结束 ⑥合同到期未续 ⑦被单位开除 ⑧其他（请说明）	C182						
C183	（问 C169＝2）您第一份工作一共从事了多长时间？（不满一个月按一个月计算） ______月	C183						
（问所有 A051＝2）有关外出务工经商的其他问题		编号	人员					
C184	自从您第一次外出务工经商以来，有没有过回家乡连续居住超过三个月的情况？ ①是 ②否（跳至 C186）	C184						
C185	（问 C184＝1）您刚才说从家乡出来后，有过回家乡连续三个月的情况，那您最后一次从城市返回家乡连续居住三个月以上是出于什么原因？ ①本人生病 ②家人生病 ③照顾小孩 ④照顾家里的生意或农业生产 ⑤结婚或相亲 ⑥挽救婚姻 ⑦不喜欢城市或不喜欢当时的工作 ⑧更喜欢农村的生活方式 ⑨盖房 ⑩找不到合适的工作 ⑪在外挣不着钱，开支又大 ⑫其他（请说明）	C185						
C186	（问该部分所有人）您一共在多少个城市/县城从事过务工经商活动？（个）	C186						
C187	（问该部分所有人）如果城里政策允许，您会在城里呆多久？ ①1 年 ②1—3 年 ③3 年以上 ④一直呆下去 ⑤不知道	C187						
C188	（问该部分所有人）假如没有外出，您目前在老家农村平均每月大概能挣多少钱？（元/月）	C188						
C189	（问该部分所有人）过去 12 个月内，请问您遇到过几次失业（包括最近一次失业，没有填 0）（次）	C189						

D. 孩子的教育

（请父母或监护人回答关于16周岁以下所有孩子和16周岁及以上仍在校的孩子或家庭成员的问题。包括在本户共同生活的孩子、本户在农村老家生活或寄养在亲戚朋友家的孩子，以及本户在外地上学的孩子。对于16周岁及以上的孩子，需要检查A051 =2且A14 =8，对于16周岁以下的孩子不需要检查）

编号	问题	编号	孩子					
D000	孩子的姓名	D000						
D101	孩子的编码（这里需要把家庭成员的所有孩子进行重新编码）	D101	1	2	3	4	5	6
D102	他/她出生时是否足月？（大于37周）①是 ②否 ③不知道	D102						
D103	他/她出生时的体重？ 斤 两	D10s3						
D104	请问孩子当前的主要生活地点在哪里？①农村老家的村里 ②老家外村 ③本县外乡 ④城里与您同一县城/城市 ⑤城里其他县城/城市	D104						
D105	请问孩子2007年的主要生活地点在哪里？①农村老家的村里 ②老家外村 ③本县外乡 ④城里与您同一县城/城市 ⑤城里其他县城/城市	D105						
D106_1	请调查员检查A表，并填写他/她是否为本户成员①是 ②否	D106_ 1						
D106_2	如果D106_1 =1，请调查员填写该孩子的家庭成员编码（同A00），然后跳到D112；如果D106_1 =2，请调查员填写该孩子父亲或母亲的家庭成员编码（同A00），并继续回答D107。（该题目用于确认在前边的家庭成员表中是否包括该孩子，如果包括，就写原来的编码，如果没有，就写其父母或监护人之一的编码）	D106_2						
D107	（针对不同住的子女询问）性别①男 ②女	D107						
D108	（针对不同住的子女询问）年龄（周岁）	D108						

D145	（针对不同住的子女询问）目前身高（厘米）	D145						
D146	（针对不同住的子女询问）目前体重（公斤）	D146						
D147	（针对不同住的子女询问）孩子目前的健康状况（与同龄人相比）？ ①非常好 ②好 ③一般 ④不好 ⑤非常不好	D147						
D109	（针对不同住的子女询问）目前，他/她主要和谁住在一起？ ①父亲一方 ②母亲一方③（外）祖父母 ④其他亲属 ⑤自己住（跳至 D111）	D109						
D110	（问 D109 = 1，2，3，4）如果他/她和父亲或母亲一方单独居住或仅与（外）祖父母/其他亲属居住，主要原因？ ①父母一方或双方外出 ②父母离异或分居 ③父母一方或双方去世 ④父母工作忙 ⑤上学 ⑥其他	D110						
D111	（针对不同住的子女询问）如果孩子不和你住在一起，主要原因是什么？ ①城市生活成本高 ②学校/幼儿园费用太高 ③这儿找不到学校/幼儿园 ④在老家上学比这里好 ⑤没人照顾孩子 ⑥孩子和您配偶在一起 ⑦其他（请说明）	D111						
D112	他/她是学龄前儿童吗？①是（回答 D135—D144 后跳至下一人/表） ②否	D112						
D113	（问 D112 = 2）请问他/她是几周岁开始上小学的（不包括学前班）？（周岁）	D113						
D114	（问 D112 = 2）他/她目前/辍学前所在年级？（教育年级代码）	D114						
D115	（问 D112 = 2）他/她目前/辍学前所在学校的类型？①公立 ②私立 ③其他（请说明）	D115						
D116	（问 D112 = 2）他/她目前/辍学前所在学校的教学质量？ ①本市/县最好 ②本市/县比较好 ③一般 ④本市/县比较差	D116						
D000	孩子的姓名	D000						
D101	孩子的编码（这里需要把家庭成员的所有孩子进行重新编码）	D101	1	2	3	4	5	6

D117	(问 D112=2) 到目前/辍学前为止，他/她是否留过级或跳过级？①留过级 ②跳过级 ③都没有 ④既跳过也留过级	D117						
D118	(问 D112=2) 他/她目前/辍学前在班上的成绩如何？①很好 ②比较好 ③一般 ④比较差 ⑤很差	D118						
D119	(问 D112=2) 您对这个孩子的发展担心吗？如果担心，最担心的是什么？①不担心 ②成绩不好 ③逃课 ④不完成家庭作业 ⑤经常上网吧 ⑥看电视太多/玩太多电脑游戏 ⑦受人欺负 ⑧结交坏朋友 ⑨早恋 ⑩其他不良行为 ⑪其他（请说明）	D119						
D120	(问 D112=2) 他/她现在还在上学吗？ ①是，在校（回答 D124—D134 后跳至下一人/表） ②否，辍学（回答 D121—D123 后跳至下一人/表）	D120						
(问 D120=2) 辍学学生问题								
D121	请问这个孩子是从哪一年开始不再上学了？________年	D121						
D122	他/她当时不再上学的最主要原因是什么 ①不想上学 ②外面有打工机会 ③没考上 ④家庭经济困难 ⑤附近没有学校 ⑥其他（请说明）	D122						
D123	他/她现在主要干什么？（问完本题跳至下一人或E部分） ①务农 ②在家从事非农自我经营 ③在家从事工资性就业 ④在外地务工（包括学徒） ⑤在外地经商 ⑥在外地从事其他非农活动 ⑦在外地，不知道干什么 ⑧在家，什么也没干 ⑨其他（请说明）	D123						
(问 D120=1) 在校学生问题		编号	孩子					
D124	请问孩子的学校离孩子的住家有多远（公里）？（住校也问离家距离，不在一城市的估计2城市间公里数）	D124						
D125	请问他/她目前住校吗？①是（跳至 D127） ②否	D125						

D126	（问 D125 = 2）他/她每周除在学校外平均花多少小时用于做功课或复习功课（小时）	D126						
D127	（问所有 D120 = 1）2007 年他/她上学实际交纳/支付的各种常规费用共计多少（不含赞助费、借读费和择校费）（元）	D127						
D128	其中，学杂费（元）	D128						
D129	食宿费（包括住在校外的房租和饮食）（元）	D129						
D130	校内辅导班费用（元）	D130						
D131	其他费用（如校服等）（D128 + D129 + D130 + D131 = D127）（元）	D131						
D132	请问他/她的 2007 年校外辅导班费用是多少？（元）	D132						
D133	（问所有 D120 = 1）2007 年他/她向学校交纳的各种赞助费/借读费/择校费（没交填 0，如提前交则按年份分摊）（元）	D133						
D134_1	请调查员检查 A15 题答案，并填写他/她是否有本市非农户口 ①有（跳至下一人或 E 部分）　②没有							
D134_2	请调查员检查 A 表，并填写他/她是否为本户成员　①是　②否（跳至下一人或 E 部分）							
D134	如果在本市上学，因为没有本市户口，他/她目前上学一年需要多交多少钱？（问完本题跳至下一人或 E 部分）（元/年）	D134						
（问 D112 = 1）学龄前儿童的问题		编号	孩子					
D135	上周，孩子的父母平均每天累计专门陪伴这个孩子的时间（如不与父母同住，请填 0，检查 D106，是否为家庭成员）？（包括陪其读书，讲故事，玩游戏的时间，但不包括睡觉时间，也不包括边干家务边陪伴孩子的时间）（小时/天）	D135						

D136	平常工作时间谁照料这个孩子最多？ ①母亲　②父亲　③（外）祖父母　④哥哥姐姐　⑤其他亲戚　⑥保姆　⑦幼儿园 ⑧其他（请说明）	D136						
D137	平常非工作时间谁照料这个孩子最多？ ①母亲　②父亲　③（外）祖父母　④哥哥姐姐　⑤其他亲戚　⑥保姆　⑦幼儿园 ⑧其他（请说明）	D137						
D138	与同龄孩子相比，您是否担心这个孩子的语言能力？①不担心　②有点担心　③担心 ④非常担心　⑤不知道	D138						
D139	与同龄孩子相比，您认为这个孩子总体发育如何？（包括身体和心理健康，以及学习和交往的能力） ①非常好　②比较好　③一般　④低于一般水平	D139						
D140	请问目前这个孩子上幼儿园/托儿所了么？　①是的，有上　②没上（跳问 D142）	D140						
D141	（问 D140 = 1）平均每月的托儿费是多少元？（元/月）	D141						
D142	（问 D140 = 2）没有上幼儿园，主要原因是什么？ ①由家人照顾②太贵　③找不到幼儿园　④上幼儿园对他/她不好　⑤孩子年龄太小	D142						
D143	（问所有本部分孩子）请问这个孩子是否有保姆照管？ ①有保姆照管　②没有保姆照管（跳问下一人或 E 部分）	D143						
D144	（问 D143 = 1）平均每月的保姆费是多少元？（元/月）	D144						

E. 家庭及社会关系表

E1. 分居两地的配偶的有关信息

（调查对象为配偶不在本调查户生活的家庭成员，请调查员将该成员的编码填入 E100 中，并回答此表）

问题		编号	人员 1	人员 2	人员 3	人员 4
A000	家庭成员姓名	A000				
E100	家庭成员编码（请与 A00 中的编码保持一致，这里需要填写的是已婚（A09 = 1 或 2）的家庭成员的编码）	E100				
E000	请问您的配偶目前与您共同在此处生活吗？①是（跳问下一人/E2 部分）②否	E000				
E101	配偶的出生年月______年______月	E101				
E102	您配偶在兄弟姐妹中排行第几？	E102				
E103	您配偶目前的户口状况？①农业户口 ②非农户口	E103				
E105	您配偶所完成的最高教育程度（教育程度代码）	E105				
E106	您配偶目前住在哪里？ ①本市 ②本省其他城市 ③外省其他城市 ④老家本县农村 ⑤老家县城 ⑥老家外县农村 ⑦其他（请说明）	E106				
E107	您配偶目前是否外出务工经商？①是（跳到 E108） ②否	E107				
E107 – 1	您配偶是否曾经外出务工经商？①是 ②否（跳问 E109）					
E108	（问 E107 – 1 = 1）您配偶第一次外出务工经商是哪一年？______年	E108				

E109	（问所有人）当前，您配偶当前的主要就业状况是什么？（选择③到⑤或⑦到⑩选项者跳到E112） ①从事工资性工作，务农或自我经营者　②离退休再就业人员　③失业人员　④离退休人员　⑤家务劳动者　⑥家庭帮工　⑦丧失劳动能力　⑧在校学生/学龄前儿童　⑨待分配/待升学人员/辍学生　⑩其他	E109				
E110	（问E109=1或2或6）您配偶当前的主要工作的职业？（职业名称）	E110				
E111	（问E109=1或2）当前，您配偶的平均月收入（元/月）	E111				
E112	（问该部分所有人）您们平均多长时间联系一次？ ①每周至少一次　②每月至少一次　③每年至少一次　④几乎不联系	E112				
E113	（问该部分所有人）您认为这种分离对您们的关系有不利影响吗？①几乎没有　②有点影响　③十分显著	E113				
E114	（问该部分所有人）您们之间的关系是否和睦 ①非常和睦　②比较和睦　③一般　④不太和睦　⑤很不和睦　⑥不好说	E114				
E115	（问该部分所有人）最近12个月内，您们有几个月没有共同生活在一起？（月）	E115				
E116	（问该部分所有人）最近12个月内，平均每月您给他/她多少钱？（没有填0，如同时给多人，要分摊）（元/月）	E116				
E117	（问该部分所有人）最近12个月内，平均每月他/她给您多少钱？（没有填0，如同时给多人，要分摊）（元/月）	E117				

E2. 按出生顺序提供您不在一起生活的16周岁及以上成年子女的基本信息

（请户主或配偶回答，包括户主或配偶亲生，领养或过寄，不在一起生活的所有成年子女，不包括已在D表中进行过调查的子女）

问题		编号						
E2000			子女1	子女2	子女3	子女4	子女5	子女6
E200	请问您是否有目前不和您住在一起的年龄在16周岁及以上（没有在D表进行过调查）的子女呢？ ①有（继续） ②否（跳问E3部分）③没有任何子女（跳问E3部分）	E200						
E201	子女姓名	E201						
E202	他/她是户主或配偶亲生的吗？ ①是，户主和配偶生的 ②是，户主和他人生的 ③户主配偶和他人生的 ④不是户主或配偶亲生	E202						
E203	他/她的出生年月______年______月	E203						
E204	他/她的性别 ①男 ②女	E204						
E205	他/她的婚姻状况？①初婚 ②再婚 ③同居 ④离异 ⑤丧偶 ⑥未婚	E205						
E206	他/她一共有过几个孩子（目前健在和不健在的所有亲生/离婚/领养/过继的孩子）（个）	E206						
E207	他/她完成的教育程度（教育程度代码）	E207						
E209	他/她现在的主要居住地点？ ①农村 ②本市本社区 ③本市其他社区 ④本省其他城市 ⑤外省城市	E209						

E210	他/她当前的就业状况（选择③到⑤或⑦到⑩选项者跳到 E212） ①从事工资性工作，务农或自我经营者 ②离退休再就业人员 ③失业人员 ④离退休人员 ⑤家务劳动者 ⑥家庭帮工 ⑦丧失劳动能力 ⑧在校学生/学龄前儿童 ⑨待分配/待升学人员/辍学生 ⑩其他	E210						
E211	（问 E210 = 1，2 或 6）他/她当前的主要工作的职业？（职业名称）	E211						
E212	（问所有接受该部分访问的人）您们的联系频率？ ①一周至少一次 ②一月至少一次 ③一年至少一次 ④几乎不联系	E212						
E213	（问所有接受该部分访问的人）最近 12 个月内，请问他/她给过您以下何种帮助？（可多选） ①经济上的（如借钱/借物/介绍工作等） ②精神上的（如谈心/出主意等） ③日常事务的（如帮助看孩子/有病时帮助照料等） ④没有	E213						
E214	（问所有接受该部分访问的人）最近 12 个月内，您们有几个月没有共同生活在一起？（月）	E214						
E215	（问所有接受该部分访问的人）最近 12 个月内，您给他/她多少钱和礼品/宴请（如同时给多人，要分摊）？（元）	E215						
E216	（问所有接受该部分访问的人）最近 12 个月内，他/她给您多少钱和礼品/宴请（如同时给多人，要分摊）？ （元）	E216						

E3. 户主和配偶的父母的基本信息

（请户主或配偶回答，包括亲生/领养/过寄的父母或继父母，如果有多个父母，选与被调查对象关系最近的一个）

下边这些问题是针对您的父母的一些情况

问题		编号	户主父亲	户主母亲	配偶父亲	配偶母亲
E3000						
E301	他/她是否是户主或配偶的亲生父（母）？①亲生　②非亲生	E301				
E302	他/她的家庭出身①贫（雇）农　②下中农　③富裕中农　④富农　⑤地主　⑥工人　⑦职员　⑧企业主　⑨小业主　⑩革命干部　⑪革命军人　⑫其他	E302				
E303	他/她现在是否为家庭成员？如果是，填其家庭成员编码后（请与A00中的编码一致），跳至下一人/表，如果不是，填0，并继续回答以下问题。	E303				
E304	他/她是否健在？①是（跳至E307）　②否	E304				
E305	（问E304＝2）他/她的去世年份______（年）	E305				
E306	（问E304＝2）他/她的去世原因（回答后跳至下一父母/表）①癌症　②心脏病　③中风　④意外事故　⑤糖尿病　⑥自然死亡　⑦其他（请说明）	E306				
E307	（问E304＝1）他/她的出生年份（如不清楚，需要询问属相＋年龄，回来检查属相年龄表）______（年）	E307				
E308	（问E304＝1）他/她的教育程度（教育程度代码）	E308				
E310	（问E304＝1）他/她现在或曾经的职业（仍在工作者回答当前的职业，已不工作者回答最近的职业）（职业名称）	E310				

E311	（问 E304 = 1）他/她当前的就业状况①从事工资性工作，务农或自我经营者 ②离退休再就业人员 ③失业人员 ④离退休人员 ⑤家务劳动者 ⑥家庭帮工 ⑦丧失劳动能力 ⑧其他	E311				
E312	（问 E304 = 1）他/她目前的身体状况？①非常好 ②好 ③一般 ④差 ⑤非常差	E312				
E313	（问 E304 = 1）他/她吃饭、洗澡、上厕所或者走路需要并得到了帮助吗？①不需要 ②需要且得到了很好的帮助 ③需要但只得到了一些帮助	E313				
E314	（问 E304 = 1）他/她现在主要和谁一起居住？ ①单独或仅与配偶一起居住 ②与成年（孙）子女、（孙）儿媳或（孙）女婿一起居住 ③仅与未成年（孙）子女一起居住 ④和其他人一起居住 ⑤在养老院 ⑥其他（请说明）	E314				
E315	（问 E304 = 1）他/她现在的主要居住地点 ①农村 ②本市本社区 ③本市其他社区 ④本省其他城市 ⑤外省城市	E315				
E316	（问 E304 = 1）他/她一共有过几个孩子？ （目前健在和不健在的所有亲生/离婚/领养/过继的孩子，含被访者本人在内）（个）	E316				
E317	（问 E304 = 1）您与他/她多长时间联系一次①每周至少一次 ②每月至少一次 ③每年至少一次 ④几乎不联系	E317				
E318	（问 E304 = 1）最近 12 个月内，请问他/她给过您以下何种帮助？（可多选）①经济上的（如借钱/借物/介绍工作等） ②精神上的（如谈心/出主意等） ③日常事务的（如帮助看孩子/有病时帮助照料等） ④没有	E318				
E319	（问 E304 = 1）最近 12 个月内，您们有几个月没有共同生活在一起？（月）	E319				
E320	（问 E304 = 1）最近 12 个月内，您给他们多少钱和礼物/宴请（折成现金）？（如同时给多人，要分摊）（元）	E320				
E321	（问 E304 = 1）最近 12 个月内，他们给您多少钱和礼物/宴请（折成现金）？（如同时给多人，要分摊）（元）	E321				

E4. 社会关系表

（请户主或配偶回答，只一人回答即可）

回答人的家庭成员编码（E00）________（请与 A00 中的编码保持一致）

E4_1. 最近的一个春节期间，您通过各种方式（包括见面/打电话/写信/发电子邮件等）相互问候过（E11）________人？在这些人中，您的亲戚大约有（E12）________人，朋友/熟人大约有（E13）________人？这些人中，现在主要在城市生活的（E14）________人？其中有城市户口的（（E15）________人？

E4_ 2. 请您回忆一下在最近 12 个月内给你帮过忙的人（比如借钱、找工作、帮忙照顾孩子，或者说碰到问题找人谈心，让人出主意等）大概有（E16）________人？

下面请你说出 3—5 位在过去一年里帮助过你们家的人（或关系最好的人）的基本情况，按重要程度排序。但不包括本住户的家庭成员、户主或配偶的父母或子女等）

问题		编号					
E4000			关系人 1	关系人 2	关系人 3	关系人 4	关系人 5
E400	关系人的称谓	E400					
E403	最近 12 个月内，请问他/她给过您以下何种帮助？（可多选） ①经济上的（如借钱/借物/介绍工作等）　②精神上的（如谈心/出主意等） ③日常事务的（如帮助看孩子/有病时帮助照料等）　④没有	E403					
E404	请问他/她与您的关系（选择①至④时，请跳到 E406，最主要的关系） ①亲属或亲戚　②朋友　③同事/雇主　④同学　⑤邻居　⑥师生/师徒　⑦熟人 ⑧同乡　⑨战友　⑩其他	E404					
E405	（E404 = 5 - 10）你跟他/她认识交往有多长时间了？（不足一年的按一年算）（年）	E405					

E406	（所有关系人）请问他/她的教育程度是（教育代码）	E406					
E406_1	性别　①男　②女	E406_1					
E407	（所有关系人）他/她的婚姻状况？①初婚　②再婚　③同居　④离异　⑤丧偶　⑥未婚	E407					
E408	（所有关系人）他/她当前的就业状况 从事工资性工作，务农或自我经营者②离退休再就业人员　③失业人员　④离退休人员　⑤家务劳动者　⑥丧失劳动能力　⑦在校学生/学龄前儿童　⑧待分配/待升学人员　⑨辍学生　⑩其他	E408					
E409	（所有关系人）他/她当前的职业（职业名称）	E409					
E410	（所有关系人）他/她是城里人吗 ①本市城里人　②其他城里人③农村外出务工经商人员　④农村非农工作人员　⑤一般农民	E410					
E411	（所有关系人）请问他/她现在住在哪里？ ①农村　②本市本社区　③本市其他社区　④本省其他城市　⑤外省城市	E411					
E412	（所有关系人）现在您们一般隔多久联系一次 ①一周至少一次　②一月至少一次　③一年至少一次　④几乎不联系	E412					
E413	（所有关系人）最近 12 个月内您给过他/她多少钱和礼品/宴请（折成现金）？（如同时给若干人，要平摊）（元）	E413					
E414	（所有关系人）最近 12 个月内他/她给过您多少钱和礼品/宴请（折成现金）？（如同时由若干人给，要平摊）（元）	E414					

F. 生活事件表

（请户主或配偶回答，只一人回答即可）

填表人的家庭成员编码 F00（同 A00 中编码一致）：________

	最近 12 个月内，发生过的事件（如果同一事件发生过多次，请描述最后一次）	1 结婚	2 找到对象	3 怀孕	4 子女出生	5 找到一份好工作	6 离婚或分居	7 生大病或意外伤害	8 有家人去世	9 家里盖房/买房
F101	是否发生过？ ①是 ②否（跳至下一事件）									
F102	此事件发生在何人身上？（可多选）①本人 ②配偶 ③子女 ④兄弟姐妹 ⑤父母 ⑥本户其他成员									
F103	此事件的发生是否在您的意料之中？是 ②否 ③不知道									

G. 全家在外务工经商期间的家庭收支

（请户主或配偶回答，只一人回答即可）

注：①以外出务工经商地家庭上个月或过去 12 个月在外出务工经商期间的收入和支出为准，不包括老家的收入和支出；②各类收入不能重复填报，也不能漏报；③从老家寄来或带来的钱物不在收入中反映，而在支出中反映寄/带回财物净值（＝寄/带回财物总值－寄/带来财物总值）。

	问题	编号	单位	金额
按月计算的家庭收入（指上月家庭收入）				
G100	家庭总收入	G100	元/月	
G101	其中：1. 劳动总收入：从雇主处得到的全部劳动报酬。包括工资收入、工资以外的奖金/补贴、单位发放的实物折现、其他劳动收入、兼职及零星劳动得到的收入、自由职业者的收入。	G101	元/月	
G102	其中：工资性收入：工作单位支付的计时计件劳动报酬。	G102	元/月	
G103	工资以外的奖金/补贴：职工从单位得到的工资以外的奖金、补贴及福利等现金收入。	G103	元/月	
G104	其他劳动收入（包括家庭副业生产净收入）：从事第二职业、兼职、零星劳动所得。	G104	元/月	
G105	单位发放的实物折现：职工从单位得到实物和票证的市场折现价值，按市场价折现。	G105	元/月	
G106	2. 家庭经营净收入：家庭成员从事生产经营活动所获得的净收入。	G106	元/月	
G107	3. 财产性收入：使用和经营本户家庭拥有的动产（银行存款）、不动产（房屋等）所得。	G107	元/月	
G108	其中：利息：资产所有者按预先约定的利率获得的高于存款本金以外的那部分收入。	G108	元/月	
G109	红利（分红）和股票股息和赢利收入：购买公司股票所获得的各种增值收益。	G109	元/月	
G110	出租住房收入：出租房屋所得的租金净收入。	G110	元/月	
G111	其他财产性收入：包括1. 保险收益：家庭参加储蓄性保险，扣除交纳的保险本金后，所获得的保险净收益。2. 其他投资收入：家庭从事股票投资、保险以外的投资行为所获得的投资收益。3. 知识产权收入：家庭或家庭成员拥有的专利、版权等知识产权所获得的净收入。	G111	元/月	
G112	4. 转移性收入：国家、单位、社会团体对居民家庭的各种转移支付和居民家庭间的收入转移。	G112	元/月	
G113	其中：赠送收入、赡养收入和抚养收入（包括现金和实物折款）：指住户间的转移性收入。	G113	元/月	
G114	退休金：养老金或离退休金。	G114	元/月	

G115	失业保险：政府失业保险经办机构对符合条件的失业人员，进行失业登记，并定期发放的失业救济金。	G115	元/月	
G116	最低生活保障：政府对享受城镇居民最低生活保障待遇的低收入家庭，发放的最低生活保障金。	G116	元/月	
G117	政府发放的其他各类补助：政府对各类特殊家庭、人员提供的除最低生活保障金和失业救济金以外的特别津贴。	G117	元/月	
G118	其他转移性收入：1. 辞退金；2. 赔偿收入；3. 保险理赔款收入；4. 亲友搭伙费；5. 提取住房公积金	G118	元/月	
按月计算的家庭支出（指上月家庭支出）：				
G119	1. 食品支出（包括在外就餐费用）：调查户购买为摄取身体所需要的营养和满足某种嗜好而进食的各种消费品的支出。	G119	元/月	
G120	2. 衣着支出：调查户购买各种穿着用品及加工穿着品的各种材料的支出。	G120	元/月	
G121	3. 居住支出：包括房租，水电燃料和房屋维修等：与居住有关的支出，包括房租、房屋维修支出、物业管理费、房屋装潢支出和水、电、燃料方面的支出。	G121	元/月	
以下为过去12个月的支出				
G122	消费性总支出：调查户用于本家庭日常生活的全部支出，包括食品、衣着、家庭设备用品及服务、医疗保健、交通和通讯、娱乐教育文化服务、居住、杂项商品和服务八大类等。不包括用于赠送的商品或服务。	G122	（元/年）	
G123	4. 耐用消费品支出：包括家具、家电，医疗器具，交通通讯工具和教育娱乐设备等：用于购买耐用消费品的支出。	G123	元/年	
G124	5. 家庭日用品和日常服务支出：包括床上用品、厨具、碗具、洗涤、美容、理发用品和服务等：指家庭和个人各类日用消费品及日常服务。	G124	元/年	
G125	6. 医疗费、药品、保健品和医疗保健服务支出：用于医疗和保健的药品、用品和服务费用。	G125	元/年	
G126	7. 交通费、燃油和交通工具维修费支出：包括回老家的交通费用：购置交通工具及零配件、支付各种交通费、修理服务费、油料费等的支出。	G126	元/年	
G127	8. 通讯费和邮寄费等：家庭用于通信方面的全部支出。包括通信工具、电话费、邮费及其他通信费用。	G127	元/年	

G128	9. 娱乐文化支出：包括娱乐文化日用品和服务，如有线电视电影/书报杂志/影碟/照相等：调查户用于文化娱乐方面的支出。	G128	元/年	
G129	10. 教育支出：包括学杂费，书本，校服和赞助费等，但不包括在外就学子女费用：与教育活动直接相关的支出。	G129	元/年	
G130	11. 非储蓄性保险支出：包括失业/医疗/财产保险等不返还本金的保险：不能收回本金的保险支出。	G130	元/年	
G131	12. 其他消费性支出：不能归入以上各类的其他生活消费用品和服务支出，如金银饰品，手表等。	G131	元/年	
G132	非消费性总支出：除家庭储蓄、借贷支出和消费性支出以外的支出。	G132	元/年	
G133	1. 赡养，抚养和赠送支出：指住户间的转移性支出，包括现金和实物折款，包括婚、丧、嫁、娶等各种礼金，不包括寄回及带回老家用于赡养、抚养和赠送的支出或在外就学子女的费用。	G133	元/年	
G134	2. 购买储蓄性保险、股票和债券的支出：包括购买股票、债券，及参加储蓄性保险（即人寿保险等返还本金的保险）的支出。	G134	元/年	
G135	3. 建房、购房和房屋装修支出：包括在外出务工地购买住房、建房时的全部支出，不包括寄回及带回老家用于建房、购房和房屋装修的支出。	G135	元/年	
G136	4. 全年寄回及带回老家的钱物净值：包括现金和实物折款，寄回及带回老家的钱物净值＝带回老家的钱物金额－从老家带出的钱物金额，如果从老家带出的钱物超过带回老家的钱物，寄回及带回老家的钱物净值为负值。	G136	元/年	
G137	5. 不同住在外就学子女的费用：包括用于供养不同住的非家庭成员在外就学的子女的学费、生活费，不包括寄回及带回老家用于供养在老家的子女的学费、生活费的支出。	G137	元/年	
G137_1	6. 用于家庭生产经营或购置生产性固定资产的费用：包括在外出务工地以家庭为基本生产经营单位从事生产经营活动而消费的商品和服务、自产自用产品，以及用于建造和购置生产性固定资产所支出的费用，不包括寄回及带回老家用于家庭生产经营或购置生产性固定资产的支出。	G137_1	元/年	
G138	7. 其他非消费性支出（利息，罚款等）： ①缴纳的各种税费；②购买彩票；③非生产性贷款利息支出；④个人缴纳的社会保障支出	G138	元/年	

G139	储蓄、借贷性支出：包括在外出务工地归还贷款借款、存款、和借出款，不包括寄回及带回老家用于在老家归还贷款借款、存款、和借出款的支出。	G139	元/年	
G140	您家的日常开支通常由谁决定？①户主 ②配偶 ③两人共同做决定 ④其他（请说明）	G140		
G141	您一家在务工地要维持最低生活水平每月最起码要多少钱？（元/月）	G141		
G142	寄回或带回老家的钱主要用于（按重要程度排序，最多选三项） ①日常开支 ②建房 ③小孩教育 ④老人养老 ⑤准备结婚用 ⑥做生意 ⑦医疗 ⑧其他（请说明）	G142		

H. 目前家庭耐用消费品拥有情况

（请户主或配偶填写，不包括农村老家的耐用消费品，只一人回答即可）

注：如果某消费品有不止一台，那么“估算市场现值”为合计价格。

编号	类型	数量(_1)	估算市场现值(_2)(元)	编号	类型	数量(_1)	估算市场现值(_2)(元)	编号	类型	数量(_1)
H201	彩色电视机	台		H208	音响/收录机	台		H215	空调机	台
H202	黑白电视机	台		H209	录相机/影碟机	台		H216	电风扇	台
H203	自行车	辆		H210	照相机	部		H217	热水器	台
H204	家用汽车	辆		H211	家用电脑	台		H218	大型家具	件
H205	吸尘器	台		H212	中高档乐器	件		H219	手机	部
H206	抽油烟机	台		H213	摩托车	辆		H220	电炊具	个
H207	洗衣机	台		H214	电冰箱	台		H221	复读机/电子词典	个

I. 目前本户家庭在外出务工经商地的住房和居住条件

（请户主或配偶填写，不包括农村老家的住房，只一人回答即可）

问题		编号	
I101	房屋使用面积（建筑面积中扣除公摊面积和墙体面积后可供住户实际使用的住房面积）多少平方米？（平方米） 如果居住和生产经营在同一场所，房屋使用面积只计算以居住为主要用途的住房面积；如果很难区分，则按30%的比例分摊	I101	
I102	多少人居住在这个房屋（≥A00里记录的成员数字）（人）	I102	
I103	饮水情况①自然井水 ②机井水 ③自来水 ④桶装/瓶装水 ⑤其他（请说明）	I103	
I104	用水情况①自然井水 ②机井水 ③自来水 ④桶装/瓶装水 ⑤其他（请说明）	I104	
I105	卫生设备①有浴室和厕所 ②有厕所，无浴室 ③公用卫生设备	I105	
I106	取暖设备①无取暖设备 ②空调取暖 ③集中供暖 ④其他取暖方式	I106	
I107	燃料使用情况①天然气/煤气管道 ②灌装煤气/液化石油气 ③煤 ④其他（请说明）	I107	
I108	通讯设备使用情况（可多选）①有固定电话 ②使用互联网 ③使用手机 ④使用公用电话	I108	
I109	您周围是否住着很多同乡①是 ②否	I109	
I110	是否有过即使愿意支付相关费用，人家也不把房子租给您的经历？①有 ②无	I110	
I111	您当前的住所为 单位宿舍 ②建筑工地 ③其他工作地点（选①②③问完I112后跳到下一表） ④与人合租住房 ⑤独立租赁住房 ⑥自有房（跳至I113） ⑦其他	I111	
I112	（问I111≠6）当前每月房租（元/月） 如果居住和生产经营在同一场所，房租按居住面积所占的比例进行分摊；如果居住和生产经营所使用的面积很难区分，则按30%的比例分摊	I112	

I113	（问 I111 =4－7）居住地点①城区　②近郊区　③远郊区　④农村　⑤其他（请说明）	I113	
I114	（问 I111 =4－7）房屋产权（如果 I111 =6，这里直接填写③）①租用公房　②租用私房　③自有房　④其他（请说明）	I114	
I115	（问 I111 =4－7）住宅建筑样式①平房　②楼房　③其他（请说明）	I115	
I116	（问 I111 =4－7）房间间数（不包括客厅，厨房和卫生间后的间数）（间）	I116	
I117	（问 I111 =4－7）装修状况①无装修　②简单装修　③豪华装修	I117	
I118	（问 I111 =4－7）厨房情况①没有厨房　②有独立厨房　③公用厨房	I118	
	（问 I111 =6）以下是关于自有房的问题，如果不是自有房，请跳至 J 表		
I119	自有房月房租折算（元/月）	I119	
I120	购房时间（年）	I120	
I121	请问您当时购房总价是多少？（包括税金和手续费，但不包括分期付款的利息）（元）	I121	
I122	您每月该自有房的房供（没有填 0）（元/月）	I122	

J. 农村老家的基本信息

（请户主或配偶填写，只一人回答即可）

回答人的家庭成员编码 J000：________.（同 A00）

编号		编号	
J101	您老家属于①平原　②丘陵　③山区　④其他（请说明）	J101	
J102	您老家所在村离最近县城的距离（公里）	J102	

J103	您老家所在村离最近交通站（汽车站\火车站或码头）的距离（公里）	J103	
J104	您老家所在村距最近的完小的距离？（本村填零）（公里）	J104	
J105	您老家所在村距最近的初中的距离？（本村填零）（公里）	J105	
J106	您老家所在村是否有医疗点（包括卫生站，私人诊所或任何个体医生）①是 ②否（跳至 J108 题）	J106	
J107	（问 J106 = 1 的答题者）如有医疗点，其性质是（可多选） ①集体办 ②乡镇卫生院设点 ③个体 ④其他（请说明）	J107	
J108	您老家雇佣一个小工一天需要支付多少钱？（元）	J108	
J109	您老家所在村大约有多大比重的劳动力外出务工经商（包括女性）（%）	J109	
J110	最近五年是否进行过土地承包调整？①是 ②否	J110	
J111	您在老家是否有房产（自有住房，不包括生产用房）①有 ②无（跳至 J112 - 1 题）	J111	
J112	（问 J111 = 1 的答题者）如果有，请估计该住房的现估算市值（元）	J112	
J112 - 1	您家是否有耕地 ①有 ②无（跳问 L 表部分）		
J113	（问 J112 - 1 = 1 的答题者）您家人均有几亩耕地（亩）	J113	
J114	（问 J112 - 1 = 1 的答题者）请问是谁在耕种①父母 ②转包 ③送人 ④撂荒 ⑤其他（请说明）	J114	

访谈结束问题

L1. 您在未来的12个月里可能搬走吗?

1. 非常有可能　2. 可能　3. 不确定(请跳至L3)

4. 不可能(请跳至L3)　5. 非常不可能(请跳至L3)

L2. 您知道您的新地址吗?

1. 知道(请告诉我您的新地址)

邮编________省________市__________________(街和号码)

电话__________________/__________________

2. 不,现在不知道

L3. 您预计将在几个月内搬往新地址__________________个月内

L4. 您愿意提供给我们三个联系人的具体地址以便我们能找到您

	第一人	第二人	第三人
姓名			
关系			
省份			
市			
街道和号码			
电话			
移动电话			

谢谢您的合作!

S. **调查员附记请调查员通过观察写调查附记:**

S1. 回答主观问题时,被访者需不需要调查员的帮助?________

①所有问题都需要帮助　②大部分问题需要帮助

③一小部分问题需要帮助　④完全不需要帮助

S2. 被访者的配合程度________

①很好　②好　③一般　④不好　⑤很不好

S3. 被访者的性格特点________

①比较内向　②比较外向

S4. 被访者的语言表达能力________

①很强　②比较强　③一般　④较差　⑤很差

S5. 被访者在答卷中是否认真________

①自始至终很认真　②一般都很认真　③不太认真

S6. 被访者的智力水平________

①很高　②比较高　③一般　④比较低　⑤很低

S7. 被访者回答问题的可信度________

①很高　②比较高　③一般　④比较低　⑤很低

S8. 访问时是否有其他无关人员在场________

①有　②没有

S9. 其他人员在场是否影响了访谈质量________

①是　②否　③不知道

S10. 如果问卷没有答完，请调查员解释原因

____

____

____

S11. 督察员认为值得注意的其他情况

____

____

____

［**访问员记录**］

访问地点：________省________市________区（县）____________街道/路____________________小区________门牌号